공익과인권 13

<증보>
국제인권조약집

정 인 섭 편역

景仁文化社

머 리 말

　한국 사회의 발전과 성숙에 따라 근래 국제인권법에 대한 각계의 관심이 크게 늘었다. 반드시 법학 전공자가 아니라도 국제인권법에 관한 지식을 얻고자 하는 학생들이 적지 않으며, 장래 국제인권분야에서 일을 하고자 하는 젊은이들도 많다. 국내법의 운영과 관련하여 국제인권법에 관한 지식과 정보를 필요로 하는 사례도 날로 증가하고 있다. 국제인권법에 관심을 갖고 있는 편역자는 국내에서 국제인권조약집의 출간이 꼭 필요하다고 생각하여 1990년대 후반부터 그 준비작업을 시작하였으며, 그 첫 번째 결실을 2000년 사람생각이란 출판사를 통하여 펴낸 바 있었다. 상업성이 없는 작업이라 당시의 출간은 유네스코 한국위원회가 일정 부수를 구입하는 형식으로 출판사를 지원하였기에 가능하였다. 부족한 점이 적지 않은 책이었지만 그동안 국제인권조약에 대한 정보 제공에 있어서 일정한 역할을 하였다고 자부한다.

　사실 발간 이후 편역자는 번역상의 오류라든가 어색한 표현을 적지 않게 발견하기도 하였다. 그럴 때마다 책을 감추고 싶은 부끄러움을 느끼며, 하루 빨리 개정을 하고 싶은 심정은 굴뚝 같았지만 출판사의 현실상 개정작업은 성사되지 못하였다. 유네스코 한국위원회 역시 더 이상의 지원에는 관심을 표하지 않았다. 2000년 첫 출간으로부터 여러 해가 지나다 보니, 국제사회에서는 중요한 인권조약이 새롭게 채택된 사례도 적지 않았다. 편역자로서는 이제 더 이상 기존의 국제인권조약집을 남에게 권하기도 부끄럽게 되어 한시 바삐 개정증보판을 출간하여야 되겠다고 결심하였다. 특히 2008년은 세계인권선언 채택 60주년을 맞는 해이므로 개인적으로라도 이를 기념하기 위한 개정증보판을 펴내야 되겠다고 생각하였다. 이에 2007년 후반부터 본격적인 개정 준비작업을 시작하였다. 마침 편역자는 안식년을 맞아 2008년 상반기를 미국 에모리 법대에 체류하였다. 오랜만에 일상의 의무가 없는 생활을 보내며 에모리에서의 첫 번째 작업으로 인권조약집을 위한 원고를 완성할 수 있었다. 상업성이 희박한 이 책의 출간은 서울대학교 법과대학 공익인권법센터가 공익인권법 총서로 간행하는 방식을 통한 지원을 약속하였기에 가능할 수 있었다.

　이 책에서는 2000년 간행본보다 수록된 조약이 대폭 늘었을 뿐만 아니라, 과거에는 포함시키지 않았던 인권관련 중요한 결의도 추가되었다. 전체적인 건수가 늘었을 뿐만 아니라, 국제형사재판소 규정과 같이 방대한 분량의 조약이 추가되었다. 결과적으로 2000년 간행본에 비하여는 분량이 크게 증대되었다. 이에 2000년 간행본과는 달리 이번 판에서는 분량의 조절을 위하여 선별된 조약에 한하여만 영어본을 수록하고, 활자의 크기도 약간 조정하였다. 그래도 약 200면 정도의 분량이 증가하였다.

이 책에 수록된 인권조약의 선별원칙은 다음과 같다. 오늘의 국제사회의 현실 속에서 활용도가 높고, 당사국 수가 많으며, 그 주제가 가급적 범세계성을 갖춘 조약을 우선적으로 선별하였다. 유럽, 미주, 아프리카에서의 지역적 인권협정은 각기 자기 대륙에서만 적용되는 조약이기는 하나, 그 국제적 비중을 감안하여 포함시켰다. 그리고 특히 오늘날 유엔을 중심으로 활발히 운영되는 인권조약을 또 다시 추려 영어본을 같이 수록하였다. 영어본을 추가하는 이유는 조약이라는 특성상 아무리 세심한 노력을 기울여 번역을 하여도 한글본을 통하여는 정확한 의미 전달에 제약이 있기 때문이다. 이에 일정한 수준의 영어 독해 능력이 있는 독자에게는 한글본과 영문본을 같이 보면 정확한 의미 파악에 도움이 될 때가 많다.

한국이 당사국인 조약은 관보에 공포된 공식 번역본이 있으므로, 오늘 날의 기준에서 보면 표현이나 번역상의 문제가 있는 다소 오래된 번역이라도 공식 번역본을 그대로 활용할 수 밖에 없었다. 한국이 당사국이 아닌 조약은 편역자가 번역하였다. 총 63건의 조약 및 결의가 수록되었는데, 그중 23건은 공식 번역본을 활용하였고, 40건은 편역자가 번역하였다. 2000년 간행본에 수록된 번역문은 이번 기회에 전체를 원문과 다시 대조하며 필요한 부분을 수정하였다. 이번에 새롭게 추가된 번역본 중에는 서울대학교 법과대학 대학원생의 초역을 통한 도움을 받은 경우도 있었으나, 준비과정에서 편역자가 모두 새롭게 수정하였다.

사실 교수의 입장에서 번역이란 별로 매력있는 작업이 되지 못한다. 우리 사회에서는 번역을 학문적 성과로 인정해 주지도 않으며, 인권조약집은 상업적 매력도 전혀 없다. 번역은 지루하고, 어렵고, 재미없는 작업이기도 하다. 법조문의 경우 완벽한 의미 전달이 어려운 경우가 적지 않다. 아무리 노력을 하여도 오역의 위험을 늘 안고 있다. 이번에도 2000년도 간행본에 수록된 조약을 재검토하면서 가슴 뜨끔한 적이 한두번이 아니었다.

그래도 편역자가 이 작업을 하지 않으면 국내에서 누가 이 일을 하랴 하는 심정으로 작업을 하였다. 일을 마치고 나니 그동안 마음 속에 자리 잡았던 부담의 일부를 덜어 낼 수 있는 기분이다. 개인적으로 세계인권선언 60주년을 기념할 수 있어서 기쁘다.

　이 책을 내면서도 여러 사람들의 직간접적인 도움을 적지 않게 받았다. 교정이나 초역 작업에 조력하였던 서울대학교 법과대학 대학원생들, 상업성도 없는 까다로운 출판 작업을 성실히 진행하여 준 경인문화사 관계자 여러분, 출간 지원을 결정하여 준 공익인권법 센터의 도움이 있었기에 출간이 가능하였다. 이 모든 분들께 감사드린다.

2008년 10월 1일
서울대학교 법과대학
정 인 섭

【범 례】

이 책자에 수록된 조약의 당사국 수는 2008년 9월 말을 기준으로 하였음.

목 차

서 문

제1부 국제인권장전

제2부 차별과 착취로부터의 보호

제3부 반인도적 행위 등으로부터의 보호

제4부 취약집단의 보호

제5부 난민 및 무국적자의 보호

제6부 노동자의 보호

제7부 지역적 인권협약

제8부 기타 주요 선언 및 원칙

제1부
국제인권장전

1. 국제연합 헌장*

1945.6.26. 체결/ 1945.10.24. 발효/ 당사국 수 192/ 대한민국 적용일 1991.9.18.

전 문

우리 연합국 국민들은

우리 일생중에 두 번이나 말할 수 없는 슬픔을 인류에 가져온 전쟁의 불행에서 다음 세대를 구하고,

기본적 인권, 인간의 존엄 및 가치, 남녀 및 대소 각국의 평등권에 대한 신념을 재확인하며,

정의와 조약 및 기타 국제법의 연원으로부터 발생하는 의무에 대한 존중이 계속 유지될 수 있는 조건을 확립하며,

더 많은 자유속에서 사회적 진보와 생활수준의 향상을 촉진할 것을 결의하였다.

그리고 이러한 목적을 위하여

관용을 실천하고 선량한 이웃으로서 상호간 평화롭게 같이 생활하며,

국제평화와 안전을 유지하기 위하여 우리들의 힘을 합하며,

공동이익을 위한 경우 이외에는 무력을 사용하지 아니한다는 것을, 원칙의 수락과 방법의 설정에 의하여, 보장하고,

모든 국민의 경제적 및 사회적 발전을 촉진하기 위하여 국제기관을 이용한다는 것을 결의하면서,

이러한 목적을 달성하기 위하여 우리의 노력을 결집할 것을 결정하였다.

따라서, 우리 각자의 정부는, 샌프란시스코에 모인, 유효하고 타당한 것으로 인정된 전권위임장을 제시한 대표를 통하여, 이 국제연합헌장에 동의하고, 국제연합이라는 국제기구를 이에 설립한다.

제1조

국제연합의 목적은 다음과 같다.

1. 국제평화와 안전을 유지하고, 이를 위하여 평화에 대한 위협의 방지, 제거 그리고 침략행위 또는 기타 평화의 파괴를 진압하기 위한 유효한 집단적 조치를 취하고 평화의 파괴로 이를 우려가 있는 국제적 분쟁이나 사태의 조정 · 해결을 평화적 수단에 의하여 또한 정의와 국제법의 원칙에 따라 실현한다.

2. 사람들의 평등권 및 자결의 원칙의 존중에 기초하여 국가간의 우호관계를 발전시키며, 세계평화를 강화하기 위한 기타 적절한 조치를 취한다.

3. 경제적 · 사회적 · 문화적 또는 인도적 성격의 국제문제를 해결하고 또한 인종 · 성별 · 언어 또

---

* 인권보호와 직접 관련되는 조항만 발췌함.

는 종교에 따른 차별없이 모든 사람의 인권 및 기본적 자유에 대한 존중을 촉진하고 장려함에 있어 국제적 협력을 달성한다.

4. 이러한 공동의 목적을 달성함에 있어서 각국의 활동을 조화시키는 중심이 된다.

제2조

이 기구 및 그 회원국은 제1조에 명시한 목적을 추구함에 있어서 다음의 원칙에 따라 행동한다.

1. 기구는 모든 회원국의 주권평등 원칙에 기초한다.

2. 모든 회원국은 회원국의 지위에서 발생하는 권리와 이익을 그들 모두에 보장하기 위하여, 이 헌장에 따라 부과되는 의무를 성실히 이행한다.

3. 모든 회원국은 그들의 국제분쟁을 국제평화와 안전 그리고 정의를 위태롭게 하지 아니하는 방식으로 평화적 수단에 의하여 해결한다.

4. 모든 회원국은 그 국제관계에 있어서 다른 국가의 영토보전이나 정치적 독립에 대하여 또는 국제연합의 목적과 양립하지 아니하는 어떠한 기타 방식으로도 무력의 위협이나 무력행사를 삼간다.

5. 모든 회원국은 국제연합이 이 헌장에 따라 취하는 어떠한 조치에 있어서도 모든 원조를 다하며, 국제연합이 방지조치 또는 강제조치를 취하는 대상이 되는 어떠한 국가에 대하여도 원조를 삼간다.

6. 기구는 국제연합의 회원국이 아닌 국가가, 국제평화와 안전을 유지하는데 필요한 한, 이러한 원칙에 따라 행동하도록 확보한다.

7. 이 헌장의 어떠한 규정도 본질상 어떤 국가의 국내 관할권안에 있는 사항에 간섭할 권한을 국제연합에 부여하지 아니하며, 또는 그러한 사항을 이 헌장에 의한 해결에 맡기도록 회원국에 요구하지 아니한다. 다만, 이 원칙은 제7장에 의한 강제조치의 적용을 해하지 아니한다.

제10조

총회는 이 헌장의 범위안에 있거나 또는 이 헌장에 규정된 어떠한 기관의 권한 및 임무에 관한 어떠한 문제 또는 어떠한 사항도 토의할 수 있으며, 그리고 제12조에 규정된 경우를 제외하고는, 그러한 문제 또는 사항에 관하여 국제연합회원국 또는 안전보장이사회 또는 이 양자에 대하여 권고할 수 있다.

제13조

1. 총회는 다음의 목적을 위하여 연구를 발의하고 권고한다.

가. 정치적 분야에 있어서 국제협력을 촉진하고, 국제법의 점진적 발달 및 그 법전화를 장려하는 것.

나. 경제, 사회, 문화, 교육 및 보건분야에 있어서 국제협력을 촉진하며 그리고 인종, 성별, 언어 또는 종교에 관한 차별없이 모든 사람을 위하여 인권 및 기본적 자유를 실현하는데 있어 원조하는 것.

2. 전기 제1항 나호에 규정된 사항에 관한 총회의 추가적 책임, 임무 및 권한은 제9장과 제10장에 규정된다.

제16조

총회는 제12장과 제13장에 의하여 부과된 국제신탁통치제도에 관한 임무를 수행한다. 이 임무는 전략지역으로 지정되지 아니한 지역에 관한 신탁통치협정의 승인을 포함한다.

제55조

사람의 평등권 및 자결원칙의 존중에 기초한 국가간의 평화롭고 우호적인 관계에 필요한 안정과 복지의 조건을 창조하기 위하여, 국제연합은 다음을 촉진한다.

가. 보다 높은 생활수준, 완전고용 그리고 경제적 및 사회적 진보와 발전의 조건

나. 경제, 사회, 보건 및 관련국제문제의 해결 그리고 문화 및 교육상의 국제협력

다. 인종, 성별, 언어 또는 종교에 관한 차별이 없는 모든 사람을 위한 인권 및 기본적 자유의 보편적 존중과 준수

제56조

모든 회원국은 제55조에 규정된 목적의 달성을 위하여 기구와 협력하여 공동의 조치 및 개별적 조치를 취할 것을 약속한다.

제60조

이 장에서 규정된 기구의 임무를 수행할 책임은 총회와 총회의 권위 하에 경제사회이사회에 부과된다. 경제사회이사회는 이 목적을 위하여 제10장에 규정된 권한을 가진다.

제62조

1. 경제사회이사회는 경제, 사회, 문화, 교육, 보건 및 관련 국제사항에 관한 연구 및 보고를 하거나 또는 발의할 수 있으며, 아울러 그러한 사항에 관하여 총회, 국제연합회원국 및 관계전문기구에 권고할 수 있다.

2. 이사회는 모든 사람을 위한 인권 및 기본적 자유의 존중과 준수를 촉진하기 위하여 권고할 수 있다.

3. 이사회는 그 권한에 속하는 사항에 관하여 총회에 제출하기 위한 협약안을 작성할 수 있다.

4. 이사회는 국제연합이 정한 규칙에 따라 그 권한에 속하는 사항에 관하여 국제회의를 소집할 수 있다.

제68조

경제사회이사회는 경제적 및 사회적 분야의 위원회, 인권의 신장을 위한 위원회 및 이사회의 임무 수행에 필요한 다른 위원회를 설치한다.

제73조

주민이 아직 완전한 자치를 행할 수 있는 상태에 이르지 못한 지역의 시정(施政)의 책임을 지거나 또는 그 책임을 맡는 국제연합회원국은, 그 지역 주민의 이익이 가장 중요하다는 원칙을 승인하고, 그 지역주민의 복지를 이 헌장에 의하여 확립된 국제평화와 안전의 체제안에서 최고도로 증진시킬 의무와 이를 위하여 다음을 행할 의무를 신성한 신탁으로서 수락한다.

가. 관계주민의 문화를 적절히 존중함과 아울러 그들의 정치적, 경제적, 사회적 및 교육적 발전,

공정한 대우, 그리고 학대로부터의 보호를 확보한다.

나. 각지역 및 그 주민의 특수사정과 그들의 서로 다른 발전단계에 따라 자치를 발달시키고, 주민의 정치적 소망을 적절히 고려하며, 또한 주민의 자유로운 정치제도의 점진적 발달을 위하여 지원한다.

다. 국제평화와 안전을 증진한다.

라. 이 조에 규정된 사회적, 경제적 및 과학적 목적을 실제적으로 달성하기 위하여 건설적인 발전조치를 촉진하고 연구를 장려하며 상호간 및 적절한 경우에는 전문적 국제단체와 협력한다.

마. 제12장과 제13장이 적용되는 지역외의 위의 회원국이 각각 책임을 지는 지역에서의 경제적, 사회적 및 교육적 조건에 관한 기술적 성격의 통계 및 다른 정보를, 안전보장과 헌법상의 고려에 따라 필요한 제한을 조건으로 하여, 정보용으로 사무총장에 정기적으로 송부한다.

제76조

신탁통치제도의 기본적 목적은 이 헌장 제1조에 규정된 국제연합의 목적에 따라 다음과 같다.

가. 국제평화와 안전을 증진하는 것.

나. 신탁통치지역 주민의 정치적, 경제적, 사회적 및 교육적 발전을 촉진하고, 각 지역 및 그 주민의 특수사정과 관계주민이 자유롭게 표명한 소망에 적합하도록, 그리고 각 신탁통치협정의 조항이 규정하는 바에 따라 자치 또는 독립을 향한 주민의 점진적 발달을 촉진하는 것.

다. 인종, 성별, 언어 또는 종교에 관한 차별없이 모든 사람을 위한 인권과 기본적 자유에 대한 존중을 장려하고, 전세계 사람들의 상호의존의 인식을 장려하는 것.

라. 위의 목적의 달성에 영향을 미치지 아니하고 제80조의 규정에 따를 것을 조건으로, 모든 국제연합회원국 및 그 국민을 위하여 사회적, 경제적 및 상업적 사항에 대한 평등한 대우 그리고 또한 그 국민을 위한 사법상의 평등한 대우를 확보하는 것.

1. CHARTER OF THE UNITED NATIONS

Preamble

We the Peoples of the United Nations Determined

to save succeeding generations from the scourge of war, which twice in our lifetime has brought untold sorrow to mankind, and

to reaffirm faith in fundamental human rights, in the dignity and worth of the human person, in the equal rights of men and women and of nations large and small, and

to establish conditions under which justice and respect for the obligations arising from treaties and other sources of international law can be maintained, and

to promote social progress and better standards of life in larger freedom,

And for these Ends

to practice tolerance and live together in peace with one another as good neighbors, and

to unite our strength to maintain international peace and security, and

to ensure by the acceptance of principles and the institution of methods, that armed force shall not be used, save in the common interest, and

to employ international machinery for the promotion of the economic and social advancement of all peoples,

Have Resolved to Combine our Efforts to Accomplish these Aims

Accordingly, our respective Governments, through representatives assembled in the city of San Francisco, who have exhibited their full powers found to be in good and due form, have agreed to the present Charter of the United Nations and do hereby establish an international organization to be known as the United Nations.

Article 1

The Purposes of the United Nations are:

1. To maintain international peace and security, and to that end: to take effective collective measures for the prevention and removal of threats to the peace, and for the suppression of acts of aggression or other breaches of the peace, and to bring about by peaceful means, and in conformity with the principles of justice and international law, adjustment or settlement of international disputes or situations which might lead to a breach of the peace;

2. To develop friendly relations among nations based on respect for the principle of equal rights and self-determination of peoples, and to take other appropriate measures to strengthen universal peace;

3. To achieve international cooperation in solving international problems of an economic, social, cultural, or humanitarian character, and in promoting and encouraging respect for human rights and for fundamental freedoms for all without distinction as to race, sex, language, or religion; and

4. To be a center for harmonizing the actions of nations in the attainment of these common ends.

Article 2

The Organization and its Members, in pursuit of the Purposes stated in Article 1, shall act in accordance with the following Principles.

1. The Organization is based on the principle of the sovereign equality of all its Members.

2. All Members, in order to ensure to all of them the rights and benefits resulting from membership, shall fulfill in good faith the obligations assumed by them in accordance with the present Charter.

3. All Members shall settle their international disputes by peaceful means in such a manner that international peace and security, and justice, are not endangered.

4. All Members shall refrain in their international relations from the threat or use of force against the territorial integrity or political independence of any state, or in any other manner inconsistent with the Purposes of the United Nations.

5. All Members shall give the United Nations every assistance in any action it takes in accordance with the present Charter, and shall refrain from giving assistance to any state against which the United Nations is taking preventive or enforcement action.

6. The Organization shall ensure that states which are not Members of the United Nations act in accordance with these Principles so far as may be necessary for the maintenance of international peace and security.

7. Nothing contained in the present Charter shall authorize the United Nations to intervene in matters which are essentially within the domestic jurisdiction of any state or shall require the Members to submit such matters to settlement under the present Charter; but this principle shall not prejudice the application of enforcement measures under Chapter VII.

Article 10

The General Assembly may discuss any questions or any matters within the scope of the present Charter or relating to the powers and functions of any organs provided for in the present Charter, and, except as provided in Article 12, may make recommendations to the Members of the United Nations or to the Security Council or to both on any such questions or matters.

Article 13

1. The General Assembly shall initiate studies and make recommendations for the purpose of:

a. promoting international cooperation in the political field and encouraging the progressive development of international law and its codification;

b. promoting international cooperation in the economic, social, cultural, educational, and health fields, and assisting in the realization of human rights and fundamental freedoms for all without distinction as to race, sex, language, or religion.

2. The further responsibilities, functions and powers of the General Assembly with respect to matters mentioned in paragraph 1(b) above are set forth in Chapters IX and X.

Article 16

The General Assembly shall perform such functions with respect to the international trusteeship system as are assigned to it under Chapters XII and XIII, including the approval of the trusteeship agreements for areas not designated as strategic.

Article 55

With a view to the creation of conditions of stability and well-being which are necessary for peaceful and friendly relations among nations based on respect for the principle of equal rights and self-determination of peoples, the United Nations shall promote:

a. higher standards of living, full employment, and conditions of economic and social progress and development;

b. solutions of international economic, social, health, and related problems; and international cultural and educational co-operation; and

c. universal respect for, and observance of, human rights and fundamental freedoms for all without distinction as to race, sex, language, or religion.

Article 56

All Members pledge themselves to take joint and separate action in cooperation with the Organization for the achievement of the purposes set forth in Article 55.

Article 60

Responsibility for the discharge of the functions of the Organization set forth in this Chapter shall be vested in the General Assembly and, under the authority of the General Assembly, in the Economic and Social Council, which shall have for this purpose the powers set forth in Chapter X.

Article 62

1. The Economic and Social Council may make or initiate studies and reports with respect to international economic, social, cultural, educational, health, and related matters and may make recommendations with respect to any such matters to the General Assembly, to the Members of the United Nations, and to the specialized agencies concerned.

2. It may make recommendations for the purpose of promoting respect for, and observance of, human rights and fundamental freedoms for all.

3. It may prepare draft conventions for submission to the General Assembly, with respect to matters falling within its competence.

4. It may call, in accordance with the rules prescribed by the United Nations, international conferences on matters falling within its competence.

Article 68

The Economic and Social Council shall set up commissions in economic and social fields and for the promotion of human rights, and such other commissions as may be required for the performance of its functions.

Article 73

Members of the United Nations which have or assume responsibilities for the administration of territories whose peoples have not yet attained a full measure of self-government recognize the principle that the interests of the inhabitants of these territories are paramount, and accept as a sacred trust the obligation to promote to the utmost, within the system of international peace and security established by the present Charter, the well-being of the inhabitants of these territories, and, to this end:

a. to ensure, with due respect for the culture of the peoples concerned, their political, economic, social, and educational advancement, their just treatment, and their protection against abuses;

b. to develop self-government, to take due account of the political aspirations of the peoples, and to assist them in the progressive development of their free political institutions, according to the particular circumstances of each territory and its peoples and their varying stages of advancement;

c. to further international peace and security;

d. to promote constructive measures of development, to encourage research, and to cooperate with one another and, when and where appropriate, with specialized international bodies with a view to the practical achievement of the social, economic, and scientific purposes set forth in this Article; and

e. to transmit regularly to the Secretary-General for information purposes, subject to such limitation as security and constitutional considerations may require, statistical and other information of a technical nature relating to economic, social, and educational conditions in the territories for which they are respectively responsible other than those territories to which Chapter XII and XIII apply.

Article 76

The basic objectives of the trusteeship system, in accordance with the Purposes of the United Nations laid down in Article 1 of the present Charter, shall be:

a. to further international peace and security;

b. to promote the political, economic, social, and educational advancement of the inhabitants of the trust territories, and their progressive development towards self-government or independence as may be appropriate to the particular circumstances of each territory and its peoples and the freely expressed wishes of the peoples concerned, and as may be provided by the terms of each trusteeship agreement;

c. to encourage respect for human rights and for fundamental freedoms for all without distinction as to race, sex, language, or religion, and to encourage recognition of the interdependence of the peoples of the world; and

d. to ensure equal treatment in social, economic, and commercial matters for all Members of the United Nations and their nationals and also equal treatment for the latter in the administration of justice without prejudice to the attainment of the foregoing objectives and subject to the provisions of Article 80.

2. 세계인권선언

국제연합 총회 결의 제217호(Ⅲ)(1948.12.10)

인류 가족 모든 구성원의 고유한 존엄성과 평등하고 양도할 수 없는 권리를 인정하는 것이 세계의 자유, 정의, 평화의 기초가 됨을 인정하며,

인권에 대한 무시와 경멸은 인류의 양심을 짓밟는 야만적 행위를 결과하였으며, 인류가 언론과 신념의 자유, 공포와 결핍으로부터의 자유를 향유하는 세계의 도래가 일반인의 지고한 열망으로 천명되었으며,

사람들이 폭정과 억압에 대항하는 마지막 수단으로서 반란에 호소하도록 강요받지 않으려면, 인권이 법의 지배를 통하여 보호되어야 함이 필수적이며,

국가간의 친선관계의 발전을 촉진시키는 것이 긴요하며,

국제연합의 여러 국민들은 그 헌장에서 기본적 인권과 인간의 존엄과 가치, 남녀의 동등한 권리에 대한 신념을 재확인하였으며, 더욱 폭 넓은 자유 속에서 사회적 진보와 생활수준의 개선을 촉진할 것을 다짐하였으며,

회원국들은 국제연합과 협력하여 인권과 기본적 자유에 대한 보편적 존중과 준수의 증진을 달성할 것을 서약하였으며,

이들 권리와 자유에 대한 공통의 이해가 이러한 서약의 완전한 이행을 위하여 가장 중요하므로,

따라서 이제

국제연합 총회는,

모든 개인과 사회의 각 기관이 이 선언을 항상 마음 속에 간직한 채, 가르침과 교육을 통하여 이러한 권리와 자유에 대한 존중을 신장시키기 위하여 노력하고, 점진적인 국내적 및 국제적 조치를 통하여 회원국 자신들의 국민과 회원국 관할 하의 영역의 사람들에게 권리와 자유의 보편적이고 실효적인 수락과 준수를 보장하기 위하여 노력하도록, 모든 사람과 국가에 대한 공통의 달성기준으로서 이 세계인권선언을 선포한다.

제1조

모든 사람은 태어날 때부터 자유롭고, 존엄성과 권리에 있어서 평등하다. 사람은 이성과 양심을 부여받았으며, 서로에게 형제의 정신으로 대하여야 한다.

제2조

모든 사람은 인종, 피부색, 성, 언어, 종교, 정치적 또는 기타의 의견, 민족적 또는 사회적 출신, 재산, 출생, 기타의 지위 등에 따른 어떠한 종류의 차별도 없이, 이 선언에 제시된 모든 권리와 자유를 누릴 자격이 있다.

나아가 개인이 속한 나라나 영역이 독립국이든 신탁통치지역이든, 비자치지역이든 또는 그 밖의 다른 주권상의 제한을 받고 있는 지역이든, 이의 정치적, 관할권적, 국제적 지위를 근거로 차별이 행하여져서는 아니된다.

제3조

모든 사람은 생명권과 신체의 자유와 안전을 누릴 권리가 있다.

제4조

어느 누구도 노예나 예속상태에 놓여지지 아니한다. 모든 형태의 노예제도 및 노예매매는 금지된다.

제5조

어느 누구도 고문 또는 잔혹하거나, 비인도적이거나, 굴욕적인 대우나 처벌을 받지 아니한다.

제6조

모든 사람은 어디에서나 법 앞에 인간으로서 인정받을 권리를 가진다.

제7조

모든 사람은 법 앞에 평등하고, 어떠한 차별도 없이 법의 평등한 보호를 받을 권리를 가진다. 모든 사람은 이 선언을 위반하는 어떠한 차별이나 그러한 차별의 선동에 대하여도 평등한 보호를 받을 권리를 가진다.

제8조

모든 사람은 헌법 또는 법률에 의하여 부여된 기본권을 침해하는 행위에 대하여 국가의 담당법원에 의하여 실효적인 구제를 받을 권리를 가진다.

제9조

어느 누구도 자의적인 체포, 구금 또는 추방을 당하지 아니한다.

제10조

모든 사람은 자신의 권리와 의무, 그리고 자신에 대한 형사상의 혐의를 결정함에 있어서, 독립적이고 공평한 법정에서 완전히 평등하게 공정한 공개 심리를 받을 권리를 가진다.

제11조

1. 형사상의 범죄로 소추당한 모든 사람은 자신의 변호를 위하여 필요한 모든 보장을 갖춘 공개된 재판에서 법률에 따라 유죄로 입증될 때까지 무죄로 추정받을 권리를 가진다.

2. 어느 누구도 행위시의 국내법 또는 국제법상으로 형사상의 범죄를 구성하지 아니하는 작위 또는 부작위를 이유로 유죄로 되지 아니한다. 또한 형사상의 범죄가 행하여진 때에 적용될 수 있는 형벌보다 무거운 형벌이 부과되지 아니한다.

제12조

어느 누구도 자신의 사생활, 가정, 주거 또는 통신에 대하여 자의적인 간섭을 받지 않으며, 자신의 명예와 명성에 대하여 공격을 받지 아니한다. 모든 사람은 그러한 간섭과 공격에 대하여 법률의 보호를 받을 권리를 가진다.

제13조

1. 모든 사람은 각국의 영역 내에서 이전과 거주의 자유에 대한 권리를 가진다.

2. 모든 사람은 자국을 포함한 어떤 나라로부터도 출국할 권리가 있으며, 또한 자국으로 돌아올 권리를 가진다.

제14조

1. 모든 사람은 박해를 피하여 타국에서 피난처를 구하고 비호를 향유할 권리를 가진다.

2. 이 권리는 비정치적인 범죄 또는 국제연합의 목적과 원칙에 반하는 행위만으로 인하여 제기된 소추의 경우에는 주장될 수 없다.

제15조

1. 모든 사람은 국적을 가질 권리를 가진다.

2. 어느 누구도 자의적으로 자신의 국적을 박탈당하거나, 자신의 국적을 바꿀 권리를 부인당하지 아니한다.

제16조

1. 성년에 이른 남녀는 인종, 국적 또는 종교에 따른 어떠한 제한도 받지 아니하고 혼인하여 가정을 이룰 권리를 가진다. 이들은 혼인기간중 및 그 해소시 혼인에 관하여 동등한 권리를 가진다.

2. 혼인은 양 당사자의 자유롭고도 완전한 합의에 의하여만 성립된다.

3. 가정은 사회의 자연적이고 기초적인 구성단위이며, 사회와 국가의 보호를 받을 권리를 가진다.

제17조

1. 모든 사람은 단독으로는 물론 타인과 공동으로 자신의 재산을 소유할 권리를 가진다.

2. 어느 누구도 자신의 재산을 자의적으로 박탈당하지 아니한다.

제18조

모든 사람은 사상, 양심 및 종교의 자유에 대한 권리를 가진다. 이러한 권리는 자신의 종교 또는 신념을 바꿀 자유와 단독으로 또는 다른 사람과 공동으로, 공적으로 또는 사적으로 선교, 행사, 예배, 의식에서 자신의 종교나 신념을 표명하는 자유를 포함한다.

제19조

모든 사람은 의견과 표현의 자유에 대한 권리를 가진다. 이 권리는 간섭받지 않고 의견을 가질 자유와 모든 매체를 통하여 국경에 관계없이 정보와 사상을 추구하고, 접수하고, 전달하는 자유를 포함한다.

제20조

1. 모든 사람은 평화적 집회와 결사의 자유에 대한 권리를 가진다.

2. 어느 누구도 어떤 결사에 소속될 것을 강요받지 아니한다.

제21조

1. 모든 사람은 직접 또는 자유롭게 선출된 대표를 통하여 자국의 통치에 참여할 권리를 가진다.

2. 모든 사람은 자국의 공무에 취임할 동등한 권리를 가진다.

3. 국민의 의사는 정부의 권위의 기초가 된다. 이 의사는 보통 및 평등 선거에 의하여, 그리고 비밀투표 또는 이와 동등한 자유로운 투표절차에 따라 실시되는 정기적이고 진정한 선거를 통하여 표현된다.

제22조

모든 사람은 사회의 일원으로서 사회보장에 대한 권리를 가지며, 국가적 노력과 국제적 협력을 통하여 그리고 각국의 제도와 자원에 따라 자신의 존엄성과 인격의 자유로운 발전을 위하여 불가결한 경제적, 사회적 및 문화적 권리의 실현에 관한 권리를 가진다.

제23조

1. 모든 사람은 근로의 권리, 자유로운 직업 선택의 권리, 공정하고 유리한 근로조건에 대한 권리 및 실업으로부터 보호받을 권리를 가진다.

2. 모든 사람은 어떠한 차별도 받지 않고 동등한 노동에 대하여 동등한 보수를 받을 권리를 가진다.

3. 모든 근로자는 자신과 가족에게 인간적 존엄에 합당한 생활을 보장하여 주며, 필요할 경우 다른 사회적 보호수단에 의하여 보완되는 정당하고 유리한 보수를 받을 권리를 가진다.

4. 모든 사람은 자신의 이익을 보호하기 위하여 노동조합을 결성하고, 가입할 권리를 가진다.

제24조

모든 사람은 근로시간의 합리적 제한과 정기적인 유급휴일을 포함하여 휴식과 여가에 대한 권리를 가진다.

제25조

1. 모든 사람은 식량, 의복, 주택과 의료 및 필요한 사회적 지원을 포함하여 자신과 가족의 건강과 안녕에 적합한 생활수준을 누릴 권리를 가지며, 실업, 질병, 장애, 배우자와의 사별, 노령, 자신이 통제할 수 없는 상황에서의 다른 생계 결핍의 경우 사회보장을 받을 권리를 가진다.

2. 모자는 특별한 보살핌과 도움을 받을 권리를 가진다. 모든 어린이는 부모의 혼인 여부와 관계없이 동등한 사회적 보호를 향유한다.

제26조

1. 모든 사람은 교육을 받을 권리를 가진다. 교육은 최소한 초등 기초단계에서는 무상이어야 한다. 초등교육은 의무적이어야 한다. 기술교육과 직업교육은 일반적으로 이용할 수 있어야 하며, 고등교육도 능력에 따라 모든 사람에게 평등하게 개방되어야 한다.

2. 교육은 인격의 완전한 발전과 인권 및 기본적 자유에 대한 존중의 강화를 지향하여야 한다. 교육은 모든 국가들과 인종적 또는 종교적 집단간에 있어서의 이해, 관용 및 친선을 증진시키고, 평화를 유지하기 위한 국제연합의 활동을 촉진시켜야 한다.

3. 부모는 자녀에게 제공되는 교육의 종류를 선택함에 있어서 우선권을 가진다.

제27조

1. 모든 사람은 공동체의 문화생활에 자유롭게 참여하고, 예술을 감상하며, 과학의 진보와 그 혜택을 공유할 권리를 가진다.

2. 모든 사람은 자신이 창조한 모든 과학적, 문학적, 예술적 창작물에서 연유하는 정신적, 물질적 이익을 보호받을 권리를 가진다.

제28조

모든 사람은 이 선언에 제시된 권리와 자유가 완전히 실현될 수 있는 사회적 및 국제적 질서를 누릴 권리를 가진다.

제29조

1. 모든 사람은 그 곳에서만 자신의 인격을 자유롭고 완전하게 발전시킬 수 있는 공동체에 대하여 의무를 부담한다.

2. 모든 사람은 자신의 권리와 자유를 행사함에 있어서, 타인의 권리와 자유에 대한 적절한 인정과 존중을 보장하고, 민주사회에서의 도덕성, 공공질서, 일반적 복지를 위하여 정당한 필요를 충족시키기 위한 목적에서만 법률로 규정된 제한을 받는다.

3. 이러한 권리와 자유는 어떤 경우에도 국제연합의 목적과 원칙에 반하여 행사될 수 없다.

제30조

이 선언의 어떠한 내용도 특정한 국가, 집단 또는 개인에게 이 선언에 규정된 권리와 자유를 파괴할 목적의 활동에 종사하거나 또는 그와 같은 행위를 수행할 권리를 부여하는 것으로 해석되지 아니한다.

2. UNIVERSAL DECLARATION OF HUMAN RIGHTS

PREAMBLE

Whereas recognition of the inherent dignity and of the equal and inalienable rights of all members of the human family is the foundation of freedom, justice and peace in the world,

Whereas disregard and contempt for human rights have resulted in barbarous acts which have outraged the conscience of mankind, and the advent of a world in which human beings shall enjoy freedom of speech and belief and freedom from fear and want has been proclaimed as the highest aspiration of the common people,

Whereas it is essential, if man is not to be compelled to have recourse, as a last resort, to rebellion against tyranny and oppression, that human rights should be protected by the rule of law,

Whereas it is essential to promote the development of friendly relations between nations,

Whereas the peoples of the United Nations have in the Charter reaffirmed their faith in fundamental human rights, in the dignity and worth of the human person and in the equal rights of men and women and have determined to promote social progress and better standards of life in larger freedom,

Whereas Member States have pledged themselves to achieve, in cooperation with the United Nations, the promotion of universal respect for and observance of human rights and fundamental freedoms,

Whereas a common understanding of these rights and freedoms is of the greatest importance for the full realization of this pledge,

Now, therefore,

The General Assembly,

Proclaims this Universal Declaration of Human Rights as a common standard of achievement for all peoples and all nations, to the end that every individual and every organ of society, keeping this Declaration constantly in mind, shall strive by teaching and education to promote respect for these rights and freedoms and by progressive measures, national and international, to secure their universal and effective recognition and observance, both among the peoples of Member States themselves and among the peoples of territories under their jurisdiction.

Article 1

All human beings are born free and equal in dignity and rights. They are endowed with reason and conscience and should act towards one another in a spirit of brotherhood.

Article 2

Everyone is entitled to all the rights and freedoms set forth in this Declaration, without distinction of any kind, such as race, colour, sex, language, religion, political or other opinion, national or social origin, property, birth or other status.

Furthermore, no distinction shall be made on the basis of the political, jurisdictional or international status of the country or territory to which a person belongs, whether it be independent, trust, non-self-governing or under any other limitation of sovereignty.

Article 3

Everyone has the right to life, liberty and security of person.

Article 4

No one shall be held in slavery or servitude; slavery and the slave trade shall be prohibited in all their forms.

Article 5

No one shall be subjected to torture or to cruel, inhuman or degrading treatment or punishment.

Article 6

Everyone has the right to recognition everywhere as a person before the law.

Article 7

All are equal before the law and are entitled without any discrimination to equal protection of the law. All are entitled to equal protection against any discrimination in violation of this Declaration and against any incitement to such discrimination.

Article 8

Everyone has the right to an effective remedy by the competent national tribunals for acts violating the fundamental rights granted him by the constitution or by law.

Article 9

No one shall be subjected to arbitrary arrest, detention or exile.

Article 10

Everyone is entitled in full equality to a fair and public hearing by an independent and impartial tribunal, in the determination of his rights and obligations and of any criminal charge against him.

Article 11

1. Everyone charged with a penal offence has the right to be presumed innocent until proved guilty according to law in a public trial at which he has had all the guarantees necessary for his defence.
2. No one shall be held guilty of any penal offence on account of any act or omission which did not constitute a penal offence, under national or international law, at the time when it was committed. Nor shall a heavier penalty be imposed than the one that was applicable at the time the penal offence was committed.

Article 12

No one shall be subjected to arbitrary interference with his privacy, family, home or correspondence, nor to attacks upon his honour and reputation. Everyone has the right to the protection of the law against such interference or attacks.

Article 13

1. Everyone has the right to freedom of movement and residence within the borders of each State.
2. Everyone has the right to leave any country, including his own, and to return to his country.

Article 14

1. Everyone has the right to seek and to enjoy in other countries asylum from persecution.
2. This right may not be invoked in the case of prosecutions genuinely arising from non-political crimes or from acts contrary to the purposes and principles of the United Nations.

Article 15

1. Everyone has the right to a nationality.
2. No one shall be arbitrarily deprived of his nationality nor denied the right to change his nationality.

Article 16

1. Men and women of full age, without any limitation due to race, nationality or religion, have the right to marry and to found a family. They are entitled to equal rights as to marriage, during marriage and at its dissolution.
2. Marriage shall be entered into only with the free and full consent of the intending spouses.
3. The family is the natural and fundamental group unit of society and is entitled to protection by society and the State.

Article 17

1. Everyone has the right to own property alone as well as in association with others.
2. No one shall be arbitrarily deprived of his property.

Article 18

Everyone has the right to freedom of thought, conscience and religion; this right includes freedom to change his religion or belief, and freedom, either alone or in community with others and in public or private, to manifest his religion or belief in teaching, practice, worship and observance.

Article 19

Everyone has the right to freedom of opinion and expression; this right includes freedom to hold opinions without interference and to seek, receive and impart information and ideas through any media and regardless of frontiers.

Article 20

1. Everyone has the right to freedom of peaceful assembly and association.
2. No one may be compelled to belong to an association.

Article 21

1. Everyone has the right to take part in the government of his country, directly or through freely chosen representatives.
2. Everyone has the right to equal access to public service in his country.
3. The will of the people shall be the basis of the authority of government; this will shall be expressed in periodic and genuine elections which shall be by universal and equal suffrage and shall be held by secret vote or by equivalent free voting procedures.

Article 22

Everyone, as a member of society, has the right to social security and is entitled to realization, through national effort and international co-operation and in accordance with the organization and resources of each State, of the economic, social and cultural rights indispensable for his dignity and the free development of his personality.

Article 23

1. Everyone has the right to work, to free choice of employment, to just and favourable conditions of work and to protection against unemployment.
2. Everyone, without any discrimination, has the right to equal pay for equal work.
3. Everyone who works has the right to just and favourable remuneration ensuring for himself and his family an existence worthy of human dignity, and supplemented, if necessary, by other means of social protection.
4. Everyone has the right to form and to join trade unions for the protection of his interests.

Article 24

Everyone has the right to rest and leisure, including reasonable limitation of working hours and periodic holidays with pay.

Article 25

1. Everyone has the right to a standard of living adequate for the health and well-being of himself and of his family, including food, clothing, housing and medical care and necessary social services, and the right to security in the event of unemployment, sickness, disability, widowhood, old age or other lack of livelihood in circumstances beyond his control.
2. Motherhood and childhood are entitled to special care and assistance. All children, whether born in or out of wedlock, shall enjoy the same social protection.

Article 26

1. Everyone has the right to education. Education shall be free, at least in the elementary and fundamental stages. Elementary education shall be compulsory. Technical and professional education shall be made generally available and higher education shall be equally accessible to all on the basis of merit.
2. Education shall be directed to the full development of the human personality and to the strengthening of respect for human rights and fundamental freedoms. It shall promote understanding, tolerance and friendship among all nations, racial or religious groups, and shall further the activities of the United Nations for the maintenance of peace.
3. Parents have a prior right to choose the kind of education that shall be given to their children.

Article 27

1. Everyone has the right freely to participate in the cultural life of the community, to enjoy the arts and to share in scientific advancement and its benefits.
2. Everyone has the right to the protection of the moral and material interests resulting from any scientific, literary or artistic production of which he is the author.

Article 28

Everyone is entitled to a social and international order in which the rights and freedoms set forth in this Declaration can be fully realized.

Article 29

1. Everyone has duties to the community in which alone the free and full development of his personality is possible.

2. In the exercise of his rights and freedoms, everyone shall be subject only to such limitations as are determined by law solely for the purpose of securing due recognition and respect for the rights and freedoms of others and of meeting the just requirements of morality, public order and the general welfare in a democratic society.

3. These rights and freedoms may in no case be exercised contrary to the purposes and principles of the United Nations.

Article 30

Nothing in this Declaration may be interpreted as implying for any State, group or person any right to engage in any activity or to perform any act aimed at the destruction of any of the rights and freedoms set forth herein.

3. 경제적·사회적 및 문화적 권리에 관한 국제규약

1966.12.19 체결/ 1976.1.3 발효/ 당사국 수 159/ 대한민국 적용일 1990.7.10.

이 규약의 당사국은,

국제연합헌장에 선언된 원칙에 따라 인류사회의 모든 구성원의 고유의 존엄성 및 평등하고 양도할 수 없는 권리를 인정하는 것이 세계의 자유, 정의 및 평화의 기초가 됨을 고려하고,

이러한 권리는 인간의 고유한 존엄성으로부터 유래함을 인정하며,

세계인권선언에 따라 공포와 결핍으로부터의 자유를 향유하는 자유 인간의 이상은 모든 사람이 자신의 시민적, 정치적 권리 뿐만 아니라 경제적, 사회적 및 문화적 권리를 향유할 수 있는 여건이 조성 되는 경우에만 성취될 수 있음을 인정하며,

인권과 자유에 대한 보편적 존중과 준수를 촉진시킬 국제연합헌장상의 국가의 의무를 고려하며,

타 개인과 자기가 속한 사회에 대한 의무를 지고 있는 개인은, 이 규약에서 인정된 권리의 증진과 준수를 위하여 노력하여야할 책임이 있음을 인식하여,

다음 조문들에 합의한다.

제1부

제1조

1. 모든 인민은 자결권을 가진다. 이 권리에 기초하여 모든 인민은 그들의 정치적 지위를 자유로이 결정하고, 또한 그들의 경제적, 사회적 및 문화적 발전을 자유로이 추구한다.

2. 모든 인민은, 호혜의 원칙에 입각한 국제경제협력으로부터 발생하는 의무 및 국제법상의 의무에 위반하지 아니하는 한, 그들 자신의 목적을 위하여 그들의 천연의 부와 자원을 자유로이 처분할 수 있다. 어떠한 경우에도 인민은 그들의 생존수단을 박탈당하지 아니한다.

3. 비자치지역 및 신탁통치지역의 행정책임을 맡고 있는 국가들을 포함하여 이 규약의 당사국은 국제연합헌장의 규정에 따라 자결권의 실현을 촉진하고 동 권리를 존중하여야 한다.

제2부

제2조

1. 이 규약의 각 당사국은 특히 입법조치의 채택을 포함한 모든 적절한 수단에 의하여 이 규약에서 인정된 권리의 완전한 실현을 점진적으로 달성하기 위하여, 개별적으로 또한 특히 경제적, 기술적인 국제지원과 국제협력을 통하여, 자국의 가용 자원이 허용하는 최대한도까지 조치를 취할 것을 약속한다.

2. 이 규약의 당사국은 이 규약에서 선언된 권리들이 인종, 피부색, 성, 언어, 종교, 정치적 또는 기타의 의견, 민족적 또는 사회적 출신, 재산, 출생 또는 기타의 신분 등에 의한 어떠한 종류의 차별도 없이 행사되도록 보장할 것을 약속한다.

3. 개발도상국은 인권과 국가 경제를 충분히 고려하여 이 규약에서 인정된 경제적 권리를 어느 정도까지 자국의 국민이 아닌 자에게 보장할 것인가를 결정할 수 있다.

제3조

이 규약의 당사국은 이 규약에 규정된 모든 경제적, 사회적 및 문화적 권리를 향유함에 있어서 남녀에게 동등한 권리를 확보할 것을 약속한다.

제4조

이 규약의 당사국은 국가가 이 규약에 따라 부여하는 권리를 향유함에 있어서, 그러한 권리의 본질과 양립할 수 있는 한도 내에서, 또한 오직 민주 사회에서의 공공복리 증진의 목적으로 반드시 법률에 의하여 정하여지는 제한에 의해서만, 그러한 권리를 제한할 수 있음을 인정한다.

제5조

1. 이 규약의 어떠한 규정도 국가, 집단 또는 개인이 이 규약에서 인정되는 권리 및 자유를 파괴하거나, 또는 이 규약에서 규정된 제한의 범위를 넘어 제한하는 것을 목적으로 하는 활동에 종사하거나 또는 그와 같은 것을 목적으로 하는 행위를 행할 권리를 가지는 것으로 해석되지 아니한다.

2. 이 규약의 어떠한 당사국에서 법률, 협정, 규칙 또는 관습에 의하여 인정되거나 또는 현존하고 있는 기본적 인권에 대하여는, 이 규약이 그러한 권리를 인정하지 아니하거나 또는 그 인정의 범위가 보다 협소하다는 것을 구실로 동 권리를 제한하거나 또는 훼손하는 것이 허용되지 아니한다.

제3부

제6조

1. 이 규약의 당사국은 모든 사람이 자유로이 선택하거나 수락하는 노동에 의하여 생계를 영위할 권리를 포함하는 근로의 권리를 인정하며, 동 권리를 보호하기 위하여 적절한 조치를 취한다.

2. 이 규약의 당사국이 근로권의 완전한 실현을 달성하기 위하여 취하는 제반조치에는 개인에게 기본적인 정치적, 경제적 자유를 보장하는 조건하에서 착실한 경제적, 사회적, 문화적 발전과 생산적인 완전고용을 달성하기 위한 기술 및 직업의 지도, 훈련계획, 정책 및 기술이 포함되어야 한다.

제7조

이 규약의 당사국은 특히 다음 사항이 확보되는 공정하고 유리한 근로조건을 모든 사람이 향유할 권리를 가지는 것을 인정한다.

(a) 모든 근로자에게 최소한 다음의 것을 제공하는 보수

(i) 공정한 임금과 어떠한 종류의 차별도 없는 동등한 가치의 노동에 대한 동등한 보수, 특히 여성에게 대하여는 동등한 노동에 대한 동등한 보수와 함께 남성이 향유하는 것보다 열등하지 아

니한 근로조건의 보장

(ii) 이 규약의 규정에 따른 근로자 자신과 그 가족의 품위 있는 생활

(b) 안전하고 건강한 근로조건

(c) 연공서열 및 능력 이외의 다른 고려에 의하지 아니하고, 모든 사람이 자기의 직장에서 적절한 상위직으로 승진할 수 있는 동등한 기회

(d) 휴식, 여가 및 근로시간의 합리적 제한, 공휴일에 대한 보수와 정기적인 유급휴일

제8조

1. 이 규약의 당사국은 다음의 권리를 확보할 것을 약속한다.

(a) 모든 사람은 그의 경제적, 사회적 이익을 증진하고 보호하기 위하여 관계단체의 규칙에만 따를 것을 조건으로 노동조합을 결성하고, 그가 선택한 노동조합에 가입하는 권리. 그러한 권리의 행사에 대하여는 법률로 정하여진 것 이외의 또한 국가안보 또는 공공질서를 위하여 또는 타인의 권리와 자유를 보호하기 위하여 민주 사회에서 필요한 것 이외의 어떠한 제한도 과할 수 없다.

(b) 노동조합이 전국적인 연합 또는 총연합을 설립하는 권리 및 총연합이 국제노동조합조직을 결성하거나 또는 가입하는 권리

(c) 노동조합은 법률로 정하여진 것 이외의 또한 국가안보, 공공질서를 위하거나 또는 타인의 권리와 자유를 보호하기 위하여 민주사회에서 필요한 제한 이외의 어떠한 제한도 받지 아니하고 자유로이 활동할 권리

(d) 특정국가의 법률에 따라 행사될 것을 조건으로 파업을 할 수 있는 권리

2. 이 조는 군인, 경찰 구성원 또는 행정관리가 전기한 권리들을 행사하는 것에 대하여 합법적인 제한을 부과하는 것을 방해하지 아니한다.

3. 이 조의 어떠한 규정도 결사의 자유 및 단결권의 보호에 관한 1948년의 국제노동기구협약의 당사국이 동 협약에 규정된 보장을 저해하려는 입법조치를 취하도록 하거나, 또는 이를 저해하려는 방법으로 법률을 적용할 것을 허용하지 아니한다

제9조

이 규약의 당사국은 모든 사람이 사회보험을 포함한 사회보장에 대한 권리를 가지는 것을 인정한다.

제10조

이 규약의 당사국은 다음 사항을 인정한다.

1. 사회의 자연적이고 기초적인 단위인 가정에 대하여는, 특히 가정의 성립을 위하여 그리고 가정이 부양 어린이의 양육과 교육에 책임을 맡고 있는 동안에는 가능한 한 광범위한 보호와 지원이 부여된다. 혼인은 혼인의사를 가진 양 당사자의 자유로운 동의하에 성립된다.

2. 임산부에게는 분만 전후의 적당한 기간 동안 특별한 보호가 부여된다. 동 기간중의 근로 임산부에게는 유급휴가 또는 적당한 사회보장의 혜택이 있는 휴가가 부여된다.

3. 가문 또는 기타 조건에 의한 어떠한 차별도 없이, 모든 어린이와 연소자를 위하여 특별한 보호와 원조의 조치가 취하여 진다. 어린이와 연소자는 경제적, 사회적 착취로부터 보호된다. 어린이

와 연소자를 도덕 또는 건강에 유해하거나 또는 생명에 위험하거나 또는 정상적 발육을 저해할
우려가 있는 노동에 고용하는 것은 법률에 의하여 처벌할 수 있다. 당사국은 또한 연령제한을
정하여 그 연령에 달하지 않은 어린이에 대한 유급노동에의 고용이 법률로 금지되고 처벌될 수
있도록 한다.

제11조

1. 이 규약의 당사국은 모든 사람이 적당한 식량, 의복 및 주택을 포함하여 자기 자신과 가정을
위한 적당한 생활수준을 누릴 권리와 생활조건을 지속적으로 개선할 권리를 가지는 것을 인정한
다. 당사국은 그러한 취지에서 자유로운 동의에 입각한 국제적 협력의 본질적인 중요성을 인정하
고, 그 권리의 실현을 확보하기 위한 적당한 조치를 취한다.

2. 이 규약의 당사국은 기아로부터의 해방이라는 모든 사람의 기본적인 권리를 인정하고, 개별적
으로 또는 국제협력을 통하여 아래 사항을 위하여 구체적 계획을 포함하는 필요한 조치를 취한다.

(a) 과학·기술 지식을 충분히 활용하고, 영양에 관한 원칙에 대한 지식을 보급하고, 천연자원을
   가장 효율적으로 개발하고 이용할 수 있도록 농지제도를 발전시키거나 개혁함으로써 식량의
   생산, 보존 및 분배의 방법을 개선할 것.

(b) 식량수입국 및 식량수출국 쌍방의 문제를 고려하여 필요에 따라 세계 식량공급의 공평한 분배
   를 확보할 것.

제12조

1. 이 규약의 당사국은 모든 사람이 도달 가능한 최고 수준의 신체적·정신적 건강을 향유할 권리
를 가지는 것을 인정한다.

2. 이 규약 당사국이 동 권리의 완전한 실현을 달성하기 위하여 취할 조치에는 다음 사항을 위하
여 필요한 조치가 포함된다.

(a) 사산율과 유아사망율의 감소 및 어린이의 건강한 발육

(b) 환경 및 산업위생의 모든 부문의 개선

(c) 전염병, 풍토병, 직업병 및 기타 질병의 예방, 치료 및 통제

(d) 질병 발생시 모든 사람에게 의료와 간호를 확보할 여건의 조성

제13조

1. 이 규약의 당사국은 모든 사람이 교육에 대한 권리를 가지는 것을 인정한다. 당사국은 교육이
인격과 인격의 존엄성에 대한 의식이 완전히 발전되는 방향으로 나아가야 하며, 교육이 인권과
기본적 자유를 더욱 존중하여야 한다는 것에 동의한다. 당사국은 나아가서 교육에 의하여 모든
사람이 자유사회에 효율적으로 참여하며, 민족간에 있어서나 모든 인종적, 종족적 또는 종교적
집단간에 있어서 이해, 관용 및 친선을 증진시키고, 평화유지를 위한 국제연합의 활동을 증진시킬
수 있도록 하는 것에 동의한다.

2. 이 규약의 당사국은 동 권리의 완전한 실현을 달성하기 위하여 다음 사항을 인정한다.

(a) 초등교육은 모든 사람에게 무상 의무교육으로 실시된다.

(b) 기술 및 직업 중등교육을 포함하여 여러 가지 형태의 중등 교육은, 모든 적당한 수단에 의하

여, 특히 무상교육의 점진적 도입에 의하여 모든 사람이 일반적으로 이용할 수 있도록 하고, 또한 모든 사람에게 개방된다.

(c) 고등교육은 모든 적당한 수단에 의하여, 특히 무상교육의 점진적 도입에 의하여, 능력에 기초하여 모든 사람에게 동등하게 개방된다.

(d) 기본교육은 초등교육을 받지 못하였거나 또는 초등교육의 전기간을 이수하지 못한 사람들을 위하여 가능한 한 장려되고 강화된다.

(e) 모든 단계에 있어서 학교제도의 발전이 적극적으로 추구되고, 적당한 연구 · 장학제도가 수립되며, 교직원의 물질적 처우는 계속적으로 개선된다.

3. 이 규약의 당사국은 부모 또는 경우에 따라서 법정후견인이 그들 자녀를 위하여 공공기관에 의하여 설립된 학교 이외의 학교로서 국가가 정하거나 승인하는 최소한도의 교육수준에 부합하는 학교를 선택하는 자유 및 그들의 신념에 따라 자녀의 종교적, 도덕적 교육을 확보할 수 있는 자유를 존중할 것을 약속한다.

4. 이 조의 어떠한 부분도 항상 이 조 제1항에 규정된 원칙을 준수하고, 그 교육기관에서의 교육이 국가가 결정하는 최소한의 기준에 일치한다는 요건 하에서, 개인과 단체가 교육기관을 설립, 운영할 수 있는 자유를 간섭하는 것으로 해석되지 아니한다.

제14조

이 규약의 당사국이 되는 때 그 본토나 자국 관할 내에 있는 기타 영토에서 무상으로 초등의무교육을 확보할 수 없는 각 당사국은 계획상에 정해질 합리적인 연한 이내에 모든 사람에 대한 무상의무교육 원칙을 점진적으로 시행하기 위한 세부실천계획을 2년 이내에 입안, 채택할 것을 약속한다.

제15조

1. 이 규약의 당사국은 모든 사람의 다음 권리를 인정한다.

(a) 문화생활에 참여할 권리

(b) 과학의 진보 및 응용으로부터 이익을 향유할 권리

(c) 자기가 저작한 모든 과학적, 문학적 또는 예술적 창작품으로부터 생기는 정신적, 물질적 이익의 보호로부터 이익을 받을 권리

2. 이 규약의 당사국이 그러한 권리의 완전한 실현을 달성하기 위하여 취하는 조치에는 과학과 문화의 보존, 발전 및 보급에 필요한 제반조치가 포함된다.

3. 이 규약의 당사국은 과학적 연구와 창조적 활동에 필수불가결한 자유를 존중할 것을 약속한다.

4. 이 규약의 당사국은 국제적 접촉의 장려와 발전 및 과학과 문화분야에서의 협력으로부터 이익이 초래됨을 인정한다.

제4부

제16조

1. 이 규약의 당사국은 규약에서 인정된 권리의 준수를 실현하기 위하여 취한 조치와 성취된 진전사항에 관한 보고서를 이 부의 규정에 따라 제출할 것을 약속한다.

2. (a) 모든 보고서는 국제연합사무총장에게 제출된다. 사무총장은 이 규약의 규정에 따라, 경제사회이사회가 심의할 수 있도록 보고서 사본을 동 이사회에 송부한다

(b) 국제연합사무총장은 이 규약의 당사국으로서 국제연합전문기구의 회원국인 국가가 제출한 보고서 또는 보고서 내용의 일부가 전문기구의 창설규정에 따라 동 전문기구의 책임에 속하는 문제와 관계가 있는 경우, 동 보고서 사본 또는 그 내용중의 관련 부분의 사본을 동 전문기구에 송부한다.

제17조

1. 이 규약의 당사국은 경제사회이사회가 규약당사국 및 관련 전문기구와 협의한 후, 이 규약의 발효 후 1년 이내에 수립하는 계획에 따라, 자국의 보고서를 각 단계별로 제출한다.

2. 동 보고서는 이 규약상의 의무의 이행정도에 영향을 미치는 요소 및 장애를 지적할 수 있다.

3. 이 규약의 당사국이 이미 국제연합 또는 전문기구에 관련 정보를 제출한 경우에는, 동일한 정보를 다시 작성하지 않고 동 정보에 대한 정확한 언급으로서 족하다.

제18조

경제사회이사회는 인권과 기본적 자유의 분야에서의 국제연합헌장상의 책임에 따라, 전문기구가 동 기구의 활동영역에 속하는 이 규약 규정의 준수를 달성하기 위하여 성취된 진전사항을 이사회에 보고하는 것과 관련하여, 당해 전문기구와 협정을 체결할 수 있다. 그러한 보고서에는 전문기구의 권한있는 기관이 채택한 규정의 이행에 관한 결정 및 권고의 상세를 포함할 수 있다.

제19조

경제사회이사회는 제16조 및 제17조에 따라 각국이 제출하는 인권에 관한 보고서 및 제18조에 따라 전문기구가 제출하는 인권에 관한 보고서 중 국제연합 인권위원회의 검토, 일반적 권고, 또는 정보를 위하여 적당한 보고서를 인권위원회에 송부할 수 있다.

제20조

이 규약의 당사국과 관련 전문기구는 제19조에 의한 일반적 권고에 대한 의견 또는 국제연합인권위원회의 보고서 또는 보고서에서 언급된 어떠한 문서에서도 그와 같은 일반적 권고에 대하여 언급하고 있는 부분에 관한 의견을 경제사회이사회에 제출할 수 있다.

제21조

경제사회이사회는 일반적 성격의 권고를 포함하는 보고서와 이 규약에서 인정된 권리의 일반적 준수를 달성하기 위하여 취한 조치 및 성취된 진전사항에 관하여 이 규약의 당사국 및 전문기구로부터 입수한 정보의 개요를 수시로 총회에 제출할 수 있다.

제22조

경제사회이사회는 이 규약의 제4부에서 언급된 보고서에서 생기는 문제로서, 국제연합의 타기관, 그 보조기관 및 기술원조의 제공에 관여하는 전문기구가 각기 그 권한 내에서 이 규약의 효과적, 점진적 실시에 기여할 수 있는 국제적 조치의 타당성을 결정하는데 도움이 될 수 있는 문제에 대하여 그들의 주의를 환기시킬 수 있다.

제23조

이 규약의 당사국은 이 규약에서 인정된 권리의 실현을 위한 국제적 조치에는 협약의 체결, 권고의 채택, 기술원조의 제공 및 관계정부와 협력하여 조직된 협의와 연구를 목적으로 하는 지역별 회의 및 기술적 회의의 개최와 같은 방안이 포함된다는 것에 동의한다.

제24조

이 규약의 어떠한 규정도 이 규약에서 취급되는 문제에 관하여 국제연합의 여러 기관과 전문기구의 책임을 각각 명시하고 있는 국제연합헌장 및 전문기구헌장의 규정을 침해하는 것으로 해석되지 아니한다.

제25조

이 규약의 어떠한 규정도 모든 사람이 그들의 천연적 부와 자원을 충분히, 자유로이 향유하고, 이용할 수 있는 고유의 권리를 침해하는 것으로 해석되지 아니한다.

제5부

제26조

1. 이 규약은 국제연합의 모든 회원국, 전문기구의 모든 회원국, 국제사법재판소 규정의 모든 당사국 또한 국제연합총회가 이 규약에 가입하도록 초청한 기타 모든 국가들의 서명을 위하여 개방된다.
2. 이 규약은 비준되어야 한다. 비준서는 국제연합사무총장에게 기탁된다.
3. 이 규약은 이 조 제1항에서 언급된 모든 국가들의 가입을 위하여 개방된다.
4. 가입은 가입서를 국제연합사무총장에게 기탁함으로써 이루어진다.
5. 국제연합사무총장은 이 규약에 서명 또는 가입한 모든 국가들에게 각 비준서 또는 가입서의 기탁을 통보한다.

제27조

1. 이 규약은 35번째의 비준서 또는 가입서가 국제연합사무총장에게 기탁된 날로부터 3개월 후에 발효한다.
2. 35번째 비준서 또는 가입서의 기탁후에 이 규약을 비준하거나 또는 이 규약에 가입하는 국가에 대하여는, 이 규약은 그 국가의 비준서 또는 가입서가 기탁된 날로부터 3개월 후에 발효한다.

제28조

이 규약의 규정은 어떠한 제한이나 예외없이 연방국가의 모든 지역에 적용된다.

제29조

1. 이 규약의 당사국은 개정안을 제안하고 이를 국제연합사무총장에게 제출할 수 있다. 사무총장은 개정안을 접수하는 대로, 각 당사국에게 동 제안을 심의하고 표결에 회부하기 위한 당사국회의 개최에 찬성하는지에 관한 의견을 사무총장에게 통보하여 줄 것을 요청하는 것과 함께, 개정안을 이 규약의 각 당사국에게 송부한다. 당사국중 최소 3분의1이 당사국회의 개최에 찬성하는 경우,

사무총장은 국제연합의 주관하에 동 회의를 소집한다. 동 회의에 출석하고 표결한 당사국의 과반수에 의하여 채택된 개정안은 그 승인을 위하여 국제연합총회에 제출된다.

2. 개정안은 국제연합총회의 승인을 얻고, 각기 자국의 헌법절차에 따라 이 규약 당사국의 3분의 2의 다수가 수락하는 때 발효한다.

3. 개정안은 발효시 이를 수락한 당사국을 구속하며, 여타 당사국은 계속하여 이 규약의 규정 및 이미 수락한 그 이전의 모든 개정에 의하여 구속된다.

제30조

제26조 제5항에 의한 통보에 관계없이, 국제연합사무총장은 동 조 제1항에서 언급된 모든 국가에 다음을 통보한다.

(a) 제26조에 의한 서명, 비준 및 가입

(b) 제27조에 의한 이 규약의 발효일자 및 제29조에 의한 모든 개정의 발효일자

제31조

1. 이 규약은 중국어, 영어, 불어, 러시아어 및 서반아어본이 동등히 정본이며, 국제연합 문서보존소에 기탁된다.

2. 국제연합사무총장은 제26조에서 언급된 모든 국가들에게 이 규약의 인증등본을 송부한다.

이상의 증거로, 하기 서명자들은 각자의 정부에 의하여 정당히 권한을 위임받아 일천구백육십육년 십이월 십구일 뉴욕에서 서명을 위하여 개방된 이 규약에 서명하였다.

3. INTERNATIONAL COVENANT ON ECONOMIC, SOCIAL AND CULTURAL RIGHTS

PREAMBLE

The States Parties to the present Covenant,

Considering that, in accordance with the principles proclaimed in the Charter of the United Nations, recognition of the inherent dignity and of the equal and inalienable rights of all members of the human family is the foundation of freedom, justice and peace in the world,

Recognizing that these rights derive from the inherent dignity of the human person,

Recognizing that, in accordance with the Universal Declaration of Human Rights, the ideal of free human beings enjoying freedom from fear and want can only be achieved if conditions are created whereby everyone may enjoy his economic, social and cultural rights, as well as his civil and political rights,

Considering the obligation of States under the Charter of the United Nations to promote universal respect for, and observance of, human rights and freedoms,

Realizing that the individual, having duties to other individuals and to the community to which he belongs, is under a responsibility to strive for the promotion and observance of the rights recognized in the present Covenant,

Agree upon the following articles:

PART I

Article 1

1. All peoples have the right of self-determination. By virtue of that right they freely determine their political status and freely pursue their economic, social and cultural development.

2. All peoples may, for their own ends, freely dispose of their natural wealth and resources without prejudice to any obligations arising out of international economic co-operation, based upon the principle of mutual benefit, and international law. In no case may a people be deprived of its own means of subsistence.

3. The States Parties to the present Covenant, including those having responsibility for the administration of Non-Self-Governing and Trust Territories, shall promote the realization of the right of self-determination, and shall respect that right, in conformity with the provisions of the Charter of the United Nations.

PART II

Article 2

1. Each State Party to the present Covenant undertakes to take steps, individually and through international assistance and co-operation, especially economic and technical, to the maximum of its

available resources, with a view to achieving progressively the full realization of the rights recognized in the present Covenant by all appropriate means, including particularly the adoption of legislative measures.

2. The States Parties to the present Covenant undertake to guarantee that the rights enunciated in the present Covenant will be exercised without discrimination of any kind as to race, colour, sex, language, religion, political or other opinion, national or social origin, property, birth or other status.

3. Developing countries, with due regard to human rights and their national economy, may determine to what extent they would guarantee the economic rights recognized in the present Covenant to non-nationals.

Article 3

The States Parties to the present Covenant undertake to ensure the equal right of men and women to the enjoyment of all economic, social and cultural rights set forth in the present Covenant.

Article 4

The States Parties to the present Covenant recognize that, in the enjoyment of those rights provided by the State in conformity with the present Covenant, the State may subject such rights only to such limitations as are determined by law only in so far as this may be compatible with the nature of these rights and solely for the purpose of promoting the general welfare in a democratic society.

Article 5

1. Nothing in the present Covenant may be interpreted as implying for any State, group or person any right to engage in any activity or to perform any act aimed at the destruction of any of the rights or freedoms recognized herein, or at their limitation to a greater extent than is provided for in the present Covenant.

2. No restriction upon or derogation from any of the fundamental human rights recognized or existing in any country in virtue of law, conventions, regulations or custom shall be admitted on the pretext that the present Covenant does not recognize such rights or that it recognizes them to a lesser extent.

PART III

Article 6

1. The States Parties to the present Covenant recognize the right to work, which includes the right of everyone to the opportunity to gain his living by work which he freely chooses or accepts, and will take appropriate steps to safeguard this right.

2. The steps to be taken by a State Party to the present Covenant to achieve the full realization of this right shall include technical and vocational guidance and training programmes, policies and techniques to achieve steady economic, social and cultural development and full and productive employment under conditions safeguarding fundamental political and economic freedoms to the individual.

Article 7

The States Parties to the present Covenant recognize the right of everyone to the enjoyment of just and favourable conditions of work which ensure, in particular:

(a) Remuneration which provides all workers, as a minimum, with:

(i) Fair wages and equal remuneration for work of equal value without distinction of any kind, in particular women being guaranteed conditions of work not inferior to those enjoyed by men, with equal pay for equal work;

(ii) A decent living for themselves and their families in accordance with the provisions of the present Covenant;

(b) Safe and healthy working conditions;

(c) Equal opportunity for everyone to be promoted in his employment to an appropriate higher level, subject to no considerations other than those of seniority and competence;

(d) Rest, leisure and reasonable limitation of working hours and periodic holidays with pay, as well as remuneration for public holidays.

Article 8

1. The States Parties to the present Covenant undertake to ensure:

(a) The right of everyone to form trade unions and join the trade union of his choice, subject only to the rules of the organization concerned, for the promotion and protection of his economic and social interests. No restrictions may be placed on the exercise of this right other than those prescribed by law and which are necessary in a democratic society in the interests of national security or public order or for the protection of the rights and freedoms of others;

(b) The right of trade unions to establish national federations or confederations and the right of the latter to form or join international trade-union organizations;

(c) The right of trade unions to function freely subject to no limitations other than those prescribed by law and which are necessary in a democratic society in the interests of national security or public order or for the protection of the rights and freedoms of others;

(d) The right to strike, provided that it is exercised in conformity with the laws of the particular country.

2. This article shall not prevent the imposition of lawful restrictions on the exercise of these rights by members of the armed forces or of the police or of the administration of the State.

3. Nothing in this article shall authorize States Parties to the International Labour Organisation Convention of 1948 concerning Freedom of Association and Protection of the Right to Organize to take legislative measures which would prejudice, or apply the law in such a manner as would prejudice, the guarantees provided for in that Convention.

Article 9

The States Parties to the present Covenant recognize the right of everyone to social security, including social insurance.

Article 10

The States Parties to the present Covenant recognize that:

1. The widest possible protection and assistance should be accorded to the family, which is the natural and fundamental group unit of society, particularly for its establishment and while it is responsible for the care and education of dependent children. Marriage must be entered into with the free consent of the intending spouses.

2. Special protection should be accorded to mothers during a reasonable period before and after childbirth. During such period working mothers should be accorded paid leave or leave with

adequate social security benefits.

3. Special measures of protection and assistance should be taken on behalf of all children and young persons without any discrimination for reasons of parentage or other conditions. Children and young persons should be protected from economic and social exploitation. Their employment in work harmful to their morals or health or dangerous to life or likely to hamper their normal development should be punishable by law. States should also set age limits below which the paid employment of child labour should be prohibited and punishable by law.

Article 11

1. The States Parties to the present Covenant recognize the right of everyone to an adequate standard of living for himself and his family, including adequate food, clothing and housing, and to the continuous improvement of living conditions. The States Parties will take appropriate steps to ensure the realization of this right, recognizing to this effect the essential importance of international co-operation based on free consent.

2. The States Parties to the present Covenant, recognizing the fundamental right of everyone to be free from hunger, shall take, individually and through international co-operation, the measures, including specific programmes, which are needed:

(a) To improve methods of production, conservation and distribution of food by making full use of technical and scientific knowledge, by disseminating knowledge of the principles of nutrition and by developing or reforming agrarian systems in such a way as to achieve the most efficient development and utilization of natural resources;

(b) Taking into account the problems of both food-importing and food-exporting countries, to ensure an equitable distribution of world food supplies in relation to need.

Article 12

1. The States Parties to the present Covenant recognize the right of everyone to the enjoyment of the highest attainable standard of physical and mental health.

2. The steps to be taken by the States Parties to the present Covenant to achieve the full realization of this right shall include those necessary for:

(a) The provision for the reduction of the stillbirth-rate and of infant mortality and for the healthy development of the child;

(b) The improvement of all aspects of environmental and industrial hygiene;

(c) The prevention, treatment and control of epidemic, endemic, occupational and other diseases;

(d) The creation of conditions which would assure to all medical service and medical attention in the event of sickness.

Article 13

1. The States Parties to the present Covenant recognize the right of everyone to education. They agree that education shall be directed to the full development of the human personality and the sense of its dignity, and shall strengthen the respect for human rights and fundamental freedoms. They further agree that education shall enable all persons to participate effectively in a free society, promote understanding, tolerance and friendship among all nations and all racial, ethnic or religious groups, and further the activities of the United Nations for the maintenance of peace.

2. The States Parties to the present Covenant recognize that, with a view to achieving the full realization of this right:

(a) Primary education shall be compulsory and available free to all;

(b) Secondary education in its different forms, including technical and vocational secondary education, shall be made generally available and accessible to all by every appropriate means, and in particular by the progressive introduction of free education;

(c) Higher education shall be made equally accessible to all, on the basis of capacity, by every appropriate means, and in particular by the progressive introduction of free education;

(d) Fundamental education shall be encouraged or intensified as far as possible for those persons who have not received or completed the whole period of their primary education;

(e) The development of a system of schools at all levels shall be actively pursued, an adequate fellowship system shall be established, and the material conditions of teaching staff shall be continuously improved.

3. The States Parties to the present Covenant undertake to have respect for the liberty of parents and, when applicable, legal guardians to choose for their children schools, other than those established by the public authorities, which conform to such minimum educational standards as may be laid down or approved by the State and to ensure the religious and moral education of their children in conformity with their own convictions.

4. No part of this article shall be construed so as to interfere with the liberty of individuals and bodies to establish and direct educational institutions, subject always to the observance of the principles set forth in paragraph I of this article and to the requirement that the education given in such institutions shall conform to such minimum standards as may be laid down by the State.

Article 14

Each State Party to the present Covenant which, at the time of becoming a Party, has not been able to secure in its metropolitan territory or other territories under its jurisdiction compulsory primary education, free of charge, undertakes, within two years, to work out and adopt a detailed plan of action for the progressive implementation, within a reasonable number of years, to be fixed in the plan, of the principle of compulsory education free of charge for all.

Article 15

1. The States Parties to the present Covenant recognize the right of everyone:

(a) To take part in cultural life;

(b) To enjoy the benefits of scientific progress and its applications;

(c) To benefit from the protection of the moral and material interests resulting from any scientific, literary or artistic production of which he is the author.

2. The steps to be taken by the States Parties to the present Covenant to achieve the full realization of this right shall include those necessary for the conservation, the development and the diffusion of science and culture.

3. The States Parties to the present Covenant undertake to respect the freedom indispensable for scientific research and creative activity.

4. The States Parties to the present Covenant recognize the benefits to be derived from the encouragement and development of international contacts and co-operation in the scientific and cultural fields.

PART IV

Article 16

1. The States Parties to the present Covenant undertake to submit in conformity with this part of the Covenant reports on the measures which they have adopted and the progress made in achieving the observance of the rights recognized herein.

2. (a) All reports shall be submitted to the Secretary-General of the United Nations, who shall transmit copies to the Economic and Social Council for consideration in accordance with the provisions of the present Covenant;

(b) The Secretary-General of the United Nations shall also transmit to the specialized agencies copies of the reports, or any relevant parts therefrom, from States Parties to the present Covenant which are also members of these specialized agencies in so far as these reports, or parts therefrom, relate to any matters which fall within the responsibilities of the said agencies in accordance with their constitutional instruments.

Article 17

1. The States Parties to the present Covenant shall furnish their reports in stages, in accordance with a programme to be established by the Economic and Social Council within one year of the entry into force of the present Covenant after consultation with the States Parties and the specialized agencies concerned.

2. Reports may indicate factors and difficulties affecting the degree of fulfilment of obligations under the present Covenant.

3. Where relevant information has previously been furnished to the United Nations or to any specialized agency by any State Party to the present Covenant, it will not be necessary to reproduce that information, but a precise reference to the information so furnished will suffice.

Article 18

Pursuant to its responsibilities under the Charter of the United Nations in the field of human rights and fundamental freedoms, the Economic and Social Council may make arrangements with the specialized agencies in respect of their reporting to it on the progress made in achieving the observance of the provisions of the present Covenant falling within the scope of their activities. These reports may include particulars of decisions and recommendations on such implementation adopted by their competent organs.

Article 19

The Economic and Social Council may transmit to the Commission on Human Rights for study and general recommendation or, as appropriate, for information the reports concerning human rights submitted by States in accordance with articles 16 and 17, and those concerning human rights submitted by the specialized agencies in accordance with article 18.

Article 20

The States Parties to the present Covenant and the specialized agencies concerned may submit comments to the Economic and Social Council on any general recommendation under article 19 or reference to such general recommendation in any report of the Commission on Human Rights or any documentation referred to therein.

Article 21

The Economic and Social Council may submit from time to time to the General Assembly reports with recommendations of a general nature and a summary of the information received from the States Parties to the present Covenant and the specialized agencies on the measures taken and the progress made in achieving general observance of the rights recognized in the present Covenant.

Article 22

The Economic and Social Council may bring to the attention of other organs of the United Nations, their subsidiary organs and specialized agencies concerned with furnishing technical assistance any matters arising out of the reports referred to in this part of the present Covenant which may assist such bodies in deciding, each within its field of competence, on the advisability of international measures likely to contribute to the effective progressive implementation of the present Covenant.

Article 23

The States Parties to the present Covenant agree that international action for the achievement of the rights recognized in the present Covenant includes such methods as the conclusion of conventions, the adoption of recommendations, the furnishing of technical assistance and the holding of regional meetings and technical meetings for the purpose of consultation and study organized in conjunction with the Governments concerned.

Article 24

Nothing in the present Covenant shall be interpreted as impairing the provisions of the Charter of the United Nations and of the constitutions of the specialized agencies which define the respective responsibilities of the various organs of the United Nations and of the specialized agencies in regard to the matters dealt with in the present Covenant.

Article 25

Nothing in the present Covenant shall be interpreted as impairing the inherent right of all peoples to enjoy and utilize fully and freely their natural wealth and resources.

PART V

Article 26

1. The present Covenant is open for signature by any State Member of the United Nations or member of any of its specialized agencies, by any State Party to the Statute of the International Court of Justice, and by any other State which has been invited by the General Assembly of the United Nations to become a party to the present Covenant.

2. The present Covenant is subject to ratification. Instruments of ratification shall be deposited with the Secretary-General of the United Nations.

3. The present Covenant shall be open to accession by any State referred to in paragraph 1 of this article.

4. Accession shall be effected by the deposit of an instrument of accession with the Secretary-General of the United Nations.

5. The Secretary-General of the United Nations shall inform all States which have signed the present

Covenant or acceded to it of the deposit of each instrument of ratification or accession.

Article 27

1. The present Covenant shall enter into force three months after the date of the deposit with the Secretary-General of the United Nations of the thirty-fifth instrument of ratification or instrument of accession.

2. For each State ratifying the present Covenant or acceding to it after the deposit of the thirty-fifth instrument of ratification or instrument of accession, the present Covenant shall enter into force three months after the date of the deposit of its own instrument of ratification or instrument of accession.

Article 28

The provisions of the present Covenant shall extend to all parts of federal States without any limitations or exceptions.

Article 29

1. Any State Party to the present Covenant may propose an amendment and file it with the Secretary-General of the United Nations. The Secretary-General shall thereupon communicate any proposed amendments to the States Parties to the present Covenant with a request that they notify him whether they favour a conference of States Parties for the purpose of considering and voting upon the proposals. In the event that at least one third of the States Parties favours such a conference, the Secretary-General shall convene the conference under the auspices of the United Nations. Any amendment adopted by a majority of the States Parties present and voting at the conference shall be submitted to the General Assembly of the United Nations for approval.

2. Amendments shall come into force when they have been approved by the General Assembly of the United Nations and accepted by a two-thirds majority of the States Parties to the present Covenant in accordance with their respective constitutional processes.

3. When amendments come into force they shall be binding on those States Parties which have accepted them, other States Parties still being bound by the provisions of the present Covenant and any earlier amendment which they have accepted.

Article 30

Irrespective of the notifications made under article 26, paragraph 5, the Secretary-General of the United Nations shall inform all States referred to in paragraph I of the same article of the following particulars:

(a) Signatures, ratifications and accessions under article 26;

(b) The date of the entry into force of the present Covenant under article 27 and the date of the entry into force of any amendments under article 29.

Article 31

1. The present Covenant, of which the Chinese, English, French, Russian and Spanish texts are equally authentic, shall be deposited in the archives of the United Nations.

2. The Secretary-General of the United Nations shall transmit certified copies of the present Covenant to all States referred to in article 26.

4. 시민적 및 정치적 권리에 관한 국제규약

1966.12.19 체결/ 1976.3.23 발효. 단, 제41조는 1979.3.28 발효/ 당사국 수 162/
대한민국 적용일 1990.7.10*

이 규약의 당사국은,

국제연합 헌장에 선언된 원칙에 따라 인류사회의 모든 구성원의 고유의 존엄성 및 평등하고 양도할 수 없는 권리를 인정하는 것이 세계의 자유, 정의 및 평화의 기초가 됨을 고려하고,

이러한 권리는 인간의 고유한 존엄성으로부터 유래함을 인정하며,

세계인권선언에 따라 시민적, 정치적 자유 및 공포와 결핍으로부터의 자유를 향유하는 자유인간의 이상은 모든 사람이 자신의 경제적, 사회적 및 문화적 권리뿐만 아니라 시민적 및 정치적 권리를 향유할 수 있는 여건이 조성되는 경우에만 성취될 수 있음을 인정하며,

인권과 자유에 대한 보편적 존중과 준수를 촉진시킬 국제연합 헌장상의 국가의 의무를 고려하며,

타 개인과 자기가 속한 사회에 대한 의무를 지고 있는 개인은, 이 규약에서 인정된 권리의 증진과 준수를 위하여 노력하여야 할 책임이 있음을 인식하여,

다음의 조문들에 합의한다.

제1부

제1조

1. 모든 사람은 자결권을 가진다. 이 권리에 기초하여 모든 사람은 그들의 정치적 지위를 자유로이 결정하고, 또한 그들의 경제적, 사회적 및 문화적 발전을 자유로이 추구한다.

2. 모든 사람은 호혜의 원칙에 입각한 국제적 경제협력으로부터 발생하는 의무 및 국제법상의 의무에 위반하지 아니하는 한, 그들 자신의 목적을 위하여 그들의 천연의 부와 자원을 자유로이 처분할 수 있다. 어떠한 경우에도 사람은 그들의 생존수단을 박탈당하지 아니한다.

3. 비자치지역 및 신탁통치지역의 행정책임을 맡고 있는 국가들을 포함하여 이 규약의 당사국은 국제연합 헌장의 규정에 따라 자결권의 실현을 촉진하고 동 권리를 존중하여야 한다.

---

* 유보 : 대한민국 정부는 동 규약을 심의한 후, 동 규약의 제14조 5항, 제14조 7항, 제22조 및 제23조 4항의 규정이 대한민국 헌법을 포함한 관련 국내법 규정에 일치되도록 적용될 것임과 동 규약 제41조상의 인권이사회의 권한을 인정함을 선언하며, 이에 동규약에 가입한다.

유보철회 : 이러한 유보선언에 대해 대한민국은 규약 제23조 제4항에 대한 유보를 1991년 3월 15일 철회하였으며(조약 제1042호), 제14조 제7항에 대한 유보를 1993년 1월 21일 철회하였으며(조약 제1122호), 제14조 5항에 대한 유보를 2007년 4월 2일 철회하였음(조약 제1840호).

제2부

제2조

1. 이 규약의 각 당사국은 자국의 영토 내에 있으며, 그 관할권하에 있는 모든 개인에 대하여 인종, 피부색, 성, 언어, 종교, 정치적 또는 기타의 의견, 민족적 또는 사회적 출신, 재산, 출생 또는 기타의 신분 등에 의한 어떠한 종류의 차별도 없이 이 규약에서 인정되는 권리들을 존중하고 확보할 것을 약속한다.

2. 이 규약의 각 당사국은 현행의 입법조치 또는 기타 조치에 의하여 아직 규정되어 있지 아니한 경우, 이 규약에서 인정되는 권리들을 실현하기 위하여 필요한 입법조치 또는 기타 조치를 취하기 위하여 자국의 헌법상의 절차 및 이 규약의 규정에 따라 필요한 조치를 취할 것을 약속한다.

3. 이 규약의 각 당사국은 다음의 조치를 취할 것을 약속한다.

(a) 이 규약에서 인정되는 권리 또는 자유를 침해당한 사람에 대하여, 그러한 침해가 공무집행 중인 자에 의하여 자행된 것이라 할지라도 효과적인 구제조치를 받도록 확보할 것.

(b) 그러한 구제조치를 청구하는 개인에 대하여, 권한 있는 사법, 행정 또는 입법 당국 또는 당해 국가의 법률제도가 정하는 기타 권한 있는 당국에 의하여 그 권리가 결정될 것을 확보하고, 또한 사법적 구제조치의 가능성을 발전시킬 것.

(c) 그러한 구제조치가 허용되는 경우, 권한 있는 당국이 이를 집행할 것을 확보할 것.

제3조

이 규약의 당사국은 이 규약에서 규정된 모든 시민적 및 정치적 권리를 향유함에 있어서 남녀에게 동등한 권리를 확보할 것을 약속한다.

제4조

1. 국민의 생존을 위협하는 공공의 비상사태의 경우에 있어서 그러한 비상사태의 존재가 공식으로 선포되어 있을 때에는 이 규약의 당사국은 당해 사태의 긴급성에 의하여 엄격히 요구되는 한도 내에서 이 규약상의 의무를 위반하는 조치를 취할 수 있다. 다만, 그러한 조치는 당해국의 국제법 상의 여타 의무에 저촉되어서는 아니되며, 또한 인종, 피부색, 성, 언어, 종교 또는 사회적 출신만을 이유로 하는 차별을 포함하여서는 아니된다.

2. 전항의 규정은 제6조, 제7조, 제8조(제1항 및 제2항), 제11조, 제15조, 제16조 및 제18조에 대한 위반을 허용하지 아니한다.

3. 의무를 위반하는 조치를 취할 권리를 행사하는 이 규약의 당사국은, 위반하는 규정 및 위반하게 된 이유를, 국제연합 사무총장을 통하여 이 규약의 타 당사국들에게 즉시 통지한다. 또한 당사국은 그러한 위반이 종료되는 날에 동일한 경로를 통하여 그 내용을 통지한다.

제5조

1. 이 규약의 어떠한 규정도 국가, 집단 또는 개인이 이 규약에서 인정되는 권리 및 자유를 파괴하거나, 또는 이 규약에서 규정된 제한의 범위를 넘어 제한하는 것을 목적으로 하는 활동에 종사하거나 또는 그와 같은 것을 목적으로 하는 행위를 행할 권리를 가지는 것으로 해석되지 아니한다.

2. 이 규약의 어떠한 당사국에서 법률, 협정, 규칙 또는 관습에 의하여 인정되거나 또는 현존하고 있는 기본적 인권에 대하여는, 이 규약이 그러한 권리를 인정하지 아니하거나 또는 그 인정의 범위가 보다 협소하다는 것을 구실로 동 권리를 제한하거나 또는 훼손하여서는 아니된다.

제3부

제6조

1. 모든 인간은 고유한 생명권을 가진다. 이 권리는 법률에 의하여 보호된다. 어느 누구도 자의적으로 자신의 생명을 박탈당하지 아니한다.

2. 사형을 폐지하지 아니하고 있는 국가에 있어서 사형은 범죄 당시의 현행법에 따라서 또한 이 규약의 규정과 집단살해죄의 방지 및 처벌에 관한 협약에 저촉되지 아니하는 법률에 의하여 가장 중한 범죄에 대해서만 선고될 수 있다. 이 형벌은 권한 있는 법원이 내린 최종판결에 의하여서만 집행될 수 있다.

3. 생명의 박탈이 집단살해죄를 구성하는 경우에는 이 조의 어떠한 규정도 이 규약의 당사국이 집단살해죄의 방지 및 처벌에 관한 협약의 규정에 따라 지고 있는 의무를 어떠한 방법으로도 위반하는 것을 허용하는 것은 아니라고 이해한다.

4. 사형을 선고받은 사람은 누구나 사면 또는 감형을 청구할 권리를 가진다. 사형선고에 대한 일반사면, 특별사면 또는 감형은 모든 경우에 부여될 수 있다.

5. 사형선고는 18세 미만의 자가 범한 범죄에 대하여 과하여져서는 아니되며, 또한 임산부에 대하여 집행되어서는 아니된다.

6. 이 규약의 어떠한 규정도 이 규약의 당사국에 의하여 사형의 폐지를 지연시키거나 또는 방해하기 위하여 원용되어서는 아니된다.

제7조

어느 누구도 고문 또는 잔혹한, 비인도적인 또는 굴욕적인 취급 또는 형벌을 받지 아니한다. 특히 누구든지 자신의 자유로운 동의 없이 의학적 또는 과학적 실험을 받지 아니한다.

제8조

1. 어느 누구도 노예상태에 놓여지지 아니한다. 모든 형태의 노예제도 및 노예매매는 금지된다.

2. 어느 누구도 예속상태에 놓여지지 아니한다.

3. (a) 어느 누구도 강제노동을 하도록 요구되지 아니한다.

(b) 제3항 "(a)"의 규정은 범죄에 대한 형벌로 중노동을 수반한 구금형을 부과할 수 있는 국가에서, 권한 있는 법원에 의하여 그러한 형의 선고에 따른 중노동을 시키는 것을 금지하는 것으로 해석되지 아니한다.

(c) 이 항의 적용상 "강제노동"이라는 용어는 다음 사항을 포함하지 아니한다.

(i) "(b)"에서 언급되지 아니한 작업 또는 역무로서 법원의 합법적 명령에 의하여 억류되어 있는 자 또는 그러한 억류로부터 조건부 석방 중에 있는 자에게 통상적으로 요구되는 것

(ii) 군사적 성격의 역무 및 양심적 병역거부가 인정되고 있는 국가에 있어서는 양심적 병역거부자

에게 법률에 의하여 요구되는 국민적 역무

(iii) 공동사회의 존립 또는 복지를 위협하는 긴급사태 또는 재난시에 요구되는 역무

(iv) 시민으로서 통상적인 의무를 구성하는 작업 또는 역무

제9조

1. 모든 사람은 신체의 자유와 안전에 대한 권리를 가진다. 누구든지 자의적으로 체포되거나 또는 억류되지 아니한다. 어느 누구도 법률로 정한 이유 및 절차에 따르지 아니하고는 그 자유를 박탈당하지 아니한다.

2. 체포된 사람은 누구든지 체포시에 체포이유를 통고받으며, 또한 그에 대한 피의 사실을 신속히 통고받는다.

3. 형사상의 죄의 혐의로 체포되거나 또는 억류된 사람은 법관 또는 법률에 의하여 사법권을 행사할 권한을 부여받은 기타 관헌에게 신속히 회부되어야 하며, 또한 그는 합리적인 기간 내에 재판을 받거나 또는 석방될 권리를 가진다. 재판에 회부되는 사람을 억류하는 것이 일반적인 원칙이 되어서는 아니되며, 석방은 재판 기타 사법적 절차의 모든 단계에서 출두 및 필요한 경우 판결의 집행을 위하여 출두할 것이라는 보증을 조건으로 이루어질 수 있다.

4. 체포 또는 억류에 의하여 자유를 박탈당한 사람은 누구든지, 법원이 그의 억류의 합법성을 지체없이 결정하고, 그의 억류가 합법적이 아닌 경우에는 그의 석방을 명령할 수 있도록 하기 위하여, 법원에 절차를 취할 권리를 가진다.

5. 불법적인 체포 또는 억류의 희생이 된 사람은 누구든지 보상을 받을 권리를 가진다.

제10조

1. 자유를 박탈당한 모든 사람은 인도적으로 또한 인간의 고유한 존엄성을 존중하여 취급된다.

2. (a) 피고인은 예외적인 사정이 있는 경우를 제외하고는 기결수와 격리되며, 또한 유죄의 판결을 받고 있지 아니한 자로서의 지위에 상응하는 별도의 취급을 받는다.

   (b) 미성년 피고인은 성인과 격리되며 또한 가능한 한 신속히 재판에 회부된다.

3. 교도소 수감제도는 재소자들의 교정과 사회복귀를 기본적인 목적으로 하는 처우를 포함한다. 미성년 범죄자는 성인과 격리되며 또한 그들의 연령 및 법적 지위에 상응하는 대우가 부여된다.

제11조

어느 누구도 계약상 의무의 이행불능만을 이유로 구금되지 아니한다.

제12조

1. 합법적으로 어느 국가의 영역 내에 있는 모든 사람은, 그 영역 내에서 이동의 자유 및 거주의 자유에 관한 권리를 가진다.

2. 모든 사람은 자국을 포함하여 어떠한 나라로부터도 자유로이 퇴거할 수 있다.

3. 상기 권리는 법률에 의하여 규정되고, 국가안보, 공공질서, 공중보건 또는 도덕 또는 타인의 권리와 자유를 보호하기 위하여 필요하고, 또한 이 규약에서 인정되는 기타 권리와 양립되는 것을 제외하고는 어떠한 제한도 받지 아니한다.

4. 어느 누구도 자국에 돌아올 권리를 자의적으로 박탈당하지 아니한다.

제13조

합법적으로 이 규약의 당사국의 영역 내에 있는 외국인은, 법률에 따라 이루어진 결정에 의하여서만 그 영역으로부터 추방될 수 있으며, 또한 국가안보상 불가피하게 달리 요구되는 경우를 제외하고는 자기의 추방에 반대하는 이유를 제시할 수 있고 또한 권한 있는 당국 또는 동 당국에 의하여 특별히 지명된 자에 의하여 자기의 사안이 심사되는 것이 인정되며, 또한 이를 위하여 그 당국 또는 사람 앞에서 다른 사람이 그를 대리하는 것이 인정된다.

제14조

1. 모든 사람은 재판에 있어서 평등하다. 모든 사람은 그에 대한 형사상의 죄의 결정 또는 민사상의 권리 및 의무의 다툼에 관한 결정을 위하여 법률에 의하여 설치된 권한 있는 독립적이고 공평한 법원에 의한 공정한 공개심리를 받을 권리를 가진다. 보도기관 및 공중에 대하여서는, 민주사회에 있어서 도덕, 공공질서 또는 국가안보를 이유로 하거나 또는 당사자들의 사생활의 이익을 위하여 필요한 경우, 또는 공개가 사법상 이익을 해할 특별한 사정이 있는 경우 법원의 견해로 엄격히 필요하다고 판단되는 한도에서 재판의 전부 또는 일부를 공개하지 않을 수 있다. 다만, 형사소송 기타 소송에서 선고되는 판결은 미성년자의 이익을 위하여 필요한 경우 또는 당해 절차가 혼인관계의 분쟁이나 아동의 후견문제에 관한 경우를 제외하고는 공개된다.

2. 모든 형사피의자는 법률에 따라 유죄가 입증될 때까지 무죄로 추정받을 권리를 가진다.

3. 모든 사람은 그에 대한 형사상의 죄를 결정함에 있어서 적어도 다음과 같은 보장을 완전 평등하게 받을 권리를 가진다.

(a) 그에 대한 죄의 성질 및 이유에 관하여 그가 이해하는 언어로 신속하고 상세하게 통고받을 것

(b) 변호의 준비를 위하여 충분한 시간과 편의를 가질 것과 본인이 선임한 변호인과 연락을 취할 것

(c) 부당하게 지체됨이 없이 재판을 받을 것

(d) 본인의 출석하에 재판을 받으며, 또한 직접 또는 본인이 선임하는 자의 법적 조력을 통하여 변호할 것. 만약 법적 조력을 받지 못하는 경우 변호인의 조력을 받을 권리에 대하여 통지를 받을 것. 사법상의 이익을 위하여 필요한 경우 및 충분한 지불수단을 가지고 있지 못하는 경우 본인이 그 비용을 부담하지 아니하고 법적 조력이 그에게 주어지도록 할 것

(e) 자기에게 불리한 증인을 신문하거나 또는 신문받도록 할 것과 자기에게 불리한 증인과 동일한 조건으로 자기를 위한 증인을 출석시키도록 하고 또한 신문받도록 할 것

(f) 법정에서 사용되는 언어를 이해하지 못하거나 또는 말할 수 없는 경우에는 무료로 통역의 조력을 받을 것

(g) 자기에게 불리한 진술 또는 유죄의 자백을 강요당하지 아니할 것

4. 미성년자의 경우에는 그 절차가 그들의 연령을 고려하고 또한 그들의 갱생을 촉진하고자 하는 요망을 고려한 것이어야 한다.

5. 유죄판결을 받은 모든 사람은 법률에 따라 그 판결 및 형벌에 대하여 상급 법원에서 재심을 받을 권리를 가진다.

6. 어떤 사람이 확정판결에 의하여 유죄판결을 받았으나, 그 후 새로운 사실 또는 새로 발견된 사실에 의하여 오심이 있었음을 결정적으로 입증함으로써 그에 대한 유죄판결이 파기되었거나 또는 사면을 받았을 경우에는 유죄판결의 결과 형벌을 받은 자는 법률에 따라 보상을 받는다. 다만, 그 알지 못한 사실이 적시에 밝혀지지 않은 것이 전체적으로 또는 부분적으로 그에게 책임이 있었다는 것이 증명된 경우에는 그러하지 아니한다.

7. 어느 누구도 각국의 법률 및 형사절차에 따라 이미 확정적으로 유죄 또는 무죄선고를 받은 행위에 관하여서는 다시 재판 또는 처벌을 받지 아니한다.

제15조

1. 어느 누구도 행위시의 국내법 또는 국제법에 의하여 범죄를 구성하지 아니하는 작위 또는 부작위를 이유로 유죄로 되지 아니한다. 또한 어느 누구도 범죄가 행하여진 때에 적용될 수 있는 형벌보다도 중한 형벌을 받지 아니한다. 범죄인은 범죄가 행하여진 후에 보다 가벼운 형을 부과하도록 하는 규정이 법률에 정해진 경우에는 그 혜택을 받는다.

2. 이 조의 어떠한 규정도 국제사회에 의하여 인정된 법의 일반원칙에 따라 그 행위시에 범죄를 구성하는 작위 또는 부작위를 이유로 당해인을 재판하고 처벌하는 것을 방해하지 아니한다.

제16조

모든 사람은 어디에서나 법 앞에 인간으로서 인정받을 권리를 가진다.

제17조

1. 어느 누구도 그의 사생활, 가정, 주거 또는 통신에 대하여 자의적이거나 불법적인 간섭을 받거나 또는 그의 명예와 신용에 대한 불법적인 비난을 받지 아니한다.

2. 모든 사람은 그러한 간섭 또는 비난에 대하여 법의 보호를 받을 권리를 가진다.

제18조

1. 모든 사람은 사상, 양심 및 종교의 자유에 대한 권리를 가진다. 이러한 권리는 스스로 선택하는 종교나 신념을 가지거나 받아들일 자유와 단독으로 또는 다른 사람과 공동으로, 공적 또는 사적으로 예배, 의식, 행사 및 선교에 의하여 그의 종교나 신념을 표명하는 자유를 포함한다.

2. 어느 누구도 스스로 선택하는 종교나 신념을 가지거나 받아들일 자유를 침해하게 될 강제를 받지 아니한다.

3. 자신의 종교나 신념을 표명하는 자유는, 법률에 규정되고 공공의 안전, 질서, 공중보건, 도덕 또는 타인의 기본적 권리 및 자유를 보호하기 위하여 필요한 경우에만 제한받을 수 있다.

4. 이 규약의 당사국은 부모 또는 경우에 따라 법정 후견인이 그들의 신념에 따라 자녀의 종교적, 도덕적 교육을 확보할 자유를 존중할 것을 약속한다.

제19조

1. 모든 사람은 간섭받지 아니하고 의견을 가질 권리를 가진다.

2. 모든 사람은 표현의 자유에 대한 권리를 가진다. 이 권리는 구두, 서면 또는 인쇄, 예술의 형태 또는 스스로 선택하는 기타의 방법을 통하여 국경에 관계없이 모든 종류의 정보와 사상을 추구하

고 접수하며 전달하는 자유를 포함한다.

3. 이 조 제2항에 규정된 권리의 행사에는 특별한 의무와 책임이 따른다. 따라서 그러한 권리의 행사는 일정한 제한을 받을 수 있다. 다만, 그 제한은 법률에 의하여 규정되고 또한 다음 사항을 위하여 필요한 경우에만 한정된다.

(a) 타인의 권리 또는 신용의 존중

(b) 국가안보 또는 공공질서 또는 공중보건 또는 도덕의 보호

제20조

1. 전쟁을 위한 어떠한 선전도 법률에 의하여 금지된다.

2. 차별, 적의 또는 폭력의 선동이 될 민족적, 인종적 또는 종교적 증오의 고취는 법률에 의하여 금지된다.

제21조

평화적인 집회의 권리가 인정된다. 이 권리의 행사에 대하여는 법률에 따라 부과되고, 또한 국가안보 또는 공공의 안전, 공공질서, 공중보건 또는 도덕의 보호 또는 타인의 권리 및 자유의 보호를 위하여 민주사회에서 필요한 것 이외의 어떠한 제한도 과하여져서는 아니된다.

제22조

1. 모든 사람은 자기의 이익을 보호하기 위하여 노동조합을 결성하고 이에 가입하는 권리를 포함하여 다른 사람과의 결사의 자유에 대한 권리를 갖는다.

2. 이 권리의 행사에 대하여는 법률에 의하여 규정되고, 국가안보 또는 공공의 안전, 공공질서, 공중보건 또는 도덕의 보호 또는 타인의 권리 및 자유의 보호를 위하여 민주사회에서 필요한 것 이외의 어떠한 제한도 과하여져서는 아니된다. 이 조는 군대와 경찰의 구성원이 이 권리를 행사하는 데 대하여 합법적인 제한을 부과하는 것을 방해하지 아니한다.

3. 이 조의 어떠한 규정도 결사의 자유 및 단결권의 보호에 관한 1948년의 국제노동기구협약의 당사국이 동 협약에 규정하는 보장을 저해하려는 입법조치를 취하도록 하거나 또는 이를 저해하려는 방법으로 법률을 적용할 것을 허용하는 것은 아니다.

제23조

1. 가정은 사회의 자연적이며 기초적인 단위이고, 사회와 국가의 보호를 받을 권리를 가진다.

2. 혼인적령의 남녀가 혼인을 하고, 가정을 구성할 권리가 인정된다.

3. 혼인은 양당사자의 자유롭고 완전한 합의 없이는 성립되지 아니한다.

4. 이 규약의 당사국은 혼인 기간 중 및 혼인 해소시에 혼인에 대한 배우자의 권리 및 책임의 평등을 확보하기 위하여 적절한 조치를 취한다. 혼인 해소의 경우에는 자녀에 대한 필요한 보호를 위한 조치를 취한다.

제24조

1. 모든 어린이는 인종, 피부색, 성, 언어, 종교, 민족적 또는 사회적 출신, 재산 또는 출생에 관하여 어떠한 차별도 받지 아니하고 자신의 가족, 사회 및 국가에 대하여 미성년자로서의 지위로 인

하여 요구되는 보호조치를 받을 권리를 가진다.

2. 모든 어린이는 출생 후 즉시 등록되고, 성명을 가진다.

3. 모든 어린이는 국적을 취득할 권리를 가진다.

제25조

모든 시민은 제2조에 규정하는 어떠한 차별이나 또는 불합리한 제한도 받지 아니하고 다음의 권리 및 기회를 가진다.

(a) 직접 또는 자유로이 선출한 대표자를 통하여 정치에 참여하는 것

(b) 보통, 평등 선거권에 따라 비밀투표에 의하여 행하여지고, 선거인의 의사의 자유로운 표명을 보장하는 진정한 정기적 선거에서 투표하거나 피선되는 것

(c) 일반적인 평등 조건하에 자국의 공무에 취임하는 것

제26조

모든 사람은 법 앞에 평등하고 어떠한 차별도 없이 법의 평등한 보호를 받을 권리를 가진다. 이를 위하여 법률은 모든 차별을 금지하고, 인종, 피부색, 성, 언어, 종교, 정치적, 또는 기타의 의견, 민족적 또는 사회적 출신, 재산, 출생 또는 기타의 신분 등의 어떠한 이유에 의한 차별에 대하여도 평등하고 효과적인 보호를 모든 사람에게 보장한다.

제27조

종족적, 종교적 또는 언어적 소수민족이 존재하는 국가에 있어서는 그러한 소수민족에 속하는 사람들에게 그 집단의 다른 구성원들과 함께 그들 자신의 문화를 향유하고, 그들 자신의 종교를 표명하고 실행하거나 또는 그들 자신의 언어를 사용할 권리가 부인되지 아니한다.

제4부

제28조

1. 인권이사회(이하 이 규약에서 이사회라 한다)를 설치한다. 이사회는 18인의 위원으로 구성되며 이하에 규정된 임무를 행한다.

2. 이사회는 고매한 인격을 가지고 인권 분야에서 능력이 인정된 이 규약의 당사국의 국민들로 구성하고, 법률적 경험을 가진 약간명의 인사의 참여가 유익할 것이라는 점을 고려한다.

3. 이사회의 위원은 개인적 자격으로 선출되고, 직무를 수행한다.

제29조

1. 이사회의 위원은 제28조에 규정된 자격을 가지고 이 규약의 당사국에 의하여 선거를 위하여 지명된 자의 명단 중에서 비밀투표에 의하여 선출된다.

2. 이 규약의 각 당사국은 2인 이하의 자를 지명할 수 있다. 이러한 자는 지명하는 국가의 국민이어야 한다.

3. 동일인이 재지명 받을 수 있다.

제30조

1. 최초의 선거는 이 규약의 발효일로부터 6개월 이내에 실시된다.

2. 국제연합 사무총장은, 제34조에 따라 선언된 결원의 보충선거를 제외하고는, 이사회의 구성을 위한 각 선거일의 최소 4개월 전에, 이 규약당사국이 3개월 이내에 위원회의 위원후보 지명을 제출하도록 하기 위하여 당사국에 서면 초청장을 발송한다.

3. 국제연합 사무총장은, 이와 같이 지명된 후보들을 지명국 이름의 명시와 함께 알파벳 순으로 명단을 작성하여 늦어도 선거일 1개월 전에 동 명단을 이 규약당사국에게 송부한다.

4. 이사회 위원의 선거는 국제연합 사무총장이 국제연합 본부에서 소집한 이 규약당사국 회합에서 실시된다. 이 회합은 이 규약당사국의 3분의 2를 정족수로 하고, 출석하여 투표하는 당사국 대표의 최대다수표 및 절대다수표를 획득하는 후보가 위원으로 선출된다.

제31조

1. 이사회는 동일국가의 국민을 2인 이상 포함할 수 없다.

2. 이사회의 선거에 있어서는 위원의 공평한 지리적 안배와 상이한 문명 형태 및 주요한 법률체계가 대표되도록 고려한다.

제32조

1. 이사회의 위원은 4년 임기로 선출된다. 모든 위원은 재지명된 경우에 재선될 수 있다. 다만, 최초의 선거에서 선출된 위원 중 9인의 임기는 2년 후에 종료된다. 이들 9인 위원의 명단은 최초 선거 후 즉시 제30조 제4항에 언급된 회합의 의장에 의하여 추첨으로 선정된다.

2. 임기 만료시의 선거는 이 규약 제4부의 전기 조문들의 규정에 따라 실시된다.

제33조

1. 이사회의 어느 한 위원이 그의 임무를 수행할 수 없는 것이 일시적 성격의 결석이 아닌 다른 이유로 인한 것이라고 다른 위원 전원이 생각할 경우, 이사회의 의장은 국제연합 사무총장에게 이를 통보하며, 사무총장은 이때 동 위원의 궐석을 선언한다.

2. 이사회의 위원이 사망 또는 사임한 경우, 의장은 국제연합 사무총장에게 이를 즉시 통보하여야 하며, 사무총장은 사망일 또는 사임의 효력발생일로부터 그 좌석의 궐석을 선언한다.

제34조

1. 제33조에 의해 궐석이 선언되고, 교체될 궐석위원의 잔여임기가 궐석 선언일로부터 6개월 이내에 종료되지 아니할 때에는, 국제연합 사무총장은 이 규약의 각 당사국에게 이를 통보하며, 각 당사국은 궐석을 충원하기 위하여 제29조에 따라서 2개월 이내에 후보자의 지명서를 제출할 수 있다.

2. 국제연합 사무총장은 이와 같이 지명된 후보들의 명단을 알파벳 순으로 작성, 이를 이 규약의 당사국에게 송부한다. 보궐선거는 이 규약 제4부의 관계규정에 따라 실시된다.

3. 제33조에 따라 선언되는 궐석을 충원하기 위하여 선출되는 위원은 동조의 규정에 따라 궐석위원의 잔여임기 동안 재직한다.

제35조

이사회의 위원들은 국제연합 총회가 이사회의 책임의 중요성을 고려하여 결정하게 될 조건에 따라, 국제연합의 재원에서 동 총회의 승인을 얻어 보수를 받는다.

제36조

국제연합 사무총장은 이 규정상 이사회의 효과적인 기능수행을 위하여 필요한 직원과 편의를 제공한다.

제37조

1. 국제연합 사무총장은 이사회의 최초 회의를 국제연합본부에서 소집한다.

2. 최초 회의 이후에는, 이사회는 이사회의 절차규칙이 정하는 시기에 회합한다.

3. 이사회는 통상 국제연합본부나 제네바 소재 국제연합사무소에서 회합을 가진다.

제38조

이사회의 각 위원은 취임에 앞서 이사회의 공개석상에서 자기의 직무를 공평하고 양심적으로 수행할 것을 엄숙히 선언한다.

제39조

1. 이사회는 임기 2년의 임원을 선출한다. 임원은 재선될 수 있다.

2. 이사회는 자체의 절차규칙을 제정하며 이 규칙은 특히 다음 사항을 규정한다.

(a) 의사정족수는 위원 12인으로 한다.

(b) 이사회의 의결은 출석위원 과반수의 투표로 한다.

제40조

1. 이 규약의 당사국은 규약에서 인정된 권리를 실현하기 위하여 취한 조치와 그러한 권리를 향유함에 있어서 성취된 진전사항에 관한 보고서를 다음과 같이 제출할 것을 약속한다.

(a) 관계당사국에 대하여는 이 규약의 발효 후 1년 이내

(b) 그 이후에는 이사회가 요청하는 때

2. 모든 보고서는 국제연합 사무총장에게 제출되며 사무총장은 이를 이사회가 심의할 수 있도록 이사회에 송부한다. 동 보고서에는 이 규약의 이행에 영향을 미치는 요소와 장애가 있을 경우, 이를 기재한다.

3. 국제연합 사무총장은 이사회와의 협의 후 해당 전문기구에 그 전문기구의 권한의 분야에 속하는 보고서 관련 부분의 사본을 송부한다.

4. 이사회는 이 규약의 당사국에 의하여 제출된 보고서를 검토한다. 이사회는 이사회 자체의 보고서와 이사회가 적당하다고 간주하는 일반적 의견을 당사국에게 송부한다. 이사회는 또한 이 규약의 당사국으로부터 접수한 보고서 사본과 함께 동 일반적 의견을 경제사회이사회에 제출할 수 있다.

5. 이 규약의 당사국은 본 조 제4항에 따라 표명된 의견에 대한 견해를 이사회에 제출할 수 있다.

제41조

1. 이 규약의 당사국은 타 당사국이 이 규약상의 의무를 이행하지 아니하고 있다고 주장하는 일 당사국의 통보를 접수, 심리하는 이사회의 권한을 인정한다는 것을 이 조에 의하여 언제든지 선언할 수 있다. 이 조의 통보는 이 규약의 당사국 중 자국에 대한 이사회의 그러한 권한의 인정을 선언한 당사국에 의하여 제출될 경우에만 접수, 심리될 수 있다. 이사회는 그러한 선언을 행하지 아니한 당사국에 관한 통보는 접수하지 아니한다. 이 조에 따라 접수된 통보는 다음의 절차에 따라 처리된다.

(a) 이 규약의 당사국은 타 당사국이 이 규약의 규정을 이행하고 있지 아니하다고 생각할 경우에는, 서면통보에 의하여 이 문제에 관하여 그 당사국의 주의를 환기시킬 수 있다. 통보를 접수한 국가는 통보를 접수한 후 3개월 이내에 당해 문제를 해명하는 설명서 또는 기타 진술을 서면으로 통보한 국가에 송부한다. 그러한 해명서에는 가능하고 적절한 범위 내에서, 동 국가가 당해 문제와 관련하여 이미 취하였든가, 현재 취하고 있든가 또는 취할 국내절차와 구제수단에 관한 언급이 포함된다.

(b) 통보를 접수한 국가가 최초의 통보를 접수한 후 6개월 이내에 당해 문제가 관련당사국 쌍방에게 만족스럽게 조정되지 아니할 경우에는, 양당사국 중 일방에 의한 이사회와 타 당사국에 대한 통고로 당해 문제를 이사회에 회부할 권리를 가진다.

(c) 이사회는, 이사회에 회부된 문제의 처리에 있어서, 일반적으로 승인된 국제법의 원칙에 따라 모든 가능한 국내적 구제절차가 원용되고 완료되었음을 확인한 다음에만 그 문제를 처리한다. 다만, 구제수단의 적용이 부당하게 지연되고 있을 경우에는 그러하지 아니한다.

(d) 이사회가 이 조에 의한 통보를 심사할 경우에는 비공개 토의를 가진다.

(e) "(c)"의 규정에 따를 것을 조건으로, 이사회는 이 규약에서 인정된 인권과 기본적 자유에 대한 존중의 기초 위에서 문제를 우호적으로 해결하기 위하여 관계당사국에게 주선을 제공한다.

(f) 이사회는 회부받은 어떠한 문제에 관하여도 "(b)"에 언급된 관계당사국들에게 모든 관련정보를 제출할 것을 요청할 수 있다.

(g) "(b)"에서 언급된 관계당사국은 당해 문제가 이사회에서 심의되고 있는 동안 자국의 대표를 참석시키고 구두 또는 서면으로 의견을 제출할 권리를 가진다.

(h) 이사회는 "(b)"에 의한 통보의 접수일로부터 12개월 이내에 보고서를 제출한다.

(i) "(e)"의 규정에 따라 해결에 도달한 경우에는 이사회는 보고서를 사실과 도달된 해결에 관한 간략한 설명에만 국한시킨다.

(ii) "(e)"의 규정에 따라 해결에 도달하지 못한 경우에는 이사회는 보고서를 사실에 관한 간략한 설명에만 국한시키고 관계당사국이 제출한 서면 의견과 구두 의견의 기록을 동 보고서에 첨부시킨다. 모든 경우에 보고서는 관계당사국에 통보된다.

2. 이 조의 제규정은 이 규약의 10개 당사국이 이 조 제1항에 따른 선언을 하였을 때 발효된다. 당사국은 동 선언문을 국제연합 사무총장에게 기탁하며, 사무총장은 선언문의 사본을 타 당사국에 송부한다. 이와 같은 선언은 사무총장에 대한 통고에 의하여 언제든지 철회될 수 있다. 이 철

회는 이 조에 의하여 이미 송부된 통보에 따른 어떠한 문제의 심의도 방해하지 아니한다. 어떠한 당사국에 의한 추후의 통보는 사무총장이 선언 철회의 통고를 접수한 후에는 관계당사국이 새로운 선언을 하지 아니하는 한 접수되지 아니한다.

제42조

1. (a) 제41조에 따라 이사회에 회부된 문제가 관계당사국들에 만족스럽게 타결되지 못하는 경우에는 이사회는 관계당사국의 사전 동의를 얻어 특별조정위원회(이하 조정위원회라 한다)를 임명할 수 있다. 조정위원회는 이 규약의 존중에 기초하여 당해 문제를 우호적으로 해결하기 위하여 관계당사국에게 주선을 제공한다.

(b) 조정위원회는 관계당사국에게 모두 수락될 수 있는 5인의 위원으로 구성된다. 관계당사국이 3개월 이내에 조정위원회의 전부 또는 일부의 구성에 관하여 합의에 이르지 못하는 경우에는, 합의를 보지 못하는 조정위원회의 위원은 비밀투표에 의하여 인권이사회 위원 중에서 인권이사회 위원 3분의 2의 다수결 투표로 선출된다.

2. 조정위원회의 위원은 개인자격으로 직무를 수행한다. 동 위원은 관계당사국, 이 규약의 비당사국 또는 제41조에 의한 선언을 행하지 아니한 당사국의 국민이어서는 아니된다.

3. 조정위원회는 자체의 의장을 선출하고 또한 자체의 절차규칙을 채택한다.

4. 조정위원회의 회의는 통상 국제연합본부 또는 제네바 소재 국제연합사무소에서 개최된다. 그러나, 동 회의는 조정위원회가 국제연합 사무총장 및 관계당사국과 협의하여 결정하는 기타 편리한 장소에서도 개최될 수 있다.

5. 제36조에 따라 설치된 사무국은 이 조에서 임명된 조정위원회에 대하여도 역무를 제공한다.

6. 이사회가 접수하여 정리한 정보는 조정위원회가 이용할 수 있으며, 조정위원회는 관계당사국에게 기타 관련자료의 제출을 요구할 수 있다.

7. 조정위원회는 문제를 충분히 검토한 후, 또는 당해 문제를 접수한 후, 어떠한 경우에도 12개월 이내에, 관계당사국에 통보하기 위하여 인권이사회의 위원장에게 보고서를 제출한다.

(a) 조정위원회가 12개월 이내에 당해 문제에 대한 심의를 종료할 수 없을 경우, 조정위원회는 보고서를 당해 문제의 심의현황에 관한 간략한 설명에 국한시킨다.

(b) 조정위원회가 이 규약에서 인정된 인권의 존중에 기초하여 당해 문제에 대한 우호적인 해결에 도달한 경우, 조정위원회는 보고서를 사실과 도달한 해결에 관한 간략한 설명에 국한시킨다.

(c) 조정위원회가 "(b)"의 규정에 의한 해결에 도달하지 못한 경우, 조정위원회의 보고서는 관계당국간의 쟁점에 관계되는 모든 사실문제에 대한 자체의 조사결과 및 문제의 우호적인 해결가능성에 관한 견해를 기술한다. 동 보고서는 또한 관계당사국이 제출한 서면 의견 및 구두 의견의 기록을 포함한다.

(d) "(c)"에 의하여 조정위원회의 보고서가 제출되는 경우, 관계당사국은 동 보고서의 접수로부터 3개월 이내에 인권이사회의 위원장에게 조정위원회의 보고서 내용의 수락 여부를 통고한다.

8. 이 조의 규정은 제41조에 의한 이사회의 책임을 침해하지 아니한다.

9. 관계당사국은 국제연합 사무총장이 제출하는 견적에 따라 조정위원회의 모든 경비를 균등히

분담한다.

10. 국제연합 사무총장은 필요한 경우, 이 조 제9항에 의하여 관계당사국이 분담금을 납입하기 전에 조정위원회의 위원의 경비를 지급할 수 있는 권한을 가진다.

제43조

이사회의 위원과 제42조에 의하여 임명되는 특별조정위원회의 위원은 국제연합의 특권 및 면제에 관한 협약의 관계 조항에 규정된 바에 따라 국제연합을 위한 직무를 행하는 전문가로서의 편의, 특권 및 면제를 향유한다.

제44조

이 규약의 이행에 관한 규정은 국제연합과 그 전문기구의 설립헌장 및 협약에 의하여 또는 헌장 및 협약하에서의 인권 분야에 규정된 절차의 적용을 방해하지 아니하고, 이 규약당사국이 당사국 간에 발효 중인 일반적인 또는 특별한 국제협정에 따라 분쟁의 해결을 위하여 다른 절차를 이용하는 것을 방해하지 아니한다.

제45조

이사회는 그 활동에 관한 연례보고서를 경제사회이사회를 통하여 국제연합 총회에 제출한다.

제5부

제46조

이 규약의 어떠한 규정도 이 규약에서 취급되는 문제에 관하여 국제연합의 여러 기관과 전문기구의 책임을 각각 명시하고 있는 국제연합 헌장 및 전문기구 헌장의 규정을 침해하는 것으로 해석되지 아니한다.

제47조

이 규약의 어떠한 규정도 모든 사람이 그들의 천연적 부와 자원을 충분히 자유로이 향유하고, 이용할 수 있는 고유의 권리를 침해하는 것으로 해석되지 아니한다.

제6부

제48조

1. 이 규약은 국제연합의 모든 회원국, 전문기구의 모든 회원국, 국제사법재판소 규정의 모든 당사국 또한 국제연합 총회가 이 규약에 가입하도록 초청한 기타 모든 국가들의 서명을 위하여 개방된다.

2. 이 규약은 비준되어야 한다. 비준서는 국제연합 사무총장에게 기탁된다.

3. 이 규약은 이 조 제1항에서 언급된 모든 국가들의 가입을 위하여 개방된다.

4. 가입은 가입서를 국제연합 사무총장에게 기탁함으로써 이루어진다.

5. 국제연합 사무총장은 이 규약에 서명 또는 가입한 모든 국가들에게 각 비준서 또는 가입서의 기탁을 통보한다.

제49조

1. 이 규약은 35번째의 비준서 또는 가입서가 국제연합 사무총장에게 기탁되는 날로부터 3개월 후에 발효한다.

2. 35번째의 비준서 또는 가입서의 기탁 후에 이 규약을 비준하거나 또는 이 조약에 가입하는 국가에 대하여는, 이 규약은 그 국가의 비준서 또는 가입서가 기탁된 날로부터 3개월 후에 발효한다.

제50조

이 규약의 규정은 어떠한 제한이나 예외 없이 연방국가의 모든 지역에 적용된다.

제51조

1. 이 규약의 당사국은 개정안을 제안하고 이를 국제연합 사무총장에게 제출할 수 있다. 사무총장은 개정안을 접수하는 대로, 각 당사국에게 동 제안을 심의하고 표결에 회부하기 위한 당사국회의 개최에 찬성하는지에 관한 의견을 사무총장에게 통보하여 줄 것을 요청하는 것과 함께, 개정안을 이 규약의 각 당사국에게 송부한다. 당사국 중 최소 3분의 1이 당사국 회의 개최에 찬성하는 경우, 사무총장은 국제연합의 주관하에 동 회의를 소집한다. 동 회의에 출석하고 표결한 당사국의 과반수에 의하여 채택된 개정안은 그 승인을 위하여 국제연합 총회에 제출된다.

2. 개정안은 국제연합 총회의 승인을 얻고, 각기 자국의 헌법상 절차에 따라 이 규약당사국의 3분의 2의 다수가 수락하는 때 발효한다.

3. 개정안은 발효시 이를 수락한 당사국을 구속하고, 여타 당사국은 계속하여 이 규약의 규정 및 이미 수락한 그 이전의 모든 개정에 의하여 구속된다.

제52조

제48조 제5항에 의한 통보에 관계없이, 국제연합 사무총장은 동조 제1항에서 언급된 모든 국가에 다음을 통보한다.

(a) 제48조에 의한 서명, 비준 및 가입

(b) 제49조에 의한 이 규약의 발효일자 및 제51조에 의한 모든 개정의 발효일자

제53조

1. 이 규약은 중국어, 영어, 불어, 러시아어 및 서반아어어본이 동등히 정본이며 국제연합 문서보존소에 기탁된다.

2. 국제연합 사무총장은 제48조에서 언급된 모든 국가들에게 이 규약의 인증등본을 송부한다.

이상의 증거로, 하기 서명자들은 각자의 정부에 의하여 정당히 권한을 위임받아 1966년 12월 19일 뉴욕에서 서명을 위하여 개방된 이 규약에 서명하였다.

4. INTERNATIONAL COVENANT ON CIVIL AND POLITICAL RIGHTS

PREAMBLE

The States Parties to the present Covenant,

Considering that, in accordance with the principles proclaimed in the Charter of the United Nations, recognition of the inherent dignity and of the equal and inalienable rights of all members of the human family is the foundation of freedom, justice and peace in the world,

Recognizing that these rights derive from the inherent dignity of the human person,

Recognizing that, in accordance with the Universal Declaration of Human Rights, the ideal of free human beings enjoying civil and political freedom and freedom from fear and want can only be achieved if conditions are created whereby everyone may enjoy his civil and political rights, as well as his economic, social and cultural rights,

Considering the obligation of States under the Charter of the United Nations to promote universal respect for, and observance of, human rights and freedoms,

Realizing that the individual, having duties to other individuals and to the community to which he belongs, is under a responsibility to strive for the promotion and observance of the rights recognized in the present Covenant,

Agree upon the following articles:

PART I

Article I

1. All peoples have the right of self-determination. By virtue of that right they freely determine their political status and freely pursue their economic, social and cultural development.

2. All peoples may, for their own ends, freely dispose of their natural wealth and resources without prejudice to any obligations arising out of international economic co-operation, based upon the principle of mutual benefit, and international law. In no case may a people be deprived of its own means of subsistence.

3. The States Parties to the present Covenant, including those having responsibility for the administration of Non-Self-Governing and Trust Territories, shall promote the realization of the right of self-determination, and shall respect that right, in conformity with the provisions of the Charter of the United Nations.

PART II

Article 2

1. Each State Party to the present Covenant undertakes to respect and to ensure to all individuals within its territory and subject to its jurisdiction the rights recognized in the present Covenant,

without distinction of any kind, such as race, colour, sex, language, religion, political or other opinion, national or social origin, property, birth or other status.

2. Where not already provided for by existing legislative or other measures, each State Party to the present Covenant undertakes to take the necessary steps, in accordance with its constitutional processes and with the provisions of the present Covenant, to adopt such legislative or other measures as may be necessary to give effect to the rights recognized in the present Covenant.

3. Each State Party to the present Covenant undertakes:

(a) To ensure that any person whose rights or freedoms as herein recognized are violated shall have an effective remedy, notwithstanding that the violation has been committed by persons acting in an official capacity;

(b) To ensure that any person claiming such a remedy shall have his right thereto determined by competent judicial, administrative or legislative authorities, or by any other competent authority provided for by the legal system of the State, and to develop the possibilities of judicial remedy;

(c) To ensure that the competent authorities shall enforce such remedies when granted.

Article 3

The States Parties to the present Covenant undertake to ensure the equal right of men and women to the enjoyment of all civil and political rights set forth in the present Covenant.

Article 4

1. In time of public emergency which threatens the life of the nation and the existence of which is officially proclaimed, the States Parties to the present Covenant may take measures derogating from their obligations under the present Covenant to the extent strictly required by the exigencies of the situation, provided that such measures are not inconsistent with their other obligations under international law and do not involve discrimination solely on the ground of race, colour, sex, language, religion or social origin.

2. No derogation from articles 6, 7, 8 (paragraphs 1 and 2), 11, 15, 16 and 18 may be made under this provision.

3. Any State Party to the present Covenant availing itself of the right of derogation shall immediately inform the other States Parties to the present Covenant, through the intermediary of the Secretary-General of the United Nations, of the provisions from which it has derogated and of the reasons by which it was actuated. A further communication shall be made, through the same intermediary, on the date on which it terminates such derogation.

Article 5

1. Nothing in the present Covenant may be interpreted as implying for any State, group or person any right to engage in any activity or perform any act aimed at the destruction of any of the rights and freedoms recognized herein or at their limitation to a greater extent than is provided for in the present Covenant.

2. There shall be no restriction upon or derogation from any of the fundamental human rights recognized or existing in any State Party to the present Covenant pursuant to law, conventions, regulations or custom on the pretext that the present Covenant does not recognize such rights or that it recognizes them to a lesser extent.

PART III

Article 6

1. Every human being has the inherent right to life. This right shall be protected by law. No one shall be arbitrarily deprived of his life.

2. In countries which have not abolished the death penalty, sentence of death may be imposed only for the most serious crimes in accordance with the law in force at the time of the commission of the crime and not contrary to the provisions of the present Covenant and to the Convention on the Prevention and Punishment of the Crime of Genocide. This penalty can only be carried out pursuant to a final judgement rendered by a competent court.

3. When deprivation of life constitutes the crime of genocide, it is understood that nothing in this article shall authorize any State Party to the present Covenant to derogate in any way from any obligation assumed under the provisions of the Convention on the Prevention and Punishment of the Crime of Genocide.

4. Anyone sentenced to death shall have the right to seek pardon or commutation of the sentence. Amnesty, pardon or commutation of the sentence of death may be granted in all cases.

5. Sentence of death shall not be imposed for crimes committed by persons below eighteen years of age and shall not be carried out on pregnant women.

6. Nothing in this article shall be invoked to delay or to prevent the abolition of capital punishment by any State Party to the present Covenant.

Article 7

No one shall be subjected to torture or to cruel, inhuman or degrading treatment or punishment. In particular, no one shall be subjected without his free consent to medical or scientific experimentation.

Article 8

1. No one shall be held in slavery; slavery and the slave-trade in all their forms shall be prohibited.

2. No one shall be held in servitude.

3. (a) No one shall be required to perform forced or compulsory labour;

(b) Paragraph 3 (a) shall not be held to preclude, in countries where imprisonment with hard labour may be imposed as a punishment for a crime, the performance of hard labour in pursuance of a sentence to such punishment by a competent court;

(c) For the purpose of this paragraph the term "forced or compulsory labour" shall not include:

(i) Any work or service, not referred to in subparagraph (b), normally required of a person who is under detention in consequence of a lawful order of a court, or of a person during conditional release from such detention;

(ii) Any service of a military character and, in countries where conscientious objection is recognized, any national service required by law of conscientious objectors;

(iii) Any service exacted in cases of emergency or calamity threatening the life or well-being of the community;

(iv) Any work or service which forms part of normal civil obligations.

Article 9

1. Everyone has the right to liberty and security of person. No one shall be subjected to arbitrary

arrest or detention. No one shall be deprived of his liberty except on such grounds and in accordance with such procedure as are established by law.

2. Anyone who is arrested shall be informed, at the time of arrest, of the reasons for his arrest and shall be promptly informed of any charges against him.

3. Anyone arrested or detained on a criminal charge shall be brought promptly before a judge or other officer authorized by law to exercise judicial power and shall be entitled to trial within a reasonable time or to release. It shall not be the general rule that persons awaiting trial shall be detained in custody, but release may be subject to guarantees to appear for trial, at any other stage of the judicial proceedings, and, should occasion arise, for execution of the judgement.

4. Anyone who is deprived of his liberty by arrest or detention shall be entitled to take proceedings before a court, in order that court may decide without delay on the lawfulness of his detention and order his release if the detention is not lawful.

5. Anyone who has been the victim of unlawful arrest or detention shall have an enforceable right to compensation.

Article 10

1. All persons deprived of their liberty shall be treated with humanity and with respect for the inherent dignity of the human person.

2. (a) Accused persons shall, save in exceptional circumstances, be segregated from convicted persons and shall be subject to separate treatment appropriate to their status as unconvicted persons;

(b) Accused juvenile persons shall be separated from adults and brought as speedily as possible for adjudication.

3. The penitentiary system shall comprise treatment of prisoners the essential aim of which shall be their reformation and social rehabilitation. Juvenile offenders shall be segregated from adults and be accorded treatment appropriate to their age and legal status.

Article 11

No one shall be imprisoned merely on the ground of inability to fulfil a contractual obligation.

Article 12

1. Everyone lawfully within the territory of a State shall, within that territory, have the right to liberty of movement and freedom to choose his residence.

2. Everyone shall be free to leave any country, including his own.

3. The above-mentioned rights shall not be subject to any restrictions except those which are provided by law, are necessary to protect national security, public order (ordre public), public health or morals or the rights and freedoms of others, and are consistent with the other rights recognized in the present Covenant.

4. No one shall be arbitrarily deprived of the right to enter his own country.

Article 13

An alien lawfully in the territory of a State Party to the present Covenant may be expelled therefrom only in pursuance of a decision reached in accordance with law and shall, except where compelling reasons of national security otherwise require, be allowed to submit the reasons against his expulsion and to have his case reviewed by, and be represented for the purpose before, the competent authority or a person or persons especially designated by the competent authority.

Article 14

1. All persons shall be equal before the courts and tribunals. In the determination of any criminal charge against him, or of his rights and obligations in a suit at law, everyone shall be entitled to a fair and public hearing by a competent, independent and impartial tribunal established by law. The press and the public may be excluded from all or part of a trial for reasons of morals, public order (ordre public) or national security in a democratic society, or when the interest of the private lives of the parties so requires, or to the extent strictly necessary in the opinion of the court in special circumstances where publicity would prejudice the interests of justice; but any judgement rendered in a criminal case or in a suit at law shall be made public except where the interest of juvenile persons otherwise requires or the proceedings concern matrimonial disputes or the guardianship of children.

2. Everyone charged with a criminal offence shall have the right to be presumed innocent until proved guilty according to law.

3. In the determination of any criminal charge against him, everyone shall be entitled to the following minimum guarantees, in full equality:

(a) To be informed promptly and in detail in a language which he understands of the nature and cause of the charge against him;

(b) To have adequate time and facilities for the preparation of his defence and to communicate with counsel of his own choosing;

(c) To be tried without undue delay;

(d) To be tried in his presence, and to defend himself in person or through legal assistance of his own choosing; to be informed, if he does not have legal assistance, of this right; and to have legal assistance assigned to him, in any case where the interests of justice so require, and without payment by him in any such case if he does not have sufficient means to pay for it;

(e) To examine, or have examined, the witnesses against him and to obtain the attendance and examination of witnesses on his behalf under the same conditions as witnesses against him;

(f) To have the free assistance of an interpreter if he cannot understand or speak the language used in court;

(g) Not to be compelled to testify against himself or to confess guilt.

4. In the case of juvenile persons, the procedure shall be such as will take account of their age and the desirability of promoting their rehabilitation.

5. Everyone convicted of a crime shall have the right to his conviction and sentence being reviewed by a higher tribunal according to law.

6. When a person has by a final decision been convicted of a criminal offence and when subsequently his conviction has been reversed or he has been pardoned on the ground that a new or newly discovered fact shows conclusively that there has been a miscarriage of justice, the person who has suffered punishment as a result of such conviction shall be compensated according to law, unless it is proved that the non-disclosure of the unknown fact in time is wholly or partly attributable to him.

7. No one shall be liable to be tried or punished again for an offence for which he has already been finally convicted or acquitted in accordance with the law and penal procedure of each country.

Article 15

1. No one shall be held guilty of any criminal offence on account of any act or omission which did not constitute a criminal offence, under national or international law, at the time when it was committed. Nor shall a heavier penalty be imposed than the one that was applicable at the time when the criminal offence was committed. If, subsequent to the commission of the offence, provision is made by law for the imposition of the lighter penalty, the offender shall benefit thereby.

2. Nothing in this article shall prejudice the trial and punishment of any person for any act or omission which, at the time when it was committed, was criminal according to the general principles of law recognized by the community of nations.

Article 16

Everyone shall have the right to recognition everywhere as a person before the law.

Article 17

1. No one shall be subjected to arbitrary or unlawful interference with his privacy, family, home or correspondence, nor to unlawful attacks on his honour and reputation.

2. Everyone has the right to the protection of the law against such interference or attacks.

Article 18

1. Everyone shall have the right to freedom of thought, conscience and religion. This right shall include freedom to have or to adopt a religion or belief of his choice, and freedom, either individually or in community with others and in public or private, to manifest his religion or belief in worship, observance, practice and teaching.

2. No one shall be subject to coercion which would impair his freedom to have or to adopt a religion or belief of his choice.

3. Freedom to manifest one's religion or beliefs may be subject only to such limitations as are prescribed by law and are necessary to protect public safety, order, health, or morals or the fundamental rights and freedoms of others.

4. The States Parties to the present Covenant undertake to have respect for the liberty of parents and, when applicable, legal guardians to ensure the religious and moral education of their children in conformity with their own convictions.

Article 19

1. Everyone shall have the right to hold opinions without interference.

2. Everyone shall have the right to freedom of expression; this right shall include freedom to seek, receive and impart information and ideas of all kinds, regardless of frontiers, either orally, in writing or in print, in the form of art, or through any other media of his choice.

3. The exercise of the rights provided for in paragraph 2 of this article carries with it special duties and responsibilities. It may therefore be subject to certain restrictions, but these shall only be such as are provided by law and are necessary:

(a) For respect of the rights or reputations of others;

(b) For the protection of national security or of public order(ordre public), or of public health or morals.

Article 20

1. Any propaganda for war shall be prohibited by law.
2. Any advocacy of national, racial or religious hatred that constitutes incitement to discrimination, hostility or violence shall be prohibited by law.

Article 21

The right of peaceful assembly shall be recognized. No restrictions may be placed on the exercise of this right other than those imposed in conformity with the law and which are necessary in a democratic society in the interests of national security or public safety, public order (ordre public), the protection of public health or morals or the protection of the rights and freedoms of others.

Article 22

1. Everyone shall have the right to freedom of association with others, including the right to form and join trade unions for the protection of his interests.
2. No restrictions may be placed on the exercise of this right other than those which are prescribed by law and which are necessary in a democratic society in the interests of national security or public safety, public order (ordre public), the protection of public health or morals or the protection of the rights and freedoms of others. This article shall not prevent the imposition of lawful restrictions on members of the armed forces and of the police in their exercise of this right.
3. Nothing in this article shall authorize States Parties to the International Labour Organisation Convention of 1948 concerning Freedom of Association and Protection of the Right to Organize to take legislative measures which would prejudice, or to apply the law in such a manner as to prejudice, the guarantees provided for in that Convention.

Article 23

1. The family is the natural and fundamental group unit of society and is entitled to protection by society and the State.
2. The right of men and women of marriageable age to marry and to found a family shall be recognized.
3. No marriage shall be entered into without the free and full consent of the intending spouses.
4. States Parties to the present Covenant shall take appropriate steps to ensure equality of rights and responsibilities of spouses as to marriage, during marriage and at its dissolution. In the case of dissolution, provision shall be made for the necessary protection of any children.

Article 24

1. Every child shall have, without any discrimination as to race, colour, sex, language, religion, national or social origin, property or birth, the right to such measures of protection as are required by his status as a minor, on the part of his family, society and the State.
2. Every child shall be registered immediately after birth and shall have a name.
3. Every child has the right to acquire a nationality.

Article 25

Every citizen shall have the right and the opportunity, without any of the distinctions mentioned in article 2 and without unreasonable restrictions:
(a) To take part in the conduct of public affairs, directly or through freely chosen representatives;

(b) To vote and to be elected at genuine periodic elections which shall be by universal and equal suffrage and shall be held by secret ballot, guaranteeing the free expression of the will of the electors;

(c) To have access, on general terms of equality, to public service in his country.

Article 26

All persons are equal before the law and are entitled without any discrimination to the equal protection of the law. In this respect, the law shall prohibit any discrimination and guarantee to all persons equal and effective protection against discrimination on any ground such as race, colour, sex, language, religion, political or other opinion, national or social origin, property, birth or other status.

Article 27

In those States in which ethnic, religious or linguistic minorities exist, persons belonging to such minorities shall not be denied the right, in community with the other members of their group, to enjoy their own culture, to profess and practise their own religion, or to use their own language.

PART IV

Article 28

1. There shall be established a Human Rights Committee (hereafter referred to in the present Covenant as the Committee). It shall consist of eighteen members and shall carry out the functions hereinafter provided.

2. The Committee shall be composed of nationals of the States Parties to the present Covenant who shall be persons of high moral character and recognized competence in the field of human rights, consideration being given to the usefulness of the participation of some persons having legal experience.

3. The members of the Committee shall be elected and shall serve in their personal capacity.

Article 29

1. The members of the Committee shall be elected by secret ballot from a list of persons possessing the qualifications prescribed in article 28 and nominated for the purpose by the States Parties to the present Covenant.

2. Each State Party to the present Covenant may nominate not more than two persons. These persons shall be nationals of the nominating State.

3. A person shall be eligible for renomination.

Article 30

1. The initial election shall be held no later than six months after the date of the entry into force of the present Covenant.

2. At least four months before the date of each election to the Committee, other than an election to fill a vacancy declared in accordance with article 34, the Secretary-General of the United Nations shall address a written invitation to the States Parties to the present Covenant to submit their nominations for membership of the Committee within three months.

3. The Secretary-General of the United Nations shall prepare a list in alphabetical order of all the

persons thus nominated, with an indication of the States Parties which have nominated them, and shall submit it to the States Parties to the present Covenant no later than one month before the date of each election.

4. Elections of the members of the Committee shall be held at a meeting of the States Parties to the present Covenant convened by the Secretary General of the United Nations at the Headquarters of the United Nations. At that meeting, for which two thirds of the States Parties to the present Covenant shall constitute a quorum, the persons elected to the Committee shall be those nominees who obtain the largest number of votes and an absolute majority of the votes of the representatives of States Parties present and voting.

Article 31

1. The Committee may not include more than one national of the same State.

2. In the election of the Committee, consideration shall be given to equitable geographical distribution of membership and to the representation of the different forms of civilization and of the principal legal systems.

Article 32

1. The members of the Committee shall be elected for a term of four years. They shall be eligible for re-election if renominated. However, the terms of nine of the members elected at the first election shall expire at the end of two years; immediately after the first election, the names of these nine members shall be chosen by lot by the Chairman of the meeting referred to in article 30, paragraph 4.

2. Elections at the expiry of office shall be held in accordance with the preceding articles of this part of the present Covenant.

Article 33

1. If, in the unanimous opinion of the other members, a member of the Committee has ceased to carry out his functions for any cause other than absence of a temporary character, the Chairman of the Committee shall notify the Secretary-General of the United Nations, who shall then declare the seat of that member to be vacant.

2. In the event of the death or the resignation of a member of the Committee, the Chairman shall immediately notify the Secretary-General of the United Nations, who shall declare the seat vacant from the date of death or the date on which the resignation takes effect.

Article 34

1. When a vacancy is declared in accordance with article 33 and if the term of office of the member to be replaced does not expire within six months of the declaration of the vacancy, the Secretary-General of the United Nations shall notify each of the States Parties to the present Covenant, which may within two months submit nominations in accordance with article 29 for the purpose of filling the vacancy.

2. The Secretary-General of the United Nations shall prepare a list in alphabetical order of the persons thus nominated and shall submit it to the States Parties to the present Covenant. The election to fill the vacancy shall then take place in accordance with the relevant provisions of this part of the present Covenant.

3. A member of the Committee elected to fill a vacancy declared in accordance with article 33 shall

hold office for the remainder of the term of the member who vacated the seat on the Committee under the provisions of that article.

Article 35

The members of the Committee shall, with the approval of the General Assembly of the United Nations, receive emoluments from United Nations resources on such terms and conditions as the General Assembly may decide, having regard to the importance of the Committee's responsibilities.

Article 36

The Secretary-General of the United Nations shall provide the necessary staff and facilities for the effective performance of the functions of the Committee under the present Covenant.

Article 37

1. The Secretary-General of the United Nations shall convene the initial meeting of the Committee at the Headquarters of the United Nations.
2. After its initial meeting, the Committee shall meet at such times as shall be provided in its rules of procedure.
3. The Committee shall normally meet at the Headquarters of the United Nations or at the United Nations Office at Geneva.

Article 38

Every member of the Committee shall, before taking up his duties, make a solemn declaration in open committee that he will perform his functions impartially and conscientiously.

Article 39

1. The Committee shall elect its officers for a term of two years. They may be re-elected.
2. The Committee shall establish its own rules of procedure, but these rules shall provide, inter alia, that:
(a) Twelve members shall constitute a quorum;
(b) Decisions of the Committee shall be made by a majority vote of the members present.

Article 40

1. The States Parties to the present Covenant undertake to submit reports on the measures they have adopted which give effect to the rights recognized herein and on the progress made in the enjoyment of those rights:
(a) Within one year of the entry into force of the present Covenant for the States Parties concerned;
(b) Thereafter whenever the Committee so requests.
2. All reports shall be submitted to the Secretary-General of the United Nations, who shall transmit them to the Committee for consideration. Reports shall indicate the factors and difficulties, if any, affecting the implementation of the present Covenant.
3. The Secretary-General of the United Nations may, after consultation with the Committee, transmit to the specialized agencies concerned copies of such parts of the reports as may fall within their field of competence.
4. The Committee shall study the reports submitted by the States Parties to the present Covenant. It shall transmit its reports, and such general comments as it may consider appropriate, to the States Parties. The Committee may also transmit to the Economic and Social Council these comments

along with the copies of the reports it has received from States Parties to the present Covenant.
5. The States Parties to the present Covenant may submit to the Committee observations on any comments that may be made in accordance with paragraph 4 of this article.

Article 41

1. A State Party to the present Covenant may at any time declare under this article that it recognizes the competence of the Committee to receive and consider communications to the effect that a State Party claims that another State Party is not fulfilling its obligations under the present Covenant. Communications under this article may be received and considered only if submitted by a State Party which has made a declaration recognizing in regard to itself the competence of the Committee. No communication shall be received by the Committee if it concerns a State Party which has not made such a declaration. Communications received under this article shall be dealt with in accordance with the following procedure:

(a) If a State Party to the present Covenant considers that another State Party is not giving effect to the provisions of the present Covenant, it may, by written communication, bring the matter to the attention of that State Party. Within three months after the receipt of the communication the receiving State shall afford the State which sent the communication an explanation, or any other statement in writing clarifying the matter which should include, to the extent possible and pertinent, reference to domestic procedures and remedies taken, pending, or available in the matter;

(b) If the matter is not adjusted to the satisfaction of both States Parties concerned within six months after the receipt by the receiving State of the initial communication, either State shall have the right to refer the matter to the Committee, by notice given to the Committee and to the other State;

(c) The Committee shall deal with a matter referred to it only after it has ascertained that all available domestic remedies have been invoked and exhausted in the matter, in conformity with the generally recognized principles of international law. This shall not be the rule where the application of the remedies is unreasonably prolonged;

(d) The Committee shall hold closed meetings when examining communications under this article;

(e) Subject to the provisions of subparagraph (c), the Committee shall make available its good offices to the States Parties concerned with a view to a friendly solution of the matter on the basis of respect for human rights and fundamental freedoms as recognized in the present Covenant;

(f) In any matter referred to it, the Committee may call upon the States Parties concerned, referred to in subparagraph (b), to supply any relevant information;

(g) The States Parties concerned, referred to in subparagraph (b), shall have the right to be represented when the matter is being considered in the Committee and to make submissions orally and/or in writing;

(h) The Committee shall, within twelve months after the date of receipt of notice under subparagraph (b), submit a report:

(i) If a solution within the terms of subparagraph (e) is reached, the Committee shall confine its report to a brief statement of the facts and of the solution reached;

(ii) If a solution within the terms of subparagraph (e) is not reached, the Committee shall confine its report to a brief statement of the facts; the written submissions and record of the oral submissions made by the States Parties concerned shall be attached to the report. In every matter, the report shall be communicated to the States Parties concerned.

2. The provisions of this article shall come into force when ten States Parties to the present Covenant have made declarations under paragraph I of this article. Such declarations shall be deposited by the States Parties with the Secretary-General of the United Nations, who shall transmit copies thereof to the other States Parties. A declaration may be withdrawn at any time by notification to the Secretary-General. Such a withdrawal shall not prejudice the consideration of any matter which is the subject of a communication already transmitted under this article; no further communication by any State Party shall be received after the notification of withdrawal of the declaration has been received by the Secretary-General, unless the State Party concerned has made a new declaration.

Article 42

1. (a) If a matter referred to the Committee in accordance with article 41 is not resolved to the satisfaction of the States Parties concerned, the Committee may, with the prior consent of the States Parties concerned, appoint an ad hoc Conciliation Commission (hereinafter referred to as the Commission). The good offices of the Commission shall be made available to the States Parties concerned with a view to an amicable solution of the matter on the basis of respect for the present Covenant;

(b) The Commission shall consist of five persons acceptable to the States Parties concerned. If the States Parties concerned fail to reach agreement within three months on all or part of the composition of the Commission, the members of the Commission concerning whom no agreement has been reached shall be elected by secret ballot by a two-thirds majority vote of the Committee from among its members.

2. The members of the Commission shall serve in their personal capacity. They shall not be nationals of the States Parties concerned, or of a State not Party to the present Covenant, or of a State Party which has not made a declaration under article 41.

3. The Commission shall elect its own Chairman and adopt its own rules of procedure.

4. The meetings of the Commission shall normally be held at the Headquarters of the United Nations or at the United Nations Office at Geneva. However, they may be held at such other convenient places as the Commission may determine in consultation with the Secretary-General of the United Nations and the States Parties concerned.

5. The secretariat provided in accordance with article 36 shall also service the commissions appointed under this article.

6. The information received and collated by the Committee shall be made available to the Commission and the Commission may call upon the States Parties concerned to supply any other relevant information.

7. When the Commission has fully considered the matter, but in any event not later than twelve months after having been seized of the matter, it shall submit to the Chairman of the Committee a report for communication to the States Parties concerned:

(a) If the Commission is unable to complete its consideration of the matter within twelve months, it shall confine its report to a brief statement of the status of its consideration of the matter;

(b) If an amicable solution to the matter on tie basis of respect for human rights as recognized in the present Covenant is reached, the Commission shall confine its report to a brief statement of the facts and of the solution reached;

(c) If a solution within the terms of subparagraph (b) is not reached, the Commission's report shall embody its findings on all questions of fact relevant to the issues between the States Parties concerned, and its views on the possibilities of an amicable solution of the matter. This report shall also contain the written submissions and a record of the oral submissions made by the States Parties concerned;

(d) If the Commission's report is submitted under subparagraph (c), the States Parties concerned shall, within three months of the receipt of the report, notify the Chairman of the Committee whether or not they accept the contents of the report of the Commission.

8. The provisions of this article are without prejudice to the responsibilities of the Committee under article 41.

9. The States Parties concerned shall share equally all the expenses of the members of the Commission in accordance with estimates to be provided by the Secretary-General of the United Nations.

10. The Secretary-General of the United Nations shall be empowered to pay the expenses of the members of the Commission, if necessary, before reimbursement by the States Parties concerned, in accordance with paragraph 9 of this article.

Article 43

The members of the Committee, and of the ad hoc conciliation commissions which may be appointed under article 42, shall be entitled to the facilities, privileges and immunities of experts on mission for the United Nations as laid down in the relevant sections of the Convention on the Privileges and Immunities of the United Nations.

Article 44

The provisions for the implementation of the present Covenant shall apply without prejudice to the procedures prescribed in the field of human rights by or under the constituent instruments and the conventions of the United Nations and of the specialized agencies and shall not prevent the States Parties to the present Covenant from having recourse to other procedures for settling a dispute in accordance with general or special international agreements in force between them.

Article 45

The Committee shall submit to the General Assembly of the United Nations, through the Economic and Social Council, an annual report on its activities.

PART V

Article 46

Nothing in the present Covenant shall be interpreted as impairing the provisions of the Charter of the United Nations and of the constitutions of the specialized agencies which define the respective responsibilities of the various organs of the United Nations and of the specialized agencies in regard to the matters dealt with in the present Covenant.

Article 47

Nothing in the present Covenant shall be interpreted as impairing the inherent right of all peoples to enjoy and utilize fully and freely their natural wealth and resources.

PART VI

Article 48

1. The present Covenant is open for signature by any State Member of the United Nations or member of any of its specialized agencies, by any State Party to the Statute of the International Court of Justice, and by any other State which has been invited by the General Assembly of the United Nations to become a Party to the present Covenant.

2. The present Covenant is subject to ratification. Instruments of ratification shall be deposited with the Secretary-General of the United Nations.

3. The present Covenant shall be open to accession by any State referred to in paragraph 1 of this article.

4. Accession shall be effected by the deposit of an instrument of accession with the Secretary-General of the United Nations.

5. The Secretary-General of the United Nations shall inform all States which have signed this Covenant or acceded to it of the deposit of each instrument of ratification or accession.

Article 49

1. The present Covenant shall enter into force three months after the date of the deposit with the Secretary-General of the United Nations of the thirty-fifth instrument of ratification or instrument of accession.

2. For each State ratifying the present Covenant or acceding to it after the deposit of the thirty-fifth instrument of ratification or instrument of accession, the present Covenant shall enter into force three months after the date of the deposit of its own instrument of ratification or instrument of accession.

Article 50

The provisions of the present Covenant shall extend to all parts of federal States without any limitations or exceptions.

Article 51

1. Any State Party to the present Covenant may propose an amendment and file it with the Secretary-General of the United Nations. The Secretary-General of the United Nations shall thereupon communicate any proposed amendments to the States Parties to the present Covenant with a request that they notify him whether they favour a conference of States Parties for the purpose of considering and voting upon the proposals. In the event that at least one third of the States Parties favours such a conference, the Secretary-General shall convene the conference under the auspices of the United Nations. Any amendment adopted by a majority of the States Parties present and voting at the conference shall be submitted to the General Assembly of the United Nations for approval.

2. Amendments shall come into force when they have been approved by the General Assembly of the United Nations and accepted by a two-thirds majority of the States Parties to the present Covenant in accordance with their respective constitutional processes.

3. When amendments come into force, they shall be binding on those States Parties which have

accepted them, other States Parties still being bound by the provisions of the present Covenant and any earlier amendment which they have accepted.

Article 52

Irrespective of the notifications made under article 48, paragraph 5, the Secretary-General of the United Nations shall inform all States referred to in paragraph I of the same article of the following particulars:

(a) Signatures, ratifications and accessions under article 48;

(b) The date of the entry into force of the present Covenant under article 49 and the date of the entry into force of any amendments under article 51.

Article 53

1. The present Covenant, of which the Chinese, English, French, Russian and Spanish texts are equally authentic, shall be deposited in the archives of the United Nations.

2. The Secretary-General of the United Nations shall transmit certified copies of the present Covenant to all States referred to in article 48.

4-1. 시민적 및 정치적 권리에 관한 국제규약 선택의정서

1966.12.19 체결/ 1976.3.23 발효/ 당사국 수 111/ 대한민국 적용일 1990.7.10.

이 의정서의 당사국은 시민적 및 정치적 권리에 관한 규약(이하 "규약"이라 칭한다)의 목적 및 그 제규정의 이행을 더욱 잘 달성하기 위하여 규약 제4부에서 설치된 인권이사회(이하 "이사회"라 칭한다)가 규약에 규정된 권리에 대한 침해의 희생자임을 주장하는 개인으로부터의 통보를 이 의정서의 규정에 따라 접수하고 심리하도록 하는 것이 적절함을 고려하여 다음과 같이 합의하였다.

제1조

이 의정서의 당사국이 된 규약당사국은 그 관할권에 속하는 자로서 동국에 의한 규약에 규정된 권리에 대한 침해의 희생자임을 주장하는 개인으로부터의 통보를 접수하고 심리하는 이사회의 권한을 인정한다. 이사회는 이 의정서의 당사국이 아닌 규약당사국에 관한 어떠한 통보도 접수하지 않는다.

제2조

제1조에 따를 것을 조건으로, 규약에 열거된 어떤 권리가 침해되었다고 주장하는 개인들은 모든 이용가능한 국내적 구제조치를 완료하였을 경우, 이사회에 심리를 위한 서면통보를 제출할 수 있다.

제3조

이사회는 이 의정서에 따른 통보가 익명이거나, 통보제출권의 남용 또는 규약규정과 양립할 수 없는 것으로 간주될 경우에는 그러한 통보를 허용할 수 없는 것으로 간주한다.

제4조

1. 제3조에 따를 것을 조건으로, 이사회는 이 의정서에 따라 제출된 통보에 대하여 규약 규정을 위반하고 있는 것으로 주장되는 당사국의 주의를 환기한다.
2. 이 당사국은 6개월 이내에 그 문제 및 취하여진 구제조치가 있는 경우 이를 설명하는 서면 설명서 또는 진술서를 이사회에 제출한다.

제5조

1. 이사회는 개인 및 관련당사국으로부터 입수된 모든 서면정보를 참고하여, 이 의정서에 따라 접수된 통보를 심리한다.

2. 이사회는 다음 사항을 확인한 경우가 아니면 개인으로부터의 어떠한 통보도 심리하지 않는다.

(a) 동일 문제가 다른 국제적조사 또는 해결절차에 따라 심사되고 있지 않을 것.

(b) 개인이 모든 이용가능한 국내적 구제조치를 완료하였을 것. 다만, 이 규칙은 구제조치의 적용이 불합리하게 지연되는 경우에는 적용되지 않는다.

3. 이사회는 이 의정서에 따라 통보를 심사할 때에는 비공개 회의를 갖는다.

4. 이사회는 관련당사국과 개인에게 이사회의 견해를 송부한다.

제6조

이사회는 규약 제45조에 의한 연례보고서에 이 의정서에 따른 활동의 개요를 포함한다.

제7조

이 의정서의 규정은 1960년 12월 14일 국제연합총회에 의하여 채택된 식민지와 그 인민에 대한 독립부여 선언에 관한 결의 1514(XV)의 목적이 달성될 때까지 국제연합헌장과 국제연합 및 그 전문기관 하에서 체결된 여타 국제협약과 문서에 의하여 이들에게 부여된 청원권을 어떤 경우에도 제한하지 않는다.

제8조

1. 이 의정서는 규약에 서명한 모든 국가들의 서명을 위하여 개방된다.

2. 이 의정서는 규약을 비준하였거나 이에 가입한 국가들에 의하여 비준되어야 한다. 비준서는 국제연합사무총장에게 기탁된다.

3. 이 의정서는 규약을 비준하였거나 이에 가입한 모든 국가들의 가입을 위하여 개방된다.

4. 가입은 가입서를 국제연합사무총장에게 기탁함으로써 발효한다.

5. 국제연합사무총장은 이 의정서에 서명 또는 가입한 모든 국가들에게 각 비준서 또는 가입서의 기탁을 통보한다.

제9조

1. 규약의 효력발생을 조건으로, 이 의정서는 10번째 비준서 또는 가입서가 국제연합사무총장에게 기탁된 날로부터 3개월 후에 발효한다.

2. 10번째 비준서 또는 가입서 기탁 후에 이 의정서를 비준하거나 또는 이에 가입하는 국가에 대하여, 이 의정서는 그 국가의 비준서 또는 가입서가 기탁된 날로부터 3개월 후에 발효한다.

제10조

이 의정서의 규정은 어떠한 제한이나 예외없이 연방국가의 모든 지역에 적용된다.

제11조

1. 이 의정서 당사국은 개정안을 제안하고 이를 국제연합사무총장에게 제출할 수 있다. 사무총장은 개정안을 접수하는 대로, 각 당사국에게 동 제안을 심의하고 표결에 회부하기 위한 당사국회의 개최에 찬성하는지에 관한 의견을 사무총장에게 통보하여 줄 것을 요청하는 것과 함께 개정안을 이 규약의 각 당사국에게 송부한다. 당사국 중 최소한 3분의 1이 당사국회의 개최에 찬성하는 경우에, 사무총장은 국제연합의 주관하에 이 회의를 소집한다. 이 회의에 출석하여 표결하는 당사

국의 과반수에 의하여 채택된 개정안은 그 승인을 위하여 국제연합총회에 제출된다.

2. 개정안은 국제연합총회의 승인을 얻고, 각기 자국의 헌법상 절차에 따라 이 의정서 당사국의 3분의 2다수가 수락하는 때 발효한다.

3. 개정안은 발효시 이를 수락한 당사국을 구속하고, 여타 당사국은 계속하여 이 의정서의 규정 및 이미 수락한 그 이전의 모든 개정에 의하여 구속된다.

제12조

1. 당사국은 언제든지 국제연합사무총장에 대한 서면통보에 의하여 이 의정서를 폐기할 수 있다. 폐기는 사무총장이 통보를 접수한 날로부터 3개월 후에 효력을 발생한다.

2. 폐기는 동 폐기가 발효하기 전에는 제2조에 의해 제출된 통보에 대하여 이 의정서의 규정이 계속적으로 적용하는 것을 침해하지 않는다.

제13조

제8조 제5항에 의한 통보에 관계없이, 국제연합사무총장은 규약 제48조 제1항에서 언급된 모든 국가에 다음을 통보한다.

(a) 제8조에 따른 서명, 비준 및 가입.

(b) 제9조에 따른 이 의정서의 발효일자 및 제11조에 의한 모든 개정의 발효일자.

(c) 제12조에 따른 폐기.

제14조

1. 이 의정서는 중국어, 영어, 불어, 러시아어 및 서반아어본이 동등히 정본이며 국제연합 문서보존소에 기탁된다.

2. 국제연합사무총장은 규약 제48조에서 언급된 모든 국가들에게 이 의정서의 인증등본을 송부한다.

4-1. OPTIONAL PROTOCOL TO THE INTERNATIONAL COVENANT ON CIVIL AND POLITICAL RIGHTS

The States Parties to the present Protocol,

Considering that in order further to achieve the purposes of the International Covenant on Civil and Political Rights (hereinafter referred to as the Covenant) and the implementation of its provisions it would be appropriate to enable the Human Rights Committee set up in part IV of the Covenant (hereinafter referred to as the Committee) to receive and consider, as provided in the present Protocol, communications from individuals claiming to be victims of violations of any of the rights set forth in the Covenant.

Have agreed as follows:

Article 1

A State Party to the Covenant that becomes a Party to the present Protocol recognizes the competence of the Committee to receive and consider communications from individuals subject to its jurisdiction who claim to be victims of a violation by that State Party of any of the rights set forth in the Covenant. No communication shall be received by the Committee if it concerns a State Party to the Covenant which is not a Party to the present Protocol.

Article 2

Subject to the provisions of article 1, individuals who claim that any of their rights enumerated in the Covenant have been violated and who have exhausted all available domestic remedies may submit a written communication to the Committee for consideration.

Article 3

The Committee shall consider inadmissible any communication under the present Protocol which is anonymous, or which it considers to be an abuse of the right of submission of such communications or to be incompatible with the provisions of the Covenant.

Article 4

1. Subject to the provisions of article 3, the Committee shall bring any communications submitted to it under the present Protocol to the attention of the State Party to the present Protocol alleged to be violating any provision of the Covenant.
2. Within six months, the receiving State shall submit to the Committee written explanations or statements clarifying the matter and the remedy, if any, that may have been taken by that State.

Article 5

1. The Committee shall consider communications received under the present Protocol in the light of all written information made available to it by the individual and by the State Party concerned.
2. The Committee shall not consider any communication from an individual unless it has ascertained that:

(a) The same matter is not being examined under another procedure of international investigation or settlement;

(b) The individual has exhausted all available domestic remedies. This shall not be the rule where the application of the remedies is unreasonably prolonged.

3. The Committee shall hold closed meetings when examining communications under the present Protocol.

4. The Committee shall forward its views to the State Party concerned and to the individual.

Article 6

The Committee shall include in its annual report under article 45 of the Covenant a summary of its activities under the present Protocol.

Article 7

Pending the achievement of the objectives of resolution 1514(XV) adopted by the General Assembly of the United Nations on 14 December 1960 concerning the Declaration on the Granting of Independence to Colonial Countries and Peoples, the provisions of the present Protocol shall in no way limit the right of petition granted to these peoples by the Charter of the United Nations and other international conventions and instruments under the United Nations and its specialized agencies.

Article 8

1. The present Protocol is open for signature by any State which has signed the Covenant.

2. The present Protocol is subject to ratification by any State which has ratified or acceded to the Covenant. Instruments of ratification shall be deposited with the SecretaryGeneral of the United Nations.

3. The present Protocol shall be open to accession by any State which has ratified or acceded to the Covenant.

4. Accession shall be effected by the deposit of an instrument of accession with the Secretary-General of the United Nations.

5. The Secretary-General of the United Nations shall inform all States which have signed the present Protocol or acceded to it of the deposit of each instrument of ratification or accession.

Article 9

1. Subject to the entry into force of the Covenant, the present Protocol shall enter into force three months after the date of the deposit with the Secretary-General of the United Nations of the tenth instrument of ratification or instrument of accession.

2. For each State ratifying the present Protocol or acceding to it after the deposit of the tenth instrument of ratification or instrument of accession, the present Protocol shall enter into force three months after the date of the deposit of its own instrument of ratification or instrument of accession.

Article 10

The provisions of the present Protocol shall extend to all parts of federal States without any limitations or exceptions.

Article 11

1. Any State Party to the present Protocol may propose an amendment and file it with the

Secretary-General of the United Nations. The Secretary-General shall thereupon communicate any proposed amendments to the States Parties to the present Protocol with a request that they notify him whether they favour a conference of States Parties for the purpose of considering and voting upon the proposal. In the event that at least one third of the States Parties favours such a conference, the Secretary-General shall convene the conference under the auspices of the United Nations. Any amendment adopted by a majority of the States Parties present and voting at the conference shall be submitted to the General Assembly of the United Nations for approval.

2. Amendments shall come into force when they have been approved by the General Assembly of the United Nations and accepted by a two-thirds majority of the States Parties to the present Protocol in accordance with their respective constitutional processes.

3. When amendments come into force, they shall be binding on those States Parties which have accepted them, other States Parties still being bound by the provisions of the present Protocol and any earlier amendment which they have accepted.

Article 12

1. Any State Party may denounce the present Protocol at any time by written notification addressed to the Secretary-General of the United Nations. Denunciation shall take effect three months after the date of receipt of the notification by the Secretary-General.

2. Denunciation shall be without prejudice to the continued application of the provisions of the present Protocol to any communication submitted under article 2 before the effective date of denunciation.

Article 13

Irrespective of the notifications made under article 8, paragraph 5, of the present Protocol, the Secretary-General of the United Nations shall inform all States referred to in article 48, paragraph I, of the Covenant of the following particulars:

(a) Signatures, ratifications and accessions under article 8;

(b) The date of the entry into force of the present Protocol under article 9 and the date of the entry into force of any amendments under article 11;

(c) Denunciations under article 12.

Article 14

1. The present Protocol, of which the Chinese, English, French, Russian and Spanish texts are equally authentic, shall be deposited in the archives of the United Nations.

2. The Secretary-General of the United Nations shall transmit certified copies of the present Protocol to all States referred to in article 48 of the Covenant.

4-2. 사형폐지를 목적으로 하는 시민적 및 정치적 권리에 관한 국제규약 제2선택의정서

1989.12.15 채택/ 1991.7.11 발효/ 당사국 수 66/ 대한민국 미가입.

이 의정서의 체약국은,

사형의 폐지가 인간의 존엄의 향상과 인권의 전진적 발전에 기여한다고 믿으며,

1948년 12월 10일에 채택된 세계인권선언 제3조 및 1966년 12월 16일에 채택된 시민적 및 정치적 권리에 관한 국제규약 제6조를 상기하며,

시민적 및 정치적 권리에 관한 국제규약 제6조가 폐지가 바람직스러움을 강력하게 시사하는 문언으로 사형의 폐지를 언급하고 있음에 유의하며,

사형의 모든 폐지 조치가 생명권의 향유에 있어서 전진으로 간주되어야 함을 확신하며,

이에 사형을 폐지하자는 국제적 약속을 취함이 바람직스러우므로,

다음과 같이 합의하였다.

제1조

1. 이 선택의정서의 당사국의 관할내에 있는 사람은 누구라도 사형을 집행당하지 아니한다.
2. 각 당사국은 그 관할내에서 사형폐지를 위한 모든 필요한 조치를 하여야 한다.

제2조

1. 전쟁중 범행된 군사적 성격의 극히 중대한 범죄에 대한 유죄판결에 의하여 전시에는 사형을 적용할 수 있다는 유보를 비준 또는 가입 시에 하지 않았다면, 이 선택의정서에 대하여는 어떤 유보도 허용되지 아니한다.
2. 이러한 유보를 한 당사국은 비준 또는 가입시에, 전시에 적용되는 국내법의 관련규정을 국제연합 사무총장에게 통보하여야 한다.
3. 이러한 유보를 한 당사국은 자국 영역에 적용되는 전쟁상태의 개시 또는 종료를 국제연합 사무총장에게 통고하여야 한다.

제3조

이 선택의정서의 당사국은 규약 제40조 규정에 따라 인권이사회에 제출하는 보고서에 이 의정서를 실시하기 위하여 취한 조치에 관한 정보를 포함시켜야 한다.

제4조

규약 제41조 규정에 의한 선언을 한 당사국에 관하여는, 그 당사국이 비준 또는 가입시에 반대의 입장을 표명하지 않는 한, 다른 당사국이 의무를 이행하지 않는다는 것을 주장하는 당사국의 통보

를 인권이사회가 수리하고 심의하는 권한이 이 의정서의 규정에도 미친다.

제5조

1966년 12월 16일에 채택된 시민적 및 정치적 권리에 관한 국제규약에 관한 제1선택의정서의 당사국에 관하여는, 그 당사국이 비준 또는 가입시에 반대의 입장을 표명하지 않는 한, 그 관할권에 복종하는 개인으로부터의 통보를 인권이사회가 수리하고 심의하는 권한이 이 의정서의 규정에도 미친다.

제6조

1. 이 의정서의 규정은 규약의 추가규정으로 적용된다.
2. 이 의정서 제2조에 규정된 유보의 가능성을 해하는 것이 아닌 한, 이 의정서 제1조 1항에서 보장되는 권리는 규약 제4조 규정에 의한 어떠한 이탈조치의 대상도 되지 않는다.

제7조

1. 이 의정서는 규약에 서명한 모든 국가에 의한 서명을 위하여 개방된다.
2. 이 의정서는 규약을 비준하거나 가입한 어떠한 국가에 의하여도 비준되어야 한다. 비준서는 국제연합 사무총장에게 기탁된다.
3. 이 의정서는 규약을 비준하거나 가입한 어떠한 국가도 가입할 수 있도록 개방된다.
4. 가입은 국제연합 사무총장에게 가입서를 기탁함으로써 발효한다.
5. 국제연합 사무총장은 이 의정서에 서명하거나 가입한 모든 국가에 대하여 각 비준서 또는 가입서의 기탁을 통지한다.

제8조

1. 이 의정서는 열번째의 비준서 또는 가입서가 국제연합 사무총장에게 기탁된 날로부터 3개월 후에 발효한다.
2. 열번째의 비준서나 가입서가 기탁된 후에 이 의정서를 비준하거나 가입한 국가에 대해서는 그 국가의 비준서나 가입서가 기탁된 날로부터 3개월 후에 발효한다.

제9조

이 의정서의 규정은 어떤 제한이나 예외도 없이 연방국가의 모든 지역에 적용된다.

제10조

국제연합 사무총장은 규약 제48조 1항이 규정하는 모든 국가에게 다음 사항을 통지한다.
(a) 이 의정서 제2조의 규정에 의한 유보, 통보 및 통고.
(b) 이 의정서 제4조 또는 제5조의 규정에 의한 성명.
(c) 이 의정서 제7조의 규정에 의한 서명, 비준 및 가입.
(d) 이 의정서 제8조의 규정에 의한 이 의정서의 발효일.

제11조

1. 아랍어, 중국어, 영어, 프랑스어, 러시아어 및 스페인어를 정본으로 하는 이 의정서는 국제연합 문서보관소에 기탁된다.

2. 국제연합 사무총장은 이 의정서의 인증등본을 규약 제48조에 규정된 모든 국가들에게 송부한다.

4-2. SECOND OPTIONAL PROTOCOL TO THE INTERNATIONAL COVENANT ON CIVIL AND POLITICAL RIGHTS, AIMING AT THE ABOLITION OF THE DEATH PENALTY

The States Parties to the present Protocol,

Believing that abolition of the death penalty contributes to enhancement of human dignity and progressive development of human rights,

Recalling article 3 of the Universal Declaration of Human Rights, adopted on 10 December 1948, and article 6 of the International Covenant on Civil and Political Rights, adopted on 16 December 1966,

Noting that article 6 of the International Covenant on Civil and Political Rights refers to abolition of the death penalty in terms that strongly suggest that abolition is desirable,

Convinced that all measures of abolition of the death penalty should be considered as progress in the enjoyment of the right to life,

Desirous to undertake hereby an international commitment to abolish the death penalty,

Have agreed as follows:

Article 1

1. No one within the jurisdiction of a State Party to the present Protocol shall be executed.
2. Each State Party shall take all necessary measures to abolish the death penalty within its jurisdiction.

Article 2

1. No reservation is admissible to the present Protocol, except for a reservation made at the time of ratification or accession that provides for the application of the death penalty in time of war pursuant to a conviction for a most serious crime of a military nature committed during wartime.
2. The State Party making such a reservation shall at the time of ratification or accession communicate to the Secretary-General of the United Nations the relevant provisions of its national legislation applicable during wartime.
3. The State Party having made such a reservation shall notify the Secretary-General of the United Nations of any beginning or ending of a state of war applicable to its territory.

Article 3

The States Parties to the present Protocol shall include in the reports they submit to the Human Rights Committee, in accordance with article 40 of the Covenant, information on the measures that they have adopted to give effect to the present Protocol.

Article 4

With respect to the States Parties to the Covenant that have made a declaration under article 41, the competence of the Human Rights Committee to receive and consider communications when a

State Party claims that another State Party is not fulfilling its obligations shall extend to the provisions of the present Protocol, unless the State Party concerned has made a statement to the contrary at the moment of ratification or accession.

Article 5

With respect to the States Parties to the first Optional Protocol to the International Covenant on Civil and Political Rights adopted on 16 December 1966, the competence of the Human Rights Committee to receive and consider communications from individuals subject to its jurisdiction shall extend to the provisions of the present Protocol, unless the State Party concerned has made a statement to the contrary at the moment of ratification or accession.

Article 6

1. The provisions of the present Protocol shall apply as additional provisions to the Covenant.
2. Without prejudice to the possibility of a reservation under article 2 of the present Protocol, the right guaranteed in article 1, paragraph 1, of the present Protocol shall not be subject to any derogation under article 4 of the Covenant.

Article 7

1. The present Protocol is open for signature by any State that has signed the Covenant.
2. The present Protocol is subject to ratification by any State that has ratified the Covenant or acceded to it. Instruments of ratification shall be deposited with the Secretary-General of the United Nations.
3. The present Protocol shall be open to accession by any State that has ratified the Covenant or acceded to it.
4. Accession shall be effected by the deposit of an instrument of accession with the Secretary-General of the United Nations.
5. The Secretary-General of the United Nations shall inform all States that have signed the present Protocol or acceded to it of the deposit of each instrument of ratification or accession.

Article 8

1. The present Protocol shall enter into force three months after the date of the deposit with the Secretary-General of the United Nations of the tenth instrument of ratification or accession.
2. For each State ratifying the present Protocol or acceding to it after the deposit of the tenth instrument of ratification or accession, the present Protocol shall enter into force three months after the date of the deposit of its own instrument of ratification or accession.

Article 9

The provisions of the present Protocol shall extend to all parts of federal States without any limitations or exceptions.

Article 10

The Secretary-General of the United Nations shall inform all States referred to in article 48, paragraph 1, of the Covenant of the following particulars:
(a) Reservations, communications and notifications under article 2 of the present Protocol;
(b) Statements made under articles 4 or 5 of the present Protocol;
(c) Signatures, ratifications and accessions under article 7 of the present Protocol:

(d) The date of the entry into force of the present Protocol under article 8 thereof.

Article 11

1. The present Protocol, of which the Arabic, Chinese, English, French, Russian and Spanish texts are equally authentic, shall be deposited in the archives of the United Nations.

2. The Secretary-General of the United Nations shall transmit certified copies of the present Protocol to all States referred to in article 48 of the Covenant.

제2부
차별과 착취로부터의 보호

5. 모든 형태의 인종차별철폐에 관한 국제협약

1966.3.7 체결/ 1969.1.4 발효/ 당사국 수 173/ 대한민국 적용일 1979.1.4. 단 제14조 수락선언은 1997.3.5.

본 협약의 체약국은,

국제연합헌장이 모든 인간에게 고유한 존엄과 평등의 원칙에 기본을 두고 있으며 모든 회원국이 인종, 성별, 언어 또는 종교의 구별없이 만인을 위한 인권과 기본적 자유에 대한 보편적 존중과 준수를 증진시키고 촉진하는 국제연합의 목적 중의 하나를 성취하는데 있어서 국제연합과의 협조 아래 공동적 및 개별적 조치를 취하기로 서약하였음을 고려하고,

세계인권선언이 만인은 존엄과 권리에 있어 태어날 때부터 자유롭고 평등함을 선언하고 또한 특히 인종, 피부색 또는 출생지에 대하여 어떠한 종류의 구별도 하지 않고 동 선언에 언급된 모든 권리와 자유를 누구나 향유할 수 있음을 선언하고 있음을 고려하고,

만인은 법 앞에 평등하며 어떠한 차별에 대해서도 그리고 어떠한 차별의 고무에 대해서도 법의 균등한 보호를 받을 자격이 있음을 고려하고,

국제연합이 어떠한 형태로든 또한 어디에 그들이 존재하든 식민주의와 그리고 그와 결탁한 차등과 차별의 모든 관행을 규탄하고 1960년 12월 14일자 식민지 및 그 국민에 대한 독립 부여에 관한 선언(총회결의 1514(XV))이 그들을 신속히 무조건 종식시켜야 할 필요성을 확인하고 또한 엄숙히 선언하였음을 고려하고,

1963년 11월 20일자 모든 형태의 인종차별철폐에 관한 국제연합선언(총회결의 1904(XVIII))이 전세계에서 모든 형태와 양상의 인종차별을 신속히 철폐하고 인간의 존엄성에 대한 이해와 존중을 확보할 필요성을 엄숙히 확인하고 있음을 고려하고,

인종차별에 근거한 어떠한 우수 인종 학설도 과학적으로 허위이며 도덕적으로 규탄받아야 하며 사회적으로 부당하고 위험하며 또한 어느 곳에서든 이론상으로나 실제상으로 인종차별에 대한 정당화가 있을 수 없다는 것을 확신하고,

인종, 피부색 또는 종족의 기원을 근거로 한 인간의 차별은 국가간의 우호적이고 평화적인 관계에 대한 장애물이며 국민간의 평화와 안전을 그리고 심지어 동일한 단일 국가내에서 나란히 살고 있는 인간들의 조화마저 저해할 수 있다는 것을 재확인하고,

인종적 장벽의 존재가 어떠한 인류사회의 이상과도 배치됨을 확신하고,

세계 일부 지역에서 아직도 실증적인 인종 차별의 시현과 또한 인종적 우월성 또는 증오감에 근거를 둔 "남아프리카의 인종차별정책", 인종분리 또는 격리와 같은 정부 정책에 경악을 금치 못하고,

모든 형태와 양상에 있어 인종차별을 신속히 철폐시키기 위한 모든 필요 조치를 채택하고, 인종간

---

* 제8조 개정 : 1992.1.15 채택, 미발효. 당사국 수 43. 1993.11.30 대한민국 수락.

의 이해를 증진시키기 위하여 인종주의자의 이론과 실제를 방지하고 격퇴시키며 모든 형태의 인종분리 및 인종차별이 없는 국제공동사회를 건설할 것을 결의하고,

1958년 국제노동기구가 채택한 고용 및 직업에 있어서의 차별에 관한 협약과 1960년 국제연합교육과학문화기구가 채택한 교육에 있어서의 차별 금지 협약에 유의하고,

모든 형태의 인종차별 철폐에 관한 국제연합선언에 포용된 제반원칙을 실행할 것과 이 목적을 위한 실제적 조치의 최단 시일내 채택을 확보할 것을 열망하여,

다음과 같이 합의하였다.

제1부

제1조

1. 이 협약에서 "인종차별"이라 함은 인종, 피부색, 가문 또는 민족이나 종족의 기원에 근거를 둔 어떠한 구별, 배척, 제한 또는 우선권을 말하며 이는 정치, 경제, 사회, 문화 또는 기타 어떠한 공공생활의 분야에 있어서든 평등하게 인권과 기본적 자유의 인정, 향유 또는 행사를 무효화시키거나 침해하는 목적 또는 효과를 가지고 있는 경우이다.

2. 이 협약은 체약국이 자국의 시민과 비시민을 구별하여 어느 한쪽에의 배척, 제한 또는 우선권을 부여하는 행위에는 적용되지 아니한다.

3. 이 협약의 어느 규정도 국적, 시민권 또는 귀화에 관한 체약국의 법규정에 어떠한 영향도 주는 것으로 해석될 수 없다. 단, 이러한 규정은 어느 특정 국적에 대하여 차별을 하지 아니한다.

4. 어느 특정 인종 또는 종족의 집단이나 개인의 적절한 진보를 확보하기 위한 유일한 목적으로 취해진 특별한 조치는 그러한 집단이나 개인이 인권과 기본적 자유의 동등한 향유와 행사를 확보하는데 필요한 보호를 요청할 때에는 인종차별로 간주되지 않는다. 단, 그러한 조치가 결과적으로 상이한 인종집단에게 별개의 권리를 존속시키는 결과를 초래하여서는 아니되며 또한 이러한 조치는 소기의 목적이 달성된 후에는 계속되어서는 아니된다.

제2조

1. 체약국은 인종차별을 규탄하며 모든 형태의 인종차별철폐와 인종간의 이해증진 정책을 적절한 방법으로 지체없이 추구할 책임을 지며 이 목적을 위하여

(a) 각 체약국은 인간이나 인간의 집단 또는 단체에 대한 인종차별행위를 하지 않을 의무 또는 인종차별을 실시하지 않을 의무를 지며 또한 모든 국가 및 지방공공기관과 공공단체가 그러한 의무에 따라 행동하도록 보증할 의무를 지고

(b) 각 체약국은 인간이나 또는 조직에 의한 인종차별을 후원, 옹호 또는 지지하지 않을 의무를 지며

(c) 각 체약국은 어디에 존재하든간에 인종차별을 야기시키거나 또는 영구화시키는 효과를 가진 정부, 국가 및 지방정책을 면밀히 조사하고 또한 상기 효과를 가진 법규를 개정, 폐기 또는 무효화시키는 효율적 조치를 취하며

(d) 각 체약국은 어느 인간, 집단 또는 조직에 의한 인종차별을 해당 사정에 따라 입법을 포함한 모든 적절한 수단으로써 금지하고 종결시키며

(e) 각 체약국은 적절한 경우 다종족 통합주의자단체와 인종간의 장벽을 폐지하는 운동 및 기타 방법을 장려하고 또한 인종분열을 강화할 성향이 있는 어떠한 것도 막아야 한다.

2. 체약국은 상황이 적절한 경우 사회적, 경제적, 문화적 그리고 기타 분야에 있어서 특정 인종집단 또는 개인의 적절한 발전과 보호를 보증하는 특수하고 구체적인 조치를 취하여 이들에게 완전하고 평등한 인권과 기본적 자유의 향유를 보장토록 한다. 이와 같은 조치는 어떠한 경우에도 소기의 목적이 달성된 후 별개의 상이한 인종집단에 대한 불평등 또는 별개의 권리를 존속시키는 일을 초래하여서는 아니된다.

제3조
체약국은 특히 인종분리와 "남아프리카의 인종차별정책"을 규탄하고 그들 관할권내의 영역에서 이런 부류의 관행을 방지, 금지 및 근절시킬 의무를 진다.

제4조
체약국은 어떤 인종이나 특정 피부색 또는 특정 종족의 기원을 가진 인간의 집단이 우수하다는 관념이나 이론에 근거를 두고 있거나 또는 어떠한 형태로든 인종적 증오와 차별을 정당화하거나 증진시키려고 시도하는 모든 선전과 모든 조직을 규탄하며 또한 체약국은 이 같은 차별을 위한 모든 고무 또는 행위를 근절시키기 위한 즉각적이고 적극적인 조치를 취할 의무를 지며 이 목적을 위하여 세계인권선언에 구현된 제 원칙 및 이 협약 제5조에 명시적으로 언급된 제 권리와 관련하여 특히 체약국은

(a) 인종적 우월성이나 증오, 인종차별에 대한 고무에 근거를 둔 모든 관념의 보급 그리고 피부색이나 또는 종족의 기원이 상이한 인종이나 또는 인간의 집단에 대한 폭력행위나 폭력행위에 대한 고무를 의법처벌해야 하는 범죄로 선언하고 또한 재정적 지원을 포함하여 인종주의자의 활동에 대한 어떠한 원조의 제공도 의법처벌해야 하는 범죄로 선언한다.

(b) 인종차별을 촉진하고 고무하는 조직과 조직적 및 기타 모든 선전활동을 불법으로 선언하고 금지시킨다. 그리고 이러한 조직이나 활동에의 참여를 의법처벌하는 범죄로 인정한다.

(c) 국가 또는 지방의 공공기관이나 또는 공공단체가 인종차별을 촉진시키거나 또는 고무하는 것을 허용하지 아니한다.

제5조
제2조에 규정된 기본적 의무에 따라 체약국은 특히 아래의 제 권리를 향유함에 있어서 인종, 피부색 또는 민족이나 종족의 기원에 구별없이 만인의 권리를 법앞에 평등하게 보장하고 모든 형태의 인종차별을 금지하고 폐지할 의무를 진다.

(a) 법원 및 기타 모든 사법기관 앞에서 평등한 대우를 받을 권리

(b) 정부 관리에 의해 자행되거나 또는 개인, 집단 또는 단체에 의해 자행되거나간에 폭행 또는 신체적 피해에 대하여 국가가 부여하는 인간의 안전 및 보호를 받을 권리

(c) 정치적 권리 특히 선거에 참가하는 권리, 보통·평등 선거의 기초위에서 투표하고 입후보하는

권리, 각급 공공업무의 행사는 물론 정부에 참여하는 권리 그리고 공공업무에의 평등한 접근을 할 권리

(d) 기타의 민권 특히

(i) 당해 체약국 국경 이내에서의 거주 이전의 자유에 대한 권리

(ii) 자국을 포함 모든 국가로부터 출국하고 자국으로 귀국하는 권리

(iii) 국적 취득권

(iv) 혼인 및 배우자 선택권

(v) 단독 및 공공재산 소유권

(vi) 상속권

(vii) 사상, 양심 및 종교의 자유에 대한 권리

(viii) 의견과 표현의 자유에 대한 권리

(ix) 평화적인 집회와 결사의 자유에 대한 권리

(e) 경제적, 사회적 및 문화적 권리 특히

(i) 근로, 직업 선택의 자유, 공정하고 알맞는 근로조건, 실업에 대한 보호, 동일 노동, 동일 임금, 정당하고 알맞는 보수등에 대한 권리

(ii) 노동조합 결성 및 가입권

(iii) 주거에 대한 권리

(iv) 공중보건, 의료, 사회보장 및 사회봉사에 대한 권리

(v) 교육과 훈련에 대한 권리

(vi) 문화적 활동에의 균등 참여에 대한 권리

(f) 운송, 호텔, 음식점, 카페, 극장 및 공원과 같은 공중이 사용하는 모든 장소 또는 시설에 접근하는 권리

제6조

체약국은 권한있는 국가법원 및 기타 기관을 통하여 본 협약에 반하여 인권 및 기본적 자유를 침해하는 인종차별행위로부터 만인을 효과적으로 보호하고 구제하며 또한 그러한 차별의 결과로 입은 피해에 대하여 법원으로부터 공정하고 적절한 보상 또는 변제를 구하는 권리를 만인에게 보증한다.

제7조

체약국은 특히 수업, 교육, 문화 및 공보분야에 있어서 인종차별을 초래하는 편견에 대항하기 위하여 민족과 인종 또는 종족 집단간의 이해, 관용과 우호를 증진시키기 위하여 그리고 국제연합헌장, 세계인권선언, 모든 형태의 인종차별철폐에 관한 국제연합선언 및 이 협약의 제 목적과 원칙을 전파시키기 위하여 즉각적이고 효과적인 조치를 취할 의무를 진다.

제2부

제8조

1. 인종차별철폐에 관한 위원회(이후 "위원회"라 함)를 설치한다. 이 위원회는 체약국이 자국 국민중에서 선정한 덕망이 높고 공평성이 인정된 18명의 전문가로 구성된다. 상기 전문가는 개인자격으로 집무하며, 이들의 선정에는 공정한 지역적 배분이 이루어지고 주요 법체계 및 상이한 문명형태를 대표하도록 고려한다.

2. 위원회의 위원은 체약국이 지명한 후보자 명단에서 비밀투표로 선출된다. 각 체약국은 자국 국민중에서 후보자 1명을 지명할 수 있다.

3. 제1차 선출은 이 협약 발효일로부터 6개월후에 실시된다. 최소한 선출일 3개월전에 국제연합 사무총장은 체약국에 서한을 송부, 체약국들로 하여금 2개월 이내에 후보자명단을 제출하도록 요청한다. 국제연합사무총장은 후보자를 지명한 체약국명을 명기, 피지명된 전후보자 명부를 알파벳순으로 작성하여 동 명부를 체약국에게 제시한다.

4. 동 위원회 위원의 선출은 국제연합 본부에서 사무총장이 소집한 체약국 회의에서 실시된다. 체약국의 2/3가 정족수를 이루는 이 회의에서 출석하고 투표한 체약국 대표의 최대다수표 및 절대다수표를 얻는 후보자가 위원회위원으로 선출된다.

5. (a) 이 위원회의 위원은 4년 임기로 선출된다. 그러나 제1차 선출에서 선출된 위원중 9명의 임기는 2년만에 만료된다. 이 위원 9명의 성명은 제1차 위원 선출 직후 위원회 위원장이 추첨으로 선택한다.

(b) 부정기적인 공석의 충원에 있어서 자국 전문가가 위원회 위원직을 상실한 당해 체약국은 위원회의 승인을 받아 자국 국민중에서 다른 전문가를 지명한다.

6. 체약국은 위원회 위원들이 위원회의 제반 임무를 수행하는 동안 이들의 비용을 책임진다.

제9조

1. 체약국은 이 협정의 제 규정을 시행하도록 채택한 입법적, 사법적, 행정적 또는 기타 제반 조치에 관한 보고서를 아래와 같이 국제연합사무총장에게 제출하여 위원회의 심의에 회부되도록 한다.

(a) 당해 체약국에 대하여 협약의 발효후 1년 이내

(b) 그후 매 2년마다 그리고 위원회가 요청할 때 위원회는 체약국으로부터 더 이상의 정보를 요청할 수 있다.

2. 위원회는 사무총장을 통하여 자신의 활동에 관하여 매년 국제연합 총회에 보고하며, 체약국으로부터 접수된 보고와 정보를 검토하고, 이를 근거로 제의와 일반적인 권고를 행할 수 있다. 이러한 제의와 일반적인 권고는 체약국의 논평이 있을 경우 이 논평과 함께 총회에 보고된다.

제10조

1. 위원회는 자체의 절차 규칙을 채택한다.

2. 위원회는 자체의 임원을 2년 임기로 선출한다.

3. 위원회의 사무국은 국제연합사무총장에 의하여 마련된다.

4. 위원회의 회합은 통상 국제연합본부에서 개최된다.

제11조

1. 체약국이 이 협약의 규정을 시행하지 않는 기타 체약국이 있다고 간주할 때는 이 문제를 위원회에 회부할 수 있다. 위원회는 이 사실을 당해 체약국에 전달한다. 3개월 이내에 당해 체약국은 이 문제를 명확히 하는 문서로 된 해명서 또는 성명서와 더불어 동 국이 구제조치를 취한 것이 있으면 그 구제조치를 위원회에 제출한다.

2. 만약 이 문제를 당해 국가에서 1차 통보를 받은 후 6개월 이내에 쌍무 교섭이나 또는 양자에게 가능한 다른 절차중 어느 한 수단에 의하여 양측에 동등히 납득되도록 해결되지 않을 경우 양측중 어느 일방은 위원회와 상대방 국가에 통고함으로써 위원회에 재차 이 문제를 회부할 권리를 보유하고 있다.

3. 위원회는 어느 문제에 있어서 모든 가능한 국내적 구제조치가 취하여져 완료되었음을 확인한 후 본조2항에 따라 위원회에 회부된 그 문제를 일반적으로 승인된 국제법 원칙에 따라 처리한다. 이것은 구제조치의 적용이 부당하게 지연되는데 대한 규칙이 될 수 없다.

4. 위원회는 자신에게 회부된 어떠한 문제에 있어서도 당해 체약국에게 관련 정보의 제공을 요청할 수 있다.

5. 본조에서 언급된 문제가 위원회에 의하여 심의되고 있을 때에는 당해 체약국은 동 문제가 심의되는 동안 대표를 파견하여 투표권 없이 위원회의 의사 절차에 참여하도록 할 수 있다.

제12조

1. (a) 위원회가 자신이 생각하기에 필요하다고 보는 모든 정보를 획득하여 비교 대조한 후에 위원장은 5명으로 구성되는 임시 조정위원단(이후 "위원단"이라 함)을 임명한다. 이 위원단의 구성원은 위원회의 위원일 수도 있으며 또 위원이 아닐 수도 있다. 이 위원단의 구성원은 분쟁당사국 전원의 동의를 얻어 임명되며 위원단의 주선은 이 협약에 대한 존중을 기초로 하여 문제를 호의적으로 해결하기 위하여 당해 체약국에서 이용 가능하여야 한다.

(b) 분쟁에 관련된 체약국이 3개월 이내에 위원단 구성의 전부 또는 일부에 대하여 합의에 도달하지 못할 경우, 분쟁에 관련된 체약국에 의하여 합의되지 못한 위원단의 구성원은 위원회의 비밀투표에 의해 2/3 다수표로 위원회 위원중에서 선출된다.

2. 위원단의 구성원은 개인자격으로 집무한다. 이들은 분쟁당사국의 국민이 되어서는 안되며 이 협약의 비체약국 국민이 되어서도 안 된다.

3. 위원단은 의장을 선출하며 자체의 의사규칙을 채택한다.

4. 위원단의 회합은 통상 국제연합본부 또는 위원단이 정하는 기타 편리한 장소에서 개최된다.

5. 이 협약 제10조3항에 따라 마련된 사무국은 체약국간 분쟁으로 인하여 위원단이 구성될 때 동 위원단의 사무국으로 이용된다.

6. 분쟁에 관련된 체약국은 국제연합사무총장에 의해 제공되는 추계에 따라 위원단 구성원의 모든 경비를 균등하게 부담한다.

7. 사무총장은 위원단 구성원의 경비를 본조6항에 따라 필요하다면 분쟁에 대한 체약국이 지급하기 전에 지급할 수 있는 권한이 있다.

8. 위원회가 획득하여 비교 대조한 정보는 위원단에서 이용 가능하며 위원단은 당해 체약국에게 기타 관련정보를 공급해줄 것을 요구할 수 있다.

제13조

1. 위원단은 문제를 충분히 심의하였을 때 위원회의 위원장에게 보고서를 작성 체출한다. 이 보고서는 당사국간 쟁점에 관련된 사실의 모든 문제에 관한 조사 결과와 분쟁의 호의적 해결을 위해서 적절하다고 생각하는 권고를 내포하고 있다.

2. 위원회의 위원장은 위원단의 보고서는 분쟁에 관련된 각 체약국에게 전달한다. 이 당사국은 3개월 이내에 위원회 위원장에게 위원단의 보고서에 내포된 권고의 수락 여부를 통고한다.

3. 본조2항에 규정된 기간이 경과한 후 위원단의 의장은 위원회의 보고서와 당해 체약국의 선언을 이 협약 타 체약국에게 전달한다.

제14조

1. 체약국은 어느 때라도 동 체약국에 의한 이 협약에 규정된 권리 위반의 피해자임을 주장하고 있는 개인이나 또는 개인의 집단으로부터 그 관할권내에서 통보를 접수하여 심사할 권능을 위원회가 보유하고 있다는 것을 승인한다고 선언할 수 있다. 이러한 선언을 하지 않은 체약국에 관련되는 통보는 위원회가 접수하지 아니한다.

2. 본조1항에 규정된 것과 같은 선언을 한 체약국은 자국 법질서 범위내에서 어느 기관을 설치하거나 또는 지정하여 이 기관이 이 협약에 규정된 권리 위반의 피해자임을 주장하고 가능한 국내구제조치를 완료한 개인과 개인의 집단으로부터 그 관할권내에서 청원을 접수하여 심사할 권능을 가지도록 한다.

3. 본조1항에 따라 취해진 선언과 본조2항에 따라 설치되거나 또는 지정된 기관의 명칭은 당해 체약국에 의하여 국제연합사무총장에게 기탁되고 국제연합사무총장은 이들의 사본을 타 체약국에게 전달한다. 선언은 어느 때라도 사무총장에 대한 통고로써 철회될 수 있으나 이러한 철회가 위원회 앞으로 계류되어 있는 전달에는 영향을 주지 않는다.

4. 청원의 등록은 본조2항에 따라 설치되거나 또는 지정된 기관에 의해 보관되며 이 등록의 인증등본은 내용이 공표되지 않는다는 양해 아래 적절한 경로를 통하여 매년 사무총장에게 보관된다.

5. 본조2항에 따라 설치되었거나 또는 지정된 기관으로부터 만족스러운 구제조치를 받지 못하는 경우 청원자는 6개월 이내에 이 문제를 위원회에 전달할 권리를 보유한다.

6. (a) 위원회는 자신이 받은 통보사항에 대하여 본 협정의 규정을 위반하고 있다는 협의를 받고 있는 체약국의 주의를 은밀히 환기시킨다. 그러나 해당 개인이나 또는 개인집단의 신원이 자신들의 명시적인 동의없이 밝혀져서는 아니된다. 위원회는 익명으로 된 통보를 접수하지 아니한다.

(b) 3개월 이내에 접수국은 동 문제를 해명하는 설명이나 혹은 성명을 서면으로 위원회에 제출하며 또한 자국이 취한 구제조치가 있으면 그 구제조치를 위원회에 제출한다.

7. (a) 위원회는 당해 체약국과 청원자에 의해 제공된 모든 정보를 감안하여 통보를 받은 사항을 심의한다. 위원회는 청원자가 모든 가능한 국내구제조치를 완료하였음을 확인하지 않는 한

청원자로부터 어떠한 통보도 심의하지 않는다. 그러나 이것은 구제조치의 적용이 부당하게 지연되는데 대한 규칙이 될 수는 없다.

(b) 위원회는 당해 체약국과 청원자에게 제의와 권고를 할 사항이 있을 경우 이러한 제의와 권고를 한다.

8. 위원회는 그 연차보고서속에 이러한 통보의 개요와 적절한 경우 당해 체약당사국의 설명 및 성명과 위원회 자신의 제의와 권고의 개요를 포함시켜야 한다.

9. 위원회는 이 협약 체약국중 최소한 10개국이 본조1항에 따른 선언을 하였을 때에만 본조에 규정된 기능을 행사할 권능을 가진다.

제15조

1. 1960년 12월 14일자 총회결의 1514(XV)에 포함된 식민제국 및 민족의 독립허용에 관한 선언의 제 목적을 달성할 때까지 이 협약의 규정은 타 국제기관이나 또는 국제연합 및 그 전문기구에 의하여 이 민족들에게 허용된 청원권을 결코 제한하지 아니한다.

2. (a) 이 협약 제8조1항에 의거 설치된 위원회는 다음 국제연합소속기관으로부터의 청원의 사본을 접수하고 또한 동 기관에 이러한 청원에 대한 명시적인 의견과 권한을 제출한다. 여기의 국제연합소속기관은 자신 앞에 회부되어 있고 이 협약에 포괄된 문제와 관련하여 총회결의 1514(XV)가 적용되는 신탁통치 및 비자치영역과 모든 기타 영역의 주민들로부터의 청원을 심사함에 있어서 이 협약의 제 원칙과 목적에 관한 사항을 직접 취급한다.

(b) 위원회는 본항 (a)에 언급된 영역내에서 행정권에 의해 적용되는 이 협약의 제 원칙과 목적에 직접 관련된 입법적, 사법적, 행정적 또는 기타 조치에 관한 보고서의 사본을 국제연합의 권한 있는 기관으로부터 접수하여 명시적인 의견을 표명하고 이러한 기관에 대하여 권고를 한다.

3. 위원회는 총회에 대한 보고서속에 국제연합기관으로부터 접수한 청원과 보고서의 개요를 포함시키고 또한 동 청원과 보고서에 관한 위원회의 명시적인 의견과 권고를 포함시킨다.

4. 위원회는 국제연합사무총장으로부터 이 협약의 제 목적과 관련된 모든 정보와 본조2항(a)에 언급된 영역에 관하여 사무총장이 이용 가능한 모든 정보를 요청한다.

제16조

분쟁이나 이외의 해결에 관한 이 협약의 제 규정은 국제연합과 그 전문기구의 조직 법규속이나 또는 국제연합과 그 전문기구에 의해 채택된 협약속에 규정된 차별에 관련된 분쟁이나 또는 이의를 해결하는 다른 절차를 침해함이 없이 적용되며 또한 체약국이 자기들 사이에 유효한 일반 또는 특별 국제협정에 따라 분쟁을 해결하는 다른 절차를 채택함을 막지 아니한다.

제3부

제17조

1. 이 협약은 국제연합 회원국 또는 국제연합 전문기구의 회원국, 국제사법재판소 규정 당사국 및 국제연합총회로부터 이 협약의 당사국이 되도록 권유를 받은 국가의 서명을 위하여 개방된다.

2. 이 협약은 비준을 받아야 한다. 비준서는 국제연합사무총장에게 기탁된다.

제18조

1. 이 협약은 협약 제17조1항에 언급된 어떠한 국가의 가입에도 개방된다.
2. 가입은 국제연합사무총장에게 가입서를 기탁함으로써 성립한다.

제19조

1. 이 협약은 27번째 비준서 또는 가입서를 국제연합사무총장에게 기탁한 후 30일만에 효력을 발생한다.
2. 27번째 비준서 또는 가입서 기탁 후 이 협약을 비준하거나 또는 가입하는 각국에 대하여서는 이 협약이 동 비준서 또는 가입서 기탁일후 30일만에 효력을 발생한다.

제20조

1. 국제연합사무총장은 비준이나 또는 가입시 당사국이 행한 유보를 접수하여 이 협약의 기존 체약국이나 또는 체약국이 되는 모든 국가에 회람한다. 이러한 유보에 반대하는 국가는 동 통보일로부터 90일 이내에 자국이 이를 수락하지 않는다는 것을 사무총장에게 통고한다.
2. 이 협약의 목적 및 취지에 용납될 수 없는 유보는 허용되지 않으며 또한 이 협약에 의해 설립된 기관의 운영을 저해하는 효력을 가진 유보는 허용되지 않는다. 최소한 이 협약의 체약국중 2/3가 유보를 반대할 경우 동 유보는 용납될 수 없거나 또는 저해되는 것으로 간주된다.
3. 유보의 철회는 그 뜻을 사무총장에게 통고함으로써 어느 때라도 행할 수 있다. 이러한 통고는 접수된 날자에 효력을 발생한다.

제21조

체약국은 국제연합사무총장에 대한 서면통고로써 이 협약을 폐기할 수 있다. 폐기는 사무총장이 통고를 접수한 일자로부터 1년 후에 발생한다.

제22조

이 협약의 해석이나 또는 적용에 대하여 2개 또는 그 이상의 체약국간 분쟁이 교섭이나 또는 이 협약에 명시적으로 규정된 절차에 의하여 해결되지 않을 때 이 분쟁은 분쟁당사국이 이 해결 방법에 합의하지 않는 한 분쟁당사국 어느 일방의 요청에 따라 국제사법재판소에 회부하여 판결토록 한다.

제23조

1. 이 협약의 개정은 국제연합사무총장에 대한 통고로써 체약국이 어느 때든지 요청할 수 있다.
2. 국제연합총회는 이러한 개정 요청에 대하여 필요한 경우 취할 조치를 결정한다.

제24조

국제연합사무총장은 이 협약 제17조1항에 언급된 모든 국가에게 특히 다음 사항을 통보한다.
(a) 제17조 및 제18조하의 서명, 비준 및 가입
(b) 제19조하의 이 협정 발효일
(c) 제14조, 20조 및 23조하의 접수된 통보 및 선언
(d) 제21조하의 폐기

제25조

1. 이 협약의 중국어, 영어, 불어, 노어 및 서반아어본은 동등히 정본이며 이 협약은 국제연합 문서 보존소에 기탁된다.

2. 국제연합사무총장은 이 협약의 인증등본을 협약 제17조1항에 언급된 부류에 해당되는 모든 국가에 전달한다.

5. INTERNATIONAL CONVENTION ON THE ELIMINATION OF ALL FORMS OF RACIAL DISCRIMINATION

The States Parties to this Convention,

Considering that the Charter of the United Nations is based on the principles of the dignity and equality inherent in all human beings, and that all Member States have pledged themselves to take joint and separate action, in co-operation with the Organization, for the achievement of one of the purposes of the United Nations which is to promote and encourage universal respect for and observance of human rights and fundamental freedoms for all, without distinction as to race, sex, language or religion,

Considering that the Universal Declaration of Human Rights proclaims that all human beings are born free and equal in dignity and rights and that everyone is entitled to all the rights and freedoms set out therein, without distinction of any kind, in particular as to race, colour or national origin,

Considering that all human beings are equal before the law and are entitled to equal protection of the law against any discrimination and against any incitement to discrimination,

Considering that the United Nations has condemned colonialism and all practices of segregation and discrimination associated therewith, in whatever form and wherever they exist, and that the Declaration on the Granting of Independence to Colonial Countries and Peoples of 14 December 1960 (General Assembly resolution 1514 (XV)) has affirmed and solemnly proclaimed the necessity of bringing them to a speedy and unconditional end,

Considering that the United Nations Declaration on the Elimination of All Forms of Racial Discrimination of 20 November 1963 (General Assembly resolution 1904 (XVIII)) solemnly affirms the necessity of speedily eliminating racial discrimination throughout the world in all its forms and manifestations and of securing understanding of and respect for the dignity of the human person,

Convinced that any doctrine of superiority based on racial differentiation is scientifically false, morally condemnable, socially unjust and dangerous, and that there is no justification for racial discrimination, in theory or in practice, anywhere,

Reaffirming that discrimination between human beings on the grounds of race, colour or ethnic origin is an obstacle to friendly and peaceful relations among nations and is capable of disturbing peace and security among peoples and the harmony of persons living side by side even within one and the same State,

Convinced that the existence of racial barriers is repugnant to the ideals of any human society,

Alarmed by manifestations of racial discrimination still in evidence in some areas of the world and by governmental policies based on racial superiority or hatred, such as policies of apartheid, segregation or separation,

Resolved to adopt all necessary measures for speedily eliminating racial discrimination in all its forms and manifestations, and to prevent and combat racist doctrines and practices in order to promote understanding between races and to build an international community free from all forms of racial segregation and racial discrimination,

Bearing in mind the Convention concerning Discrimination in respect of Employment and

Occupation adopted by the International Labour Organisation in 1958, and the Convention against Discrimination in Education adopted by the United Nations Educational, Scientific and Cultural Organization in 1960,

Desiring to implement the principles embodied in the United Nations Declaration on the Elimination of Al l Forms of Racial Discrimination and to secure the earliest adoption of practical measures to that end,

Have agreed as follows:

PART I

Article 1

1. In this Convention, the term "racial discrimination" shall mean any distinction, exclusion, restriction or preference based on race, colour, descent, or national or ethnic origin which has the purpose or effect of nullifying or impairing the recognition, enjoyment or exercise, on an equal footing, of human rights and fundamental freedoms in the political, economic, social, cultural or any other field of public life.

2. This Convention shall not apply to distinctions, exclusions, restrictions or preferences made by a State Party to this Convention between citizens and non-citizens.

3. Nothing in this Convention may be interpreted as affecting in any way the legal provisions of States Parties concerning nationality, citizenship or naturalization, provided that such provisions do not discriminate against any particular nationality.

4. Special measures taken for the sole purpose of securing adequate advancement of certain racial or ethnic groups or individuals requiring such protection as may be necessary in order to ensure such groups or individuals equal enjoyment or exercise of human rights and fundamental freedoms shall not be deemed racial discrimination, provided, however, that such measures do not, as a consequence, lead to the maintenance of separate rights for different racial groups and that they shall not be continued after the objectives for which they were taken have been achieved.

Article 2

1. States Parties condemn racial discrimination and undertake to pursue by all appropriate means and without delay a policy of eliminating racial discrimination in all its forms and promoting understanding among all races, and, to this end:

   (a) Each State Party undertakes to engage in no act or practice of racial discrimination against persons, groups of persons or institutions and to en sure that all public authorities and public institutions, national and local, shall act in conformity with this obligation;

   (b) Each State Party undertakes not to sponsor, defend or support racial discrimination by any persons or organizations;

   (c) Each State Party shall take effective measures to review governmental, national and local policies, and to amend, rescind or nullify any laws and regulations which have the effect of creating or perpetuating racial discrimination wherever it exists;

   (d) Each State Party shall prohibit and bring to an end, by all appropriate means, including legislation as required by circumstances, racial discrimination by any persons, group or organization;

(e) Each State Party undertakes to encourage, where appropriate, integrationist multiracial organizations and movements and other means of eliminating barriers between races, and to discourage anything which tends to strengthen racial division. 2. States Parties shall, when the circumstances so warrant, take, in the social, economic, cultural and other fields, special and concrete measures to ensure the adequate development and protection of certain racial groups or individuals belonging to them, for the purpose of guaranteeing them the full and equal enjoyment of human rights and fundamental freedoms. These measures shall in no case en tail as a con sequence the maintenance of unequal or separate rights for different racial groups after the objectives for which they were taken have been achieved.

Article 3

States Parties particularly condemn racial segregation and apartheid and undertake to prevent, prohibit and eradicate all practices of this nature in territories under their jurisdiction.

Article 4

States Parties condemn all propaganda and all organizations which are based on ideas or theories of superiority of one race or group of persons of one colour or ethnic origin, or which attempt to justify or promote racial hatred and discrimination in any form, and undertake to adopt immediate and positive measures designed to eradicate all incitement to, or acts of, such discrimination and, to this end, with due regard to the principles embodied in the Universal Declaration of Human Rights and the rights expressly set forth in article 5 of this Convention, inter alia:

(a) Shall declare an offence punishable by law all dissemination of ideas based on racial superiority or hatred, incitement to racial discrimination, as well as all acts of violence or incitement to such acts against any race or group of persons of another colour or ethnic origin, and also the provision of any assistance to racist activities, including the financing thereof;

(b) Shall declare illegal and prohibit organizations, and also organized and all other propaganda activities, which promote and incite racial discrimination, and shall recognize participation in such organizations or activities as an offence punishable by law;

(c) Shall not permit public authorities or public institutions, national or local, to promote or incite racial discrimination.

Article 5

In compliance with the fundamental obligations laid down in article 2 of this Convention, States Parties undertake to prohibit and to eliminate racial discrimination in all its forms and to guarantee the right of everyone, without distinction as to race, colour, or national or ethnic origin, to equality before the law, notably in the enjoyment of the following rights:

(a) The right to equal treatment before the tribunals and all other organs administering justice;

(b) The right to security of person and protection by the State against violence or bodily harm, whether inflicted by government officials or by any individual group or institution;

(c) Political rights, in particular the right to participate in elections-to vote and to stand for election-on the basis of universal and equal suffrage, to take part in the Government as well as in the conduct of public affairs at any level and to have equal access to public service;

(d) Other civil rights, in particular:

(i) The right to freedom of movement and residence within the border of the State;

(ii) The right to leave any country, including one's own, and to return to one's country;

(iii) The right to nationality;

(iv) The right to marriage and choice of spouse;

(v) The right to own property alone as well as in association with others;

(vi) The right to inherit;

(vii) The right to freedom of thought, conscience and religion;

(viii) The right to freedom of opinion and expression;

(ix) The right to freedom of peaceful assembly and association;

(e) Economic, social and cultural rights, in particular:

(i) The rights to work, to free choice of employment, to just and favourable conditions of work, to protection against unemployment, to equal pay for equal work, to just and favourable remuneration;

(ii) The right to form and join trade unions;

(iii) The right to housing;

(iv) The right to public health, medical care, social security and social services;

(v) The right to education and training;

(vi) The right to equal participation in cultural activities;

(f) The right of access to any place or service intended for use by the general public, such as transport hotels, restaurants, cafes, theatres and parks.

Article 6

States Parties shall assure to everyone within their jurisdiction effective protection and remedies, through the competent national tribunals and other State institutions, against any acts of racial discrimination which violate his human rights and fundamental freedoms contrary to this Convention, as well as the right to seek from such tribunals just and adequate reparation or satisfaction for any damage suffered as a result of such discrimination.

Article 7

States Parties undertake to adopt immediate and effective measures, particularly in the fields of teaching, education, culture and information, with a view to combating prejudices which lead to racial discrimination and to promoting understanding, tolerance and friendship among nations and racial or ethnical groups, as well as to propagating the purposes and principles of the Charter of the United Nations, the Universal Declaration of Human Rights, the United Nations Declaration on the Elimination of All Forms of Racial Discrimination, and this Convention.

PART II

Article 8

1. There shall be established a Committee on the Elimination of Racial Discrimination (hereinafter referred to as the Committee) consisting of eighteen experts of high moral standing and acknowledged impartiality elected by States Parties from among their nationals, who shall serve in their personal capacity, consideration being given to equitable geographical distribution and to the representation of the different forms of civilization as well as of the principal legal systems.

2. The members of the Committee shall be elected by secret ballot from a list of persons nominated by the States Parties. Each State Party may nominate one person from among its own nationals.

3. The initial election shall be held six months after the date of the entry into force of this Convention. At least three months before the date of each election the Secretary-General of the United Nations shall address a letter to the States Parties inviting them to submit their nominations within two months. The Secretary-General shall prepare a list in alphabetical order of all persons thus nominated, indicating the States Parties which have nominated them, and shall submit it to the States Parties.

4. Elections of the members of the Committee shall be held at a meeting of States Parties convened by the Secretary-General at United Nations Headquarters. At that meeting, for which two thirds of the States Parties shall constitute a quorum, the persons elected to the Committee shall be nominees who obtain the largest number of votes and an absolute majority of the votes of the representatives of States Parties present and voting.

5. (a) The members of the Committee shall be elected for a term of four years. However, the terms of nine of the members elected at the first election shall expire at the end of two years; immediately after the first election the names of these nine members shall be chosen by lot by the Chairman of the Committee;

(b) For the filling of casual vacancies, the State Party whose expert has ceased to function as a member of the Committee shall appoint another expert from among its nationals, subject to the approval of the Committee.

6. States Parties shall be responsible for the expenses of the members of the Committee while they are in performance of Committee duties.

Article 9

1. States Parties undertake to submit to the Secretary-General of the United Nations, for consideration by the Committee, a report on the legislative, judicial, administrative or other measures which they have adopted and which give effect to the provisions of this Convention:

(a) within one year after the entry into force of the Convention for the State concerned; and

(b) thereafter every two years and whenever the Committee so requests. The Committee may request further information from the States Parties.

2. The Committee shall report annually, through the Secretary General, to the General Assembly of the United Nations on its activities and may make suggestions and general recommendations based on the examination of the reports and information received from the States Parties. Such suggestions and general recommendations shall be reported to the General Assembly together with comments, if any, from States Parties.

Article 10

1. The Committee shall adopt its own rules of procedure.

2. The Committee shall elect its officers for a term of two years.

3. The secretariat of the Committee shall be provided by the Secretary General of the United Nations.

4. The meetings of the Committee shall normally be held at United Nations Headquarters.

Article 11

1. If a State Party considers that another State Party is not giving effect to the provisions of this Convention, it may bring the matter to the attention of the Committee. The Committee shall then transmit the communication to the State Party concerned. Within three months, the receiving State

shall submit to the Committee written explanations or statements clarifying the matter and the remedy, if any, that may have been taken by that State.

2. If the matter is not adjusted to the satisfaction of both parties, either by bilateral negotiations or by any other procedure open to them, within six months after the receipt by the receiving State of the initial communication, either State shall have the right to refer the matter again to the Committee by notifying the Committee and also the other State.

3. The Committee shall deal with a matter referred to it in accordance with paragraph 2 of this article after it has ascertained that all available domestic remedies have been invoked and exhausted in the case, in conformity with the generally recognized principles of international law. This shall not be the rule where the application of the remedies is unreasonably prolonged.

4. In any matter referred to it, the Committee may call upon the States Parties concerned to supply any other relevant information.

5. When any matter arising out of this article is being considered by the Committee, the States Parties concerned shall be entitled to send a representative to take part in the proceedings of the Committee, without voting rights, while the matter is under consideration.

Article 12

1. (a) After the Committee has obtained and collated all the information it deems necessary, the Chairman shall appoint an ad hoc Conciliation Commission (hereinafter referred to as the Commission) comprising five persons who may or may not be members of the Committee. The members of the Commission shall be appointed with the unanimous consent of the parties to the dispute, and its good offices shall be made available to the States concerned with a view to an amicable solution of the matter on the basis of respect for this Convention;

   (b) If the States parties to the dispute fail to reach agreement within three months on all or part of the composition of the Commission, the members of the Commission not agreed upon by the States parties to the dispute shall be elected by secret ballot by a two-thirds majority vote of the Committee from among its own members.

2. The members of the Commission shall serve in their personal capacity. They shall not be nationals of the States parties to the dispute or of a State not Party to this Convention.

3. The Commission shall elect its own Chairman and adopt its own rules of procedure.

4. The meetings of the Commission shall normally be held at United Nations Headquarters or at any other convenient place as determined by the Commission.

5. The secretariat provided in accordance with article 10, paragraph 3, of this Convention shall also service the Commission whenever a dispute among States Parties brings the Commission into being.

6. The States parties to the dispute shall share equally all the expenses of the members of the Commission in accordance with estimates to be provided by the Secretary-General of the United Nations.

7. The Secretary-General shall be empowered to pay the expenses of the members of the Commission, if necessary, before reimbursement by the States parties to the dispute in accordance with paragraph 6 of this article.

8. The information obtained and collated by the Committee shall be made available to the Commission, and the Commission may call upon the States concerned to supply any other relevant information.

Article 13

1. When the Commission has fully considered the matter, it shall prepare and submit to the Chairman of the Committee a report embodying its findings on all questions of fact relevant to the issue between the parties and containing such recommendations as it may think proper for the amicable solution of the dispute.

2. The Chairman of the Committee shall communicate the report of the Commission to each of the States parties to the dispute. These States shall, within three months, inform the Chairman of the Committee whether or not they accept the recommendations contained in the report of the Commission.

3. After the period provided for in paragraph 2 of this article, the Chairman of the Committee shall communicate the report of the Commission and the declarations of the States Parties concerned to the other States Parties to this Convention.

Article 14

1. A State Party may at any time declare that it recognizes the competence of the Committee to receive and consider communications from individuals or groups of individuals within its jurisdiction claiming to be victims of a violation by that State Party of any of the rights set forth in this Convention. No communication shall be received by the Committee if it concerns a State Party which has not made such a declaration.

2. Any State Party which makes a declaration as provided for in paragraph I of this article may establish or indicate a body within its national legal order which shall be competent to receive and consider petitions from individuals and groups of individuals within its jurisdiction who claim to be victims of a violation of any of the rights set forth in this Convention and who have exhausted other available local remedies.

3. A declaration made in accordance with paragraph 1 of this article and the name of any body established or indicated in accordance with paragraph 2 of this article shall be deposited by the State Party concerned with the Secretary-General of the United Nations, who shall transmit copies thereof to the other States Parties. A declaration may be withdrawn at any time by notification to the Secretary-General, but such a withdrawal shall not affect communications pending before the Committee.

4. A register of petitions shall be kept by the body established or indicated in accordance with paragraph 2 of this article, and certified copies of the register shall be filed annually through appropriate channels with the Secretary-General on the understanding that the contents shall not be publicly disclosed.

5. In the event of failure to obtain satisfaction from the body established or indicated in accordance with paragraph 2 of this article, the petitioner shall have the right to communicate the matter to the Committee within six months.

6. (a) The Committee shall confidentially bring any communication referred to it to the attention of the State Party alleged to be violating any provision of this Convention, but the identity of the individual or groups of individuals concerned shall not be revealed without his or their express consent. The Committee shall not receive anonymous communications;

(b) Within three months, the receiving State shall submit to the Committee written explanations or statements clarifying the matter and the remedy, if any, that may have been taken by that State.

7. (a) The Committee shall consider communications in the light of all information made available to it by the State Party concerned and by the petitioner. The Committee shall not consider any communication from a petitioner unless it has ascertained that the petitioner has exhausted all available domestic remedies. However, this shall not be the rule where the application of the remedies is unreasonably prolonged;

(b) The Committee shall forward its suggestions and recommendations, if any, to the State Party concerned and to the petitioner.

8. The Committee shall include in its annual report a summary of such communications and, where appropriate, a summary of the explanations and statements of the States Parties concerned and of its own suggestions and recommendations.

9. The Committee shall be competent to exercise the functions provided for in this article only when at least ten States Parties to this Convention are bound by declarations in accordance with paragraph I of this article.

Article 15

1. Pending the achievement of the objectives of the Declaration on the Granting of Independence to Colonial Countries and Peoples, contained in General Assembly resolution 1514 (XV) of 14 December 1960, the provisions of this Convention shall in no way limit the right of petition granted to these peoples by other international instruments or by the United Nations and its specialized agencies.

2. (a) The Committee established under article 8, paragraph 1, of this Convention shall receive copies of the petitions from, and submit expressions of opinion and recommendations on these petitions to, the bodies of the United Nations which deal with matters directly related to the principles and objectives of this Convention in their consideration of petitions from the inhabitants of Trust and Non-Self- Governing Territories and all other territories to which General Assembly resolution 1514 (XV) applies, relating to matters covered by this Convention which are before these bodies;

(b) The Committee shall receive from the competent bodies of the United Nations copies of the reports concerning the legislative, judicial, administrative or other measures directly related to the principles and objectives of this Convention applied by the administering Powers within the Territories mentioned in subparagraph (a) of this paragraph, and shall express opinions and make recommendations to these bodies.

3. The Committee shall include in its report to the General Assembly a summary of the petitions and reports it has received from United Nations bodies, and the expressions of opinion and recommendations of the Committee relating to the said petitions and reports.

4. The Committee shall request from the Secretary-General of the United Nations all information relevant to the objectives of this Convention and available to him regarding the Territories mentioned in paragraph 2 (a) of this article.

Article 16

The provisions of this Convention concerning the settlement of disputes or complaints shall be applied without prejudice to other procedures for settling disputes or complaints in the field of discrimination laid down in the constituent instruments of, or conventions adopted by, the United Nations and its specialized agencies, and shall not prevent the States Parties from having recourse to other procedures for settling a dispute in accordance with general or special international agreements in force between them.

PART III

Article 17

1. This Convention is open for signature by any State Member of the United Nations or member of any of its specialized agencies, by any State Party to the Statute of the International Court of Justice, and by any other State which has been invited by the General Assembly of the United Nations to become a Party to this Convention.

2. This Convention is subject to ratification. Instruments of ratification shall be deposited with the Secretary-General of the United Nations.

Article 18

1. This Convention shall be open to accession by any State referred to in article 17, paragraph 1, of the Convention.

2. Accession shall be effected by the deposit of an instrument of accession with the Secretary-General of the United Nations.

Article 19

1. This Convention shall enter into force on the thirtieth day after the date of the deposit with the Secretary-General of the United Nations of the twenty-seventh instrument of ratification or instrument of accession.

2. For each State ratifying this Convention or acceding to it after the deposit of the twenty-seventh instrument of ratification or instrument of accession, the Convention shall enter into force on the thirtieth day after the date of the deposit of its own instrument of ratification or instrument of accession.

Article 20

1. The Secretary-General of the United Nations shall receive and circulate to all States which are or may become Parties to this Convention reservations made by States at the time of ratification or accession. Any State which objects to the reservation shall, within a period of ninety days from the date of the said communication, notify the Secretary-General that it does not accept it.

2. A reservation incompatible with the object and purpose of this Convention shall not be permitted, nor shall a reservation the effect of which would inhibit the operation of any of the bodies established by this Convention be allowed. A reservation shall be considered incompatible or inhibitive if at least two thirds of the States Parties to this Convention object to it.

3. Reservations may be withdrawn at any time by notification to this effect addressed to the Secretary-General. Such notification shall take effect on the date on which it is received.

Article 21

A State Party may denounce this Convention by written notification to the Secretary-General of the United Nations. Denunciation shall take effect one year after the date of receipt of the notification by the Secretary General.

Article 22

Any dispute between two or more States Parties with respect to the interpretation or application of this Convention, which is not settled by negotiation or by the procedures expressly provided for in this Convention, shall, at the request of any of the parties to the dispute, be referred to the International Court of Justice for decision, unless the disputants agree to another mode of settlement.

Article 23

1. A request for the revision of this Convention may be made at any time by any State Party by means of a notification in writing addressed to the Secretary-General of the United Nations.
2. The General Assembly of the United Nations shall decide upon the steps, if any, to be taken in respect of such a request.

Article 24

The Secretary-General of the United Nations shall inform all States referred to in article 17, paragraph 1, of this Convention of the following particulars:
(a) Signatures, ratifications and accessions under articles 17 and 18;
(b) The date of entry into force of this Convention under article 19;
(c) Communications and declarations received under articles 14, 20 and 23;
(d) Denunciations under article 21.

Article 25

1. This Convention, of which the Chinese, English, French, Russian and Spanish texts are equally authentic, shall be deposited in the archives of the United Nations.
2. The Secretary-General of the United Nations shall transmit certified copies of this Convention to all States belonging to any of the categories mentioned in article 17, paragraph 1, of the Convention.

6. 아파테이드 범죄의 진압 및 처벌에 관한 국제협약

1973.11.30 체결/ 1976.7.18 발효/ 당사국 수 107/ 대한민국 미가입.

이 협약의 당사국은,

모든 회원국이 인종, 성, 언어 또는 종교에 따른 차별없이 모든 사람의 인권 및 기본적 자유에
대한 보편적 존중과 준수를 달성하기 위하여 국제연합과의 협조 아래 공동의 그리고 개별적인
조치를 취하기로 약속한 국제연합 헌장의 규정을 상기하고,

세계인권선언이 모든 인류는 존엄성과 권리에 있어서 자유롭고 평등하게 태어났으며, 또한 모든
사람은 인종, 피부색 또는 민족적 출신과 같은 어떠한 종류의 구별도 없이 선언에 규정된 모든
권리와 자유를 향유할 수 있다고 선언하고 있음을 고려하고,

총회가 해방의 진행은 저지할 수도 돌이킬 수도 없으며, 인간의 존엄과 진보 그리고 정의를 위하
여 식민주의 및 그와 연계된 모든 분리와 차별의 관행을 종식시켜야 한다고 언명한 식민지 및
그 인민에 대한 독립부여 선언을 고려하고,

모든 형태의 인종차별철폐에 관한 국제협약에 따라 각국이 특히 인종분리와 아파테이드를 규탄하
고, 자국 관할권 내의 영역에서 이러한 성격의 모든 관행을 예방, 금지, 근절하기로 약속하였음에
유의하고,

집단살해죄의 방지 및 처벌에 관한 협약상 아파테이드 행위에 해당될 수 있는 일정한 행위가 국제
법상의 범죄를 구성한다는 점에 유의하고,

전쟁범죄 및 인도에 반하는 죄에 대한 공소시효 부적용에 관한 협약상 '아파테이드 정책으로 인한
비인도적 행위'가 인도에 반하는 죄에 해당함에 유의하고,

국제연합 총회가 아파테이드 정책과 관행을 인도에 반하는 죄라고 규탄한 수 많은 결의를 채택하
여 왔음에 유의하고,

안전보장이사회가 아파테이드와 이의 지속적인 강화 및 확대가 국제평화와 안전을 심각하게 교란
하고 위협한다고 강조하여 왔음에 유의하고,

아파테이드 범죄의 진압 및 처벌에 관한 국제협약이 국제적 및 국내적 차원에서 아파테이드 범죄
의 진압 및 처벌에 관한 보다 효과적인 조치를 취하는 것을 가능하게 한다고 확신하여,

다음과 같이 합의하였다:

제1조

1. 이 협약의 당사국은 아파테이드가 인도에 반하는 죄이며, 협약 제2조에 규정된 아파테이드의
정책과 관행, 그리고 이와 유사한 인종 분리 및 차별에 관한 정책과 관행으로 인한 비인도적 행위
는 국제법상의 원칙, 특히 국제연합 헌장의 목적과 원칙을 위반하고 국제평화와 안전을 심각하게

위협하는 범죄임을 선언한다.

2. 이 협약의 당사국은 아파테이드 범죄를 범하는 조직, 기관 및 개인들이 범죄자라고 선언한다.

제2조

이 협약상 아파테이드 범죄라 함은 남 아프리카에서 행하여졌던 것과 유사한 인종 분리 및 차별에 관한 정책 및 관행을 포함하여 한 인종집단에 의하여 다른 인종집단에 대한 지배를 확립, 유지하고 그들을 조직적으로 억압할 의도로서 행하여진 아래와 같은 비인도적 행위를 말한다:

가. 아래의 방법으로 일정 인종집단의 구성원에 대하여 사람의 생명과 신체의 자유에 대한 권리를 부인함:

(1) 인종집단 구성원의 살해;

(2) 인종집단 구성원의 자유 또는 존엄을 침해하거나, 고문 또는 잔혹한, 비인도적인 또는 모욕적인 취급 또는 형벌을 통하여 그들에게 중대한 육체적 또는 정신적인 위해의 부과;

(3) 인종집단 구성원에 대한 자의적 체포 및 불법적 수감.

나. 전체적 또는 부분적으로 육체적 파괴를 초래할 목적으로 의도된 생활조건을 인종집단에게 고의로 부과함;

다. 인종집단이 국가의 정치, 사회, 경제 및 문화생활에 참여하지 못하도록 의도된 입법 및 기타의 조치, 그리고 근로권, 공인된 노동조합의 결성권, 교육에 대한 권리, 자국을 출입국할 권리, 국적에 대한 권리, 거주·이전의 자유에 대한 권리, 의견과 표현의 자유에 대한 권리, 평화적인 집회와 결사의 자유에 대한 권리 등을 포함한 기본적 인권 및 자유를 인종집단 구성원에 대하여 부인하는 방법을 통하여 인종집단의 완전한 발전을 가로막는 상태를 고의적으로 조성함;

라. 인종집단 구성원을 위한 격리된 보호구역과 강제 거주지구의 창설, 다른 인종집단 구성원간의 혼인 금지, 인종집단이나 그 구성원에 속하는 토지 재산의 수용을 통하여 인종별로 주민을 격리시키기 위하여 고안된 입법조치를 포함한 모든 조치;

마. 특히 강제노동을 부과함으로써 인종집단 구성원에 대한 노동을 착취함;

바. 아파테이드를 반대한다는 이유로 기본적 권리 및 자유의 박탈함으로써 조직과 인간을 박해함.

제3조

다음의 행위를 한 개인, 조직과 기관의 구성원 및 국가대표에 대하여는 그 동기와 관계없이 그 행위를 범한 국가의 영역에 거주하는지 또는 다른 국가에 거주하는지와 상관없이 국제형사책임이 적용된다:

가. 이 협약 제2조에 지적된 행위의 수행, 가담, 직접적인 교사 또는 공모;

나. 아파테이드 범죄행위에 대한 직접적인 교사, 조장 또는 협력.

제4조

이 협약의 당사국은 다음 조치의 채택을 약속한다:

가. 아파테이드 범죄 및 이와 유사한 분리정책을 조장하거나 이를 표명하는 것의 예방은 물론 진압과 그러한 범죄자를 처벌하기 위하여 필요한 모든 입법 또는 기타의 조치를 채택한다.

나. 이 협약 제2조에 규정된 행위에 관하여 책임이 있거나 고발된 자를 관할권에 따라 기소, 재판

및 처벌하기 위한 입법적, 사법적 및 행정적 조치를 채택하며, 이 때 그가 행위를 범한 국가의
영역 내에서의 거주하는지 여부나 자국민인지, 타국민인지 또는 무국적자인지 여부는 불문한다.

제5조

이 협약 제2조상의 행위로 기소된 자는 피고인에 대하여 관할권을 갖는 모든 협약 당사국의 관할
법원 또는 당사국이 관할권을 수락하여 당해국에 대하여 관할권을 갖는 국제적 형사재판소에 의
하여 재판을 받는다.

제6조

이 협약의 당사국은 아파테이드 범죄를 방지, 진압 및 처벌하기 위한 안전보장이사회의 결정을
국제연합 헌장에 따라 수락하고 이행하며, 이 협약의 목적을 달성하기 위하여 국제연합의 다른
담당기관이 채택한 결정의 이행에 협력할 것을 약속한다.

제7조

1. 이 협약의 당사국은 협약규정을 이행하기 위하여 자국이 채택한 입법적, 사법적, 행정적 및
기타의 조치에 관한 정기 보고서를 제9조에 의하여 설립된 위원회에 제출할 것을 약속한다.

2. 이 보고서 사본은 국제연합 사무총장을 경유하여 아파테이드 특별위원회에 송부된다.

제8조

이 협약의 당사국은 아파테이드 범죄 예방과 진압을 위하여 적절하다고 생각하는 조치를 국제연
합 헌장에 따라 취하도록 국제연합의 담당기관에게 요청할 수 있다.

제9조

1. 인권위원회 위원장은 제7조에 따라 당사국이 제출한 보고서를 검토하기 위하여 이 협약 당사국
의 대표인 인권위원회의 위원 3인으로 위원회를 구성한다.

2. 만약 인권위원회의 위원 중 이 협약 당사국의 대표가 없거나 3인 미만일 경우, 국제연합 사무
총장은 이 협약 모든 당사국과 협의한 후에 이 협약 당사국 대표가 인권위원회 위원으로 선출될
때까지 인권위원회 위원이 아닌 당사국 대표를 제1항에 따라 설립되는 위원회의 업무에 참여하도
록 지명한다.

3. 위원회는 제7조에 따라 제출된 보고서를 검토하기 위하여 인권위원회의 회기 개시 전 또는
후 5일 이내의 기간동안 회합한다.

제10조

1. 이 협약의 당사국은 인권위원회에 다음 권한을 부여한다:

가. 모든 형태의 인종차별철폐에 관한 국제협약 제15조에 따른 청원서의 사본을 송부할 때 국제연
　합 기관이 이 협약 제2조에 열거된 행위와 관련된 고발에 대하여 주의를 기울이도록 요청한다;

나. 국제연합의 담당기관의 보고서와 협약 당사국의 정기 보고서에 근거하여, 협약 제2조에 열거
　된 범죄의 혐의를 받고 있는 개인, 조직, 기관 및 국가대표 뿐만 아니라 협약 당사국이 사법
　절차를 진행시키고 있는 자들의 명단을 작성한다;

다. 1960년 12월 14일자 국제연합 총회 결의 제1514호(XV)가 적용되는 신탁통치지역, 비자치 지

역 및 모든 기타 영역의 행정 담당기관이 협약 제2조상의 범죄의 혐의를 받고 있는 개인으로 자신의 영토적, 행정적 관할권 하에 있다고 판단되는 자에 대하여 취한 조치에 관한 정보를 국제연합 담당기관에게 요청한다.

2. 총회 결의 제1514호(XV)에 포함된 식민지 및 그 인민에 대한 독립부여 선언의 목적을 달성할 때까지, 이 협약의 규정은 다른 국제문서나 국제연합과 그 전문기구에 의하여 그들에게 부여된 청원권을 결코 제한하지 아니한다.

제11조

1. 이 협약 제2조에 열거된 행위들은 범죄인 인도의 목적상 정치범죄로 간주되지 아니한다.

2. 이 협약 당사국은 그 같은 경우 시행중인 법률과 조약에 따라 범죄인 인도를 허가할 것을 약속한다.

제12조

이 협약의 해석, 적용 또는 이행에 관하여 당사국간에 발생한 분쟁으로 교섭으로 해결되지 아니한 것은 분쟁 당사국이 다른 형태의 분쟁해결에 동의하지 않는 한, 분쟁당사국의 요청에 의하여 국제사법재판소에 회부된다.

제13조

이 협약은 모든 국가의 서명을 위하여 개방된다. 협약의 발효 이전에 서명하지 않은 국가는 이에 가입할 수 있다.

제14조

1. 이 협약은 비준을 받아야 한다. 비준서는 국제연합 사무총장에게 기탁된다.

2. 가입은 국제연합 사무총장에게 가입서를 기탁함으로써 발효한다.

제15조

1. 이 협약은 20번째의 비준서 또는 가입서가 국제연합 사무총장에게 기탁되는 날로부터 30일 이후 발효한다.

2. 20번째의 비준서나 가입서의 기탁 이후 이 협약을 비준하거나 가입한 국가에 대하여 협약은 그 비준서 또는 가입서가 기탁된 날로부터 30일 이후 발효한다.

제16조

당사국은 국제연합 사무총장에 대한 서면통고로써 이 협약을 폐기할 수 있다. 폐기는 사무총장이 통고를 접수한 일자로부터 1년 이후 발효한다.

제17조

1. 국제연합 사무총장에 대한 당사국의 서면통고로써 언제든지 이 협약의 개정이 요청될 수 있다.

2. 국제연합 총회는 그 요청에 관하여 취하여야 할 조치가 있는 경우 이를 결정한다.

제18조

국제연합 사무총장은 모든 국가들에게 특히 다음 사항을 통지한다:

가. 제13조 및 제14조에 따른 서명, 비준, 가입;

나. 제15조에 따른 이 협약의 발효일;

다. 제16조에 따른 폐기;

라. 제17조에 따른 통고.

제19조

1. 이 협약은 중국어, 영어, 프랑스어, 러시아어, 스페인어가 동등히 정본이며, 국제연합 문서보관소에 기탁된다.

2. 국제연합 사무총장은 이 협약의 인증등본을 모든 국가에게 송부한다.

7. 교육상의 차별금지 협약

1960.12.15 체결/ 1962.5.22 발효/ 당사국 수 95/ 대한민국 미가입.

국제연합 교육과학문화기구 총회는 1960년 11월 14일부터 12월 15일까지 파리에서 열린 제11차 회기를 개최하고,

세계인권선언이 비차별의 원칙을 주장하고 또한 모든 사람은 교육에 대한 권리를 갖는다고 선언하였음을 상기하고,

교육상의 차별이 그 선언에 천명된 권리의 침해임을 고려하고,

헌장의 규정에 따라 국제연합 교육과학문화기구는 인권에 대한 범세계적인 존중과 균등한 교육기회의 조장을 도모하기 위하여 국가간의 협력을 제도화할 목적을 갖고 있음을 고려하고,

이에 국제연합 교육과학문화기구는 각국의 교육제도의 다양성을 존중하는 가운데 교육상의 모든 형태의 차별을 금지함은 물론 교육에 있어 모든 사람들의 기회와 처우의 균등을 촉진할 의무가 있음을 인정하고,

교육상 차별의 여러 측면에 관한 제안을 이 회기 의제 17.1.4 항으로 상정받았고,

제10차 회기에서 이 문제는 회원국에 대한 권고뿐만 아니라 국제협약의 대상이 되어야 한다고 결정하여,

1960년 12월 14일 이 협약을 채택한다.

제1조

1. 이 협약의 목적상 "차별"이라 함은 인종, 피부색, 성, 언어, 종교, 정치적 또는 기타의 의견, 민족적 또는 사회적 출신, 경제적 조건 또는 출생에 기하여, 교육상의 처우균등을 무효화시키거나 손상시키는 목적이나 효과를 가진 모든 구별, 배제, 제한 또는 특혜를 포함하며, 특히 다음을 포함한다:

가. 특정인이나 집단에 대하여 일정 유형이나 단계의 교육에 관한 접근을 배제시키는 것;

나. 특정인이나 집단을 저급한 수준의 교육에만 한정시키는 것;

다. 이 협약 제2조의 규정을 따른다는 전제 하에, 일정한 사람들 또는 집단에 대하여 별도의 교육 제도나 기관을 수립하거나 유지하는 것;

라. 특정인이나 집단에 대하여 인간의 존엄과 양립할 수 없는 조건을 부과하는 것.

2. 이 협약의 목적상 "교육"이라 함은 모든 유형과 단계의 교육을 가리키며, 교육에 대한 접근, 교육의 수준과 질, 그리고 교육의 실시여건을 포함한다.

제2조

다음과 같은 상황은 그 국가 내에서 허용된다면 협약 제1조의 의미상의 차별에 해당한다고 간주

되지 아니한다:

가. 학생의 성별에 따라 별도의 교육 제도 또는 기관을 설치하거나 유지하는 것. 단 이들 제도 또는 기관이 동등한 교육기회를 제공하고, 동일한 기준의 자격을 갖춘 교사진은 물론 동일한 수준의 교육시설과 장비를 마련하고, 그리고 동일하거나 동등한 교육과정을 선택할 기회를 제공하여야 한다;

나. 종교상 또는 언어상의 이유에 따라 학생의 부모나 후견인의 희망과 합치되는 교육을 제공하는 분리된 교육제도 또는 기관을 설치하거나 유지하는 것. 단 그러한 제도에 참여하거나 그러한 기관에 출석하는 것은 선택에 의하며, 제공되는 교육이 특히 동일한 단계의 교육을 위하여 담당기관이 작성하거나 승인한 기준에 부합되어야 한다;

다. 사립 교육기관을 설치하거나 유지하는 것. 단 그 기관의 목적이 특정 집단의 배제를 확실히 하기 위한 것이 아니라 공공기관에 의하여 제공되는 것에 추가되는 교육시설을 제공하는 것이어야 하며, 그 기관이 위와 같은 목적에 따라 운영되고, 제공되는 교육이 특히 동일한 단계의 교육을 위하여 담당기관이 작성하거나 승인한 기준에 부합되어야 한다.

제3조

이 협약에서 의미하는 차별을 근절하거나 방지하기 위하여 당사국은 다음을 약속한다:

가. 교육상의 차별과 관련된 모든 법률조항 및 행정지침을 폐지하고, 관련된 모든 행정관행을 중단한다;

나. 필요한 경우에는 입법을 통하여 학생이 교육기관에 입학할 때 차별이 없을 것을 보장한다;

다. 등록금, 장학금이나 학생에 대한 다른 형태의 지원, 외국유학을 위하여 필요한 허가나 편의의 제공에 있어서 능력이나 필요에 기한 경우를 제외하고는 국민들간의 공공당국에 의한 어떠한 다른 처우도 허용하지 아니한다;

라. 공공당국이 교육기관에 부여하는 어떠한 형태의 지원에 있어서도 학생들이 특정집단에 속한다는 이유만을 근거로 한 제한이나 특혜를 허용하지 아니한다;

마. 자국내 외국인 거주자에게 자국민에게 제공되는 것과 동일한 교육 기회를 제공한다.

제4조

이 협약의 당사국은 상황과 국가 관행에 적합한 방법에 의하여 교육문제에 있어서 동등한 기회와 처우를 증진시킬 수 있는 국가정책을 더욱 수립, 계발, 적용할 것을 약속하며, 특히 다음을 약속한다:

가. 초등교육은 무상, 의무교육으로 한다; 다양한 형태의 중등교육이 모든 사람에게 일반적으로 제공되어 이용 가능하게 한다; 고등교육은 개인 능력에 기하여 모든 사람에게 동등하게 이용 가능하도록 한다; 법률에 규정된 학교출석의 의무를 모든 사람이 준수하도록 보장한다;

나. 같은 단계의 모든 공교육 기관에서의 교육수준이 동등할 것과 제공되는 교육의 질과 관련된 여건들 또한 동등하도록 보장한다;

다. 초등교육을 받지 않은 사람들과 초등교육과정을 마치지 못한 사람들의 교육과 그리고 개인 능력에 따른 그들의 계속교육을 적절한 방법에 의하여 장려하고 강화한다;

라. 교직에 대한 훈련을 차별없이 제공한다.

제5조

1. 이 협약 당사국은 다음에 동의한다:

가. 교육은 인간성의 원숙한 발달과 인권 및 기본적 자유에 대한 존중의 강화를 지향하여야 한다; 교육은 모든 국가, 인종적 또는 종교적 집단 사이의 이해, 관용 및 친선을 증진시켜야 하며, 평화유지를 위한 국제연합의 활동을 지원하여야 한다;

나. 부모 또는 해당되는 경우 후견인의 다음과 같은 자유를 존중하는 것이 필수적이다. 첫째, 공공 당국이 운영하지 않는 기관을 자녀의 교육기관으로 선택할 자유. 단 이는 담당기관이 작성하거나 승인한 최소한의 교육적 기준에 부합되어야 한다. 둘째, 그 국가 내에서 법률의 적용을 위하여 따르는 절차에 합치되는 방식으로 자신의 신념에 따라 아동의 종교 및 도덕 교육을 확보할 자유; 어떠한 사람이나 집단도 자신의 신념과 일치하지 않는 종교교육을 받도록 강요되지 아니한다;

다. 소수민족의 구성원에게 학교의 운영과 함께 각국의 교육정책에 따라 자신들의 언어를 사용하거나 가르치는 것을 포함하여 스스로의 교육활동을 수행할 권리를 인정하는 것이 필수적이다. 단 다음을 조건으로 한다:

(1) 이 권리는 소수민족의 구성원이 공동체 전체의 문화와 언어를 이해하고 그 활동에 참여하는 것을 방해하거나, 국가 주권을 침해하는 방식으로 행사되지 아니한다;

(2) 교육의 기준이 담당기관이 작성하거나 승인한 일반적 기준보다 낮지 아니하다;

(3) 그러한 학교에 출석하는 것은 선택에 의한다.

2. 이 협약 당사국들은 본조 제1항에 선언된 원칙의 적용을 보장하기 위하여 필요한 모든 조치를 취할 것을 약속한다.

제6조

이 협약의 적용에 있어서 당사국들은 여러 가지 형태의 교육상의 차별을 억제하고 교육상의 기회와 처우의 균등을 보장하기 위하여 실시되어야 할 조치를 규정하는 향후 국제연합 교육과학문화기구의 총회에 의하여 채택되는 모든 권고에 최대한 유의할 것을 약속한다.

제7조

이 협약의 당사국들은 국제연합 교육과학문화기구 총회가 정하는 날짜와 방법에 따라 총회에 제출하는 정기 보고서에서 자국이 채택한 입법 및 행정 규정과 제4조에 규정된 국가정책의 수립과 계발을 위하여 취한 조치를 포함하여, 각국이 이 협약의 적용을 위하여 채택한 기타의 조치는 물론 달성된 성과와 이 정책의 이행과정에서 직면하는 장애에 관한 정보를 제공한다.

제8조

이 협약의 해석이나 적용에 관하여 둘 또는 그 이상의 협약 당사국들간에 발생하여 협상으로 해결되지 아니하는 분쟁은 다른 분쟁해결수단이 실패하는 경우, 분쟁 당사국의 신청에 의하여 국제사법재판소의 재판에 회부된다.

제9조

이 협약에 대한 유보는 허용되지 아니한다.

제10조

둘 또는 그 이상 국가에 의하여 체결된 조약에 의하여 개인 또는 집단이 향유하는 권리는 그것이 이 협약의 조문이나 정신과 모순되지 아니하는 한, 이 협약이 그러한 권리를 축소시키는 효과를 갖지 아니한다.

제11조

이 협약은 영어, 프랑스어, 러시아어 및 스페인어로 작성되었으며, 이 네 개 언어본은 동등한 정본이다.

제12조

1. 이 협약은 국제연합 교육문화과학기구 회원국들의 각 헌법상의 절차에 따라 비준 또는 수락을 받아야 한다.

2. 비준서 또는 수락서는 국제연합 교육과학문화기구 사무총장에게 기탁된다.

제13조

1. 이 협약은 국제연합 교육과학문화기구 집행이사회의 초청을 받은 기구 비회원국의 가입을 위하여 개방된다.

2. 가입은 국제연합 교육과학문화기구 사무총장에게 가입서를 기탁함으로써 발효된다.

제14조

이 협약은 세 번째의 비준서, 수락서 또는 가입서의 기탁일로부터 3개월 후에 발효한다. 단 이는 이 날짜 이전에 관련문서를 기탁한 국가에 한한다. 다른 국가에 대하여는 비준서, 수락서 또는 가입서의 기탁 3개월 후에 발효한다.

제15조

이 협약의 당사국은 협약이 본토 지역 뿐 아니라 모든 비자치지역, 신탁통치지역, 식민지, 기타 당사국이 국제관계의 책임을 지는 지역에 적용될 수 있음을 인정한다; 당사국은 이 지역에 대한 협약의 적용을 보장하기 위하여 비준, 수락 또는 가입 이전에, 필요하다면 그 지역의 정부나 기타 관할당국과 협의할 것과 이에 따라 협약이 적용되는 지역을 국제연합 교육과학문화기구의 사무총장에게 통보할 것을 약속하며, 그 통보는 접수일로부터 3개월 후에 발효한다.

제16조

1. 이 협약의 각 당사국은 자국이나 또는 자국이 국제관계를 책임지는 기타 지역에 대하여 협약을 폐기시킬 수 있다.

2. 폐기는 국제연합 교육과학문화기구의 사무총장에게 기탁되는 문서로 통고되어야 한다.

3. 폐기는 폐기서의 접수 12개월 후에 발효한다.

제17조

국제연합 교육과학문화기구의 사무총장은 제12조 및 제13조에 규정된 모든 비준서, 수락서, 가입서의 기탁과 제15조 및 제16조에 각각 규정되어 있는 통고와 폐기의 기탁사실을 기구 회원국과 제13조에 지적된 기구 비회원국 그리고 국제연합에 통지한다.

제18조

1. 이 협약은 국제연합 교육과학문화기구 총회에 의하여 개정될 수 있다. 그러나 그러한 개정은 개정된 협약의 당사국이 된 국가만을 구속한다.

2. 총회가 이 협약의 전체 또는 부분을 개정하는 새 협약을 채택할 경우 새 협약이 달리 규정하지 않는다면, 새 개정 협약의 발효일로부터 이 협약은 비준, 수락 또는 가입을 위한 개방을 중단한다.

제19조

국제연합 헌장 제102조에 따라 이 협약은 국제연합 교육문화과학기구 사무총장의 요청으로 국제연합 사무국에 등록된다.

1960년 12월 15일 파리에서 작성되어,

제11차 총회 의장과 국제연합 교육과학문화기구 사무총장이 서명한 두 개의 정본이 국제연합 교육과학문화기구 문서보관소에 기탁되며,

그 인증등본이 제12조와 제13조에 지적된 모든 국가와 국제연합에 송부된다.

이상은 국제연합 교육과학문화기구 총회가 파리에서 개최되어 1960년 12월 15일 폐회가 선언된 제11차 회기에서 적법하게 채택한 협약의 정본이다.

이상의 사실을 증명하기 위하여 우리는 1960년 12월 15일 우리의 서명을 첨부한다.

7-1. 교육상의 차별금지협약 당사국간에 발생하는 분쟁해결을 위한 조정 및 알선위원회 설치에 관한 의정서

1962.12.18 체결/ 1968.10.24 발효/ 당사국 수 34/ 대한민국 미가입.

국제연합 교육과학문화기구 총회는 1962년 11월 9일부터 12월 12일까지 파리에서 제12차 회기를 개최하고,

제11차 회기에서 교육상의 차별금지협약을 채택하였으며, 이 협약의 이행을 촉진하는 것이 바람직하다고 보아,

이를 위하여 협약의 적용이나 해석에 관하여 당사국간에 발생될 수 있는 모든 분쟁의 우호적 해결의 모색을 책임지는 조정 및 알선위원회를 설치하는 것이 중요하다고 생각하여,

1962년 12월 10일 이 의정서를 채택한다.

제1조
교육상의 차별금지협약(이하 협약이라 한다)의 적용이나 해석과 관련하여 국제연합 교육과학문화기구 후원 하에 이 협약 당사국간 분쟁의 우호적 해결의 모색을 책임지는 조정 및 알선위원회(이하 위원회라 한다)를 설치한다.

제2조
1. 위원회는 고매한 인격을 가지며 공정성을 인정받은 11명의 위원으로 구성되며, 국제연합 교육과학문화기구 총회(이하 총회라고 한다)에서 선출된다.
2. 위원회의 위원은 개인 자격으로 직무를 수행한다.

제3조
1. 위원회의 위원은 이 의정서 당사국에 의하여 이 목적을 위하여 지명된 명단으로부터 선출된다. 각국은 유네스코 국내위원회와의 협의를 거쳐 4명 이하의 인사를 지명한다. 이들은 이 의정서 당사국의 국민이어야 한다.
2. 국제연합 교육과학문화기구 사무총장(이하 사무총장이라 한다)은 위원회의 매 위원 선출일로부터 최소한 4개월 이전에 이 의정서 당사국에게 본조 제1항에 지적된 인사의 지명을 2개월 내로 송부하여 주도록 요청한다. 사무총장은 이와 같이 지명된 인사들의 명단을 알파벳 순서로 작성하여 선출일로부터 최소한 1개월 전까지 국제연합 교육과학문화기구 집행이사회(이하 집행이사회라 한다) 및 협약 당사국에게 제출한다. 집행이사회는 유용하다고 생각하는 제안과 함께 위에 언급된

명단을 총회로 회부하며, 총회는 2명 이상의 인사 선출에 있어서 일반적으로 따르는 절차에 합당하게 본 위원회의 위원 선거를 실시한다.

제4조

1. 위원회는 동일한 국가의 국민은 1명만 포함할 수 있다.

2. 위원회의 위원 선출에 있어서 총회는 교육분야에서의 능력을 인정받은 인사와 특히 국제적인 성격의 재판이나 사법적 경험을 보유하고 있는 인사를 포함시키도록 노력한다. 총회는 또한 위원들의 공평한 지리적 안배와 상이한 문명형태는 물론 주요한 법체계의 대표성을 고려한다.

제5조

위원회의 위원은 6년 임기로 선출된다. 위원은 재지명되면 재선될 수 있다. 단 최초의 선거에서 선출된 위원 중 4인의 임기는 2년으로 종료되며, 다른 3인의 위원의 임기는 4년으로 종료된다. 이러한 위원의 명단은 최초 선거 직후 총회 의장에 의하여 추첨으로 선정된다.

제6조

1. 위원회의 위원이 사망 또는 사임할 경우, 위원장은 사무총장에게 이를 즉시 통보하여야 하며, 사무총장은 사망일 또는 사임의 발효일로부터 그 직이 궐석임을 선언한다.

2. 위원회의 어느 한 위원이 일시적 성격의 결석이 아닌 이유로 그의 임무수행을 중지하였거나 또는 그의 임무수행의 계속이 불가능하다고 다른 위원이 전원일치로 판단하는 경우, 위원회의 위원장은 이를 사무총장에게 통보하고 즉시 동 위원직의 궐석을 선언한다.

3. 사무총장은 본조의 제1항 및 제2항에 따라 발생한 모든 궐석을 국제연합 교육과학문화기구 회원국과 이 기구의 비회원국으로서 제23조 규정에 의하여 이 의정서의 당사국이 된 국가에게 통보한다.

4. 총회는 본조의 제1항 및 제2항에 규정된 각각의 경우에 잔여 임기동안 공석이 된 위원의 교체 문제를 처리한다.

제7조

제6조의 규정에 따를 것을 전제로 하며, 위원회의 위원은 후임자가 자신의 임무를 인수할 때까지 그 직을 보유한다.

제8조

1. 제12조 또는 제13조의 규정에 따라 회부된 분쟁의 당사국의 국민이 위원회 위원으로 포함되어 있지 않은 경우, 또는 그러한 국가가 1개국 이상인 경우 이들 각각의 국가는 특별위원으로서 위원회에 참여할 인사를 선정할 수 있다.

2. 이 같은 특별위원을 선출하는 국가는 제2조 제1항 및 제4조의 제1항 및 제2항에 의하여 위원회 위원에게 요청되는 자격에 유의한다. 이와 같이 선정된 특별위원은 그를 선정한 국가 또는 이 의정서 당사국의 국적을 가져야 하며, 개인 자격으로 직무를 수행한다.

3. 분쟁에서 동일한 이해관계를 가지는 수 개의 당사국이 있는 경우, 그 당사국들은 특별위원을 선정하는데 있어서는 오직 하나의 당사자로 간주된다. 이 규정의 적용 방법은 제11조에 규정된

위원회의 절차규칙에 의하여 정한다.

제9조

위원회의 위원 및 제8조의 규정에 따라 선임된 특별위원은 위원회 업무에 종사하는 기간동안 집행이사회가 정한 바에 따라 국제연합 교육과학문화기구로부터 여비 및 수당을 받는다.

제10조

위원회의 사무국은 사무총장에 의하여 제공된다.

제11조

1. 위원회는 임기 2년의 위원장과 부위원장을 선출한다. 이들은 재선될 수 있다.

2. 위원회는 자체의 절차규칙을 제정하며, 이 규칙은 특히 다음 사항을 규정한다:

가. 특별위원이 있을 경우 이를 포함하여 위원의 3분의 2를 의사정족수로 한다;

나. 위원회의 결정은 출석한 위원 및 특별위원의 과반수 투표로 의결한다; 가부동수인 경우 위원장이 결정 투표권을 가진다;

다. 만일 어느 국가가 제12조 또는 제13조에 따라 위원회에 문제를 제기할 경우:

(1) 그 국가, 피진정 국가 및 그 문제에 자국민이 관련된 이 의정서의 모든 당사국은 위원회에 대하여 서면으로 의견을 제출할 수 있다;

(2) 그 국가와 피진정 국가는 그 문제에 대한 청문절차에 대표자를 참석시키고, 구두로 진술할 권리를 가진다.

3. 절차규칙의 제정을 처음으로 제안하는 경우, 위원회는 초안을 의정서 당사국에게 송부하여야 하며, 당사국은 3개월 이내에 그들이 원하는 견해나 제안을 통지할 수 있다. 위원회는 의정서 당사국의 요청이 있으면 언제든지 절차규칙을 재검토한다.

제12조

1. 의정서의 당사국은 다른 당사국이 협약의 규정을 이행하지 아니한다고 생각하는 경우, 서면통보에 의하여 이 문제에 관한 해당 당사국의 주의를 환기시킬 수 있다. 통보를 접수한 후 3개월 이내에 이의 접수국은 당해문제에 관한 설명 또는 성명을 서면으로 진정국에 제출한다. 이에는 가능하고 적절한 범위 내에서, 당해문제와 관련하여 이미 취하였든가, 현재 계류중이거나 또는 이용가능한 절차와 구제조치에 관한 언급이 포함되어야 한다.

2. 당해문제가 접수국이 최초의 통보를 접수한지 6개월 이내에 양자간 협상 또는 그들에게 이용가능한 기타 다른 절차에 의하여 당사국 쌍방에게 만족스럽게 조정되지 아니한 경우, 일방 당사국은 사무총장 및 타방 당사국에 대한 통지로써 이 문제를 위원회에 제기할 권리를 가진다.

3. 위 항의 규정은 당사국들이 상호합의로 분쟁을 헤이그 상설중재재판소에 회부하는 것을 포함하여 당사국간에 발효중인 일반 또는 특별 국제협정에 따라 다른 분쟁해결절차를 이용할 권리에 영향을 미치지 아니한다.

제13조

이 의정서의 발효 6년 이후 위원회는 협약의 당사국이나 이 의정서의 당사국은 아닌 국가간 또는 일방만 의정서의 당사국인 국가와의 사이에서 발생한 협약의 적용이나 해석에 관련된 분쟁의 해결을 모색함에 있어서 해당국가들이 분쟁을 위원회에 제기하기로 합의한다면 그 책임 역시 맡을 수 있다. 해당국가들이 이러한 합의에 도달함에 있어서 충족시켜야 할 조건은 위원회의 절차규칙으로 규정된다.

제14조

위원회는 이 의정서 제12조 또는 제13조에 따라 제기된 문제에 관하여 일반적으로 승인된 국제법의 원칙에 따라 그 사건에서 이용가능한 모든 국내적 구제절차가 시도되고 완료되었음을 확인한 다음에만 이를 처리한다.

제15조

새로운 요소가 제출된 경우가 아니라면 위원회는 이미 취급하였던 문제는 심의하지 아니한다.

제16조

위원회는 제기된 어떠한 문제에 관하여도 관계 당사국들에게 모든 관련 정보를 제출할 것을 요청할 수 있다.

제17조

1. 제14조의 규정에 따를 것을 전제로 하며, 위원회는 필요하다고 생각하는 모든 정보를 수집한 후 사실을 확인하고, 협약을 존중하는 기반 위에서 그 사건의 우호적 해결을 모색하기 위하여 관계 당사국에 알선을 제공할 수 있다.

2. 위원회는 모든 경우에 있어서 제12조 제2항에 따르는 통지를 사무총장이 접수한 날로부터 18개월 이내에 아래 제3항의 규정에 따른 보고서를 작성하여 이를 관계당사국에 송부하고, 또한 공표를 위하여 사무총장에게 통보한다. 제18조에 따라 국제사법재판소에 권고적 의견이 요청된 경우에는 이 시한이 적절히 연장된다.

3. 본조 제1항의 규정에 따라 해결에 도달한 경우, 위원회는 보고서를 사안과 도달된 해결에 관한 간략한 설명으로 국한시킨다. 그러한 해결에 도달하지 못한 경우, 위원회는 사실에 관한 보고서를 작성하고 조정을 위하여 작성한 권고안을 제시한다. 보고서의 전부 또는 일부가 위원들의 전원일치의 견해를 나타내지 않는 경우, 어느 위원이라도 그 보고서에 개별의견을 첨부할 수 있다. 제11조 제2항 다호에 따라 사건 당사국이 제출한 서면 및 구두견해는 보고서에 첨부된다.

제18조

위원회는 자신에게 제기된 문제와 관련된 법률적 문제에 관하여 국제사법재판소에 권고적 의견을 제시하여 줄 것을 요청하도록 집행이사회에 건의하거나 회기 개시전 2개월 이내에 권고가 이루어진다면 총회로 건의할 수 있다.

제19조

위원회는 총회의 매 정규 회기시 마다 자신의 활동에 관한 보고서를 총회로 제출하며, 이는 집행이사회에 의하여 총회에 송부된다.

제20조

1. 사무총장은 총회에 의하여 선임된 지 3개월 이내에 위원회 제1차 회의를 국제연합 교육과학문화기구 본부에서 소집한다.

2. 위원회의 이후 회의는 필요할 때에 위원회 위원장에 의하여 소집되며, 사무총장은 이 의정서의 규정에 따라 위원회로 제기된 모든 문제를 위원장과 위원회의 다른 모든 위원들에게 송부한다.

3. 본조 제2항에도 불구하고, 위원회의 최소한 3분의 1의 위원이 위원회가 이 의정서의 규정에 따라 어떤 문제를 검토하여야 한다고 생각하는 경우, 위원장은 그들의 요청에 따라 그 목적을 위한 위원회 회의를 소집한다.

제21조

이 의정서는 영어, 프랑스어, 러시아어 및 스페인어로 작성되었으며, 4 개 언어본은 모두 동등한 정본이다.

제22조

1. 이 의정서는 협약의 당사국인 국제연합 교육과학문화기구 회원국에 의하여 비준 또는 수락을 받아야 한다.

2. 비준서 또는 수락서는 사무총장에게 기탁된다.

제23조

1. 이 의정서는 협약의 당사국이나 국제연합 교육과학문화기구 회원국이 아닌 모든 국가의 가입을 위하여 개방된다.

2. 가입은 가입서를 사무총장에게 기탁함으로써 발효한다.

제24조

이 의정서는 15번째의 비준서, 수락서 또는 가입서가 기탁되는 날로부터 3개월 후에 발효한다. 단 이는 그 날짜 이전에 관련문서를 기탁한 국가에 한한다. 다른 국가에 대하여는 비준서, 수락서 또는 가입서의 기탁 3개월 후에 발효한다.

제25조

어떠한 국가도 비준, 수락, 가입시 또는 그 후 어느 때라도 사무총장에 대한 통지로써 같은 의무를 지는 다른 국가에 대하여 제17조 제1항에 따른 우호적 해결에 도달하지 못한 이 의정서상의 모든 분쟁을 제17조 3항에 규정된 보고서의 작성 후 국제사법재판소에 회부함에 동의한다는 선언을 할 수 있다.

제26조

1. 이 의정서의 각 당사국은 이를 폐기시킬 수 있다.

2. 폐기는 사무총장에게 기탁되는 문서로써 통고되어야 한다.

3. 협약의 폐기는 자동적으로 이 의정서의 폐기를 수반한다.

4. 폐기는 폐기서의 접수 12개월 후에 발효한다. 그러나 의정서를 폐기한 국가도 이 항에 규정된 있는 시한의 종료 이전에 위원회로 제기된 사건에 관하여는 계속 의정서의 규정에 구속된다.

제27조

사무총장은 제22조와 제23조에 규정된 비준서, 수락서 및 가입서와 제25조와 제26조에 규정된 통지 및 폐기의 각 기탁을 국제연합 교육과학문화기구의 회원국과 제23조에 지적된 국제연합 교육과학문화기구의 비회원국 그리고 국제연합에 대하여 통지한다.

제28조

국제연합 헌장 제102조에 따라 이 의정서는 사무총장이 요청하여 국제연합 사무국에 등록된다.

이 의정서는 1962년 12월 18일 파리에서 국제연합 교육과학문화기구 제12차 총회의 의장 및 사무총장의 서명을 받은 2부의 정본으로 작성되었고, 이는 국제연합 교육과학문화기구 문서보관소에 기탁되며, 이의 인증등본은 교육상의 차별금지협약의 제12조 및 제13조에 규정된 모든 국가와 국제연합에 송부된다.

이상은 파리에서 개최되어 1962년 12월 12일에 폐회가 선언된 국제연합 교육과학문화기구 총회 제12차 회기 중 적정하게 채택된 의정서의 정본이다.

위의 증거로서 우리는 1962년 12월 18일 우리의 서명을 첨부하였다.

8. 인신매매금지 및 타인의 매춘행위에 의한 착취금지에 관한 협약

1950.3.21 체결/ 1951.7.25 발효/ 당사국 수 81/ 대한민국 적용일 1962.5.14.

전 문

매춘행위와 매음을 목적으로 하는 인신매매에 따르는 해독은 인간의 존엄성과 가치에 부합치 않으며 또한 개인과 가정 및 공동사회의 복지를 위태롭게 하며, 부녀자 매매금지에 관하여 하기 국제문서, 즉

1. 1948년 12월 3일 국제연합 총회에서 승인된 의정서에 의하여 수정된 추업부 매매금지에 관하여 1904년 5월 18일의 국제협정과,

2. 상기 의정서에 의하여 수정된 추업부 매매금지에 관한 1910년 5월 4일의 국제협약과,

3. 1947년 10월 20일 국제연합 총회에서 승인된 의정서에 의하여 수정된 부녀자 매매금지에 관한 1921년 9월 30일의 국제협약 및

4. 상기 의정서에 의하여 수정된 성년여인의 매매금지에 관한 1933년 10월 11일의 국제협약이 유효하고,

1937년 국제연맹이 상기 문서의 범위를 확대하는 협약안을 작성한 바 있으며, 1937년 이래의 진전은 상기 문서를 정리하고 또한 1937년의 협약안의 내용을 필요한 변경과 함께 구체화하는 협약의 체결을 용이하게 하였으므로,

체약국은 이에 아래와 같이 합의한다.

제1조

현 협약의 체약국은 타인의 욕정을 만족시키기 위하여 하기 행위를 하는 자를 처벌하는데 합의한다.

1. 매춘을 목적으로 타인을 합의여부에 불구하고 소개하거나 유혹 또는 유괴하는 자;

2. 합의여부에 불구하고 타인의 매춘행위를 착취하는 자.

제2조

본 협약의 체약국은 또한 하기 행위를 하는 자들을 처벌하는데 합의한다.

1. 매춘숙을 소유하거나 경영하고 또는 그에 필요한 재정을 의식적으로 제고하거나 또는 제공하는데 관여한 자;

2. 타인의 매춘을 목적으로 가옥이나 장소 또는 그 일부를 대차 또는 제공한 자.

제3조

제1조와 제2조에서 언급된 어떤 범죄행위에 미수자와 방조한 자도 국내법이 허용하는 한도내에서 처벌된다.

제4조

제1조와 제2조에서 언급된 행위에의 고의적 관여도 역시 국내법이 허용하는 범위에서 처벌된다. 처벌을 면하는 일을 방지하는데 필요한 경우에는 언제든지 국내법이 허용하는 한도내에서 관여행위는 별개의 범죄로서 취급된다.

제5조

피해자가 국내법에 의하여 본 협약에 규정된 범죄에 관한 소송의 당사자가 될 권리를 갖는 경우에는 외국인도 내국인과 동일한 조건하에 그 권리를 향유할 수 있다.

제6조

본 협약의 각 체약당사국은 매춘행위에 종사하거나 또는 종사한다는 혐의를 받는 자들이 특별등록, 특별문서의 소유 또는 감독과 통고에 관한 특별한 요건에 따르도록 하는 취지를 규정한 모든 현존 법규 또는 행정규정을 폐지하기 위하여 필요한 모든 조치를 취하도록 합의한다.

제7조

본 협약에 규정한 범죄에 대하여 외국에서 언도된 과거의 유죄판결은 국내법이 허용하는 범위에서 하기 목적을 위하여 고려되어야 한다.

1. 상습범확정;
2. 범죄인의 공민권행사권의 박탈.

제8조

본 협약 제1조 및 제2조에서 규정된 범죄는 본 협약의 어느 체약국간에 있어서 체결되었거나 또는 차후로 체결된 범죄인 인도조약에서 인도범죄로 간주되어야 한다.

본 협약의 체결국으로서 범죄인 인도에 관한 조약의 존재를 조건으로 하지 않는 체약국은 본 협약 제1조 및 제2조에 규정된 범죄를 차후로는 그들간에 있어서 범죄인 인도에 해당되는 사건으로 간주한다.

범죄인 인도는 그 범죄인 인도를 요구받은 국가의 법에 의하여 부여된다.

제9조

자국민의 범죄인인도를 법률이 허용하지 아니하는 국가간에 있어서는, 그 국민으로서 제1조 및 제2조에 규정한 어떤 범죄를 외국에서 범한 후에 자국에 돌아온 자는 자국의 법정에 의하여 기소 및 처벌된다.

본 협약 체약국간의 유사한 사건에 있어서 외국인 범죄인의 인도를 허용할 수 없는 경우, 전항의 규정은 적용되지 않는다.

제10조

범죄협의로 외국에서 재판을 받고 유죄언도로써 복역하였거나 또는 그 외국법령에 의하여 형의 면제나 감형을 받은 자에 대하여서는 전기 제9조의 규정은 적용되지 아니한다.

제11조

본 협약의 어떠한 규정도 국제법상의 형사재판관할권의 범위에 관한 일반문제에 대한 체약국의 태도를 규정하는 것으로 해석되어서는 아니된다.

제12조

본 협약이 규정한 범죄가 각국의 국내법에 의하여 정의되고 기소되며 처벌되어야 한다는 원칙을 본 협약이 좌우하는 것은 아니다.

제13조

본 협약의 체약국은 본 협약에 규정된 범죄에 과한 의뢰서를 그들의 국내법과 관습법에 따라 집행할 의무를 진다.

의뢰서의 전송은 하기 방법에 의하여 행하여진다:

1. 사직당국의 직접적 연락;

2. 양국간의 법무부장관 사이에서 행하여지는 직접적 연락 또는 일 국가의 기타 관계당국이 피의뢰국의 법무부장관에게 행하는 직접적 연락; 또는

3. 피의뢰국에 주재하는 의뢰국의 외교관 또는 영사관을 통하여 행하는 것, 이들 외교 대표는 의뢰서를 사법당국 또는 피의뢰국이 지정한 당국에게 직접 송부하여야 하며 또한 이들 외교대표는 상기 당국으로부터 직접 의뢰서를 집행에 관한 문서를 접수한다.

상기 1과 3의 경우에는 이 의뢰서의 사본1통을 항상 피의뢰국의 상부관청에 송부하여야 한다.

이 의회서는 별단의 합의가 없는 한 의뢰국의 국어로 작성하되 피 의뢰국은 의뢰당국이 확증을 한 자국어로된 번역문을 요구할 수 있다.

본 협약의 각 체약국은 본 협약에 가입한 여타 각 체약국에 대하여 상기 전달방법중 자국이 그들 여타 체약국의 의뢰서로써 인정하는 1개 또는 2개 이상의 방법을 통지하여야 한다.

어느 당사국에 의하여 이와 같은 통지가 있을 때까지는 의뢰서에 관한 기존 수속절차는 유효한 것이다.

의뢰서 실시는 감정인에 대한 경비 외에는 여하한 성질의 요금이나 비용에 대한 지불청구를 초래하는 것은 아니다.

본 조항의 어떤 사항도 본 협약 체결국들이 형사사건에 관한 입증형식이나 방법을 그들의 국내법에 상반되는 방법으로 결정할 것을 기약하는 것으로 해석되어서는 아니된다.

제14조

본 협약의 각 체약국은 본 협약에 규정된 범죄에 관한 조사에 협조하며 그 결과를 종합 정리하는 임무를 띤 기관을 설치하거나 또는 유지하여야 한다.

이 기간은 본 협약에 계제된 범죄행위를 방지하고 처벌하는데 도움이 될 것을 예상한 모든 정보를 수집 편집하여야 하며 이 기관은 또한 타방국의 동종의 기관과 긴밀한 연락을 취하여야 한다.

제15조

이 기관은 국내법이 허용하는 한도에서 또한 본 제14조에 규정한 직무에 책임있는 당국이 필요하다고 인정하는 한도내에서 타방국의 동종의 직무에 책임있는 당국에 하기 정보를 제공한다.

1. 본 협약의 정한 범죄 또는 그 범죄의 미수에 관한 명세서;

2. 본 협약에 규정한 범죄를 범할 범인의 수색, 소송, 체포, 유죄언도, 입국거부 및 추방에 관한 명세서와 이와 같은 범인의 동태 및 그에 관한 유익한 정보. 이와 같이 제공된 정보에는 범인의 인상서, 지문, 사진, 범행방법, 경찰조서 및 재판기록등을 포함한다.

제16조

본 협약의 체약국은 공공 또는 사적교육, 건강, 사회, 경제 및 기타 관계기관을 통하여 매춘행위의 방지, 매춘행위 및 본 협약에 규정한 범죄의 희생자들의 재생과 사회적 조정을 위한 조치를 취하거나 장려하도록 합의한다.

제17조

본 협약의 체약국은 이민의 출입국에 있어서 매춘행위를 목적으로 하는 남녀의 인신매매를 방지하기 위하여 본 협약에 의하여 그들의 의무로서 요구되는 조치를 채택하거나 관리할 것을 약속한다. 특히 하기 사항을 약속한다;

1. 출입 이민자의 보호, 특히 출발점, 착륙점 및 여행중에 있는 부녀자의 보호에 관하여 필요한 규정을 제정한다;

2. 상기 인신매매의 위험을 공중에게 경고하는 필요한 선전책의 강구;

3. 매춘을 목적으로 하는 국제적 인신매매를 방지하기 위하여 역, 공항, 항구와 항로 및 기타 공공장소에서의 감독을 확보하기 위한 대책의 수립;

4. 관계당국으로 하여금 이와 같은 인신매매의 주범 및 공법 또는 인신매매의 희생자로 간주되는 자의 도착에 관한 통지를 받을 수 있게 하기 위한 적절한 대책의 수립.

제18조

본 협약의 체약국은 그들의 국내법에 규정된 바에 따라 매춘자인 외국인으로부터 그들의 신원 및 국적을 명확히 하고 그들로 하여금 본국을 떠나게 한 자를 밝히기 위하여 진술서를 받도록 약속한다. 이 입수된 정보는 송환될 것을 고려하여 그들 외국인의 본국의 관계당국에 통고한다.

제19조

본 협약의 체약국은 국내법이 규정한 바에 따라 또한 위법행위에 대한 기고 및 기타 조치를 방해함이 없이 가능한 한 하기 사항을 실천할 것을 약속한다;

1. 매춘행위를 목적으로 하는 국제인신매매의 빈곤한 희생자를 송환하기 위한 준비가 끝날 때까지 그들을 임시적으로 보호하고 부양하는데 필요한 조치를 취한다;

2. 본 협약 제10조에 규정된 자로서 귀환을 원하는 자, 그들에 대하여 권한이 있는 자에 의하여 요구되는 자 및 법에 의하여 추방이 명령된 자들을 송환할 것, 이 송환은 송환자의 성명, 국적 및 국경 도착지와 도착일자 등에 관한 목적지국과의 합의가 성립된 후에 실시키로 한다. 본 협약

의 각 체약국은 이들 송환자등의 자국영토의 통과를 돕는다.

전항에서 언급된 자들이 송환비용을 지불할 수 없고 또한 이를 대불할 배우자, 친척 또는 보호인이 없는 경우에는 본국쪽에 있는 가장 가까운 국경 또는 착륙항 또는 공항까지의 송환비용은 송환자가 거주하고 있는 국가가 이를 부담하고 잔여 여행에 필요한 송환비는 본국이 부담키로 한다.

제20조

본 협약의 체약국은 만약 그러한 조치가 취하여지지 아니한 경우에는 구직중인 자, 특히 부녀자들이 매춘행위를 할 위험에 놓여지지 않도록 하기 위하여 직업소개소를 감시하는데 필요한 조치를 취한다.

제21조

본 협약의 체약국은 만약 국제연합 사무총장에게 본 협약의 적용에 관하여 취한 조치등을 비롯하여 본 협약에 관하여 이미 공포된 법령을 통고하고 또한 앞으로는 매년 공포된 법령을 통고한다. 사무총장은 접수한 정보를 정기적으로 발간하여 국제연합의 전 회원국과 본 협약의 제23조 규정에 의하여 본 협약이 정식으로 통보된 비회원국에게 통고한다.

제22조

본 협약 체약국간에 있어서 본 협약의 해석 및 적용에 관하여 분쟁이 발생하고 또한 이 분쟁이 다른 방법에 의하여 해결될 수 없는 경우에는 이 분쟁은 분쟁당사국의 어느 일방의 요청으로써 국제사법재판소에 회부되어야 한다.

제23조

본 협약은, 국제연합의 모든 회원국 및 동 경제사회이사회가 초청한 기타 국들이 서명하도록 개방된다.

본 협약은 비준을 요건으로 하며 이 비준서는 국제연합 사무총장에게 기탁되어야 한다.

본조 제1항에서 언급한 국가로서 서명을 하지 아니한 나라도 가입을 할 수 있다.

가입은 가입서를 국제연합 사무총장에게 기탁함으로써 된다.

본 협약에서 서명 또는 가입한 국가의 모든 식민지, 신탁통치령 및 그 국가가 국제적으로 책임을 지는 모든 영역을 포함한다.

제24조

본 협약은 두번째로 기탁하는 비준서 기탁이나 가입서 기탁이 있은 후 90일만에 그 효력을 발생한다.

두 번째의 비준서 기탁이나 가입서 기탁이 있은 후에 본 협약에 대하여 비준 또는 가입하는 국가에 대하여는 그의 비준서 또는 가입서의 기탁이 있은후 90일만에 효력을 발생한다.

제25조

본 협약이 효력이 발생하여 5년이 경과한 후 본 협약의 어느 체약국도 국제연합 사무총장에게 보내는 서면통고로써 본 협약을 폐기할 수 있다.

이와 같은 폐기통고는 국제연합 사무총장이 그 폐기통고를 받은 날로부터 1년후에 효력을 발생한다.

제26조

국제연합 사무총장은 국제연합의 전 회원국과 제23조에서 언급한 비 회원국들에 대하여 하기 사항을 통고한다.

(a) 제23조에 의거하여 접수된 서명, 비준 및 가입;

(b) 제24조에 의거하여 본 협약이 효력을 발생하는 일자;

(c) 제25조에 의거하여 접수된 폐기통고.

제27조

본 협약의 각 체약국은 그들의 헌법에 따라 본 협약의 적용을 확보하는데 필요한 입법적 또는 기타 필요한 조치를 취하도록 약속한다.

제28조

본 협약의 규정은 본 협약의 체약국의 관계에 있어 전문 제2항의 1,2,3 및 4에 계재된 국제문서 규정에 대치되며 이 국제문서의 당사국들이 본 협약의 체약국으로 되는 때에는 이 각 국제문서는 그것으로써 완결된 것으로 간주한다.

이상의 증거로서 각자의 정부에 의하여 정당히 위임을 받은 하기 인들은 서기 1950년 8월 21일 뉴욕 레이크 석세스에서 서명을 위하여 개방된 본 협약에 서명하였다. 본 협약의 인증등본은 사무총장이 국제연합의 전 회원국과 제23조에서 언급한 비 회원국에게 전달한다.

최종의정서

본 협약의 어느 규정도 인신매매금지 및 매춘행위에 의한 착취금지를 확보하는 규정을 시행하기 위하여 본 협약에게 규정한 것보다 더 한층 엄격한 조건을 마련하는 어떠한 입법적 조치를 방해하는 것으로 간주되지 아니한다.

본 협약의 제23조부터 제26조까지의 규정은 이 의정서에 적용된다.

제3부
반인도적 행위 등으로부터의 보호

9. 집단살해죄의 방지와 처벌에 관한 협약

1948.12.9 채택/ 1951.1.12 발효/ 당사국 수 140/ 대한민국 적용일 1951.1.12.

체약국은 집단살해는 국제연합의 정신과 목적에 반하며 또한 문명세계에서 죄악으로 단정한 국제법상의 범죄라고 국제연합 총회가 1947년 12월 11일부 결의 96(I)에서 행한 선언을 고려하고, 역사상의 모든 시기에서 집단살해가 인류에게 막대한 손실을 끼쳤음을 인지하고,

인류를 이와 같은 고뇌로부터 해방시키기 위하여는 국제협력이 필요함을 확신하고,

이에 하기에 규정된 바와 같이 동의한다.

제1조

체약국은 집단살해가 평시에 행하여졌든가 전시에 행하여졌든가를 불문하고 이것을 방지하고 처벌할 것을 약속하는 국제법상의 범죄임을 확인한다.

제2조

본 협약에서 집단살해라 함은 국민적, 인종적, 민족적 또는 종교적 집단을 전부 또는 일부 파괴할 의도로서 행하여진 아래의 행위를 말한다.

(a) 집단구성원을 살해하는 것

(b) 집단구성원에 대하여 중대한 육체적 또는 정신적인 위해를 가하는 것

(c) 전부 또는 부분적으로 육체적 파괴를 초래할 목적으로 의도된 생활조건을 집단에게 고의로 과하는 것

(d) 집단 내에 있어서의 출생을 방지하기 위하여 의도된 조치를 과하는 것

(e) 집단의 아동을 강제적으로 타 집단에 이동시키는 것

제3조

다음의 제 행위는 이를 처벌한다.

(a) 집단살해

(b) 집단살해를 범하기 위한 공모

(c) 집단살해를 범하기 위한 직접 또는 공연한 교사

(d) 집단살해의 미수

(e) 집단살해의 공범

제4조

집단살해 또는 제3조에 열거된 기타 행위의 어떤 것이라도 이를 범하는 자는 헌법상으로 책임있는 통치자이거나 공무원 또는 사인이거나를 불문하고 처벌한다.

제5조

체약국은 각자의 헌법에 따라서 본 협약의 규정을 실시하기 위하여 특히 집단살해 또는 제3조에 열거된 기타의 행위의 어떤 것에 대하여도 죄가 있는 자에 대한 유효한 형벌을 규정하기 위하여 필요한 입법을 제정할 것을 약속한다.

제6조

집단살해 또는 제3조에 열거된 기타 행위의 어떤 것이라도 이로 인하여 고소된 자는 행위가 그 영토 내에서 범행된 국가의 당해재판소에 의하여 또는 국제형사재판소의 관할권을 수락하는 체약국에 관하여 관할권을 가지는 동재판소에 의하여 심리된다.

제7조

집단살해 또는 제3조에 열거된 기타 행위는 범죄인 인도의 목적으로 정치적 범죄로 인정치 않는다. 체약국은 이러한 경우에 실시 중인 법률 또는 조약에 따라서 범죄인 인도를 허가할 것을 서약한다.

제8조

체약국은 국제연합의 당해 기관이 집단살해 또는 제3조에 열거한 기타 행위의 어떤 것이라도 이를 방지 또는 억압하기 위하여 적당하다고 인정하는 국제연합 헌장에 기한 조치를 취하도록 요구할 수 있다.

제9조

본 협약의 해석 적용 또는 이행에 관한 체약국간의 분쟁은 집단살해 또는 제3조에 열거된 기타 행위의 어떤 것이라도 이에 대한 국가책임에 관한 분쟁을 포함하여 분쟁 당사국 요구에 의하여 국제사법재판소에 부탁한다.

제10조

본 협약은 중국어, 영어, 불어, 노어, 서반아어의 원문을 동등히 정문으로 하며 1948년 12월 9일자로 한다.

제11조

본 협약은 국제연합의 가맹국과 총회로부터 서명 초청을 받은 비가맹국을 위하여 1949년 12월 31일까지 개방된다. 본 협약은 비준을 받아야 한다. 비준서는 국제연합 사무총장에게 기탁한다. 1950년 1월 1일 이후 본 협약은 국제연합의 가맹국과 전기한 초청을 받은 비가맹국을 위하여 가입되어질 수 있다. 가입서는 국제연합 사무총장에게 기탁한다.

제12조

체약국은 국제연합 사무총장 앞으로의 통고로써 자국이 외교관계의 수행에 책임을 지고 있는 지역의 전부 또는 일부에 대하여 하시라도 본 협약의 적용을 확장할 수 있다.

제13조

최초의 20통의 비준서 또는 가입서가 기탁된 일자에 사무총장은 경위서를 작성하여 그 사본을 국제연합의 각 가맹국과 제11조에 규정된 비가맹 각국에 송부한다. 본 협약은 20통째의 비준서 또는 가입서가 기탁된 90일 후에 발효한다. 전기일 이후에 행하여진 비준이나 가입은 비준서 또는 가입서 기탁 90일 후에 효력을 발생한다.

제14조

본 협약은 발효일로부터 10년간 계속하여 효력을 갖는다. 전기 기간의 적어도 만료 6개월 전에 본 조약을 폐기하지 아니한 체약국에 대하여는 본 협약은 그 후 5년간씩 계속하여 효력을 가진다. 폐기는 국제연합 사무총장 앞으로의 통고서에 의하여 행한다.

제15조

폐기의 결과 본 협약에의 가맹국수가 16 이하일 때에는 본 협약은 폐기의 최후의 것이 효력이 발생하는 날로부터 효력이 종지된다.

제16조

본 협약의 개정요청은 체약국이 사무총장 앞으로의 통고서에 의하여 언제나 행할 수 있다. 총회는 전기 요청에 관하여 취한 조치가 있을 때에는 이를 결정한다.

제17조

국제연합 사무총장은 국제연합의 모든 가맹국과 제11조에 규정된 비가맹국에 대하여 다음 사항을 통고한다.

(a) 제11조에 의하여 수령한 서명 비준 또는 가입

(b) 제12조에 의하여 수령한 통고

(c) 제13조에 의하여 본 협약이 발효하는 일자

(d) 제14조에 의하여 수령한 폐기

(e) 제15조에 의한 협약의 폐지

(f) 제16조에 의하여 수령한 통고

제18조

본 협약의 원안은 국제연합의 문서보관소에 기탁한다. 본 협약의 인증등본은 국제연합의 모든 가맹국과 제11조에 규정된 비가맹국에 송부한다.

제19조

본 협약은 발효일자에 국제연합 사무총장이 등록한다.

9. CONVENTION ON THE PREVENTION AND PUNISHMENT OF THE CRIME OF GENOCIDE

The Contracting Parties,

Having considered the declaration made by the General Assembly of the United Nations in its resolution 96 (I) dated 11 December 1946 that genocide is a crime under international law, contrary to the spirit and aims of the United Nations and condemned by the civilized world,

Recognizing that at all periods of history genocide has inflicted great losses on humanity, and

Being convinced that, in order to liberate mankind from such an odious scourge, international co-operation is required,

Hereby agree as hereinafter provided:

Article 1

The Contracting Parties confirm that genocide, whether committed in time of peace or in time of war, is a crime under international law which they undertake to prevent and to punish.

Article 2

In the present Convention, genocide means any of the following acts committed with intent to destroy, in whole or in part, a national, ethnical, racial or religious group, as such:
(a) Killing members of the group;
(b) Causing serious bodily or mental harm to members of the group;
(c) Deliberately inflicting on the group conditions of life calculated to bring about its physical destruction in whole or in part;
(d) Imposing measures intended to prevent births within the group;
(e) Forcibly transferring children of the group to another group.

Article 3

The following acts shall be punishable:
(a) Genocide;
(b) Conspiracy to commit genocide;
(c) Direct and public incitement to commit genocide;
(d) Attempt to commit genocide;
(e) Complicity in genocide.

Article 4

Persons committing genocide or any of the other acts enumerated in article III shall be punished, whether they are constitutionally responsible rulers, public officials or private individuals.

Article 5

The Contracting Parties undertake to enact, in accordance with their respective Constitutions, the necessary legislation to give effect to the provisions of the present Convention, and, in particular, to provide effective penalties for persons guilty of genocide or any of the other acts enumerated in article III.

Article 6

Persons charged with genocide or any of the other acts enumerated in article III shall be tried by a competent tribunal of the State in the territory of which the act was committed, or by such international penal tribunal as may have jurisdiction with respect to those Contracting Parties which shall have accepted its jurisdiction.

Article 7

Genocide and the other acts enumerated in article III shall not be considered as political crimes for the purpose of extradition.

The Contracting Parties pledge themselves in such cases to grant extradition in accordance with their laws and treaties in force.

Article 8

Any Contracting Party may call upon the competent organs of the United Nations to take such action under the Charter of the United Nations as they consider appropriate for the prevention and suppression of acts of genocide or any of the other acts enumerated in article III.

Article 9

Disputes between the Contracting Parties relating to the interpretation, application or fulfilment of the present Convention, including those relating to the responsibility of a State for genocide or for any of the other acts enumerated in article III, shall be submitted to the International Court of Justice at the request of any of the parties to the dispute.

Article 10

The present Convention, of which the Chinese, English, French, Russian and Spanish texts are equally authentic, shall bear the date of 9 December 1948.

Article 11

The present Convention shall be open until 31 December 1949 for signature on behalf of any Member of the United Nations and of any nonmember State to which an invitation to sign has been addressed by the General Assembly.

The present Convention shall be ratified, and the instruments of ratification shall be deposited with the Secretary-General of the United Nations.

After 1 January 1950, the present Convention may be acceded to on behalf of any Member of the United Nations and of any non-member State which has received an invitation as aforesaid. Instruments of accession shall be deposited with the Secretary-General of the United Nations.

Article 12

Any Contracting Party may at any time, by notification addressed to the Secretary-General of the United Nations, extend the application of the present Convention to all or any of the territories for the conduct of whose foreign relations that Contracting Party is responsible.

Article 13

On the day when the first twenty instruments of ratification or accession have been deposited, the

Secretary-General shall draw up a proces-verbal and transmit a copy thereof to each Member of the United Nations and to each of the non-member States contemplated in article 11.

The present Convention shall come into force on the ninetieth day following the date of deposit of the twentieth instrument of ratification or accession.

Any ratification or accession effected, subsequent to the latter date shall become effective on the ninetieth day following the deposit of the instrument of ratification or accession.

Article 14

The present Convention shall remain in effect for a period of ten years as from the date of its coming into force.

It shall thereafter remain in force for successive periods of five years for such Contracting Parties as have not denounced it at least six months before the expiration of the current period.

Denunciation shall be effected by a written notification addressed to the Secretary-General of the United Nations.

Article 15

If, as a result of denunciations, the number of Parties to the present Convention should become less than sixteen, the Convention shall cease to be in force as from the date on which the last of these denunciations shall become effective.

Article 16

A request for the revision of the present Convention may be made at any time by any Contracting Party by means of a notification in writing addressed to the Secretary-General.

The General Assembly shall decide upon the steps, if any, to be taken in respect of such request.

Article 17

The Secretary-General of the United Nations shall notify all Members of the United Nations and the non-member States contemplated in article 11 of the following:

(a) Signatures, ratifications and accessions received in accordance with article 11;

(b) Notifications received in accordance with article 12;

(c) The date upon which the present Convention comes into force in accordance with article 13;

(d) Denunciations received in accordance with article 14;

(e) The abrogation of the Convention in accordance with article 15;

(f) Notifications received in accordance with article 16.

Article 18

The original of the present Convention shall be deposited in the archives of the United Nations. A certified copy of the Convention shall be transmitted to each Member of the United Nations and to each of the non-member States contemplated in article 11.

Article 19

The present Convention shall be registered by the Secretary-General of the United Nations on the date of its coming into force.

10. 전쟁범죄 및 인도에 반하는 죄에 대한 공소시효 부적용에 관한 협약

1968.12.16 체결/ 1970.11.11 발효/ 당사국 수 51/ 대한민국 미가입.

전 문

이 협약의 당사국들은,

국제연합 총회의 전쟁범죄자의 인도 및 처벌에 관한 1946년 2월 13일자 결의 제3호(I)와 1947년 10월 31일자 결의 제170호(II), 뉴른베르크 국제군사재판소 헌장과 동 재판소의 판결에서 승인된 국제법상의 원칙을 확인한 1946년 12월 11일자 결의 제95호(I), 원주민의 경제적 및 정치적 권리의 침해와 아파테이드 정책을 인도에 반하는 죄로 명백히 규탄한 1966년 12월 12일자 결의 제2184호(XXI)와 1966년 12월 16일자 결의 제2202호(XXI)를 상기하고,

국제연합 경제사회이사회의 전쟁범죄자와 인도에 반하는 죄를 저지른 자의 처벌에 관한 1965년 7월 28일자 결의 제1074D호(XXXIX) 및 1966년 8월 5일자 결의 제1158호(XLI)를 상기하고,

전쟁범죄 및 인도에 반하는 죄의 기소 및 처벌과 관련된 중요 선언, 문서 또는 협약의 어디에도 시효기간에 관한 규정이 없었다는 점을 주목하고,

전쟁범죄 및 인도에 반하는 죄가 국제법상 가장 중대한 범죄의 하나라는 점을 고려하고,

전쟁범죄 및 인도에 반하는 죄의 실효적인 처벌은 그러한 범죄의 방지와 인권 및 기본적 자유의 보호, 신뢰의 고취, 인민간의 협력 촉진 그리고 국제 평화와 안전의 증진에 있어서 중요한 요소임을 확신하고,

전쟁범죄 및 인도에 반하는 죄에 대하여 일반 범죄의 시효기간에 관한 국내법 규칙을 적용하는 것은 이러한 범죄에 책임 있는 사람에 대한 기소 및 처벌을 저지시키므로, 이것이 세계 여론의 지대한 관심사라는 점에 유의하고,

이 협약을 통하여 전쟁범죄 및 인도에 반하는 죄에 대하여는 공소시효의 기한이 없다는 국제법상의 원칙을 확인하고, 이의 보편적 적용을 보장하는 것이 필요하며 또한 시의적절하다는 점을 인식하여,

다음과 같이 합의하였다.

제1조

다음과 같은 범죄에 대하여는 범행시기와 상관없이 공소시효의 제한이 적용되지 아니한다;

가. 1945년 8월 8일자 뉴른베르크 국제군사재판소 헌장에 규정되고, 1946년 2월 13일자 국제연합 총회 결의 제3호(I) 및 1946년 12월 11일자 결의 제95호(I)에서 확인된 전쟁범죄, 특히 1949년

8월 12일 전쟁 희생자 보호를 위한 제네바 협약에 열거된 "중대한 위반";

나. 다음과 같은 행위가 범행지국의 국내법 위반을 구성하지 아니한다 할지라도, 1945년 8월 8일자 뉴른베르크 국제군사재판소 헌장에 규정되고 1946년 2월 13일자 국제연합 총회 결의 제3호(I) 및 1946년 12월 11일자 결의 제95호(I)에서 확인된 전시 또는 평시를 불문하고 저질러진 인도에 반하는 죄, 군사적 공격이나 점령 그리고 아파테이드 정책에 따른 비인도적 행위에 의한 추방, 1948년 집단살해죄의 방지와 처벌에 관한 협약에 규정된 집단살해죄.

제2조

제1조에 규정된 범죄가 행하여진 경우, 이 협약 규정은 범행의 완성단계와 관계없이 정범 또는 공범으로 가담하였거나, 그러한 범죄행위를 하도록 타인을 직접 교사하였거나, 그러한 범행을 공모한 국가기관의 대표와 사인 그리고 이들의 행위를 묵인한 국가기관의 대표에게 적용된다.

제3조

이 협약의 당사국은 협약 제2조에 규정된 자의 범죄인인도가 국제법에 따라 가능하도록 입법 또는 기타의 조치 등 필요한 모든 국내적 조치를 채택할 것을 약속한다.

제4조

이 협약의 당사국은 각국의 헌법적 절차에 따라 시효제한 또는 다른 제한들이 협약 제1조 및 제2조에 규정된 범죄의 기소와 처벌에 적용되지 않도록 보장하기 위하여 필요한 입법 또는 기타의 조치를 채택할 것과 그러한 제한이 있을 경우 이를 폐지할 것을 약속한다.

제5조

이 협약은 국제연합 회원국, 국제연합 전문기구 및 국제원자력기구의 회원국, 국제사법재판소 규정 당사국, 국제연합 총회로부터 이 협약의 당사국이 되도록 초청된 여타 국가의 서명을 위하여 1969년 12월 31일까지 개방된다.

제6조

이 협약은 비준을 받아야 한다. 비준서는 국제연합 사무총장에게 기탁된다.

제7조

이 협약은 제5조에 규정된 국가의 가입을 위하여 개방된다. 가입서는 국제연합 사무총장에게 기탁된다.

제8조

1. 이 협약은 10번째 비준서 또는 가입서가 국제연합 사무총장에게 기탁되는 날로부터 90일 후에 발효한다.

2. 10번째 비준서 또는 가입서의 기탁 후 이 협약을 비준하거나 가입하는 국가에 대하여 이 협약은 비준서 또는 가입서가 기탁된 날로부터 90일 후에 발효한다.

제9조

1. 이 협약의 발효일로부터 10년 이후 체약국은 국제연합 사무총장에 대한 서면통고로써 이 협약의 개정을 언제든지 요청할 수 있다.

2. 국제연합 총회는 이러한 개정요청에 대하여 필요한 경우 취할 조치를 결정한다.

제10조

1. 이 협약은 국제연합 사무총장에게 기탁된다.

2. 국제연합 사무총장은 이 협약의 인증등본을 제5조상의 모든 국가들에게 송부한다.

3. 국제연합 사무총장은 제5조상의 모든 국가들에게 특히 다음 사항을 통지한다:

가. 제5조, 제6조, 제7조에 따른 협약의 서명 및 비준서와 가입서의 기탁;

나. 제8조에 따른 이 협약의 발효일;

다. 제9조에 따라 접수된 통고.

제11조

이 협약은 중국어, 영어, 프랑스어, 러시아어, 스페인어본이 동등한 정본으로 1968년 11월 26일 작성되었다.

이상의 증거로 서명을 위하여 정당하게 권한을 부여받은 서명자가 이 협약에 서명하였다.

10. CONVENTION ON THE NON-APPLICABILITY OF STATUTORY LIMITATIONS TO WAR CRIMES AND CRIMES AGAINST HUMANITY

PREAMBLE

The States Parties to the present Convention,

Recalling resolutions of the General Assembly of the United Nations 3 (I) of 13 February 1946 and 170 (II) of 31 October 1947 on the extradition and punishment of war criminals, resolution 95 (I) of 11 December 1946 affirming the principles of international law recognized by the Charter of the International Military Tribunal, Nurnberg, and the judgement of the Tribunal, and resolutions 2184(XXI) of 12 December 1966 and 2202(XXI) of 16 December 1966 which expressly condemned as crimes against humanity the violation of the economic and political rights of the indigenous population on the one hand and the policies of apartheid on the other,

Recalling resolutions of the Economic and Social Council of the United Nations 1074 D (XXXIX) of 28 July 1965 and 1158 (XLI) of 5 August 1966 on the punishment of war criminals and of persons who have committed crimes against humanity,

Noting that none of the solemn declarations, instruments or conventions relating to the prosecution and punishment of war crimes and crimes against humanity made provision for a period of limitation,

Considering that war crimes and crimes against humanity are among the gravest crimes in international law,

Convinced that the effective punishment of war crimes and crimes against humanity is an important element in the prevention of such crimes, the protection of human rights and fundamental freedoms, the encouragement of confidence, the furtherance of co-operation among peoples and the promotion of international peace and security,

Noting that the application to war crimes and crimes against humanity of the rules of municipal law relating to the period of limitation for ordinary crimes is a matter of serious concern to world public opinion, since it prevents the prosecution and punishment of persons responsible for those crimes,

Recognizing that it is necessary and timely to affirm in international law, through this Convention, the principle that there is no period of limitation for war crimes and crimes against humanity, and to secure its universal application,

Have agreed as follows:

Article 1

No statutory limitation shall apply to the following crimes, irrespective of the date of their commission:

(a) War crimes as they are defined in the Charter of the International Military Tribunal, Nurnberg, of 8 August 1945 and confirmed by resolutions 3 (I) of 13 February 1946 and 95 (I) of 11 December 1946 of the General Assembly of the United Nations, particularly the "grave breaches" enumerated in the Geneva Conventions of 12 August 1949 for the protection of war victims;

(b) Crimes against humanity whether committed in time of war or in time of peace as they are defined in the Charter of the International Military Tribunal, Nurnberg, of 8 August 1945 and confirmed by resolutions 3 (I) of 13 February 1946 and 95 (I) of 11 December 1946 of the General Assembly of the United Nations, eviction by armed attack or occupation and inhuman acts resulting from the policy of apartheid, and the crime of genocide as defined in the 1948 Convention on the Prevention and Punishment of the Crime of Genocide, even if such acts do not constitute a violation of the domestic law of the country in which they were committed.

Article 2

If any of the crimes mentioned in article I is committed, the provisions of this Convention shall apply to representatives of the State authority and private individuals who, as principals or accomplices, participate in or who directly incite others to the commission of any of those crimes, or who conspire to commit them, irrespective of the degree of completion, and to representatives of the State authority who tolerate their commission.

Article 3

The States Parties to the present Convention undertake to adopt all necessary domestic measures, legislative or otherwise, with a view to making possible the extradition, in accordance with international law, of the persons referred to in article !I of this Convention.

Article 4

The States Parties to the present Convention undertake to adopt, in accordance with their respective constitutional processes, any legislative or other measures necessary to ensure that statutory or other limitations shall not apply to the prosecution and punishment of the crimes referred to in articles 1 and 2 of this Convention and that, where they exist, such limitations shall be abolished.

Article 5

This Convention shall, until 31 December 1969, be open for signature by any State Member of the United Nations or member of any of its specialized agencies or of the International Atomic Energy Agency, by any State Party to the Statute of the International Court of Justice, and by any other State which has been invited by the General Assembly of the United Nations to become a Party to this Convention.

Article 6

This Convention is subject to ratification. Instruments of ratification shall be deposited with the Secretary-General of the United Nations.

Article 7

This Convention shall be open to accession by any State referred to in article 5. Instruments of accession shall be deposited with the Secretary- General of the United Nations.

Article 8

1. This Convention shall enter into force on the ninetieth day after the date of the deposit with the

Secretary-General of the United Nations of the tenth instrument of ratification or accession.

2. For each State ratifying this Convention or acceding to it after the deposit of the tenth instrument of ratification or accession, the Convention shall enter into force on the ninetieth day after the date of the deposit of its own instrument of ratification or accession.

Article 9

1. After the expiry of a period of ten years from the date on which this Convention enters into force, a request for the revision of the Convention may be made at any time by any Contracting Party by means of a notification in writing addressed to the Secretary-General of the United Nations.

2. The General Assembly of the United Nations shall decide upon the steps, if any, to be taken in respect of such a request.

Article 10

1. This Convention shall be deposited with the Secretary-General of the United Nations.

2. The Secretary-General of the United Nations shall transmit certified copies of this Convention to all States referred to in article 5.

3. The Secretary-General of the United Nations shall inform all States referred to in article V of the following particulars:

(a) Signatures of this Convention, and instruments of ratification and accession deposited under articles 5, 6 and 7;

(b) The date of entry into force of this Convention in accordance with article 8;

(c) Communications received under article 9.

Article 11

This Convention, of which the Chinese, English, French, Russian and Spanish texts are equally authentic, shall bear the date of 26 November 1968.

IN WITNESS WHEREOF the undersigned, being duly authorized for that purpose, have signed this Convention.

11. 고문 및 그 밖의 잔혹한 · 비인도적인
또는 굴욕적인 대우나 처벌의 방지에 관한 협약*

1984.12.10 채택/ 1987.6.26 발효/ 당사국 수 145/ 대한민국 적용일 1995.2.8.
(단 21조 및 제22조의 적용에 대하여는 2007.11.9 수락 선언 및 적용)

이 협약의 당사국은,

국제연합 헌장에 천명된 원칙에 따라, 인류사회의 모든 구성원이 향유하는 평등하며 불가양한 권리를 인정하는 데서 세계의 자유 · 정의 및 평화의 기초가 이룩됨을 고려하고,

이러한 권리는 인간의 고유한 존엄성으로부터 유래함을 인정하며,

국제연합 헌장 특히 제55조에 따라 인권 및 기본적 자유를 보편적으로 존중하고 이의 준수를 촉진하여야 하는 국가의 의무를 고려하고,

어느 누구도 고문 및 잔혹한 · 비인도적인 또는 굴욕적인 대우나 처벌의 대상이 되어서는 아니된다고 규정한 세계인권선언 제5조와 시민적 및 정치적 권리에 관한 국제규약 제7조에 유의하며,

1975년 12월 9일 국제연합 총회에서 채택된 고문 및 그 밖의 잔혹한 · 비인도적인 또는 굴욕적인 대우나 처벌로부터 만인의 보호에 관한 선언에 유의하고,

세계적으로 고문 및 그 밖의 잔혹한 · 비인도적인 또는 굴욕적인 대우나 처벌을 방지하기 위한 투쟁이 더욱 실효적이기를 희망하여,

다음과 같이 합의하였다.

제1장

제1조

1. 이 협약의 목적상 "고문"이라 함은 공무원이나 그 밖의 공무 수행자가 직접 또는 이러한 자의 교사 · 동의 · 묵인 아래, 어떤 개인이나 제3자로부터 정보나 자백을 얻어내기 위한 목적으로, 개인이나 제3자가 실행하였거나 실행한 혐의가 있는 행위에 대하여 처벌을 하기 위한 목적으로, 개인이나 제3자를 협박 · 강요할 목적으로, 또는 모든 종류의 차별에 기초한 이유로, 개인에게 고의로 극심한 신체적 · 정신적 고통을 가하는 행위를 말한다. 다만, 합법적 제재조치로부터 초래되거나, 이에 내재하거나 이에 부수되는 고통은 고문에 포함되지 아니한다.

2. 이 조는 더 광범위하게 적용되는 규정을 포함하고 있거나 포함하게 될 국제문서나 국내입법을 해하지 아니한다.

---

* 제17조 7항 및 제32조 5항 개정 : 1992.9.8 채택, 미발효. 당사국 수 27. 대한민국 미가입.

제2조

1. 당사국은 자기 나라 관할하의 영토 내에서 고문행위를 방지하기 위하여 실효적인 입법·행정·사법 또는 그 밖의 조치를 취한다.

2. 전쟁상태, 전쟁의 위협, 국내의 정치불안정 또는 그 밖의 사회적 긴급상황 등 어떠한 예외적인 상황도 고문을 정당화하기 위하여 원용될 수 없다.

3. 상관 또는 당국의 명령은 고문을 정당화하기 위하여 원용될 수 없다.

제3조

1. 어떠한 당사국도 고문받을 위험이 있다고 믿을 만한 상당한 근거가 있는 다른 나라로 개인을 추방·송환 또는 인도하여서는 아니된다.

2. 위와 같이 믿을 만한 근거가 있는지 여부를 결정하기 위하여, 권한 있는 당국은 가능한 경우 관련국가에서 현저하며 극악한 또는 대규모 인권침해 사례가 꾸준하게 존재하여 왔는지 여부를 포함하여 모든 관련사항을 고려한다.

제4조

1. 당사국은 모든 고문행위가 자기 나라의 형법에 따라 범죄가 되도록 보장하며, 고문 미수, 고문 공모 또는 가담에 해당하는 행위도 마찬가지로 다룬다.

2. 당사국은 이러한 범죄가 그 심각성이 고려된 적절한 형벌로 처벌될 수 있도록 한다.

제5조

1. 당사국은 다음의 경우에 제4조에 규정된 범죄에 대한 관할권을 확립하기 위하여 필요한 조치를 취한다.

가. 범죄가 자기 나라 관할하의 영토 내에서 또는 자기 나라에 등록된 선박이나 항공기에서 실행된 경우

나. 범죄혐의자가 자기 나라의 국민인 경우

다. 피해자가 자기 나라의 국민이며 자기 나라의 관할권 행사가 적절하다고 인정하는 경우

2. 당사국은 범죄혐의자가 자기 나라 관할하의 영토 내에 소재하나 이러한 범죄혐의자를 제1항에 규정된 어느 국가에도 제8조에 따라 인도하지 아니하는 경우에는 위와 마찬가지로 이러한 범죄에 대한 관할권을 확립하기 위하여 필요한 조치를 취한다.

3. 이 협약은 국내법에 따라 행사되는 어떠한 형사관할권도 배제하지 아니한다.

제6조

1. 당사국은 제4조에 규정된 범죄를 실행한 것으로 추정되는 혐의자가 자기 나라 영토 안에 소재하는 경우에, 입수된 정보를 검토한 후 상황에 비추어 정당하다고 판단하게 되면, 즉시 범죄혐의자를 구금하거나 또는 그의 신병을 확보하기 위한 그 밖의 법적 조치를 취한다. 구금 또는 그 밖의 법적 조치는 당사국의 법에 따르나, 형사절차나 범죄인 인도 절차를 개시하는 데 필요한 기간만 지속될 수 있다.

2. 위의 조치를 취한 국가는 즉시 예비 사실조사를 실시한다.

3. 제1항에 따라 구금된 개인은 가장 인근에 소재하는 국적국의 적절한 대표, 무국적자인 경우에는 자신이 상주하고 있는 국가의 대표와 즉각적으로 연락을 취할 수 있도록 지원을 받는다.

4. 어느 국가가 이 조에 따라 개인을 구금하는 경우, 제5조 제1항에 규정된 국가에 그 개인의 구금 사실 및 구금을 정당화하는 상황을 즉시 통고한다. 제2항에 규정된 예비조사를 실시하는 국가는 조사결과를 제5조제1항에 규정된 국가에 신속히 통보하며, 관할권을 행사할 의도가 있는지 여부를 알린다.

제7조

1. 당사국은 제4조에 규정된 범죄를 실행한 것으로 추정되는 혐의자가 자기 나라 영토 안에 소재하나, 제5조에 규정된 사건과 관련 이러한 범죄혐의자를 인도하지 아니하는 경우에는, 기소를 위하여 사건을 권한 있는 당국에 회부한다.

2. 이러한 당국은 자기 나라 법에 따라 통상적인 중범죄의 경우와 같은 방식으로 결정을 내린다. 제5조 제2항에 해당하는 경우, 기소 및 유죄판결에 필요한 증거의 수준은 제5조 제1항에 해당되는 경우에 적용되는 증거의 수준만큼 엄격하여야 된다.

3. 제4조에 규정된 범죄와 관련하여 제기된 소송에 관련된 자는 소송의 모든 단계에서 공정한 대우를 보장받는다.

제8조

1. 제4조에 규정된 범죄는 당사국 사이의 현행 범죄인 인도조약상 인도 대상 범죄에 포함된 것으로 본다. 당사국은 향후 그들 사이에 체결될 모든 범죄인 인도조약에 이러한 범죄를 인도 대상 범죄로 포함시킨다.

2. 조약의 존재를 범죄인 인도의 조건으로 하고 있는 당사국이 범죄인 인도조약을 체결하고 있지 아니한 다른 당사국으로부터 범죄인 인도 요청을 받는 경우, 당사국은 이 협약을 이러한 범죄에 대한 범죄인 인도의 법적 근거로 인정할 수 있다. 범죄인 인도는 피요청국의 법에 규정된 그 밖의 조건에 따른다.

3. 조약의 존재를 범죄인 인도의 조건으로 하지 아니하는 당사국은 피요청국의 법이 규정한 조건에 따라 위의 범죄를 그들 사이의 인도 대상 범죄로 인정한다.

4. 당사국 사이의 범죄인 인도 목적상 위의 범죄는 범죄 발생지에서는 물론 제5조 제1항에 따라 관할권을 확립하여야 하는 국가의 영토에서도 실행된 것으로 취급된다.

제9조

1. 제4조에 규정된 범죄에 대하여 제기된 형사절차와 관련하여, 당사국은 서로 최대한의 지원을 제공하며, 이러한 지원에는 당사국이 보유한 형사절차상 필요한 모든 증거의 제공이 포함된다.

2. 당사국은 당사국 사이에 체결된 사법공조 조약이 있을 경우 이에 따라 제1항에 따른 의무를 수행한다.

제10조

1. 당사국은 여하한 형태의 체포 · 구금 또는 징역의 대상이 된 개인의 구금 · 심문 또는 처리에 관여할 수 있는 민간이나 군의 법집행 요원 · 의료인 · 공무원 및 그 밖의 요원들의 훈련과정에

고문방지에 관한 교육 및 정보가 충실하게 포함되도록 보장한다.

2. 당사국은 위 요원들의 임무 및 기능에 관한 규칙이나 지침에 고문금지 내용을 포함시킨다.

제11조

고문사례를 방지하기 위하여 당사국은 자기 나라 관할하의 영토 내에서 어떠한 형태의 체포·구금 또는 징역의 대상이 된 개인을 구금·처리하는 각종 제도는 물론 심문 규칙·지침·방법 및 관행을 체계적으로 검토한다.

제12조

당사국은 자기 나라 관할하의 영토 내에서 고문이 자행되었다고 믿을 만한 타당한 근거가 있는 경우에는 권한 있는 당국이 신속하고 공평한 조사를 진행하도록 보장한다.

제13조

당사국은 자기 나라 관할하의 영토 내에서 고문을 받았다고 주장하는 개인이 권한 있는 당국에 고소하여 신속하고 공평하게 조사를 받을 수 있는 권리를 보장하며, 고소인과 증인이 고소 또는 증거제공으로 인하여 부당한 취급이나 협박을 받지 아니하도록 보장조치를 취한다.

제14조

1. 당사국은 자기 나라의 법체계 안에서 고문행위의 피해자가 구제를 받고, 또한 가능한 한 완전한 재활수단을 포함하여 공정하고 적절한 배상을 받을 수 있는 실효적인 권리를 보장한다. 고문행위의 결과로 피해자가 사망한 경우, 피해자의 부양가족이 배상받을 권리를 가진다.

2. 이 조의 어떠한 규정도 피해자나 그 밖의 개인들이 국내법에 따라 배상을 받을 수 있는 권리에 영향을 미치지 아니한다.

제15조

당사국은 고문의 결과 행해진 것으로 입증된 진술이 모든 소송에서 증거로 원용되지 아니하도록 보장한다. 다만, 위의 진술사실이 고문 혐의자에 대한 소송에서 그 진술이 행하여졌다는 증거로 원용되는 경우에는 제외한다.

제16조

1. 당사국은 자기 나라 관할하의 영토 내에서 제1조에 규정된 고문에 미치지 아니하는 그 밖의 잔혹한·비인도적인 또는 굴욕적인 대우나 처벌이 공무원이나 그 밖의 공무수행자에 의하여 직접 또는 이들의 교사·동의·묵인 아래 이루어지는 것을 방지한다. 특히 제10조·제11조·제12조 및 제13조에 규정된 의무는 "고문"이라는 표현 대신에 그 밖의 형태의 잔혹한·비인도적인 또는 굴욕적인 대우나 처벌이라는 표현으로 대체하여 그대로 적용한다.

2. 이 협약의 규정은 잔혹한·비인도적인 또는 굴욕적인 대우나 처벌을 금지하거나 범죄인 인도·추방과 관련된 그 밖의 국제문서나 국내법의 규정을 해하지 아니한다.

제2장

제17조

1. 다음에 규정된 기능을 수행하는 고문방지위원회(이하 "위원회"라 한다)를 설치한다. 위원회는 고매한 인격을 지니고 인권 분야에서 능력이 인정된 10명의 전문가로 구성하며, 이들은 개인 자격으로 직무를 수행한다. 이들 전문가는 당사국이 선출하며, 선출시에는 공평한 지역적 안배 및 법률적 경험을 가진 인사가 일부 포함되는 것이 유익하다는 점을 함께 고려한다.

2. 위원회의 위원은 당사국이 지명한 후보자 명부에서 비밀투표로 선출한다. 각 당사국은 자기 나라 국민 중에서 후보자 1명을 지명할 수 있다. 당사국은 후보자 지명시 시민적 및 정치적 권리에 관한 국제규약에 따라 설치된 인권이사회의 위원 중 고문방지위원회에 재임하고자 하는 인사를 지명하는 것이 유익하다는 점을 유념한다.

3. 위원회의 위원은 국제연합 사무총장이 2년마다 소집하는 당사국회의에서 선출된다. 당사국의 3분의 2가 의사정족수를 구성하는 이 회의에서 위원회 위원은 출석하여 투표한 당사국 대표로부터 절대 다수표를 획득한 자 중 최다득표자 순으로 선출된다.

4. 최초 선거는 이 협약 발효일로부터 6월 안에 실시한다. 국제연합 사무총장은 최소한 각 선거일 4월 전에 모든 당사국에 서한을 발송하여, 3월 안에 후보자 명단을 제출해 주도록 요청한다. 국제연합 사무총장은 이와 같이 지명된 모든 후보자의 명부를 지명국을 표시하여 알파벳 순으로 작성하며, 이 명부를 모든 당사국에 송부한다.

5. 위원회의 위원은 4년 임기로 선출된다. 위원은 후보로 재지명되는 경우 재선될 수 있다. 다만, 최초 선거에서 선출된 위원 중 5명의 임기는 2년 만에 종료한다. 이들 위원 5명은 최초 선거 직후 제3항에 규정된 회의의 의장이 추첨으로 선정한다.

6. 위원회의 위원이 사망·사임하거나 또는 그 밖의 사유로 위원회의 임무를 더 이상 수행할 수 없는 경우, 이 위원을 지명한 당사국은 전체 당사국 과반수의 승인을 조건으로 이 위원의 잔여 임기 동안 재임할 다른 전문가를 자기 나라 국민 중에서 지명한다. 국제연합 사무총장이 지명안을 당사국에 통지한 후 6주 안에 전체 당사국의 반 또는 그 이상이 반대를 표명하지 아니하는 한 이 지명안은 승인된 것으로 간주된다.

7. 당사국은 위원회 위원들의 임무수행 중 발생하는 위원들의 경비를 부담한다.

제18조

1. 위원회는 2년 임기의 임원을 선출한다. 임원은 재선될 수 있다.

2. 위원회는 자체 의사규칙을 제정한다. 다만, 이 규칙은 특히 다음 사항을 규정한다.

가. 의사정족수는 위원 6인으로 한다.

나. 위원회의 결정은 출석위원 과반수의 찬성으로 한다.

3. 국제연합 사무총장은 위원회가 이 협약에 따른 기능을 효과적으로 수행하는 데 필요한 직원과 시설을 제공한다.

4. 국제연합 사무총장은 위원회의 제1차 회의를 소집한다. 제1차 회의 이후 위원회는 의사규칙에 규정되는 시기에 회합한다.

5. 당사국은 당사국회의 및 위원회회의 개최와 관련하여 발생하는 경비를 부담하며, 이러한 경비에는 제3항에 따라 국제연합이 부담한 인건비·시설비 등과 같은 제반경비로서 국제연합에 상환되는 비용이 포함된다.

제19조

1. 당사국은 이 협약에 따른 의무를 이행하기 위하여 취한 조치에 관하여 이 협약이 자기 나라에 대하여 발효한 후 1년 안에 보고서를 작성하여 국제연합 사무총장을 통하여 위원회에 제출한다. 그 이후에 당사국은 새로이 취한 조치에 관하여 매 4년마다 추가보고서를 제출하며, 위원회가 요청하는 그 밖의 보고서를 제출한다.

2. 국제연합 사무총장은 보고서를 모든 당사국에 송부한다.

3. 위원회는 각 보고서를 검토하고, 보고서에 관하여 적절하다고 판단되는 일반적인 의견제시를 할 수 있으며, 이러한 의견제시를 관련당사국에 송부한다. 관련당사국은 이에 대한 견해를 위원회에 제시할 수 있다.

4. 위원회는 제3항에 따라 행한 의견제시를 관련당사국으로부터 접수한 견해와 함께 제24조에 따라 작성되는 위원회의 연례보고서에 포함시키도록 재량으로 결정할 수 있다. 관련당사국이 요청하는 경우, 위원회는 또한 제1항에 따라 제출된 보고서의 사본을 포함시킬 수 있다.

제20조

1. 위원회가 어떤 당사국의 영토 내에서 고문이 조직적으로 자행되고 있다는 근거 있는 내용을 포함하고 있는 것으로 추정되는 신뢰할 만한 정보를 접수하는 경우, 위원회는 그 당사국에 대하여 그러한 정보를 조사하는 데 협조할 것과, 또한 이를 위하여 관련 정보에 대한 의견을 제출하도록 요청한다.

2. 위원회는 관련당사국이 제출한 의견 및 그 밖에 입수 가능한 모든 관련 정보를 고려하여 정당하다고 결정하는 경우, 위원 중 1명 또는 그 이상을 지명하여 비공개 조사를 실시하고 이를 위원회에 긴급히 보고하게 할 수 있다.

3. 제2항에 따라 조사가 실시되는 경우, 위원회는 관련당사국에 협력을 요청한다. 관련당사국과 합의하는 경우 이러한 조사에는 관련당사국의 영토 방문이 포함될 수 있다.

4. 제2항에 따라 제출된 위원의 조사결과를 검토한 후, 위원회는 이러한 조사결과를 상황에 비추어 적절하다고 판단되는 의견제시 및 제안과 함께 관련당사국에 송부한다.

5. 제1항에서 제4항까지 규정된 위원회의 절차는 비공개로 진행되며, 절차의 모든 단계에서 당사국의 협력을 요청한다. 제2항에 따라 실시된 조사절차가 완료된 후, 위원회는 관련 당사국과의 협의를 거쳐 조사결과 요지를 제24조에 따라 작성되는 연례보고서에 포함시키도록 결정할 수 있다.

제21조

1. 이 협약의 당사국은, 어떤 당사국이 이 협약에 따른 의무를 다른 당사국이 이행하지 아니하고 있다고 통보하는 경우에 위원회가 이러한 통보를 수리하여 심리할 권능을 가지고 있음을 인정한다는 선언을 이 조에 따라 언제든지 할 수 있다. 이러한 통보는, 위원회의 권능을 자기 나라에 대하여 인정한다는 선언을 한 당사국이 제출한 경우에 한하여, 이 조에 규정된 절차에 따라 수리

되어 심리될 수 있다. 위원회는 이러한 선언을 하지 아니한 당사국과 관련된 통보를 이 조에 따라 처리할 수 없다. 이 조에 따라 수리된 통보는 다음의 절차에 따라 처리된다.

가. 당사국은 다른 당사국이 이 협약의 규정을 이행하지 아니한다고 판단하는 경우에, 서면통보로 이 문제에 관하여 그 당사국의 주의를 환기시킬 수 있다. 통보접수국은 통보접수 3월 안에 통보국에 대하여 관련 문제를 설명하는 설명서나 그 밖의 해명서를 제공한다. 이 설명서나 해명서는 가능하고 적절한 범위 안에서 국내절차 및 이미 취해졌거나 계류 중이거나 이용 가능한 구제수단에 관한 설명을 포함하여야 한다.

나. 접수국이 최초 통보를 접수한 후 6월 안에 두 관련당사국 사이에 문제가 만족스럽게 조정되지 아니하는 경우, 일방 당사국은 위원회와 타방 당사국에 대한 통고를 통해, 위원회에 문제를 회부할 권리를 가진다.

다. 위원회는 모든 국내적 구제조치가 일반적으로 승인된 국제법의 원칙에 따라 시도되어 완료되었음을 확인한 후에 이 조에 따라 회부된 문제를 처리한다. 다만, 구제수단의 적용이 부당하게 지연되거나, 이 협약 위반으로 피해를 받은 자에게 효과적인 구제를 기대할 수 없는 경우에 이 규정은 적용되지 아니한다.

라. 위원회는 이 조에 따른 통보를 비공개 회의를 개최하여 검토한다.

마. 다호의 규정에 따를 것을 조건으로, 위원회는 이 협약에 규정된 의무에 대한 존중에 기초하여 문제를 우호적으로 해결토록 하기 위하여 관련당사국에 주선을 제공한다. 이를 위하여 위원회는 적절한 경우 임시조정위원회를 설치 할 수 있다.

바. 이 조에 따라 위원회에 회부된 모든 문제와 관련하여, 위원회는 나호에 규정된 관련당사국에게 모든 관련 정보를 제공하도록 요청할 수 있다.

사. 나호에 규정된 관련당사국은 위원회에서 문제가 심리되는 동안 대표를 참석시킬 권리와 구두 및 서면진술권을 가진다.

아. 위원회는 나호에 따른 통고 접수일부터 12월 안에 다음과 같은 보고서를 제출한다.

(1) 마호의 규정에 따라 해결에 도달하는 경우, 위원회의 보고내용은 사실관계 및 해결내용에 관한 약술로 한정된다.

(2) 마호의 규정에 따라 해결에 도달하지 못한 경우, 위원회의 보고내용은 사실관계에 관한 약술로 한정되며, 관련당사국이 제출한 서면진술 및 구두진술 기록이 보고서에 첨부된다. 어떤 문제와 관련된 것이든 보고서는 관련당사국에게 통보된다.

2. 이 조의 규정은 이 협약의 5개 당사국이 제1항에 따라 선언을 하는 때에 발효한다. 당사국은 이러한 선언을 국제연합 사무총장에게 기탁하며, 국제연합 사무총장은 선언의 사본을 그 밖의 당사국에게 송부한다. 선언은 언제든지 국제연합 사무총장에 대한 통고로 철회될 수 있다. 철회는 이 조에 따라 이미 송부되어 통보의 대상이 된 문제의 심리를 해하지 아니한다. 국제연합 사무총장이 선언철회에 관한 통고를 접수한 후에는, 관련당사국이 새로이 선언을 하지 아니하는 한, 이러한 당사국의 통보는 더 이상 이 조에 따라 수리되지 아니한다.

제22조

1. 이 협약의 당사국은, 자기 나라의 관할권 내에 소재하는 개인이 당사국의 협약 규정 위반 때문에 피해를 받았다고 주장하는 경우에 위원회가 그 개인으로부터 직접 또는 그의 대리인으로부터 통보를 수리하고 심리할 권능을 가지고 있음을 인정한다는 선언을 이 조에 따라 언제든지 할 수 있다. 위원회는 이러한 선언을 하지 아니한 당사국과 관련된 통보는 수리하지 아니한다.

2. 위원회는 익명의 통보, 통보제출권의 남용 또는 이 협약의 규정과 양립되지 아니하는 것으로 판단되는 통보에 대하여는 이를 이 조에 따라 수리될 수 없는 통보로 간주한다.

3. 제2항의 규정에 따를 것을 조건으로, 위원회는 이 조에 따라 위원회에 제출된 통보에 대하여 제1항에 따라 선언을 하였으며 협약 규정을 위반한 혐의당사국에게 주의를 환기시킨다. 6월 안에 접수국은 사건의 내용과 스스로 취한 구제조치를 설명하는 설명서나 해명서를 위원회에 제출한다.

4. 위원회는 개인이 직접 또는 그의 대리인 및 관련당사국이 제공한 모든 정보를 고려하여, 이 조에 따라 수리된 통보를 심리한다.

5. 위원회는 다음 사항을 확인하기 전에는 이 조에 따른 개인의 통보를 심리하지 아니한다.

가. 동일한 문제가 다른 국제적인 조사 또는 해결절차에 따라 심리되었거나 현재 심리되고 있지 아니할 것

나. 개인이 이용할 수 있는 모든 국내적 구제조치를 완료하였을 것. 다만, 구제수단의 적용이 부당하게 지연되거나 또는 이 협약 위반으로 피해를 받은 자에게 효과적인 구제를 기대할 수 없는 경우에는 이 규정이 적용되지 아니함.

6. 위원회는 이 조에 따른 통보를 비공개 회의를 개최하여 검토한다.

7. 위원회는 위원회의 의견을 관련당사국과 개인에게 송부한다.

8. 이 조의 규정은 이 협약의 5개 당사국이 제1항에 따라 선언을 하는 때에 발효한다. 당사국은 이러한 선언을 국제연합 사무총장에게 기탁하며, 국제연합 사무총장은 선언의 사본을 그 밖의 당사국에게 송부한다. 선언은 언제든지 국제연합 사무총장에 대한 통고로 철회될 수 있다. 철회는 이 조에 따라 이미 송부되어 통보의 대상이 된 문제의 심리를 해하지 아니한다. 국제연합 사무총장이 선언철회에 관한 통고를 접수한 후에는, 당사국이 새로이 선언을 하지 아니하는 한, 개인 또는 그의 대리인의 통보는 더 이상 이 조에 따라 수리되지 아니한다.

제23조

위원회의 위원 및 제21조 제1항 마호에 따라 임명되는 임시조정위원회의 위원은, 국제연합의 특권·면제에 관한 협약의 관련 부분에 규정된 바에 따라, 국제연합을 위하여 임무를 수행 중인 전문가의 편의와 특권·면제를 향유한다.

제24조

위원회는 이 협약에 따른 활동에 관한 연례보고서를 모든 당사국과 국제연합 총회에 제출한다.

제3장

제25조

1. 이 협약은 모든 국가의 서명을 위하여 개방된다.

2. 이 협약은 비준되어야 한다. 비준서는 국제연합 사무총장에게 기탁된다.

제26조

이 협약은 모든 국가의 가입을 위하여 개방된다. 가입은 국제연합 사무총장에게 가입서를 기탁함
으로써 이루어진다.

제27조

1. 이 협약은 스무 번째의 비준서나 가입서가 국제연합 사무총장에게 기탁된 날부터 30일째 되는
날 발효한다.

2. 스무 번째의 비준서나 가입서가 기탁된 후에 비준하거나 가입하는 국가에 대하여, 이 협약은
비준서나 가입서가 기탁된 날부터 30일째 되는 날 발효한다.

제28조

1. 당사국은 이 협약의 서명 · 비준 또는 가입시에 제20조에 규정된 위원회의 권능을 인정하지
아니한다고 선언할 수 있다.

2. 제1항에 따라 유보를 한 당사국은 국제연합 사무총장에 대한 통고로 언제든지 이러한 유보를
철회할 수 있다.

제29조

1. 이 협약의 당사국은 개정안을 제안할 수 있으며, 개정안을 국제연합 사무총장에게 제출할 수
있다. 국제연합 사무총장은 이러한 개정안을 즉시 모든 당사국에게 통보하며, 당사국들이 개정안
의 심의 · 표결을 위하여 당사국회의 개최를 지지하는지 여부를 자신에게 통고하여 주도록 요청한
다. 위의 통보일부터 4월 안에 최소한 당사국 3분의 1이 회의 개최에 찬성하는 경우, 국제연합
사무총장은 국제연합의 주관으로 회의를 소집한다. 개정안이 이 회의에 출석하여 투표한 당사국
의 과반수로 채택되는 경우, 국제연합 사무총장은 채택된 개정안의 수락을 위해 모든 당사국에
송부한다.

2. 제1항에 따라 채택된 개정안은 이 협약의 당사국 3분의 2가 각자의 헌법절차에 따라 이를 수락
하였다고 국제연합 사무총장에게 통보하는 때에 발효한다.

3. 개정안이 발효하는 경우 개정안은 이를 수락한 당사국을 구속하며, 그 밖의 당사국은 과거에
수락한 이 협약의 규정 및 개정안에 계속 구속된다.

제30조

1. 이 협약의 해석이나 적용과 관련하여 2개 또는 그 이상의 당사국 사이의 분쟁이 교섭에 의하여
해결될 수 없는 경우, 이러한 분쟁은 당사국 중 1국의 요청에 따라 중재재판에 회부된다. 당사국
이 중재재판 요청일부터 6월 안에 중재재판부 구성에 합의하지 못하는 경우, 일방당사국은 이 분
쟁을 국제사법재판소의 규정에 따라 국제사법재판소에 회부할 수 있다.

2. 각국은 이 협약의 서명·비준 또는 가입시에 자기 나라는 제1항에 구속받지 아니하는 것으로 간주한다고 선언할 수 있다. 그 밖의 당사국은 이러한 유보를 행한 당사국과의 관계에서 제1항에 구속받지 아니한다.

3. 제2항에 따라 유보를 행한 당사국은 언제든지 국제연합 사무총장에 대한 통고로 유보를 철회할 수 있다.

제31조

1. 당사국은 국제연합 사무총장에 대한 서면통고로 이 협약을 탈퇴할 수 있다. 탈퇴는 국제연합 사무총장이 통고를 접수한 날부터 1년 후에 발효한다.

2. 이러한 탈퇴는 탈퇴 발효일 이전에 발생한 작위 또는 부작위와 관련된 당사국의 협약상 의무를 면제시키지 아니하며, 또한 탈퇴 발효일 이전에 위원회가 이미 심리 중인 문제에 대한 계속적인 심리를 해하지 아니한다.

3. 위원회는 당사국의 탈퇴가 발효한 날 이후에 이러한 당사국과 관련된 새로운 문제의 심리를 개시하지 아니한다.

제32조

국제연합 사무총장은 국제연합의 모든 회원국 및 이 협약에 서명 또는 가입한 모든 국가에게 다음 사항을 통지한다.

가. 제25조와 제26조에 따른 서명·비준 및 가입

나. 제27조에 따른 이 협약의 발효일 및 제29조에 따른 개정의 발효일

다. 제31조에 따른 탈퇴

제33조

1. 아랍어·중국어·영어·불어·러시아어 및 서반아어본이 동등하게 정본인 이 협약은 국제연합 사무총장에게 기탁된다.

2. 국제연합 사무총장은 이 협약의 인증등본을 모든 국가에 송부한다.

11. CONVENTION AGAINST TORTURE AND OTHER CRUEL, INHUMAN OR DEGRADING TREATMENT OR PUNISHMENT

The States Parties to this Convention,

Considering that, in accordance with the principles proclaimed in the Charter of the United Nations, recognition of the equal and inalienable rights of all members of the human family is the foundation of freedom, justice and peace in the world,

Recognizing that those rights derive from the inherent dignity of the human person,

Considering the obligation of States under the Charter, in particular Article 55, to promote universal respect for, and observance of, human rights and fundamental freedoms,

Having regard to article 5 of the Universal Declaration of Human Rights and article 7 of the International Covenant on Civil and Political Rights, both of which provide that no one shall be subjected to torture or to cruel, inhuman or degrading treatment or punishment,

Having regard also to the Declaration on the Protection of All Persons from Being Subjected to Torture and Other Cruel, Inhuman or Degrading Treatment or Punishment, adopted by the General Assembly on 9 December 1975,

Desiring to make more effective the struggle against torture and other cruel, inhuman or degrading treatment or punishment throughout the world,

Have agreed as follows:

PART I

Article 1

1. For the purposes of this Convention, the term "torture" means any act by which severe pain or suffering, whether physical or mental, is intentionally inflicted on a person for such purposes as obtaining from him or a third person information or a confession, punishing him for an act he or a third person has committed or is suspected of having committed, or intimidating or coercing him or a third person, or for any reason based on discrimination of any kind, when such pain or suffering is inflicted by or at the instigation of or with the consent or acquiescence of a public official or other person acting in an official capacity. It does not include pain or suffering arising only from, inherent in or incidental to lawful sanctions.

2. This article is without prejudice to any international instrument or national legislation which does or may contain provisions of wider application.

Article 2

1. Each State Party shall take effective legislative, administrative, judicial or other measures to prevent acts of torture in any territory under its jurisdiction.

2. No exceptional circumstances whatsoever, whether a state of war or a threat of war, internal political in stability or any other public emergency, may be invoked as a justification of torture.

3. An order from a superior officer or a public authority may not be invoked as a justification of

torture.

Article 3

1. No State Party shall expel, return("refouler") or extradite a person to another State where there are substantial grounds for believing that he would be in danger of being subjected to torture.

2. For the purpose of determining whether there are such grounds, the competent authorities shall take into account all relevant considerations including, where applicable, the existence in the State concerned of a consistent pattern of gross, flagrant or mass violations of human rights.

Article 4

1. Each State Party shall ensure that all acts of torture are offences under its criminal law. The same shall apply to an attempt to commit torture and to an act by any person which constitutes complicity or participation in torture.

2. Each State Party shall make these offences punishable by appropriate penalties which take into account their grave nature.

Article 5

1. Each State Party shall take such measures as may be necessary to establish its jurisdiction over the offences referred to in article 4 in the following cases:

(a) When the offences are committed in any territory under its jurisdiction or on board a ship or aircraft registered in that State;

(b) When the alleged offender is a national of that State;

(c) When the victim is a national of that State if that State considers it appropriate.

2. Each State Party shall likewise take such measures as may be necessary to establish its jurisdiction over such offences in cases where the alleged offender is present in any territory under its jurisdiction and it does not extradite him pursuant to article 8 to any of the States mentioned in paragraph I of this article.

3. This Convention does not exclude any criminal jurisdiction exercised in accordance with internal law.

Article 6

1. Upon being satisfied, after an examination of information available to it, that the circumstances so warrant, any State Party in whose territory a person alleged to have committed any offence referred to in article 4 is present shall take him into custody or take other legal measures to ensure his presence. The custody and other legal measures shall be as provided in the law of that State but may be continued only for such time as is necessary to enable any criminal or extradition proceedings to be instituted.

2. Such State shall immediately make a preliminary inquiry into the facts.

3. Any person in custody pursuant to paragraph I of this article shall be assisted in communicating immediately with the nearest appropriate representative of the State of which he is a national, or, if he is a stateless person, with the representative of the State where he usually resides.

4. When a State, pursuant to this article, has taken a person into custody, it shall immediately notify the States referred to in article 5, paragraph 1, of the fact that such person is in custody and of the circumstances which warrant his detention. The State which makes the preliminary inquiry contemplated in paragraph 2 of this article shall promptly report its findings to the said States and

shall indicate whether it intends to exercise jurisdiction.

Article 7

1. The State Party in the territory under whose jurisdiction a person alleged to have committed any offence referred to in article 4 is found shall in the cases contemplated in article 5, if it does not extradite him, submit the case to its competent authorities for the purpose of prosecution.

2. These authorities shall take their decision in the same manner as in the case of any ordinary offence of a serious nature under the law of that State. In the cases referred to in article 5, paragraph 2, the standards of evidence required for prosecution and conviction shall in no way be less stringent than those which apply in the cases referred to in article 5, paragraph 1.

3. Any person regarding whom proceedings are brought in connection with any of the offences referred to in article 4 shall be guaranteed fair treatment at all stages of the proceedings.

Article 8

1. The offences referred to in article 4 shall be deemed to be included as extraditable offences in any extradition treaty existing between States Parties. States Parties undertake to include such offences as extraditable offences in every extradition treaty to be concluded between them.

2. If a State Party which makes extradition conditional on the existence of a treaty receives a request for extradition from another. State Party with which it has no extradition treaty, it may consider this Convention as the legal basis for extradition in respect of such offences. Extradition shall be subject to the other conditions provided by the law of the requested State.

3. States Parties which do not make extradition conditional on the existence of a treaty shall recognize such offences as extraditable offences between themselves subject to the conditions provided by the law of the requested State.

4. Such offences shall be treated, for the purpose of extradition between States Parties, as if they had been committed not only in the place in which they occurred but also in the territories of the States required to establish their jurisdiction in accordance with article 5, paragraph 1.

Article 9

1. States Parties shall afford one another the greatest measure of assistance in connection with criminal proceedings brought in respect of any of the offences referred to in article 4, including the supply of all evidence at their disposal necessary for the proceedings.

2. States Parties shall carry out their obligations under paragraph I of this article in conformity with any treaties on mutual judicial assistance that may exist between them.

Article 10

1. Each State Party shall ensure that education and information regarding the prohibition against torture are fully included in the training of law enforcement personnel, civil or military, medical personnel, public officials and other persons who may be involved in the custody, interrogation or treatment of any individual subjected to any form of arrest, detention or imprisonment.

2. Each State Party shall include this prohibition in the rules or instructions issued in regard to the duties and functions of any such person.

Article 11

Each State Party shall keep under systematic review interrogation rules, instructions, methods and practices as well as arrangements for the custody and treatment of persons subjected to any form of arrest, detention or imprisonment in any territory under its jurisdiction, with a view to preventing any cases of torture.

Article 12

Each State Party shall ensure that its competent authorities proceed to a prompt and impartial investigation, wherever there is reasonable ground to believe that an act of torture has been committed in any territory under its jurisdiction.

Article 13

Each State Party shall ensure that any individual who alleges he has been subjected to torture in any territory under its jurisdiction has the right to complain to, and to have his case promptly and impartially examined by, its competent authorities. Steps shall be taken to ensure that the complainant and witnesses are protected against all ill-treatment or intimidation as a con seq uence of his co m plain t or any evidence given.

Article 14

1. Each State Party shall ensure in its legal system that the victim of an act of torture obtains redress and has an enforceable right to fair and adequate compensation, including the means for as full rehabilitation as possible. In the event of the death of the victim as a result of an act of torture, his dependants shall be entitled to compensation.
2. Nothing in this article shall affect any right of the victim or other persons to compensation which may exist under national law.

Article 15

Each State Party shall ensure that any statement which is established to have been made as a result of torture shall not be invoked as evidence in any proceedings, except against a person accused of torture as evidence that the statement was made.

Article 16

1. Each State Party shall undertake to prevent in any territory under its jurisdiction other acts of cruel, inhuman or degrading treatment or punishment which do not amount to torture as defined in article I, when such acts are committed by or at the instigation of or with the consent or acquiescence of a public official or other person acting in an official capacity. In particular, the obligations contained in articles 10, 11, 12 and 13 shall apply with the substitution for references to torture of references to other forms of cruel, inhuman or degrading treatment or punishment.
2. The provisions of this Convention are without prejudice to the provisions of any other international instrument or national law which prohibits cruel, inhuman or degrading treatment or punishment or which relates to extradition or expulsion.

PART II

Article 17

1. There shall be established a Committee against Torture (hereinafter referred to as the Committee) which shall carry out the functions hereinafter provided. The Committee shall consist of ten experts

of high moral standing and recognized competence in the field of human rights, who shall serve in their personal capacity. The experts shall be elected by the States Parties, consideration being given to equitable geographical distribution and to the usefulness of the participation of some persons having legal experience.

2. The members of the Committee shall be elected by secret ballot from a list of persons nominated by States Parties. Each State Party may nominate one person from among its own nationals. States Parties shall bear in mind the usefulness of nominating persons who are also members of the Human Rights Committee established under the International Covenant on Civil and Political Rights and who are willing to serve on the Committee against Torture.

3. Elections of the members of the Committee shall be held at biennial meetings of States Parties convened by the Secretary-General of the United Nations. At Those meetings, for which two thirds of the States Parties shall constitute a quorum, the persons elected to the Committee shall submit be those who obtain the largest number of votes and an absolute majority of the votes of the representatives of States Parties present and voting.

4. The initial election shall be held no later than six months after the date of the entry into force of this Convention. At least four months before the date of each election, the Secretary-General of the United Nations shall address a letter to the States Parties inviting them to submit their nominations within three months. The Secretary-General shall prepare a list in alphabetical order of all persons thus nominated, indicating the States Parties which have nominated them, and shall submit it to the States Parties.

5. The members of the Committee shall be elected for a term of four years. They shall be eligible for re-election if renominated. However, the term of five of the members elected at the first election shall expire at the end of two years; immediately after the first election the names of these five members shall be chosen by lot by the chairman of the meeting referred to in paragraph 3 of this article.

6. If a member of the Committee dies or resigns or for any other cause can no longer perform his Committee duties, the State Party which nominated him shall appoint another expert from among its nationals to serve for the remainder of this term, subject to the approval of the majority ot the States Parties. The approval shall be considered given unless half or more of the States Parties respond negatively within six weeks after having been informed by the Secretary-General of the Unites Nations of the proposed appointment.

7. States Parties shall be responsible for the expenses of the members of the Committee while they are in performance of Committee duties.

Article 18

1. The Committee shall elect its officers for a term of two years. They may be re-elected.

2. The Committee shall establish its own rules of procedure, but these rules shall provide, inter alia, that:

(a) Six members shall constitute a quorum;

(b) Decisions of the Committee shall be made by a majority vote of the members present.

3. The Secretary-General of the United Nations shall provide the necessary staff and facilities for the effective performance of the functions of the Committee under this Convention.

4. The Secretary-General of the United Nations shall convene the initial meeting of the Committee. After its initial meeting, the Committee shall meet at such times as shall be provided in its rules

of procedure.

5. The States Parties shall be responsible for expenses incurred in connection with the holding of meetings of the States Parties and of the Committee, including reimbursement to the United Nations for any expenses, such as the cost of staff and facilities, incurred by the United Nations pursuant to paragraph 3 of this article.

Article 19

1. The States Parties shall submit to the Committee, through the Secretary-General of the United Nations, reports on the measures they have taken to give effect to their undertakings under this Convention, within one year after the entry into force of the Convention for the State Party concerned. Thereafter the States Parties shall submit supplementary reports every four years on any new measures taken and such other reports as the Committee may request.

2. The Secretary-General of the United Nations shall transmit the reports to all States Parties.

3. Each report shall be considered by the Committee which may make such general comments on the report as it may consider appropriate and shall forward these to the State Party concerned. That State Party may respond with any observations it chooses to the Committee.

4. The Committee may, at its discretion, decide to include any comments made by it in accordance with paragraph 3 of this article, together with the observations thereon received from the State Party concerned, in its annual report made in accordance with article 24. If so requested by the State Party concerned, the Committee may also include a copy of the report submitted under paragraph I of this article.

Article 20

1. If the Committee receives reliable information which appears to it to contain well- founded indications that torture is being systematically practised in the territory of a State Party, the Committee shall invite that State Party to co-operate in the examination of the information and to this end to submit observations with regard to the information concerned.

2. Taking into account any observations which may have been submitted by the State Party concerned, as well as any other relevant information available to it, the Committee may, if it decides that this is warranted, designate one or more of its members to make a confidential inquiry and to report to the Committee urgently.

3. If an inquiry is made in accordance with paragraph 2 of this article, the Committee shall seek the co-operation of the State Party concerned. In agreement with that State Party, such an inquiry may include a visit to its territory.

4. After examining the findings of its member or members submitted in accordance with paragraph 2 of this article, the Commission shall transmit these findings to the State Party concerned together with any comments or suggestions which seem appropriate in view of the situation.

5. All the proceedings of the Committee referred to in paragraphs I to 4 of th is article s hall be con fidential , and at all stages of the proceedings the co-operation of the State Party shall be sought. After such proceedings have been completed with regard to an inquiry made in accordance with paragraph 2, the Committee may, after consultations with the State Party concerned, decide to include a summary account of the results of the proceedings in its annual report made in accordance with article 24.

Article 21

1. A State Party to this Convention may at any time declare under this article that it recognizes the competence of the Committee to receive and consider communications to the effect that a State Party claims that another State Party is not fulfilling its obligations under this Convention. Such communications may be received and considered according to the procedures laid down in this article only if submitted by a State Party which has made a declaration recognizing in regard to itself the competence of the Committee. No communication shall be dealt with by the Committee under this article if it concerns a State Party which has not made such a declaration. No communications received under this article shall be dealt with in accordance with the following procedure;

(a) If a State Party considers that another State Party is not giving effect to the provisions of this Convention, it may, by written communication, bring the matter to the attention of that State Party. Within three months after the receipt of the communication the receiving State shall afford the State which sent the communication an explanation or any other statement in writing clarifying the matter, which should include, to the extent possible and pertinent, reference to domestic procedures and remedies taken, pending or available in the matter;

(b) If the matter is not adjusted to the satisfaction of both States Parties concerned within six months after the receipt by the receiving State of the initial communication, either State shall have the right to refer the matter to the Committee, by notice given to the Committee and to the other State;

(c) The Committee shall deal with a matter referred to it under this article only after it has ascertained that all domestic remedies have been invoked and exhausted in the matter, in conformity with the generally recognized principles of international law. This shall not be the rule where the application of the remedies is unreasonably prolonged or is unlikely to bring effective relief to the person who is the victim of the violation of this Convention;

(d) The Committee shall hold closed meetings when examining communications under this article;

(e) Subject to the provisions of subparagraph (c), the Committee shall make available its good offices to the States Parties concerned with a view to a friendly solution of the matter on the basis of respect for the obligations provided for in this Convention. For this purpose, the Committee may, when appropriate, set up an ad hoc conciliation commission;

(f) In any matter referred to it under this article, the Committee may call upon the States Parties concerned, referred to in subparagraph (b), to supply any relevant information;

(g) The States Parties concerned, referred to in subparagraph (b), shall have the right to be represented when the matter is being considered by the Committee and to make submissions orally and/or in writing;

(h) The Committee shall, within twelve months after the date of receipt of notice under subparagraph (b), submit a report:

(i) If a solution within the terms of subparagraph (e) is reached, the Committee shall confine its report to a brief statement of the facts and of the solution reached;

(ii) If a solution within the terms of subparagraph (e) is not reached, the Committee shall confine its report to a brief statement of the facts; the written submissions and record of the oral submissions made by the States Parties concerned shall be attached to the report. In every matter, the report shall be communicated to the States Parties concerned.

2. The provisions of this article shall come into force when five States Parties to this Convention

have made declarations under paragraph 1 of this article. Such declarations shall be deposited by the States Parties with the Secretary-General of the United Nations, who shall transmit copies thereof to the other States Parties. A declaration may be withdrawn at any time by notification to the Secretary-General. Such a withdrawal shall not prejudice the consideration of any matter which is the subject of a communication already transmitted under this article; no further communication by any State Party shall be received under this article after the notification of withdrawal of the declaration has been received by the Secretary-General, unless the State Party concerned has made a new declaration.

Article 22

1. A State Party to this Convention may at any time declare under this article that it recognizes the competence of the Committee to receive and consider communications from or on behalf of individuals subject to its jurisdiction who claim to be victims of a violation by a State Party of the provisions of the Convention. No communication shall be received by the Committee if it concerns a State Party which has not made such a declaration.

2. The Committee shall consider inadmissible any communication under this article which is anonymous or which it considers to be an abuse of the right of submission of such communications or to be incompatible with the provisions of this Convention.

3. Subject to the provisions of paragraph 2, the Committee shall bring any communications submitted to it under this article to the attention of the State Party to this Convention which has made a declaration under paragraph I and is alleged to be violating any provisions of the Convention. Within six months, the receiving State shall submit to the Committee written explanations or statements clarifying the matter and the remedy, if any, that may have been taken by that State.

4. The Committee shall consider communications received under this article in the light of all information made available to it by or on behalf of the individual and by the State Party concerned.

5. The Committee shall not consider any communications from an individual under this article unless it has ascertained that:

(a) The same matter has not been, and is not being, examined under another procedure of international investigation or settlement;

(b) The individual has exhausted all available domestic remedies; this shall not be the rule where the application of the remedies is unreasonably prolonged or is unlikely to bring effective relief to the person who is the victim of the violation of this Convention.

6. The Committee shall hold closed meetings when examining communications under this article.

7. The Committee shall forward its views to the State Party concerned and to the individual.

8. The provisions of this article shall come into force when five States Parties to this Convention have made declarations under paragraph 1 of this article. Such declarations shall be deposited by the States Parties with the Secretary-General of the United Nations, who shall transmit copies thereof to the other States Parties. A declaration may be withdrawn at any time by notification to the Secretary-General. Such a withdrawal shall not prejudice the consideration of any matter which is the subject of a communication already transmitted under this article; no further communication by or on behalf of an individual shall be received under this article after the notification of withdrawal of the declaration has been received by the Secretary-General, unless the State Party has made a new declaration.

Article 23

The members of the Committee and of the *ad hoc* conciliation commissions which may be appointed under article 21, paragraph I (e), shall be entitled to the facilities, privileges and immunities of experts on mission for the United Nations as laid down in the relevant sections of the Convention on the Privileges and Immunities of the United Nations.

Article 24

The Committee shall submit an annual report on its activities under this Convention to the States Parties and to the General Assembly of the United Nations.

PART III

Article 25

1. This Convention is open for signature by all States.
2. This Convention is subject to ratification. Instruments of ratification shall be deposited with the Secretary-General of the United Nations.

Article 26

This Convention is open to accession by all States. Accession shall be effected by the deposit of an instrument of accession with the Secretary-General of the United Nations.

Article 27

1. This Convention shall enter into force on the thirtieth day after the date of the deposit with the Secretary-General of the United Nations of the twentieth instrument of ratification or accession.
2. For each State ratifying this Convention or acceding to it after the deposit of the twentieth instrument of ratification or accession, the Convention shall enter into force on the thirtieth day after the date of the deposit of its own instrument of ratification or accession.

Article 28

1. Each State may, at the time of signature or ratification of this Convention or accession thereto, declare that it does not recognize the competence of the Committee provided for in article 20.
2. Any State Party having made a reservation in accordance with paragraph I of this article may, at any time, withdraw this reservation by notification to the Secretary-General of the United Nations.

Article 29

1. Any State Party to this Convention may propose an amendment and file it with the Secretary-General of the United Nations. The Secretary-General shall thereupon communicate the proposed amendment to the States Parties with a request that they notify him whether they favour a conference of States Parties for the purpose of considering and voting upon the proposal. In the event that within four months from the date of such communication at least one third of the States Parties favours such a conference, the Secretary-General shall convene the conference under the auspices of the United Nations. Any amendment adopted by a majority of the States Parties present and voting at the conference shall be submitted by the Secretary-General to all the States Parties for acceptance.
2. An amendment adopted in accordance with paragraph I of this article shall enter into force when

two thirds of the States Parties to this Convention have notified the Secretary-General of the United Nations that they have accepted it in accordance with their respective constitutional processes.

3. When amendments enter into force, they shall be binding on those States Parties which have accepted them, other States Parties still being bound by the provisions of this Convention and any earlier amendments which they have accepted.

Article 30

1. Any dispute between two or more States Parties concerning the interpretation or application of this Convention which cannot be settled through negotiation shall, at the request of one of them, be submitted to arbitration. If within six months from the date of the request for arbitration the Parties are unable to agree on the organization of the arbitration, any one of those Parties may refer the dispute to the International Court of Justice by request in conformity with the Statute of the Court.

2. Each State may, at the time of signature or ratification of this Convention or accession thereto, declare that it does not consider itself bound by paragraph I of this article. The other States Parties shall not be bound by paragraph I of this article with respect to any State Party having made such a reservation.

3. Any State Party having made a reservation in accordance with paragraph 2 of this article may at any time withdraw this reservation by notification to the Secretary-General of the United Nations.

Article 31

1. A State Party may denounce this Convention by written notification to the Secretary-General of the United Nations. Denunciation becomes effective one year after the date of receipt of the notification by the Secretary-General.

2. Such a denunciation shall not have the effect of releasing the State Party from its obligations under this Convention in regard to any act or omission which occurs prior to the date at which the denunciation becomes effective, nor shall denunciation prejudice in any way the continued consideration of any matter which is already under consideration by the Committee prior to the date at which the denunciation becomes effective.

3. Following the date at which the denunciation of a State Party becomes effective, the Committee shall not commence consideration of any new matter regarding that State.

Article 32

The Secretary-General of the United Nations shall inform all States Members of the United Nations and all States which have signed this Convention or acceded to it of the following:

(a) Signatures, ratifications and accessions under articles 25 and 26;

(b) The date of entry into force of this Convention under article 27 and the date of the entry into force of any amendments under article 29;

(c) Denunciations under article 31.

Article 33

1. This Convention, of which the Arabic, Chinese, English, French, Russian and Spanish texts are equally authentic, shall be deposited with the Secretary-General of the United Nations.

2. The Secretary-General of the United Nations shall transmit certified copies of this Convention to all States.

11-1.고문 및 그 밖의 잔혹한 · 비인도적인
또는 굴욕적인 대우나 처벌의 방지에 관한
협약 선택의정서

2003.2.4 체결/ 2006.6.22 발효/ 당사국 수 35/ 대한민국 미가입.

이 의정서의 당사국은,

고문 및 그 밖의 잔혹한 · 비인도적인 또는 굴욕적인 대우나 처벌은 금지되며, 심각한 인권 침해를 구성함을 재확인하고,

고문 및 그 밖의 잔혹한 · 비인도적인 또는 굴욕적인 대우나 처벌의 방지에 관한 협약(이하 "협약"이라 한다)의 목적을 달성하고, 고문 및 그 밖의 잔혹한 · 비인도적인 또는 굴욕적인 대우나 처벌로부터의 자유를 박탈당한 개인들에 대한 보호를 강화하기 위하여는 추가적 조치가 필요함을 확신하며,

협약 제2조 및 제16조는 각 당사국에게 자국 관할하의 모든 영역 내에서의 고문 및 그 밖의 잔혹한 · 비인도적인 또는 굴욕적인 대우나 처벌을 하는 행위를 방지하기 위하여 실효적인 조치를 취할 의무를 부과하고 있음을 상기하고,

국가는 이러한 조항의 이행에 관하여 1차적인 책임을 지며, 자유를 박탈당한 사람들에 대한 보호와 그들의 인권에 대한 완전한 존중을 강화하는 것은 모두가 분담하는 공동의 책임이며, 그리고 국제이행기구는 국내적 조치를 보충하고 강화한다는 것을 인정하고,

고문 및 그 밖의 잔혹한 · 비인도적인 또는 굴욕적인 대우나 처벌의 효과적인 방지를 위해서는 교육과 다양한 입법 · 행정 · 사법 및 기타 조치들의 결합이 요구됨을 상기하고,

세계인권회의가 고문을 근절시키기 위한 노력은 무엇보다도 그 방지에 집중되어야 한다고 확고하게 선언하였으며, 구금장소에 대한 정기적 방문이라는 예방 제도의 수립을 목적으로 하는 협약의 선택의정서를 채택할 것을 요청하였음을 또한 상기하고,

자유를 박탈당한 사람들을 고문 및 그 밖의 잔혹한 · 비인도적인 또는 굴욕적인 대우나 처벌로부터 보호하는 것은 구금장소에 대한 정기적 방문에 기반을 둔 예방적 성격의 비사법적인 수단에 의하여 강화될 수 있다고 확신하여,

다음과 같이 합의하였다.

제1부 일반원칙

제1조

이 의정서의 목적은 고문 및 그 밖의 잔혹한·비인간적인 또는 굴욕적인 대우나 처벌을 방지하기 위하여 사람들이 자유를 박탈당하고 있는 장소에 대하여 독립적인 국제 및 국내 기구에 의하여 수행되는 정기적 방문 제도를 수립하는 것이다.

제2조

1. 고문 및 그 밖의 잔혹한·비인도적인 또는 굴욕적인 대우나 처벌의 방지소위원회(이하 "방지소위원회"라고 한다)가 설립되며, 이 의정서에 규정된 임무를 수행한다.

2. 방지소위원회는 국제연합 헌장의 체제 내에서 그 업무를 수행하고, 자유를 박탈당한 사람들의 대우에 관한 국제연합 헌장의 목적과 원칙은 물론 국제연합의 규범을 따른다.

3. 방지소위원회는 또한 비밀유지·공정성·비선별성·보편성 및 객관성의 원칙을 따른다.

4. 방지소위원회와 당사국은 이 의정서를 이행함에 있어서 협력한다.

제3조

각 당사국은 국내적으로 고문 및 그 밖의 잔혹한·비인도적인 또는 굴욕적인 대우나 처벌의 방지를 위한 하나 또는 여러 개의 방문 기구(이하 "국가예방기구"라고 한다)를 설립하거나, 지정하거나 또는 유지한다.

제4조

1. 각 당사국은 제2조 및 제3조에 규정된 기구들이 자신의 관할권 및 통제 하에 있는 장소로서 공권력에 의한 명령이나 그의 교사·동의 또는 묵인에 의하여 사람들이 자유를 박탈당하고 있거나 박탈당할 수 있는 모든 장소(이하 "구금 장소"라고 한다)를 이 의정서에 따라 방문하도록 허용한다. 이러한 방문은 고문 및 그 밖의 잔혹한·비인도적인 또는 굴욕적인 대우나 처벌로부터 사람들에 대한 보호를 강화하기 위하여 필요한 경우 실시된다.

2. 이 의정서의 목적상 자유의 박탈이라 함은 모든 형태의 구금이나 수감, 또는 사법·행정 또는 기타 당국의 명령에 의하여 사람이 자신의 의사에 따라 떠날 수 없는 공공 또는 사설의 감호환경 하에 처하여지는 것을 의미한다.

제2부 방지소위원회

제5조

1. 방지소위원회는 10명의 위원으로 구성된다. 이 의정서의 50번째 비준 또는 가입 이후에는 방지소위원회의 위원의 수가 25명으로 증원된다.

2. 방지소위원회의 위원은 고매한 인격을 지니고, 법무행정 분야, 특히 형법, 교도행정 또는 경찰행정, 기타 자유를 박탈당한 자의 대우와 관련된 다양한 분야에서의 전문적 경력이 인정된 사람들 중에서 선출된다.

3. 방지소위원회의 구성에 있어서는 공평한 지역적 배분, 여러 형태의 문명과 당사국의 법제도의

대표성을 적절히 고려한다.

4. 이 구성에 있어서는 평등과 비차별의 원칙에 의거하여 균형적인 성별 대표성도 고려한다.

5. 방지소위원회의 위원 2명 이상이 동일한 국가의 국민이어서는 아니된다.

6. 방지소위원회의 위원은 개인 자격으로 근무하고, 독립적이고 공평하여야 하며, 효율적으로 방지소위원회에 근무하는 것이 가능하여야 한다.

제6조

1. 각 당사국은 제5조에 규정된 자격을 갖추고 요건에 합당한 후보자를 본조 제2항에 따라 2명까지 지명할 수 있으며, 이 때 피지명자의 자격에 관한 상세한 정보를 제공한다.

2. 가. 피지명자는 이 의정서의 당사국의 국적을 보유하여야 한다;

나. 2명의 후보자중 최소한 1명은 지명국의 국적을 보유하여야 한다;

다. 동일한 당사국의 국민이 2명을 초과하여 지명되어서는 아니 된다;

라. 당사국이 다른 당사국의 국민을 지명하기 전에 해당 당사국의 동의를 구하여 이를 얻어야 한다.

3. 늦어도 선거가 실시되는 당사국 회의의 5개월 전에 국제연합 사무총장은 당사국에게 3개월 내로 후보자를 제출하라고 요청하는 서한을 발송한다. 사무총장은 이와 같이 지명된 모든 자의 명단을 그를 지명한 국가를 표시하여 알파벳 순으로 작성하여 제출한다.

제7조

1. 방지소위원회의 위원은 다음의 방식으로 선출된다:

가. 이 의정서 제5조에 규정된 요건과 기준의 충족 여부를 우선적으로 고려한다;

나. 최초의 선거는 이 의정서가 발효된 후 6월 이내에 실시된다;

다. 당사국은 방지소위원회의 위원을 비밀투표로 선출한다;

라. 방지소위원회 위원은 국제연합 사무총장이 2년마다 소집하는 당사국 회의에서 선출된다. 당사국의 3분의 2가 의사 정족수를 구성하는 이 회의에서 출석하여 투표한 당사국 대표로부터 절대 다수표를 획득한 자로 최다 득표자가 방지소위원회 위원으로 선출된다.

2. 선거 과정에서 동일 당사국의 국적을 가진 2명이 방지소위원회 위원이 될 자격을 갖춘 경우에는 다수표를 받은 후보자가 방지소위원회 위원으로 근무한다. 그들이 동일한 수의 득표를 한 경우에는 다음의 절차가 적용된다:

가. 그중 1인만이 본국에 의하여 지명을 받은 경우에는 그가 방지소위원회 위원으로 근무한다;

나. 양 후보자 모두가 본국에 의하여 지명을 받은 경우에는 누가 위원이 될 지 여부를 결정하기 위하여 별도의 비밀투표가 실시된다;

다. 후보자 누구도 본국에 의하여 지명을 받지 않은 경우에는 어느 후보자가 위원이 될 지 여부를 결정하기 위하여 별도의 비밀투표가 실시된다.

제8조

방지소위원회의 위원이 사망 또는 사임하거나, 다른 사유로 더 이상 임무를 수행할 수 없는 경우, 그 위원을 지명한 당사국은 다양한 전문분야에서의 적절한 균형을 고려하며 제5조에 규정된 자격을 갖추고 요건에 합당한 다른 적합한 인물을 차기 당사국 회의까지 근무하도록 지명한다. 다만 당사국 과반수의 승인을 조건으로 한다. 제안된 지명안이 국제연합 사무총장에 의하여 당사국에게 통보된지 6주 이내에 과반수 이상의 당사국이 반대의사를 표시하지 아니하면 승인이 이루어진 것으로 본다.

제9조

방지소위원회의 위원은 4년 임기로 선출된다. 그들은 재지명 되는 경우 1회 재선될 수 있다. 최초 선거에서 선출된 위원 중 절반의 임기는 2년으로 종료된다; 이들 위원의 명단은 최초 선거 직후 제7조 제1항 라호에 규정된 회의의 의장의 추첨으로 결정된다.

제10조

1. 방지소위원회는 2년 임기의 임원을 선출한다. 그들은 재선될 수 있다

2. 방지소위원회는 자체의 절차규칙을 제정한다. 이 규칙은 특히 다음 사항을 규정한다:

가. 위원 재적 과반수가 의사정족수가 된다;

나. 방지소위원회의 결정은 출석한 위원의 과반수 투표로 이루어진다;

다. 방지소위원회는 비공개로 회의한다.

3. 국제연합 사무총장은 방지소위원회의 최초 회의를 소집한다. 최초 회의 이후 방지소위원회는 절차규칙에 규정되는 시기에 회합한다. 방지소위원회와 고문방지위원회는 최소 연 1회 동시에 회기를 갖는다.

제3부 방지소위원회의 권한

제11조

1. 방지소위원회는:

가. 제4조에 규정된 장소들을 방문하고, 고문 및 그 밖의 잔혹한·비인도적인 또는 굴욕적인 대우나 처벌로부터 자유를 박탈당한 자들의 보호에 관하여 당사국에게 권고를 행한다;

나. 국가예방기구와 관련하여:

(1) 필요한 경우 이 기구의 설립에 관하여 당사국을 조언하고 조력한다;

(2) 국가예방기구와 직접적인 접촉을 유지하며, 필요한 경우 비밀접촉도 하며, 그들의 역량을 강화시키기 위하여 훈련과 기술적 지원을 제공한다;

(3) 고문 및 그 밖의 잔혹한·비인도적인 또는 굴욕적인 대우나 처벌로부터의 자유를 박탈당한 자에 대한 보호를 강화하기 위하여 필요한 요구사항과 수단을 평가함에 있어서 그들을 조언하고 조력한다;

(4) 고문 및 그 밖의 가혹한·비인도적인 또는 굴욕적인 대우나 처벌의 방지를 위한 국가예방기구의 역량과 임무를 강화하기 위하여 당사국에게 권고하고 의견을 제시한다;

다. 고문 및 그 밖의 잔혹한·비인간적인 또는 굴욕적인 대우나 처벌로부터 모든 사람의 보호를 강화하기 위하여 노력하는 국제연합의 관련 기관 및 제도는 물론 국제적·지역적·국내적 기관이나 기구와 전반적인 고문의 방지를 위하여 협력한다.

제12조

1. 당사국은 방지소위원회가 제11조에 규정된 임무를 수행할 수 있도록 다음 사항을 약속한다:

가. 방지소위원회를 자국의 영역으로 입국시키고, 이 의정서 제4조에 규정된 구금장소로의 접근을 허용한다;

나. 고문 및 그 밖의 잔혹한·비인도적인 또는 굴욕적인 대우나 처벌로부터 자유를 박탈당한 자의 보호를 강화하기 위하여 채택되어야 하는 필요사항과 조치를 평가하기 위하여 방지소위원회가 요청하는 모든 관련 정보를 제공한다;

다. 방지소위원회와 국가예방기구 간의 접촉을 장려하고 용이하게 한다;

라. 방지소위원회의 권고사항을 검토하고, 가능한 이행조치에 관하여 이와 대화한다.

제13조

1. 방지소위원회는 제11조에 규정된 임무를 수행하기 위하여 처음에는 추첨으로 당사국에 대한 정기 방문계획을 수립한다.

2. 협의를 거친 후, 방지소위원회는 당사국이 예정된 방문에 필요한 실질적인 준비를 지체없이 할 수 있도록 자신의 계획을 당사국에게 통지한다.

3. 방문은 최소한 2명의 방지소위원회의 위원에 의하여 수행된다. 위원들은 필요한 경우 이 의정서가 다루는 분야에서 검증된 전문적인 경험과 지식을 갖춘 전문가와 동행할 수 있으며, 이들은 당사국·국제연합 인권고등판무관실 및 국제연합 국제범죄방지센터의 추천에 기하여 준비된 전문가 명부에서 선발된다. 명부를 준비함에 있어서 관련 당사국은 5명을 초과하는 자국 전문가를 추천하지 않는다. 해당 당사국은 특정 전문가의 방문에 반대할 수 있으며, 이러한 경우 방지소위원회는 다른 전문가를 제안한다.

4. 방지소위원회가 적절하다고 생각하는 경우, 정기 방문 후에 단기간의 후속 방문을 제안할 수 있다.

제14조

1. 방지소위원회가 그 임무를 수행할 수 있도록 이 의정서의 당사국은 방지소위원회에게 다음 사항을 허용할 것을 약속한다:

가. 제4조에 규정된 구금 장소에 있는 자유를 박탈당한 사람의 수는 물론 구금 장소의 수, 그리고 그 위치와 관련된 모든 정보에 대한 무제한적인 접근;

나. 그들의 대우는 물론 그들의 구금 상태와 관련된 모든 정보에 대한 무제한적인 접근;

다. 아래 제2항의 규정에 따를 것을 조건으로 모든 구금 장소와 그 시설 및 설비에 대한 무제한적인 접근;

라. 자유를 박탈당한 사람들과 개인적으로 또는 필요한 경우 통역자와 함께 입회인 없이 비공개로 면담할 수 있는 기회는 물론 관련 정보를 제공할 수 있다고 방지소위원회가 믿는 기타 다른 사람들과의 비공개 면담의 기회;

마. 원하는 방문 장소와 면담 대상자를 선택할 수 있는 자유.

2. 일시적으로 방문의 수행을 못하게 하는 방문 예정지의 국가 방위·공공의 안전·자연 재해

또는 심각한 소요와 같이 긴급하고 불가피한 이유만을 근거로 특정 구금 장소에의 방문에 반대할 수 있다. 국가 비상사태의 선포 자체가 당사국에 의하여 방문에 대한 반대 이유로 주장될 수 없다.

제15조

어떠한 기관이나 담당자도 방지소위원회 또는 그 대표단에게 그 진위 여부를 막론하고 정보를 제공했다는 이유로 개인이나 기구에 대한 제재를 명령·시행·허가 또는 용인하지 아니하며, 그 같은 개인이나 기구는 어떠한 방법으로도 다른 불이익을 받지 아니한다.

제16조

1. 방지소위원회는 자신의 권고사항과 견해를 당사국에게 비공개로 통보하며, 적절한 경우에는 국가예방기구에게도 그렇게 한다.

2. 방지소위원회는 해당 당사국이 요청하는 경우 당해국의 논평과 함께 자신의 보고서를 출간한다. 만약 당사국이 보고서의 일부를 공개하는 경우, 방지소위원회는 보고서의 전체 또는 일부를 출간할 수 있다. 그러나 신상 자료는 당사자의 명시적인 동의가 없으면 출간되지 아니한다.

3. 방지소위원회는 자신의 활동에 관한 연례 공개보고서를 고문방지위원회에 제출한다.

4. 당사국이 방지소위원회에 제12조 및 제14조에 따른 협조를 거부하거나, 방지소위원회의 권고에 입각하여 상황을 개선시키기 위한 조치를 취하기 거부하는 경우, 방지소위원회의 요청에 의거 고문방지위원회는 당사국에게 자신의 의견을 표명할 수 있는 기회를 제공한 후에 그 문제에 관한 공개 성명을 발표하거나 방지소위원회의 보고서를 출간하기로 위원의 다수결로 결정할 수 있다.

제4부 국가예방기구

제17조

각 당사국은 이 의정서나 자국의 비준 또는 가입이 발효된 후 늦어도 1년 이내에 국내적 차원에서 고문을 방지하기 위한 하나 또는 수 개의 독립적 국가예방기구를 유지·지정 또는 설립한다. 지방기관에 의하여 설립된 기구들이 의정서의 조항에 부합되는 경우, 이 의정서 목적상의 국가예방기구로 지정될 수 있다.

제18조

1. 당사국은 국가예방기구의 기능적 독립성은 물론 그 직원의 독립성을 보장한다.

2. 당사국은 국가예방기구의 전문가들이 필요한 역량과 전문적 지식을 갖추도록 보장하기 위하여 필요한 조치를 취한다. 당사국은 성별 균형과 그 국가 내 인종 집단과 소수자 집단이 적절히 대표될 수 있도록 노력한다.

3. 당사국은 국가예방기구의 기능에 필요한 재원을 제공할 것을 약속한다.

4. 당사국은 국가예방기구를 설립함에 있어서 인권의 증진과 보호를 위한 국가인권기구의 지위에 관한 원칙을 충분히 고려한다.

제19조

국가예방기구는 최소한 다음과 같은 권한을 부여받는다:

가. 필요한 경우 고문 및 그 밖의 잔혹한 · 비인도적인 또는 굴욕적인 대우나 처벌로부터의 보호
   를 강화하기 위하여 제4조에 규정된 구금 장소에서 자유를 박탈당한 자들에 대한 대우를 정기
   적으로 조사한다;

나. 자유를 박탈당한 자들의 대우와 환경을 개선하기 위한 목적으로 관련 당국에 권고를 제출하
   고, 국제연합의 관련 규범을 고려하며 고문 및 그 밖의 잔혹한 · 비인도적인 또는 굴욕적인
   대우나 처벌을 예방한다;

다. 현행 법률이나 입법안에 관하여 제안이나 견해를 제출한다.

제20조

이 의정서의 당사국은 국가예방기구가 그 임무를 수행할 수 있도록 이에 다음과 같은 사항을 허용
할 것을 약속한다:

가. 제4조에 규정된 구금 장소에 있는 자유를 박탈당한 사람의 수는 물론 구금 장소의 수, 그리고
   그 위치와 관련된 모든 정보에 대한 접근;

나. 그들의 대우는 물론 그들의 구금 상태와 관련된 모든 정보에 대한 접근;

다. 모든 구금 장소와 그 시설 및 설비에 대한 접근;

라. 자유를 박탈당한 사람들과 개인적으로 또는 필요한 경우 통역자와 함께 입회인 없이 비공개로
   면담할 수 있는 기회는 물론 관련 정보를 제공할 수 있다고 방지소위원회가 믿는 기타 다른
   사람들과의 비공개 면담의 기회;

마. 원하는 방문 장소와 면담 대상자를 선택할 수 있는 자유;

바. 방지소위원회와 접촉하고, 이에 정보를 제공하며, 그들과 만날 수 있는 권리.

제21조

1. 어떠한 기관이나 담당자도 국가예방기구에게 그 진위 여부를 막론하고 정보를 제공했다는 이
유로 개인이나 기구에 대한 제재를 명령 · 시행 · 허가 또는 용인하지 아니하며, 그 같은 개인이나
기구는 어떠한 방법으로도 다른 불이익을 받지 아니한다.

2. 국가예방기구에 의하여 수집된 비밀 정보는 특별한 보호를 받는다. 신상 자료는 당사자의 명시
적인 동의가 없으면 출간되지 아니한다.

제22조

해당 당사국의 관할 당국은 국가예방기구의 권고사항을 검토하고, 가능한 이행조치에 관하여 이
와 대화한다.

제23조

이 의정서의 당사국은 국가예방기구의 연례보고서를 출간하여 배포할 것을 약속한다.

제5부 선언

제24조

1. 당사국은 비준시 이 의정서의 제3부 또는 제4부에 따른 의무의 이행을 연기하는 선언을 할

수 있다.

2. 이 연기는 최장 3년간 유효하다. 당사국의 적절한 설명과 방지소위원회와의 협의를 거쳐 고문 방지위원회는 추가로 2년간 그 기간을 연장할 수 있다.

제6부 재정규정

제25조

1. 이 의정서의 이행에 있어서 방지소위원회에 의한 비용은 국제연합이 부담한다.

2. 국제연합 사무총장은 이 의정서에 따른 방지소위원회의 효율적인 임무 수행을 위하여 필요한 직원과 편의를 제공한다.

제26조

1. 당사국의 방문 후 방지소위원회가 제시한 권고는 물론 국가예방기구의 교육프로그램의 이행에 대한 재정을 지원하기 위하여 국제연합의 재정 규정과 규칙에 따라 운용되는 특별기금이 총회의 관련 절차에 따라 설립된다.

2. 특별기금은 정부, 정부간 및 비정부간 기구, 기타 사적 또는 공적 단체의 자발적인 기여금으로 충당된다.

제7부 최종규정

제27조

1. 이 의정서는 협약에 서명한 모든 국가의 서명을 위하여 개방된다.

2. 이 의정서는 협약을 비준 또는 가입한 국가에 의하여 비준을 받아야 한다. 비준서는 국제연합 사무총장에게 기탁된다.

3. 이 의정서는 협약을 비준 또는 가입한 국가의 가입을 위하여 개방된다.

4. 가입은 국제연합 사무총장에게 가입서를 기탁함으로써 발효된다.

5. 국제연합 사무총장은 이 의정서에 서명하거나 가입한 모든 국가들에게 각 비준서 또는 가입서의 기탁사실을 통지한다.

제28조

1. 이 의정서는 스무 번째의 비준서 또는 가입서가 국제연합 사무총장에게 기탁된 날로부터 30일째 되는 날 발효한다.

2. 국제연합 사무총장에게 스무 번째의 비준서나 가입서가 기탁된 이후 이 의정서를 비준하거나 이에 가입하는 국가에 대하여 이 의정서는 그 국가의 비준서나 가입서의 기탁일로부터 30일째 되는 날 발효한다.

제29조

이 의정서의 규정은 어떠한 제한이나 예외도 없이 연방국가의 모든 지역에 대하여 적용된다.

제30조

이 의정서에 대하여는 어떠한 유보도 허용되지 아니한다.

제31조

이 의정서의 조항은 지역적 협정에 의하여 구금장소 방문제도를 수립하여야 하는 당사국의 의무에 영향을 미치지 아니한다. 방지소위원회와 지역적 협정에 의하여 설립된 기구들은 중복을 피하고 이 의정서의 목적을 효과적으로 증진시키기 위하여 협의하고 협력할 것이 권장된다.

제32조

이 의정서의 규정은 1949년 8월 12일자 4개 제네바 협약과 1977년 6월 8일자 추가의정서의 당사국의 의무나 국제인도법에 의하여 보호되지 않는 상황 속의 구금 장소를 국제적십자위원회가 방문하도록 당사국이 허가할 수 있는 기회에 영향을 미치지 아니한다.

제33조

1. 모든 당사국은 국제연합 사무총장에 대한 서면통고로써 언제든지 이 의정서를 폐기할 수 있으며, 그는 이 의정서와 협정의 다른 당사국에게 이를 통지한다. 폐기는 사무총장이 통고를 접수한 날부터 1년 후에 발효한다.

2. 그러한 폐기는 이의 발효일 이전에 발생한 행위 또는 상황 그리고 방지소위원회가 해당 당사국에 대하여 취하기로 결정하였거나 결정할 행동과 관련하여 당사국을 의정서상의 의무로부터 면제시켜 주는 효과가 없으며, 또한 폐기의 발효일 이전에 이미 방지소위원회에 의하여 심리 중인 문제가 계속 심리되는 것을 어떠한 경우에도 방해하지 아니한다.

3. 당사국의 폐기의 발효일 이후에는 방지소위원회가 그 국가와 관련된 새로운 문제에 대하여 심리를 시작할 수 없다.

제34조

1. 이 의정서의 어떠한 당사국도 개정을 제안하고, 이를 국제연합 사무총장에게 제출할 수 있다. 사무총장은 제안을 심의하고 표결하기 위한 당사국 회의를 개최하는데 대한 찬성 여부를 자신에게 통지하여 달라는 요청과 함께 제안된 개정안을 이 의정서의 당사국에게 송부한다. 통보일로부터 4개월 이내에 최소한 당사국의 3분의 1이 회의 개최에 찬성하는 경우, 사무총장은 국제연합의 후원 하에 회의를 소집한다. 이 회의에 출석하고 표결한 당사국 3분의 2의 다수결로 채택된 개정안은 국제연합 사무총장에 의하여 모든 당사국에게 수락을 받기 위하여 제출된다.

2. 본조 제1항에 따라 채택된 개정안은 이 의정서 당사국 3분의 2가 각자의 헌법적 절차에 따라 이를 수락하는 때에 발효한다.

3. 개정이 발효되면 이는 이를 수락한 당사국만을 구속하며, 다른 당사국들은 이 의정서의 규정과 그들이 이미 수락한 이전의 개정에 계속 구속을 받는다.

제35조

방지소위원회의 위원들과 국가예방기구의 직원들은 자신들의 임무를 독립적으로 수행하기 위하여 필요한 특권과 면제를 부여받는다. 방지소위원회의 위원들은 1946년 2월 13일자 국제연합의 특권과 면제에 관한 협약 제23조의 규정에 따를 것을 조건으로 동 협약 제22조에 규정된 특권과 면제를 부여받는다.

제36조

방지소위원회의 위원들은 당사국을 방문하였을 때 이 의정서의 규정과 목적 및 그들이 향유하는 특권과 면제를 침해하지 아니하며 다음과 같이 행동한다:

가. 방문국가의 법령을 존중한다;

나. 그들 임무의 공평하고 국제적인 성격에 어긋나는 행동과 활동을 삼간다.

제37조

1. 아랍어·중국어·영어·프랑스어·러시아어 및 스페인어본이 동등하게 정본인 이 의정서는 국제연합 사무총장에게 기탁된다.

2. 국제연합 사무총장은 이 의정서의 인증등본을 모든 국가에게 송부한다.

11-1. OPTIONAL PROTOCOL TO THE CONVENTION AGAINST TORTURE AND OTHER CRUEL, INHUMAN OR DEGRADING TREATMENT OR PUNISHMENT

PREAMBLE

The States Parties to the present Protocol,

Reaffirming that torture and other cruel, inhuman or degrading treatment or punishment are prohibited and constitute serious violations of human rights, Convinced that further measures are necessary to achieve the purposes of the Convention against Torture and Other Cruel, Inhuman or Degrading Treatment or Punishment (hereinafter referred to as the Convention) and to strengthen the protection of persons deprived of their liberty against torture and other cruel, inhuman or degrading treatment or punishment,

Recalling that articles 2 and 16 of the Convention oblige each State Party to take effective measures to prevent acts of torture and other cruel, inhuman or degrading treatment or punishment in any territory under its jurisdiction,

Recognizing that States have the primary responsibility for implementing those articles, that strengthening the protection of people deprived of their liberty and the full respect for their human rights is a common responsibility shared by all and that international implementing bodies complement and strengthen national measures,

Recalling that the effective prevention of torture and other cruel, inhuman or degrading treatment or punishment requires education and a combination of various legislative, administrative, judicial and other measures,

Recalling also that the World Conference on Human Rights firmly declared that efforts to eradicate torture should first and foremost be concentrated on prevention and called for the adoption of an optional protocol to the Convention, intended to establish a preventive system of regular visits to places of detention,

Convinced that the protection of persons deprived of their liberty against torture and other cruel, inhuman or degrading treatment or punishment can be strengthened by non-judicial means of a preventive nature, based on regular visits to places of detention,

Have agreed as follows:

PART I. GENERAL PRINCIPLES

Article 1

The objective of the present Protocol is to establish a system of regular visits undertaken by independent international and national bodies to places where people are deprived of their liberty, in order to prevent torture and other cruel, inhuman or degrading treatment or punishment.

Article 2

1. A Subcommittee on Prevention of Torture and Other Cruel, Inhuman or Degrading Treatment or Punishment of the Committee against Torture (hereinafter referred to as the Subcommittee on Prevention) shall be established and shall carry out the functions laid down in the present Protocol.

2. The Subcommittee on Prevention shall carry out its work within the framework of the Charter of the United Nations and shall be guided by the purposes and principles thereof, as well as the norms of the United Nations concerning the treatment of people deprived of their liberty.

3. Equally, the Subcommittee on Prevention shall be guided by the principles of confidentiality, impartiality, non-selectivity, universality and objectivity.

4. The Subcommittee on Prevention and the States Parties shall cooperate in the implementation of the present Protocol.

Article 3

Each State Party shall set up, designate or maintain at the domestic level one or several visiting bodies for the prevention of torture and other cruel, inhuman or degrading treatment or punishment (hereinafter referred to as the national preventive mechanism).

Article 4

1. Each State Party shall allow visits, in accordance with the present Protocol, by the mechanisms referred to in articles 2 and 3 to any place under its jurisdiction and control where persons are or may be deprived of their liberty, either by virtue of an order given by a public authority or at its instigation or with its consent or acquiescence(hereinafter referred to as places of detention). These visits shall be undertaken with a view to strengthening, if necessary, the protection of these persons against torture and other cruel, inhuman or degrading treatment or punishment.

2. For the purposes of the present Protocol, deprivation of liberty means any form of detention or imprisonment or the placement of a person in a public or private custodial setting which that person is not permitted to leave at will by order of any judicial, administrative or other authority.

PART II. SUBCOMMITTEE ON PREVENTION

Article 5

1. The Subcommittee on Prevention shall consist of ten members. After the fiftieth ratification of or accession to the present Protocol, the number of the members of the Subcommittee on Prevention shall increase to twenty-five.

2. The members of the Subcommittee on Prevention shall be chosen from among persons of high moral character, having proven professional experience in the field of the administration of justice, in particular criminal law, prison or police administration, or in the various fields relevant to the treatment of persons deprived of their liberty.

3. In the composition of the Subcommittee on Prevention due consideration shall be given to equitable geographic distribution and to the representation of different forms of civilization and legal systems of the States Parties.

4. In this composition consideration shall also be given to balanced gender representation on the basis of the principles of equality and non-discrimination.

5. No two members of the Subcommittee on Prevention may be nationals of the same State.

6. The members of the Subcommittee on Prevention shall serve in their individual capacity, shall be independent and impartial and shall be available to serve the Subcommittee on Prevention efficiently.

Article 6

1. Each State Party may nominate, in accordance with paragraph 2 of the present article, up to two candidates possessing the qualifications and meeting the requirements set out in article 5, and in doing so shall provide detailed information on the qualifications of the nominees.

2. (a) The nominees shall have the nationality of a State Party to the present Protocol;

(b) At least one of the two candidates shall have the nationality of the nominating State Party;

(c) No more than two nationals of a State Party shall be nominated;

(d) Before a State Party nominates a national of another State Party, it shall seek and obtain the consent of that State Party.

3. At least five months before the date of the meeting of the States Parties during which the elections will be held, the Secretary-General of the United Nations shall address a letter to the States Parties inviting them to submit their nominations within three months. The Secretary-General shall submit a list, in alphabetical order, of all persons thus nominated, indicating the States Parties that have nominated them.

Article 7

1. The members of the Subcommittee on Prevention shall be elected in the following manner:

(a) Primary consideration shall be given to the fulfilment of the requirements and criteria of article 5 of the present Protocol;

(b) The initial election shall be held no later than six months after the entry into force of the present Protocol;

(c) The States Parties shall elect the members of the Subcommittee on Prevention by secret ballot;

(d) Elections of the members of the Subcommittee on Prevention shall be held at biennial meetings of the States Parties convened by the Secretary-General of the United Nations. At those meetings, for which two thirds of the States Parties shall constitute a quorum, the persons elected to the Subcommittee on Prevention shall be those who obtain the largest number of votes and an absolute majority of the votes of the representatives of the States Parties present and voting.

2. If during the election process two nationals of a State Party have become eligible to serve as members of the Subcommittee on Prevention, the candidate receiving the higher number of votes shall serve as the member of the Subcommittee on Prevention. Where nationals have received the same number of votes, the following procedure applies:

(a) Where only one has been nominated by the State Party of which he or she is a national, that national shall serve as the member of the Subcommittee on Prevention;

(b) Where both candidates have been nominated by the State Party of which they are nationals, a separate vote by secret ballot shall be held to determine which national shall become the member;

(c) Where neither candidate has been nominated by the State Party of which he or she is a national, a separate vote by secret ballot shall be held to determine which candidate shall be the member.

Article 8

If a member of the Subcommittee on Prevention dies or resigns, or for any cause can no longer perform his or her duties, the State Party that nominated the member shall nominate another eligible person possessing the qualifications and meeting the requirements set out in article 5, taking into account the need for a proper balance among the various fields of competence, to serve until the next meeting of the States Parties, subject to the approval of the majority of the States Parties. The approval shall be considered given unless half or more of the States Parties respond negatively within six weeks after having been informed by the Secretary-General of the United Nations of the proposed appointment.

Article 9

The members of the Subcommittee on Prevention shall be elected for a term of four years. They shall be eligible for re-election once if renominated. The term of half the members elected at the first election shall expire at the end of two years; immediately after the first election the names of those members shall be chosen by lot by the Chairman of the meeting referred to in article 7, paragraph 1 (d).

Article 10

1. The Subcommittee on Prevention shall elect its officers for a term of two years. They may be re-elected.

2. The Subcommittee on Prevention shall establish its own rules of procedure. These rules shall provide, inter alia, that:

(a) Half the members plus one shall constitute a quorum;

(b) Decisions of the Subcommittee on Prevention shall be made by a majority vote of the members present;

(c) The Subcommittee on Prevention shall meet in camera.

3. The Secretary-General of the United Nations shall convene the initial meeting of the Subcommittee on Prevention. After its initial meeting, the Subcommittee on Prevention shall meet at such times as shall be provided by its rules of procedure. The Subcommittee on Prevention and the Committee against Torture shall hold their sessions simultaneously at least once a year.

PART III. MANDATE OF THE SUBCOMMITTEE ON PREVENTION

Article 11

The Subcommittee on Prevention shall:

(a) Visit the places referred to in article 4 and make recommendations to States Parties concerning the protection of persons deprived of their liberty against torture and other cruel, inhuman or degrading treatment or punishment;

(b) In regard to the national preventive mechanisms:

(i) Advise and assist States Parties, when necessary, in their establishment;

(ii) Maintain direct, and if necessary confidential, contact with the national preventive mechanisms and offer them training and technical assistance with a view to strengthening their capacities;

(iii) Advise and assist them in the evaluation of the needs and the means necessary to strengthen the protection of persons deprived of their liberty against torture and other cruel, inhuman or degrading treatment or punishment;

(iv) Make recommendations and observations to the States Parties with a view to strengthening the capacity and the mandate of the national preventive mechanisms for the prevention of torture and other cruel, inhuman or degrading treatment or punishment;

(c) Cooperate, for the prevention of torture in general, with the relevant United Nations organs and mechanisms as well as with the international, regional and national institutions or organizations working towards the strengthening of the protection of all persons against torture and other cruel, inhuman or degrading treatment or punishment.

Article 12

In order to enable the Subcommittee on Prevention to comply with its mandate as laid down in article 11, the States Parties undertake:

(a) To receive the Subcommittee on Prevention in their territory and grant it access to the places of detention as defined in article 4 of the present Protocol;

(b) To provide all relevant information the Subcommittee on Prevention may request to evaluate the needs and measures that should be adopted to strengthen the protection of persons deprived of their liberty against torture and other cruel, inhuman or degrading treatment or punishment;

(c) To encourage and facilitate contacts between the Subcommittee on Prevention and the national preventive mechanisms;

(d) To examine the recommendations of the Subcommittee on Prevention and enter into dialogue with it on possible implementation measures.

Article 13

1. The Subcommittee on Prevention shall establish, at first by lot, a programme of regular visits to the States Parties in order to fulfil its mandate as established in article 11.

2. After consultations, the Subcommittee on Prevention shall notify the States Parties of its programme in order that they may, without delay, make the necessary practical arrangements for the visits to be conducted.

3. The visits shall be conducted by at least two members of the Subcommittee on Prevention. These members may be accompanied, if needed, by experts of demonstrated professional experience and knowledge in the fields covered by the present Protocol who shall be selected from a roster of experts prepared on the basis of proposals made by the States Parties, the Office of the United Nations High Commissioner for Human Rights and the United Nations Centre for International Crime Prevention. In preparing the roster, the States Parties concerned shall propose no more than five national experts. The State Party concerned may oppose the inclusion of a specific expert in the visit, whereupon the Subcommittee on Prevention shall propose another expert.

4. If the Subcommittee on Prevention considers it appropriate, it may propose a short follow-up visit after a regular visit.

Article 14

1. In order to enable the Subcommittee on Prevention to fulfil its mandate, the States Parties to the present Protocol undertake to grant it:

(a) Unrestricted access to all information concerning the number of persons deprived of their liberty in places of detention as defined in article 4, as well as the number of places and their location;

(b) Unrestricted access to all information referring to the treatment of those persons as well as their conditions of detention;

(c) Subject to paragraph 2 below, unrestricted access to all places of detention and their installations and facilities;

(d) The opportunity to have private interviews with the persons deprived of their liberty without witnesses, either personally or with a translator if deemed necessary, as well as with any other person who the Subcommittee on Prevention believes may supply relevant information;

(e) The liberty to choose the places it wants to visit and the persons it wants to interview.

2. Objection to a visit to a particular place of detention may be made only on urgent and compelling grounds of national defence, public safety, natural disaster or serious disorder in the place to be visited that temporarily prevent the carrying out of such a visit. The existence of a declared state of emergency as such shall not be invoked by a State Party as a reason to object to a visit.

Article 15

No authority or official shall order, apply, permit or tolerate any sanction against any person or organization for having communicated to the Subcommittee on Prevention or to its delegates any information, whether true or false, and no such person or organization shall be otherwise prejudiced in any way.

Article 16

1. The Subcommittee on Prevention shall communicate its recommendations and observations confidentially to the State Party and, if relevant, to the national preventive mechanism.

2. The Subcommittee on Prevention shall publish its report, together with any comments of the State Party concerned, whenever requested to do so by that State Party. If the State Party makes part of the report public, the Subcommittee on Prevention may publish the report in whole or in part. However, no personal data shall be published without the express consent of the person concerned.

3. The Subcommittee on Prevention shall present a public annual report on its activities to the Committee against Torture.

4. If the State Party refuses to cooperate with the Subcommittee on Prevention according to articles 12 and 14, or to take steps to improve the situation in the light of the recommendations of the Subcommittee on Prevention, the Committee against Torture may, at the request of the Subcommittee on Prevention, decide, by a majority of its members, after the State Party has had an opportunity to make its views known, to make a public statement on the matter or to publish the report of the Subcommittee on Prevention.

PART IV. NATIONAL PREVENTIVE MECHANISMS

Article 17

Each State Party shall maintain, designate or establish, at the latest one year after the entry into force of the present Protocol or of its ratification or accession, one or several independent national preventive mechanisms for the prevention of torture at the domestic level. Mechanisms established by decentralized units may be designated as national preventive mechanisms for the purposes of the present Protocol if they are in conformity with its provisions.

Article 18

1. The States Parties shall guarantee the functional independence of the national preventive mechanisms as well as the independence of their personnel.

2. The States Parties shall take the necessary measures to ensure that the experts of the national preventive mechanism have the required capabilities and professional knowledge. They shall strive for a gender balance and the adequate representation of ethnic and minority groups in the country.

3. The States Parties undertake to make available the necessary resources for the functioning of the national preventive mechanisms.

4. When establishing national preventive mechanisms, States Parties shall give due consideration to the Principles relating to the status of national institutions for the promotion and protection of human rights.

Article 19

The national preventive mechanisms shall be granted at a minimum the power:

(a) To regularly examine the treatment of the persons deprived of their liberty in places of detention as defined in article 4, with a view to strengthening, if necessary, their protection against torture and other cruel, inhuman or degrading treatment or punishment;

(b) To make recommendations to the relevant authorities with the aim of improving the treatment and the conditions of the persons deprived of their liberty and to prevent torture and other cruel, inhuman or degrading treatment or punishment, taking into consideration the relevant norms of the United Nations;

(c) To submit proposals and observations concerning existing or draft legislation.

Article 20

In order to enable the national preventive mechanisms to fulfil their mandate, the States Parties to the present Protocol undertake to grant them:

(a) Access to all information concerning the number of persons deprived of their liberty in places of detention as defined in article 4, as well as the number of places and their location;

(b) Access to all information referring to the treatment of those persons as well as their conditions of detention;

(c) Access to all places of detention and their installations and facilities;

(d) The opportunity to have private interviews with the persons deprived of their liberty without witnesses, either personally or with a translator if deemed necessary, as well as with any other person who the national preventive mechanism believes may supply relevant information;

(e) The liberty to choose the places they want to visit and the persons they want to interview;

(f) The right to have contacts with the Subcommittee on Prevention, to send it information and to meet with it.

Article 21

1. No authority or official shall order, apply, permit or tolerate any sanction against any person or organization for having communicated to the national preventive mechanism any information, whether true or false, and no such person or organization shall be otherwise prejudiced in any way.

2. Confidential information collected by the national preventive mechanism shall be privileged. No personal data shall be published without the express consent of the person concerned.

Article 22

The competent authorities of the State Party concerned shall examine the recommendations of the national preventive mechanism and enter into a dialogue with it on possible implementation measures.

Article 23

The States Parties to the present Protocol undertake to publish and disseminate the annual reports of the national preventive mechanisms.

PART V. DECLARATION

Article 24

1. Upon ratification, States Parties may make a declaration postponing the implementation of their obligations under either part III or part IV of the present Protocol.
2. This postponement shall be valid for a maximum of three years. After due representations made by the State Party and after consultation with the Subcommittee on Prevention, the Committee against Torture may extend that period for an additional two years.

PART VI. FINANCIAL PROVISIONS

Article 25

1. The expenditure incurred by the Subcommittee on Prevention in the implementation of the present Protocol shall be borne by the United Nations.
2. The Secretary-General of the United Nations shall provide the necessary staff and facilities for the effective performance of the functions of the Subcommittee on Prevention under the present Protocol.

Article 26

1. A Special Fund shall be set up in accordance with the relevant procedures of the General Assembly, to be administered in accordance with the financial regulations and rules of the United Nations, to help finance the implementation of the recommendations made by the Subcommittee on Prevention after a visit to a State Party, as well as education programmes of the national preventive mechanisms.
2. The Special Fund may be financed through voluntary contributions made by Governments, intergovernmental and non-governmental organizations and other private or public entities.

PART VII. FINAL PROVISIONS

Article 27

1. The present Protocol is open for signature by any State that has signed the Convention.
2. The present Protocol is subject to ratification by any State that has ratified or acceded to the Convention. Instruments of ratification shall be deposited with the Secretary- General of the United Nations.

3. The present Protocol shall be open to accession by any State that has ratified or acceded to the Convention.

4. Accession shall be effected by the deposit of an instrument of accession with the Secretary-General of the United Nations.

5. The Secretary-General of the United Nations shall inform all States that have signed the present Protocol or acceded to it of the deposit of each instrument of ratification or accession.

Article 28

1. The present Protocol shall enter into force on the thirtieth day after the date of deposit with the Secretary-General of the United Nations of the twentieth instrument of ratification or accession.

2. For each State ratifying the present Protocol or acceding to it after the deposit with the Secretary-General of the United Nations of the twentieth instrument of ratification or accession, the present Protocol shall enter into force on the thirtieth day after the date of deposit of its own instrument of ratification or accession.

Article 29

The provisions of the present Protocol shall extend to all parts of federal States without any limitations or exceptions.

Article 30

No reservations shall be made to the present Protocol.

Article 31

The provisions of the present Protocol shall not affect the obligations of States Parties under any regional convention instituting a system of visits to places of detention. The Subcommittee on Prevention and the bodies established under such regional conventions are encouraged to consult and cooperate with a view to avoiding duplication and promoting effectively the objectives of the present Protocol.

Article 32

The provisions of the present Protocol shall not affect the obligations of States Parties to the four Geneva Conventions of 12 August 1949 and the Additional Protocols thereto of 8 June 1977, nor the opportunity available to any State Party to authorize the International Committee of the Red Cross to visit places of detention in situations not covered by international humanitarian law.

Article 33

1. Any State Party may denounce the present Protocol at any time by written notification addressed to the Secretary-General of the United Nations, who shall thereafter inform the other States Parties to the present Protocol and the Convention. Denunciation shall take effect one year after the date of receipt of the notification by the Secretary-General.

2. Such a denunciation shall not have the effect of releasing the State Party from its obligations under the present Protocol in regard to any act or situation that may occur prior to the date on which the denunciation becomes effective, or to the actions that the Subcommittee on Prevention has decided or may decide to take with respect to the State Party concerned, nor shall denunciation prejudice in any way the continued consideration of any matter already under consideration by the Subcommittee on Prevention prior to the date on which the denunciation becomes effective.

3. Following the date on which the denunciation of the State Party becomes effective, the Subcommittee on Prevention shall not commence consideration of any new matter regarding that State.

Article 34

1. Any State Party to the present Protocol may propose an amendment and file it with the Secretary-General of the United Nations. The Secretary-General shall thereupon communicate the proposed amendment to the States Parties to the present Protocol with a request that they notify him whether they favour a conference of States Parties for the purpose of considering and voting upon the proposal. In the event that within four months from the date of such communication at least one third of the States Parties favour such a conference, the Secretary-General shall convene the conference under the auspices of the United Nations. Any amendment adopted by a majority of two thirds of the States Parties present and voting at the conference shall be submitted by the Secretary-General of the United Nations to all States Parties for acceptance.

2. An amendment adopted in accordance with paragraph 1 of the present article shall come into force when it has been accepted by a two thirds majority of the States Parties to the present Protocol in accordance with their respective constitutional processes.

3. When amendments come into force, they shall be binding on those States Parties that have accepted them, other States Parties still being bound by the provisions of the present Protocol and any earlier amendment that they have accepted.

Article 35

Members of the Subcommittee on Prevention and of the national preventive mechanisms shall be accorded such privileges and immunities as are necessary for the independent exercise of their functions. Members of the Subcommittee on Prevention shall be accorded the privileges and immunities specified in section 22 of the Convention on the Privileges and Immunities of the United Nations of 13 February 1946, subject to the provisions of section 23 of that Convention.

Article 36

When visiting a State Party, the members of the Subcommittee on Prevention shall, without prejudice to the provisions and purposes of the present Protocol and such privileges and immunities as they may enjoy:

(a) Respect the laws and regulations of the visited State;

(b) Refrain from any action or activity incompatible with the impartial and international nature of their duties.

Article 37

1. The present Protocol, of which the Arabic, Chinese, English, French, Russian and Spanish texts are equally authentic, shall be de posited with the Secretary-General of the United Nations.

2. The Secretary-General of the United Nations shall transmit certified copies of the present Protocol to all States.

12. 강제실종으로부터 모든 사람들의 보호를 위한 국제협약

2007.2.6 체결/ 미발효/ 당사국 수 4/ 대한민국 미가입.

전 문

이 협약의 당사국들은,

인권과 기본적 자유에 관한 보편적 존중과 준수를 증진시키기 위한 국제연합 헌장에 따른 국가의 의무를 고려하고,

세계인권선언을 존중하고,

경제적, 사회적 및 문화적 권리에 관한 국제규약, 시민적 및 정치적 권리에 관한 국제규약, 그리고 인권, 인도법, 국제형사법 분야의 다른 관련 국제문서들을 상기하고,

국제연합 총회에 의하여 1992년 12월 8일 결의 제47/133호로 채택된 강제실종으로부터 모든 사람들의 보호에 관한 선언을 또한 상기하고,

범죄에 해당함은 물론, 국제법상의 일정한 상황에서는 인도에 반하는 죄에 해당하는 강제실종의 극도의 심각성을 인식하고,

강제실종을 방지하며, 강제실종 범죄의 불처벌과 투쟁할 것을 결의하고,

강제실종을 당하지 않을 모든 사람의 권리와 정의와 배상에 대한 희생자들의 권리를 고려하고, 모든 희생자들이 강제실종의 상황과 실종자의 운명에 관한 진실을 알 권리와 이 목적을 위한 정보를 추구하고, 접수하고, 전달할 자유에 대한 권리를 인정하여,

다음 조항들에 합의하였다.

제1절

제1조

1. 어느 누구도 강제실종을 당하지 아니한다.

2. 전쟁 또는 전쟁 위협의 상태, 국내적 정치의 불안정 또는 기타 공공의 비상사태 등 어떠한 예외 상황이라도 강제실종의 정당화 사유로 주장될 수 없다.

제2조

이 협약의 목적상 "강제실종"이란 정부 요원 또는 국가의 허가, 지원, 묵인 하에 행동하는 개인이나 단체에 의한 체포, 감금, 납치 또는 기타 형태의 자유 박탈과 그에 이어서 자유 박탈의 시인을 거부하거나 실종자의 운명이나 소재를 은폐하고 그에게 법의 보호를 부여하지 않는 것을 의미한다.

제3조

각 당사국은 국가의 허가, 지원, 묵인없이 행동하는 개인이나 단체에 의하여 저질러진 제2조에 규정된 행위를 수사하고, 책임자를 재판에 회부하기 위하여 적절한 조치를 취한다.

제4조

각 당사국은 강제실종이 자국 형법상의 범죄에 해당되도록 보장하는데 필요한 조치를 취한다.

제5조

광범위하거나 조직적인 강제실종의 실행은 현행 국제법상 인도에 반하는 죄에 해당하며, 현행 국제법에 따른 책임을 저야 한다.

제6조

1. 각 당사국은 최소한 다음 해당자에게 형사 책임을 지우기 위하여 필요한 조치를 취한다:

가. 강제실종을 저지르거나, 명령하거나, 권유 또는 교사하거나, 기도하거나, 공범이 되거나, 참여하는 자;

나. 다음에 해당하는 상급자:

(1) 자신의 실제적인 권한과 통제 하에 있는 하급자가 강제실종 범죄를 저지르고 있었거나 또는 저지르려 한다는 것을 알았다거나 또는 명백히 드러난 해당정보를 의식적으로 무시한 자;

(2) 강제실종 범죄와 관련된 행동에 대하여 실제적인 책임이나 통제권을 행사한 자; 그리고

(3) 강제실종의 발생을 방지하거나 진압하기 위하여 자신의 권한 내의 필요하고 합당한 모든 조치를 취하지 못하였거나, 수사와 기소를 위해 관할 당국에 사건을 통보하지 아니한 자.

다. 위 나호는 군지휘관이나 실질적으로 군지휘관으로 활동하는 자에 대한 관련 국제법상 적용가능한 보다 높은 수준의 책임에 영향을 미치지 아니한다.

2. 민간, 군대 또는 다른 어떤 공공 당국으로부터의 명령이나 지시도 강제실종 범죄에 대한 정당화 사유로 주장될 수 없다.

제7조

1. 각 당사국은 강제실종 범죄를 이의 극도의 심각성을 고려한 적절한 형벌에 의하여 처벌될 수 있도록 하여야 한다.

2. 각 당사국은 다음과 같이 할 수 있다:

가. 강제실종의 범행에 관련되었지만, 특히 강제실종된 자를 구하는데 실질적으로 기여하거나, 강제실종 사건의 내용을 밝힐 수 있게 하거나, 또는 강제실종의 범행자를 확인할 수 있도록 한 자를 위하여 사정을 경감시킨다;

나. 다른 형사절차의 적용에 영향을 주지 아니하면서, 특히 실종자가 사망한 경우나 임신부, 미성년자, 장애인 또는 특히 다른 취약자의 강제실종의 범행인 경우 사정을 가중시킨다.

제8조

제5조의 적용에 영향을 미치지 아니하면서,

1. 강제실종에 대하여 공소시효를 적용하는 당사국은 형사절차상의 시효 규정이 다음과 같이 되

도록 필요한 조치를 취한다:

가. 장기간이 되고, 이 범죄의 극도의 심각성에 비례하도록 한다;

나. 강제실종 범죄의 계속적 성격을 고려하여, 이 범죄가 종료한 시점부터 기산하도록 한다.

2. 각 당사국은 시효기간 동안 강제실종의 희생자가 효과적인 구제를 받을 권리를 보장한다.

제9조

1. 각 당사국은 다음과 같은 강제실종 범죄에 대한 관할권을 행사하기 위한 권한의 확립을 위하여 필요한 조치를 취한다:

가. 범죄가 자국 관할 하의 영토나 자국에 등록된 선박 또는 항공기에서 발생하였을 경우;

나. 용의자가 자국민일 경우;

다. 실종자가 자국민이며, 당사국이 적절하다고 판단할 경우.

2. 각 당사국은 용의자가 자국 관할 하의 영토에 소재하는 경우, 그를 범죄인인도를 하거나 또는 국제적 의무에 따라 타국에 인도하거나, 당해국이 관할권을 수락한 국제형사재판소로 인도하지 않는 한, 강제실종 범죄에 대하여 관할권을 행사할 권한을 확립하기 위하여 필요한 조치를 취한다.

3. 이 협약은 국내법에 따라 행사되는 어떠한 추가적인 형사관할권도 배제하지 아니한다.

제10조

1. 입수가능한 정보를 조사한 후 상황이 확실하다고 인정되면, 강제실종 범죄를 범한 용의자가 소재하고 있는 당사국은 그를 구금하거나 또는 출석을 확보하기 위하여 필요한 여타의 법적 조치를 취한다. 구금과 여타의 법적 조치는 당사국의 법률에 규정되어야 하며, 형사절차 또는 인도나 범죄인인도 절차에 그의 출석을 보장하기 위하여 필요한 기간 동안만 유지될 수 있다.

2. 본조 제1항의 조치를 취한 당사국은 사실관계를 확정하기 위한 예비조사 또는 수사를 즉시 실시한다. 그리고 구금사실 및 구금을 정당화하는 사정을 포함하여 본조 제1항에 따라 취한 조치와 자국이 관할권을 행사할 것인가에 관한 표시를 포함하여 예비조사 또는 수사의 결과를 제9조 제1항에 규정된 당사국에게 통지한다.

3. 본조 제1항에 따라 구금된 자는 가장 가까이 있는 적절한 본국의 대표자나, 만약 그가 무국적자라면 그의 상거주국의 대표자와 즉시 연락할 수 있다.

제11조

1. 강제실종 범죄를 범한 용의자가 발견된 영토의 관할권을 갖는 당사국은 그를 범죄인인도를 하거나, 국제적 의무에 따라 타국으로 인도하거나, 당해국이 관할권을 수락한 국제형사재판소로 인도하지 않는 한, 기소의 목적으로 관할기관에 사건을 회부하여야 한다.

2. 관할기관은 당사국 법률상 심각한 성격의 일반 범죄의 경우와 동일한 방식으로 결정을 내려야 한다. 제9조 제2항에 규정된 사건에서의 기소와 유죄평결에 요구되는 증거의 기준은 제9조 제1항에 규정된 사건에 적용되는 기준보다 결코 완화되지 않아야 한다.

3. 강제실종 범죄에 관하여 소가 제기된 모든 사람은 절차의 모든 단계에서 공정한 대우를 보장받는다. 강제실종 범죄에 관하여 재판을 받는 모든 사람은 법에 따라 설립된 권한있고, 독립적이며, 공평한 법원에 의하여 공정한 재판을 받는다.

제12조

1. 각 당사국은 누군가가 강제실종을 당하였다고 주장하는 어떠한 자도 이 사실을 관할 기관에 보고할 권리를 보장하여야 하며, 해당 기관은 그 주장을 즉시 그리고 공정하게 검토하고, 필요한 경우 지체없이 철저하고 공정한 수사를 행한다. 필요한 경우에는 고발인, 증인, 실종자의 친척, 그의 변호인은 물론 수사에 참여하는 자가 고발 또는 제출된 증거로 인한 어떠한 부당한 대우나 협박으로부터도 보호를 받을 수 있도록 적절한 조치가 취하여져야 한다.

2. 누군가가 강제실종을 당했다는 믿을만한 합리적 근거가 있는 경우, 본조 제1항상의 기관은 공식적인 고발이 없더라도 수사를 개시한다.

3. 각 당사국은 본조 제1항상의 기관에게 다음과 같은 권한을 보장한다:

가. 수사와 관련된 서류와 다른 정보에 대한 접근을 포함하여, 수사를 효과적으로 수행하기 위하여 필요한 권한과 수단을 갖는다.

나. 어떠한 구금 장소 또는 실종자가 소재한다고 믿을만한 합리적 근거가 있는 기타 다른 장소에도 출입할 수 있으며, 사법기관의 사전승인이 필요하다면 사법기관은 이를 신속하게 결정한다.

4. 각 당사국은 수사를 방해하는 행위를 방지하고 제재를 가하기 위하여 필요한 조치를 취한다. 당사국은 특히 고발인, 증인, 실종자의 친척, 그의 변호인, 또는 수사 참여자에 대한 협박이나 보복의 압력 또는 행사를 통하여 강제실종 범죄의 용의자가 수사 진행에 영향을 미칠 수 없도록 보장한다.

제13조

1. 당사국간 범죄인인도의 목적상 강제실종 범죄는 정치범이나 정치범과 연관된 범죄 또는 정치적 동기로 유발된 범죄로 간주되지 아니한다. 따라서 이 같은 범죄에 근거한 범죄인인도 요구는 그러한 이유만으로 거절될 수 없다.

2. 강제실종 범죄는 이 협약 발효 전 당사국 간에 존재하는 어떠한 범죄인인도 조약에서도 인도 가능한 범죄에 포함된 것으로 본다.

3. 당사국들은 향후 당사국간에 체결되는 범죄인인도 조약 속에 강제실종 범죄를 인도 가능한 범죄로 포함시킬 것을 약속한다.

4. 조약의 존재를 범죄인인도의 조건으로 하는 당사국이 범죄인인도 조약을 체결한 바 없는 다른 당사국으로부터 인도 청구를 받았다면, 강제실종 범죄에 관하여는 이 조약을 범죄인인도에 필요한 법적 근거로 간주할 수 있다.

5. 조약의 존재를 범죄인인도의 조건으로 하지 않는 당사국은 강제실종 범죄를 그들간의 인도 가능한 범죄로 승인한다.

6. 범죄인인도는 모든 경우에 피청구국의 법률이나 적용가능한 범죄인인도 조약에 규정된 조건을 따라야 하며, 이에는 특히 범죄인인도에 관한 최저 형기요건과 관련된 조건과 피청구국이 범죄인인도를 거부하거나 이에 일정한 조건을 붙일 수 있는 근거가 포함된다.

7. 만약 청구가 대상자의 성, 인종, 종교, 국적, 민족적 출신, 정치적 견해, 또는 특정한 사회집단의

구성원이라는 이유로 그를 기소하거나 처벌할 목적에서 이루어졌다거나, 또는 청구의 이행이 위와 같은 이유로 인하여 대상자에게 위해를 가할 것이라고 믿을만한 상당한 근거를 피청구국이 갖고 있다면, 이 협약상의 어떤 내용도 범죄인인도의 의무를 부과하는 것으로 해석되지 아니한다.

제14조

1. 당사국은 형사절차에 필요한 자국 재량하의 모든 증거의 제공을 포함하여, 강제실종 범죄에 대하여 제기된 형사절차와 관련하여 상호간에 최대한의 사법공조를 제공한다.

2. 이 같은 사법공조는 피청구국의 국내법이나 사법공조에 관한 해당 조약상의 조건을 따라야 하며, 이에는 특히 피청구 당사국이 사법공조의 부여를 거부할 수 있거나 이에 조건을 붙일 수 있는 근거와 관련된 조건을 포함한다.

제15조

당사국은 강제실종의 희생자를 지원하고, 또한 실종자를 수색하고, 소재를 확인하고, 석방시키며, 사망의 경우 유해를 발굴하고, 신원을 확인하고, 반환하는데 있어서 상호 협력하며, 상호 최대한의 지원을 제공한다.

제16조

1. 어느 당사국도 강제실종을 당할 위험이 있다고 믿을만한 상당한 근거가 있는 국가로 사람을 추방, 송환, 인도 또는 범죄인인도를 하여서는 아니된다.

2. 관할기관은 이 같은 근거가 있는지를 결정하기 위하여 해당되는 경우 관련 국가에서의 지속적인 형태의 중대하거나, 극악무도하거나, 대규모적인 인권침해 또는 국제인도법의 심각한 위반을 포함한 모든 관련 사항을 고려한다.

제17조

1. 어느 누구도 비밀 구금에 처하여 지지 아니한다.

2. 자유의 박탈에 관한 당사국의 다른 국제적 의무에는 영향을 미치지 아니하면서, 각 당사국은 법률에 다음 사항을 포함시킨다:

가. 자유박탈의 명령이 내려질 수 있는 요건을 규정한다;

나. 자유박탈을 명령할 권한이 있는 기관을 적시한다;

다. 자유를 박탈당한 자는 공식적으로 승인되고 감독되는 자유박탈의 장소에만 수용될 것을 보장한다;

라. 자유를 박탈당한 자는 법률에 규정된 요건에만 규제를 받으면서 그의 가족, 변호인 또는 자신이 선택한 다른 사람과 연락하고 방문받을 것이 허용되며, 만약 그가 외국인이라면 현행 국제법에 따라 자신의 영사 당국과의 연락이 허용될 것을 보장한다;

마. 만약 필요하다면 사법 당국의 사전 허가를 받아서라도, 자유를 박탈당한 자들이 있는 장소에 대하여 권한 있고 법적으로 허용된 당국과 기관의 접근을 보장한다;

바. 어떠한 상황에서도 자유를 박탈당한 모든 자 또는 강제실종이 의심되는 사건에서는 자유를 박탈당한 자가 이 권리를 행사할 수 없기 때문에 그의 친척, 대리인 또는 변호인과 같은 이해관계자가 법원이 지체 없이 자유박탈의 합법성을 판단하고 만약 그 자유박탈이 합법적이 아

니라면 그의 석방을 명할 수 있도록 법원에 절차를 취할 권리를 보장한다.

3. 각 당사국은 자유를 박탈당한 자에 관하여 한 개 이상의 최신 공식 등록부와 기록을 축적하고 보존할 것을 보장하며, 이는 요청이 있으면 사법기관 또는 관련 당사국의 법률이나 그 국가가 당사국인 다른 관련 국제문서에 의하여 그러한 목적으로 허용받은 다른 관할기관이나 기구에 즉시 제공된다. 이에 수록되는 정보는 최소한 다음 사항을 포함한다:

가. 자유를 박탈당한 자의 신원;

나. 그가 자유를 박탈당한 날짜, 시간, 장소, 그리고 그의 자유를 박탈한 기관;

다. 자유 박탈을 명령한 기관과 자유 박탈의 근거;

라. 자유 박탈을 감독할 책임이 있는 기관;

마. 자유 박탈의 장소, 자유 박탈의 장소로 입소한 날짜와 시간, 자유 박탈의 장소를 책임지는 기관;

바. 자유를 박탈당한 자의 건강상태와 관련된 요소;

사. 자유 박탈 도중에 사망한 경우, 사망의 상황과 원인, 그리고 유해의 행선지;

아. 석방 또는 다른 구금 장소로 이송된 날짜와 시간, 행선지, 이송을 책임지는 기관.

제18조

1. 제19조 및 제20조에 따를 것을 조건으로 각 당사국은 자유를 박탈당한 자의 친척, 대리인 또는 변호인과 같이 이런 정보에 이해관계가 있는 자에게 최소한 다음 정보에 대한 접근을 보장한다:

가. 자유 박탈을 명령한 기관;

나. 자유를 박탈당하고, 자유 박탈 장소에 입소한 날짜, 시간, 장소;

다. 자유 박탈을 감독할 책임이 있는 기관;

라. 자유를 박탈당한 자의 소재, 이에는 또 다른 자유 박탈 장소로 이송된 경우 그 행선지와 이송을 책임지는 기관을 포함함;

마. 석방의 날짜와 시간, 장소;

바. 자유를 박탈당한 자의 건강상태와 관련된 요소;

사. 자유 박달 도중에 사망한 경우, 사망의 상황과 원인 그리고 유해의 행선지.

2. 자유를 박탈당한 자와 관련된 정보를 조사한 결과로 인하여 본조 제1항에 규정된 자는 물론 조사에 참여한 자가 부당한 대우, 위협 또는 제재를 받는 것으로부터 보호하기 위하여 필요하다면 적절한 조치가 취하여져야 한다.

제19조

1. 의학적, 유전적 정보를 포함하여 실종자를 수색하는 과정에서 수집되고 전달된 개인 정보는 실종자의 수색 이외의 목적을 위해서는 사용되거나 제공되지 아니한다. 이것이 강제실종 범죄와 관련한 형사절차나 배상받을 권리를 행사함에 있어서 이 같은 정보를 사용하는 것에는 영향을 미치지 아니한다.

2. 의학적, 유전적 정보를 포함하는 개인 정보의 수집, 처리, 사용, 보관이 개인의 인권, 기본적 자유 또는 존엄성을 침해하거나 침해하는 효과를 가져와서는 아니된다.

제20조

1. 당사자가 법률의 보호 하에 있고, 자유의 박탈이 사법적 통제를 받고 있는 경우에 한하여 예외적으로 제18조에 규정된 정보에 대한 권리가 제한될 수 있다. 단 제한은 반드시 필요한 것으로 법률로 규정되어야 하며, 그 정보의 전달이 당사자의 사생활과 안전에 부정적 영향을 미치거나, 범죄의 수사를 방해한다거나 또는 법률에 따른 다른 동등한 이유가 있어야 하며, 현행 국제법 및 이 협약의 목적에도 부합되어야 한다. 어떠한 경우에도 제2조에서 규정된 행위를 구성한다거나 제17조 제1항을 위반하면서 제18조에 규정된 정보에 대한 권리를 제한하여서는 아니된다.

2. 자유 박탈의 합법성 검토에는 영향을 주지 아니하면서 당사국은 제18조 제1항에 규정된 정보를 지체없이 획득할 방안으로서 제18조 제1항에 규정된 자에게 신속하고 효과적인 사법적 구제를 받을 권리를 보장한다. 이러한 구제를 받을 권리는 어떠한 상황에서도 중지되거나 제한받지 아니한다.

제21조

각 당사국은 자유를 박탈당한 자가 실제로 석방되었음을 확실히 확인할 수 있는 방식으로 석방되도록 보장하기 위하여 필요한 조치를 취한다. 각 당사국은 또한 석방시 그의 신체적 완전성과 자신의 권리를 충분히 행사할 능력을 보장하기 위하여 필요한 조치를 취하여야 하며, 이는 그들이 자국법을 준수할 의무에는 영향을 미치지 아니한다.

제22조

제6조의 적용에는 영향을 미치지 아니하면서, 각 당사국은 다음과 같은 행위를 예방하고 제재를 가하기 위하여 필요한 조치를 취한다:

가. 제17조 제2항 바호와 제20조 제2항에 규정된 구제를 지연시키거나 방해하는 행위;

나. 어떤 자에 대한 자유 박탈을 기록하지 않거나, 공식 기록관이 정보가 부정확하다는 것을 알았거나 알았어야 함에도 모르고 그대로 기록하는 행위:

다. 자유 박탈에 관한 정보를 제공하여야 하는 법적 요건이 충족됨에도 불구하고, 이에 관한 정보 제공을 거부하거나 부정확한 정보를 제공하는 행위.

제23조

1. 아래와 같은 목적을 위하여 각 당사국은 자유를 박탈당하는 자의 구금과 처우에 관여하는 법집행 요원, 민간인 또는 군인, 의료인, 공무원과 기타 사람들의 훈련에 이 협약의 관련조항에 관하여 필요한 교육과 정보가 포함되도록 보장한다:

가. 그 같은 요원들이 강제실종에 연루됨을 방지함;

나. 강제실종에 관하여 예방과 조사의 중요성을 강조함;

다. 강제실종 사건 해결의 긴급한 필요성이 인정되는 것을 보장함.

2. 각 당사국은 강제실종을 지시하거나, 허가하거나, 조장하는 명령이나 지시가 금지되도록 보장한다. 각 당사국은 이 같은 명령에 복종하기를 거부한 자가 처벌받지 않도록 보장한다.

3. 각 당사국은 본조 제1항에 규정된 자가 강제실종이 발생하였거나 계획되는 사실을 믿을만한 이유가 있다면, 자신의 상급자나 필요한 경우에는 조사나 구제 권한을 가진 적절한 기관 또는 기

구에게 이 사실을 보고하는 것을 보장하기 위하여 필요한 조치를 취한다.

제24조

1. 이 협약의 목적상 "희생자"란 실종자와 강제실종의 직접적 결과로 피해를 입은 개인을 의미한다.

2. 각 희생자는 강제실종의 상황과 수사의 경과와 결과, 그리고 실종자의 운명에 관한 진실을 알 권리를 가진다. 각 당사국은 이 점에 있어서 적절한 조치를 취한다.

3. 각 당사국은 실종자를 수색하고, 위치를 확인하고, 석방시키기 위하여, 그리고 사망 시에는 그 유해를 발견하고, 경의를 표하고, 반환시키기 위하여 모든 적절한 조치를 취한다.

4. 각 당사국은 자국 법제도상 강제실종의 희생자들이 배상을 받고, 신속하고 공정하며 적절한 보상을 받을 권리를 갖도록 보장한다.

5. 본조 제4항에 규정된 배상을 받을 권리는 물질적 및 정신적 피해는 물론 적절한 경우에는 다음과 같은 형태의 배상도 포함한다:

가. 원상회복;

나. 재활;

다. 존엄성과 명예의 회복을 포함한 만족;

라. 재발방지의 보장.

6. 실종자의 운명이 확인될 때까지 조사를 계속할 의무에 영향을 미치지 아니하면서, 각 당사국은 사회복지, 재정문제, 가족법 및 재산권과 같은 분야에 있어서 그의 운명이 아직 확인되지 않은 실종자와 그의 친척들의 법적 상황에 관하여 적절한 조치를 취한다.

7. 각 당사국은 강제실종의 상황과 실종자의 운명을 확인하고 강제실종의 희생자를 지원하려는 기구나 단체를 자유롭게 결성하고 참여할 권리를 보장한다.

제25조

1. 각 당사국은 다음의 행위를 방지하고 형법상 처벌하기 위하여 필요한 조치를 취한다:

가. 강제실종 된 아동, 그의 부모나 보호자가 강제실종 된 아동 또는 강제실종을 당한 모(母)의 감금 도중에 태어난 아동을 불법하게 이동시키는 행위;

나. 위 가호에 지적된 아동의 정확한 신원을 증명하는 서류를 위조, 은닉 또는 파기하는 행위.

2. 각 당사국은 법절차와 현행 국제조약에 따라 본조 제1항 가호에 지적된 아동을 수색하고, 신원을 확인하며, 그를 원래의 가족에게 돌려보내기 위하여 필요한 조치를 취한다.

3. 당사국들은 본조 제1항 가호에 지적된 어린이들을 수색하고, 신원을 확인하며, 소재를 찾기 위하여 서로 협력한다.

4. 본조 제1항 가호에 지적된 아동의 최선 이익을 보호하고, 국적, 성명, 법률적 가족관계를 포함한 그들의 신원을 유지하거나 또는 회복할 권리를 보호할 필요성을 전제로 하면서, 입양 또는 다른 형태의 아동 소개제도를 인정하는 당사국들은 입양 또는 소개 절차를 재심사하고, 필요한 경우에는 강제실종에서 유래된 아동의 입양이나 소개를 무효화 할 수 있는 법적 절차를 갖추어야 한다.

5. 모든 경우에 있어서, 특히 본조와 관련된 모든 문제에 있어서는 아동의 최선 이익이 제1차적 고려사항이 되어야 하며, 자신의 견해를 가질 능력이 있는 아동은 이를 자유롭게 표현할 권리를

가지며, 아동의 견해는 그의 나이와 성숙도에 따라 적절한 비중으로 인정받는다.

제2절

제26조

1. 이 협약에 규정된 기능을 수행하기 위하여 강제실종위원회(이하 "위원회"라 한다)가 설립된다. 위원회는 고매한 인격과 인권 분야에서의 능력을 인정받은 10명의 전문가로 구성되며, 그들은 개인 자격으로 임무를 수행하고, 독립적이며 공평하여야 한다. 위원회의 위원은 공평한 지리적 배분에 따라 당사국들에 의하여 선출된다. 관련 법률적 경험을 가진 사람들의 위원회 업무에의 참여와 균형 있는 성별 대표의 유용성이 적절하게 고려되어야 한다.

2. 위원회의 위원은 이 목적을 위하여 국제연합 사무총장에 의하여 2년마다 소집되는 당사국 회의에서 당사국들이 자국민 중에서 추천한 명단으로부터 비밀 투표로 선출된다. 당사국 3분의 2를 정족수로 하는 이 회의에서 출석하고 투표한 당사국 대표로부터 가장 많은 득표를 하고, 절대 과반수 표를 획득한 사람이 위원회에 선출된다.

3. 최초의 선거는 이 협약 발효일로부터 6개월 내에 실시된다. 각 선거일 4개월 전에 국제연합 사무총장은 당사국에게 3개월 이내에 후보자를 제출할 것을 요청하는 서신을 보낸다. 사무총장은 각 후보자를 추천한 당사국의 표시와 함께 이렇게 추천된 자를 알파벳 순으로 명단을 준비하여, 이 명단을 모든 당사국에게 송부한다.

4. 위원회의 위원들은 4년 임기로 선출된다. 그들은 한 번 재선될 수 있다. 그러나 첫 번째 선거에서 선출된 위원 중 5명의 임기는 2년으로 만료된다; 이 다섯 명 위원의 명단은 첫 번째 선거 직후 본조 제2항에 규정된 회의의 의장의 추첨으로 선정된다.

5. 위원회의 위원이 사망, 사임 또는 다른 이유로 더 이상 자신의 위원회 임무를 수행할 수 없다면, 그를 추천한 당사국은 본조 제1항에 규정된 기준에 따라 그 임기를 담당할 다른 후보를 자국민 중에서 지명하며, 그는 당사국 과반수의 승인을 받아야 한다. 국제연합 사무총장에 의하여 제시된 지명을 통보받은지 6주 이내에 과반수 당사국이 부정적으로 응답하지 않는 한, 승인을 받은 것으로 간주된다.

6. 위원회는 자체 절차규칙을 제정한다.

7. 국제연합 사무총장은 위원회의 효과적인 기능 수행을 위하여 필요한 재원과 인력, 시설을 제공한다. 국제연합 사무총장은 위원회의 첫번째 회의를 소집한다.

8. 위원회의 위원들은 국제연합의 특권과 면제에 관한 협약의 해당 조항에 규정되어 있는 바와 같이, 국제연합의 임무를 위한 전문가로서의 편의 및 특권과 면제를 향유한다.

9. 각 당사국은 당사국이 수락한 위원회의 직무 범위 내에서 위원회와 협력하고, 위원들의 임무 수행을 지원한다.

제27조

위원회의 업무를 평가하고 또한 제28조 내지 제36조에 규정된 직무에 따른 협약의 감독기능을 어떠한 가능성도 배제하지 않는 전제에서 다른 기구로 이양하는 것이 적절한가 여부를 제44조

제2항상의 절차에 따라 결정하기 위하여, 이 협약의 발효 4년 이후, 6년 이내에 당사국 회의가 개최된다.

제28조

1. 이 협약에 의하여 부여된 권한범위 내에서 위원회는 국제연합의 모든 관련 기관, 사무소, 전문기구, 기금, 국제조약에 의해 설치된 조약기구, 국제연합의 특별절차, 관련 지역적 정부간 기구는 물론 강제실종 방지에 관한 업무와 관련된 모든 국가 기관, 기구, 사무소와 협력한다.

2. 위원회는 자신의 임무를 수행함에 있어서 관련 국제인권문서에 의해 설립된 다른 조약기구, 특히 시민적 및 정치적 권리에 관한 국제규약에 의해 설립된 인권이사회와 각각의 견해와 권고의 일관성을 확보하기 위하여 협의한다.

제29조

1. 각 당사국은 자국에 대하여 이 협약이 발효한 후 2년 내에 협약상 의무 이행을 위하여 취해진 조치에 관한 보고서를 국제연합 사무총장을 통하여 위원회로 제출한다.

2. 국제연합 사무총장은 모든 당사국에게 이 보고서를 제공한다.

3. 각 보고서는 위원회에 의하여 검토되며, 위원회는 적절하다고 생각하는 논평, 견해 또는 권고를 제시한다. 이 논평, 견해 또는 권고는 해당 당사국에 전달되며, 당사국은 스스로 또는 위원회의 요청에 기하여 이에 응답할 수 있다.

4. 위원회는 또한 당사국들에게 이 협약의 이행에 관한 추가 정보의 제공을 요청할 수 있다.

제30조

1. 실종자를 수색하고 발견하여야 한다는 요청이 실종자의 친척, 그의 법률상 대리인, 변호인 또는 그들에 의하여 권한을 부여받은 자는 물론 정당한 이해관계를 가진 다른 자에 의하여 긴급사안으로 위원회에 제출될 수 있다.

2. 위원회가 본조 제1항에 따라 제출된 긴급조치의 요청이 다음과 같다고 생각하다면:

가. 명백히 근거가 없지는 않으며;

나. 그 같은 요청 제출권의 남용에 해당하지 않으며;

다. 그러한 가능성이 있을 경우, 수사권이 부여되어 있는 기관과 같은 해당 당사국의 관할기관에 이미 정식으로 제기된 바 있었고;

라. 이 협약의 조항들과 충돌되지 아니하며; 그리고

마. 동일한 문제가 같은 성격의 다른 국제적 조사 또는 분쟁해결 절차에 의하여 조사되고 있지 않다면; 위원회는 관련 당사국에 대하여 위원회가 설정한 시한 내에 찾는 사람들의 상황에 관하여 정보 제공을 요청한다.

3. 본조 제2항에 따라 관련 당사국에 의하여 제공된 정보에 비추어, 위원회는 상황의 긴급성을 감안하여 당사국이 이 협약에 따라 대상자의 소재를 파악하여 보호하고, 구체적 시한 내에 취하여진 조치를 위원회에 통보하기 위하여 잠정조치도 포함하여 필요한 모든 조치를 취하라는 요청을 담은 권고를 당사국에게 제시할 수 있다. 위원회는 긴급조치 요청을 제출한 자에게 자신의 권고 내용과 당사국이 제공한 정보가 입수되면 이를 알려 준다.

4. 위원회는 찾는 사람의 운명이 미해결로 남아있는 한, 관련 당사국과의 협력 노력을 계속한다. 요청을 제기한 자에게는 계속 정보가 제공되어야 한다.

제31조

1. 당사국은 이 협약의 비준시 또는 그 이후 어느 때라도 자신의 관할권 하의 개인 또는 그의 대리인으로부터 당사국에 의한 협약 위반의 희생자임을 주장하는 통보를 접수하고 심리할 수 있는 위원회의 권한을 승인한다는 선언을 할 수 있다. 위원회는 이 같은 선언을 하지 않은 당사국에 관한 어떠한 통보도 접수하지 아니한다.

2. 위원회는 다음과 같은 통보를 심리할 수 없다:

가. 통보가 익명인 경우;

나. 통보가 그러한 통보를 제출할 권리의 남용이거나, 이 협약의 조항들과 양립불가능한 경우;

다. 동일한 문제가 같은 성격의 다른 국제적 조사 또는 분쟁해결 절차에 의하여 조사되고 있는 경우; 또는

라. 모든 실효적이고 이용가능한 국내적 구제가 완료되지 않은 경우. 다만 구제의 적용이 불합리하게 지연되는 경우에는 그러하지 아니한다.

3. 위원회가 통보가 본조 제2항상의 요건에 부합된다고 판단하면, 위원회는 관련 당사국에게 통보를 전달하고, 당사국은 위원회가 정한 시한 내에 견해와 논평을 제출하라고 요청한다.

4. 통보를 접수한 이후 본안 결정이 내려지기 전 어느 시점에라도, 위원회는 주장되고 있는 위반의 희생자에 대한 회복하기 어려운 피해를 방지하는데 필요한 임시조치를 당사국이 취하라는 요청을 당사국에게 긴급 고려사항으로 전달할 수 있다. 위원회의 이러한 재량행위의 발동이 그 통보의 심리적격이나 본안에 대한 결정을 의미하지 아니한다.

5. 위원회가 본조에 의한 통보를 심리할 때는 비공개 회의로 한다. 위원회는 관련 당사국이 제출한 응답을 통보자에게 알려준다. 위원회가 그 절차의 종료를 결정하면, 자신의 견해를 당사국과 통보자에게 전달한다.

제32조

이 협약의 당사국은 또 다른 당사국이 이 협약상의 의무를 수행하지 않는다고 주장하는 통보를 수리하고 심리할 위원회의 권한을 승인한다는 선언을 언제라도 할 수 있다. 위원회는 이와 같은 선언을 하지 않은 당사국에 관한 통보를 수리할 수 없으며, 또한 이와 같은 선언을 하지 않은 당사국으로부터의 통보도 수리할 수 없다.

제33조

1. 위원회가 어떤 당사국이 이 협약 조항을 심각하게 위반하고 있다는 신빙성 있는 정보를 입수한 경우, 위원회는 해당 당사국과 협의한 후 1명 또는 그 이상의 위원에게 지체없이 방문하고 보고할 것을 요청할 수 있다.

2. 위원회는 대표단의 구성과 방문의 목적을 명시하여 방문하려는 의사를 해당 당사국에 서면으로 통지한다.

3. 당사국의 구체화된 요청이 있으면, 위원회는 방문을 연기하거나 취소할 수 있다.

4. 당사국이 방문에 동의한 경우 위원회와 해당 당사국은 방문의 형식을 함께 정하고, 당사국은 그 방문의 성공적 완수를 위하여 위원회에게 필요한 모든 편의를 제공한다.

5. 방문 이후 위원회는 해당 당사국에게 자신의 견해와 권고를 통보한다.

제34조

위원회가 당사국의 관할 하의 영토 내에서 광범위하거나 조직적인 강제실종이 행하여지고 있다는 충분한 근거의 징후를 담고 있는 것으로 보이는 정보를 접수한 경우, 위원회는 해당 당사국으로부터 그 상황에 관하여 모든 관련 정보를 요구한 다음 국제연합 사무총장을 통하여 그 문제에 대하여 긴급히 국제연합 총회의 주의를 환기할 수 있다.

제35조

1. 위원회는 이 협약의 발효 이후 발생한 강제실종에 관하여만 권한을 가진다.

2. 협약의 발효 이후 이의 당사국이 되는 경우, 위원회에 대한 그 국가의 의무는 해당국에 대하여 협약이 발효된 이후 발생한 강제실종에 대하여만 적용된다.

제36조

1. 위원회는 이 협약에 따른 자신의 연례 활동보고서를 당사국과 국제연합 총회에 제출한다.

2. 어느 당사국에 대한 견해가 연례 보고서에 공표되기 전에, 해당 당사국은 미리 통지를 받으며, 답변을 위한 합리적인 시간이 주어진다. 그 당사국은 자신의 논평이나 견해를 보고서에 공표하도록 요청할 수 있다.

제3절

제37조

이 협약은 다음에 포함된 것으로 강제실종으로부터의 보호에 보다 도움이 되는 어떠한 조항에도 영향을 미치지 아니한다.

가. 당사국의 법;

나. 그 국가에 구속력을 갖는 국제법.

제38조

1. 이 협약은 국제연합의 모든 회원국의 서명을 위하여 개방된다.

2. 이 협약은 국제연합의 모든 회원국의 비준을 받아야 한다. 비준서는 국제연합 사무총장에 기탁된다.

3. 이 협약은 국제연합의 모든 회원국의 가입에 개방된다. 가입은 사무총장에게 가입서를 기탁함으로써 발효한다.

제39조

1. 이 협약은 20번째 비준서 또는 가입서가 국제연합 사무총장에게 기탁되는 날로부터 30일 이후 발효한다.

2. 20번째 비준서 또는 가입서가 기탁된 이후 이 협약을 비준 또는 가입하는 국가에 대하여 이

협약은 그 국가의 비준서 또는 가입서의 기탁일로부터 30일 이후 발효한다.

제40조

국제연합 사무총장은 국제연합의 모든 회원국과 이 협약에 서명 또는 가입한 모든 국가들에게 다음 사항을 통지한다:

가. 제38조에 따른 서명, 비준 및 가입;

나. 제39조에 따른 이 협약의 발효일.

제41조

이 협약의 규정은 어떠한 제한이나 예외도 없이 연방 국가의 모든 지역에 적용된다.

제42조

1. 이 협약의 해석이나 적용과 관련하여 둘 이상의 당사국 사이의 분쟁이 협상이나 이 협약에 명시적으로 규정된 절차에 의해 해결될 수 없는 경우, 분쟁 당사자 중 일방의 요청이 있으면 중재 재판에 회부된다. 만약 중재재판 요청일로부터 6개월 이내에 당사국들이 중재재판의 구성을 합의 할 수 없다면, 분쟁 당사국 중 일방은 국제사법재판소의 규정에 따른 청구에 의하여 분쟁을 국제 사법재판소로 제기할 수 있다.

2. 이 협약에 서명, 비준 또는 가입시 국가는 본조 제1항의 적용을 받지 않을 것을 선언할 수 있다. 그러한 선언을 한 당사국에 관하여는 다른 당사국도 본조 제1항의 적용을 받지 않는다.

3. 본조 제2항에 따른 선언을 한 당사국은 국제연합 사무총장에 대한 통지로써 그 선언을 언제든 지 철회할 수 있다.

제43조

이 협약은 1949년 8월 12일자 4개 제네바 협약과 1977년 6월 8일자 2개 추가의정서의 체약국의 의무를 포함하는 국제인도법의 규정이나 국제인도법에 의하여 보호되지 않는 상황 속의 구금 장소를 국제적십자위원회가 방문하도록 당사국이 허가할 수 있는 기회에 영향을 미치지 아니한다.

제44조

1. 이 협약의 모든 당사국은 개정을 제안하고, 이를 국제연합 사무총장에게 제출할 수 있다. 사무 총장은 개정안을 심의하고 표결할 당사국 회의를 개최하는데 대한 찬성 여부에 관한 의사 표시의 요청과 함께 제안된 개정안을 이 협약의 모든 당사국에게 송부한다. 이러한 통보일로부터 4개월 이내에 당사국 중 최소한 3분의 1이 회의 개최에 찬성하는 경우, 사무총장은 국제연합의 후원 하 에 회의를 소집한다.

2. 이 회의에 출석하고 표결한 당사국 3분의 2의 다수결로 채택된 개정안은 국제연합 사무총장에 의하여 모든 당사국들에게 수락을 받기 위하여 제출된다.

3. 본조 제1항에 따라 채택된 개정안은 이 협약 당사국 3분의 2가 각자의 헌법적 절차에 따라 이를 수락하는 때에 발효한다.

4. 개정이 발효되면 이는 이를 수락한 당사국만을 구속하며, 다른 당사국들은 이 협약의 규정과 그들이 수락한 이전의 개정에 계속 구속을 받는다.

제45조

1. 아랍어, 중국어, 영어, 프랑스어, 러시아어 및 스페인어본이 동등하게 정본인 이 협약은 국제연합 사무총장에 기탁된다.

2. 국제연합 사무총장은 이 협약의 인증사본을 제38조에 규정된 모든 국가들에 송부한다.

12. INTERNATIONAL CONVENTION FOR THE PROTECTION OF ALL PERSONS FROM ENFORCED DISAPPEARANCE

Preamble

The States Parties to this Convention,

Considering the obligation of States under the Charter of the United Nations to promote universal respect for, and observance of, human rights and fundamental freedoms,

Having regard to the Universal Declaration of Human Rights,

Recalling the International Covenant on Economic, Social and Cultural Rights, the International Covenant on Civil and Political Rights and the otherrelevant international instruments in the fields of human rights, humanitarian law and international criminal law,

Also recalling the Declaration on the Protection of All Persons from Enforced Disappearance adopted by the General Assembly of the United Nations in its resolution 47/133 of 18 December 1992,

Aware of the extreme seriousness of enforced disappearance, which constitutes a crime and, in certain circumstances defined in international law, a crime against humanity,

Determined to prevent enforced disappearances and to combat impunity for the crime of enforced disappearance,

Considering the right of any person not to be subjected to enforced disappearance, the right of victims to justice and to reparation,

Affirming the right of any victim to know the truth about the circumstances of an enforced disappearance and the fate of the disappeared person, and the right to freedom to seek, receive and impart information to this end,

Have agreed on the following articles:

PART I

Article 1

1. No one shall be subjected to enforced disappearance.
2. No exceptional circumstances whatsoever, whether a state of war or a threat of war, internal political instability or any other public emergency, may be invoked as a justification for enforced disappearance.

Article 2

For the purposes of this Convention, "enforced disappearance" is considered to be the arrest, detention, abduction or any other form of deprivation of liberty by agents of the State or by persons or groups of persons acting with the authorization, support or acquiescence of the State, followed by a refusal to acknowledge the deprivation of liberty or by concealment of the fate or whereabouts of the disappeared person, which place such a person outside the protection of the law.

Article 3

Each State Party shall take appropriate measures to investigate acts defined in article 2 committed by persons or groups of persons acting without the authorization, support or acquiescence of the State and to bring those responsible to justice.

Article 4

Each State Party shall take the necessary measures to ensure that enforced disappearance constitutes an offence under its criminal law.

Article 5

The widespread or systematic practice of enforced disappearance constitutes a crime against humanity as defined in applicable international law and shall attract the consequences provided for under such applicable international law.

Article 6

1. Each State Party shall take the necessary measures to hold criminally responsible at least:
(a) Any person who commits, orders, solicits or induces the commission of, attempts to commit, is an accomplice to or participates in an enforced disappearance;
(b) A superior who:
(i) Knew, or consciously disregarded information which clearly indicated, that subordinates under his or her effective authority and control were committing or about to commit a crime of enforced disappearance;
(ii) Exercised effective responsibility for and control over activities which were concerned with the crime of enforced disappearance; and·
(iii) Failed to take all necessary and reasonable measures within his or her power to prevent or repress the commission of an enforced disappearance or to submit the matter to the competent authorities for investigation and prosecution;
(c) Subparagraph (b) above is without prejudice to the higher standards of responsibility applicable under relevant international law to a military commander or to a person effectively acting as a military commander.

2. No order or instruction from any public authority, civilian, military or other, may be invoked to justify an offence of enforced disappearance.

Article 7

1. Each State Party shall make the offence of enforced disappearance punishable by appropriate penalties which take into account its extreme seriousness.
2. Each State Party may establish:
(a) Mitigating circumstances, in particular for persons who, having been implicated in the commission of an enforced disappearance, effectively contribute to bringing the disappeared person forward alive or make it possible to clarify cases of enforced disappearance or to identify the perpetrators of an enforced disappearance;
(b) Without prejudice to other criminal procedures, aggravating circumstances, in particular in the event of the death of the disappeared person or thecommission of an enforced disappearance in respect of pregnant women, minors, persons with disabilities or other particularly vulnerable

persons.

Article 8

Without prejudice to article 5,

1. A State Party which applies a statute of limitations in respect of enforced disappearance shall take the necessary measures to ensure that the term of limitation for criminal proceedings:

(a) Is of long duration and is proportionate to the extreme seriousness of this offence;

(b) Commences from the moment when the offence of enforced disappearance ceases, taking into account its continuous nature.

2. Each State Party shall guarantee the right of victims of enforced disappearance to an effective remedy during the term of limitation.

Article 9

1. Each State Party shall take the necessary measures to establish its competence to exercise jurisdiction over the offence of enforced disappearance:

(a) When the offence is committed in any territory under its jurisdiction or on board a ship or aircraft registered in that State;

(b) When the alleged offender is one of its nationals;

(c) When the disappeared person is one of its nationals and the State Party considers it appropriate.

2. Each State Party shall likewise take such measures as may be necessary to establish its competence to exercise jurisdiction over the offence of enforced disappearance when the alleged offender is present in any territory under its jurisdiction, unless it extradites or surrenders him or her to another State in accordance with its international obligations or surrenders him or her to an international criminal tribunal whose jurisdiction it has recognized.

3. This Convention does not exclude any additional criminal jurisdiction exercised in accordance with national law.

Article 10

1. Upon being satisfied, after an examination of the information available to it, that the circumstances so warrant, any State Party in whose territory a person suspected of having committed an offence of enforced disappearance is present shall take him or her into custody or take such other legal measures as are necessary to ensure his or her presence. The custody and other legal measures shall be as provided for in the law of that State Party but may be maintained only for such time as is necessary to ensure the person's presence at criminal, surrender or extradition proceedings.

2. A State Party which has taken the measures referred to in paragraph 1 of this article shall immediately carry out a preliminary inquiry or investigations to establish the facts. It shall notify the States Parties referred to in article 9, paragraph 1, of the measures it has taken in pursuance of paragraph 1 of this article, including detention and the circumstances warranting detention, and of the findings of its preliminary inquiry or its investigations, indicating whether it intends to exercise its jurisdiction.

3. Any person in custody pursuant to paragraph 1 of this article may communicate immediately with the nearest appropriate representative of the State of which he or she is a national, or, if he or she is a stateless person, with the representative of the State where he or she usually resides.

Article 11

1. The State Party in the territory under whose jurisdiction a person alleged to have committed an offence of enforced disappearance is found shall, if it does not extradite that person or surrender him or her to another State in accordance with its international obligations or surrender him or her to an international criminal tribunal whose jurisdiction it has recognized, submit the case to its competent authorities for the purpose of prosecution.

2. These authorities shall take their decision in the same manner as in the case of any ordinary offence of a serious nature under the law ofthat State Party. In the cases referred to in article 9, paragraph 2, the standards of evidence required for prosecution and conviction shall in no way be less stringent than those which apply in the cases referred to in article 9, paragraph 1.

3. Any person against whom proceedings are brought in connection with an offence of enforced disappearance shall be guaranteed fair treatment at all stages of the proceedings. Any person tried for an offence of enforced disappearance shall benefit from a fair trial before a competent, independent and impartial court or tribunal established by law.

Article 12

1. Each State Party shall ensure that any individual who alleges that a person has been subjected to enforced disappearance has the right to report the facts to the competent authorities, which shall examine the allegation promptly and impartially and, where necessary, undertake without delay a thorough and impartial investigation. Appropriate steps shall be taken, where necessary, to ensure that the complainant, witnesses, relatives of the disappeared person and their defence counsel, as well as persons participating in the investigation, are protected against all ill-treatment or intimidation as a consequence of the complaint or any evidence given.

2. Wherethere are reasonable grounds for believing that a person has been subjected to enforced disappearance, the authorities referred to in paragraph 1 of this article shall undertake an investigation, even if there has been no formal complaint.

3. Each State Party shall ensure that the authorities referred to in paragraph 1 of this article:

(a) Have the necessary powers and resources to conduct the investigation effectively, including access to the documentation and other information relevant to their investigation;

(b) Have access, if necessary with the prior authorization of a judicial authority, which shall rule promptly on the matter, to any place of detention or any other place where there are reasonable grounds to believe that the disappeared person may be present.

4. Each State Party shall take the necessary measures to prevent and sanction acts that hinder the conduct of an investigation. It shall ensure in particular that persons suspected of having committed an offence of enforced disappearance are not in a position to influence the progress of an investigation by means of pressure or acts of intimidation or reprisal aimed at the complainant, witnesses, relatives of the disappeared person or their defence counsel, or at persons participating in the investigation.

Article 13

1. For the purposes of extradition between States Parties, the offence of enforced disappearance shall not be regarded as a political offence or as an offence connected with a political offence or as an offence inspired by political motives. Accordingly, a request for extradition based on such an offence may not be refused on these grounds alone.

2. The offence of enforced disappearance shall be deemed to be included as an extraditable offence in any extradition treaty existing between States Parties before the entry into force of this Convention.

3. States Parties undertake to include the offence of enforced disappearance as an extraditable offence in any extradition treaty subsequently to be concluded between them.

4. If a State Party which makes extradition conditional on the existence of a treaty receives a request for extradition from another State Party with which it has no extradition treaty, it may consider this Convention as the necessary legal basis for extradition in respect of the offence of enforced disappearance.

5. States Parties which do not make extradition conditional on the existence of a treaty shall recognize the offence of enforced disappearance as an extraditable offence between themselves.

6. Extradition shall, in all cases, be subject to the conditions provided for by the law of the requested State Party or by applicable extradition treaties, including, in particular, conditions relating to the minimum penalty requirement for extradition and the grounds upon which the requested State Party may refuse extradition or make it subject to certain conditions.

7. Nothing in this Convention shall be interpreted as imposing an obligation to extradite if the requested State Party has substantial grounds for believing that the request has been made for the purpose of prosecuting or punishing a person on account of that person's sex, race, religion, nationality, ethnic origin, political opinions or membership of a particular social group, or that compliance with the request would cause harm to that person for any one of these reasons.

Article 14

1. States Parties shall afford one another the greatest measure of mutual legal assistance in connection with criminal proceedings brought in respect of an offence of enforced disappearance, including the supply of all evidence at their disposal that is necessary for the proceedings.

2. Such mutual legal assistance shall be subject to the conditions provided for by the domestic law of the requested State Party or by applicable treaties on mutual legal assistance, including, in particular, the conditions in relation to the grounds upon which the requested State Party may refuse to grant mutual legal assistance or may make it subject to conditions.

Article 15

States Parties shall cooperate with each other and shall afford one another the greatest measure of mutual assistance with a view to assisting victims of enforced disappearance, and in searching for, locating and releasing disappeared persons and, in the event of death, in exhuming and identifying them and returning their remains.

Article 16

1. No State Party shall expel, return ("refouler"), surrender or extradite a person to another State where there are substantial grounds for believing that he or she would be in danger of being subjected to enforced disappearance.

2. For the purpose of determining whether there are such grounds, the competent authorities shall take into account all relevant considerations, including, where applicable, the existence in the State concerned of a consistent pattern of gross, flagrant or mass violations of human rights or of serious violations of international humanitarian law.

Article 17

1. No one shall be held in secret detention.

2. Without prejudice to other international obligations of the State Party with regard to the deprivation of liberty, each State Party shall, in its legislation:

(a) Establish the conditions under which orders of deprivation of liberty may be given;

(b) Indicate those authorities authorized to order the deprivation of liberty;

(c) Guarantee that any person deprived of liberty shall be held solely in officially recognized and supervised places of deprivation of liberty;

(d) Guarantee that any person deprived of liberty shall be authorized to communicate with and be visited by his or her family, counsel or any other person of his orher choice, subject only to the conditions established by law, or, if he or she is a foreigner, to communicate with his or her consular authorities, in accordance with applicable international law;

(e) Guarantee access by the competent and legally authorized authorities and institutions to the places where persons are deprived of liberty, if necessary with prior authorization from a judicial authority;

(f) Guarantee that any person deprived of liberty or, in the case of a suspected enforced disappearance, since the person deprived of liberty is not able to exercise this right, any persons with a legitimate interest, such as relatives of the person deprived of liberty, their representatives or their counsel, shall, in all circumstances, be entitled to take proceedings before a court, in order that the court may decide without delay on the lawfulness of the deprivation of liberty and order the person's release if such deprivation of liberty is not lawful.

3. Each State Party shall assure the compilation and maintenance of one or more up-to-date official registers and/or records of persons deprived of liberty, which shall be made promptly available, upon request, to any judicial or other competent authority or institution authorized for that purpose by the law of the State Party concerned or any relevant international legal instrument to which the State concerned is a party. The information contained therein shall include, as a minimum:

(a) The identity of the person deprived of liberty;

(b) The date, time and place where the person was deprived of liberty and the identity of the authority that deprived the person of liberty;

(c) The authority that ordered the deprivation of liberty and the grounds for the deprivation of liberty;

(d) The authority responsible for supervising the deprivation of liberty;

(e) The place of deprivation of liberty, the date and time of admission to the place of deprivation of liberty and the authority responsible for the place of deprivation of liberty;

(f) Elements relating to the state of health of the person deprived of liberty;

(g) In the event of death during the deprivation of liberty, the circumstances and cause of death and the destination of the remains;

(h) The date and time of release or transfer to another place of detention, the destination and the authority responsible for the transfer.

Article 18

1. Subject to articles 19 and 20, each State Party shall guarantee to any person with a legitimate interest in this information, such as relatives of the person deprived of liberty, their representatives

or their counsel, access to at least the following information:

(a) The authority that ordered the deprivation of liberty;

(b) The date, time and place where the person was deprived of liberty and admitted to the place of deprivation of liberty;

(c) The authority responsible for supervising the deprivation of liberty;

(d) The whereabouts of the person deprived of liberty, including, in the event of a transfer to another place of deprivation of liberty, the destination and the authority responsible for the transfer;

(e) The date, time and place of release;

(f) Elements relating to the state of health of the person deprived of liberty;

(g) In the event of death during the deprivation of liberty, the circumstances and cause of death and the destination of the remains.

2. Appropriate measures shall be taken, where necessary, to protect the persons referred to in paragraph 1 of this article, as well as persons participating in the investigation, from any ill-treatment, intimidation or sanction as a result of the search for information concerning a person deprived of liberty.

Article 19

1. Personal information, including medical and genetic data, which is collected and/or transmitted within the framework of the search for a disappeared person shall not be used or made available for purposes other than the search for the disappeared person. This is without prejudice to the use of such information in criminal proceedings relating to an offence of enforced disappearance or the exercise of the right to obtain reparation.

2. The collection, processing, use and storage of personal information, including medical and genetic data, shall not infringe orhave the effect of infringing the human rights, fundamental freedoms or human dignity of an individual.

Article 20

1. Only where a person is under the protection of the law and the deprivation of liberty is subject to judicial control may the right to information referred to in article 18 be restricted, on an exceptional basis, where strictly necessary and where provided for by law, and if the transmission of the information would adversely affect the privacy or safety of the person, hinder a criminal investigation, or for other equivalent reasons in accordance with the law, and in conformity with applicable international law and with the objectives of this Convention. In no case shall there be restrictions on the right to information referred to in article 18 that could constitute conduct defined in article 2 or be in violation of article 17, paragraph 1.

2. Without prejudice to consideration of the lawfulness of the deprivation of a person's liberty, States Parties shall guarantee to the persons referred to in article 18, paragraph 1, the right to a prompt and effective judicial remedy as a means of obtaining without delay the information referred to in article 18, paragraph 1. This right to a remedy may not be suspended or restricted in any circumstances.

Article 21

Each State Party shall take the necessary measures to ensure that persons deprived of liberty are released in a manner permitting reliable verification that they have actually been released. Each State Party shall also take the necessary measures to assure the physical integrity of such persons and their ability to exercise fully their rights at the time of release, without prejudice to any obligations to which such persons may be subject under national law.

Article 22

Without prejudice to article 6, each State Party shall take the necessary measures to prevent and impose sanctions for the following conduct:

(a) Delaying or obstructing the remedies referred to in article 17, paragraph 2 (f), and article 20, paragraph 2;

(b) Failure to record the deprivation of liberty of any person, or the recording of any information which the official responsible for the official register knew or should have known to be inaccurate;

(c) Refusal to provide information on the deprivation of liberty of a person, or the provision of inaccurate information, even though the legal requirements for providing such information have been met.

Article 23

1. Each State Party shall ensure that the training of law enforcement personnel, civil or military, medical personnel, public officials and other persons who may be involved in the custody or treatment of any person deprived of liberty includes the necessary education and information regarding the relevant provisions of this Convention, in order to:

(a) Prevent the involvement of such officials in enforced disappearances;

(b) Emphasize the importance of prevention and investigations in relation to enforced disappearances;

(c) Ensure that the urgent need to resolve cases of enforced disappearance is recognized.

2. Each State Party shall ensure that orders or instructions prescribing, authorizing or encouraging enforced disappearance are prohibited. Each State Party shall guarantee that a person who refuses to obey such an order will not be punished.

3. Each State Party shall take the necessary measures to ensure that the persons referred to in paragraph 1 of this article who have reason to believe that an enforced disappearance has occurred or is planned report the matter to their superiors and, where necessary, to the appropriate authorities or bodies vested with powers of review or remedy.

Article 24

1. For the purposes of this Convention, "victim" means the disappeared person and any individual who has suffered harm as the direct result of an enforced disappearance.

2. Each victim has the right to know the truth regarding the circumstances of the enforced disappearance, the progress and results of the investigation and the fate of the disappeared person. Each State Party shall take appropriate measures in this regard.

3. Each State Party shall take all appropriate measures to search for, locate and release disappeared persons and, in the event of death, to locate, respect and return their remains.

4. Each State Party shall ensure in its legal system that the victims of enforced disappearance have the right to obtain reparation and prompt, fair and adequate compensation.

5. The right to obtain reparation referred to in paragraph 4 of this article covers material and moral damages and, where appropriate, other forms of reparation such as:

(a) Restitution;

(b) Rehabilitation;

(c) Satisfaction, including restoration of dignity and reputation;

(d) Guarantees of non-repetition.

6. Without prejudice to the obligation to continue the investigation until the fate of the disappeared person has been clarified, each State Party shall take the appropriate steps with regard to the legal situation of disappeared persons whose fate has not been clarified and that of their relatives, in fields such as social welfare, financial matters, family law and property rights.

7. Each State Party shall guarantee the right to form and participate freely in organizations and associations concerned with attempting to establish the circumstances of enforced disappearances and the fate of disappeared persons, and to assist victims of enforced disappearance.

Article 25

1. Each State Party shall take the necessary measures to prevent and punish under its criminal law:

(a) The wrongful removal of children who are subjected to enforced disappearance, children whose father, mother or legal guardian is subjected to enforced disappearance or children born during the captivity of a mother subjected to enforced disappearance;

(b) The falsification, concealment or destruction of documents attesting to the true identity of the children referred to in subparagraph (a) above.

2. Each State Party shall take the necessary measures to search for and identify the children referred to in paragraph 1 (a) of this article and to return them to their families of origin, in accordance with legal procedures and applicable international agreements.

3. States Parties shall assist one another in searching for, identifying and locating the children referred to in paragraph 1 (a) of this article.

4. Given the need to protect thebest interests of the children referred to in paragraph 1 (a) of this article and their right to preserve, or to have re-established, their identity, including their nationality, name and family relations as recognized by law, States Parties which recognize a system of adoption or other form of placement of children shall have legal procedures in place to review the adoption or placement procedure, and, where appropriate, to annul any adoption or placement of children that originated in an enforced disappearance.

5. In all cases, and in particular in all matters relating to this article, the best interests of the child shall be a primary consideration, and a child who is capable of forming his or her own views shall have the right to express those views freely, the views of the child being given due weight in accordance with the age and maturity of the child.

PART II

Article 26

1. A Committee on Enforced Disappearances (hereinafter referred to as "the Committee") shall be established to carry out the functions provided for under this Convention. The Committee shall consist of ten experts of high moral character and recognized competence in the field of human rights, who shall serve in their personal capacity and be independent and impartial. The members of the Committee shall be elected by the States Parties according to equitable geographical distribution. Due account shall be taken of the usefulness of the participation in the work of the Committee of persons having relevant legal experience and of balanced gender representation.

2. The members of the Committee shall be elected by secret ballot from a list of persons nominated by States Parties from among their nationals, at biennial meetings of the States Parties convened by the Secretary-General of the United Nations for this purpose. At those meetings, for which two thirds of the States Parties shall constitute a quorum, the persons elected to the Committee shall be those who obtain the largest number of votes and an absolute majority of the votes of the representatives of States Parties present and voting.

3. The initial election shall be held no later than six months after the date of entry into force of this Convention. Four months before the date of each election, the Secretary-General of the United Nations shall address a letter to the States Parties inviting them to submit nominations within three months. The Secretary-General shall prepare a list in alphabetical order of all persons thus nominated, indicating the State Party which nominated each candidate, and shall submit this list to all States Parties.

4. The members of the Committee shall be elected for a term of four years. They shall be eligible for re-election once. However, the term of five of the members elected at the first election shall expire at the end of two years; immediately after the first election, the names of these five members shall be chosen by lot by the chairman of the meeting referred to in paragraph 2 of this article.

5. If a member of the Committee dies or resigns or for any other reason can no longer perform his or her Committee duties, the State Party which nominated him or her shall, in accordance with the criteria set out in paragraph 1 of this article, appoint another candidate from among its nationals to serve out his or her term, subject to the approval of the majority of the States Parties. Such approval shall be considered to have been obtained unless half or more of the States Parties respond negatively within six weeks of having been informed by the Secretary-General of the United Nations of the proposed appointment.

6. The Committee shall establish its own rules of procedure.

7. The Secretary-General of the United Nations shall provide the Committee with the necessary means, staff and facilities for the effective performance of its functions. The Secretary-General of the United Nations shall convene the initial meeting of the Committee.

8. The members of the Committee shall be entitled to the facilities, privileges and immunities of experts on mission for the United Nations, as laid down in the relevant sections of the Convention on the Privileges and Immunities of the United Nations.

9. Each State Party shall cooperate with the Committee and assist its members in the fulfilment of their mandate, to the extent of the Committee's functions that the State Party has accepted.

Article 27

A Conference of the States Parties will take place at the earliest four years and at the latest six years following the entry into force of thisConvention to evaluate the functioning of the Committee and to decide, in accordance with the procedure described in article 44, paragraph 2, whether it is appropriate to transfer to another body without excluding any possibility the monitoring of this Convention, in accordance with the functions defined in articles 28 to 36.

Article 28

1. In the framework of the competencies granted by this Convention, the Committee shall cooperate with all relevant organs, offices and specialized agencies and funds of the United Nations, with the treaty bodies instituted by international instruments, with the special procedures of the United

Nations and with the relevant regional intergovernmental organizations or bodies, as well as with all relevant State institutions, agencies or offices working towards the protection of all persons against enforced disappearances.

2. As it discharges its mandate, the Committee shall consult other treaty bodies instituted by relevant international human rights instruments, in particular the Human Rights Committee instituted by the International Covenant on Civil and Political Rights, with a view to ensuring the consistency of their respective observations and recommendations.

Article 29

1. Each State Party shall submit to the Committee, through the Secretary-General of the United Nations, a report on the measures taken to give effect to its obligations under this Convention, within two years after the entry into force of this Convention for the State Party concerned.

2. The Secretary-General of the United Nations shall make this report available to all States Parties.

3. Each report shall be considered by the Committee, which shall issue such comments, observations or recommendations as it may deem appropriate. The comments, observations or recommendations shall be communicated to the State Party concerned, which may respond to them, on its own initiative or at the request of the Committee.

4. The Committee may also request States Parties to provide additional information on the implementation of this Convention.

Article 30

1. A request that a disappeared person should be sought and found may be submitted to the Committee, as a matter of urgency, by relatives of the disappeared person or their legal representatives, their counsel or any person authorized by them, as well as by any other person having a legitimate interest.

2. If the Committee considers that a request for urgent action submitted in pursuance of paragraph 1 of this article:

(a) Is not manifestly unfounded;

(b) Does not constitute an abuse of the right of submission of such requests;

(c) Has already been duly presented to the competent bodies of the State Party concerned, such as those authorized to undertake investigations, where such a possibility exists;

(d) Is not incompatible with the provisions of this Convention; and

(e) The same matter is not being examined under another procedure of international investigation or settlement of the same nature; it shall request the State Party concerned to provide it with information on the situation of the persons sought, within a time limit set by the Committee.

3. In the light of the information provided by the State Party concerned in accordance with paragraph 2 of this article, the Committee may transmit recommendations to the State Party, including a request that the State Party should take all the necessary measures, including interim measures, to locate and protect the person concerned in accordance with this Convention and to inform the Committee, within a specifiedperiod of time, of measures taken, taking into account the urgency of the situation. The Committee shall inform the person submitting the urgent action request of its recommendations and of the information provided to it by the State as it becomes available.

4. The Committee shall continue its efforts to work with the State Party concerned for as long as the fate of the person sought remains unresolved. The person presenting the request shall be kept

informed.

Article 31

1. A State Party may at the time of ratification of this Convention or at any time afterwards declare that it recognizes the competence of the Committee to receive and consider communications from or on behalf of individuals subject to its jurisdiction claiming to be victims of a violation by this State Party of provisions of this Convention. The Committee shall not admit any communication concerning a State Party which has not made such a declaration.

2. The Committee shall consider a communication inadmissible where:

(a) The communication is anonymous;

(b) The communication constitutes an abuse of the right of submission of such communications or is incompatible with the provisions of this Convention;

(c) The same matter is being examined under another procedure of international investigation or settlement of the same nature; or where

(d) All effective available domestic remedies have not been exhausted. This rule shall not apply where the application of the remedies is unreasonably prolonged.

3. If the Committee considers that the communication meets the requirements set out in paragraph 2 of this article, it shall transmit the communication to the State Party concerned, requesting it to provide observations and comments within a time limit set by the Committee.

4. At any time after the receipt of a communication and before a determination on the merits has been reached, the Committee may transmit to the State Party concerned for its urgent consideration a request that the State Party will take such interim measures as may be necessary to avoid possible irreparable damage to the victims of the alleged violation. Where the Committee exercises its discretion, this does not imply a determination on admissibility or on the merits of the communication.

5. The Committee shall hold closed meetings when examining communications under the present article. It shall inform the author of a communication of the responses provided by the State Party concerned. When the Committee decides to finalize the procedure, it shall communicate its views to the State Party and to the author of the communication.

Article 32

A State Party to this Convention may at any time declare that it recognizes the competence of the Committee to receive and consider communications in which a State Party claims that another State Party is not fulfilling its obligations under this Convention. The Committee shall not receive communications concerning a State Party which has not made such a declaration, nor communications from a State Party which has not made such a declaration.

Article 33

1. If the Committee receives reliable information indicating that a State Party is seriously violating the provisions of this Convention, it may, after consultation with the State Party concerned, request one or more of its members to undertake a visit and report back to it without delay.

2. The Committee shall notify the State Party concerned, in writing, of its intention to organize a visit, indicating the composition of the delegation and the purpose of the visit. The State Party shall answer the Committee within a reasonable time.

3. Upon a substantiated request by the State Party, the Committee may decide to postpone or cancel

its visit.

4. If the State Party agrees to the visit, the Committee and the State Party concerned shall work together to define the modalities of the visit and the State Party shall provide the Committee with all the facilities needed for the successful completion of the visit.

5. Following its visit, the Committee shall communicate to the State Party concerned its observations and recommendations.

Article 34

If the Committee receives information which appears to it to contain well-founded indications that enforced disappearance is being practised on a widespread or systematic basis in the territory under the jurisdiction of a State Party, it may, after seeking from the State Party concerned all relevant information on the situation, urgently bring the matter to the attention of the General Assembly of the United Nations, through the Secretary-General of the United Nations.

Article 35

1. The Committee shall have competence solely in respect of enforced disappearances which commenced after the entry into force of this Convention.

2. If a State becomes a party to this Convention after its entry into force, the obligations of that State vis-à-vis the Committee shall relate only to enforced disappearances which commenced after the entry into force of this Convention for the State concerned.

Article 36

1. The Committee shall submit an annual report on its activities under this Convention to the States Parties and to the General Assembly of the United Nations.

2. Before an observation on a State Party is published in the annual report, the State Party concerned shall be informed in advance and shall be given reasonable time to answer. This State Party may request the publication of its comments or observations in the report.

PART III

Article 37

Nothing in this Convention shall affect any provisions which are more conducive to the protection of all persons from enforced disappearance and which may be contained in:

(a) The law of a State Party;

(b) International law in force for that State.

Article 38

1. This Convention is open for signature by all Member States of the United Nations.

2. This Convention is subject to ratification by all Member States of the United Nations. Instruments of ratification shall be deposited with the Secretary-General of the United Nations.

3. This Convention is open to accession by all Member States of the United Nations. Accession shall be effected by the deposit of an instrument of accession with the Secretary-General.

Article 39

1. This Convention shall enter into force on the thirtieth day after the date of deposit with the

Secretary-General of the United Nations of the twentieth instrument of ratification or accession.

2. For each State ratifying or acceding to this Convention after the deposit of the twentieth instrument of ratification or accession, this Convention shall enter into force on the thirtieth day after the date of the deposit of that State's instrument of ratification or accession.

Article 40

The Secretary-General of the United Nations shall notify all States Members of the United Nations and all States which have signed or acceded to this Convention of the following:

(a) Signatures, ratifications and accessions under article 38;

(b) The date of entry into force of this Convention under article 39.

Article 41

The provisions of this Convention shall apply to all parts of federal States without any limitations or exceptions.

Article 42

1. Any dispute between two or more States Parties concerning the interpretation or application of this Convention which cannot be settled through negotiation or by the procedures expressly provided for in this Convention shall, at the request of one of them, be submitted to arbitration. If within six months from the date of the request for arbitration the Parties are unable to agree on the organization of the arbitration, any one of those Parties may refer the dispute to the International Court of Justice by request in conformity with the Statute of the Court.

2. A State may, at the time of signature or ratification of this Convention or accession thereto, declare that it does not consider itself bound by paragraph 1 of this article. The other States Parties shall not be bound by paragraph 1 of this article with respect to any State Party having made such a declaration.

3. Any State Party having made a declaration in accordance with the provisions of paragraph 2 of this article may at any time withdraw this declaration by notification to the Secretary-General of the United Nations.

Article 43

This Convention is without prejudice to the provisions of international humanitarian law, including the obligations of the High Contracting Parties to the four Geneva Conventions of 12 August 1949 and the two Additional Protocols thereto of 8 June 1977, or to the opportunity available to any State Party to authorize the International Committee of the Red Cross to visit places of detention in situations not covered by international humanitarian law.

Article 44

1. Any State Party to this Convention may propose an amendment and file it with the Secretary-General of the United Nations. The Secretary-General shall thereupon communicate the proposed amendment to the States Parties to this Convention with a request that they indicate whether they favour a conference of States Parties for the purpose of considering and voting upon the proposal. In the event that within four months from the date of such communication at least one third of the States Parties favour such a conference, the Secretary-General shall convene the conference under the auspices of the United Nations.

2. Any amendment adopted by a majority of two thirds of the States Parties present and voting at the conference shall be submitted by the Secretary-General of the United Nations to all the States Parties for acceptance.

3. An amendment adopted in accordance with paragraph 1 of this article shall enter into force when two thirds of the States Parties to this Convention have accepted it in accordance with their respective constitutional processes.

4. When amendments enter into force, they shall be binding on those States Parties which have accepted them, other States Parties still being bound by the provisions of this Convention and any earlier amendment which they have accepted.

Article 45

1. This Convention, of which the Arabic, Chinese, English, French, Russian and Spanish texts are equally authentic, shall be deposited with the Secretary-General of the United Nations.

2. The Secretary-General of the United Nations shall transmit certified copies of this Convention to all States referred to in article 38.

13. 국제형사재판소에 관한 로마규정

1998.7.17 체결/ 2002.7.1 발효/ 당사국 수 108/ 대한민국 적용일 2003.2.1

전 문

이 규정의 당사국들은,

모든 국민들은 공동의 유대로 결속되어 있으며, 그들의 문화는 공유의 유산으로 서로 결합되어 있다는 점을 의식하고, 이러한 섬세한 모자이크는 어느 때라도 깨질 수 있음을 우려하며,

금세기동안 수백만의 아동·여성 및 남성이 인류의 양심에 깊은 충격을 주는 상상하기 어려운 잔학 행위의 희생자가 되어 왔음에 유념하며,

그러한 중대한 범죄가 세계의 평화·안전과 복지를 위협하고 있음을 인식하며,

국제공동체 전체의 관심사인 가장 중대한 범죄는 처벌되지 않아서는 안되며, 그러한 범죄에 대한 실효적 기소는 국내적 수준에서 조치를 취하고 국제협력을 제고함으로써 확보되어야 함을 확인하며,

이러한 범죄를 범한 자들이 처벌받지 않는 상태를 종식시키고, 이를 통하여 그러한 범죄의 예방에 기여하기로 결정하며,

국제범죄에 책임이 있는 자들에 대하여 형사관할권을 행사함이 모든 국가의 의무임을 상기하며,

국제연합헌장의 목적과 원칙, 특히 모든 국가는 다른 국가의 영토보전이나 정치적 독립을 저해하거나 또는 국제연합의 목적과 양립하지 아니하는 다른 어떠한 방식으로도 무력의 위협이나 무력의 사용을 삼가야 한다는 것을 재확인하며,

이와 관련하여 이 규정의 어떠한 조항도 어느 국가의 국내문제 또는 무력충돌에 간섭할 권한을 당사국에게 부여하는 것으로 해석되어서는 안 된다는 점을 강조하며,

이러한 목적과 그리고 현재와 미래의 세대를 위하여, 국제연합 체제와의 관계 속에서 국제공동체 전체의 관심사인 가장 중대한 범죄에 대하여 관할권을 갖는 독립적인 상설 국제형사재판소를 설립하기로 결정하며,

이 규정에 따라 설립되는 국제형사재판소는 국가의 형사관할권을 보충하는 것임을 강조하며,

국제정의에 대한 지속적인 존중과 그 집행을 보장할 것을 결의하며,

다음과 같이 합의하였다.

제1부 재판소의 설립

제1조 재판소

국제형사재판소(이하 "재판소"라 한다)를 이에 설립한다. 재판소는 상설적 기구이며, 이 규정에

정한 바와 같이 국제적 관심사인 가장 중대한 범죄를 범한 자에 대하여 관할권을 행사하는 권한을 가지며, 국가의 형사관할권을 보충한다. 재판소의 관할권과 기능은 이 규정에 정한 바에 의하여 규율된다.

제2조 재판소와 국제연합과의 관계

재판소는 이 규정의 당사국총회가 승인하고 그 후 재판소를 대표하여 재판소장이 체결하는 협정을 통하여 국제연합과 관계를 맺는다.

제3조 재판소의 소재지

1. 재판소의 소재지는 네덜란드(이하 "소재지국"이라 한다)의 헤이그로 한다.
2. 재판소는 당사국총회가 승인하고 그 후 재판소를 대표하여 재판소장이 체결하는 본부 협정을 소재지국과 맺는다.
3. 재판소는 이 규정에 정한 바에 따라 재판소가 바람직하다고 인정하는 때에는 다른 장소에서 개정할 수 있다.

제4조 재판소의 법적 지위와 권한

1. 재판소는 국제적 법인격을 가진다. 또한 재판소는 그 기능의 행사와 목적 달성에 필요한 법적 능력을 가진다.
2. 재판소는 모든 당사국의 영역에서는 이 규정에 정한 바와 같이, 그리고 다른 여하한 국가의 영역에서는 특별협정에 의하여 자신의 기능과 권한을 행사할 수 있다.

제2부 관할권, 재판적격성 및 적용법규

제5조 재판소의 관할범죄

1. 재판소의 관할권은 국제공동체 전체의 관심사인 가장 중대한 범죄에 한정된다. 재판소는 이 규정에 따라 다음의 범죄에 대하여 관할권을 가진다.
가. 집단살해죄
나. 인도에 반한 죄
다. 전쟁범죄
라. 침략범죄
2. 제121조 및 제123조에 따라 침략범죄를 정의하고 재판소의 관할권 행사 조건을 정하는 조항이 채택된 후, 재판소는 침략범죄에 대한 관할권을 행사한다. 그러한 조항은 국제연합헌장의 관련 규정과 부합되어야 한다.

제6조 집단살해죄

이 규정의 목적상 "집단살해죄"라 함은 국민적, 민족적, 인종적 또는 종교적 집단의 전부 또는 일부를 그 자체로서 파괴할 의도를 가지고 범하여진 다음의 행위를 말한다.
가. 집단 구성원의 살해
나. 집단 구성원에 대한 중대한 신체적 또는 정신적 위해의 야기

다. 전부 또는 부분적인 육체적 파괴를 초래할 목적으로 계산된 생활조건을 집단에게 고의적으로 부과

라. 집단내의 출생을 방지하기 위하여 의도된 조치의 부과

마. 집단의 아동을 타집단으로 강제 이주

제7조 인도에 반한 죄

1. 이 규정의 목적상 "인도에 반한 죄"라 함은 민간인 주민에 대한 광범위하거나 체계적인 공격의 일부로서 그 공격에 대한 인식을 가지고 범하여진 다음의 행위를 말한다.

가. 살해

나. 절멸

다. 노예화

라. 주민의 추방 또는 강제이주

마. 국제법의 근본원칙을 위반한 구금 또는 신체적 자유의 다른 심각한 박탈

바. 고문

사. 강간, 성적 노예화, 강제매춘, 강제임신, 강제불임, 또는 이에 상당하는 기타 중대한 성폭력

아. 이 항에 규정된 어떠한 행위나 재판소 관할범죄와 관련하여, 정치적·인종적·국민적·민족적·문화적 및 종교적 사유, 제3항에 정의된 성별 또는 국제법상 허용되지 않는 것으로 보편적으로 인정되는 다른 사유에 근거하여 어떠한 동일시될 수 있는 집단이나 집합체에 대한 박해

자. 사람들의 강제실종

차. 인종차별범죄

카. 신체 또는 정신적·육체적 건강에 대하여 중대한 고통이나 심각한 피해를 고의적으로 야기하는 유사한 성격의 다른 비인도적 행위

2. 제1항의 목적상,

가. "민간인 주민에 대한 공격"이라 함은 그러한 공격을 행하려는 국가나 조직의 정책에 따르거나 이를 조장하기 위하여 민간인 주민에 대하여 제1항에 규정된 행위를 다수 범하는 것에 관련된 일련의 행위를 말한다.

나. "절멸"이라 함은 주민의 일부를 말살하기 위하여 계산된, 식량과 의약품에 대한 접근 박탈과 같이 생활조건에 대한 고의적 타격을 말한다.

다. "노예화"라 함은 사람에 대한 소유권에 부속된 어떠한 또는 모든 권한의 행사를 말하며, 사람특히 여성과 아동을 거래하는 과정에서 그러한 권한을 행사하는 것을 포함한다.

라. "주민의 추방 또는 강제이주"라 함은 국제법상 허용되는 근거없이 주민을 추방하거나 또는 다른 강요적 행위에 의하여 그들이 합법적으로 거주하는 지역으로부터 강제적으로 퇴거시키는 것을 말한다.

마. "고문"이라 함은 자신의 구금하에 있거나 통제하에 있는 자에게 고의적으로 신체적 또는 정신적으로 고통이나 괴로움을 가하는 것을 말한다. 다만, 오로지 합법적 제재로부터 발생하거나, 이에 내재되어 있거나 또는 이에 부수하는 고통이나 괴로움은 포함되지 아니한다.

바. "강제임신"이라 함은 주민의 민족적 구성에 영향을 미치거나 또는 국제법의 다른 중대한 위반을 실행할 의도로 강제적으로 임신시킨 여성의 불법적 감금을 말한다. 이러한 정의는 임신과 관련된 각 국의 국내법에 어떠한 영향을 미치는 것으로 해석되지 아니한다.

사. "박해"라 함은 집단 또는 집합체와의 동일성을 이유로 국제법에 반하는 기본권의 의도적이고 심각한 박탈을 말한다.

아. "인종차별범죄"라 함은 한 인종집단의 다른 인종집단에 대한 조직적 억압과 지배의 제도화된 체제의 맥락에서 그러한 체제를 유지시킬 의도로 범하여진, 제1항에서 언급된 행위들과 유사한 성격의 비인도적인 행위를 말한다.

자. "사람들의 강제실종"이라 함은 국가 또는 정치조직에 의하여 또는 이들의 허가 · 지원 또는 묵인을 받아 사람들을 체포 · 구금 또는 유괴한 후, 그들을 법의 보호로부터 장기간 배제시키려는 의도하에 그러한 자유의 박탈을 인정하기를 거절하거나 또는 그들의 운명이나 행방에 대한 정보의 제공을 거절하는 것을 말한다.

3. 이 규정의 목적상, "성별"이라는 용어는 사회적 상황에서 남성과 여성의 양성을 지칭하는 것으로 이해된다. "성별"이라는 용어는 위와 다른 어떠한 의미도 표시하지 아니한다.

제8조 전쟁범죄

1. 재판소는 특히 계획이나 정책의 일부로서 또는 그러한 범죄의 대규모 실행의 일부로서 범하여진 전쟁범죄에 대하여 관할권을 가진다.

2. 이 규정의 목적상 "전쟁범죄"라 함은 다음을 말한다.

가. 1949년 8월 12일자 제네바협약의 중대한 위반, 즉 관련 제네바협약의 규정하에서 보호되는 사람 또는 재산에 대한 다음의 행위 중 어느 하나

(1) 고의적 살해

(2) 고문 또는 생물학적 실험을 포함한 비인도적인 대우

(3) 고의로 신체 또는 건강에 커다란 괴로움이나 심각한 위해의 야기

(4) 군사적 필요에 의하여 정당화되지 아니하며 불법적이고 무분별하게 수행된 재산의 광범위한 파괴 또는 징수

(5) 포로 또는 다른 보호인물을 적국의 군대에 복무하도록 강요하는 행위

(6) 포로 또는 다른 보호인물로부터 공정한 정식 재판을 받을 권리를 고의적으로 박탈

(7) 불법적인 추방이나 이송 또는 불법적인 감금

(8) 인질행위

나. 확립된 국제법 체제 내에서 국제적 무력충돌에 적용되는 법과 관습에 대한 기타 중대한 위반, 즉 다음 행위중 어느 하나

(1) 민간인 주민 자체 또는 적대행위에 직접 참여하지 아니하는 민간인 개인에 대한 고의적 공격

(2) 민간 대상물, 즉 군사 목표물이 아닌 대상물에 대한 고의적 공격

(3) 국제연합헌장에 따른 인도적 원조나 평화유지임무와 관련된 요원, 시설, 자재, 부대 또는 차량이 무력충돌에 관한 국제법에 따라 민간인 또는 민간 대상물에게 부여되는 보호를 받을 자격

이 있는 한도에서 그들에 대한 고의적 공격

(4) 예상되는 구체적이고 직접적인 제반 군사적 이익과의 관계에 있어서 명백히 과도하게 민간인에 대하여 부수적으로 인명의 살상이나 상해를, 민간 대상물에 대하여 손해를, 또는 자연환경에 대하여 광범위하고 장기간의 중대한 피해를 야기한다는 것을 인식하고서도 의도적인 공격의 개시

(5) 어떤 수단에 의하든, 방어되지 않고 군사 목표물이 아닌 마을·촌락·거주지 또는 건물에 대한 공격이나 폭격

(6) 무기를 내려놓았거나 더 이상 방어수단이 없이 항복한 전투원을 살해하거나 부상시키는 행위

(7) 사망 또는 심각한 신체적 상해를 가져오는, 제네바협약상의 식별표장뿐만 아니라 휴전 깃발, 적이나 국제연합의 깃발 또는 군사표식 및 제복의 부적절한 사용

(8) 점령국이 자국의 민간인 주민의 일부를 직접적 또는 간접적으로 점령지역으로 이주시키거나, 피점령지 주민의 전부 또는 일부를 피점령지내 또는 밖으로 추방시키거나 이주시키는 행위

(9) 군사 목표물이 아닌 것을 조건으로, 종교·교육·예술·과학 또는 자선 목적의 건물, 역사적 기념물, 병원, 병자와 부상자를 수용하는 장소에 대한 고의적 공격

(10) 적대 당사자의 지배하에 있는 자를 당해인의 의학적·치과적 또는 병원적 치료로서 정당화되지 아니하며 그의 이익을 위하여 수행되지 않는 것으로서, 당해인의 사망을 초래하거나 건강을 심각하게 위태롭게 하는 신체의 절단 또는 여하한 종류의 의학적 또는 과학적 실험을 받게 하는 행위

(11) 적대국 국가나 군대에 속한 개인을 배신적으로 살해하거나 부상시키는 행위

(12) 항복한 적에 대하여 구명을 허락하지 않겠다는 선언

(13) 전쟁의 필요에 의하여 반드시 요구되지 아니하는 적의 재산의 파괴 또는 몰수

(14) 적대 당사국 국민의 권리나 소송행위가 법정에서 폐지, 정지 또는 불허된다는 선언

(15) 비록 적대 당사국 국민이 전쟁개시 전 교전국에서 복무하였을지라도, 그를 자신의 국가에 대한 전쟁 수행에 참여하도록 강요하는 행위

(16) 습격에 의하여 점령되었을 때라도, 도시 또는 지역의 약탈

(17) 독이나 독성 무기의 사용

(18) 질식가스, 유독가스 또는 기타 가스와 이와 유사한 모든 액체·물질 또는 장치의 사용

(19) 총탄의 핵심부를 완전히 감싸지 않았거나 또는 절개되어 구멍이 뚫린 단단한 외피를 가진 총탄과 같이, 인체 내에서 쉽게 확장되거나 펼쳐지는 총탄의 사용

(20) 과도한 상해나 불필요한 괴로움을 야기하는 성질을 가지거나 또는 무력충돌에 관한 국제법에 위반되는 무차별적 성질의 무기, 발사체, 장비 및 전투방식의 사용. 다만, 그러한 무기, 발사체, 장비 및 전투방식은 포괄적 금지의 대상이어야 하며, 제121조와 제123조에 규정된 관련 조항에 따른 개정에 의하여 이 규정의 부속서에 포함되어야 한다.

(21) 인간의 존엄성에 대한 유린행위, 특히 모욕적이고 품위를 손상시키는 대우

(22) 강간, 성적 노예화, 강제매춘, 제7조제2항바호에 정의된 강제임신, 강제불임 또는 제네바협약

의 중대한 위반에 해당하는 여하한 다른 형태의 성폭력

(23) 특정한 지점, 지역 또는 군대를 군사작전으로부터 면하도록 하기 위하여 민간인 또는 기타 보호인물의 존재를 이용하는 행위

(24) 국제법에 따라 제네바협약의 식별표장을 사용하는 건물, 장비, 의무부대와 그 수송수단 및 요원에 대한 고의적 공격

(25) 제네바협약에 규정된 구호품 공급의 고의적 방해를 포함하여, 민간인들의 생존에 불가결한 물건을 박탈함으로써 기아를 전투수단으로 이용하는 행위

(26) 15세 미만의 아동을 군대에 징집 또는 모병하거나 그들을 적대행위에 적극적으로 참여하도록 이용하는 행위

다. 비국제적 성격의 무력충돌의 경우 1949년 8월 12일자 제네바 4개 협약 공통 제3조의 중대한 위반, 즉 무기를 버린 군대 구성원과 질병·부상·억류 또는 기타 사유로 전투능력을 상실한 자를 포함하여 적대행위에 적극적으로 가담하지 않은 자에 대하여 범하여진 다음의 행위중 어느 하나

(1) 생명 및 신체에 대한 폭행, 특히 모든 종류의 살인, 신체절단, 잔혹한 대우 및 고문

(2) 인간의 존엄성에 대한 유린행위, 특히 모욕적이고 품위를 손상키는 대우

(3) 인질행위

(4) 일반적으로 불가결하다고 인정되는 모든 사법적 보장을 부여하는 정규로 구성된 법원의 판결 없는 형의 선고 및 형의 집행

라. 제2항다호는 비국제적 성격의 무력충돌에 적용되며, 따라서 폭동이나 국지적이고 산발적인 폭력행위 또는 이와 유사한 성격의 다른 행위와 같은 국내적 소요나 긴장사태에는 적용되지 아니한다.

마. 확립된 국제법 체제 내에서 비국제적 성격의 무력충돌에 적용되는 법과 관습에 대한 여타의 중대한 위반으로 다음의 행위중 어느 하나

(1) 민간인 주민 자체 또는 적대행위에 직접 참여하지 않는 민간인 개인에 대한 고의적 공격

(2) 국제법에 따라 제네바협약의 식별표장을 사용하는 건물, 장비, 의무부대와 그 수송수단 및 요원에 대한 고의적 공격

(3) 국제연합헌장에 따른 인도적 원조나 평화유지임무와 관련된 요원, 시설, 자재, 부대 또는 차량이 무력충돌에 관한 국제법에 따라 민간인 또는 민간 대상물에 대하여 부여되는 보호를 받을 자격이 있는 한도에서 그들에 대한 고의적 공격

(4) 군사 목표물이 아닌 것을 조건으로 종교·교육·예술·과학 또는 자선 목적의 건물, 역사적 기념물, 병원, 병자와 부상자를 수용하는 장소에 대한 고의적 공격

(5) 습격에 의하여 점령되었을 때라도, 도시 또는 지역의 약탈

(6) 강간, 성적 노예화, 강제매춘, 제7조제2항바호에서 정의된 강제임신, 강제불임 또는 제네바 4개 협약 공통 제3조의 중대한 위반에 해당하는 여하한 다른 형태의 성폭력

(7) 15세 미만의 아동을 군대 또는 무장집단에 징집 또는 모병하거나 그들을 적대행위에 적극적으

로 참여하도록 이용하는 행위

(8) 관련 민간인의 안전이나 긴요한 군사적 이유상 요구되지 않음에도 불구하고, 충돌과 관련된 이유로 민간인 주민의 퇴거를 명령하는 행위

(9) 상대방 전투원을 배신적으로 살해하거나 부상시키는 행위

(10) 항복한 적에 대하여 구명을 허락하지 않겠다는 선언

(11) 충돌의 타방당사자의 지배하에 있는 자를 당해인의 의학적 치과적 또는 병원적 치료로서 정당화되지 아니하며 그의 이익을 위하여 수행되지도 않는 것으로서, 당해인의 사망을 초래하거나 건강을 심각하게 위태롭게 하는 신체의 절단이나 또는 여하한 종류의 의학적 또는 과학적 실험을 받게 하는 행위

(12) 충돌의 필요에 의하여 반드시 요구되지 않는 적의 재산의 파괴 또는 몰수

바. 제2항마호는 비국제적 성격의 무력충돌에 적용되며, 따라서 폭동이나 국지적이고 산발적인 폭력행위 또는 이와 유사한 성격의 다른 행위와 같은 국내적 소요나 긴장사태에는 적용되지 아니한다. 제2항마호는 정부당국과 조직화된 무장집단간 또는 무장집단들간에 장기적인 무력충돌이 존재할 때, 그 국가의 영역에서 발생하는 무력충돌에 적용된다.

3. 제2항다호와 마호의 어떠한 조항도 모든 합법적 수단에 의하여 그 국가내에서 법과 질서를 유지 또는 재확립하거나 또는 그 국가의 통일과 영토적 일체성을 보호하려는 정부의 책임에 영향을 미치지 아니한다.

제9조 범죄구성요건

1. 범죄구성요건은 재판소가 제6조, 제7조 및 제8조를 해석하고 적용하는 것을 보조한다. 이는 당사국총회 회원국의 3분의 2의 다수결에 의하여 채택된다.

2. 범죄구성요건에 대한 개정은 다음에 의하여 제안될 수 있다.

가. 당사국

나. 절대과반수의 재판관

다. 소추관

그러한 개정은 당사국총회 회원국의 3분의 2의 다수결에 의하여 채택된다.

3. 범죄구성요건과 그 개정은 이 규정에 부합되어야 한다.

제10조

이 부의 어느 조항도 이 규정과 다른 목적을 위한 기존의 또는 발전중인 국제법 원칙을 결코 제한하거나 침해하는 것으로 해석되지 아니한다.

제11조 시간적 관할권

1. 재판소는 이 규정의 발효 후에 범하여진 범죄에 대하여만 관할권을 가진다.

2. 어느 국가가 이 규정의 발효 후에 규정의 당사국이 되는 경우, 그 국가가 제12조제3항에 따른 선언을 하지 않는 한, 재판소는 이 규정이 당해 국가에 대하여 발효된 이후에 범하여진 범죄에 대하여만 관할권을 행사할 수 있다.

제12조 관할권 행사의 전제조건

1. 이 규정의 당사국이 된 국가는 이에 의하여 제5조에 규정된 범죄에 대하여 재판소의 관할권을 수락한다.

2. 제13조가호 또는 다호의 경우, 다음중 1개국 또는 그 이상의 국가가 이 규정의 당사국이거나 또는 제3항에 따라 재판소의 관할권을 수락하였다면 재판소는 관할권을 행사할 수 있다.

가. 당해 행위가 발생한 영역국, 또는 범죄가 선박이나 항공기에서 범하여진 경우에는 그 선박이나 항공기의 등록국

나. 그 범죄 혐의자의 국적국

3. 제2항에 따라 이 규정의 당사국이 아닌 국가의 수락이 요구되는 경우, 그 국가는 사무국장에게 제출되는 선언에 의하여 당해 범죄에 대한 재판소의 관할권 행사를 수락할 수 있다. 그 수락국은 제9부에 따라 어떠한 지체나 예외도 없이 재판소와 협력한다.

제13조 관할권의 행사

재판소는 다음의 경우 이 규정이 정한 바에 따라 제5조에 규정된 범죄에 대하여 관할권을 행사할 수 있다.

가. 1개 또는 그 이상의 범죄가 범하여진 것으로 보이는 사태가 제14조에 따라 당사국에 의하여 소추관에게 회부된 경우

나. 1개 또는 그 이상의 범죄가 범하여진 것으로 보이는 사태가 국제연합헌장 제7장에 따라 행동하는 안전보장이사회에 의하여 소추관에게 회부된 경우

다. 소추관이 제15조에 따라 그러한 범죄에 대하여 수사를 개시한 경우

제14조 당사국에 의한 사태의 회부

1. 당사국은 재판소 관할권에 속하는 하나 또는 그 이상의 범죄의 범행에 대하여 1인 또는 그 이상의 특정인이 책임이 있는지 여부를 결정하기 위하여 그러한 범죄가 범하여진 것으로 보이는 사태를 수사하도록 소추관에게 요청하여, 재판소 관할권에 속하는 하나 또는 그 이상의 범죄가 범하여진 것으로 보이는 사태를 소추관에게 회부할 수 있다.

2. 회부시에는 가능한 한 관련 정황을 명시하고 그 사태를 회부한 국가가 입수할 수 있는 증빙문서를 첨부한다.

제15조 소추관

1. 소추관은 재판소 관할범죄에 관한 정보에 근거하여 독자적으로 수사를 개시할 수 있다.

2. 소추관은 접수된 정보의 중대성을 분석한다. 이러한 목적을 위하여 소추관은 국가, 국제연합의 기관, 정부간 또는 비정부간 기구, 또는 소추관이 적절하다고 여기는 다른 믿을 만한 출처로부터 추가 정보를 구할 수 있으며, 재판소의 소재지에서 서면 또는 구두의 증언을 접수할 수 있다.

3. 소추관이 수사를 진행시킬 만한 합리적인 근거가 있다고 판단하는 경우, 수집된 증빙자료와 함께 수사허가요청서를 전심재판부에 제출한다. 피해자는 절차및증거규칙에 따라 전심재판부에서 진술할 수 있다.

4. 전심재판부가 수사허가요청서와 증빙자료를 검토한 후, 수사를 진행시킬만한 합리적인 근거가

있고 당해 사건이 재판소의 관할권에 속한다고 판단하는 경우, 동 재판부는 수사의 개시를 허가한다. 다만, 이 허가는 사건의 관할권과 재판적격성에 관한 재판소의 추후 결정에 영향을 미치지 아니한다.

5. 전심재판부의 수사허가 거부는 소추관이 동일한 사태에 관한 새로운 사실이나 증거에 근거하여 추후 요청서를 제출하는 것을 배제하지 아니한다.

6. 제1항과 제2항에 규정된 예비조사 후 제공된 정보가 수사를 위한 합리적인 근거를 구성하지 않는다고 결론짓는 경우, 소추관은 정보를 제공한 자에게 이를 통지한다. 이는 소추관이 동일한 사태에 관하여 자신에게 제출된 추가 정보를 새로운 사실이나 증거로 검토하는 것을 배제하지 아니한다.

제16조 수사 또는 기소의 연기

안전보장이사회가 국제연합헌장 제7장에 따라 채택하는 결의로 재판소에 수사 또는 기소의 연기를 요청하는 경우 12개월의 기간 동안은 이 규정에 따른 어떠한 수사나 기소도 개시되거나 진행되지 아니한다. 그러한 요청은 동일한 조건하에서 안전보장이사회에 의하여 갱신될 수 있다.

제17조 재판적격성의 문제

1. 전문 제10항과 제1조를 고려하여 재판소는 다음의 경우 사건의 재판적격성이 없다고 결정한다.

가. 사건이 그 사건에 대하여 관할권을 가지는 국가에 의하여 수사되고 있거나 또는 기소된 경우. 단, 그 국가가 진정으로 수사 또는 기소를 할 의사가 없거나 능력이 없는 경우에는 그러하지 아니하다.

나. 사건이 그 사건에 대하여 관할권을 가지는 국가에 의하여 수사되었고, 그 국가가 당해인을 기소하지 아니하기로 결정한 경우. 단, 그 결정이 진정으로 기소하려는 의사 또는 능력의 부재에 따른 결과인 경우에는 그러하지 아니하다.

다. 당해인이 제소의 대상인 행위에 대하여 이미 재판을 받았고, 제20조제3항에 따라 재판소의 재판이 허용되지 않는 경우

라. 사건이 재판소의 추가적 조치를 정당화하기에 충분한 중대성이 없는 경우

2. 특정 사건에서의 의사부재를 결정하기 위하여, 재판소는 국제법에 의하여 인정되는 적법절차의 원칙에 비추어 적용 가능한 다음 중 어느 하나 또는 그 이상의 경우가 존재하는지 여부를 고려한다.

가. 제5조에 규정된 재판소 관할범죄에 대한 형사책임으로부터 당해인을 보호할 목적으로 절차가 취해졌거나, 진행중이거나 또는 국내적 결정이 내려진 경우

나. 상황에 비추어, 당해인을 처벌하려는 의도와 부합되지 않게 절차의 부당한 지연이 있었던 경우

다. 절차가 독립적이거나 공정하게 수행되지 않았거나 수행되지 않고 있으며, 상황에 비추어 당해인을 처벌하려는 의도와 부합되지 않는 방식으로 절차가 진행되었거나 또는 진행중인 경우

3. 특정 사건에서의 능력부재를 결정하기 위하여, 재판소는 당해 국가가 그 국가의 사법제도의 전반적 또는 실질적 붕괴나 이용불능으로 인하여 피의자나 필요한 증거 및 증언을 확보할 수 없는지 여부 또는 달리 절차를 진행할 수 없는지 여부를 고려한다.

제18조 재판적격성에 관한 예비결정

1. 사태가 제13조가호에 따라 재판소에 회부되어 소추관이 수사를 개시할 합리적인 근거가 있다고 결정하였거나 소추관이 제13조다호와 제15조에 따라 수사를 개시한 경우, 소추관은 모든 당사국과 이용 가능한 정보에 비추어 당해 범죄에 대하여 통상적으로 관할권을 행사할 국가에게 이를 통지한다. 소추관은 그러한 국가에게 비밀리에 통지할 수 있으며 또한 소추관이 어느 자를 보호하거나 증거의 인멸을 방지하거나 또는 어느 자의 도주를 방지하기 위하여 필요하다고 믿는 경우, 국가에게 제공되는 정보의 범위를 제한할 수 있다.

2. 그러한 통지를 접수한 후 1개월 내에, 국가는 제5조에 규정된 범죄를 구성하며 자국에 대한 통지에서 제공된 정보와 관련된 범죄행위에 대하여, 자국의 관할권 내에 있는 자국민 또는 기타의 자를 수사하고 있다거나 수사하였음을 재판소에 통지할 수 있다. 전심재판부가 소추관의 신청에 따라 수사를 허가하기로 결정하지 아니하는 한, 소추관은 당해 국가의 요청이 있으면 당해인에 대한 그 국가의 수사를 존중한다.

3. 국가의 수사 존중에 따른 소추관의 보류는 보류일로부터 6개월 후 또는 그 국가의 수사를 수행할 의사 또는 능력의 부재에 근거한 중대한 사정변경이 있는 때에는 언제든지 소추관에 의하여 재검토된다.

4. 당해 국가 또는 소추관은 전심재판부의 결정에 대하여 제82조에 따라 상소심재판부에 상소할 수 있다. 상소는 신속하게 심리될 수 있다.

5. 소추관이 제2항에 따라 수사를 보류한 경우, 소추관은 당해 국가가 정기적으로 수사 및 후속 기소의 진전상황에 대하여 통지하여 줄 것을 요청할 수 있다. 당사국은 부당한 지체 없이 그 요청에 응하여야 한다.

6. 전심재판부의 결정이 계류중이거나 또는 소추관이 이 조에 따라 수사를 보류한 때에는 언제든지, 소추관은 중요한 증거를 확보할 유일한 기회가 있는 경우 또는 그러한 증거를 이후에는 입수할 수 없게 될 중대한 위험이 있는 경우에는 예외적으로 증거를 보전하기 위하여 필요한 수사상의 조치를 취하기 위한 허가를 전심재판부에 요청할 수 있다.

7. 이 조에 따른 전심재판부의 결정에 이의를 제기한 국가는 추가적인 중대한 사실 또는 중대한 사정변경을 근거로 제19조에 따라 사건의 재판적격성에 대한 이의를 제기할 수 있다.

제19조 재판소의 관할권 또는 사건의 재판적격성에 대한 이의제기

1. 재판소는 자신에게 회부된 모든 사건에 대하여 재판소가 관할권을 가지고 있음을 확인하여야 한다. 재판소는 직권으로 제17조에 따라 사건의 재판적격성을 결정할 수 있다.

2. 제17조의 규정에 근거한 사건의 재판적격성에 대한 이의제기 또는 재판소의 관할권에 대한 이의제기는 다음에 의하여 이루어질 수 있다.

가. 피의자 또는 제58조에 따라 체포영장이나 소환장이 발부된 자

나. 사건을 수사 또는 기소하고 있거나 또는 수사 또는 기소하였음을 근거로 그 사건에 대하여 관할권을 갖는 국가

다. 제12조에 따라 관할권의 수락이 요구되는 국가

3. 소추관은 관할권 또는 재판적격성의 문제에 관하여 재판소의 결정을 구할 수 있다. 관할권 또는 재판적격성에 관한 절차에 있어서는 피해자 뿐만 아니라 제13조에 따라 사태를 회부한 자도 재판소에 의견을 제출할 수 있다.

4. 사건의 재판적격성 또는 재판소의 관할권에 대한 이의는 제2항에 규정된 자 또는 국가에 의하여 1회에 한하여 제기될 수 있다. 이의제기는 재판이 시작되기 전 또는 시작되는 시점에 이루어져야 한다. 예외적인 상황에서 재판소는 1회 이상 또는 재판시작 이후의 이의제기를 허가할 수 있다. 재판이 시작되는 시점에서 또는 재판소의 허가를 받아 그 후에 행하는 사건의 재판적격성에 대한 이의제기는 오직 제17조제1항다호에 근거하여 할 수 있다.

5. 제2항나호와 다호에 규정된 국가는 가능한 한 신속하게 이의제기를 한다.

6. 공소사실의 확인 이전에는 사건의 재판적격성 또는 재판소의 관할권에 대한 이의제기는 전심재판부에 회부된다. 공소사실의 확인 이후에는 이의제기가 1심재판부에 회부된다. 관할권 또는 재판적격성에 관한 결정에 대하여 제82조에 따라 상소심재판부에 상소할 수 있다.

7. 제2항나호 또는 다호에 규정된 국가가 이의제기를 한 경우, 소추관은 재판소가 제17조에 따라 결정을 내릴 때까지 수사를 정지한다.

8. 재판소의 결정이 계류중인 동안, 소추관은 재판소로부터 다음의 허가를 구할 수 있다.

가. 제18조제6항에 규정된 종류의 필요한 수사 조치의 수행

나. 증인으로부터의 진술이나 증언의 취득 또는 이의제기를 하기 전에 시작된 증거의 수집 또는 조사의 완료

다. 관련 국가들과 협력하여, 소추관이 제58조에 따라 이미 체포영장을 신청한 자의 도주 방지 조치

9. 이의제기는 이의제기 이전에 소추관이 수행한 여하한 행위 또는 재판소가 발부한 여하한 명령이나 영장의 효력에 영향을 미치지 아니한다.

10. 재판소가 제17조에 따라 사건의 재판적격성이 없다고 결정하였더라도, 소추관은 그 사건이 제17조에 따라 재판적격성이 없다고 판단되었던 근거를 부정하는 새로운 사실이 발생하였음을 충분히 확인한 때에는 그 결정에 대한 재검토 요청서를 제출할 수 있다.

11. 소추관이 제17조에 규정된 사항을 고려하여 수사를 보류하는 경우, 소추관은 관련국이 절차 진행에 관한 정보를 제공하여 줄 것을 요청할 수 있다. 그 정보는 관련 국가의 요청이 있으면 비밀로 한다. 소추관이 그 후 수사를 진행하기로 결정하는 경우, 소추관은 자신이 보류하였던 절차에 관하여 해당 국가에게 통지한다.

제20조 일사부재리

1. 이 규정에 정한 바를 제외하고, 누구도 재판소에 의하여 유죄 또는 무죄판결을 받은 범죄의 기초를 구성하는 행위에 대하여 재판소에서 재판받지 아니한다.

2. 누구도 재판소에 의하여 이미 유죄 또는 무죄판결을 받은 제5조에 규정된 범죄에 대하여 다른 재판소에서 재판받지 아니한다.

3. 제6조, 제7조 또는 제8조상의 금지된 행위에 대하여 다른 재판소에 의하여 재판을 받은 자는

누구도, 그 다른 재판소에서의 절차가 다음에 해당하지 않는다면 동일한 행위에 대하여 재판소에 의하여 재판받지 아니한다.

가. 재판소 관할범죄에 대한 형사책임으로부터 당해인을 보호할 목적이었던 경우

나. 그 밖에 국제법에 의하여 인정된 적법절차의 규범에 따라 독립적이거나 공정하게 수행되지 않았으며, 상황에 비추어 당해인을 처벌하려는 의도와 부합하지 않는 방식으로 수행된 경우

제21조 적용법규

1. 재판소는 다음을 적용한다.

가. 첫째, 이 규정, 범죄구성요건 및 절차및증거규칙

나. 둘째, 적절한 경우 무력충돌에 관한 확립된 국제법 원칙을 포함하여 적용 가능한 조약과 국제법상의 원칙 및 규칙

다. 이상이 없는 경우 적절하다면 범죄에 대하여 통상적으로 관할권을 행사하는 국가의 국내법을 포함하여 세계의 법체제의 국내법들로부터 재판소가 도출한 법의 일반원칙. 다만, 그러한 원칙은 이 규정, 국제법 및 국제적으로 승인된 규범 및 기준과 저촉되어서는 아니된다.

2. 재판소는 재판소의 기존 결정속에서 해석된 법의 원칙과 규칙을 적용할 수 있다.

3. 이 조에 따른 법의 적용과 해석은 국제적으로 승인된 인권과 부합되어야 하며, 제7조제3항에서 정의된 성별, 연령, 인종, 피부색, 언어, 종교 또는 신념, 정치적 또는 기타 견해, 국민적·민족적 또는 사회적 출신, 부, 출생 또는 기타 지위와 같은 사유에 근거한 어떠한 불리한 차별도 없어야 한다.

제3부 형법의 일반원칙

제22조 범죄법정주의

1. 누구도 문제된 행위가 그것이 발생한 시점에 재판소 관할범죄를 구성하지 않는 경우에는 이 규정에 따른 형사책임을 지지 아니한다.

2. 범죄의 정의는 엄격히 해석되어야 하며 유추에 의하여 확장되어서는 아니된다. 범죄의 정의가 분명하지 않은 경우, 정의는 수사·기소 또는 유죄판결을 받는 자에게 유리하게 해석되어야 한다.

3. 이 조는 이 규정과는 별도로 어떠한 행위를 국제법상 범죄로 성격지우는 데 영향을 미치지 아니한다.

제23조 형벌법정주의

재판소에 의하여 유죄판결을 받은 자는 이 규정에 따라서만 처벌될 수 있다.

제24조 소급효 금지

1. 누구도 이 규정이 발효하기 전의 행위에 대하여 이 규정에 따른 형사책임을 지지 아니한다.

2. 확정판결 전에 당해 사건에 적용되는 법에 변경이 있는 경우, 수사중이거나 기소중인 자 또는 유죄판결을 받은 자에게 보다 유리한 법이 적용된다.

제25조 개인의 형사책임

1. 재판소는 이 규정에 따라 자연인에 대하여 관할권을 갖는다.

2. 재판소의 관할범죄를 범한 자는 이 규정에 따라 개인적으로 책임을 지며 처벌을 받는다.

3. 다음의 경우에 해당하는 자는 재판소의 관할범죄에 대하여 이 규정에 따른 형사책임을 지며 처벌을 받는다.

가. 개인적으로, 또는 다른 사람이 형사책임이 있는지 여부와는 관계없이 다른 사람과 공동으로 또는 다른 사람을 통하여 범죄를 범한 경우

나. 실제로 일어났거나 착수된 범죄의 실행을 명령·권유 또는 유인한 경우

다. 범죄의 실행을 용이하게 할 목적으로 범행수단의 제공을 포함하여 범죄의 실행이나 실행의 착수를 방조, 교사 또는 달리 조력한 경우

라. 공동의 목적을 가지고 활동하는 집단에 의한 범죄의 실행 또는 실행의 착수에 기타 여하한 방식으로 기여한 경우. 그러한 기여는 고의적이어야 하며, 다음중 어느 하나에 해당하여야 한다.

(1) 집단의 범죄활동 또는 범죄목적이 재판소 관할범죄의 실행과 관련되는 경우, 그러한 활동 또는 목적을 촉진시키기 위하여 이루어진 것

(2) 집단이 그 범죄를 범하려는 의도를 인식하고서 이루어진 것

마. 집단살해죄와 관련하여 집단살해죄를 범하도록 직접적으로 그리고 공공연하게 타인을 선동한 경우

바. 실질적인 조치에 의하여 범죄의 실행에 착수하는 행위를 함으로써 범죄의 실행을 기도하였으나 본인의 의도와는 무관한 사정으로 범죄가 발생하지 아니한 경우. 그러나 범행의 실시를 포기하거나 또는 달리 범죄의 완성을 방지한 자는 자신이 범죄 목적을 완전히 그리고 자발적으로 포기하였다면 범죄미수에 대하여 이 규정에 따른 처벌을 받지 아니한다.

4. 개인의 형사책임과 관련된 이 규정의 어떠한 조항도 국제법상의 국가책임에 영향을 미치지 아니한다.

제26조 18세 미만자에 대한 관할권 배제

재판소는 범행 당시 18세 미만자에 대하여 관할권을 가지지 아니한다.

제27조 공적 지위의 무관련성

1. 이 규정은 공적 지위에 근거한 어떠한 차별없이 모든 자에게 평등하게 적용되어야 한다. 특히 국가 원수 또는 정부 수반, 정부 또는 의회의 구성원, 선출된 대표자 또는 정부 공무원으로서의 공적 지위는 어떠한 경우에도 그 개인을 이 규정에 따른 형사책임으로부터 면제시켜 주지 아니하며, 또한 그 자체로서 자동적인 감형사유를 구성하지 아니한다.

2. 국내법 또는 국제법상으로 개인의 공적 지위에 따르는 면제나 특별한 절차규칙은 그 자에 대한 재판소의 관할권 행사를 방해하지 아니한다.

제28조 지휘관 및 기타 상급자의 책임

재판소의 관할범죄에 대하여 이 규정에 따른 형사책임의 다른 근거에 추가하여,

가. 다음과 같은 경우, 군지휘관 또는 사실상 군지휘관으로서 행동하는 자는 자신의 실효적인 지휘와 통제하에 있거나 또는 경우에 따라서는 실효적인 권위와 통제하에 있는 군대가 범한 재판소 관할범죄에 대하여 그 군대를 적절하게 통제하지 못한 결과로서의 형사책임을 진다.

(1) 군지휘관 또는 사실상 군지휘관으로서 행동하는 자가 군대가 그러한 범죄를 범하고 있거나 또는 범하려 한다는 사실을 알았거나 또는 당시 정황상 알았어야 하고,

(2) 군지휘관 또는 사실상 군지휘관으로서 역할을 하는 자가 그들의 범행을 방지하거나 억제하기 위하여 또는 그 사항을 수사 및 기소의 목적으로 권한있는 당국에 회부하기 위하여 자신의 권한 내의 모든 필요하고 합리적인 조치를 취하지 아니한 경우

나. 가호에 기술되지 않은 상급자와 하급자의 관계와 관련하여 다음의 경우 상급자는 자신의 실효적인 권위와 통제하에 있는 하급자가 범한 재판소 관할범죄에 대하여 하급자를 적절하게 통제하지 못한 결과로서의 형사책임을 진다.

(1) 하급자가 그러한 범죄를 범하고 있거나 또는 범하려 한다는 사실을 상급자가 알았거나 또는 이를 명백히 보여주는 정보를 의식적으로 무시하였고,

(2) 범죄가 상급자의 실효적인 책임과 통제 범위 내의 활동과 관련된 것이었으며,

(3) 상급자가 하급자의 범행을 방지하거나 억제하기 위하여 또는 그 문제를 수사 및 기소의 목적으로 권한있는 당국에 회부하기 위하여 자신의 권한 내의 모든 필요하고 합리적인 조치를 취하지 아니한 경우

제29조 시효의 부적용

재판소의 관할범죄에 대하여는 어떠한 시효도 적용되지 아니한다.

제30조 주관적 요소

1. 달리 규정되지 않는 한, 사람은 고의와 인식을 가지고 범죄의 객관적 요소를 범한 경우에만 재판소 관할범죄에 대하여 형사책임을 지며 처벌을 받는다.

2. 이 조의 목적상 다음의 경우 고의를 가진 것이다.

가. 행위와 관련하여, 사람이 그 행위에 관여하려고 의도한 경우

나. 결과와 관련하여, 사람이 그 결과를 야기하려고 의도하였거나 또는 사건의 통상적인 경과에 따라 그러한 결과가 발생할 것을 알고 있는 경우

3. 이 조의 목적상 "인식"이라 함은 어떠한 상황이 존재한다는 것 또는 사건의 통상적인 경과에 따라 어떠한 결과가 발생할 것이라는 것을 알고 있음을 말한다. "인식하다" 및 "인식하고서"는 이에 따라 해석된다.

제31조 형사책임 조각사유

1. 이 규정에서 정한 여타의 형사책임 조각사유에 더하여, 행위시 다음의 경우에 해당되면 형사책임을 지지 아니한다.

가. 사람이 자신의 행위의 불법성이나 성격을 평가할 수 있는 능력이나 자신의 행위를 법의 요건에 따르도록 통제할 수 있는 능력을 훼손시키는 정신적 질환 또는 결함을 겪고 있는 경우

나. 사람이 자신의 행위의 불법성이나 성격을 평가할 수 있는 능력이나 자신의 행위를 법의 요건

에 따르도록 통제할 수 있는 능력을 훼손시키는 중독 상태에 있는 경우. 다만, 중독의 결과로서 자신이 재판소 관할범죄를 구성하는 행위에 관여하게 될 것임을 인식하였거나 또는 그 위험을 무시하고 자발적으로 중독된 경우는 그러하지 아니하다.

다. 사람이 급박하고 불법적인 무력사용으로부터 자신이나 다른 사람을 방어하기 위하여 또는 전쟁범죄의 경우 자신이나 다른 사람의 생존을 위하여 필수적인 재산이나 군사적 임무를 달성하는데 필수적인 재산을 방어하기 위하여 자신이나 다른 사람 또는 보호되는 재산에 대한 위험의 정도에 비례하는 방식으로 합리적으로 행동한 경우. 군대가 수행하는 방어작전에 그 자가 관여되었다는 사실 자체만으로는 이 호에 따른 형사책임 조각사유를 구성하지 아니한다.

라. 재판소의 관할범죄를 구성하는 것으로 주장된 행위가 자신 또는 다른 사람에 대한 급박한 사망 또는 계속적이거나 급박한 중대한 신체적 위해의 위협으로부터 비롯된 강박에 의하여 야기되었고, 그러한 위험을 피하기 위하여 합리적으로 행동한 경우. 다만, 그 자가 피하고자 하는 것보다 더 큰 위해를 초래하려고 의도하지 않아야 한다. 그러한 위협은,

(1) 다른 사람에 의한 것이거나, 또는

(2) 그 사람의 통제범위를 넘어서는 기타 상황에 의하여 형성된 것일 수도 있다.

2. 재판소는 이 규정에 정한 형사책임 조각사유가 재판소에 제기된 사건에 적용되는지 여부를 결정한다.

3. 재판소는 제1항에 규정된 것 이외의 형사책임 조각사유라도 그 사유가 제21조에 규정된 적용가능한 법에 의하여 도출된 경우, 재판에서 이를 고려할 수 있다. 그러한 사유의 고려에 관한 절차는 절차및증거규칙에 규정된다.

제32조 사실의 착오 또는 법률의 착오

1. 사실의 착오는 그것이 범죄성립에 요구되는 주관적 요소를 흠결시키는 경우에만 형사책임 조각사유가 된다.

2. 특정 유형의 행위가 재판소의 관할범죄인지 여부에 관한 법률의 착오는 형사책임 조각사유가 되지 아니한다. 그러나 법률의 착오가 범죄성립에 요구되는 주관적 요소를 흠결시키는 경우나 제33조에 규정된 바와 같은 경우에는 형사책임 조각사유가 될 수 있다.

제33조 상급자의 명령과 법률의 규정

1. 어떠한 자가 정부의 명령이나 군대 또는 민간인 상급자의 명령에 따라 재판소 관할범죄를 범하였다는 사실은, 다음의 경우를 제외하고는 그 자의 형사책임을 면제시켜 주지 아니한다.

가. 그 자가 정부 또는 관련 상급자의 명령에 따라야 할 법적 의무하에 있었고,

나. 그 자가 명령이 불법임을 알지 못하였으며,

다. 명령이 명백하게 불법적이지는 않았던 경우

2. 이 조의 목적상, 집단살해죄 또는 인도에 반한 죄를 범하도록 하는 명령은 명백하게 불법이다.

제4부 재판소의 구성과 행정

제34조 재판소의 기관

재판소는 다음 기관으로 구성된다.

가. 소장단

나. 상소심부, 1심부 및 전심부

다. 소추부

라. 사무국

제35조 재판관의 복무

1. 모든 재판관은 재판소의 전임 구성원으로 선출되며, 그들의 임기가 개시되는 때로부터 그러한 방식으로 근무할 수 있어야 한다.

2. 소장단을 구성하는 재판관들은 선출된 때로부터 전임으로 근무한다.

3. 소장단은 재판소의 업무량을 기초로 구성원들과의 협의를 거쳐, 수시로 나머지 재판관들의 어느 정도를 전임으로 근무하도록 할 것인가를 결정할 수 있다. 그러한 조치는 제40조의 규정을 해하지 아니한다.

4. 전임으로 근무할 필요가 없는 재판관에 대한 재정적 조치는 제49조에 따라 이루어진다.

제36조 재판관의 자격요건, 추천 및 선거

1. 제2항의 규정을 조건으로 재판소에는 18인의 재판관을 둔다.

2. 가. 재판소를 대표하여 행동하는 소장단은 증원이 필요하고 적절하다는 사유를 적시하여 제1항에 명시된 재판관의 증원을 제안할 수 있다. 사무국장은 이러한 제안을 신속히 모든 당사국에 회람한다.

나. 그러한 제안은 제112조에 따라 소집되는 당사국총회의 회의에서 심의된다. 제안은 당사국총회 회원국의 3분의 2의 투표에 의하여 승인되면 채택된 것으로 간주하며, 당사국총회가 결정하는 시점에 발효한다.

다. (1) 나호에 따라 재판관의 증원을 위한 제안이 채택된 경우, 추가되는 재판관의 선거는 제3항 내지 제8항 및 제37조제2항에 따라 당사국총회의 다음 회기에서 실시된다.

(2) 나호와 다호(1)에 따라 재판관의 증원을 위한 제안이 채택되고 발효한 경우, 소장단은 재판소의 업무량이 이를 정당화할 경우 그 후 언제든지 재판관의 감원을 제안할 수 있다. 다만, 재판관의 수는 제1항에 명시된 수 미만으로 감원되어서는 아니된다. 제안은 가호 및 나호에 정하여진 절차에 따라 처리된다. 제안이 채택된 경우, 재판관의 수는 필요한 수에 도달될 때까지 재직중인 재판관의 임기가 만료됨에 맞추어 점진적으로 감소시킨다.

3. 가. 재판관은 각 국에서 최고 사법직에 임명되기 위해 필요한 자격을 갖추고, 높은 도덕성과 공정성 및 성실성을 가진 자 중에서 선출된다.

나. 재판관 선거 후보자는 다음을 갖추어야 한다.

(1) 형법과 형사절차에서의 인정된 능력과 판사, 검사, 변호사 또는 이와 유사한 다른 자격으로서 형사소송에서의 필요한 관련 경력. 또는,

(2) 국제인도법 및 인권법과 같은 국제법 관련 분야에서의 인정된 능력과 재판소의 사법업무와 관련되는 전문적인 법률 직위에서의 풍부한 경험

다. 재판관 선거 후보자는 재판소의 실무언어중 최소한 하나의 언어에 탁월한 지식을 갖고 이를 유창하게 구사하여야 한다.

4. 가. 재판관 선거 후보자의 추천은 이 규정의 어떠한 당사국도 할 수 있으며, 다음중 어느 절차에 따라야 한다.

(1) 당해 국가에서 최고 사법직의 임명을 위한 후보자 추천 절차

(2) 국제사법재판소규정상 국제사법재판소에 대한 후보 추천을 정한 절차 추천에는 후보자가 제3항의 요건을 어떻게 충족하는지를 반드시 상세하게 명시하는 설명이 첨부되어야 한다.

나. 각 당사국은 모든 선거에서 꼭 자국민일 필요는 없으나 반드시 당사국의 국민인 1인의 후보자를 추천할 수 있다.

다. 당사국총회는 적절한 경우 추천에 관한 자문위원회를 설치하기로 결정할 수 있다. 그러한 경우 위원회의 구성과 임무는 당사국총회가 정한다.

5. 선거의 목적상 다음과 같은 두 가지 후보자명부를 둔다.

제3항나호(1)에 명시된 자격요건을 갖춘 후보자의 명단을 포함하는 A명부

제3항나호(2)에 명시된 자격요건을 갖춘 후보자의 명단을 포함하는 B명부

두 개 명부 모두에 해당하는 충분한 자격요건을 갖춘 후보자는 등재될 명부를 선택할 수 있다. 최초의 재판관 선거시 A명부로부터는 최소한 9인의 재판관이, 그리고 B명부로부터는 최소한 5인의 재판관이 선출되어야 한다. 그 후의 선거는 양 명부상의 자격요건을 갖춘 재판관들이 재판소에서 상응하는 비율을 유지하도록 이루어져야 한다.

6. 가. 재판관은 제112조에 따라 재판관 선거를 위하여 소집되는 당사국총회의 회의에서 비밀투표로 선출된다. 제7항을 조건으로, 재판관으로 선출되는 자는 출석하여 투표한 당사국의 3분의 2 이상의 최다득표를 한 18인의 후보자로 한다.

나. 제1차 투표에서 충분한 수의 재판관이 선출되지 아니한 경우, 충원될 때까지 가호에 정해진 절차에 따라 계속 투표를 실시한다.

7. 어떠한 2인의 재판관도 동일한 국가의 국민이어서는 아니된다. 재판소 구성의 목적상 2개 이상의 국가의 국민으로 인정될 수 있는 자는 그가 통상적으로 시민적 및 정치적 권리를 행사하는 국가의 국민으로 간주된다.

8. 가. 당사국들은 재판관의 선출에 있어서 재판소 구성원 내에서 다음의 필요성을 고려한다.

(1) 세계의 주요 법체계의 대표성

(2) 공평한 지역적 대표성

(3) 여성 및 남성 재판관의 공정한 대표성

나. 당사국들은 여성이나 아동에 대한 폭력을 포함하되 이에 국한되지 아니하는 특수한 문제에 대하여 법률 전문지식을 가진 재판관을 포함시킬 필요성도 고려한다.

9. 가. 재판관은 나호를 조건으로 9년간 재직하며, 다호 및 제37조제2항을 조건으로 재선될 수

없다.

나. 첫 번째 선거에서, 선출된 재판관의 3분의 1은 추첨으로 3년의 임기동안 복무하도록 선정되며, 또 다른 3분의 1의 재판관은 추첨으로 6년의 임기동안 복무하도록 선정되며, 나머지 재판관은 9년의 임기동안 복무한다.

다. 나호에 따라 3년의 임기동안 복무하도록 선정된 재판관은 완전한 임기로 재선될 수 있다.

10. 제9항의 규정에도 불구하고 제39조에 따라 1심부 또는 상소심부에 배정된 재판관은 그 재판부에서 이미 심리가 개시된 1심 또는 상소심이 종결될 때까지 계속 재직하여야 한다.

제37조 재판관의 결원

1. 결원이 발생한 경우 제36조에 따라 결원을 채우기 위한 선거를 실시한다.

2. 결원을 채우기 위하여 선출된 재판관은 전임자의 잔여임기 동안 재직하며, 그 기간이 3년 이하일 경우에는 제36조에 따라 완전한 임기로 재선될 수 있다.

제38조 소장단

1. 재판소장과 제1부소장 및 제2부소장은 재판관들의 절대다수결에 의하여 선출된다. 그들은 각각 3년의 임기 또는 그들 각자의 재판관 임기의 종료중 먼저 만료되는 때까지 재직한다. 그들은 한 번 재선될 수 있다.

2. 제1부소장은 재판소장이 직무를 수행할 수 없거나 자격을 상실한 경우 재판소장의 직무를 대리한다. 제2부소장은 재판소장과 제1부소장 모두 직무를 수행할 수 없거나 자격을 상실한 경우 재판소장의 직무를 대리한다.

3. 재판소장은 제1부소장 및 제2부소장과 함께 소장단을 구성하며, 소장단은 다음에 대하여 책임을 진다.

가. 소추부를 제외한 재판소의 적절한 운영

나. 이 규정에 따라 소장단에 부여된 다른 기능

4. 제3항가호에 따른 책임을 수행함에 있어서 소장단은 상호 관심사인 모든 사항에 대하여 소추관과 조정하고 동의를 구한다.

제39조 재판부

1. 재판관 선거후 가능한 한 신속히, 재판소는 제34조나호에 명시된 담당부를 구성한다. 상소심부는 재판소장과 4인의 다른 재판관으로, 1심부는 6인 이상의 재판관으로, 그리고 전심부는 6인 이상의 재판관으로 구성된다. 재판관의 담당부 배정은 각 부가 수행할 기능의 성격과 선출된 재판관의 자격과 경력에 기초하여 각 부에 형법 및 형사절차와 국제법에서의 전문지식이 적절히 배합되는 방식으로 이루어져야 한다. 1심부와 전심부는 형사소송의 경력이 있는 재판관들을 위주로 구성된다.

2. 가. 재판소의 사법적 기능은 각 부의 재판부에 의하여 수행된다.

나. (1) 상소심재판부는 상소심부의 모든 재판관들로 구성된다.

(2) 1심재판부의 기능은 1심부의 3인의 재판관에 의하여 수행된다.

(3) 전심재판부의 기능은 전심부의 3인의 재판관 또는 이 규정과 절차및증거규칙에 따라 전심

부의 단독 재판관에 의하여 수행된다.

다. 이 항의 어떠한 규정도 재판소 업무량의 효율적인 관리상 필요한 경우에 2개 이상의 1심재판부 또는 전심재판부를 동시에 구성하는 것을 배제하지 아니한다.

3. 가. 1심부와 전심부에 배정된 재판관은 그 부에서 3년간 복무하며, 그 후에도 해당부에서 이미 심리가 개시된 사건에 대하여는 그 사건 종결시까지 복무한다.

나. 상소심부에 배정된 재판관은 그들의 전체 임기동안 그 부에서 복무한다.

4. 상소심부에 배정된 재판관은 오직 그 부에서만 근무한다. 그러나 이 조의 어떠한 규정도 소장단이 재판소 업무량의 효율적 관리상 필요하다고 판단하는 경우, 1심부에서 전심부로 또는 그 반대로 재판관을 잠정적으로 배정하는 것을 배제하지 아니한다. 다만, 어떠한 상황에서도 사건의 전심재판 단계에 참여하였던 재판관은 당해 사건을 심리하는 1심재판부에 참여할 수 없다.

제40조 재판관의 독립

1. 재판관은 그 직무를 수행함에 있어서 독립적이다.

2. 재판관은 자신의 사법적 기능에 방해가 될 수 있거나 또는 자신의 독립성에 대한 신뢰에 영향을 미칠 수 있는 어떠한 활동에도 종사하여서는 아니된다.

3. 재판소의 소재지에서 전임으로 복무하는 재판관은 다른 영리적 성격의 직업에 종사하여서는 아니된다.

4. 제2항과 제3항의 적용에 관한 문제는 재판관의 절대다수결에 의하여 결정된다. 그러한 문제가 재판관 개인에 관한 것인 경우 당해 재판관은 결정에 참여하지 아니한다.

제41조 재판관의 회피와 제척

1. 소장단은 재판관의 요청이 있으면 절차및증거규칙에 따라 당해 재판관이 이 규정상의 직무 수행을 회피하도록 할 수 있다.

2. 가. 재판관은 어떠한 사유에서든 자신의 공정성이 합리적으로 의심받을 수 있는 어떠한 사건에도 참여하지 아니한다. 특히 재판관이 전에 어떤 자격으로든 재판소에 제기된 사건에 관여하였거나 또는 현재 수사중이거나 기소중인 자가 연루된 국내 형사사건에 관여한 경우, 재판관은 이 항에 따라 그 사건으로부터 제척된다. 재판관은 절차및증거규칙에 규정된 다른 사유로도 제척된다.

나. 소추관 또는 수사중이거나 기소중인 자는 이 항에 따라 재판관의 제척을 요청할 수 있다.

다. 재판관의 제척에 관한 모든 문제는 재판관의 절대다수결에 의하여 결정된다. 이의가 제기된 재판관은 이 문제에 관한 자신의 의견을 진술할 권리가 있으나 결정에는 참여하지 아니한다.

제42조 소추부

1. 소추부는 재판소의 별개 기관으로서 독립적으로 활동한다. 소추부는 재판소에 회부되는 관할 범죄와 그 범죄에 관한 구체적 정보를 접수하며, 이를 조사하고 수사하여 재판소에 기소를 제기하는데 대한 책임을 진다. 소추부의 구성원은 외부로부터 지시를 구하거나 지시에 따라 활동하여서는 아니된다.

2. 소추부의 장은 소추관으로 한다. 소추관은 직원, 시설 및 다른 자원을 포함하여 소추부의 관리

및 행정에 전권을 가진다. 소추관은 이 규정에 따라 소추관에게 요구되는 모든 활동을 수행할 권한을 가지는 1인 이상의 부소추관의 조력을 받는다. 소추관과 부소추관은 서로 다른 국적을 가져야 한다. 그들은 전임으로 근무한다.

3. 소추관과 부소추관은 높은 도덕성과 형사사건의 기소와 재판에 있어 고도의 능력과 풍부한 실무경력을 갖춘 자이어야 한다. 그들은 재판소의 실무언어중 최소한 하나의 언어에 탁월한 지식을 갖고 이를 유창하게 구사하여야 한다.

4. 소추관은 당사국총회 회원국의 비밀투표에 의하여 절대다수결로 선출된다. 부소추관은 소추관이 제시한 후보자 명부로부터 동일한 방식으로 선출된다. 소추관은 충원될 부소추관의 각 직에 대하여 각각 3인의 후보자를 추천한다. 선출시 더 짧은 임기로 결정되지 아니하는 한, 소추관과 부소추관은 9년의 임기동안 재직하며 재선될 수 없다.

5. 소추관과 부소추관은 자신의 소추기능에 방해가 될 수 있거나 자신의 독립성에 대한 신뢰에 영향을 미칠 수 있는 어떠한 활동에도 종사하지 아니한다. 그들은 다른 영리적 성격의 직업에도 종사하지 아니한다.

6. 소장단은 소추관 또는 부소추관의 요청에 따라 특정 사건을 다루는 것을 회피하도록 할 수 있다.

7. 소추관과 부소추관은 어떠한 사유에서든 자신의 공정성이 합리적으로 의심받을 수 있는 어떠한 사건에도 참여하지 아니한다. 특히 그들이 전에 어떠한 자격으로든 재판소에 제기된 사건에 관여하였거나 또는 현재 수사중이거나 기소중인 자가 연루된 국내 형사사건에 관여한 경우, 그들은 이 항에 따라 그 사건으로부터 제척된다.

8. 소추관과 부소추관의 제척에 관한 모든 문제는 상소심재판부가 결정한다.

가. 수사중이거나 기소중인 자는 언제든지 이 조에 규정된 사유에 근거하여 소추관과 부소추관의 제척을 요청할 수 있다.

나. 소추관과 부소추관은 적절한 경우 이 사안에 대하여 자신의 의견을 진술할 권리가 있다.

9. 소추관은 성폭력 또는 성별 폭력 및 아동에 대한 폭력을 포함하되 이에 국한되지 아니하는 특수한 문제에 대하여 법률 전문지식을 가진 자문관을 임명한다.

제43조 사무국

1. 사무국은 제42조에 따른 소추관의 직무와 권한을 침해함이 없이 재판소의 행정과 사무의 비사법적 측면에 대하여 책임을 진다.

2. 사무국은 재판소의 수석행정관인 사무국장이 이끈다. 사무국장은 재판소장의 권위하에서 자신의 직무를 수행한다.

3. 사무국장과 사무차장은 높은 도덕성을 가진 탁월한 능력의 소유자이어야 하며, 재판소의 실무언어중 최소한 하나의 언어에 탁월한 지식을 갖고 이를 유창하게 구사하여야 한다.

4. 재판관들은 당사국총회의 추천을 고려하여 비밀투표에 의하여 절대다수결로 사무국장을 선출한다. 필요한 경우 사무국장의 추천에 따라, 재판관들은 동일한 방식으로 사무차장을 선출한다.

5. 사무국장은 5년 임기동안 재직하며 한번 재선될 수 있고, 전임으로 근무한다. 사무차장의 임기

는 5년 또는 재판관들의 절대다수결로 결정하는 더 짧은 기간으로 하며, 사무차장의 근무가 필요하다고 요구되는 경우 선출될 수 있다.

6. 사무국장은 사무국내에 피해자 증인 담당부를 둔다. 이 담당부는 소추부와 협의하여 증인, 재판소에 출석한 피해자, 그리고 그러한 증인이 행한 증언으로 인하여 위험에 처한 다른 자들을 위한 보호조치와 안전조치, 상담 및 기타 적절한 지원을 제공한다. 이 부에 성폭력 범죄와 관련된 정신장애를 포함하여 정신장애에 전문지식을 가진 직원을 포함한다.

제44조 직원

1. 소추관과 사무국장은 각각의 업무에 필요한 자격을 가진 직원을 임명한다. 소추관의 경우에는 수사관의 임명을 포함한다.

2. 직원을 채용함에 있어서, 소추관과 사무국장은 최고 수준의 효율성 능력 및 성실성을 확보하여야 하며, 제36조제8항에 규정된 기준을 준용한다.

3. 사무국장은 소장단 및 소추관의 합의를 얻어 재판소 직원의 임명, 보수 및 해고에 관한 조건들을 포함하는 직원규칙을 제안한다. 직원규칙은 당사국총회의 승인을 받아야 한다.

4. 재판소는 예외적인 경우 재판소의 각 기관의 업무를 보조하기 위하여 당사국, 정부간 또는 비정부간 기구가 제공하는 무보수 요원의 전문지식을 활용할 수 있다. 소추관은 소추부를 대표하여 그러한 제공을 수락할 수 있다. 그러한 무보수 요원은 당사국총회가 제정한 지침에 따라 채용된다.

제45조 선서

재판관, 소추관, 부소추관, 사무국장 및 사무차장은 이 규정에 따른 각자의 임무를 맡기 전에 공개된 법정에서 자신의 직무를 공정하고 양심적으로 수행할 것을 각자 엄숙히 선서한다.

제46조 직의 상실

1. 재판관, 소추관, 부소추관, 사무국장 또는 사무차장은 다음의 경우에 해당하여 제2항에 따른 결정이 내려지면 그 직을 상실한다.

가. 절차및증거규칙에 규정되어 있는 바와 같이 중대한 부정행위 또는 이 규정에 따른 의무의 중대한 위반을 범한 것으로 밝혀진 경우

나. 이 규정이 요구하는 직무를 수행할 수 없는 경우

2. 제1항에 따른 재판관, 소추관 또는 부소추관의 직의 상실에 관한 결정은 당사국총회에서 비밀투표로 다음과 같이 이루어진다.

가. 재판관의 경우, 다른 재판관들의 3분의 2의 다수결에 의하여 채택된 권고에 대하여 당사국의 3분의 2의 다수결

나. 소추관의 경우, 당사국의 절대다수결

다. 부소추관의 경우, 소추관의 권고에 따른 당사국의 절대다수결

3. 사무국장 또는 사무차장의 직의 상실에 관한 결정은 재판관들의 절대다수결에 의하여 이루어진다.

4. 재판관, 소추관, 부소추관, 사무국장 또는 사무차장은 자신의 행동 또는 이 규정이 요구하는 직무를 수행할 능력에 대하여 이 조에 따른 이의제기가 있는 경우, 절차및증거규칙에 따라 증거를

제출하거나 접수하고 의견을 개진할 충분한 기회를 가진다. 그 외에는 본인은 이 사안에 대한 심의에 참여하지 아니한다.

제47조 징계처분

제46조제1항에 규정된 것보다 덜 중대한 성격의 부정행위를 범한 재판관, 소추관, 부소추관, 사무국장 또는 사무차장은 절차및증거규칙에 따라 징계처분을 받는다.

제48조 특권과 면제

1. 재판소는 각 당사국의 영역에서 재판소의 목적 달성을 위하여 필요한 특권과 면제를 향유한다.

2. 재판관, 소추관, 부소추관 및 사무국장은 재판소의 업무나 그와 관련된 업무를 수행하는 경우, 외교사절의 장에게 부여되는 것과 동일한 특권과 면제를 향유하며, 임기가 만료된 후에도 그들이 공적 지위에서 행한 구두 또는 서면의 진술과 행위에 대하여 모든 종류의 법적 절차로부터 계속 면제를 부여받는다.

3. 사무차장, 소추부의 직원 및 사무국의 직원은 재판소의 특권 및 면제에 관한 협정에 따라 자신의 직무수행에 필요한 특권·면제와 편의를 향유한다.

4. 변호인, 전문가, 증인 또는 재판소에 출석이 요구되는 다른 자는 재판소의 특권 및 면제에 관한 협정에 따라 재판소의 적절한 기능수행을 위하여 필요한 대우를 부여받는다.

5. 가. 재판관 또는 소추관의 특권과 면제는 재판관들의 절대다수결에 의하여 포기될 수 있다.
나. 사무국장의 특권과 면제는 소장단에 의하여 포기될 수 있다.
다. 부소추관과 소추부 직원의 특권과 면제는 소추관에 의하여 포기될 수 있다.
라. 사무차장과 사무국 직원의 특권과 면제는 사무국장에 의하여 포기될 수 있다.

제49조 급여·수당 및 비용

재판관, 소추관, 부소추관, 사무국장 및 사무차장은 당사국총회에서 결정되는 급여·수당 및 비용을 받는다. 이러한 급여와 수당은 그들의 재직기간 동안 삭감되지 아니한다.

제50조 공식언어 및 실무언어

1. 재판소의 공식언어는 아랍어, 중국어, 영어, 프랑스어, 러시아어 및 스페인어로 한다. 재판소의 판결과 재판소에 제기된 중대한 문제를 해결하는 기타 결정은 공식언어로 공표된다. 소장단은 절차및증거규칙이 정한 기준에 따라 이 항의 목적상 어떠한 결정이 근본적 문제를 해결하는 것으로 되는지를 결정한다.

2. 재판소의 실무언어는 영어와 프랑스어로 한다. 절차및증거규칙은 다른 공식언어가 실무언어로 사용될 수 있는 경우를 결정한다.

3. 절차의 당사자 또는 절차에 참가가 허용된 국가의 요청이 있으면, 재판소는 그러한 허가가 충분히 정당화될 수 있다고 판단하는 경우에, 그 당사자나 국가가 영어 또는 프랑스어 이외의 언어를 사용할 수 있도록 허가한다.

제51조 절차및증거규칙

1. 절차및증거규칙은 당사국총회 회원국의 3분의 2의 다수결에 의한 채택으로 발효한다.

2. 절차및증거규칙의 개정은 다음에 의하여 제안될 수 있다.

가. 당사국

나. 절대과반수의 재판관

다. 소추관

그러한 개정은 당사국총회 회원국의 3분의 2의 다수결에 의한 채택으로 발효한다.

3. 절차및증거규칙의 채택 후, 그 규칙에 재판소에 제기된 특정한 사태를 다룰 규정이 없는 긴급한 경우, 재판관들은 당사국총회의 차기 정기회기 또는 특별회기에서 채택·개정 또는 거부될 때까지 적용될 임시규칙을 3분의 2의 다수결로 제정할 수 있다.

4. 절차및증거규칙, 그 개정 및 모든 임시규칙은 이 규정에 부합되어야 한다. 임시규칙뿐만 아니라 절차및증거규칙의 개정은 수사중이거나 기소중인 자 또는 유죄판결을 받는 자에게 불리하게 소급 적용되지 아니한다.

5. 이 규정과 절차및증거규칙이 충돌할 경우, 이 규정이 우선한다.

제52조 재판소 규칙

1. 이 규정과 절차및증거규칙에 따라 재판관들은 재판소의 일상적인 기능수행에 필요한 재판소 규칙들을 절대다수결로 채택한다.

2. 재판소 규칙을 제정하거나 개정하는데 있어서 소추관 및 사무국장과 협의한다.

3. 재판소 규칙이나 그 개정은 재판관들이 달리 결정하지 아니하는 한, 채택시에 발효한다. 재판소 규칙이나 그 개정은 채택 즉시 당사국의 의견수렴을 위하여 당사국에게 회람된다. 6개월 이내에 당사국의 과반수로부터 반대가 없는 한, 재판소 규칙이나 그 개정은 계속하여 효력을 가진다.

제5부 수사 및 기소

제53조 수사의 개시

1. 소추관은 자신에게 이용 가능한 정보를 평가한 후, 이 규정에 따른 절차를 진행할 합리적 근거가 없다고 판단하지 않는 한 수사를 개시하여야 한다. 수사 개시 여부를 결정함에 있어 소추관은 다음을 고려한다.

가. 소추관에게 이용 가능한 정보가 재판소 관할범죄가 범하여졌거나 범하여지고 있다고 믿을 만한 합리적 근거를 제공하는지 여부

나. 사건이 제17조에 따른 재판적격성이 있는지 또는 있게 될지 여부

다. 범죄의 중대성 및 피해자의 이익을 고려하더라도, 수사가 정의에 도움이 되지 않을 것이라고 믿을 만한 상당한 이유가 있는지 여부

소추관이 절차를 진행할 합리적 근거가 없다고 결정하고 그 결정이 오직 다호만을 근거로 한 경우, 소추관은 이를 전심재판부에 통지한다.

2. 수사 후 소추관이 다음과 같은 이유로 기소할 충분한 근거가 없다고 결정하는 경우, 소추관은 전심재판부 및 제14조에 따라 회부한 국가 또는 제13조나호에 따른 사건의 경우 안전보장이사회에 자신의 결정과 그 이유를 통지한다.

가. 제58조에 따른 영장 또는 소환장을 청구할 법적 또는 사실적 근거가 충분하지 않은 경우

나. 사건이 제17조에 따라 재판적격성이 없는 경우

다. 범죄의 중대성, 피해자의 이익, 피의자의 연령 또는 쇠약 정도 및 범죄에 있어서 피의자의 역할을 포함한 모든 정황을 고려할 때, 기소가 정의에 부합하지 아니하는 경우

3. 가. 제14조에 따른 사건 회부국 또는 제13조나호에 따른 안전보장이사회의 요청이 있으면, 전심재판부는 제1항 또는 제2항에 따른 소추관의 절차종결 결정을 재검토할 수 있으며, 소추관에게 그 결정을 재고할 것을 요청할 수 있다.

나. 또한 소추관의 절차종결 결정이 오직 제1항다호 또는 제2항다호만을 근거로 한 경우, 전심재판부는 직권으로 그 결정을 재검토할 수 있다. 그러한 경우 소추관의 결정은 전심재판부의 확인을 받아야만 유효하다.

4. 소추관은 새로운 사실이나 정보를 근거로 수사 또는 기소의 개시 여부에 대한 결정을 언제든지 재고할 수 있다.

제54조 수사에 관한 소추관의 의무 및 권한

1. 소추관은,

가. 진실을 규명하기 위하여 이 규정에 따른 형사책임이 있는지 여부를 평가하는데 관계되는 모든 사실과 증거를 수사하며, 그렇게 함에 있어서 유죄 및 무죄의 정황을 동등하게 수사한다.

나. 재판소 관할범죄의 효과적인 수사 및 기소를 보장하기 위하여 적절한 조치를 취하며, 그렇게 함에 있어서 연령, 제7조제3항에 정의된 바와 같은 성별, 건강을 포함하여 피해자 및 증인의 이익과 개인적인 정황을 존중하고, 특히 성폭력, 성별 폭력 또는 아동에 대한 폭력이 관련된 경우에는 범죄의 성격을 고려한다.

다. 이 규정에 따른 개인의 권리를 충분히 존중한다.

2. 소추관은 국가의 영역에서 다음과 같이 수사를 행할 수 있다.

가. 제9부의 규정에 따라,

나. 제57조제3항라호에 따른 전심재판부의 허가를 받아

3. 소추관은,

가. 증거를 수집하고 조사할 수 있다.

나. 수사중인 자, 피해자 및 증인의 출석을 요구하고 그들을 신문할 수 있다.

다. 국가 또는 정부간 기구나 조직의 협조를 그들 각각의 권한 및/또는 임무에 따라 구할 수 있다.

라. 국가, 정부간 기구 또는 개인의 협조를 촉진하는데 필요한 약정 또는 협정을 맺을 수 있다. 단, 그러한 약정 또는 협정은 이 규정에 저촉되어서는 아니된다.

마. 소추관이 비밀을 조건으로 그리고 오로지 새로운 증거를 산출할 목적으로 취득한 문서 또는 정보를, 정보제공자가 동의하지 아니하는 한 절차의 어떠한 단계에서도 공개하지 않기로 합의할 수 있다.

바. 정보의 비밀, 개인의 보호 또는 증거의 보전을 확보하기 위하여 필요한 조치를 취하거나 또는 필요한 조치가 취해지도록 요청할 수 있다.

제55조 수사중 개인의 권리

1. 이 규정에 따른 수사와 관련하여 개인은,

가. 스스로 복죄하거나 자신의 유죄를 시인하도록 강요받지 아니한다.

나. 어떠한 형태의 강요, 강박 또는 위협, 고문, 또는 다른 어떠한 형태의 잔혹하거나 비인도적이 거나 굴욕적인 대우나 처벌을 받지 아니한다.

다. 자신이 충분히 이해하고 말하는 언어 이외의 언어로 신문받는 경우, 무료로 유능한 통역과 공정성의 요건을 충족시키는데 필요한 번역의 도움을 받는다.

라. 자의적인 체포 또는 구금을 당하지 아니하며, 이 규정에서 정한 근거와 절차에 따른 경우를 제외하고는 자유를 박탈당하지 아니한다.

2. 개인이 재판소 관할범죄를 범하였다고 믿을 만한 근거가 있고, 그 자가 소추관 또는 이 규정 제9부에 의한 요청에 따라 국가 당국의 신문을 받게 될 경우, 그는 신문에 앞서 자신에게 고지되 어야 할 다음의 권리를 가진다.

가. 신문에 앞서 그가 재판소 관할범죄를 범하였다고 믿을 만한 근거가 있음을 고지받을 권리

나. 침묵이 유죄 또는 무죄를 결정함에 있어서 참작됨이 없이 진술을 거부할 권리

다. 자신이 선택하는 법적 조력을 받을 권리, 또는 자신이 법적 조력을 받지 못하고 있다면 정의를 위하여 요구되는 경우에 자신에게 지정된 법적 조력을 받을 권리, 그리고 자신이 비용을 지불 할 충분한 수단이 없는 경우에는 이를 무료로 제공받을 권리

라. 자신이 자발적으로 변호인의 조력을 받을 권리를 포기하지 아니하는 한 변호인의 참석하에 신문을 받을 권리

제56조 유일한 수사기회에 관한 전심재판부의 역할

1. 가. 소추관이 수사가 증인으로부터 증언이나 진술을 얻거나 증거를 조사·수집 또는 검사하기 위한 유일한 기회를 제공하며 재판을 위하여 추후에는 확보할 수 없다고 판단하는 경우, 소추 관은 이를 전심재판부에 통지한다.

나. 이 경우 전심재판부는 소추관의 청구가 있으면 절차의 효율성과 일체성을 보장하고, 특히 피 의자의 권리를 보호하는데 필요한 조치를 취할 수 있다.

다. 전심재판부가 달리 명하지 않는 한, 소추관은 가호에 규정된 수사와 관련하여 체포된 자 또는 소환에 응하여 출석한 자에게 자신이 관련된 사항에 관하여 진술할 수 있도록 관련 정보를 제공한다.

2. 제1항나호에 언급된 조치는 다음을 포함할 수 있다.

가. 취하여야 할 절차에 관한 권고 또는 명령

나. 절차에 대한 기록의 작성 지시

다. 보조할 전문가의 임명

라. 체포된 자 또는 소환에 응하여 재판소에 출석한 자를 위한 변호인의 참여 허가 또는 그러한 체포나 출석이 아직 없었거나 변호인이 선정되지 아니한 경우에 참석하여 피의자측의 이익을 대변할 변호인의 임명

마. 증거의 수집 및 보전과 신문을 관찰하고 그에 관한 권고 또는 명령을 하도록 전심재판부의 구성원 중의 한 명 또는 필요한 경우에는 전심부 또는 1심부의 활용 가능한 다른 재판관의 지명

바. 증거를 수집하거나 보전하는데 필요한 기타의 조치들

3. 가. 소추관이 이 조에 따른 조치를 구하지는 않았으나 전심재판부가 재판에서 피고인에게 필수적이라고 여기는 증거를 보전하기 위하여 그러한 조치가 필요하다고 판단하는 경우, 전심재판부는 소추관이 그러한 조치를 요청하지 않은데 상당한 이유가 있는지 여부에 관하여 소추관과 협의한다. 협의 후 소추관이 그러한 조치를 요청하지 않은 것이 부당하다고 판단하는 경우, 전심재판부는 직권으로 그러한 조치를 취할 수 있다.

나. 이 항에 따른 전심재판부의 직권 조치 결정에 대하여 소추관은 상소할 수 있다. 상소는 신속하게 심리된다.

4. 이 조에 따라 재판을 위하여 보전되거나 수집된 증거 또는 그에 대한 기록의 증거능력은 재판시 제69조에 의해 결정되며, 1심재판부가 정하는 증명력이 부여된다.

제57조 전심재판부의 기능 및 권한

1. 이 규정에서 달리 정하지 않는 한, 전심재판부는 이 조의 규정에 따라 기능을 행사한다.

2. 가. 제15조, 제18조, 제19조, 제54조제2항, 제61조제7항 및 제72조에 따른 전심재판부의 명령 또는 결정은 그 재판부 재판관들의 과반수의 동의가 있어야 한다.

나. 그 외의 모든 경우에 절차및증거규칙에 달리 규정되어 있거나 또는 전심재판부의 과반수에 의하여 달리 결정되지 않는 한, 전심재판부의 단독 재판관이 이 규정에 따른 기능을 행사할 수 있다.

3. 전심재판부는 이 규정에 따른 다른 기능 외에도,

가. 소추관의 요청에 따라, 수사를 위하여 필요한 명령을 하고 영장을 발부할 수 있다.

나. 체포된 자 또는 제58조에 따른 소환에 응하여 출석한 자의 요청이 있는 경우, 제56조에 규정된 것과 같은 조치를 포함하는 명령을 하거나 또는 자신의 방어준비를 하는 자를 지원하는데 필요한 협력을 제9부에 따라 구할 수 있다.

다. 필요한 경우, 피해자 및 증인의 보호와 그들의 사생활 보호, 증거 보전, 체포된 자 또는 소환에 응하여 출석한 자의 보호 그리고 국가안보 정보의 보호를 제공할 수 있다.

라. 전심재판부는 가능한 경우 언제나 당해국의 의견을 고려한 후, 당해국이 제9부에 따른 협력 요청을 이행할 권한있는 사법당국이나 그 구성기관을 이용할 수 없음으로 인하여 협력 요청을 이행할 수 없음이 그 사건의 경우에 명백하다고 결정하는 경우, 소추관으로 하여금 제9부에 따른 당해국의 협력을 확보함이 없이 그 국가의 영역안에서 특정한 수사조치를 취하도록 권한을 줄 수 있다.

마. 제58조에 따라 체포영장 또는 소환장이 발부된 경우, 이 규정과 절차및증거규칙에서 정한 바와 같이 증거가치 및 당해 당사자의 권리를 적절히 고려하여, 피해자의 궁극적 이익을 위하여 몰수 목적의 보호조치를 취하도록 제93조제1항카호에 따라 당해국의 협조를 구할 수 있다.

제58조 전심재판부의 체포영장 또는 소환장 발부

1. 전심재판부는 수사 개시후 언제라도 소추관의 신청에 따라 소추관이 제출한 신청서 및 증거 또는 기타 정보를 검토한 후 다음이 확인되면 체포영장을 발부한다.

가. 당해인이 재판소 관할범죄를 범하였다고 믿을 만한 합리적 근거가 있으며,

나. 당해인의 체포가 다음을 위하여 필요하다고 판단되는 경우

(1) 재판 출석을 보장하기 위한 경우

(2) 수사 또는 재판소 절차를 방해하거나 위태롭게 하지 못하도록 보장하기 위한 경우

(3) 적용 가능한 경우, 당해 범행의 계속 또는 그와 동일한 상황에서 발생하는 재판소의 관할권내에 속하는 관련범행의 계속을 방지하기 위한 경우

2. 소추관의 신청서는 다음을 포함한다.

가. 당해인의 성명 및 기타 관련 신원 정보

나. 당해인이 범행의 혐의를 받는 재판소 관할범죄에 대한 구체적 언급

다. 그러한 범죄를 구성하는 것으로 주장되는 사실에 대한 간결한 설명

라. 당해인이 그러한 범죄를 범하였다고 믿을 만한 합리적 근거를 형성하는 증거 및 기타 정보의 요약

마. 소추관이 당해인의 체포가 필요하다고 믿는 이유

3. 체포영장은 다음을 포함한다.

가. 당해인의 성명 및 기타 관련 신원 정보

나. 당해인의 체포사유가 되는 재판소 관할범죄에 대한 구체적 언급

다. 그러한 범죄를 구성하는 것으로 주장되는 사실에 대한 간결한 설명

4. 체포영장은 재판소가 달리 명령할 때까지 효력을 지속한다.

5. 체포영장을 근거로 재판소는 제9부에 따라 당해인의 긴급인도구속 또는 체포 및 인도를 청구할 수 있다.

6. 소추관은 전심재판부에 대하여 체포영장에 명시된 범죄를 수정하거나 그에 추가함으로써 체포영장을 수정할 것을 요청할 수 있다. 전심재판부는 당해인이 수정되거나 추가된 범죄를 범하였다고 믿을 만한 합리적 근거가 있다고 확인되는 경우 체포영장을 그와 같이 수정한다.

7. 체포영장 신청에 대한 대안으로 소추관은 당해인에 대해 소환장을 발부하도록 요청하는 신청서를 전심재판부에 제출할 수 있다. 전심재판부는 당해인이 범행의 혐의를 받는 범죄를 범하였다고 믿을 만한 합리적 근거가 있으며 소환장이 그의 출석을 확보하는데 충분하다고 확인하는 경우, 국내법에 규정된 (구금 이외의) 자유를 제한하는 조건을 부가하거나 부가하지 않으면서 당해인이 출석하도록 소환장을 발부한다. 소환장은 다음을 포함한다.

가. 당해인의 성명 및 기타 관련 신원 정보

나. 당해인이 출석하여야 하는 구체적 일자

다. 당해인이 범행의 혐의를 받는 재판소 관할범죄에 대한 구체적 언급

라. 그러한 범죄를 구성하는 것으로 주장되는 사실에 대한 간결한 설명 소환장은 당해인에게 송달

된다.

제59조 구금국에서의 체포절차

1. 긴급인도구속 또는 체포 및 인도 요청을 접수한 당사국은 즉시 자국법 및 제9부의 규정에 따라 당해인을 체포하기 위한 조치를 취한다.

2. 체포된 자는 신속히 구금국의 권한있는 사법당국에 인치되어야 하며, 그 사법당국은 자국법에 따라 다음을 결정한다.

가. 영장이 당해인에 적용되는지 여부

나. 당해인이 적절한 절차에 따라 체포되었는지 여부

다. 당해인의 권리가 존중되었는지 여부

3. 체포된 자는 인도될 때까지 구금국의 권한있는 당국에 임시석방을 신청할 권리를 가진다.

4. 그러한 신청에 대하여 결정함에 있어 구금국의 권한있는 당국은 범행의 혐의를 받는 범죄의 중대성에 비추어 임시석방을 정당화하는 긴급하고 예외적인 상황이 있는지 여부 및 구금국이 그를 재판소에 인도할 의무를 이행할 수 있도록 보장하는 필요한 안전장치가 존재하는지 여부를 검토한다. 구금국의 권한있는 당국은 체포영장이 제58조제1항가호 및 나호에 따라 적절하게 발부되었는지 여부를 검토할 수 없다.

5. 여하한 임시석방 신청도 전심재판부에 통지되어야 하며, 전심재판부는 구금국의 권한있는 당국에 권고를 행한다. 구금국의 권한있는 당국은 결정을 내리기 전에 당해인의 도주를 방지하기 위한 조치에 관한 권고를 포함한 전심재판부의 권고를 충분히 고려한다.

6. 당해인에 대한 임시석방이 허가된 경우, 전심재판부는 임시석방의 상황에 대한 정기적인 보고를 요청할 수 있다.

7. 구금국의 인도명령이 내려지면 당해인은 가능한 한 신속히 재판소로 인도되어야 한다.

제60조 재판소에서의 최초 절차

1. 당해인이 재판소로 인도되거나 또는 자발적이거나 소환에 따라 재판소에 출석하였을 때, 전심재판부는 그 자가 범행의 혐의를 받는 범죄에 대하여 통지를 받았는지, 그리고 재판계속중 임시석방을 신청할 권리 등 이 규정에 따른 자신의 권리에 관하여 통지를 받았는지 확인한다.

2. 체포영장의 적용을 받는 자는 재판계속중 임시석방을 신청할 수 있다. 전심재판부가 제58조제1항에 규정된 조건들이 충족됨을 확인한 경우, 그는 계속 구금된다. 그와 같이 확인되지 않는 경우, 전심재판부는 조건부로 또는 조건없이 당해인을 석방한다.

3. 전심재판부는 석방 또는 구금에 관한 결정을 정기적으로 재검토하며, 소추관 또는 당해인의 신청이 있으면 언제든지 재검토할 수 있다. 재검토에 따라 사정변경으로 필요하다고 인정되는 경우, 전심재판부는 구금·석방 또는 석방조건에 대한 결정을 변경할 수 있다.

4. 전심재판부는 누구도 소추관의 변명할 수 없는 지체로 인하여 재판 전에 불합리하게 장기간 구금되지 않도록 보장한다. 그러한 지체가 발생한 경우, 재판소는 조건부로 또는 조건없이 당해인의 석방을 고려한다.

5. 필요한 경우 전심재판부는 석방된 자의 출석을 확보하기 위하여 체포영장을 발부할 수 있다.

제61조 재판전 공소사실의 확인

1. 제2항의 규정을 조건으로, 당해인의 인도 또는 자발적 재판소 출석 후 합리적인 기간내에 전심재판부는 소추관이 재판을 구하고자 하는 공소사실을 확인하기 위한 심리를 행한다. 심리는 소추관과 피의자 및 피의자 변호인의 출석하에 이루어진다.

2. 전심재판부는 다음의 경우 소추관의 요청에 따라 또는 직권으로 피의자가 출석하지 않은 상태에서 소추관이 재판을 구하고자 하는 공소사실을 확인하기 위한 심리를 할 수 있다.

가. 당해인이 출석할 권리를 포기한 경우

나. 당해인이 도주하였거나 소재를 알 수 없고, 그의 재판소 출석을 확보하고 그에게 공소사실 및 그 공소사실을 확인하기 위한 심리의 개시를 통지하기 위해 모든 합리적인 조치를 취한 경우

그러한 경우, 전심재판부가 정의에 합당하다고 결정하는 경우, 변호인이 당해인을 대리한다.

3. 당해인은 심리 전 합리적인 기간내에,

가. 소추관이 그를 재판에 회부하려는 공소사실을 기재한 문서의 사본을 제공받는다.

나. 소추관이 심리에서 근거로 삼고자 하는 증거를 통지받는다.

전심재판부는 심리 목적으로 정보의 공개에 관하여 명령을 내릴 수 있다.

4. 심리가 시작되기 전에 소추관은 수사를 계속할 수 있으며 공소사실을 수정 또는 철회할 수 있다. 당해인은 심리 전에 여하한 공소사실의 변경 또는 철회에 대하여 합리적인 통지를 받는다. 공소사실 철회의 경우, 소추관은 전심재판부에 철회의 사유를 통지한다.

5. 심리시 소추관은 당해인이 기소대상인 범죄를 범하였다고 믿을 만한 상당한 근거를 형성하는 충분한 증거로써 각 공소사실을 증빙하여야 한다. 소추관은 서면 증거 또는 약식 증거에 의존할 수 있으며, 재판에서 증언할 것으로 예상되는 증인을 소환할 필요는 없다.

6. 심리시 당해인은,

가. 공소사실을 부인할 수 있다.

나. 소추관이 제출한 증거에 대하여 이의를 제기할 수 있다.

다. 증거를 제출할 수 있다.

7. 전심재판부는 심리를 근거로 당해인이 기소대상인 각각의 범죄를 범하였다고 믿을 만한 상당한 근거를 형성하는 충분한 증거가 있는지를 결정한다. 그 결정에 근거하여 전심재판부는,

가. 충분한 증거가 있다고 결정한 관련 공소사실을 확인하고, 확인된 공소사실에 대한 재판을 위하여 당해인을 1심재판부에 회부한다.

나. 증거가 불충분하다고 결정한 공소사실에 대하여는 확인을 거절한다.

다. 심리를 연기하고 소추관에게 다음을 고려하도록 요청한다.

(1) 특정한 공소사실과 관련하여 추가 증거를 제공하거나 또는 추가 수사를 행할 것, 또는

(2) 제출된 증거가 재판소의 다른 관할범죄를 구성하는 것으로 보이므로 공소사실을 수정할 것

8. 전심재판부가 공소사실의 확인을 거절하는 경우에도, 추가 증거가 보강되면 소추관이 추후 다시 확인을 요청함에는 지장이 없다.

9. 공소사실이 확인된 후 재판이 시작되기 전, 소추관은 전심재판부의 허가를 받고 또한 피의자에게 통지한 후 공소사실을 수정할 수 있다. 소추관이 공소사실을 추가하려고 하거나 보다 중한 공소사실로 대체하려고 하는 경우, 이 조에 따라 공소사실을 확인하기 위한 심리를 열어야 한다. 재판이 시작된 후에는, 소추관은 1심재판부의 허가를 얻어 공소사실을 철회할 수 있다.

10. 전심재판부에 의하여 확인되지 아니한 공소사실이나 소추관이 철회한 공소사실에 대하여 전에 발부된 영장은 효력을 상실한다.

11. 이 조에 따라 공소사실이 확인되면 소장단은 1심재판부를 구성한다. 동 재판부는 제9항 및 제64조제4항을 조건으로 그 후의 절차에 책임을 지며, 그 절차와 관련되는 적용 가능한 전심재판부의 모든 기능을 행사할 수 있다.

제6부 재 판

제62조 재판 장소

달리 결정되지 않는 한, 재판 장소는 재판소의 소재지로 한다.

제63조 피고인 출석하의 재판

1. 피고인은 재판하는 동안 출석하여야 한다.

2. 재판소에 출석한 피고인이 계속하여 재판을 방해하는 경우, 1심재판부는 그를 퇴정시킬 수 있으며 필요한 경우 통신기술을 이용하여 피고인이 재판정 밖에서 재판을 관찰하고 변호인에게 지시할 수 있도록 피고인을 위하여 조치를 취한다. 그러한 조치는 다른 합리적인 대안이 부적절한 것으로 확인된 후, 오직 예외적인 상황에서 엄격히 필요한 기간 동안만 취해져야 한다.

제64조 1심재판부의 기능과 권한

1. 이 조에 규정된 1심재판부의 기능과 권한은 이 규정과 절차및증거규칙에 따라 행사된다.

2. 1심재판부는 재판이 공정하고 신속하게, 그리고 피고인의 권리를 충분히 존중하고 피해자와 증인의 보호에 적절히 유의하여 진행되도록 보장한다.

3. 이 규정에 따라 재판을 위해 사건이 배당되면 그 사건을 처리하도록 배정된 1심재판부는 다음을 행한다.

가. 당사자들과 협의하여 공정하고 신속한 소송진행을 촉진하기 위하여 필요한 절차의 채택

나. 재판에서 사용될 언어의 결정

다. 이 규정의 기타 관련 조항에 따라, 적절한 재판준비가 가능하도록 재판이 시작되기에 충분히 앞서 전에 공개되지 않았던 문서 또는 정보의 공개 조치

4. 1심재판부는 효율적이고 공정한 운영을 위하여 필요한 경우, 예비적인 문제를 전심재판부에 회부하거나, 필요한 경우 전심부의 다른 재판관에게 회부할 수 있다.

5. 당사자들에 대한 통지후 1심재판부는 2인 이상의 피고인들에 대한 공소사실들에 관하여 적절한 대로 병합 또는 분리를 지시할 수 있다.

6. 재판 전 또는 재판이 진행되는 동안 그 기능을 수행함에 있어, 1심재판부는 필요한 대로 다음을 행할 수 있다.

가. 제61조제11항에 규정된 전심재판부의 기능 행사

나. 필요한 경우 이 규정이 정하는 바에 따라 국가의 지원을 받음으로써 증인의 출석 및 증언, 그리고 문서 및 기타 증거의 제공 요구

다. 비밀 정보의 보호 제공

라. 재판전에 이미 수집되었거나 재판중에 당사자가 제출한 증거 외의 추가 증거의 제출 명령

마. 피고인, 증인 및 피해자의 보호 조치

바. 기타 관련 문제에 대한 어떠한 결정

7. 재판은 공개로 진행된다. 그러나 1심재판부는 제68조에 기술된 목적을 위하여 또는 증거로 제출될 비밀정보나 민감한 정보를 보호하기 위한 특수상황으로 인하여 특정 절차를 비공개로 진행할 것이 요구된다고 결정할 수 있다.

8. 가. 재판이 시작되면 1심재판부는 전심재판부가 확인한 공소사실을 피고인에게 낭독한다. 1심재판부는 피고인이 공소사실의 성격을 이해하고 있음을 확인한다. 재판부는 피고인에게 제65조에 따라 유죄를 인정하거나 무죄를 주장할 기회를 부여한다.

나. 재판에서 재판장은 절차가 공정하고 공평한 방식으로 진행되도록 보장하는 것을 포함하여 절차의 진행을 위한 지시를 할 수 있다. 재판장의 지시를 조건으로, 당사자는 이 규정에 정한 바에 따라 증거를 제출할 수 있다.

9. 1심재판부는 당사자의 신청에 따라 또는 직권으로, 특히 다음 권한을 가진다.

가. 증거능력 또는 증거의 관련성을 결정할 권한

나. 심리중 질서를 유지하는데 필요한 모든 조치를 취할 권한

10. 1심재판부는 절차를 정확하게 반영하는 완벽한 재판기록이 작성되고 사무국장이 이를 유지·보존할 것을 보장한다.

제65조 유죄인정에 관한 절차

1. 피고인이 제64조제8항가호에 따라 유죄를 인정하는 경우, 1심재판부는 다음을 결정한다.

가. 피고인이 유죄인정의 성격 및 결과를 이해하고 있는지 여부

나. 피고인이 변호인과의 충분한 협의를 거쳐 자발적으로 유죄를 인정한 것인지 여부

다. 유죄의 인정이 다음에 포함된 사건의 사실관계에 의하여 뒷받침되고 있는지 여부

(1) 소추관이 제기하고 피고인이 인정한 공소사실

(2) 소추관이 제출하여 공소사실을 보충하고 피고인이 인정한 자료

(3) 증인의 증언 등 소추관 또는 피고인이 제출한 기타 증거

2. 제1항에 규정된 사항들이 갖추어졌다고 인정하는 경우, 1심재판부는 피고인의 유죄인정이 추가 제출 증거와 함께 당해 범죄를 입증하는데 요구되는 필수적인 모든 사실을 형성하는 것으로 간주하고, 피고인에게 그 범죄에 대한 유죄판결을 내릴 수 있다.

3. 제1항에 규정된 사항들이 갖추어졌다고 인정하지 않는 경우, 1심재판부는 유죄인정이 이루어지지 아니한 것으로 간주하며, 재판이 이 규정에 정한 일반 재판절차에 따라 계속되도록 명령한다. 또한 사건을 다른 1심재판부로 이송할 수도 있다.

4. 1심재판부가 정의, 특히 피해자의 이익을 위하여 사건의 사실관계가 보다 완벽하게 밝혀질 필요가 있다고 판단하는 경우, 1심재판부는,

가. 소추관에게 증인의 증언을 포함한 추가 증거의 제출을 요구할 수 있다.

나. 재판이 이 규정에 정한 일반 재판절차에 따라 계속되도록 명령할 수 있으며, 이 경우 유죄인정이 이루어지지 않은 것으로 간주한다. 또한 사건을 다른 1심재판부로 이송할 수도 있다.

5. 공소사실의 변경, 유죄의 인정 또는 부과될 형량에 관한 소추관과 피고인측 사이의 어떠한 협의도 재판소를 기속하지 아니한다.

제66조 무죄의 추정

1. 모든 사람은 적용법규에 따라 재판소에서 유죄가 입증되기 전까지는 무죄로 추정된다.

2. 피고인의 유죄를 입증할 책임은 소추관에게 있다.

3. 피고인을 유죄판결하기 위하여는, 재판소가 피고인의 유죄를 합리적인 의심의 여지가 없이 확신하여야 한다.

제67조 피고인의 권리

1. 공소사실의 확인에 있어서 피고인은 이 규정에 정한 바에 따른 공개 심리, 공평하게 진행되는 공정한 심리 그리고 완전히 평등하게 다음과 같은 최소한의 보장을 받을 권리를 가진다.

가. 공소사실의 성격, 근거 및 내용에 대하여 피고인이 완전히 이해하고 말하는 언어로 신속하고 상세하게 통지받는다.

나. 방어 준비를 위하여 적절한 시간과 편의를 받으며, 피고인이 선택한 변호인과 비공개로 자유로이 통신한다.

다. 부당한 지체없이 재판을 받는다.

라. 제63조제2항을 조건으로 재판에 출석하고 스스로 또는 자신이 선택하는 법적 조력을 통하여 변호하며, 피고인이 법적 조력을 받지 못하고 있다면 정의를 위하여 요구되는 경우에 재판소가 지정한 법적 조력을 받으며 자신의 비용을 지불할 충분한 수단이 없는 경우에는 이를 무료로 제공받는다는 것을 통지받고 이러한 조력을 제공받는다.

마. 자신에게 불리한 증인을 신문하거나 또는 신문받게 하고, 자신에게 불리한 증인과 동등한 조건하에 자신에게 유리한 증인의 출석 및 신문을 확보한다. 피고인은 또한 항변을 제기하고 이 규정에 따라 증거능력이 있는 다른 증거를 제출할 권리를 가진다.

바. 재판소의 절차나 재판소에 제출된 문서가 피고인이 완전히 이해하고 말하는 언어로 되어 있지 않은 경우, 유능한 통역자의 조력이나 그러한 번역을 무상으로 제공받는다.

사. 증언하거나 또는 유죄를 시인하도록 강요받지 아니하며, 침묵이 유죄 또는 무죄의 결정에 참작됨이 없이 진술을 거부할 수 있다.

아. 자신의 변호를 위하여 선서 없이 구두 또는 서면으로 진술한다.

자. 입증책임의 전환이나 반증 책임을 부과받지 아니한다.

2. 이 규정에 정한 다른 공개에 추가하여, 소추관은 자신이 보유하거나 통제하고 있는 증거로서 피고인이 무죄임을 보여주거나 보일 수 있다고 믿는 증거, 피고인의 죄를 감경시킬 수 있는 증거,

또는 소추관측 증거의 신빙성에 영향을 미칠 수 있는 증거를 가능한 한 신속히 피고인측에 공개한다. 이 항의 적용에 관하여 의문이 있는 경우 재판소가 결정한다.

제68조 피해자 및 증인의 보호와 절차 참여

1. 재판소는 피해자와 증인의 안전, 신체적 정신적 안녕, 존엄성 및 사생활을 보호하기 위한 적절한 조치를 취한다. 그렇게 함에 있어서 연령, 제7조제3항에 정의된 바와 같은 성별, 건강 및 범죄의 성격을 포함한 모든 관련 요소를 고려하며, 범죄의 성격을 고려함에 있어서는 성폭력, 성별 폭력 또는 아동에 대한 폭력이 관련된 범죄의 경우에 유의하되, 이에 한정되는 것은 아니다. 소추관은 특히 이러한 범죄를 수사하고 기소하는 동안에 이러한 조치를 취한다. 이 조치들은 피고인의 권리와 공정하고 공평한 재판을 침해하거나 이에 저촉되어서는 아니된다.

2. 제67조에 규정된 공개 심리의 원칙에 대한 예외로서, 재판부는 피해자와 증인 또는 피고인을 보호하기 위하여 절차의 일정 부분을 비공개로 진행하거나 전자적 또는 기타 특수한 수단에 의한 증거 제출을 허용할 수 있다. 특히 이러한 조치는 재판소가 모든 상황 특히 피해자나 증인의 의견을 고려하여 달리 명령하지 않는 한, 성폭력의 피해자 또는 아동이 피해자나 증인인 경우에 실행된다.

3. 피해자의 개인적 이해가 영향을 받는 경우, 재판소는 재판소가 적절하다고 결정하는 절차의 단계에서 피고인의 권리와 공정하고 공평한 재판을 침해하거나 이에 저촉되지 않는 방식으로 피해자의 견해와 관심이 제시될 수 있도록 허용한다. 그러한 견해와 관심은 재판소가 적절하다고 판단하는 경우 절차및증거규칙에 따라 피해자의 법적 대리인에 의하여 제시될 수 있다.

4. 피해자·증인 담당부는 제43조제6항에 규정된 적절한 보호조치, 안전조치, 상담 및 지원에 관하여 소추관 및 재판소에 조언할 수 있다.

5. 이 규정에 따른 증거 또는 정보의 공개가 증인이나 그 가족의 안전에 중대한 위험을 초래할 수 있는 경우, 소추관은 재판이 시작되기 전에 진행되는 절차에서는 그러한 증거 또는 정보를 공개하지 아니하고 대신 그 요약을 제출할 수 있다. 이러한 조치는 피고인의 권리와 공정하고 공평한 재판을 침해하거나 이와 저촉되지 않는 방식으로 실행된다.

6. 국가는 자국의 공무원 또는 고용인의 보호와 비밀 또는 민감한 정보의 보호에 관하여 필요한 조치가 취해지도록 신청할 수 있다.

제69조 증거

1. 증언하기 전, 증인은 절차및증거규칙에 따라 자신이 제공할 증거의 진실성에 대하여 선서한다.

2. 재판에서 증인의 증언은 제68조 또는 절차및증거규칙에 열거된 조치에 정하여진 범위를 제외하고는 자신이 직접 하여야 한다. 재판소는 이 규정을 조건으로 절차및증거규칙에 따라 비디오 또는 오디오 기술에 의한 증인의 구두 또는 녹음 증언 및 문서나 녹취록의 제출을 허용할 수 있다. 이 조치들이 피고인의 권리를 침해하거나 이에 저촉되어서는 아니된다.

3. 당사자는 제64조에 따라 사건에 관련된 증거를 제출할 수 있다. 재판소는 진실의 결정을 위하여 필요하다고 판단하는 모든 증거의 제출을 요구할 권한을 가진다.

4. 재판소는 절차및증거규칙에 따라, 특히 증거의 증명력 및 그 증거가 공정한 재판이나 증인의

증언에 대한 공정한 평가에 미칠 수 있는 모든 침해를 고려하여 증거의 관련성 또는 증거능력에 대하여 결정할 수 있다.

5. 재판소는 절차및증거규칙에 규정된 비밀유지에 관한 특권을 존중하고 준수한다.

6. 재판소는 공지의 사실에 대한 입증을 필요로 하지 않으며, 그 사실의 존재를 바로 인정할 수 있다.

7. 이 규정 또는 국제적으로 승인된 인권을 위반하여 취득된 증거는 다음의 경우 증거능력이 없다.

가. 그 위반이 증거의 신빙성에 대하여 상당한 의심을 야기시키는 경우

나. 그 증거의 인정이 절차의 일체성에 반하거나 또는 이를 중대하게 침해하는 경우

8. 국가가 수집한 증거의 관련성 또는 증거능력을 판단함에 있어, 재판소는 그 국가의 국내법의 적용에 관하여 판단하지 아니한다.

제70조 사법운영을 침해하는 범죄

1. 재판소는 사법운영을 침해하는 다음 범죄들이 고의적으로 범하여진 경우 이에 대하여 관할권을 가진다.

가. 제69조제1항에 따라 진실을 말할 의무가 있는 경우의 허위 증언

나. 허위 또는 위조된 것임을 아는 증거의 제출

다. 증인에게 부정하게 영향을 미치거나, 증인의 출석이나 증언을 저지 또는 방해하거나, 증인의 증언에 대하여 보복하거나 또는 증거를 인멸·조작하거나 증거의 수집 방해

라. 재판소의 직원이 자신의 임무를 수행하지 않도록 하거나 부적절하게 수행하도록 강제하거나 설득할 목적으로, 그 직원을 방해하거나 협박하거나 또는 부정하게 영향을 행사

마. 재판소의 직원 또는 다른 직원이 수행한 임무를 이유로 한 재판소 직원에 대한 보복

바. 재판소의 직원으로서 자신의 공적 임무와 관련하여 뇌물의 요구 또는 수령

2. 이 조의 범죄에 대한 재판소의 관할권 행사에 적용되는 원칙과 절차는 절차및증거규칙에 규정된다. 이 조에 따른 재판소의 절차와 관련하여 재판소에 국제협력을 제공하는 조건에 관하여는 피요청국의 국내법에 따른다.

3. 유죄판결의 경우, 재판소는 절차및증거규칙에 따라 5년 이하의 징역 또는 벌금을 부과하거나 이를 병과할 수 있다.

4. 가. 각 당사국은 이 조에 규정된 사법운영을 침해하는 범죄가 자국의 영역안에서 또는 자국민에 의하여 범하여진 경우, 자국의 수사 또는 사법절차의 일체성을 침해하는 범죄행위를 처벌하는 자국의 형법을 동 범죄행위에 확장 적용한다.

나. 당사국은 재판소의 요청에 따라 적절하다고 판단하는 경우 언제든지 당해 사건을 소추하기 위하여 자국의 권한있는 당국에 회부한다. 권한있는 당국은 그 사건을 성실하게 취급하며, 그 사건을 효과적으로 처리하기에 충분한 자원을 투입한다.

제71조 재판소에서의 부정행위에 대한 제재

1. 재판소는 재판소에 출석한 자가 절차를 방해하거나 재판소의 명령을 고의적으로 거부하는 등 부정행위를 하는 경우, 법정에서 일시적 또는 영구적 퇴정, 벌금, 증거및절차규칙이 규정하는 기

타 유사조치 등 구금 이외의 행정조치로 제재할 수 있다.

2. 제1항에 기술된 조치의 부과에 관한 절차는 절차및증거규칙의 규정에 따른다.

제72조 국가안보 정보의 보호

1. 이 조는 국가의 정보 또는 문서의 공개가 당해국의 판단으로 자국의 국가안보 이익을 침해할 수 있는 모든 경우에 적용된다. 이러한 경우에는 제56조제2항 및 제3항, 제61조제3항, 제64조제3항, 제67조제2항, 제68조제6항, 제87조제6항 및 제93조의 범위에 해당하는 경우뿐만 아니라 절차의 기타 어느 단계에서 발생하는 경우이건 위와 같은 공개가 쟁점이 되는 때를 포함한다.

2. 이 조는 또한 정보 또는 증거를 제출하도록 요청받은 자가 정보의 공개가 국가안보 이익을 침해할 수 있다는 이유로 이를 거절하거나 또는 그 사항을 당해 국가로 회부하고, 당해 국가도 정보의 공개가 자국의 국가안보 이익을 침해할 수 있다는 의견임을 확인한 경우에도 적용된다.

3. 이 조의 어떠한 규정도 제54조제3항마호 및 바호에 따라 적용 가능한 비밀유지의 요건이나 제73조의 적용을 침해하지 아니한다.

4. 국가가 자국의 정보 또는 문서가 절차의 어느 단계에서 공개되고 있거나 공개될 것 같다는 사실을 알고 그 공개가 자국의 국가안보 이익을 침해할 수 있다고 판단하는 경우, 당해 국가는 이 조에 따라 그 문제의 해결을 위하여 개입할 권리를 가진다.

5. 어느 국가가 정보의 공개로 자국의 국가안보 이익이 침해될 수 있다고 판단하는 경우, 그 국가는 협력적 방식에 의한 문제의 해결을 모색하기 위하여 경우에 따라 소추관, 피고인측 또는 전심재판부나 1심재판부와 협력하여 모든 합리적인 조치를 취한다. 이러한 조치는 다음을 포함할 수 있다.

가. 요청의 변경 또는 명료화

나. 요청된 정보 또는 증거의 관련성에 관한 재판소의 결정, 또는 그 증거가 관련성이 있더라도 피요청국 이외의 출처로부터 취득될 수 있거나 또는 이미 취득되었는지 여부에 대한 결정

다. 다른 출처로부터 또는 다른 형태의 정보 또는 증거의 취득

라. 요약 또는 편집본의 제공, 공개의 제한, 비공개 또는 일방적 참가 절차의 활용 또는 이 규정 및 절차및증거규칙상 허용되는 기타의 보호조치 등을 포함하여 조력이 제공될 수 있는 조건에 관한 합의

6. 협력적 방식으로 문제를 해결하기 위한 모든 합리적인 조치를 취하였고, 국가가 자국의 국가안보 이익을 침해함이 없이 정보 또는 문서를 제공하거나 공개할 수 있는 수단이나 조건이 없다고 판단하는 경우, 당해 국가는 그 이유를 구체적으로 설명하는 것 자체가 필연적으로 자국의 국가안보 이익을 침해하게 되는 경우를 제외하고는 소추관 또는 재판소에 자국의 결정의 구체적 이유를 통지한다.

7. 그 후 재판소는 증거가 피고인의 유죄 또는 무죄를 입증하는데 관련되고 필요하다고 판단하는 경우, 다음 조치를 취할 수 있다.

가. 정보 또는 문서의 공개가 제9부의 협력요청 또는 제2항에 규정된 상황에 따라 요청되었으며, 당해 국가가 제93조제4항에 규정된 거절사유를 원용한 경우,

(1) 재판소는 제7항가호(2)에 규정된 결정을 내리기 전 그 국가의 주장을 검토하기 위한 목적으로 추가 협의를 요청할 수 있으며, 이는 적절한 경우 비공개 및 일방적 참가방식의 심리를 포함할 수 있다.

(2) 피요청국이 당해 사건의 상황에서 제93조제4항의 거절사유를 원용함으로써 이 규정상의 의무에 따라 행동하지 않는다고 재판소가 판단하는 경우, 재판소는 판단의 이유를 명시하여 제87조제7항에 따라 그 문제를 회부할 수 있다.

(3) 재판소는 경우에 따라 적절하게 피고인에 대한 재판에서 사실의 존재 또는 부존재에 관하여 추정할 수 있다.

나. 기타의 모든 경우,

(1) 공개를 명령할 수 있다.

(2) 공개를 명령하지 않는 한도에서는 피고인에 대한 재판에서 상황에 따라 적절한 대로 사실의 존재 또는 부존재에 관하여 추정할 수 있다.

제73조 제3자의 정보 또는 문서

국가, 정부간 기구 또는 국제기구가 당사국에게 비밀리에 제공하여 당사국이 보관·소유 또는 관리하고 있는 문서나 정보를 제공할 것을 재판소가 요청하는 경우, 당사국은 문서나 정보를 공개하기 위하여 원제공자의 동의를 구한다. 원제공자가 당사국인 경우, 그 국가는 정보 또는 문서의 공개에 동의하거나 또는 제72조의 규정에 따를 것을 조건으로 재판소와 공개 문제를 해결하기 위한 조치를 취한다. 원제공자가 당사국이 아니고 공개 동의를 거부하는 경우, 피요청국은 원제공자에 대한 기존의 비밀유지 의무로 인하여 문서 또는 정보를 제공할 수 없음을 재판소에 통지한다.

제74조 판결의 요건

1. 1심재판부의 모든 재판관은 재판의 각 단계 및 심의의 전 과정에 출석한다. 소장단은 1심재판부의 구성원이 계속 출석할 수 없게 된 경우, 사건별로 재판의 각 단계에 참석하여 그를 대체하도록 가능한 대로 1인 또는 그 이상의 교체재판관을 지정할 수 있다.

2. 1심재판부의 판결은 증거 및 전체 절차에 대한 평가에 근거하여야 한다. 판결은 공소사실 및 변경된 공소사실에 기재된 사실과 정황을 초과하여서는 아니된다. 재판소는 재판에서 재판소에 제출되어 검토된 증거만을 근거로 판결할 수 있다.

3. 재판관들은 판결에 있어서 전원합의를 이루도록 노력하되, 전원합의를 이루지 못한 경우, 판결은 재판관의 과반수에 의한다.

4. 1심재판부의 심의는 비밀로 유지된다.

5. 판결은 서면으로 작성되며, 1심재판부의 증거에 대한 판단과 결론에 관한 충분하고도 이유있는 서술을 포함한다. 1심재판부는 하나의 판결을 내린다. 전원합의를 이루지 못한 경우, 1심재판부의 판결은 다수의견과 소수의견을 포함한다. 판결 또는 그 요지는 공개된 법정에서 선고된다.

제75조 피해자에 대한 배상

1. 재판소는 원상회복, 보상 및 사회복귀를 포함하여 피해자에 대한 또는 피해자에 관한 배상의 원칙을 수립한다. 이를 근거로 재판소는 그 판결에서 피해자에 관한 또는 피해자에 대한 손해

손실 및 피해의 범위와 정도를 신청에 의하여 또는 예외적인 상황에서는 직권으로 결정할 수 있으며, 이때 재판소가 근거로 삼은 원칙을 명시한다.

2. 재판소는 원상회복, 보상 및 사회복귀 등을 포함하여 피해자에 대한 또는 피해자에 관한 적절한 배상을 명시하는 명령을 유죄판결을 받은 자에게 직접 내릴 수 있다. 적절한 경우, 재판소는 제79조에 규정된 신탁기금을 통하여 배상이 이루어지도록 명령할 수 있다.

3. 이 조에 따른 명령을 내리기 전에 재판소는 유죄판결을 받은 자, 피해자, 기타 이해관계자 또는 이해관계국으로부터의 또는 이들을 대리한 의견 제시를 요청할 수 있으며 제시된 의견들을 참작한다.

4. 이 조에 따른 권한을 행사함에 있어 재판소는, 재판소의 관할범죄에 대한 유죄판결 후에, 이 조에 따라 재판소가 내린 명령을 실행하기 위하여 제93조제1항에 따른 조치를 요구하는 것이 필요한지 여부를 결정할 수 있다.

5. 당사국은 이 조에 따른 결정을 제109조의 규정이 이 조에 적용되는 것처럼 이행한다.

6. 이 조의 어떠한 규정도 국내법 또는 국제법에 따른 피해자의 권리를 침해하는 것으로 해석되지 아니한다.

제76조 양형

1. 유죄판결의 경우, 1심재판부는 부과할 적절한 형을 검토하며 재판과정에서 제출된 증거 및 개진된 의견중 양형과 관련된 것을 참작한다.

2. 제65조가 적용되는 경우를 제외하고 1심재판부는 재판이 종결되기 전, 양형과 관련된 추가 증거 또는 의견을 심리하기 위하여 절차및증거규칙에 따라 직권으로 추가 심리를 실시할 수 있으며, 소추관 또는 피고인의 요청이 있으면 반드시 실시한다.

3. 제2항이 적용되는 경우, 제75조에 따른 어떠한 의견제시도 제2항에 규정된 추가 심리중에 개진되며, 필요한 경우 별도의 추가 심리중에 개진된다.

4. 형은 공개적으로 그리고 가능한 한 피고인이 출석한 가운데 선고한다.

제7부 형벌

제77조 적용 가능한 형벌

1. 제110조를 조건으로, 재판소는 이 규정 제5조에 규정된 범죄로 유죄판결을 받은 자에 대하여 다음의 형 중 하나를 부과할 수 있다.

가. 최고 30년을 초과하지 아니하는 유기징역

나. 범죄의 극도의 중대성과 유죄판결을 받은 자의 개별적 정황에 의하여 정당화될 경우에는 무기징역

2. 징역에 추가하여 재판소는 다음을 명할 수 있다.

가. 절차및증거규칙에 규정된 기준에 따른 벌금

나. 선의의 제3자의 권리를 침해함이 없이, 당해 범죄로부터 직접적 또는 간접적으로 발생한 수익·재산 및 자산의 몰수

제78조 형의 결정

1. 형을 결정함에 있어 재판소는 절차및증거규칙에 따라 범죄의 중대성 및 유죄판결을 받은 자의 개별적 정황 등의 요소를 고려한다.

2. 징역형을 부과함에 있어, 재판소는 재판소의 명령에 따라 전에 구금되었던 기간이 있을 경우 이를 공제한다. 재판소는 그 당해 범죄의 기초를 이루는 행위와 관련하여 구금되었던 기간도 공제할 수 있다.

3. 어떠한 자가 2개 이상의 범죄에 대하여 유죄판결을 받은 경우, 재판소는 각각의 범죄에 대한 형과 총 징역기간을 명시하는 합산형을 선고한다. 이 기간은 선고된 개별형중 가장 중한 형보다 짧아서는 아니되며, 또한 30년의 징역 또는 제77조제1항나호에 따른 무기징역을 초과하여서는 아니된다.

제79조 신탁기금

1. 재판소 관할범죄의 피해자와 그 가족을 위하여 당사국총회의 결정으로 신탁기금을 설립한다.

2. 재판소는 벌금 또는 몰수를 통하여 징수한 현금 및 기타 재산을 재판소의 명령에 따라 신탁기금으로 귀속되도록 명령할 수 있다.

3. 신탁기금은 당사국총회가 결정하는 기준에 따라 운영된다.

제80조 국가의 형벌 적용과 국내법에 대한 불침해

이 부의 어떠한 규정도 국가가 자국법에 규정된 형을 적용하는데 영향을 미치지 아니하며, 또한 이 부에 규정된 형을 규정하고 있지 아니한 국가의 법에 영향을 미치지 아니한다.

제8부 상소 및 재심

제81조 유 · 무죄 판결이나 양형에 대한 상소

1. 제74조에 따른 판결에 대하여 절차및증거규칙에 따라 다음과 같이 상소할 수 있다.

가. 소추관은 다음 이유를 근거로 상소할 수 있다.

(1) 절차상의 하자

(2) 사실의 오인

(3) 법령 위반

나. 유죄판결을 받은 자 또는 그 자를 대신한 소추관은 다음 이유를 근거로 상소할 수 있다.

(1) 절차상의 하자

(2) 사실의 오인

(3) 법령 위반

(4) 절차 또는 판결의 공정성 또는 신뢰성에 영향을 주는 기타 여하한 근거

2. 가. 소추관 또는 유죄판결을 받은 자는 범죄와 양형 사이의 불균형을 이유로 절차및증거규칙에 따라 양형에 대하여 상소할 수 있다.

나. 양형에 대한 상소에서 재판소가 유죄판결의 전부 또는 일부를 파기하여야 할 근거가 있다고

판단하는 경우, 재판소는 소추관 또는 유죄판결을 받은 자에게 제81조제1항가호 또는 나호에 따른 근거를 제출하도록 요청하고, 제83조에 따라 유죄판결을 내릴 수 있다.

다. 재판소가 오직 유죄판결에 대한 상소에서 제2항가호에 따라 형을 감경할 근거가 있다고 판단하는 경우에 동일한 절차가 적용된다.

3. 가. 1심재판부가 달리 명령하지 아니하는 한, 유죄판결을 받은 자는 상소심 계류중 계속 구금된다.

나. 유죄판결을 받은 자의 구금기간이 부과된 징역형기를 초과하는 경우, 그 자는 소추관 역시 상소하여 아래 다호의 조건이 적용되는 경우를 제외하고는 석방된다.

다. 무죄판결시 피고인은 다음을 조건으로 즉시 석방된다.

(1) 예외적인 상황에서 구체적인 도주의 위험, 기소된 범죄의 중대성 및 상소심의 성공 가능성을 고려하여, 1심재판부는 소추관의 요청에 따라 상소심 계류중 그 자의 구금을 유지할 수 있다.

(2) 다호(1)에 따른 1심재판부의 결정에 대하여 절차및증거규칙에 따라 상소할 수 있다.

4. 제3항가호 및 나호의 규정을 조건으로, 판결 또는 형의 집행은 상소를 위하여 허용된 기간 및 상소절차 동안 정지된다.

제82조 기타 결정에 대한 상소

1. 어느 당사자도 절차및증거규칙에 따라 다음 결정에 대하여 상소할 수 있다.

가. 관할권 또는 재판적격성에 관한 결정

나. 수사중이거나 기소중인 자의 석방을 허가 또는 거부하는 결정

다. 제56조제3항에 따른 전심재판부의 직권에 의한 결정

라. 절차의 공정하고 신속한 진행 또는 재판의 결과에 중대한 영향을 미치게 될 문제와 관련되며 상소심재판부의 신속한 결정이 절차를 현저히 촉진시킬 수 있다고 전심재판부 또는 1심재판부가 판단하는 결정

2. 제57조제3항라호에 따른 전심재판부의 결정에 대하여는 전심재판부의 허가를 얻어 관련국 또는 소추관이 상소할 수 있다. 이 상소는 신속히 심리된다.

3. 상소는 상소심재판부가 요청을 받아 절차및증거규칙에 따라 그와 같이 명령하지 않는 한 그 자체로 정지적 효력을 가지지 아니한다.

4. 피해자, 유죄판결을 받은 자 또는 제75조의 명령에 의하여 불리하게 영향을 받은 선의의 재산 소유자의 법적 대리인은 절차및증거규칙에 규정된 바에 따라 배상 명령에 대하여 상소할 수 있다.

제83조 상소심 절차

1. 제81조 및 이 조에 따른 절차의 목적상 상소심재판부는 1심재판부의 모든 권한을 가진다.

2. 상소심재판부가 상소된 절차가 판결 또는 양형의 신뢰성에 영향을 주는 방식으로 불공정하였다고 판단하는 경우 또는 상소된 판결 또는 양형이 사실의 오인, 법령 위반 또는 절차상의 하자에 의하여 실질적으로 영향을 받았다고 판단하는 경우, 재판부는 다음 조치를 취할 수 있다.

가. 판결 또는 양형의 파기 또는 변경

나. 다른 1심재판부에서의 새로운 재판의 명령

이 목적상 상소심재판부는 원심재판부가 사실에 관한 쟁점을 판단하고 이에 따라 다시 보고하도록 원심재판부로 환송하거나, 또는 스스로 그 쟁점을 판단하기 위하여 증거를 요구할 수 있다. 유죄판결을 받은 자 또는 그를 대신하여 소추관이 판결 또는 양형에 대하여 상소한 경우에만, 그 판결 또는 양형은 유죄판결을 받은 자에게 불리하게 변경될 수 없다.

3. 양형에 대한 상소에서 상소심재판부는 형이 범죄에 비례하지 않는다고 판단하는 경우, 제7부에 따라 형을 변경할 수 있다.

4. 상소심재판부의 판결은 재판관들의 과반수로 결정되며, 공개된 법정에서 선고된다. 판결은 판결이 근거한 이유를 명시한다. 전원합의가 이루어지지 않는 경우, 상소심재판부의 판결은 다수의견과 소수의견 모두를 포함하며 재판관은 법률 문제에 관하여 개별의견 또는 반대의견을 표시할 수 있다.

5. 상소심재판부는 무죄 또는 유죄판결을 받은 자가 출석하지 않더라도 판결을 선고할 수 있다.

제84조 유죄판결 또는 양형의 재심

1. 유죄판결을 받은 자, 또는 그의 사망 후에는 배우자·자녀·부모 또는 피고인의 사망 당시의 생존자로 피고인으로부터 청구를 제기하도록 명시적인 서면 위임을 받은 자, 또는 피고인을 대신한 소추관은 다음을 근거로 유죄 또는 형의 확정판결에 대하여 상소심재판부에 재심을 청구할 수 있다.

가. 다음과 같은 새로운 증거가 발견된 경우

(1) 재판 당시에는 입수할 수 없었던 증거로서 그 입수불능에 대하여 전적으로든 부분적으로든 신청 당사자에게 귀책사유가 없었고,

(2) 재판 당시 입증되었다면 다른 판결을 가져 왔을 충분히 중요한 증거

나. 재판에서 고려되었고 유죄판결의 근거가 된 결정적 증거가 허위, 위조 또는 변조되었음이 새로이 판명된 경우

다. 유죄판결 또는 공소사실의 확인에 참여하였던 1인 이상의 재판관이 당해 사건에서 제46조에 따라 그들의 직의 상실을 정당화할 정도로 충분히 중대한 부정행위 또는 심각한 의무위반을 범한 경우

2. 상소심재판부는 신청이 근거없다고 판단되는 경우 이를 기각한다. 신청이 이유있다고 판단되는 경우, 상소심재판부는 절차및증거규칙에 규정된 방식으로 각 당사자들을 심리한 후 판결이 수정되어야 할지 여부에 대한 결정에 이르기 위하여, 적절한 대로 다음중 하나의 조치를 취할 수 있다.

가. 원래의 1심재판부의 재소집

나. 새로운 1심재판부의 구성

다. 그 사건에 대한 관할권의 유지

제85조 체포 또는 유죄판결을 받은 자에 대한 보상

1. 불법 체포 또는 구금의 피해자였던 자는 강제적인 보상을 받을 권리를 가진다.

2. 종국판결로 형사범죄의 유죄판결을 받았으나 그후 새로운 사실 또는 새롭게 발견된 사실로 재

판의 오류가 있었음이 결정적으로 밝혀짐으로써 유죄판결이 파기된 경우, 그러한 유죄판결의 결과로 처벌을 받았던 자는 법에 따른 보상을 받는다. 단, 알려지지 않은 사실이 적시에 공개되지 못한 것이 전적으로든 부분적으로든 자신의 귀책사유에 의한 경우는 그러하지 아니하다.

3. 예외적인 경우로서, 중대하고 명백한 재판의 오류가 있었음을 보여주는 결정적인 사실을 재판소가 확인한 경우, 재판소는 무죄의 종국판결 또는 그에 의한 절차의 종결에 따라 구금으로부터 석방된 자에게 절차및증거규칙에 규정된 기준에 따른 보상을 재량으로 명할 수 있다.

제9부 국제적 협력과 사법공조

제86조 일반적 협력의무

당사국은 이 규정에 정한 바에 따라 재판소 관할범죄의 수사 및 기소에 있어서 재판소에 최대한 협력한다.

제87조 협력요청 : 일반규정

1. 가. 재판소는 당사국에 협력을 요청할 권한을 가진다. 요청은 외교경로 또는 각 당사국이 비준, 수락, 승인 또는 가입시 지정한 기타 적절한 경로를 통하여 전달된다. 그 지정에 대한 당사국의 추후의 변경은 절차및증거규칙에 따라 이루어진다.

　나. 적절한 경우 가호의 규정을 침해함이 없이 요청은 국제형사경찰기구 또는 적절한 지역기구를 통하여도 전달될 수 있다.

2. 협력요청 및 이를 증빙하는 문서는 피요청국이 비준, 수락, 승인 또는 가입시 행한 선택에 따라 피요청국의 공식언어로 작성되거나, 공식언어의 번역본이 첨부되거나 또는 재판소의 실무언어 중의 하나로 작성되어야 한다. 이 선택에 대한 추후의 변경은 절차및증거규칙에 따라 이루어진다.

3. 피요청국은 공개가 협력요청의 이행에 필요한 정도 외에는 협력요청과 이를 증빙하는 문서를 비밀로 유지한다.

4. 이 부에 따라 제출된 협력요청과 관련, 재판소는 정보의 보호와 관련된 조치를 포함하여 피해자, 잠재적 증인 및 그 가족의 안전 또는 신체적·정신적 안녕을 보장하는데 필요한 조치를 취할 수 있다. 재판소는 이 부에 따라 입수된 모든 정보를 피해자, 잠재적 증인과 그 가족의 안전 및 신체적·정신적 안녕을 보호하는 방식으로 제공되고 처리되도록 요청할 수 있다.

5. 가. 재판소는 이 규정의 당사국이 아닌 국가에게 그 국가와의 특별약정, 협정 또는 기타 적절한 근거에 기초하여 이 부에 따른 조력을 제공하도록 요청할 수 있다.

　나. 재판소와 특별약정 또는 협정을 체결한 이 규정의 당사국이 아닌 국가가 그러한 약정 또는 협정에 따른 요청에 협력하지 않는 경우, 재판소는 이를 당사국총회에 또는 안전보장이사회가 그 사태를 재판소에 회부한 경우에는 안전보장이사회에 통지할 수 있다.

6. 재판소는 정부간 기구에 정보나 문서의 제공을 요청할 수 있다. 또한 재판소는 그러한 기구와 합의되는 그 기구의 권한과 임무에 따른 기타 형태의 협력과 지원을 요청할 수 있다.

7. 당사국이 이 규정에 정한 바에 반하여 재판소의 협력요청을 이행하지 않고 이로 인하여 재판소가 이 규정에 따른 기능과 권한을 행사하지 못하게 된 경우, 재판소는 그러한 취지의 결정을 하고

그 사안을 당사국총회에 회부하거나 또는 안전보장이사회가 그 사태를 재판소에 회부한 경우에는 안전보장이사회에 회부할 수 있다.

제88조 국내법상 절차의 이용가능성

당사국은 이 부에 명시된 모든 형태의 협력에 이용 가능한 절차가 국내법에 포함되도록 한다.

제89조 재판소에의 인도

1. 재판소는 어떤 자에 대한 체포 및 인도청구서를 제91조에 기재된 증빙자료와 함께 그 영역안에서 그 자가 발견될 수 있는 국가에 송부할 수 있으며, 그 자의 체포 및 인도에 관하여 그 국가의 협력을 요청한다. 당사국은 이 부의 규정과 자국 국내법상의 절차에 따라 체포 및 인도청구를 이행한다.

2. 인도청구된 자가 제20조에 규정된 일사부재리의 원칙에 근거하여 국내법원에 이의를 제기한 경우, 피청구국은 재판적격성에 대한 관련 결정이 있었는지 여부를 확정하기 위하여 재판소와 즉시 협의한다. 그 사건이 재판적격성이 있는 경우, 피청구국은 그 요청을 이행한다. 재판적격성에 관한 결정이 계류중인 경우, 피청구국은 재판소가 재판적격성에 대한 결정을 내릴 때까지 인도청구의 이행을 연기할 수 있다.

3. 가. 자국을 통한 통과가 인도를 방해하거나 지연시키게 될 경우를 제외하고, 당사국은 다른 국가가 재판소로 인도중인 자가 자국의 영역을 통하여 이송되는 것을 자국의 국내절차법에 따라 허가한다.

　나. 재판소의 통과요청서는 제87조에 따라 전달된다. 통과요청서는 다음을 포함한다.

　　(1) 이송될 자에 대한 설명

　　(2) 사건의 사실 및 그 법적 성격에 대한 간략한 서술

　　(3) 체포 및 인도영장

　다. 이송되는 자는 통과기간동안 구금된다.

　라. 항공편으로 이송되고 통과국의 영역에 착륙이 예정되지 아니한 경우, 허가를 받도록 요구되지 아니한다.

　마. 통과국의 영역에서 예정되지 아니한 착륙이 이루어지는 경우, 통과국은 나호에 규정된 통과요청서를 재판소에 요구할 수 있다. 통과국은 통과요청서가 접수되고 통과가 이루어질 때까지 이송중인 자를 구금한다. 다만 이 호의 목적을 위한 구금은 96시간내에 요청서가 접수되는 경우를 제외하고는, 예정되지 아니한 착륙으로부터 96시간을 초과하여 연장될 수 없다.

4. 인도청구된 자가 재판소가 인도를 구하는 범죄와 다른 범죄로 피청구국에서 절차가 진행중이거나 형을 복역하고 있는 경우, 그 청구를 허가하기로 결정한 피청구국은 재판소와 협의한다.

제90조 청구의 경합

1. 제89조에 따라 재판소로부터 인도청구를 접수한 당사국이 재판소가 인도를 구하는 자의 범죄의 기초를 구성하는 것과 동일한 행위에 대하여 다른 국가로부터 범죄인인도 청구를 접수한 경우, 그 당사국은 재판소와 그 청구국에 그 사실을 통지한다.

2. 청구국이 당사국인 경우, 피청구국은 다음의 경우에 재판소의 청구에 우선권을 준다.

가. 재판소가 제18조 또는 제19조에 따라 인도가 청구된 사건에 대하여 재판적격성이 있다는 결
   정을 내렸고, 그 결정이 청구국이 범죄인인도 청구와 관련하여 수행한 수사 또는 기소를 고려
   한 경우

나. 재판소가 제1항에 따른 피청구국의 통지에 따라 가호에 기술된 결정을 내린 경우

3. 제2항가호에 따른 결정이 내려지지 아니한 경우, 피청구국은 제2항나호에 따른 재판소의 결정
이 계류중인 동안 재량에 따라 청구국의 범죄인인도 청구의 처리를 진행할 수는 있으나, 재판소가
그 사건에 재판적격성이 없다고 결정할 때까지 범죄인인도를 하여서는 아니된다. 재판소의 결정
은 신속히 이루어져야 한다.

4. 청구국이 이 규정의 당사국이 아닌 경우, 피청구국은 자신이 청구국에 범죄인인도를 하여야
할 국제적 의무를 부담하지 않는다면, 재판소가 그 사건이 재판적격성이 있다고 결정한 경우 재판
소의 인도청구에 우선권을 준다.

5. 제4항에서 재판소가 사건에 재판적격성이 있다고 결정하지 아니한 경우, 피청구국은 재량으로
청구국으로부터의 범죄인인도 청구에 대한 처리를 진행할 수 있다.

6. 피청구국이 이 규정의 당사국이 아닌 청구국에 범죄인인도를 하여야 할 기존의 국제적 의무를
부담하고 있다는 점을 제외하고는 제4항이 적용되는 경우,피청구국은 그 자를 재판소에 인도할
것인지 또는 청구국에 인도할 것인지를 결정한다. 결정을 함에 있어서 피청구국은 다음 사항을
포함하나 이에 국한되지 않는 모든 관련 요소를 고려한다.

가. 각 청구일자

나. 관련되는 경우, 범죄가 청구국의 영역안에서 범하여졌는지 여부 및 피해자와 인도청구된 자의
   국적을 포함한 청구국의 이해관계

다. 재판소와 청구국간의 추후 인도 가능성

7. 재판소로부터 인도청구를 받은 당사국이 다른 국가로부터 재판소가 인도를 구하는 범죄를 구
성하는 행위 이외의 행위로 동일한 자에 대한 범죄인인도 청구를 받는 경우,

가. 피청구국이 청구국에 범죄인인도를 하여야 할 기존의 국제적 의무를 부담하지 않는 경우, 재
   판소의 청구에 우선권을 준다.

나. 피청구국이 청구국에 범죄인인도를 하여야 할 기존의 국제적 의무를 부담하고 있는 경우, 재
   판소에 인도할 것인지 또는 청구국에 범죄인인도를 할 것인지를 결정한다. 그 결정을 함에
   있어서 피청구국은 제6항에 열거된 사항을 포함하나 이에 국한되지 않는 모든 관련 요소를
   고려하되, 관련 행위의 상대적 성격과 중대성을 특별히 고려한다.

8. 이 조에 따른 통지로 재판소가 사건이 재판적격성이 없다는 결정을 내리고 그 후 청구국에
대한 범죄인인도가 거절된 경우, 피청구국은 그 결정을 재판소에 통지한다.

제91조 체포 및 인도청구의 내용

1. 체포 및 인도의 청구는 서면으로 한다. 긴급한 경우, 청구는 문자기록을 전달할 수 있는 어떠한
매체에 의하여도 이루어질 수 있으나 제87조제1항가호에 규정된 경로를 통하여 확인되어야 한다.

2. 전심재판부가 제58조에 따라 체포영장을 발부한 자의 체포 및 인도청구의 경우, 그 청구는 다

음을 포함하거나 또는 이에 의하여 증빙되어야 한다.

가. 인도청구된 자의 신원 확인에 충분하게 기술된 정보 및 인도청구된 자의 개연적 소재지에 관한 정보

나. 체포영장의 사본

다. 피청구국에서의 인도절차상의 요건을 충족시키는데 필요한 문서, 진술 또는 정보. 다만 그 요건은 피청구국과 다른 국가간의 조약 또는 약정에 따른 범죄인인도 청구에 적용할 수 있는 것보다 부담이 더 커서는 아니되며, 가능한 경우 재판소의 특성을 고려하여 부담이 덜 되어야 한다.

3. 이미 유죄판결을 받은 자에 대한 체포 및 인도청구의 경우, 청구는 다음을 포함하거나 또는 이에 의하여 증빙되어야 한다.

가. 인도청구된 자에 대한 체포영장 사본

나. 유죄판결문 사본

다. 인도청구된 자가 유죄판결문에서 언급된 자임을 증명하는 정보

라. 인도청구된 자가 형을 선고받은 경우, 부과된 선고형량문의 사본과 징역형인 경우에는 이미 복역한 기간과 잔여형기에 대한 서술

4. 재판소의 청구가 있으면 당사국은 일반적 또는 특정한 사안에 대하여 제2항다호에 따라 적용될 수 있는 자국 국내법상의 요건에 관하여 재판소와 협의한다. 협의중에 당사국은 자국 국내법상의 특별한 요건에 관하여 재판소에 조언한다.

제92조 긴급인도구속

1. 긴급한 경우, 재판소는 인도청구서 및 제91조에 명시된 청구증빙서류가 제출되기 전에 피청구 자의 긴급인도구속을 청구할 수 있다.

2. 긴급인도구속에 대한 청구는 문자기록을 전달할 수 있는 어떠한 매체에 의하여도 이루어질 수 있으며 다음을 포함한다.

가. 긴급인도구속이 청구된 자의 신원확인에 충분하게 기술된 정보 및 그 자의 개연적 소재지에 관한 정보

나. 가능한 경우 범죄의 일시 및 장소를 포함하여 긴급인도구속이 청구된 자의 청구가 요청된 범죄와 그 범죄를 구성하는 것으로 주장되는 사실에 대한 간결한 서술

다. 긴급인도구속이 청구된 자에 대한 체포영장 또는 유죄판결문의 존재에 관한 서술

라. 긴급인도구속이 청구된 자에 대한 인도청구가 뒤따를 것이라는 서술

3. 피청구국이 절차및증거규칙에 명시된 시한 내에 인도청구서 및 제91조에 명시된 청구증빙서류를 접수받지 못하는 경우, 긴급인도구속된 자는 석방될 수 있다. 그러나 피청구국의 국내법상 허용되는 경우, 그 자는 이 기간의 만료 전에 인도에 동의할 수 있다. 이 경우 피청구국은 가능한 한 신속히 그 자를 재판소에 인도하기 위하여 절차를 취한다.

4. 긴급인도구속이 청구된 자가 제3항에 따라 구금으로부터 석방되었다는 사실은 인도청구서와 청구증빙서류가 뒤늦게 전달되더라도 그 자에 대한 추후의 체포와 인도를 저해하지 아니한다.

제93조 기타 형태의 협력

1. 당사국은 이 부의 규정과 국내법상의 절차에 따라 수사 또는 기소와 관련하여 다음 지원을 제공하도록 하는 재판소의 요청을 이행한다.

가. 사람의 신원과 소재지 또는 물건의 소재지

나. 선서된 증언을 포함한 증거의 수집과 재판소에 필요한 감정인의 의견 및 보고서를 포함한 증거의 제출

다. 수사 또는 기소중인 자의 신문

라. 재판서류를 포함한 서류의 송달

마. 증인 또는 감정인으로서의 자발적 재판소 출석에 대한 편의 제공

바. 제7항에 규정된 자의 일시적 이송

사. 매장장소의 발굴과 조사를 포함하여 장소나 현장의 조사

아. 수색 및 압수의 집행

자. 공적 기록 및 공문서를 포함한 기록과 서류의 제공

차. 피해자 또는 증인의 보호 및 증거의 보전

카. 선의의 제3자의 권리를 침해함이 없이, 궁극적으로 몰수를 위한 수익·재산·자산 및 범행도구의 확인, 추적 및 동결 또는 압수

타. 재판소 관할범죄의 수사와 기소를 용이하게 하기 위한 것으로서 피요청국의 법에 금지되지 아니한 기타 형태의 지원

2. 재판소는 재판소에 출석하는 증인 또는 감정인이 피요청국을 떠나기 전에 행한 작위 또는 부작위에 관하여 재판소에 의하여 기소되거나 구금되거나 또는 어떠한 개인적 자유를 제한받지 않는다는 점을 보증할 권한을 가진다.

3. 제1항에 따라 제출된 요청에 기술된 특별한 지원조치의 이행이 피요청국에서 일반적으로 적용되는 기존의 근본적 법원칙상 금지되는 경우, 피요청국은 그 문제를 해결하기 위하여 신속히 재판소와 협의한다. 협의시 그 지원이 다른 방식으로 또는 조건부로 제공될 수 있는지를 검토한다. 협의 후에도 그 문제가 해결될 수 없는 경우, 재판소는 필요한 만큼 그 요청을 수정한다.

4. 당사국은 요청이 당사국의 국가안보와 관련된 문서의 제출 또는 증거의 공개와 관련되는 경우에만 제72조에 따라 요청의 전부 또는 일부를 거절할 수 있다.

5. 제1항타호에 따른 지원요청을 거절하기 전, 피요청국은 지원이 특정한 조건부로 제공될 수 있는지 또는 지원이 추후에 또는 대체적인 방식으로 제공될 수 있는지를 검토한다. 단, 재판소 또는 소추관이 조건부 지원을 수락하는 경우, 재판소 또는 소추관은 그 조건을 준수한다.

6. 지원요청이 거절된 경우, 피요청국은 신속히 재판소 또는 소추관에게 그 이유를 통지한다.

7. 가. 재판소는 신원확인을 목적으로 또는 증언이나 기타 지원을 얻기 위하여 구금중인 자의 일시적 이송을 요청할 수 있다. 그 자는 다음 조건이 충족되는 경우 이송될 수 있다.

  (1) 그 자가 내용을 알고 자유로이 이송에 대하여 동의하고,

  (2) 피요청국과 재판소가 합의하는 조건에 따라 피요청국이 이송에 동의한 경우

나. 이송되는 자는 이송중 구금된다. 이송의 목적이 달성된 경우, 재판소는 그 자를 지체없이 피요 청국으로 송환한다.

8. 가. 재판소는 요청에 기재된 수사 및 절차에 필요한 경우를 제외하고는 문서 및 정보의 비밀을 보장한다.

나. 피요청국은 필요한 경우 문서 또는 정보를 비공개를 조건으로 소추관에게 전달할 수 있다. 이 경우 소추관은 오직 새로운 증거를 산출할 목적으로만 그것을 사용할 수 있다.

다. 피요청국은 스스로 또는 소추관의 요청에 따라 추후 그러한 문서나 정보의 공개에 동의할 수 있다. 이 경우 그것은 제5부 및 제6부의 규정과 절차및증거규칙에 따라 증거로 사용될 수 있다.

9. 가. (1) 당사국이 인도청구나 범죄인인도 청구가 아닌 다른 경합되는 요청을 재판소와 자신의 국제적 의무에 따라 다른 국가로부터 받는 경우, 당사국은 재판소 및 다른 국가와 협의하여 필요한 경우 그 중 하나의 요청을 연기시키거나 또는 그 요청에 조건을 첨부함으로써 두 요청 모두를 충족시키도록 노력한다.

(2) 그렇게 할 수 없는 경우, 경합되는 요청은 제90조에 규정된 원칙에 따라 해결한다.

나. 그러나 재판소의 요청이 국제협정에 의하여 제3국 또는 국제기구의 통제하에 있는 정보·재 산 또는 사람과 관계된 경우, 피요청국은 재판소에 이를 통지하며 재판소는 그 제3국 또는 국제기구에 요청을 행한다.

10. 가. 재판소는 요청이 있는 경우, 재판소 관할범죄를 구성하는 행위 또는 요청국의 국내법상 중대한 범죄를 구성하는 행위에 대하여 수사 또는 재판을 수행하는 당사국에 협력하거나 지 원을 제공할 수 있다.

나. (1) 가호에 따라 수행하는 지원은 특히 다음을 포함한다.

(가) 재판소가 수행하는 수사 또는 재판 과정에서 얻은 진술, 문서 또는 다른 형태의 증거의 송부

(나) 재판소의 명령으로 구금된 자에 대한 신문

(2) 나호(1)(가)에 따른 지원의 경우,

(가) 문서 또는 다른 형태의 증거가 국가의 지원으로 획득된 경우, 송부는 그 국가의 동의를 필요로 한다.

(나) 진술, 문서 또는 다른 형태의 증거가 증인 또는 감정인에 의하여 제공된 경우, 송부는 제 68조의 규정에 따른다.

다. 재판소는 규정 비당사국으로부터의 이 항에 따른 지원요청을 이 항에 열거된 조건으로 허가할 수 있다.

제94조 진행중인 수사 또는 기소와 관련된 요청의 이행 연기

1. 요청의 즉각적인 이행이 요청과 관련된 사건 이외의 다른 사건에 대하여 진행중인 수사나 기소 를 방해하게 될 경우, 피요청국은 재판소와 합의한 기간동안 요청의 이행을 연기할 수 있다. 그러 나 연기는 피요청국이 관련 수사나 기소를 완료하는데 필요한 기간보다 더 길어서는 아니된다.

연기 결정을 내리기 전, 피요청국은 지원이 일정한 조건부로 즉시 제공될 수 있는지 여부를 고려한다.

2. 제1항에 따라 연기결정이 내려진 경우, 소추관은 제93조제1항차호에 따라 증거를 보전하기 위한 조치를 구할 수 있다.

제95조 재판적격성에 대한 이의제기와 관련된 요청의 이행 연기

재판소가 제18조 또는 제19조에 따라 재판적격성에 대한 이의제기를 심의중인 경우, 소추관이 제18조 또는 제19조에 따라 그러한 증거의 수집을 계속할 수 있다고 재판소가 명시적으로 명령하지 않는 한, 피요청국은 재판소의 결정이 계류중인 동안 이 부에 따른 요청의 이행을 연기할 수 있다.

제96조 제93조에 따른 기타 형태의 지원요청의 내용

1. 제93조에 규정된 기타 형태의 지원 요청은 서면으로 한다. 긴급한 경우, 요청은 문자기록을 전달할 수 있는 어떠한 매체에 의하여도 이루어질 수 있으나 제87조제1항가호에 규정된 경로를 통하여 확인되어야 한다.

2. 요청은 해당하는 대로 다음을 포함하거나 또는 이에 의하여 증빙되어야 한다.

가. 요청의 법적 근거 및 이유를 포함하여 요청의 목적과 요청되는 지원에 대한 간결한 서술

나. 요청되는 지원이 제공되기 위하여 발견되거나 확인되어야 할 사람이나 장소의 소재 또는 신원에 대한 가능한 상세한 정보

다. 요청의 기초를 이루는 필수적인 사실에 대한 간결한 서술

라. 추후의 절차 또는 요건의 이유와 상세

마. 요청을 이행하기 위하여 피요청국의 법률에 따라 요구되는 정보

바. 요청되는 지원을 제공하는데 관련된 기타 정보

3. 재판소의 요청이 있는 경우 당사국은 일반적 또는 특정한 문제에 대하여, 제2항마호에 따라 적용될 수 있는 자국 국내법상의 특별한 요건에 관하여 재판소와 협의한다. 협의중에 당사국은 자국 국내법상 특별한 요건에 관하여 재판소에 조언한다.

4. 이 조의 규정은 적용 가능한 경우 재판소에 대한 지원요청에 관하여 적용된다.

제97조 협의

당사국이 이 부에 따라 받은 요청에 관하여 요청의 이행을 방해하거나 저지시킬 수 있는 문제점을 확인하는 경우, 당사국은 그 사안을 해결하기 위하여 지체없이 재판소와 협의한다. 그러한 문제점은 특히 다음을 포함할 수 있다.

가. 요청을 이행하기에 불충분한 정보

나. 인도청구의 경우, 최선의 노력에도 불구하고 인도청구된 자의 소재를 파악할 수 없거나 또는 수행된 수사 결과 피청구국내에 있는 자는 영장에서 거명된 자가 명백히 아닌 것으로 판정된 사실

다. 현재 형태의 요청 이행은 피요청국이 다른 국가에 대하여 부담하는 기존의 조약상 의무를 위반하도록 요구한다는 사실

제98조 면제의 포기 및 인도 동의에 관한 협력

1. 재판소가 먼저 제3국으로부터 면제의 포기를 위한 협력을 얻을 수 없는 한, 재판소는 피요청국이 제3국의 사람 또는 재산에 대하여 국가면제 또는 외교면제에 관한 국제법상의 의무에 부합되지 않게 행동하도록 하는 인도청구 또는 지원요청을 진행시켜서는 아니된다.

2. 재판소가 먼저 파견국으로부터 인도동의를 주기 위한 협력을 얻을 수 없는 한, 재판소는 피청구국이 파견국의 사람을 재판소에 인도하기 위하여는 파견국의 동의를 요하는 국제협정상의 의무에 부합되지 않게 행동하도록 하는 인도청구를 진행시켜서는 아니된다.

제99조 제93조와 제96조에 따른 요청의 이행

1. 지원 요청은 피요청국 법상의 관련절차에 따라, 그리고 피요청국에서 금지되지 않는 한, 요청서에 약술된 절차에 따르거나 또는 요청서에 명시된 자가 이행과정에 출석하고 협력하도록 허용하는 것을 포함하여 요청서에 명시된 방식으로 이행한다.

2. 긴급한 요청의 경우, 그에 응하여 제공되는 문서 또는 증거는 재판소의 요청이 있으면 신속히 전달한다.

3. 피요청국의 회신은 그 국가의 언어와 양식으로 작성 송부한다.

4. 이 부의 다른 규정을 침해함이 없이, 요청의 이행에 필수적이라면 피요청국 당국의 입회없이 수사를 수행하는 것을 포함하여, 특정인과의 자발적인 면담 또는 그 자로부터의 증거 수집 및 공개된 장소 또는 기타 공공장소의 변형없는 조사 등 강제조치 없이 이행될 수 있는 요청을 성공적으로 이행하는데 필요한 경우, 소추관은 그러한 요청을 다음과 같이 국가의 영역에서 직접 이행할 수 있다.

가. 피요청국이 그 영역안에서 범죄가 범하여졌다는 혐의를 받는 국가이고 또한 제18조 또는 제19조에 따라 재판적격성이 있다고 결정된 경우, 소추관은 피요청국과 가능한 모든 협의를 거쳐 요청을 직접 이행할 수 있다.

나. 기타의 경우, 소추관은 피요청국과 협의를 거쳐 피요청국이 제기한 모든 합리적 조건이나 우려에 따를 것을 조건으로 요청을 이행할 수 있다. 피요청국이 이 호에 따른 요청의 이행에 대한 문제를 확인하는 경우, 피요청국은 그 문제를 해결하기 위하여 지체없이 재판소와 협의한다.

5. 재판소에 의하여 심리되거나 조사받는 자가 제72조에 따라 국방 또는 국가안보와 관련된 비밀정보의 공개를 방지하기 위한 제한규정을 원용하도록 허용하는 규정은 이 조에 따른 지원 요청의 이행에도 적용된다.

제100조 비용

1. 피요청국의 영역에서 요청을 이행하기 위한 일상적 비용은 재판소가 부담하는 다음 비용을 제외하고는 피요청국이 부담한다.

가. 증인 및 감정인의 여행 및 안전, 또는 구금중인 자의 제93조에 따른 이송과 관련된 비용

나. 번역비, 통역비 및 복사비

다. 재판관, 소추관, 부소추관, 사무국장, 사무차장 및 재판소의 다른 기관 직원의 여비와 수당

라. 재판소가 요청한 감정인의 견해나 보고서의 비용

마. 구금국이 재판소로 인도하는 자의 이송 관련 비용

바. 협의에 따라, 요청의 이행으로부터 발생할 수 있는 특별 비용

2. 제1항의 규정은 적절한 대로 당사국의 재판소에 대한 요청에 적용된다. 그 경우 재판소는 일상적인 이행비용을 부담한다.

제101조 특정성의 원칙

1. 이 규정에 따라 재판소에 인도된 자는 인도되게 된 범죄의 기초를 이루는 행위 또는 행위의 과정이 아닌, 인도 전에 범한 행위에 대하여 절차가 취해지거나 처벌 또는 구금되지 아니한다.

2. 재판소는 재판소에 인도를 행한 국가에 대해 제1항의 요건을 포기하도록 요청할 수 있으며, 필요한 경우 제91조에 따라 추가 정보를 제공할 수 있다. 당사국은 위 요건에 관하여 재판소에 포기할 권한을 가지며, 그렇게 하도록 노력한다.

제102조 용어의 사용

이 규정의 목적상,

가. "인도"라 함은 이 규정에 따라 국가가 어떠한 사람을 재판소에 넘겨 주는 것을 말한다.

나. "범죄인인도"라 함은 조약, 협약 또는 국내법에 규정된 바에 따라 어떠한 사람을 한 국가에서 다른 국가로 넘겨 주는 것을 말한다.

제10부 집행

제103조 징역형 집행에서 국가의 역할

1. 가. 징역형은 재판소가 재판소에 대하여 수형자 인수 의사를 표시한 국가의 명단 중에서 지정된 국가에서 집행된다.

나. 수형자 인수 의사를 표시할 때, 국가는 재판소가 동의하고 이 부에 부합되는 인수 조건을 첨부할 수 있다.

다. 특정 사건에서 지정된 국가는 재판소의 지정을 수락하는지 여부를 신속히 재판소에 통지한다.

2. 가. 집행국은 제1항에 따라 합의된 조건의 시행을 포함하여 징역형의 조건 또는 정도에 현저히 영향을 줄 수 있는 모든 상황을 재판소에 통지한다.

재판소는 그러한 알려지거나 예측 가능한 상황을 최소한 45일 전에 통지받는다. 그 기간동안 집행국은 제110조에 따른 의무를 저해할 수 있는 어떠한 조치도 취하지 아니한다.

나. 재판소가 가호에 규정된 상황에 합의할 수 없는 경우, 재판소는 이를 집행국에 통보하고 제104조제1항에 따라 처리한다.

3. 재판소는 제1항에 따른 지정의 재량을 행사함에 있어서 다음을 고려한다.

가. 절차및증거규칙에 규정된 바와 같이, 형평한 분배의 원칙에 따라 당사국들이 징역형의 집행 책임을 분담한다는 원칙

나. 수형자의 처우에 관하여 광범위하게 수락된 국제조약상의 기준 적용

다. 수형자의 의견

라. 수형자의 국적

마. 범죄 및 수형자의 정황 또는 형의 효율적 집행에 관한 집행국의 지정에 적절한 기타 요소

4. 제1항에 따라 지정된 국가가 없는 경우, 징역형은 제3조제2항에 기술된 본부협정에 규정된 조건에 따라 소재지국이 제공하는 수형시설에서 집행된다. 이 경우 징역형의 집행에서 발생하는 비용은 재판소가 부담한다.

제104조 집행국 지정의 변경

1. 재판소는 언제든지 수형자를 다른 국가의 교도소로 이송할 것을 결정할 수 있다.

2. 수형자는 언제든지 집행국으로부터의 이송을 재판소에 신청할 수 있다.

제105조 형의 집행

1. 징역형은 제103조제1항나호에 따라 국가가 명시한 조건의 적용을 받고 당사국을 기속하며, 당사국은 어떠한 경우에도 이를 변경하지 아니한다.

2. 재판소만이 상소 및 재심의 신청에 대하여 결정할 권리를 가진다. 집행국은 수형자의 이러한 신청을 방해하지 아니한다.

제106조 형의 집행과 징역의 조건에 대한 감독

1. 징역형의 집행은 재판소의 감독에 따르며, 수형자의 처우에 관하여 광범위하게 수락된 국제조약상의 기준과 부합하여야 한다.

2. 징역의 조건은 집행국의 법에 의하여 규율되며 수형자의 처우에 관하여 광범위하게 수락된 국제조약상의 기준에 부합하여야 한다. 어떠한 경우에도 그러한 조건들이 집행국에서 유사한 범죄로 유죄판결을 받은 수형자에게 적용되는 조건들보다 유리하거나 불리하여서는 아니된다.

3. 수형자와 재판소간의 통신은 방해받지 않으며, 비밀이 유지되어야 한다.

제107조 형 집행 만료자의 이송

1. 형 집행 만료 후 집행국의 국민이 아닌 자는 집행국이 그를 자국에 체류하도록 허가하지 않는 한, 그를 접수할 의무가 있는 국가 또는 이송될 자의 희망을 고려하여 그를 접수하기로 합의한 다른 국가로 집행국의 법률에 따라 이송될 수 있다.

2. 어느 국가도 제1항에 따라 다른 국가로 이송하는데 발생하는 비용을 부담하지 않는 경우, 그 비용은 재판소가 부담한다.

3. 제108조의 규정을 조건으로, 집행국은 재판 또는 형 집행을 위하여 범죄인인도 또는 인도를 청구한 국가로 그 자를 자국법에 따라 범죄인인도를 하거나 또는 달리 인도할 수 있다.

제108조 다른 범죄의 기소 또는 처벌의 제한

1. 집행국의 구금하에 있는 수형자는, 재판소가 집행국의 요청을 받아 기소·처벌 또는 범죄인인도를 행하는 것을 허가하지 않는 한, 그 자가 집행국으로 이송되기 전에 행한 어떠한 행위에 대하여도 기소·처벌되거나 또는 제3국으로 범죄인인도 되지 아니한다.

2. 재판소는 수형자의 의견을 들은 후 그 문제를 결정한다.

3. 수형자가 재판소가 부과한 형을 완전히 복역한 후 집행국의 영역에서 자발적으로 30일을 초과

하여 머무르거나 또는 집행국에서 출국한 후 그 국가의 영역으로 다시 돌아온 경우, 제1항은 적용되지 아니한다.

제109조 벌금 및 몰수조치의 집행

1. 당사국은 선의의 제3자의 권리를 침해함이 없이 그리고 자국의 국내법 절차에 따라, 재판소가 제7부에 따라 명령한 벌금 또는 몰수 명령을 집행한다.

2. 당사국이 몰수명령을 집행할 수 없는 경우, 당사국은 선의의 제3자의 권리를 침해함이 없이, 재판소가 몰수를 명한 수익·재산 또는 자산의 가액을 회수하기 위한 조치를 취한다.

3. 당사국이 재판소의 판결을 집행한 결과로 취득한 재산 또는 부동산의 매매 수익 또는 적절한 경우 기타 재산의 매매 수익은 재판소로 이전된다.

제110조 감형에 대한 재판소의 재검토

1. 집행국은 재판소가 선고한 형기가 만료되기 전에는 당해인을 석방하지 아니한다.

2. 재판소만이 감형을 결정할 권한을 가지며, 당해인을 심문한 후 그 문제를 결정한다.

3. 형의 3분의 2 또는 무기징역의 경우 25년을 복역한 경우, 재판소는 감형여부를 결정하기 위하여 형을 재검토한다. 그 전에는 재검토가 이루어져서는 아니된다.

4. 제3항에 따른 재검토에 있어서, 재판소는 1개 이상의 다음 요소가 존재한다고 판단할 경우 형을 감경할 수 있다.

가. 재판소의 수사 및 기소에 있어서 초기부터 지속적으로 협력하려는 의사

나. 다른 사건에 있어서의 재판소의 판결 및 명령의 집행을 가능하게 하는 그 자의 자발적인 조력과 특히 피해자의 이익을 위하여 사용될 수 있는 벌금, 몰수 또는 배상 명령의 대상이 되는 자산을 찾는 것을 지원하는 자발적 조력

다. 절차및증거규칙에 규정된 바와 같이, 감형을 정당화하기에 충분한 명백하고 중요한 사정변경을 형성하는 기타 요소

5. 재판소가 제3항에 따른 최초의 검토에서 감형이 적절하지 않다고 결정하는 경우, 재판소는 그 후 절차및증거규칙에 규정된 기간마다 그리고 그에 규정된 기준을 적용하여 감형 문제를 검토한다.

제111조 도주

유죄판결을 받은 자가 구금에서 탈출하여 집행국으로부터 도주한 경우, 집행국은 재판소와 협의를 거쳐 기존의 양자 또는 다자간 약정에 따라 그 자가 소재한 국가에 인도를 청구하거나 또는 제9부에 따라 재판소가 당해인의 인도를 구하도록 요청할 수 있다. 재판소는 그 자가 형을 복역하고 있던 국가 또는 재판소가 지정한 다른 국가로 그 자의 이송을 명할 수 있다.

제11부 당사국총회

제112조 당사국총회

1. 이 규정의 당사국총회가 이에 설치된다. 각 당사국은 총회에서 교체대표와 자문을 동반할 수

있는 1인의 대표를 가진다. 이 규정 또는 최종의정서에 서명한 기타 국가는 총회에서 옵저버가
될 수 있다.

2. 당사국총회는,

가. 적절한 대로, 준비위원회의 권고를 심의하고 채택한다.

나. 재판소의 행정에 관하여 소장단, 소추관 및 사무국장의 운영을 감독한다.

다. 제3항에 따라 설치된 이사회의 보고서와 활동을 심의하고, 이에 관하여 적절한 조치를 취한다.

라. 재판소 예산을 심의하고 결정한다.

마. 제36조에 따라 재판관 수의 변경 여부를 결정한다.

바. 제87조제5항과 제7항에 따라 협력불응과 관련된 모든 문제를 심의한다.

사. 이 규정 또는 절차및증거규칙과 부합하는 다른 모든 기능을 수행한다.

3. 가. 총회는 총회에서 3년 임기로 선출된 1인의 의장, 2인의 부의장 및 18인의 위원으로 구성되
   는 이사회를 둔다.

나. 이사회는 특히 공평한 지역적 배분과 세계의 주요한 법체계의 적절한 대표성을 고려한 대의적
   성격을 가진다.

다. 이사회는 최소한 1년에 1회 이상, 필요할 때마다 회합한다. 이사회는 총회가 책임을 이행하는
   데 조력한다.

4. 총회는 재판소의 효율성과 경제성을 제고하기 위하여, 재판소의 감사·평가 및 조사를 위한
독립적인 감독장치를 포함하여 필요한 보조기관을 둘 수 있다.

5. 재판소장, 소추관 및 사무국장 또는 그 대리인들은 적절한 대로 총회 및 이사회의 회의에 참석
할 수 있다.

6. 총회는 재판소 소재지 또는 국제연합 본부에서 1년에 1회 회합하며, 필요한 경우 특별회기를
가진다. 이 규정에 달리 정한 경우를 제외하고, 특별회기는 이사회가 스스로 발의하거나 당사국
3분의 1의 요청에 따라 소집된다.

7. 각 당사국은 1표의 투표권을 가진다. 총회와 이사회는 컨센서스로 결정에 도달하기 위하여 모
든 노력을 다하여야 한다. 컨센서스에 도달할 수 없는 경우, 이 규정에 달리 정한 경우를 제외하고
다음과 같이 결정한다.

가. 실질문제에 대한 결정은 당사국의 절대과반수를 투표정족수로 하여, 출석하여 투표한 당사국
   의 3분의 2의 다수결로 승인되어야 한다.

나. 절차문제에 대한 결정은 출석하여 투표한 당사국들의 단순다수결로 행한다.

8. 재판소 비용에 대한 재정적 분담금의 지불을 연체한 당사국은 연체금액이 연체 이전의 만 2년
동안 부담해야 할 분담금액과 같거나 이를 초과하는 경우, 총회 및 이사회에서 투표권을 가지지
못한다. 그럼에도 불구하고 총회는 연체가 그 당사국이 통제할 수 없는 사정에 기인한다고 판단하
는 경우, 그 당사국의 총회 및 이사회에서의 투표를 허용할 수 있다.

9. 총회는 그 자체의 절차규칙을 채택한다.

10. 총회의 공식언어 및 실무언어는 국제연합 총회의 언어로 한다.

제12부 재정

제113조 재정규칙

달리 특별히 규정된 경우를 제외하고, 재판소와 이사회 및 보조기관을 포함하는 당사국총회의 회의와 관련된 모든 재정적 문제는 이 규정과 당사국총회에서 채택된 재정규칙에 의하여 규율된다.

제114조 비용의 지출

재판소와 이사회 및 보조기관을 포함한 당사국총회의 비용은 재판소의 기금에서 지출된다.

제115조 재판소 및 당사국총회의 기금

재판소와 이사회 및 보조기관을 포함한 당사국총회의 비용은 당사국총회가 결정한 예산에 규정된 바에 따라 다음 수입원에 의하여 충당된다.

가. 당사국이 납부한 산정된 분담금

나. 특히 안전보장이사회에 의한 회부로 인하여 발생된 비용에 관하여는 국제연합 총회의 승인을 조건으로 국제연합이 제공한 기금

제116조 자발적 기여금

제115조를 침해함이 없이, 재판소는 당사국총회가 채택한 관련 기준에 따라 정부 국제기구 개인 기업 및 기타 단체로부터의 자발적 기여금을 추가기금으로 받아 사용할 수 있다.

제117조 분담금의 산정

당사국의 분담금은 국제연합이 정규예산을 위하여 채택한 산정기준을 기초로 하고, 그 산정기준의 기초가 된 원칙에 따라 조정되어 합의된 산정기준에 따라 산정된다.

제118조 연례감사

재판소의 연례 재정보고서를 포함하여 재판소의 기록, 회계장부 및 회계계정은 매년 독립된 감사관에 의하여 감사를 받는다.

제13부 최종조항

제119조 분쟁의 해결

1. 재판소의 사법적 기능에 관한 모든 분쟁은 재판소의 결정에 의하여 해결된다.

2. 이 규정의 해석과 적용에 관하여 분쟁 개시 후 3개월 내에 교섭을 통하여 해결되지 아니하는 2개국 이상의 당사국간의 기타 모든 분쟁은 당사국총회에 회부된다. 총회는 스스로 그 분쟁을 해결하려고 노력하거나 또는 국제사법재판소규정에 따라 동 재판소에 회부를 포함하는 추가적 분쟁해결수단에 관하여 권고할 수 있다.

제120조 유보

이 규정에 대하여 어떠한 유보도 할 수 없다.

제121조 개정

1. 이 규정의 발효로부터 7년 후 당사국은 이 규정의 개정을 제안할 수 있다. 제안된 모든 개정안은 국제연합 사무총장에게 제출되며, 국제연합 사무총장은 이를 신속히 모든 당사국에 회람한다.

2. 통보일로부터 최소한 3개월 이후의 차기회의에서 당사국총회는 참석하여 투표한 당사국의 과반수로 그 제안을 다룰 것인지 여부를 결정한다. 총회는 그 제안을 직접 다루거나, 관련 쟁점상 필요한 경우 검토회의를 소집할 수 있다.

3. 당사국총회의 회의 또는 검토회의에서 컨센서스에 도달할 수 없는 경우, 개정안의 채택은 당사국의 3분의 2의 다수결을 요한다.

4. 제5항에 규정된 경우를 제외하고, 개정은 당사국의 8분의 7의 비준서 또는 수락서가 국제연합 사무총장에게 기탁된 때로부터 1년 후에 모든 당사국에 대하여 발효한다.

5. 이 규정 제5조, 제6조, 제7조 및 제8조에 대한 개정은 그 개정을 수락한 당사국에 대하여 비준서 또는 수락서가 기탁된 지 1년 후에 발효한다. 개정을 수락하지 아니한 당사국의 국민에 의하여 또는 그 국가의 영역에서 개정으로 포함된 범죄가 범해진 경우, 재판소는 그 범죄에 대하여 관할권을 행사하지 아니한다.

6. 제4항에 따라 개정이 당사국의 8분의 7에 의하여 수락된 경우, 그 개정을 수락하지 아니한 모든 당사국은 제127조제1항에도 불구하고 그러나 제127조제2항을 조건으로, 개정의 발효 후 1년 이내에 통보함으로써, 이 규정에서 탈퇴할 수 있으며 탈퇴는 통보 즉시 효력을 발생한다.

7. 국제연합 사무총장은 당사국총회의 회의 또는 검토회의에서 채택된 모든 개정을 전 당사국에 회람한다.

제122조 제도적 성격의 규정에 대한 개정

1. 오로지 제도적 성격만을 지닌 이 규정의 조항, 즉 제35조, 제36조제8항과 제9항, 제37조, 제38조, 제39조제1항(처음 2문), 제2항과 제4항, 제42조제4항 내지 제9항, 제43조제2항과 제3항, 제44조, 제46조, 제47조 및 제49조의 개정은 제121조제1항에도 불구하고 모든 당사국이 언제든지 제안할 수 있다. 제안된 개정안은 국제연합 사무총장이나 당사국총회가 지정한 자에게 제출되며, 이들은 이를 모든 당사국과 당사국총회에 참석한 다른 자들에게 신속히 회람한다.

2. 컨센서스에 도달할 수 없는 이 조에 따른 개정은 당사국총회 또는 검토회의에서 당사국의 3분의 2의 다수결로 채택된다. 그러한 개정은 당사국총회 또는 경우에 따라서는 검토회의에서 채택된 지 6개월 후 모든 당사국에 대하여 발효한다.

제123조 규정의 재검토

1. 이 규정이 발효한 지 7년 후, 국제연합 사무총장은 이 규정에 대한 개정을 심의하기 위한 재검토회의를 소집한다. 그러한 재검토는 제5조에 포함된 범죄목록을 포함할 수 있으나 이에 국한되지 아니한다. 재검토회의는 당사국총회에 참석하는 자에게 동일한 조건하에 개방된다.

2. 그 후 언제라도 국제연합 사무총장은 당사국의 요청에 따라 제1항에 규정된 목적을 위하여 당사국 과반수의 승인으로 재검토회의를 소집한다.

3. 제121조제3항 내지 제7항의 규정은 재검토회의에서 심의된 이 규정에 대한 개정의 채택 및 발효에 적용된다.

제124조 경과규정

제12조제1항 및 제2항에도 불구하고, 국가는 이 규정의 당사국이 될 때 이 규정이 당해 국가에

대하여 발효한 후 7년 동안, 자국민에 의하여 또는 자국 영역에서 범해진 것으로 혐의를 받는 제8조에 규정된 범죄의 범주에 관하여 재판소의 관할권을 수락하지 아니한다고 선언할 수 있다. 이 조에 따른 선언은 언제든지 철회될 수 있다. 이 조의 규정은 제123조제1항에 따라 소집되는 재검토회의에서 재검토된다.

제125조 서명·비준·수락·승인 또는 가입

1. 이 규정은 1998년 7월 17일 로마에 있는 국제연합 식량농업기구 본부에서 모든 국가에 대하여 서명을 위하여 개방된다. 그 이후 1998년 10월 17일까지 로마의 이탈리아 외무부에서 서명을 위하여 개방된다. 그 날 이후 이 규정은 2000년 12월 31일까지 뉴욕에 있는 국제연합 본부에서 서명을 위하여 개방된다.

2. 이 규정은 서명국의 비준, 수락 또는 승인을 받아야 한다. 비준서, 수락서 또는 승인서는 국제연합 사무총장에게 기탁된다.

3. 이 규정은 모든 국가의 가입을 위하여 개방된다. 가입서는 국제연합 사무총장에게 기탁된다.

제126조 발효

1. 이 규정은 60번째의 비준서, 수락서, 승인서 또는 가입서가 국제연합 사무총장에게 기탁된 날로부터 60일이 경과한 다음 달의 첫째 날에 발효한다.

2. 60번째의 비준서, 수락서, 승인서 또는 가입서가 기탁된 후 이 규정을 비준·수락·승인 또는 가입하는 각 국가에 대하여, 이 규정은 그러한 국가가 비준서, 수락서, 승인서 또는 가입서를 기탁한 후 60일이 경과한 다음 달의 첫째 날에 발효한다.

제127조 탈퇴

1. 당사국은 국제연합 사무총장에 대한 서면통보에 의하여 이 규정에서 탈퇴할 수 있다. 탈퇴는 통보서에 보다 늦은 날짜가 명시되지 않는 한, 통보서 접수일로부터 1년 후에 효력을 발생한다.

2. 국가는 탈퇴를 이유로 이미 발생한 모든 재정적 의무를 포함하여 그 국가가 이 규정의 당사자 이었던 동안 이 규정에 따라 발생한 의무로부터 면제되지 아니한다. 국가의 탈퇴는 탈퇴국이 협력할 의무가 있었던 탈퇴 발효일 전에 개시된 범죄수사 및 절차와 관련된 재판소와의 여하한 협력에도 영향을 미치지 아니하며, 또한 탈퇴 발효일 선에 재판소가 이미 심의중에 있던 사안의 계속적인 심의를 어떠한 방식으로도 저해하지 아니한다.

제128조 정본

아랍어·중국어·영어·프랑스어·러시아어 및 스페인어본이 동등하게 정본인 이 규정의 원본은 국제연합 사무총장에게 기탁되며, 국제연합 사무총장은 그 인증등본을 모든 국가에 송부한다.

이상의 증거로, 아래 서명자들은 그들 각자의 정부로부터 정당하게 권한을 위임받아 이 규정에 서명하였다. 1998년 7월 17일 로마에서 작성되었다.

13. ROME STATUTE OF THE INTERNATIONAL CRIMINAL COURT

PREAMBLE

The States Parties to this Statute,

Conscious that all peoples are united by common bonds, their cultures pieced together in a shared heritage, and concerned that this delicate mosaic may be shattered at any time,

Mindful that during this century millions of children, women and men have been victims of unimaginable atrocities that deeply shock the conscience of humanity,

Recognizing that such grave crimes threaten the peace, security and well-being of the world,

Affirming that the most serious crimes of concern to the international community as a whole must not go unpunished and that their effective prosecution must be ensured by taking measures at the national level and by enhancing international cooperation,

Determined to put an end to impunity for the perpetrators of these crimes and thus to contribute to the prevention of such crimes,

Recalling that it is the duty of every State to exercise its criminal jurisdiction over those responsible for international crimes,

Reaffirming the Purposes and Principles of the Charter of the United Nations, and in particular that all States shall refrain from the threat or use of force against the territorial integrity or political independence of any State, or in any other manner inconsistent with the Purposes of the United Nations,

Emphasizing in this connection that nothing in this Statute shall be taken as authorizing any State Party to intervene in an armed conflict or in the internal affairs of any State,

Determined to these ends and for the sake of present and future generations, to establish an independent permanent International Criminal Court in relationship with the United Nations system, with jurisdiction over the most serious crimes of concern to the international community as a whole,

Emphasizing that the International Criminal Court established under this Statute shall be complementary to national criminal jurisdictions,

Resolved to guarantee lasting respect for and the enforcement of international justice,

Have agreed as follows,

PART 1. ESTABLISHMENT OF THE COURT

Article 1. The Court

An International Criminal Court ("the Court") is hereby established. It shall be a permanent institution and shall have the power to exercise its jurisdiction over persons for the most serious crimes of international concern, as referred to in this Statute, and shall be complementary to national criminal jurisdictions. The jurisdiction and functioning of the Court shall be governed by the provisions of this Statute.

Article 2. Relationship of the Court with the United Nations

The Court shall be brought into relationship with the United Nations through an agreement to be approved by the Assembly of States Parties to this Statute and thereafter concluded by the President of the Court on its behalf.

Article 3. Seat of the Court

1. The seat of the Court shall be established at The Hague in the Netherlands ("the host State").
2. The Court shall enter into a headquarters agreement with the host State, to be approved by the Assembly of States Parties and thereafter concluded by the President of the Court on its behalf.
3. The Court may sit elsewhere, whenever it considers it desirable, as provided in this Statute.

Article 4. Legal status and powers of the Court

1. The Court shall have international legal personality. It shall also have such legal capacity as may be necessary for the exercise of its functions and the fulfilment of its purposes.
2. The Court may exercise its functions and powers, as provided in this Statute, on the territory of any State Party and, by special agreement, on the territory of any other State.

PART 2. JURISDICTION, ADMISSIBILITY AND APPLICABLE LAW

Article 5. Crimes within the jurisdiction of the Court

1. The jurisdiction of the Court shall be limited to the most serious crimes of concern to the international community as a whole. The Court has jurisdiction in accordance with this Statute with respect to the following crimes:
(a) The crime of genocide;
(b) Crimes against humanity;
(c) War crimes;
(d) The crime of aggression.
2. The Court shall exercise jurisdiction over the crime of aggression once a provision is adopted in accordance with articles 121 and 123 defining the crime and setting out the conditions under which the Court shall exercise jurisdiction with respect to this crime. Such a provision shall be consistent with the relevant provisions of the Charter of the United Nations.

Article 6. Genocide

For the purpose of this Statute, "genocide" means any of the following acts committed with intent to destroy, in whole or in part, a national, ethnical, racial or religious group, as such:
(a) Killing members of the group;
(b) Causing serious bodily or mental harm to members of the group;
(c) Deliberately inflicting on the group conditions of life calculated to bring about its physical destruction in whole or in part;
(d) Imposing measures intended to prevent births within the group;
(e) Forcibly transferring children of the group to another group.

Article 7. Crimes against humanity

1. For the purpose of this Statute, "crime against humanity" means any of the following acts when committed as part of a widespread or systematic attack directed against any civilian population, with knowledge of the attack:

(a) Murder;

(b) Extermination;

(c) Enslavement;

(d) Deportation or forcible transfer of population;

(e) Imprisonment or other severe deprivation of physical liberty in violation of fundamental rules of international law;

(f) Torture;

(g) Rape, sexual slavery, enforced prostitution, forced pregnancy, enforced sterilization, or any other form of sexual violence of comparable gravity;

(h) Persecution against any identifiable group or collectivity on political, racial, national, ethnic, cultural, religious, gender as defined in paragraph 3, or other grounds that are universally recognized as impermissible under international law, in connection with any act referred to in this paragraph or any crime within the jurisdiction of the Court;

(i) Enforced disappearance of persons;

(j) The crime of apartheid;

(k) Other inhumane acts of a similar character intentionally causing great suffering, or serious injury to body or to mental or physical health.

2. For the purpose of paragraph 1:

(a) "Attack directed against any civilian population" means a course of conduct involving the multiple commission of acts referred to in paragraph 1 against any civilian population, pursuant to or in furtherance of a State or organizational policy to commit such attack;

(b) "Extermination" includes the intentional infliction of conditions of life, inter alia the deprivation of access to food and medicine, calculated to bring about the destruction of part of a population;

(c) "Enslavement" means the exercise of any or all of the powers attaching to the right of ownership over a person and includes the exercise of such power in the course of trafficking in persons, in particular women and children;

(d) "Deportation or forcible transfer of population" means forced displacement of the persons concerned by expulsion or other coercive acts from the area in which they are lawfully present, without grounds permitted under international law;

(e) "Torture" means the intentional infliction of severe pain or suffering, whether physical or mental, upon a person in the custody or under the control of the accused; except that torture shall not include pain or suffering arising only from, inherent in or incidental to, lawful sanctions;

(f) "Forced pregnancy" means the unlawful confinement of a woman forcibly made pregnant, with the intent of affecting the ethnic composition of any population or carrying out other grave violations of international law. This definition shall not in any way be interpreted as affecting national laws relating to pregnancy;

(g) "Persecution" means the intentional and severe deprivation of fundamental rights contrary to international law by reason of the identity of the group or collectivity;

(h) "The crime of apartheid" means inhumane acts of a character similar to those referred to in paragraph 1, committed in the context of an institutionalized regime of systematic oppression and domination by one racial group over any other racial group or groups and committed with the intention of maintaining that regime;

(i) "Enforced disappearance of persons" means the arrest, detention or abduction of persons by, or with the authorization, support or acquiescence of, a State or a political organization, followed by a refusal to acknowledge that deprivation of freedom or to give information on the fate or whereabouts of those persons, with the intention of removing them from the protection of the law for a prolonged period of time.

3. For the purpose of this Statute, it is understood that the term "gender" refers to the two sexes, male and female, within the context of society. The term "gender" does not indicate any meaning different from the above.

Article 8. War crimes

1. The Court shall have jurisdiction in respect of war crimes in particular when committed as part of a plan or policy or as part of a large-scale commission of such crimes.

2. For the purpose of this Statute, "war crimes" means:

(a) Grave breaches of the Geneva Conventions of 12 August 1949, namely, any of the following acts against persons or property protected under the provisions of the relevant Geneva Convention:

(i) Wilful killing;

(ii) Torture or inhuman treatment, including biological experiments;

(iii) Wilfully causing great suffering, or serious injury to body or health;

(iv) Extensive destruction and appropriation of property, not justified by military necessity and carried out unlawfully and wantonly;

(v) Compelling a prisoner of war or other protected person to serve in the forces of a hostile Power;

(vi) Wilfully depriving a prisoner of war or other protected person of the rights of fair and regular trial;

(vii) Unlawful deportation or transfer or unlawful confinement;

(viii) Taking of hostages.

(b) Other serious violations of the laws and customs applicable in international armed conflict, within the established framework of international law, namely, any of the following acts:

(i) Intentionally directing attacks against the civilian population as such or against individual civilians not taking direct part in hostilities;

(ii) Intentionally directing attacks against civilian objects, that is, objects which are not military objectives;

(iii) Intentionally directing attacks against personnel, installations, material, units or vehicles involved in a humanitarian assistance or peacekeeping mission in accordance with the Charter of the United Nations, as long as they are entitled to the protection given to civilians or civilian objects under the international law of armed conflict;

(iv) Intentionally launching an attack in the knowledge that such attack will cause incidental loss of life or injury to civilians or damage to civilian objects or widespread, long-term and severe damage to the natural environment which would be clearly excessive in relation to the concrete and direct overall military advantage anticipated;

(v) Attacking or bombarding, by whatever means, towns, villages, dwellings or buildings which are undefended and which are not military objectives;

(vi)   Killing or wounding a combatant who, having laid down his arms or having no longer means of defence, has surrendered at discretion;

(vii)   Making improper use of a flag of truce, of the flag or of the military insignia and uniform of the enemy or of the United Nations, as well as of the distinctive emblems of the Geneva Conventions, resulting in death or serious personal injury;

(viii) The transfer, directly or indirectly, by the Occupying Power of parts of its own civilian population into the territory it occupies, or the deportation or transfer of all or parts of the population of the occupied territory within or outside this territory;

(ix)   Intentionally directing attacks against buildings dedicated to religion, education, art, science or charitable purposes, historic monuments, hospitals and places where the sick and wounded are collected, provided they are not military objectives;

(x)   Subjecting persons who are in the power of an adverse party to physical mutilation or to medical or scientific experiments of any kind which are neither justified by the medical, dental or hospital treatment of the person concerned nor carried out in his or her interest, and which cause death to or seriously endanger the health of such person or persons;

(xi)   Killing or wounding treacherously individuals belonging to the hostile nation or army;

(xii) Declaring that no quarter will be given;

(xiii) Destroying or seizing the enemy's property unless such destruction or seizure be imperatively demanded by the necessities of war;

(xiv) Declaring abolished, suspended or inadmissible in a court of law the rights and actions of the nationals of the hostile party;

(xv) Compelling the nationals of the hostile party to take part in the operations of war directed against their own country, even if they were in the belligerent's service before the commencement of the war;

(xvi) Pillaging a town or place, even when taken by assault;

(xvii) Employing poison or poisoned weapons;

(xviii) Employing asphyxiating, poisonous or other gases, and all analogous liquids, materials or devices;

(xix) Employing bullets which expand or flatten easily in the human body, such as bullets with a hard envelope which does not entirely cover the core or is pierced with incisions;

(xx) Employing weapons, projectiles and material and methods of warfare which are of a nature to cause superfluous injury or unnecessary suffering or which are inherently indiscriminate in violation of the international law of armed conflict, provided that such weapons, projectiles and material and methods of warfare are the subject of a comprehensive prohibition and are included in an annex to this Statute, by an amendment in accordance with the relevant provisions set forth in articles 121 and 123;

(xxi) Committing outrages upon personal dignity, in particular humiliating and degrading treatment;

(xxii) Committing rape, sexual slavery, enforced prostitution, forced pregnancy, as defined in article 7, paragraph 2 (f), enforced sterilization, or any other form of sexual violence also constituting a grave breach of the Geneva Conventions;

(xxiii) Utilizing the presence of a civilian or other protected person to render certain points, areas or military forces immune from military operations;

(xxiv) Intentionally directing attacks against buildings, material, medical units and transport, and personnel using the distinctive emblems of the Geneva Conventions in conformity with international law;

(xxv) Intentionally using starvation of civilians as a method of warfare by depriving them of objects indispensable to their survival, including wilfully impeding relief supplies as provided for under the Geneva Conventions;

(xxvi) Conscripting or enlisting children under the age of fifteen years into the national armed forces or using them to participate actively in hostilities.

(c) In the case of an armed conflict not of an international character, serious violations of article 3 common to the four Geneva Conventions of 12 August 1949, namely, any of the following acts committed against persons taking no active part in the hostilities, including members of armed forces who have laid down their arms and those placed hors de combat by sickness, wounds, detention or any other cause:

(i) Violence to life and person, in particular murder of all kinds, mutilation, cruel treatment and torture;

(ii) Committing outrages upon personal dignity, in particular humiliating and degrading treatment;

(iii) Taking of hostages;

(iv) The passing of sentences and the carrying out of executions without previous judgement pronounced by a regularly constituted court, affording all judicial guarantees which are generally recognized as indispensable.

(d) Paragraph 2 (c) applies to armed conflicts not of an international character and thus does not apply to situations of internal disturbances and tensions, such as riots, isolated and sporadic acts of violence or other acts of a similar nature.

(e) Other serious violations of the laws and customs applicable in armed conflicts not of an international character, within the established framework of international law, namely, any of the following acts:

(i) Intentionally directing attacks against the civilian population as such or against individual civilians not taking direct part in hostilities;

(ii) Intentionally directing attacks against buildings, material, medical units and transport, and personnel using the distinctive emblems of the Geneva Conventions in conformity with international law;

(iii) Intentionally directing attacks against personnel, installations, material, units or vehicles involved in a humanitarian assistance or peacekeeping mission in accordance with the Charter of the United Nations, as long as they are entitled to the protection given to civilians or civilian objects under the international law of armed conflict;

(iv) Intentionally directing attacks against buildings dedicated to religion, education, art, science or charitable purposes, historic monuments, hospitals and places where the sick and wounded are collected, provided they are not military objectives;

(v) Pillaging a town or place, even when taken by assault;

(vi) Committing rape, sexual slavery, enforced prostitution, forced pregnancy, as defined in article 7, paragraph 2 (f), enforced sterilization, and any other form of sexual violence also constituting a serious violation of article 3 common to the four Geneva Conventions;

(vii) Conscripting or enlisting children under the age of fifteen years into armed forces or groups or using them to participate actively in hostilities;

(viii) Ordering the displacement of the civilian population for reasons related to the conflict, unless the security of the civilians involved or imperative military reasons so demand;

(ix) Killing or wounding treacherously a combatant adversary;

(x) Declaring that no quarter will be given;

(xi) Subjecting persons who are in the power of another party to the conflict to physical mutilation or to medical or scientific experiments of any kind which are neither justified by the medical, dental or hospital treatment of the person concerned nor carried out in his or her interest, and which cause death to or seriously endanger the health of such person or persons;

(xii) Destroying or seizing the property of an adversary unless such destruction or seizure be imperatively demanded by the necessities of the conflict;

(f) Paragraph 2 (e) applies to armed conflicts not of an international character and thus does not apply to situations of internal disturbances and tensions, such as riots, isolated and sporadic acts of violence or other acts of a similar nature. It applies to armed conflicts that take place in the territory of a State when there is protracted armed conflict between governmental authorities and organized armed groups or between such groups.

3. Nothing in paragraph 2 (c) and (e) shall affect the responsibility of a Government to maintain or re-establish law and order in the State or to defend the unity and territorial integrity of the State, by all legitimate means.

Article 9. Elements of Crimes

1. Elements of Crimes shall assist the Court in the interpretation and application of articles 6, 7 and 8. They shall be adopted by a two-thirds majority of the members of the Assembly of States Parties.

2. Amendments to the Elements of Crimes may be proposed by:

(a) Any State Party;

(b) The judges acting by an absolute majority;

(c) The Prosecutor.

Such amendments shall be adopted by a two-thirds majority of the members of the Assembly of States Parties.

3. The Elements of Crimes and amendments thereto shall be consistent with this Statute.

Article 10.

Nothing in this Part shall be interpreted as limiting or prejudicing in any way existing or developing rules of international law for purposes other than this Statute.

Article 11. Jurisdiction ratione temporis

1. The Court has jurisdiction only with respect to crimes committed after the entry into force of this Statute.

2. If a State becomes a Party to this Statute after its entry into force, the Court may exercise its jurisdiction only with respect to crimes committed after the entry into force of this Statute for that State, unless that State has made a declaration under article 12, paragraph 3.

Article 12. Preconditions to the exercise of jurisdiction

1. A State which becomes a Party to this Statute thereby accepts the jurisdiction of the Court with

respect to the crimes referred to in article 5.

2. In the case of article 13, paragraph (a) or (c), the Court may exercise its jurisdiction if one or more of the following States are Parties to this Statute or have accepted the jurisdiction of the Court in accordance with paragraph 3:

(a) The State on the territory of which the conduct in question occurred or, if the crime was committed on board a vessel or aircraft, the State of registration of that vessel or aircraft;

(b) The State of which the person accused of the crime is a national.

3. If the acceptance of a State which is not a Party to this Statute is required under paragraph 2, that State may, by declaration lodged with the Registrar, accept the exercise of jurisdiction by the Court with respect to the crime in question. The accepting State shall cooperate with the Court without any delay or exception in accordance with Part 9.

Article 13. Exercise of jurisdiction

The Court may exercise its jurisdiction with respect to a crime referred to in article 5 in accordance with the provisions of this Statute if:

(a) A situation in which one or more of such crimes appears to have been committed is referred to the Prosecutor by a State Party in accordance with article 14;

(b) A situation in which one or more of such crimes appears to have been committed is referred to the Prosecutor by the Security Council acting under Chapter VII of the Charter of the United Nations; or

(c) The Prosecutor has initiated an investigation in respect of such a crime in accordance with article 15.

Article 14. Referral of a situation by a State Party

1. A State Party may refer to the Prosecutor a situation in which one or more crimes within the jurisdiction of the Court appear to have been committed requesting the Prosecutor to investigate the situation for the purpose of determining whether one or more specific persons should be charged with the commission of such crimes.

2. As far as possible, a referral shall specify the relevant circumstances and be accompanied by such supporting documentation as is available to the State referring the situation.

Article 15. Prosecutor

1. The Prosecutor may initiate investigations *proprio motu* on the basis of information on crimes within the jurisdiction of the Court.

2. The Prosecutor shall analyse the seriousness of the information received. For this purpose, he or she may seek additional information from States, organs of the United Nations, intergovernmental or non-governmental organizations, or other reliable sources that he or she deems appropriate, and may receive written or oral testimony at the seat of the Court.

3. If the Prosecutor concludes that there is a reasonable basis to proceed with an investigation, he or she shall submit to the Pre-Trial Chamber a request for authorization of an investigation, together with any supporting material collected. Victims may make representations to the Pre-Trial Chamber, in accordance with the Rules of Procedure and Evidence.

4. If the Pre-Trial Chamber, upon examination of the request and the supporting material, considers that there is a reasonable basis to proceed with an investigation, and that the case appears to fall within the jurisdiction of the Court, it shall authorize the commencement of the investigation,

without prejudice to subsequent determinations by the Court with regard to the jurisdiction and admissibility of a case.

5. The refusal of the Pre-Trial Chamber to authorize the investigation shall not preclude the presentation of a subsequent request by the Prosecutor based on new facts or evidence regarding the same situation.

6. If, after the preliminary examination referred to in paragraphs 1 and 2, the Prosecutor concludes that the information provided does not constitute a reasonable basis for an investigation, he or she shall inform those who provided the information. This shall not preclude the Prosecutor from considering further information submitted to him or her regarding the same situation in the light of new facts or evidence.

Article 16. Deferral of investigation or prosecution

No investigation or prosecution may be commenced or proceeded with under this Statute for a period of 12 months after the Security Council, in a resolution adopted under Chapter VII of the Charter of the United Nations, has requested the Court to that effect; that request may be renewed by the Council under the same conditions.

Article 17. Issues of admissibility

1. Having regard to paragraph 10 of the Preamble and article 1, the Court shall determine that a case is inadmissible where:

(a) The case is being investigated or prosecuted by a State which has jurisdiction over it, unless the State is unwilling or unable genuinely to carry out the investigation or prosecution;

(b) The case has been investigated by a State which has jurisdiction over it and the State has decided not to prosecute the person concerned, unless the decision resulted from the unwillingness or inability of the State genuinely to prosecute;

(c) The person concerned has already been tried for conduct which is the subject of the complaint, and a trial by the Court is not permitted under article 20, paragraph 3;

(d) The case is not of sufficient gravity to justify further action by the Court.

2. In order to determine unwillingness in a particular case, the Court shall consider, having regard to the principles of due process recognized by international law, whether one or more of the following exist, as applicable:

(a) The proceedings were or are being undertaken or the national decision was made for the purpose of shielding the person concerned from criminal responsibility for crimes within the jurisdiction of the Court referred to in article 5;

(b) There has been an unjustified delay in the proceedings which in the circumstances is inconsistent with an intent to bring the person concerned to justice;

(c) The proceedings were not or are not being conducted independently or impartially, and they were or are being conducted in a manner which, in the circumstances, is inconsistent with an intent to bring the person concerned to justice.

3. In order to determine inability in a particular case, the Court shall consider whether, due to a total or substantial collapse or unavailability of its national judicial system, the State is unable to obtain the accused or the necessary evidence and testimony or otherwise unable to carry out its proceedings.

Article 18. Preliminary rulings regarding admissibility

1. When a situation has been referred to the Court pursuant to article 13 (a) and the Prosecutor has determined that there would be a reasonable basis to commence an investigation, or the Prosecutor initiates an investigation pursuant to articles 13 (c) and 15, the Prosecutor shall notify all States Parties and those States which, taking into account the information available, would normally exercise jurisdiction over the crimes concerned. The Prosecutor may notify such States on a confidential basis and, where the Prosecutor believes it necessary to protect persons, prevent destruction of evidence or prevent the absconding of persons, may limit the scope of the information provided to States.

2. Within one month of receipt of that notification, a State may inform the Court that it is investigating or has investigated its nationals or others within its jurisdiction with respect to criminal acts which may constitute crimes referred to in article 5 and which relate to the information provided in the notification to States. At the request of that State, the Prosecutor shall defer to the State's investigation of those persons unless the Pre-Trial Chamber, on the application of the Prosecutor, decides to authorize the investigation.

3. The Prosecutor's deferral to a State's investigation shall be open to review by the Prosecutor six months after the date of deferral or at any time when there has been a significant change of circumstances based on the State's unwillingness or inability genuinely to carry out the investigation.

4. The State concerned or the Prosecutor may appeal to the Appeals Chamber against a ruling of the Pre-Trial Chamber, in accordance with article 82. The appeal may be heard on an expedited basis.

5. When the Prosecutor has deferred an investigation in accordance with paragraph 2, the Prosecutor may request that the State concerned periodically inform the Prosecutor of the progress of its investigations and any subsequent prosecutions. States Parties shall respond to such requests without undue delay.

6. Pending a ruling by the Pre-Trial Chamber, or at any time when the Prosecutor has deferred an investigation under this article, the Prosecutor may, on an exceptional basis, seek authority from the Pre-Trial Chamber to pursue necessary investigative steps for the purpose of preserving evidence where there is a unique opportunity to obtain important evidence or there is a significant risk that such evidence may not be subsequently available.

7. A State which has challenged a ruling of the Pre-Trial Chamber under this article may challenge the admissibility of a case under article 19 on the grounds of additional significant facts or significant change of circumstances.

Article 19. Challenges to the jurisdiction of the Court or the admissibility of a case

1. The Court shall satisfy itself that it has jurisdiction in any case brought before it. The Court may, on its own motion, determine the admissibility of a case in accordance with article 17.

2. Challenges to the admissibility of a case on the grounds referred to in article 17 or challenges to the jurisdiction of the Court may be made by:

(a) An accused or a person for whom a warrant of arrest or a summons to appear has been issued under article 58;

(b) A State which has jurisdiction over a case, on the ground that it is investigating or prosecuting the case or has investigated or prosecuted; or

(c) A State from which acceptance of jurisdiction is required under article 12.

3. The Prosecutor may seek a ruling from the Court regarding a question of jurisdiction or admissibility. In proceedings with respect to jurisdiction or admissibility, those who have referred the situation under article 13, as well as victims, may also submit observations to the Court.

4. The admissibility of a case or the jurisdiction of the Court may be challenged only once by any person or State referred to in paragraph 2. The challenge shall take place prior to or at the commencement of the trial. In exceptional circumstances, the Court may grant leave for a challenge to be brought more than once or at a time later than the commencement of the trial. Challenges to the admissibility of a case, at the commencement of a trial, or subsequently with the leave of the Court, may be based only on article 17, paragraph 1 (c).

5. A State referred to in paragraph 2 (b) and (c) shall make a challenge at the earliest opportunity.

6. Prior to the confirmation of the charges, challenges to the admissibility of a case or challenges to the jurisdiction of the Court shall be referred to the Pre-Trial Chamber. After confirmation of the charges, they shall be referred to the Trial Chamber. Decisions with respect to jurisdiction or admissibility may be appealed to the Appeals Chamber in accordance with article 82.

7. If a challenge is made by a State referred to in paragraph 2 (b) or (c), the Prosecutor shall suspend the investigation until such time as the Court makes a determination in accordance with article 17.

8. Pending a ruling by the Court, the Prosecutor may seek authority from the Court:

(a) To pursue necessary investigative steps of the kind referred to in article 18, paragraph 6;

(b) To take a statement or testimony from a witness or complete the collection and examination of evidence which had begun prior to the making of the challenge; and

(c) In cooperation with the relevant States, to prevent the absconding of persons in respect of whom the Prosecutor has already requested a warrant of arrest under article 58.

9. The making of a challenge shall not affect the validity of any act performed by the Prosecutor or any order or warrant issued by the Court prior to the making of the challenge.

10. If the Court has decided that a case is inadmissible under article 17, the Prosecutor may submit a request for a review of the decision when he or she is fully satisfied that new facts have arisen which negate the basis on which the case had previously been found inadmissible under article 17.

11. If the Prosecutor, having regard to the matters referred to in article 17, defers an investigation, the Prosecutor may request that the relevant State make available to the Prosecutor information on the proceedings. That information shall, at the request of the State concerned, be confidential. If the Prosecutor thereafter decides to proceed with an investigation, he or she shall notify the State to which deferral of the proceedings has taken place.

Article 20. Ne bis in idem

1. Except as provided in this Statute, no person shall be tried before the Court with respect to conduct which formed the basis of crimes for which the person has been convicted or acquitted by the Court.

2. No person shall be tried by another court for a crime referred to in article 5 for which that person has already been convicted or acquitted by the Court.

3. No person who has been tried by another court for conduct also proscribed under article 6, 7 or 8 shall be tried by the Court with respect to the same conduct unless the proceedings in the

other court:

(a) Were for the purpose of shielding the person concerned from criminal responsibility for crimes within the jurisdiction of the Court; or

(b) Otherwise were not conducted independently or impartially in accordance with the norms of due process recognized by international law and were conducted in a manner which, in the circumstances, was inconsistent with an intent to bring the person concerned to justice.

Article 21. Applicable law

1. The Court shall apply:

(a) In the first place, this Statute, Elements of Crimes and its Rules of Procedure and Evidence;

(b) In the second place, where appropriate, applicable treaties and the principles and rules of international law, including the established principles of the international law of armed conflict;

(c) Failing that, general principles of law derived by the Court from national laws of legal systems of the world including, as appropriate, the national laws of States that would normally exercise jurisdiction over the crime, provided that those principles are not inconsistent with this Statute and with international law and internationally recognized norms and standards.

2. The Court may apply principles and rules of law as interpreted in its previous decisions.

3. The application and interpretation of law pursuant to this article must be consistent with internationally recognized human rights, and be without any adverse distinction founded on grounds such as gender as defined in article 7, paragraph 3, age, race, colour, language, religion or belief, political or other opinion, national, ethnic or social origin, wealth, birth or other status.

PART 3. GENERAL PRINCIPLES OF CRIMINAL LAW

Article 22. Nullum crimen sine lege

1. A person shall not be criminally responsible under this Statute unless the conduct in question constitutes, at the time it takes place, a crime within the jurisdiction of the Court.

2. The definition of a crime shall be strictly construed and shall not be extended by analogy. In case of ambiguity, the definition shall be interpreted in favour of the person being investigated, prosecuted or convicted.

3. This article shall not affect the characterization of any conduct as criminal under international law independently of this Statute.

Article 23. Nulla poena sine lege

A person convicted by the Court may be punished only in accordance with this Statute.

Article 24. Non-retroactivity ratione personae

1. No person shall be criminally responsible under this Statute for conduct prior to the entry into force of the Statute.

2. In the event of a change in the law applicable to a given case prior to a final judgement, the law more favourable to the person being investigated, prosecuted or convicted shall apply.

Article 25. Individual criminal responsibility

1. The Court shall have jurisdiction over natural persons pursuant to this Statute.

2. A person who commits a crime within the jurisdiction of the Court shall be individually

responsible and liable for punishment in accordance with this Statute.

3. In accordance with this Statute, a person shall be criminally responsible and liable for punishment for a crime within the jurisdiction of the Court if that person:

(a) Commits such a crime, whether as an individual, jointly with another or through another person, regardless of whether that other person is criminally responsible;

(b) Orders, solicits or induces the commission of such a crime which in fact occurs or is attempted;

(c) For the purpose of facilitating the commission of such a crime, aids, abets or otherwise assists in its commission or its attempted commission, including providing the means for its commission;

(d) In any other way contributes to the commission or attempted commission of such a crime by a group of persons acting with a common purpose. Such contribution shall be intentional and shall either:

(i) Be made with the aim of furthering the criminal activity or criminal purpose of the group, where such activity or purpose involves the commission of a crime within the jurisdiction of the Court; or

(ii) Be made in the knowledge of the intention of the group to commit the crime;

(e) In respect of the crime of genocide, directly and publicly incites others to commit genocide;

(f) Attempts to commit such a crime by taking action that commences its execution by means of a substantial step, but the crime does not occur because of circumstances independent of the person's intentions. However, a person who abandons the effort to commit the crime or otherwise prevents the completion of the crime shall not be liable for punishment under this Statute for the attempt to commit that crime if that person completely and voluntarily gave up the criminal purpose.

4. No provision in this Statute relating to individual criminal responsibility shall affect the responsibility of States under international law.

Article 26. Exclusion of jurisdiction over persons under eighteen

The Court shall have no jurisdiction over any person who was under the age of 18 at the time of the alleged commission of a crime.

Article 27. Irrelevance of official capacity

1. This Statute shall apply equally to all persons without any distinction based on official capacity. In particular, official capacity as a Head of State or Government, a member of a Government or parliament, an elected representative or a government official shall in no case exempt a person from criminal responsibility under this Statute, nor shall it, in and of itself, constitute a ground for reduction of sentence.

2. Immunities or special procedural rules which may attach to the official capacity of a person, whether under national or international law, shall not bar the Court from exercising its jurisdiction over such a person.

Article 28. Responsibility of commanders and other superiors

In addition to other grounds of criminal responsibility under this Statute for crimes within the jurisdiction of the Court:

(a) A military commander or person effectively acting as a military commander shall be criminally responsible for crimes within the jurisdiction of the Court committed by forces under his or her effective command and control, or effective authority and control as the case may be, as a result of his or her failure to exercise control properly over such forces, where:

(i) That military commander or person either knew or, owing to the circumstances at the time, should have known that the forces were committing or about to commit such crimes; and

(ii) That military commander or person failed to take all necessary and reasonable measures within his or her power to prevent or repress their commission or to submit the matter to the competent authorities for investigation and prosecution.

(b) With respect to superior and subordinate relationships not described in paragraph (a), a superior shall be criminally responsible for crimes within the jurisdiction of the Court committed by subordinates under his or her effective authority and control, as a result of his or her failure to exercise control properly over such subordinates, where:

(i) The superior either knew, or consciously disregarded information which clearly indicated, that the subordinates were committing or about to commit such crimes;

(ii) The crimes concerned activities that were within the effective responsibility and control of the superior; and

(iii) The superior failed to take all necessary and reasonable measures within his or her power to prevent or repress their commission or to submit the matter to the competent authorities for investigation and prosecution.

Article 29. Non-applicability of statute of limitations

The crimes within the jurisdiction of the Court shall not be subject to any statute of limitations.

Article 30. Mental element

1. Unless otherwise provided, a person shall be criminally responsible and liable for punishment for a crime within the jurisdiction of the Court only if the material elements are committed with intent and knowledge.

2. For the purposes of this article, a person has intent where:

(a) In relation to conduct, that person means to engage in the conduct;

(b) In relation to a consequence, that person means to cause that consequence or is aware that it will occur in the ordinary course of events.

3. For the purposes of this article, "knowledge" means awareness that a circumstance exists or a consequence will occur in the ordinary course of events. "Know" and "knowingly" shall be construed accordingly.

Article 31. Grounds for excluding criminal responsibility

1. In addition to other grounds for excluding criminal responsibility provided for in this Statute, a person shall not be criminally responsible if, at the time of that person's conduct:

(a) The person suffers from a mental disease or defect that destroys that person's capacity to appreciate the unlawfulness or nature of his or her conduct, or capacity to control his or her conduct to conform to the requirements of law;

(b) The person is in a state of intoxication that destroys that person's capacity to appreciate the unlawfulness or nature of his or her conduct, or capacity to control his or her conduct to conform to the requirements of law, unless the person has become voluntarily intoxicated under such circumstances that the person knew, or disregarded the risk, that, as a result of the intoxication, he or she was likely to engage in conduct constituting a crime within the jurisdiction of the Court;

(c) The person acts reasonably to defend himself or herself or another person or, in the case of war crimes, property which is essential for the survival of the person or another person or property which is essential for accomplishing a military mission, against an imminent and unlawful use of force in a manner proportionate to the degree of danger to the person or the other person or property protected. The fact that the person was involved in a defensive operation conducted by forces shall not in itself constitute a ground for excluding criminal responsibility under this subparagraph;

(d) The conduct which is alleged to constitute a crime within the jurisdiction of the Court has been caused by duress resulting from a threat of imminent death or of continuing or imminent serious bodily harm against that person or another person, and the person acts necessarily and reasonably to avoid this threat, provided that the person does not intend to cause a greater harm than the one sought to be avoided. Such a threat may either be:

(i) Made by other persons; or

(ii) Constituted by other circumstances beyond that person's control.

2. The Court shall determine the applicability of the grounds for excluding criminal responsibility provided for in this Statute to the case before it.

3. At trial, the Court may consider a ground for excluding criminal responsibility other than those referred to in paragraph 1 where such a ground is derived from applicable law as set forth in article 21. The procedures relating to the consideration of such a ground shall be provided for in the Rules of Procedure and Evidence.

Article 32. Mistake of fact or mistake of law

1. A mistake of fact shall be a ground for excluding criminal responsibility only if it negates the mental element required by the crime.

2. A mistake of law as to whether a particular type of conduct is a crime within the jurisdiction of the Court shall not be a ground for excluding criminal responsibility. A mistake of law may, however, be a ground for excluding criminal responsibility if it negates the mental element required by such a crime, or as provided for in article 33.

Article 33. Superior orders and prescription of law

1. The fact that a crime within the jurisdiction of the Court has been committed by a person pursuant to an order of a Government or of a superior, whether military or civilian, shall not relieve that person of criminal responsibility unless:

(a) The person was under a legal obligation to obey orders of the Government or the superior in question;

(b) The person did not know that the order was unlawful; and

(c) The order was not manifestly unlawful.

2. For the purposes of this article, orders to commit genocide or crimes against humanity are manifestly unlawful.

PART 4. COMPOSITION AND ADMINISTRATION OF THE COURT

Article 34. Organs of the Court

The Court shall be composed of the following organs:

(a) The Presidency;

(b) An Appeals Division, a Trial Division and a Pre-Trial Division;

(c) The Office of the Prosecutor;

(d) The Registry.

Article 35. Service of judges

1. All judges shall be elected as full-time members of the Court and shall be available to serve on that basis from the commencement of their terms of office.

2. The judges composing the Presidency shall serve on a full-time basis as soon as they are elected.

3. The Presidency may, on the basis of the workload of the Court and in consultation with its members, decide from time to time to what extent the remaining judges shall be required to serve on a full-time basis. Any such arrangement shall be without prejudice to the provisions of article 40.

4. The financial arrangements for judges not required to serve on a full-time basis shall be made in accordance with article 49.

Article 36. Qualifications, nomination and election of judges

1. Subject to the provisions of paragraph 2, there shall be 18 judges of the Court.

2. (a) The Presidency, acting on behalf of the Court, may propose an increase in the number of judges specified in paragraph 1, indicating the reasons why this is considered necessary and appropriate. The Registrar shall promptly circulate any such proposal to all States Parties.

(b) Any such proposal shall then be considered at a meeting of the Assembly of States Parties to be convened in accordance with article 112. The proposal shall be considered adopted if approved at the meeting by a vote of two thirds of the members of the Assembly of States Parties and shall enter into force at such time as decided by the Assembly of States Parties.

(c) (i) Once a proposal for an increase in the number of judges has been adopted under subparagraph (b), the election of the additional judges shall take place at the next session of the Assembly of States Parties in accordance with paragraphs 3 to 8, and article 37, paragraph 2;

(ii) Once a proposal for an increase in the number of judges has been adopted and brought into effect under subparagraphs (b) and (c) (i), it shall be open to the Presidency at any time thereafter, if the workload of the Court justifies it, to propose a reduction in the number of judges, provided that the number of judges shall not be reduced below that specified in paragraph 1. The proposal shall be dealt with in accordance with the procedure laid down in subparagraphs (a) and (b). In the event that the proposal is adopted, the number of judges shall be progressively decreased as the terms of office of serving judges expire, until the necessary number has been reached.

3. (a) The judges shall be chosen from among persons of high moral character, impartiality and integrity who possess the qualifications required in their respective States for appointment to the highest judicial offices.

(b) Every candidate for election to the Court shall:

(i) Have established competence in criminal law and procedure, and the necessary relevant experience, whether as judge, prosecutor, advocate or in other similar capacity, in criminal proceedings; or

(ii) Have established competence in relevant areas of international law such as international humanitarian law and the law of human rights, and extensive experience in a professional legal capacity which is of relevance to the judicial work of the Court;

(c) Every candidate for election to the Court shall have an excellent knowledge of and be fluent in at least one of the working languages of the Court.

4. (a) Nominations of candidates for election to the Court may be made by any State Party to this Statute, and shall be made either:

(i) By the procedure for the nomination of candidates for appointment to the highest judicial offices in the State in question; or

(ii) By the procedure provided for the nomination of candidates for the International Court of Justice in the Statute of that Court.

Nominations shall be accompanied by a statement in the necessary detail specifying how the candidate fulfils the requirements of paragraph 3.

(b) Each State Party may put forward one candidate for any given election who need not necessarily be a national of that State Party but shall in any case be a national of a State Party.

(c) The Assembly of States Parties may decide to establish, if appropriate, an Advisory Committee on nominations. In that event, the Committee's composition and mandate shall be established by the Assembly of States Parties.

5. For the purposes of the election, there shall be two lists of candidates:

List A containing the names of candidates with the qualifications specified in paragraph 3 (b) (i); and

List B containing the names of candidates with the qualifications specified in paragraph 3 (b) (ii). A candidate with sufficient qualifications for both lists may choose on which list to appear. At the first election to the Court, at least nine judges shall be elected from list A and at least five judges from list B. Subsequent elections shall be so organized as to maintain the equivalent proportion on the Court of judges qualified on the two lists.

6. (a) The judges shall be elected by secret ballot at a meeting of the Assembly of States Parties convened for that purpose under article 112. Subject to paragraph 7, the persons elected to the Court shall be the 18 candidates who obtain the highest number of votes and a two-thirds majority of the States Parties present and voting.

(b) In the event that a sufficient number of judges is not elected on the first ballot, successive ballots shall be held in accordance with the procedures laid down in subparagraph (a) until the remaining places have been filled.

7. No two judges may be nationals of the same State. A person who, for the purposes of membership of the Court, could be regarded as a national of more than one State shall be deemed to be a national of the State in which that person ordinarily exercises civil and political rights.

8. (a) The States Parties shall, in the selection of judges, take into account the need, within the membership of the Court, for:

(i) The representation of the principal legal systems of the world;

(ii) Equitable geographical representation; and

(iii) A fair representation of female and male judges.

(b) States Parties shall also take into account the need to include judges with legal expertise on specific issues, including, but not limited to, violence against women or children.

9. (a) Subject to subparagraph (b), judges shall hold office for a term of nine years and, subject to subparagraph (c) and to article 37, paragraph 2, shall not be eligible for re-election.

(b) At the first election, one third of the judges elected shall be selected by lot to serve for a term of three years; one third of the judges elected shall be selected by lot to serve for a term of six years; and the remainder shall serve for a term of nine years.

(c) A judge who is selected to serve for a term of three years under subparagraph (b) shall be eligible for re-election for a full term.

10. Notwithstanding paragraph 9, a judge assigned to a Trial or Appeals Chamber in accordance with article 39 shall continue in office to complete any trial or appeal the hearing of which has already commenced before that Chamber.

Article 37. Judicial vacancies

1. In the event of a vacancy, an election shall be held in accordance with article 36 to fill the vacancy.

2. A judge elected to fill a vacancy shall serve for the remainder of the predecessor's term and, if that period is three years or less, shall be eligible for re-election for a full term under article 36.

Article 38. The Presidency

1. The President and the First and Second Vice-Presidents shall be elected by an absolute majority of the judges. They shall each serve for a term of three years or until the end of their respective terms of office as judges, whichever expires earlier. They shall be eligible for re-election once.

2. The First Vice-President shall act in place of the President in the event that the President is unavailable or disqualified. The Second Vice-President shall act in place of the President in the event that both the President and the First Vice-President are unavailable or disqualified.

3. The President, together with the First and Second Vice-Presidents, shall constitute the Presidency, which shall be responsible for:

(a) The proper administration of the Court, with the exception of the Office of the Prosecutor; and

(b) The other functions conferred upon it in accordance with this Statute.

4. In discharging its responsibility under paragraph 3 (a), the Presidency shall coordinate with and seek the concurrence of the Prosecutor on all matters of mutual concern.

Article 39. Chambers

1. As soon as possible after the election of the judges, the Court shall organize itself into the divisions specified in article 34, paragraph (b). The Appeals Division shall be composed of the President and four other judges, the Trial Division of not less than six judges and the Pre-Trial Division of not less than six judges. The assignment of judges to divisions shall be based on the nature of the functions to be performed by each division and the qualifications and experience of the judges elected to the Court, in such a way that each division shall contain an appropriate combination of expertise in criminal law and procedure and in international law. The Trial and Pre-Trial Divisions shall be composed predominantly of judges with criminal trial experience.

2. (a) The judicial functions of the Court shall be carried out in each division by Chambers.

(b) (i) The Appeals Chamber shall be composed of all the judges of the Appeals Division;

(ii) The functions of the Trial Chamber shall be carried out by three judges of the Trial Division;

(iii) The functions of the Pre-Trial Chamber shall be carried out either by three judges of the Pre-Trial Division or by a single judge of that division in accordance with this Statute and the Rules of Procedure and Evidence;

(c) Nothing in this paragraph shall preclude the simultaneous constitution of more than one Trial Chamber or Pre-Trial Chamber when the efficient management of the Court's workload so requires.

3. (a) Judges assigned to the Trial and Pre-Trial Divisions shall serve in those divisions for a period of three years, and thereafter until the completion of any case the hearing of which has already commenced in the division concerned.

(b) Judges assigned to the Appeals Division shall serve in that division for their entire term of office.

4. Judges assigned to the Appeals Division shall serve only in that division. Nothing in this article shall, however, preclude the temporary attachment of judges from the Trial Division to the Pre-Trial Division or vice versa, if the Presidency considers that the efficient management of the Court's workload so requires, provided that under no circumstances shall a judge who has participated in the pre-trial phase of a case be eligible to sit on the Trial Chamber hearing that case.

Article 40. Independence of the judges

1. The judges shall be independent in the performance of their functions.

2. Judges shall not engage in any activity which is likely to interfere with their judicial functions or to affect confidence in their independence.

3. Judges required to serve on a full-time basis at the seat of the Court shall not engage in any other occupation of a professional nature.

4. Any question regarding the application of paragraphs 2 and 3 shall be decided by an absolute majority of the judges. Where any such question concerns an individual judge, that judge shall not take part in the decision.

Article 41. Excusing and disqualification of judges

1. The Presidency may, at the request of a judge, excuse that judge from the exercise of a function under this Statute, in accordance with the Rules of Procedure and Evidence.

2. (a) A judge shall not participate in any case in which his or her impartiality might reasonably be doubted on any ground. A judge shall be disqualified from a case in accordance with this paragraph if, inter alia, that judge has previously been involved in any capacity in that case before the Court or in a related criminal case at the national level involving the person being investigated or prosecuted. A judge shall also be disqualified on such other grounds as may be provided for in the Rules of Procedure and Evidence.

(b) The Prosecutor or the person being investigated or prosecuted may request the disqualification of a judge under this paragraph.

(c) Any question as to the disqualification of a judge shall be decided by an absolute majority of the judges. The challenged judge shall be entitled to present his or her comments on the matter, but shall not take part in the decision.

Article 42. The Office of the Prosecutor

1. The Office of the Prosecutor shall act independently as a separate organ of the Court. It shall

be responsible for receiving referrals and any substantiated information on crimes within the jurisdiction of the Court, for examining them and for conducting investigations and prosecutions before the Court. A member of the Office shall not seek or act on instructions from any external source.

2. The Office shall be headed by the Prosecutor. The Prosecutor shall have full authority over the management and administration of the Office, including the staff, facilities and other resources thereof. The Prosecutor shall be assisted by one or more Deputy Prosecutors, who shall be entitled to carry out any of the acts required of the Prosecutor under this Statute. The Prosecutor and the Deputy Prosecutors shall be of different nationalities. They shall serve on a full-time basis.

3. The Prosecutor and the Deputy Prosecutors shall be persons of high moral character, be highly competent in and have extensive practical experience in the prosecution or trial of criminal cases. They shall have an excellent knowledge of and be fluent in at least one of the working languages of the Court.

4. The Prosecutor shall be elected by secret ballot by an absolute majority of the members of the Assembly of States Parties. The Deputy Prosecutors shall be elected in the same way from a list of candidates provided by the Prosecutor. The Prosecutor shall nominate three candidates for each position of Deputy Prosecutor to be filled. Unless a shorter term is decided upon at the time of their election, the Prosecutor and the Deputy Prosecutors shall hold office for a term of nine years and shall not be eligible for re-election.

5. Neither the Prosecutor nor a Deputy Prosecutor shall engage in any activity which is likely to interfere with his or her prosecutorial functions or to affect confidence in his or her independence. They shall not engage in any other occupation of a professional nature.

6. The Presidency may excuse the Prosecutor or a Deputy Prosecutor, at his or her request, from acting in a particular case.

7. Neither the Prosecutor nor a Deputy Prosecutor shall participate in any matter in which their impartiality might reasonably be doubted on any ground. They shall be disqualified from a case in accordance with this paragraph if, inter alia, they have previously been involved in any capacity in that case before the Court or in a related criminal case at the national level involving the person being investigated or prosecuted.

8. Any question as to the disqualification of the Prosecutor or a Deputy Prosecutor shall be decided by the Appeals Chamber.

(a) The person being investigated or prosecuted may at any time request the disqualification of the Prosecutor or a Deputy Prosecutor on the grounds set out in this article;

(b) The Prosecutor or the Deputy Prosecutor, as appropriate, shall be entitled to present his or her comments on the matter;

9. The Prosecutor shall appoint advisers with legal expertise on specific issues, including, but not limited to, sexual and gender violence and violence against children.

Article 43. The Registry

1. The Registry shall be responsible for the non-judicial aspects of the administration and servicing of the Court, without prejudice to the functions and powers of the Prosecutor in accordance with article 42.

2. The Registry shall be headed by the Registrar, who shall be the principal administrative officer of the Court. The Registrar shall exercise his or her functions under the authority of the President

of the Court.

3. The Registrar and the Deputy Registrar shall be persons of high moral character, be highly competent and have an excellent knowledge of and be fluent in at least one of the working languages of the Court.

4. The judges shall elect the Registrar by an absolute majority by secret ballot, taking into account any recommendation by the Assembly of States Parties. If the need arises and upon the recommendation of the Registrar, the judges shall elect, in the same manner, a Deputy Registrar.

5. The Registrar shall hold office for a term of five years, shall be eligible for re-election once and shall serve on a full-time basis. The Deputy Registrar shall hold office for a term of five years or such shorter term as may be decided upon by an absolute majority of the judges, and may be elected on the basis that the Deputy Registrar shall be called upon to serve as required.

6. The Registrar shall set up a Victims and Witnesses Unit within the Registry. This Unit shall provide, in consultation with the Office of the Prosecutor, protective measures and security arrangements, counselling and other appropriate assistance for witnesses, victims who appear before the Court, and others who are at risk on account of testimony given by such witnesses. The Unit shall include staff with expertise in trauma, including trauma related to crimes of sexual violence.

Article 44. Staff

1. The Prosecutor and the Registrar shall appoint such qualified staff as may be required to their respective offices. In the case of the Prosecutor, this shall include the appointment of investigators.

2. In the employment of staff, the Prosecutor and the Registrar shall ensure the highest standards of efficiency, competency and integrity, and shall have regard, mutatis mutandis, to the criteria set forth in article 36, paragraph 8.

3. The Registrar, with the agreement of the Presidency and the Prosecutor, shall propose Staff Regulations which include the terms and conditions upon which the staff of the Court shall be appointed, remunerated and dismissed. The Staff Regulations shall be approved by the Assembly of States Parties.

4. The Court may, in exceptional circumstances, employ the expertise of gratis personnel offered by States Parties, intergovernmental organizations or non-governmental organizations to assist with the work of any of the organs of the Court. The Prosecutor may accept any such offer on behalf of the Office of the Prosecutor. Such gratis personnel shall be employed in accordance with guidelines to be established by the Assembly of States Parties.

Article 45. Solemn undertaking

Before taking up their respective duties under this Statute, the judges, the Prosecutor, the Deputy Prosecutors, the Registrar and the Deputy Registrar shall each make a solemn undertaking in open court to exercise his or her respective functions impartially and conscientiously.

Article 46. Removal from office

1. A judge, the Prosecutor, a Deputy Prosecutor, the Registrar or the Deputy Registrar shall be removed from office if a decision to this effect is made in accordance with paragraph 2, in cases where that person:

(a) Is found to have committed serious misconduct or a serious breach of his or her duties under this Statute, as provided for in the Rules of Procedure and Evidence; or

(b) Is unable to exercise the functions required by this Statute.

2. A decision as to the removal from office of a judge, the Prosecutor or a Deputy Prosecutor under paragraph 1 shall be made by the Assembly of States Parties, by secret ballot:

(a) In the case of a judge, by a two-thirds majority of the States Parties upon a recommendation adopted by a two-thirds majority of the other judges;

(b) In the case of the Prosecutor, by an absolute majority of the States Parties;

(c) In the case of a Deputy Prosecutor, by an absolute majority of the States Parties upon the recommendation of the Prosecutor.

3. A decision as to the removal from office of the Registrar or Deputy Registrar shall be made by an absolute majority of the judges.

4. A judge, Prosecutor, Deputy Prosecutor, Registrar or Deputy Registrar whose conduct or ability to exercise the functions of the office as required by this Statute is challenged under this article shall have full opportunity to present and receive evidence and to make submissions in accordance with the Rules of Procedure and Evidence. The person in question shall not otherwise participate in the consideration of the matter.

Article 47. Disciplinary measures

A judge, Prosecutor, Deputy Prosecutor, Registrar or Deputy Registrar who has committed misconduct of a less serious nature than that set out in article 46, paragraph 1, shall be subject to disciplinary measures, in accordance with the Rules of Procedure and Evidence.

Article 48. Privileges and immunities

1. The Court shall enjoy in the territory of each State Party such privileges and immunities as are necessary for the fulfilment of its purposes.

2. The judges, the Prosecutor, the Deputy Prosecutors and the Registrar shall, when engaged on or with respect to the business of the Court, enjoy the same privileges and immunities as are accorded to heads of diplomatic missions and shall, after the expiry of their terms of office, continue to be accorded immunity from legal process of every kind in respect of words spoken or written and acts performed by them in their official capacity.

3. The Deputy Registrar, the staff of the Office of the Prosecutor and the staff of the Registry shall enjoy the privileges and immunities and facilities necessary for the performance of their functions, in accordance with the agreement on the privileges and immunities of the Court.

4. Counsel, experts, witnesses or any other person required to be present at the seat of the Court shall be accorded such treatment as is necessary for the proper functioning of the Court, in accordance with the agreement on the privileges and immunities of the Court.

5. The privileges and immunities of:

(a) A judge or the Prosecutor may be waived by an absolute majority of the judges;

(b) The Registrar may be waived by the Presidency;

(c) The Deputy Prosecutors and staff of the Office of the Prosecutor may be waived by the Prosecutor;

(d) The Deputy Registrar and staff of the Registry may be waived by the Registrar.

Article 49. Salaries, allowances and expenses

The judges, the Prosecutor, the Deputy Prosecutors, the Registrar and the Deputy Registrar shall receive such salaries, allowances and expenses as may be decided upon by the Assembly of States Parties. These salaries and allowances shall not be reduced during their terms of office.

Article 50. Official and working languages

1. The official languages of the Court shall be Arabic, Chinese, English, French, Russian and Spanish. The judgements of the Court, as well as other decisions resolving fundamental issues before the Court, shall be published in the official languages. The Presidency shall, in accordance with the criteria established by the Rules of Procedure and Evidence, determine which decisions may be considered as resolving fundamental issues for the purposes of this paragraph.
2. The working languages of the Court shall be English and French. The Rules of Procedure and Evidence shall determine the cases in which other official languages may be used as working languages.
3. At the request of any party to a proceeding or a State allowed to intervene in a proceeding, the Court shall authorize a language other than English or French to be used by such a party or State, provided that the Court considers such authorization to be adequately justified.

Article 51. Rules of Procedure and Evidence

1. The Rules of Procedure and Evidence shall enter into force upon adoption by a two-thirds majority of the members of the Assembly of States Parties.
2. Amendments to the Rules of Procedure and Evidence may be proposed by:
(a) Any State Party;
(b) The judges acting by an absolute majority; or
(c) The Prosecutor. Such amendments shall enter into force upon adoption by a two-thirds majority of the members of the Assembly of States Parties.
3. After the adoption of the Rules of Procedure and Evidence, in urgent cases where the Rules do not provide for a specific situation before the Court, the judges may, by a two-thirds majority, draw up provisional Rules to be applied until adopted, amended or rejected at the next ordinary or special session of the Assembly of States Parties.
4. The Rules of Procedure and Evidence, amendments thereto and any provisional Rule shall be consistent with this Statute. Amendments to the Rules of Procedure and Evidence as well as provisional Rules shall not be applied retroactively to the detriment of the person who is being investigated or prosecuted or who has been convicted.
5. In the event of conflict between the Statute and the Rules of Procedure and Evidence, the Statute shall prevail.

Article 52. Regulations of the Court

1. The judges shall, in accordance with this Statute and the Rules of Procedure and Evidence, adopt, by an absolute majority, the Regulations of the Court necessary for its routine functioning.
2. The Prosecutor and the Registrar shall be consulted in the elaboration of the Regulations and any amendments thereto.
3. The Regulations and any amendments thereto shall take effect upon adoption unless otherwise decided by the judges. Immediately upon adoption, they shall be circulated to States Parties for comments. If within six months there are no objections from a majority of States Parties, they shall remain in force.

PART 5. INVESTIGATION AND PROSECUTION

Article 53. Initiation of an investigation

1. The Prosecutor shall, having evaluated the information made available to him or her, initiate an investigation unless he or she determines that there is no reasonable basis to proceed under this Statute. In deciding whether to initiate an investigation, the Prosecutor shall consider whether:

(a) The information available to the Prosecutor provides a reasonable basis to believe that a crime within the jurisdiction of the Court has been or is being committed;

(b) The case is or would be admissible under article 17; and

(c) Taking into account the gravity of the crime and the interests of victims, there are nonetheless substantial reasons to believe that an investigation would not serve the interests of justice.

If the Prosecutor determines that there is no reasonable basis to proceed and his or her determination is based solely on subparagraph (c) above, he or she shall inform the Pre-Trial Chamber.

2. If, upon investigation, the Prosecutor concludes that there is not a sufficient basis for a prosecution because:

(a) There is not a sufficient legal or factual basis to seek a warrant or summons under article 58;

(b) The case is inadmissible under article 17; or

(c) A prosecution is not in the interests of justice, taking into account all the circumstances, including the gravity of the crime, the interests of victims and the age or infirmity of the alleged perpetrator, and his or her role in the alleged crime;

the Prosecutor shall inform the Pre-Trial Chamber and the State making a referral under article 14 or the Security Council in a case under article 13, paragraph (b), of his or her conclusion and the reasons for the conclusion.

3. (a) At the request of the State making a referral under article 14 or the Security Council under article 13, paragraph (b), the Pre-Trial Chamber may review a decision of the Prosecutor under paragraph 1 or 2 not to proceed and may request the Prosecutor to reconsider that decision.

(b) In addition, the Pre-Trial Chamber may, on its own initiative, review a decision of the Prosecutor not to proceed if it is based solely on paragraph 1 (c) or 2 (c). In such a case, the decision of the Prosecutor shall be effective only if confirmed by the Pre-Trial Chamber.

4. The Prosecutor may, at any time, reconsider a decision whether to initiate an investigation or prosecution based on new facts or information.

Article 54. Duties and powers of the Prosecutor with respect to investigations

1. The Prosecutor shall:

(a) In order to establish the truth, extend the investigation to cover all facts and evidence relevant to an assessment of whether there is criminal responsibility under this Statute, and, in doing so, investigate incriminating and exonerating circumstances equally;

(b) Take appropriate measures to ensure the effective investigation and prosecution of crimes within the jurisdiction of the Court, and in doing so, respect the interests and personal circumstances of victims and witnesses, including age, gender as defined in article 7, paragraph 3, and health, and take into account the nature of the crime, in particular where it involves sexual violence, gender violence or violence against children; and

(c) Fully respect the rights of persons arising under this Statute.

2. The Prosecutor may conduct investigations on the territory of a State:

(a) In accordance with the provisions of Part 9; or

(b) As authorized by the Pre-Trial Chamber under article 57, paragraph 3 (d).

3. The Prosecutor may:

(a) Collect and examine evidence;

(b) Request the presence of and question persons being investigated, victims and witnesses;

(c) Seek the cooperation of any State or intergovernmental organization or arrangement in accordance with its respective competence and/or mandate;

(d) Enter into such arrangements or agreements, not inconsistent with this Statute, as may be necessary to facilitate the cooperation of a State, intergovernmental organization or person;

(e) Agree not to disclose, at any stage of the proceedings, documents or information that the Prosecutor obtains on the condition of confidentiality and solely for the purpose of generating new evidence, unless the provider of the information consents; and

(f) Take necessary measures, or request that necessary measures be taken, to ensure the confidentiality of information, the protection of any person or the preservation of evidence.

Article 55. Rights of persons during an investigation

1. In respect of an investigation under this Statute, a person:

(a) Shall not be compelled to incriminate himself or herself or to confess guilt;

(b) Shall not be subjected to any form of coercion, duress or threat, to torture or to any other form of cruel, inhuman or degrading treatment or punishment;

(c) Shall, if questioned in a language other than a language the person fully understands and speaks, have, free of any cost, the assistance of a competent interpreter and such translations as are necessary to meet the requirements of fairness; and

(d) Shall not be subjected to arbitrary arrest or detention, and shall not be deprived of his or her liberty except on such grounds and in accordance with such procedures as are established in this Statute.

2. Where there are grounds to believe that a person has committed a crime within the jurisdiction of the Court and that person is about to be questioned either by the Prosecutor, or by national authorities pursuant to a request made under Part 9, that person shall also have the following rights of which he or she shall be informed prior to being questioned:

(a) To be informed, prior to being questioned, that there are grounds to believe that he or she has committed a crime within the jurisdiction of the Court;

(b) To remain silent, without such silence being a consideration in the determination of guilt or innocence;

(c) To have legal assistance of the person's choosing, or, if the person does not have legal assistance, to have legal assistance assigned to him or her, in any case where the interests of justice so require, and without payment by the person in any such case if the person does not have sufficient means to pay for it; and

(d) To be questioned in the presence of counsel unless the person has voluntarily waived his or her right to counsel.

Article 56. Role of the Pre-Trial Chamber in relation to a unique investigative opportunity

1. (a) Where the Prosecutor considers an investigation to present a unique opportunity to take testimony or a statement from a witness or to examine, collect or test evidence, which may not be available subsequently for the purposes of a trial, the Prosecutor shall so inform the Pre-Trial Chamber.

(b) In that case, the Pre-Trial Chamber may, upon request of the Prosecutor, take such measures as may be necessary to ensure the efficiency and integrity of the proceedings and, in particular, to protect the rights of the defence.

(c) Unless the Pre-Trial Chamber orders otherwise, the Prosecutor shall provide the relevant information to the person who has been arrested or appeared in response to a summons in connection with the investigation referred to in subparagraph (a), in order that he or she may be heard on the matter.

2. The measures referred to in paragraph 1 (b) may include:

(a) Making recommendations or orders regarding procedures to be followed;

(b) Directing that a record be made of the proceedings;

(c) Appointing an expert to assist;

(d) Authorizing counsel for a person who has been arrested, or appeared before the Court in response to a summons, to participate, or where there has not yet been such an arrest or appearance or counsel has not been designated, appointing another counsel to attend and represent the interests of the defence;

(e) Naming one of its members or, if necessary, another available judge of the Pre-Trial or Trial Division to observe and make recommendations or orders regarding the collection and preservation of evidence and the questioning of persons;

(f) Taking such other action as may be necessary to collect or preserve evidence.

3. (a) Where the Prosecutor has not sought measures pursuant to this article but the Pre-Trial Chamber considers that such measures are required to preserve evidence that it deems would be essential for the defence at trial, it shall consult with the Prosecutor as to whether there is good reason for the Prosecutor's failure to request the measures. If upon consultation, the Pre-Trial Chamber concludes that the Prosecutor's failure to request such measures is unjustified, the Pre-Trial Chamber may take such measures on its own initiative.

(b) A decision of the Pre-Trial Chamber to act on its own initiative under this paragraph may be appealed by the Prosecutor. The appeal shall be heard on an expedited basis.

4. The admissibility of evidence preserved or collected for trial pursuant to this article, or the record thereof, shall be governed at trial by article 69, and given such weight as determined by the Trial Chamber.

Article 57. Functions and powers of the Pre-Trial Chamber

1. Unless otherwise provided in this Statute, the Pre-Trial Chamber shall exercise its functions in accordance with the provisions of this article.

2. (a) Orders or rulings of the Pre-Trial Chamber issued under articles 15, 18, 19, 54, paragraph 2, 61, paragraph 7, and 72 must be concurred in by a majority of its judges.

(b) In all other cases, a single judge of the Pre-Trial Chamber may exercise the functions provided for in this Statute, unless otherwise provided for in the Rules of Procedure and Evidence or by a majority of the Pre-Trial Chamber.

3. In addition to its other functions under this Statute, the Pre-Trial Chamber may:

(a) At the request of the Prosecutor, issue such orders and warrants as may be required for the purposes of an investigation;

(b) Upon the request of a person who has been arrested or has appeared pursuant to a summons under article 58, issue such orders, including measures such as those described in article 56, or seek such cooperation pursuant to Part 9 as may be necessary to assist the person in the preparation of his or her defence;

(c) Where necessary, provide for the protection and privacy of victims and witnesses, the preservation of evidence, the protection of persons who have been arrested or appeared in response to a summons, and the protection of national security information;

(d) Authorize the Prosecutor to take specific investigative steps within the territory of a State Party without having secured the cooperation of that State under Part 9 if, whenever possible having regard to the views of the State concerned, the Pre-Trial Chamber has determined in that case that the State is clearly unable to execute a request for cooperation due to the unavailability of any authority or any component of its judicial system competent to execute the request for cooperation under Part 9.

(e) Where a warrant of arrest or a summons has been issued under article 58, and having due regard to the strength of the evidence and the rights of the parties concerned, as provided for in this Statute and the Rules of Procedure and Evidence, seek the cooperation of States pursuant to article 93, paragraph 1 (k), to take protective measures for the purpose of forfeiture, in particular for the ultimate benefit of victims.

Article 58. Issuance by the Pre-Trial Chamber of a warrant of arrest or a summons to appear

1. At any time after the initiation of an investigation, the Pre-Trial Chamber shall, on the application of the Prosecutor, issue a warrant of arrest of a person if, having examined the application and the evidence or other information submitted by the Prosecutor, it is satisfied that:

(a) There are reasonable grounds to believe that the person has committed a crime within the jurisdiction of the Court; and

(b) The arrest of the person appears necessary:

(i) To ensure the person's appearance at trial,

(ii) To ensure that the person does not obstruct or endanger the investigation or the court proceedings, or

(iii) Where applicable, to prevent the person from continuing with the commission of that crime or a related crime which is within the jurisdiction of the Court and which arises out of the same circumstances.

2. The application of the Prosecutor shall contain:

(a) The name of the person and any other relevant identifying information;

(b) A specific reference to the crimes within the jurisdiction of the Court which the person is alleged to have committed;

(c) A concise statement of the facts which are alleged to constitute those crimes;

(d) A summary of the evidence and any other information which establish reasonable grounds to believe that the person committed those crimes; and

(e) The reason why the Prosecutor believes that the arrest of the person is necessary.

3. The warrant of arrest shall contain:

(a) The name of the person and any other relevant identifying information;

(b) A specific reference to the crimes within the jurisdiction of the Court for which the person's arrest is sought; and

(c) A concise statement of the facts which are alleged to constitute those crimes.

4. The warrant of arrest shall remain in effect until otherwise ordered by the Court.

5. On the basis of the warrant of arrest, the Court may request the provisional arrest or the arrest and surrender of the person under Part 9.

6. The Prosecutor may request the Pre-Trial Chamber to amend the warrant of arrest by modifying or adding to the crimes specified therein. The Pre-Trial Chamber shall so amend the warrant if it is satisfied that there are reasonable grounds to believe that the person committed the modified or additional crimes.

7. As an alternative to seeking a warrant of arrest, the Prosecutor may submit an application requesting that the Pre-Trial Chamber issue a summons for the person to appear. If the Pre-Trial Chamber is satisfied that there are reasonable grounds to believe that the person committed the crime alleged and that a summons is sufficient to ensure the person's appearance, it shall issue the summons, with or without conditions restricting liberty (other than detention) if provided for by national law, for the person to appear. The summons shall contain:

(a) The name of the person and any other relevant identifying information;

(b) The specified date on which the person is to appear;

(c) A specific reference to the crimes within the jurisdiction of the Court which the person is alleged to have committed; and

(d) A concise statement of the facts which are alleged to constitute the crime. The summons shall be served on the person.

Article 59. Arrest proceedings in the custodial State

1. A State Party which has received a request for provisional arrest or for arrest and surrender shall immediately take steps to arrest the person in question in accordance with its laws and the provisions of Part 9.

2. A person arrested shall be brought promptly before the competent judicial authority in the custodial State which shall determine, in accordance with the law of that State, that:

(a) The warrant applies to that person;

(b) The person has been arrested in accordance with the proper process; and

(c) The person's rights have been respected.

3. The person arrested shall have the right to apply to the competent authority in the custodial State for interim release pending surrender.

4. In reaching a decision on any such application, the competent authority in the custodial State shall consider whether, given the gravity of the alleged crimes, there are urgent and exceptional circumstances to justify interim release and whether necessary safeguards exist to ensure that the custodial State can fulfil its duty to surrender the person to the Court. It shall not be open to the competent authority of the custodial State to consider whether the warrant of arrest was properly

issued in accordance with article 58, paragraph 1 (a) and (b).

5. The Pre-Trial Chamber shall be notified of any request for interim release and shall make recommendations to the competent authority in the custodial State. The competent authority in the custodial State shall give full consideration to such recommendations, including any recommendations on measures to prevent the escape of the person, before rendering its decision.

6. If the person is granted interim release, the Pre-Trial Chamber may request periodic reports on the status of the interim release.

7. Once ordered to be surrendered by the custodial State, the person shall be delivered to the Court as soon as possible.

Article 60. Initial proceedings before the Court

1. Upon the surrender of the person to the Court, or the person's appearance before the Court voluntarily or pursuant to a summons, the Pre-Trial Chamber shall satisfy itself that the person has been informed of the crimes which he or she is alleged to have committed, and of his or her rights under this Statute, including the right to apply for interim release pending trial.

2. A person subject to a warrant of arrest may apply for interim release pending trial. If the Pre-Trial Chamber is satisfied that the conditions set forth in article 58, paragraph 1, are met, the person shall continue to be detained. If it is not so satisfied, the Pre-Trial Chamber shall release the person, with or without conditions.

3. The Pre-Trial Chamber shall periodically review its ruling on the release or detention of the person, and may do so at any time on the request of the Prosecutor or the person. Upon such review, it may modify its ruling as to detention, release or conditions of release, if it is satisfied that changed circumstances so require.

4. The Pre-Trial Chamber shall ensure that a person is not detained for an unreasonable period prior to trial due to inexcusable delay by the Prosecutor. If such delay occurs, the Court shall consider releasing the person, with or without conditions.

5. If necessary, the Pre-Trial Chamber may issue a warrant of arrest to secure the presence of a person who has been released.

Article 61. Confirmation of the charges before trial

1. Subject to the provisions of paragraph 2, within a reasonable time after the person's surrender or voluntary appearance before the Court, the Pre-Trial Chamber shall hold a hearing to confirm the charges on which the Prosecutor intends to seek trial. The hearing shall be held in the presence of the Prosecutor and the person charged, as well as his or her counsel.

2. The Pre-Trial Chamber may, upon request of the Prosecutor or on its own motion, hold a hearing in the absence of the person charged to confirm the charges on which the Prosecutor intends to seek trial when the person has:

(a) Waived his or her right to be present; or

(b) Fled or cannot be found and all reasonable steps have been taken to secure his or her appearance before the Court and to inform the person of the charges and that a hearing to confirm those charges will be held.

In that case, the person shall be represented by counsel where the Pre-Trial Chamber determines that it is in the interests of justice.

3. Within a reasonable time before the hearing, the person shall:

(a) Be provided with a copy of the document containing the charges on which the Prosecutor intends to bring the person to trial; and

(b) Be informed of the evidence on which the Prosecutor intends to rely at the hearing.

The Pre-Trial Chamber may issue orders regarding the disclosure of information for the purposes of the hearing.

4. Before the hearing, the Prosecutor may continue the investigation and may amend or withdraw any charges. The person shall be given reasonable notice before the hearing of any amendment to or withdrawal of charges. In case of a withdrawal of charges, the Prosecutor shall notify the Pre-Trial Chamber of the reasons for the withdrawal.

5. At the hearing, the Prosecutor shall support each charge with sufficient evidence to establish substantial grounds to believe that the person committed the crime charged. The Prosecutor may rely on documentary or summary evidence and need not call the witnesses expected to testify at the trial.

6. At the hearing, the person may:

(a) Object to the charges;

(b) Challenge the evidence presented by the Prosecutor; and

(c) Present evidence.

7. The Pre-Trial Chamber shall, on the basis of the hearing, determine whether there is sufficient evidence to establish substantial grounds to believe that the person committed each of the crimes charged. Based on its determination, the Pre-Trial Chamber shall:

(a) Confirm those charges in relation to which it has determined that there is sufficient evidence, and commit the person to a Trial Chamber for trial on the charges as confirmed;

(b) Decline to confirm those charges in relation to which it has determined that there is insufficient evidence;

(c) Adjourn the hearing and request the Prosecutor to consider:

(i) Providing further evidence or conducting further investigation with respect to a particular charge; or

(ii) Amending a charge because the evidence submitted appears to establish a different crime within the jurisdiction of the Court.

8. Where the Pre-Trial Chamber declines to confirm a charge, the Prosecutor shall not be precluded from subsequently requesting its confirmation if the request is supported by additional evidence.

9. After the charges are confirmed and before the trial has begun, the Prosecutor may, with the permission of the Pre-Trial Chamber and after notice to the accused, amend the charges. If the Prosecutor seeks to add additional charges or to substitute more serious charges, a hearing under this article to confirm those charges must be held. After commencement of the trial, the Prosecutor may, with the permission of the Trial Chamber, withdraw the charges.

10. Any warrant previously issued shall cease to have effect with respect to any charges which have not been confirmed by the Pre-Trial Chamber or which have been withdrawn by the Prosecutor.

11. Once the charges have been confirmed in accordance with this article, the Presidency shall constitute a Trial Chamber which, subject to paragraph 9 and to article 64, paragraph 4, shall be responsible for the conduct of subsequent proceedings and may exercise any function of the Pre-Trial Chamber that is relevant and capable of application in those proceedings.

PART 6. THE TRIAL

Article 62. Place of trial

Unless otherwise decided, the place of the trial shall be the seat of the Court.

Article 63. Trial in the presence of the accused

1. The accused shall be present during the trial.

2. If the accused, being present before the Court, continues to disrupt the trial, the Trial Chamber may remove the accused and shall make provision for him or her to observe the trial and instruct counsel from outside the courtroom, through the use of communications technology, if required. Such measures shall be taken only in exceptional circumstances after other reasonable alternatives have proved inadequate, and only for such duration as is strictly required.

Article 64. Functions and powers of the Trial Chamber

1. The functions and powers of the Trial Chamber set out in this article shall be exercised in accordance with this Statute and the Rules of Procedure and Evidence.

2. The Trial Chamber shall ensure that a trial is fair and expeditious and is conducted with full respect for the rights of the accused and due regard for the protection of victims and witnesses.

3. Upon assignment of a case for trial in accordance with this Statute, the Trial Chamber assigned to deal with the case shall:

(a) Confer with the parties and adopt such procedures as are necessary to facilitate the fair and expeditious conduct of the proceedings;

(b) Determine the language or languages to be used at trial; and

(c) Subject to any other relevant provisions of this Statute, provide for disclosure of documents or information not previously disclosed, sufficiently in advance of the commencement of the trial to enable adequate preparation for trial.

4. The Trial Chamber may, if necessary for its effective and fair functioning, refer preliminary issues to the Pre-Trial Chamber or, if necessary, to another available judge of the Pre-Trial Division.

5. Upon notice to the parties, the Trial Chamber may, as appropriate, direct that there be joinder or severance in respect of charges against more than one accused.

6. In performing its functions prior to trial or during the course of a trial, the Trial Chamber may, as necessary:

(a) Exercise any functions of the Pre-Trial Chamber referred to in article 61, paragraph 11;

(b) Require the attendance and testimony of witnesses and production of documents and other evidence by obtaining, if necessary, the assistance of States as provided in this Statute;

(c) Provide for the protection of confidential information;

(d) Order the production of evidence in addition to that already collected prior to the trial or presented during the trial by the parties;

(e) Provide for the protection of the accused, witnesses and victims; and

(f) Rule on any other relevant matters.

7. The trial shall be held in public. The Trial Chamber may, however, determine that special circumstances require that certain proceedings be in closed session for the purposes set forth in article 68, or to protect confidential or sensitive information to be given in evidence.

8. (a) At the commencement of the trial, the Trial Chamber shall have read to the accused the

charges previously confirmed by the Pre-Trial Chamber. The Trial Chamber shall satisfy itself that the accused understands the nature of the charges. It shall afford him or her the opportunity to make an admission of guilt in accordance with article 65 or to plead not guilty.

(b) At the trial, the presiding judge may give directions for the conduct of proceedings, including to ensure that they are conducted in a fair and impartial manner. Subject to any directions of the presiding judge, the parties may submit evidence in accordance with the provisions of this Statute.

9. The Trial Chamber shall have, inter alia, the power on application of a party or on its own motion to:

(a) Rule on the admissibility or relevance of evidence; and

(b) Take all necessary steps to maintain order in the course of a hearing.

10. The Trial Chamber shall ensure that a complete record of the trial, which accurately reflects the proceedings, is made and that it is maintained and preserved by the Registrar.

Article 65. Proceedings on an admission of guilt

1. Where the accused makes an admission of guilt pursuant to article 64, paragraph 8 (a), the Trial Chamber shall determine whether:

(a) The accused understands the nature and consequences of the admission of guilt;

(b) The admission is voluntarily made by the accused after sufficient consultation with defence counsel; and

(c) The admission of guilt is supported by the facts of the case that are contained in:

(i) The charges brought by the Prosecutor and admitted by the accused;

(ii) Any materials presented by the Prosecutor which supplement the charges and which the accused accepts; and

(iii) Any other evidence, such as the testimony of witnesses, presented by the Prosecutor or the accused.

2. Where the Trial Chamber is satisfied that the matters referred to in paragraph 1 are established, it shall consider the admission of guilt, together with any additional evidence presented, as establishing all the essential facts that are required to prove the crime to which the admission of guilt relates, and may convict the accused of that crime.

3. Where the Trial Chamber is not satisfied that the matters referred to in paragraph 1 are established, it shall consider the admission of guilt as not having been made, in which case it shall order that the trial be continued under the ordinary trial procedures provided by this Statute and may remit the case to another Trial Chamber.

4. Where the Trial Chamber is of the opinion that a more complete presentation of the facts of the case is required in the interests of justice, in particular the interests of the victims, the Trial Chamber may:

(a) Request the Prosecutor to present additional evidence, including the testimony of witnesses; or

(b) Order that the trial be continued under the ordinary trial procedures provided by this Statute, in which case it shall consider the admission of guilt as not having been made and may remit the case to another Trial Chamber.

5. Any discussions between the Prosecutor and the defence regarding modification of the charges, the admission of guilt or the penalty to be imposed shall not be binding on the Court.

Article 66. Presumption of innocence

1. Everyone shall be presumed innocent until proved guilty before the Court in accordance with the applicable law.

2. The onus is on the Prosecutor to prove the guilt of the accused.

3. In order to convict the accused, the Court must be convinced of the guilt of the accused beyond reasonable doubt.

Article 67. Rights of the accused

1. In the determination of any charge, the accused shall be entitled to a public hearing, having regard to the provisions of this Statute, to a fair hearing conducted impartially, and to the following minimum guarantees, in full equality:

(a) To be informed promptly and in detail of the nature, cause and content of the charge, in a language which the accused fully understands and speaks;

(b) To have adequate time and facilities for the preparation of the defence and to communicate freely with counsel of the accused's choosing in confidence;

(c) To be tried without undue delay;

(d) Subject to article 63, paragraph 2, to be present at the trial, to conduct the defence in person or through legal assistance of the accused's choosing, to be informed, if the accused does not have legal assistance, of this right and to have legal assistance assigned by the Court in any case where the interests of justice so require, and without payment if the accused lacks sufficient means to pay for it;

(e) To examine, or have examined, the witnesses against him or her and to obtain the attendance and examination of witnesses on his or her behalf under the same conditions as witnesses against him or her. The accused shall also be entitled to raise defences and to present other evidence admissible under this Statute;

(f) To have, free of any cost, the assistance of a competent interpreter and such translations as are necessary to meet the requirements of fairness, if any of the proceedings of or documents presented to the Court are not in a language which the accused fully understands and speaks;

(g) Not to be compelled to testify or to confess guilt and to remain silent, without such silence being a consideration in the determination of guilt or innocence;

(h) To make an unsworn oral or written statement in his or her defence; and

(i) Not to have imposed on him or her any reversal of the burden of proof or any onus of rebuttal.

2. In addition to any other disclosure provided for in this Statute, the Prosecutor shall, as soon as practicable, disclose to the defence evidence in the Prosecutor's possession or control which he or she believes shows or tends to show the innocence of the accused, or to mitigate the guilt of the accused, or which may affect the credibility of prosecution evidence. In case of doubt as to the application of this paragraph, the Court shall decide.

Article 68. Protection of the victims and witnesses and their participation in the proceedings

1. The Court shall take appropriate measures to protect the safety, physical and psychological well-being, dignity and privacy of victims and witnesses. In so doing, the Court shall have regard to all relevant factors, including age, gender as defined in article 7, paragraph 3, and health, and

the nature of the crime, in particular, but not limited to, where the crime involves sexual or gender violence or violence against children. The Prosecutor shall take such measures particularly during the investigation and prosecution of such crimes. These measures shall not be prejudicial to or inconsistent with the rights of the accused and a fair and impartial trial.

2. As an exception to the principle of public hearings provided for in article 67, the Chambers of the Court may, to protect victims and witnesses or an accused, conduct any part of the proceedings in camera or allow the presentation of evidence by electronic or other special means. In particular, such measures shall be implemented in the case of a victim of sexual violence or a child who is a victim or a witness, unless otherwise ordered by the Court, having regard to all the circumstances, particularly the views of the victim or witness.

3. Where the personal interests of the victims are affected, the Court shall permit their views and concerns to be presented and considered at stages of the proceedings determined to be appropriate by the Court and in a manner which is not prejudicial to or inconsistent with the rights of the accused and a fair and impartial trial. Such views and concerns may be presented by the legal representatives of the victims where the Court considers it appropriate, in accordance with the Rules of Procedure and Evidence.

4. The Victims and Witnesses Unit may advise the Prosecutor and the Court on appropriate protective measures, security arrangements, counselling and assistance as referred to in article 43, paragraph 6.

5. Where the disclosure of evidence or information pursuant to this Statute may lead to the grave endangerment of the security of a witness or his or her family, the Prosecutor may, for the purposes of any proceedings conducted prior to the commencement of the trial, withhold such evidence or information and instead submit a summary thereof. Such measures shall be exercised in a manner which is not prejudicial to or inconsistent with the rights of the accused and a fair and impartial trial.

6. A State may make an application for necessary measures to be taken in respect of the protection of its servants or agents and the protection of confidential or sensitive information.

Article 69. Evidence

1. Before testifying, each witness shall, in accordance with the Rules of Procedure and Evidence, give an undertaking as to the truthfulness of the evidence to be given by that witness.

2. The testimony of a witness at trial shall be given in person, except to the extent provided by the measures set forth in article 68 or in the Rules of Procedure and Evidence. The Court may also permit the giving of viva voce (oral) or recorded testimony of a witness by means of video or audio technology, as well as the introduction of documents or written transcripts, subject to this Statute and in accordance with the Rules of Procedure and Evidence. These measures shall not be prejudicial to or inconsistent with the rights of the accused.

3. The parties may submit evidence relevant to the case, in accordance with article 64. The Court shall have the authority to request the submission of all evidence that it considers necessary for the determination of the truth.

4. The Court may rule on the relevance or admissibility of any evidence, taking into account, inter alia, the probative value of the evidence and any prejudice that such evidence may cause to a fair trial or to a fair evaluation of the testimony of a witness, in accordance with the Rules of Procedure and Evidence.

5. The Court shall respect and observe privileges on confidentiality as provided for in the Rules of Procedure and Evidence.

6. The Court shall not require proof of facts of common knowledge but may take judicial notice of them.

7. Evidence obtained by means of a violation of this Statute or internationally recognized human rights shall not be admissible if:

(a) The violation casts substantial doubt on the reliability of the evidence; or

(b) The admission of the evidence would be antithetical to and would seriously damage the integrity of the proceedings.

8. When deciding on the relevance or admissibility of evidence collected by a State, the Court shall not rule on the application of the State's national law.

Article 70. Offences against the administration of justice

1. The Court shall have jurisdiction over the following offences against its administration of justice when committed intentionally:

(a) Giving false testimony when under an obligation pursuant to article 69, paragraph 1, to tell the truth;

(b) Presenting evidence that the party knows is false or forged;

(c) Corruptly influencing a witness, obstructing or interfering with the attendance or testimony of a witness, retaliating against a witness for giving testimony or destroying, tampering with or interfering with the collection of evidence;

(d) Impeding, intimidating or corruptly influencing an official of the Court for the purpose of forcing or persuading the official not to perform, or to perform improperly, his or her duties;

(e) Retaliating against an official of the Court on account of duties performed by that or another official;

(f) Soliciting or accepting a bribe as an official of the Court in connection with his or her official duties.

2. The principles and procedures governing the Court's exercise of jurisdiction over offences under this article shall be those provided for in the Rules of Procedure and Evidence. The conditions for providing international cooperation to the Court with respect to its proceedings under this article shall be governed by the domestic laws of the requested State.

3. In the event of conviction, the Court may impose a term of imprisonment not exceeding five years, or a fine in accordance with the Rules of Procedure and Evidence, or both.

4. (a) Each State Party shall extend its criminal laws penalizing offences against the integrity of its own investigative or judicial process to offences against the administration of justice referred to in this article, committed on its territory, or by one of its nationals;

(b) Upon request by the Court, whenever it deems it proper, the State Party shall submit the case to its competent authorities for the purpose of prosecution. Those authorities shall treat such cases with diligence and devote sufficient resources to enable them to be conducted effectively.

Article 71. Sanctions for misconduct before the Court

1. The Court may sanction persons present before it who commit misconduct, including disruption of its proceedings or deliberate refusal to comply with its directions, by administrative measures other than imprisonment, such as temporary or permanent removal from the courtroom, a fine or

other similar measures provided for in the Rules of Procedure and Evidence.

2. The procedures governing the imposition of the measures set forth in paragraph 1 shall be those provided for in the Rules of Procedure and Evidence.

Article 72. Protection of national security information

1. This article applies in any case where the disclosure of the information or documents of a State would, in the opinion of that State, prejudice its national security interests. Such cases include those falling within the scope of article 56, paragraphs 2 and 3, article 61, paragraph 3, article 64, paragraph 3, article 67, paragraph 2, article 68, paragraph 6, article 87, paragraph 6 and article 93, as well as cases arising at any other stage of the proceedings where such disclosure may be at issue.

2. This article shall also apply when a person who has been requested to give information or evidence has refused to do so or has referred the matter to the State on the ground that disclosure would prejudice the national security interests of a State and the State concerned confirms that it is of the opinion that disclosure would prejudice its national security interests.

3. Nothing in this article shall prejudice the requirements of confidentiality applicable under article 54, paragraph 3 (e) and (f), or the application of article 73.

4. If a State learns that information or documents of the State are being, or are likely to be, disclosed at any stage of the proceedings, and it is of the opinion that disclosure would prejudice its national security interests, that State shall have the right to intervene in order to obtain resolution of the issue in accordance with this article.

5. If, in the opinion of a State, disclosure of information would prejudice its national security interests, all reasonable steps will be taken by the State, acting in conjunction with the Prosecutor, the defence or the Pre-Trial Chamber or Trial Chamber, as the case may be, to seek to resolve the matter by cooperative means. Such steps may include:

(a) Modification or clarification of the request;

(b) A determination by the Court regarding the relevance of the information or evidence sought, or a determination as to whether the evidence, though relevant, could be or has been obtained from a source other than the requested State;

(c) Obtaining the information or evidence from a different source or in a different form; or

(d) Agreement on conditions under which the assistance could be provided including, among other things, providing summaries or redactions, limitations on disclosure, use of in camera or ex parte proceedings, or other protective measures permissible under the Statute and the Rules of Procedure and Evidence.

6. Once all reasonable steps have been taken to resolve the matter through cooperative means, and if the State considers that there are no means or conditions under which the information or documents could be provided or disclosed without prejudice to its national security interests, it shall so notify the Prosecutor or the Court of the specific reasons for its decision, unless a specific description of the reasons would itself necessarily result in such prejudice to the State's national security interests.

7. Thereafter, if the Court determines that the evidence is relevant and necessary for the establishment of the guilt or innocence of the accused, the Court may undertake the following actions:

(a) Where disclosure of the information or document is sought pursuant to a request for cooperation under Part 9 or the circumstances described in paragraph 2, and the State has invoked the ground for refusal referred to in article 93, paragraph 4:

(i) The Court may, before making any conclusion referred to in subparagraph 7 (a) (ii), request further consultations for the purpose of considering the State's representations, which may include, as appropriate, hearings in camera and ex parte;

(ii) If the Court concludes that, by invoking the ground for refusal under article 93, paragraph 4, in the circumstances of the case, the requested State is not acting in accordance with its obligations under this Statute, the Court may refer the matter in accordance with article 87, paragraph 7, specifying the reasons for its conclusion; and

(iii) The Court may make such inference in the trial of the accused as to the existence or non-existence of a fact, as may be appropriate in the circumstances; or

(b) In all other circumstances:

(i) Order disclosure; or

(ii) To the extent it does not order disclosure, make such inference in the trial of the accused as to the existence or non-existence of a fact, as may be appropriate in the circumstances.

Article 73. Third-party information or documents

If a State Party is requested by the Court to provide a document or information in its custody, possession or control, which was disclosed to it in confidence by a State, intergovernmental organization or international organization, it shall seek the consent of the originator to disclose that document or information. If the originator is a State Party, it shall either consent to disclosure of the information or document or undertake to resolve the issue of disclosure with the Court, subject to the provisions of article 72. If the originator is not a State Party and refuses to consent to disclosure, the requested State shall inform the Court that it is unable to provide the document or information because of a pre-existing obligation of confidentiality to the originator.

Article 74. Requirements for the decision

1. All the judges of the Trial Chamber shall be present at each stage of the trial and throughout their deliberations. The Presidency may, on a case-by-case basis, designate, as available, one or more alternate judges to be present at each stage of the trial and to replace a member of the Trial Chamber if that member is unable to continue attending.

2. The Trial Chamber's decision shall be based on its evaluation of the evidence and the entire proceedings. The decision shall not exceed the facts and circumstances described in the charges and any amendments to the charges. The Court may base its decision only on evidence submitted and discussed before it at the trial.

3. The judges shall attempt to achieve unanimity in their decision, failing which the decision shall be taken by a majority of the judges.

4. The deliberations of the Trial Chamber shall remain secret.

5. The decision shall be in writing and shall contain a full and reasoned statement of the Trial Chamber's findings on the evidence and conclusions. The Trial Chamber shall issue one decision. When there is no unanimity, the Trial Chamber's decision shall contain the views of the majority and the minority. The decision or a summary thereof shall be delivered in open court.

Article 75. Reparations to victims

1. The Court shall establish principles relating to reparations to, or in respect of, victims, including restitution, compensation and rehabilitation. On this basis, in its decision the Court may, either upon

request or on its own motion in exceptional circumstances, determine the scope and extent of any damage, loss and injury to, or in respect of, victims and will state the principles on which it is acting.

2. The Court may make an order directly against a convicted person specifying appropriate reparations to, or in respect of, victims, including restitution, compensation and rehabilitation. Where appropriate, the Court may order that the award for reparations be made through the Trust Fund provided for in article 79.

3. Before making an order under this article, the Court may invite and shall take account of representations from or on behalf of the convicted person, victims, other interested persons or interested States.

4. In exercising its power under this article, the Court may, after a person is convicted of a crime within the jurisdiction of the Court, determine whether, in order to give effect to an order which it may make under this article, it is necessary to seek measures under article 93, paragraph 1.

5. A State Party shall give effect to a decision under this article as if the provisions of article 109 were applicable to this article.

6. Nothing in this article shall be interpreted as prejudicing the rights of victims under national or international law.

Article 76. Sentencing

1. In the event of a conviction, the Trial Chamber shall consider the appropriate sentence to be imposed and shall take into account the evidence presented and submissions made during the trial that are relevant to the sentence.

2. Except where article 65 applies and before the completion of the trial, the Trial Chamber may on its own motion and shall, at the request of the Prosecutor or the accused, hold a further hearing to hear any additional evidence or submissions relevant to the sentence, in accordance with the Rules of Procedure and Evidence.

3. Where paragraph 2 applies, any representations under article 75 shall be heard during the further hearing referred to in paragraph 2 and, if necessary, during any additional hearing.

4. The sentence shall be pronounced in public and, wherever possible, in the presence of the accused.

PART 7. PENALTIES

Article 77. Applicable penalties

1. Subject to article 110, the Court may impose one of the following penalties on a person convicted of a crime referred to in article 5 of this Statute:

(a) Imprisonment for a specified number of years, which may not exceed a maximum of 30 years; or

(b) A term of life imprisonment when justified by the extreme gravity of the crime and the individual circumstances of the convicted person.

2. In addition to imprisonment, the Court may order:

(a) A fine under the criteria provided for in the Rules of Procedure and Evidence;

(b) A forfeiture of proceeds, property and assets derived directly or indirectly from that crime, without prejudice to the rights of bona fide third parties.

Article 78. Determination of the sentence

1. In determining the sentence, the Court shall, in accordance with the Rules of Procedure and Evidence, take into account such factors as the gravity of the crime and the individual circumstances of the convicted person.

2. In imposing a sentence of imprisonment, the Court shall deduct the time, if any, previously spent in detention in accordance with an order of the Court. The Court may deduct any time otherwise spent in detention in connection with conduct underlying the crime.

3. When a person has been convicted of more than one crime, the Court shall pronounce a sentence for each crime and a joint sentence specifying the total period of imprisonment. This period shall be no less than the highest individual sentence pronounced and shall not exceed 30 years imprisonment or a sentence of life imprisonment in conformity with article 77, paragraph 1 (b).

Article 79. Trust Fund

1. A Trust Fund shall be established by decision of the Assembly of States Parties for the benefit of victims of crimes within the jurisdiction of the Court, and of the families of such victims.

2. The Court may order money and other property collected through fines or forfeiture to be transferred, by order of the Court, to the Trust Fund.

3. The Trust Fund shall be managed according to criteria to be determined by the Assembly of States Parties.

Article 80. Non-prejudice to national application of penalties and national laws

Nothing in this Part affects the application by States of penalties prescribed by their national law, nor the law of States which do not provide for penalties prescribed in this Part.

PART 8. APPEAL AND REVISION

Article 81. Appeal against decision of acquittal or conviction or against sentence

1. A decision under article 74 may be appealed in accordance with the Rules of Procedure and Evidence as follows:

(a) The Prosecutor may make an appeal on any of the following grounds:

(i) Procedural error,

(ii) Error of fact, or

(iii) Error of law;

(b) The convicted person, or the Prosecutor on that person's behalf, may make an appeal on any of the following grounds:

(i) Procedural error,

(ii) Error of fact,

(iii) Error of law, or

(iv) Any other ground that affects the fairness or reliability of the proceedings or decision.

2. (a) A sentence may be appealed, in accordance with the Rules of Procedure and Evidence, by

the Prosecutor or the convicted person on the ground of disproportion between the crime and the sentence;

(b) If on an appeal against sentence the Court considers that there are grounds on which the conviction might be set aside, wholly or in part, it may invite the Prosecutor and the convicted person to submit grounds under article 81, paragraph 1 (a) or (b), and may render a decision on conviction in accordance with article 83;

(c) The same procedure applies when the Court, on an appeal against conviction only, considers that there are grounds to reduce the sentence under paragraph 2 (a).

3. (a) Unless the Trial Chamber orders otherwise, a convicted person shall remain in custody pending an appeal;

(b) When a convicted person's time in custody exceeds the sentence of imprisonment imposed, that person shall be released, except that if the Prosecutor is also appealing, the release may be subject to the conditions under subparagraph (c) below;

(c) In case of an acquittal, the accused shall be released immediately, subject to the following:

(i) Under exceptional circumstances, and having regard, inter alia, to the concrete risk of flight, the seriousness of the offence charged and the probability of success on appeal, the Trial Chamber, at the request of the Prosecutor, may maintain the detention of the person pending appeal;

(ii) A decision by the Trial Chamber under subparagraph (c) (i) may be appealed in accordance with the Rules of Procedure and Evidence.

4. Subject to the provisions of paragraph 3 (a) and (b), execution of the decision or sentence shall be suspended during the period allowed for appeal and for the duration of the appeal proceedings.

Article 82. Appeal against other decisions

1. Either party may appeal any of the following decisions in accordance with the Rules of Procedure and Evidence:

(a) A decision with respect to jurisdiction or admissibility;

(b) A decision granting or denying release of the person being investigated or prosecuted;

(c) A decision of the Pre-Trial Chamber to act on its own initiative under article 56, paragraph 3;

(d) A decision that involves an issue that would significantly affect the fair and expeditious conduct of the proceedings or the outcome of the trial, and for which, in the opinion of the Pre-Trial or Trial Chamber, an immediate resolution by the Appeals Chamber may materially advance the proceedings.

2. A decision of the Pre-Trial Chamber under article 57, paragraph 3 (d), may be appealed against by the State concerned or by the Prosecutor, with the leave of the Pre-Trial Chamber. The appeal shall be heard on an expedited basis.

3. An appeal shall not of itself have suspensive effect unless the Appeals Chamber so orders, upon request, in accordance with the Rules of Procedure and Evidence.

4. A legal representative of the victims, the convicted person or a bona fide owner of property adversely affected by an order under article 75 may appeal against the order for reparations, as provided in the Rules of Procedure and Evidence.

Article 83. Proceedings on appeal

1. For the purposes of proceedings under article 81 and this article, the Appeals Chamber shall have all the powers of the Trial Chamber.

2. If the Appeals Chamber finds that the proceedings appealed from were unfair in a way that affected the reliability of the decision or sentence, or that the decision or sentence appealed from was materially affected by error of fact or law or procedural error, it may:

(a) Reverse or amend the decision or sentence; or

(b) Order a new trial before a different Trial Chamber.

For these purposes, the Appeals Chamber may remand a factual issue to the original Trial Chamber for it to determine the issue and to report back accordingly, or may itself call evidence to determine the issue. When the decision or sentence has been appealed only by the person convicted, or the Prosecutor on that person's behalf, it cannot be amended to his or her detriment.

3. If in an appeal against sentence the Appeals Chamber finds that the sentence is disproportionate to the crime, it may vary the sentence in accordance with Part 7.

4. The judgement of the Appeals Chamber shall be taken by a majority of the judges and shall be delivered in open court. The judgement shall state the reasons on which it is based. When there is no unanimity, the judgement of the Appeals Chamber shall contain the views of the majority and the minority, but a judge may deliver a separate or dissenting opinion on a question of law.

5. The Appeals Chamber may deliver its judgement in the absence of the person acquitted or convicted.

Article 84. Revision of conviction or sentence

1. The convicted person or, after death, spouses, children, parents or one person alive at the time of the accused's death who has been given express written instructions from the accused to bring such a claim, or the Prosecutor on the person's behalf, may apply to the Appeals Chamber to revise the final judgement of conviction or sentence on the grounds that:

(a) New evidence has been discovered that:

(i) Was not available at the time of trial, and such unavailability was not wholly or partially attributable to the party making application; and

(ii) Is sufficiently important that had it been proved at trial it would have been likely to have resulted in a different verdict;

(b) It has been newly discovered that decisive evidence, taken into account at trial and upon which the conviction depends, was false, forged or falsified;

(c) One or more of the judges who participated in conviction or confirmation of the charges has committed, in that case, an act of serious misconduct or serious breach of duty of sufficient gravity to justify the removal of that judge or those judges from office under article 46.

2. The Appeals Chamber shall reject the application if it considers it to be unfounded. If it determines that the application is meritorious, it may, as appropriate:

(a) Reconvene the original Trial Chamber;

(b) Constitute a new Trial Chamber; or

(c) Retain jurisdiction over the matter,

with a view to, after hearing the parties in the manner set forth in the Rules of Procedure and Evidence, arriving at a determination on whether the judgement should be revised.

Article 85. Compensation to an arrested or convicted person

1. Anyone who has been the victim of unlawful arrest or detention shall have an enforceable right

to compensation.

2. When a person has by a final decision been convicted of a criminal offence, and when subsequently his or her conviction has been reversed on the ground that a new or newly discovered fact shows conclusively that there has been a miscarriage of justice, the person who has suffered punishment as a result of such conviction shall be compensated according to law, unless it is proved that the non-disclosure of the unknown fact in time is wholly or partly attributable to him or her.

3. In exceptional circumstances, where the Court finds conclusive facts showing that there has been a grave and manifest miscarriage of justice, it may in its discretion award compensation, according to the criteria provided in the Rules of Procedure and Evidence, to a person who has been released from detention following a final decision of acquittal or a termination of the proceedings for that reason.

PART 9. INTERNATIONAL COOPERATION AND JUDICIAL ASSISTANCE

Article 86. General obligation to cooperate

States Parties shall, in accordance with the provisions of this Statute, cooperate fully with the Court in its investigation and prosecution of crimes within the jurisdiction of the Court.

Article 87. Requests for cooperation: general provisions

1. (a) The Court shall have the authority to make requests to States Parties for cooperation. The requests shall be transmitted through the diplomatic channel or any other appropriate channel as may be designated by each State Party upon ratification, acceptance, approval or accession. Subsequent changes to the designation shall be made by each State Party in accordance with the Rules of Procedure and Evidence.

  (b) When appropriate, without prejudice to the provisions of subparagraph (a), requests may also be transmitted through the International Criminal Police Organization or any appropriate regional organization.

2. Requests for cooperation and any documents supporting the request shall either be in or be accompanied by a translation into an official language of the requested State or one of the working languages of the Court, in accordance with the choice made by that State upon ratification, acceptance, approval or accession.

Subsequent changes to this choice shall be made in accordance with the Rules of Procedure and Evidence.

3. The requested State shall keep confidential a request for cooperation and any documents supporting the request, except to the extent that the disclosure is necessary for execution of the request.

4. In relation to any request for assistance presented under this Part, the Court may take such measures, including measures related to the protection of information, as may be necessary to ensure the safety or physical or psychological well-being of any victims, potential witnesses and their families. The Court may request that any information that is made available under this Part shall be provided and handled in a manner that protects the safety and physical or psychological well-being of any victims, potential witnesses and their families.

5. (a) The Court may invite any State not party to this Statute to provide assistance under this Part on the basis of an *ad hoc* arrangement, an agreement with such State or any other appropriate basis.

(b) Where a State not party to this Statute, which has entered into an *ad hoc* arrangement or an agreement with the Court, fails to cooperate with requests pursuant to any such arrangement or agreement, the Court may so inform the Assembly of States Parties or, where the Security Council referred the matter to the Court, the Security Council.

6. The Court may ask any intergovernmental organization to provide information or documents. The Court may also ask for other forms of cooperation and assistance which may be agreed upon with such an organization and which are in accordance with its competence or mandate.

7. Where a State Party fails to comply with a request to cooperate by the Court contrary to the provisions of this Statute, thereby preventing the Court from exercising its functions and powers under this Statute, the Court may make a finding to that effect and refer the matter to the Assembly of States Parties or, where the Security Council referred the matter to the Court, to the Security Council.

Article 88. Availability of procedures under national law

States Parties shall ensure that there are procedures available under their national law for all of the forms of cooperation which are specified under this Part.

Article 89. Surrender of persons to the Court

1. The Court may transmit a request for the arrest and surrender of a person, together with the material supporting the request outlined in article 91, to any State on the territory of which that person may be found and shall request the cooperation of that State in the arrest and surrender of such a person. States Parties shall, in accordance with the provisions of this Part and the procedure under their national law, comply with requests for arrest and surrender.

2. Where the person sought for surrender brings a challenge before a national court on the basis of the principle of ne bis in idem as provided in article 20, the requested State shall immediately consult with the Court to determine if there has been a relevant ruling on admissibility. If the case is admissible, the requested State shall proceed with the execution of the request. If an admissibility ruling is pending, the requested State may postpone the execution of the request for surrender of the person until the Court makes a determination on admissibility.

3. (a) A State Party shall authorize, in accordance with its national procedural law, transportation through its territory of a person being surrendered to the Court by another State, except where transit through that State would impede or delay the surrender.

(b) A request by the Court for transit shall be transmitted in accordance with article 87. The request for transit shall contain:

(i) A description of the person being transported;

(ii) A brief statement of the facts of the case and their legal characterization; and

(iii) The warrant for arrest and surrender;

(c) A person being transported shall be detained in custody during the period of transit;

(d) No authorization is required if the person is transported by air and no landing is scheduled on the territory of the transit State;

(e) If an unscheduled landing occurs on the territory of the transit State, that State may require a request for transit from the Court as provided for in subparagraph (b). The transit State shall detain the person being transported until the request for transit is received and the transit is effected, provided that detention for purposes of this subparagraph may not be extended beyond 96 hours from the unscheduled landing unless the request is received within that time.

4. If the person sought is being proceeded against or is serving a sentence in the requested State for a crime different from that for which surrender to the Court is sought, the requested State, after making its decision to grant the request, shall consult with the Court.

Article 90. Competing requests

1. A State Party which receives a request from the Court for the surrender of a person under article 89 shall, if it also receives a request from any other State for the extradition of the same person for the same conduct which forms the basis of the crime for which the Court seeks the person's surrender, notify the Court and the requesting State of that fact.

2. Where the requesting State is a State Party, the requested State shall give priority to the request from the Court if:

(a) The Court has, pursuant to article 18 or 19, made a determination that the case in respect of which surrender is sought is admissible and that determination takes into account the investigation or prosecution conducted by the requesting State in respect of its request for extradition; or

(b) The Court makes the determination described in subparagraph (a) pursuant to the requested State's notification under paragraph 1.

3. Where a determination under paragraph 2 (a) has not been made, the requested State may, at its discretion, pending the determination of the Court under paragraph 2 (b), proceed to deal with the request for extradition from the requesting State but shall not extradite the person until the Court has determined that the case is inadmissible. The Court's determination shall be made on an expedited basis.

4. If the requesting State is a State not Party to this Statute the requested State, if it is not under an international obligation to extradite the person to the requesting State, shall give priority to the request for surrender from the Court, if the Court has determined that the case is admissible.

5. Where a case under paragraph 4 has not been determined to be admissible by the Court, the requested State may, at its discretion, proceed to deal with the request for extradition from the requesting State.

6. In cases where paragraph 4 applies except that the requested State is under an existing international obligation to extradite the person to the requesting State not Party to this Statute, the requested State shall determine whether to surrender the person to the Court or extradite the person to the requesting State. In making its decision, the requested State shall consider all the relevant factors, including but not limited to:

(a) The respective dates of the requests;

(b) The interests of the requesting State including, where relevant, whether the crime was committed in its territory and the nationality of the victims and of the person sought; and

(c) The possibility of subsequent surrender between the Court and the requesting State.

7. Where a State Party which receives a request from the Court for the surrender of a person also receives a request from any State for the extradition of the same person for conduct other than that which constitutes the crime for which the Court seeks the person's surrender:

(a) The requested State shall, if it is not under an existing international obligation to extradite the person to the requesting State, give priority to the request from the Court;

(b) The requested State shall, if it is under an existing international obligation to extradite the person to the requesting State, determine whether to surrender the person to the Court or to extradite the person to the requesting State. In making its decision, the requested State shall consider all the relevant factors, including but not limited to those set out in paragraph 6, but shall give special consideration to the relative nature and gravity of the conduct in question.

8. Where pursuant to a notification under this article, the Court has determined a case to be inadmissible, and subsequently extradition to the requesting State is refused, the requested State shall notify the Court of this decision.

Article 91. Contents of request for arrest and surrender

1. A request for arrest and surrender shall be made in writing. In urgent cases, a request may be made by any medium capable of delivering a written record, provided that the request shall be confirmed through the channel provided for in article 87, paragraph 1 (a).

2. In the case of a request for the arrest and surrender of a person for whom a warrant of arrest has been issued by the Pre-Trial Chamber under article 58, the request shall contain or be supported by:

(a) Information describing the person sought, sufficient to identify the person, and information as to that person's probable location;

(b) A copy of the warrant of arrest; and

(c) Such documents, statements or information as may be necessary to meet the requirements for the surrender process in the requested State, except that those requirements should not be more burdensome than those applicable to requests for extradition pursuant to treaties or arrangements between the requested State and other States and should, if possible, be less burdensome, taking into account the distinct nature of the Court.

3. In the case of a request for the arrest and surrender of a person already convicted, the request shall contain or be supported by:

(a) A copy of any warrant of arrest for that person;

(b) A copy of the judgement of conviction;

(c) Information to demonstrate that the person sought is the one referred to in the judgement of conviction; and

(d) If the person sought has been sentenced, a copy of the sentence imposed and, in the case of a sentence for imprisonment, a statement of any time already served and the time remaining to be served.

4. Upon the request of the Court, a State Party shall consult with the Court, either generally or with respect to a specific matter, regarding any requirements under its national law that may apply under paragraph 2 (c). During the consultations, the State Party shall advise the Court of the specific requirements of its national law.

Article 92. Provisional arrest

1. In urgent cases, the Court may request the provisional arrest of the person sought, pending presentation of the request for surrender and the documents supporting the request as specified in article 91.

2. The request for provisional arrest shall be made by any medium capable of delivering a written record and shall contain:

(a) Information describing the person sought, sufficient to identify the person, and information as to that person's probable location;

(b) A concise statement of the crimes for which the person's arrest is sought and of the facts which are alleged to constitute those crimes, including, where possible, the date and location of the crime;

(c) A statement of the existence of a warrant of arrest or a judgement of conviction against the person sought; and

(d) A statement that a request for surrender of the person sought will follow.

3. A person who is provisionally arrested may be released from custody if the requested State has not received the request for surrender and the documents supporting the request as specified in article 91 within the time limits specified in the Rules of Procedure and Evidence. However, the person may consent to surrender before the expiration of this period if permitted by the law of the requested State. In such a case, the requested State shall proceed to surrender the person to the Court as soon as possible.

4. The fact that the person sought has been released from custody pursuant to paragraph 3 shall not prejudice the subsequent arrest and surrender of that person if the request for surrender and the documents supporting the request are delivered at a later date.

Article 93. Other forms of cooperation

1. States Parties shall, in accordance with the provisions of this Part and under procedures of national law, comply with requests by the Court to provide the following assistance in relation to investigations or prosecutions:

(a) The identification and whereabouts of persons or the location of items;

(b) The taking of evidence, including testimony under oath, and the production of evidence, including expert opinions and reports necessary to the Court;

(c) The questioning of any person being investigated or prosecuted;

(d) The service of documents, including judicial documents;

(e) Facilitating the voluntary appearance of persons as witnesses or experts before the Court;

(f) The temporary transfer of persons as provided in paragraph 7;

(g) The examination of places or sites, including the exhumation and examination of grave sites;

(h) The execution of searches and seizures;

(i) The provision of records and documents, including official records and documents;

(j) The protection of victims and witnesses and the preservation of evidence;

(k) The identification, tracing and freezing or seizure of proceeds, property and assets and instrumentalities of crimes for the purpose of eventual forfeiture, without prejudice to the rights of bona fide third parties; and

(l) Any other type of assistance which is not prohibited by the law of the requested State, with a view to facilitating the investigation and prosecution of crimes within the jurisdiction of the Court.

2. The Court shall have the authority to provide an assurance to a witness or an expert appearing before the Court that he or she will not be prosecuted, detained or subjected to any restriction of personal freedom by the Court in respect of any act or omission that preceded the departure of that

person from the requested State.

3. Where execution of a particular measure of assistance detailed in a request presented under paragraph 1, is prohibited in the requested State on the basis of an existing fundamental legal principle of general application, the requested State shall promptly consult with the Court to try to resolve the matter. In the consultations, consideration should be given to whether the assistance can be rendered in another manner or subject to conditions. If after consultations the matter cannot be resolved, the Court shall modify the request as necessary.

4. In accordance with article 72, a State Party may deny a request for assistance, in whole or in part, only if the request concerns the production of any documents or disclosure of evidence which relates to its national security.

5. Before denying a request for assistance under paragraph 1 (l), the requested State shall consider whether the assistance can be provided subject to specified conditions, or whether the assistance can be provided at a later date or in an alternative manner, provided that if the Court or the Prosecutor accepts the assistance subject to conditions, the Court or the Prosecutor shall abide by them.

6. If a request for assistance is denied, the requested State Party shall promptly inform the Court or the Prosecutor of the reasons for such denial.

7. (a) The Court may request the temporary transfer of a person in custody for purposes of identification or for obtaining testimony or other assistance. The person may be transferred if the following conditions are fulfilled:

(i) The person freely gives his or her informed consent to the transfer; and

(ii) The requested State agrees to the transfer, subject to such conditions as that State and the Court may agree.

(b) The person being transferred shall remain in custody. When the purposes of the transfer have been fulfilled, the Court shall return the person without delay to the requested State.

8. (a) The Court shall ensure the confidentiality of documents and information, except as required for the investigation and proceedings described in the request.

(b) The requested State may, when necessary, transmit documents or information to the Prosecutor on a confidential basis. The Prosecutor may then use them solely for the purpose of generating new evidence.

(c) The requested State may, on its own motion or at the request of the Prosecutor, subsequently consent to the disclosure of such documents or information. They may then be used as evidence pursuant to the provisions of Parts 5 and 6 and in accordance with the Rules of Procedure and Evidence.

9. (a) (i) In the event that a State Party receives competing requests, other than for surrender or extradition, from the Court and from another State pursuant to an international obligation, the State Party shall endeavour, in consultation with the Court and the other State, to meet both requests, if necessary by postponing or attaching conditions to one or the other request.

(ii) Failing that, competing requests shall be resolved in accordance with the principles established in article 90.

(b) Where, however, the request from the Court concerns information, property or persons which are subject to the control of a third State or an international organization by virtue of an international agreement, the requested States shall so inform the Court and the Court shall direct its request to the third State or international organization.

10. (a) The Court may, upon request, cooperate with and provide assistance to a State Party conducting an investigation into or trial in respect of conduct which constitutes a crime within the jurisdiction of the Court or which constitutes a serious crime under the national law of the requesting State.

(b) (i) The assistance provided under subparagraph (a) shall include, inter alia:

a. The transmission of statements, documents or other types of evidence obtained in the course of an investigation or a trial conducted by the Court; and

b. The questioning of any person detained by order of the Court;

(ⅱ) In the case of assistance under subparagraph (b) (i) a:

a. If the documents or other types of evidence have been obtained with the assistance of a State, such transmission shall require the consent of that State;

b. If the statements, documents or other types of evidence have been provided by a witness or expert, such transmission shall be subject to the provisions of article 68.

(c) The Court may, under the conditions set out in this paragraph, grant a request for assistance under this paragraph from a State which is not a Party to this Statute.

Article 94. Postponement of execution of a request in respect of ongoing investigation or prosecution

1. If the immediate execution of a request would interfere with an ongoing investigation or prosecution of a case different from that to which the request relates, the requested State may postpone the execution of the request for a period of time agreed upon with the Court. However, the postponement shall be no longer than is necessary to complete the relevant investigation or prosecution in the requested State. Before making a decision to postpone, the requested State should consider whether the assistance may be immediately provided subject to certain conditions.

2. If a decision to postpone is taken pursuant to paragraph 1, the Prosecutor may, however, seek measures to preserve evidence, pursuant to article 93, paragraph 1 (j).

Article 95. Postponement of execution of a request in respect of an admissibility challenge

Where there is an admissibility challenge under consideration by the Court pursuant to article 18 or 19, the requested State may postpone the execution of a request under this Part pending a determination by the Court, unless the Court has specifically ordered that the Prosecutor may pursue the collection of such evidence pursuant to article 18 or 19.

Article 96. Contents of request for other forms of assistance under article 93

1. A request for other forms of assistance referred to in article 93 shall be made in writing. In urgent cases, a request may be made by any medium capable of delivering a written record, provided that the request shall be confirmed through the channel provided for in article 87, paragraph 1 (a).

2. The request shall, as applicable, contain or be supported by the following:

(a) A concise statement of the purpose of the request and the assistance sought, including the legal basis and the grounds for the request;

(b) As much detailed information as possible about the location or identification of any person or place that must be found or identified in order for the assistance sought to be provided;

(c) A concise statement of the essential facts underlying the request;

(d) The reasons for and details of any procedure or requirement to be followed;

(e) Such information as may be required under the law of the requested State in order to execute the request; and

(f) Any other information relevant in order for the assistance sought to be provided.

3. Upon the request of the Court, a State Party shall consult with the Court, either generally or with respect to a specific matter, regarding any requirements under its national law that may apply under paragraph 2 (e). During the consultations, the State Party shall advise the Court of the specific requirements of its national law.

4. The provisions of this article shall, where applicable, also apply in respect of a request for assistance made to the Court.

Article 97. Consultations

Where a State Party receives a request under this Part in relation to which it identifies problems which may impede or prevent the execution of the request, that State shall consult with the Court without delay in order to resolve the matter. Such problems may include, *inter alia*:

(a) Insufficient information to execute the request;

(b) In the case of a request for surrender, the fact that despite best efforts, the person sought cannot be located or that the investigation conducted has determined that the person in the requested State is clearly not the person named in the warrant; or

(c) The fact that execution of the request in its current form would require the requested State to breach a pre-existing treaty obligation undertaken with respect to another State.

Article 98. Cooperation with respect to waiver of immunity and consent to surrender

1. The Court may not proceed with a request for surrender or assistance which would require the requested State to act inconsistently with its obligations under international law with respect to the State or diplomatic immunity of a person or property of a third State, unless the Court can first obtain the cooperation of that third State for the waiver of the immunity.

2. The Court may not proceed with a request for surrender which would require the requested State to act inconsistently with its obligations under international agreements pursuant to which the consent of a sending State is required to surrender a person of that State to the Court, unless the Court can first obtain the cooperation of the sending State for the giving of consent for the surrender.

Article 99. Execution of requests under articles 93 and 96

1. Requests for assistance shall be executed in accordance with the relevant procedure under the law of the requested State and, unless prohibited by such law, in the manner specified in the request, including following any procedure outlined therein or permitting persons specified in the request to be present at and assist in the execution process.

2. In the case of an urgent request, the documents or evidence produced in response shall, at the request of the Court, be sent urgently.

3. Replies from the requested State shall be transmitted in their original language and form.

4. Without prejudice to other articles in this Part, where it is necessary for the successful execution

of a request which can be executed without any compulsory measures, including specifically the interview of or taking evidence from a person on a voluntary basis, including doing so without the presence of the authorities of the requested State Party if it is essential for the request to be executed, and the examination without modification of a public site or other public place, the Prosecutor may execute such request directly on the territory of a State as follows:

(a) When the State Party requested is a State on the territory of which the crime is alleged to have been committed, and there has been a determination of admissibility pursuant to article 18 or 19, the Prosecutor may directly execute such request following all possible consultations with the requested State Party;

(b) In other cases, the Prosecutor may execute such request following consultations with the requested State Party and subject to any reasonable conditions or concerns raised by that State Party. Where the requested State Party identifies problems with the execution of a request pursuant to this subparagraph it shall, without delay, consult with the Court to resolve the matter.

5. Provisions allowing a person heard or examined by the Court under article 72 to invoke restrictions designed to prevent disclosure of confidential information connected with national security shall also apply to the execution of requests for assistance under this article.

Article 100. Costs

1. The ordinary costs for execution of requests in the territory of the requested State shall be borne by that State, except for the following, which shall be borne by the Court:

(a) Costs associated with the travel and security of witnesses and experts or the transfer under article 93 of persons in custody;

(b) Costs of translation, interpretation and transcription;

(c) Travel and subsistence costs of the judges, the Prosecutor, the Deputy Prosecutors, the Registrar, the Deputy Registrar and staff of any organ of the Court;

(d) Costs of any expert opinion or report requested by the Court;

(e) Costs associated with the transport of a person being surrendered to the Court by a custodial State; and

(f) Following consultations, any extraordinary costs that may result from the execution of a request.

2. The provisions of paragraph 1 shall, as appropriate, apply to requests from States Parties to the Court. In that case, the Court shall bear the ordinary costs of execution.

Article 101. Rule of speciality

1. A person surrendered to the Court under this Statute shall not be proceeded against, punished or detained for any conduct committed prior to surrender, other than the conduct or course of conduct which forms the basis of the crimes for which that person has been surrendered.

2. The Court may request a waiver of the requirements of paragraph 1 from the State which surrendered the person to the Court and, if necessary, the Court shall provide additional information in accordance with article 91. States Parties shall have the authority to provide a waiver to the Court and should endeavour to do so.

Article 102. Use of terms

For the purposes of this Statute:

(a) "surrender" means the delivering up of a person by a State to the Court, pursuant to this Statute.

(b) "extradition" means the delivering up of a person by one State to another as provided by treaty, convention or national legislation.

PART 10. ENFORCEMENT

Article 103. Role of States in enforcement of sentences of imprisonment

1. (a) A sentence of imprisonment shall be served in a State designated by the Court from a list
   of States which have indicated to the Court their willingness to accept sentenced persons.
(b) At the time of declaring its willingness to accept sentenced persons, a State may attach
   conditions to its acceptance as agreed by the Court and in accordance with this Part.
(c) A State designated in a particular case shall promptly inform the Court whether it accepts the
   Court's designation.

2. (a) The State of enforcement shall notify the Court of any circumstances, including the exercise
   of any conditions agreed under paragraph 1, which could materially affect the terms or extent
   of the imprisonment. The Court shall be given at least 45 days' notice of any such known or
   foreseeable circumstances. During this period, the State of enforcement shall take no action that
   might prejudice its obligations under article 110.
(b) Where the Court cannot agree to the circumstances referred to in subparagraph (a), it shall notify
   the State of enforcement and proceed in accordance with article 104, paragraph 1.

3. In exercising its discretion to make a designation under paragraph 1, the Court shall take into
account the following:
(a) The principle that States Parties should share the responsibility for enforcing sentences of
   imprisonment, in accordance with principles of equitable distribution, as provided in the Rules
   of Procedure and Evidence;
(b) The application of widely accepted international treaty standards governing the treatment of
   prisoners;
(c) The views of the sentenced person;
(d) The nationality of the sentenced person;
(e) Such other factors regarding the circumstances of the crime or the person sentenced, or the
   effective enforcement of the sentence, as may be appropriate in designating the State of
   enforcement.

4. If no State is designated under paragraph 1, the sentence of imprisonment shall be served in a
prison facility made available by the host State, in accordance with the conditions set out in the
headquarters agreement referred to in article 3, paragraph 2. In such a case, the costs arising out
of the enforcement of a sentence of imprisonment shall be borne by the Court.

Article 104. Change in designation of State of enforcement

1. The Court may, at any time, decide to transfer a sentenced person to a prison of another State.
2. A sentenced person may, at any time, apply to the Court to be transferred from the State of
enforcement.

Article 105. Enforcement of the sentence

1. Subject to conditions which a State may have specified in accordance with article 103, paragraph
1 (b), the sentence of imprisonment shall be binding on the States Parties, which shall in no case
modify it.

2. The Court alone shall have the right to decide any application for appeal and revision. The State of enforcement shall not impede the making of any such application by a sentenced person.

Article 106. Supervision of enforcement of sentences and conditions of imprisonment

1. The enforcement of a sentence of imprisonment shall be subject to the supervision of the Court and shall be consistent with widely accepted international treaty standards governing treatment of prisoners.

2. The conditions of imprisonment shall be governed by the law of the State of enforcement and shall be consistent with widely accepted international treaty standards governing treatment of prisoners; in no case shall such conditions be more or less favourable than those available to prisoners convicted of similar offences in the State of enforcement.

3. Communications between a sentenced person and the Court shall be unimpeded and confidential.

Article 107. Transfer of the person upon completion of sentence

1. Following completion of the sentence, a person who is not a national of the State of enforcement may, in accordance with the law of the State of enforcement, be transferred to a State which is obliged to receive him or her, or to another State which agrees to receive him or her, taking into account any wishes of the person to be transferred to that State, unless the State of enforcement authorizes the person to remain in its territory.

2. If no State bears the costs arising out of transferring the person to another State pursuant to paragraph 1, such costs shall be borne by the Court.

3. Subject to the provisions of article 108, the State of enforcement may also, in accordance with its national law, extradite or otherwise surrender the person to a State which has requested the extradition or surrender of the person for purposes of trial or enforcement of a sentence.

Article 108. Limitation on the prosecution or punishment of other offences

1. A sentenced person in the custody of the State of enforcement shall not be subject to prosecution or punishment or to extradition to a third State for any conduct engaged in prior to that person's delivery to the State of enforcement, unless such prosecution, punishment or extradition has been approved by the Court at the request of the State of enforcement.

2. The Court shall decide the matter after having heard the views of the sentenced person.

3. Paragraph 1 shall cease to apply if the sentenced person remains voluntarily for more than 30 days in the territory of the State of enforcement after having served the full sentence imposed by the Court, or returns to the territory of that State after having left it.

Article 109. Enforcement of fines and forfeiture measures

1. States Parties shall give effect to fines or forfeitures ordered by the Court under Part 7, without prejudice to the rights of bona fide third parties, and in accordance with the procedure of their national law.

2. If a State Party is unable to give effect to an order for forfeiture, it shall take measures to recover the value of the proceeds, property or assets ordered by the Court to be forfeited, without prejudice to the rights of bona fide third parties.

3. Property, or the proceeds of the sale of real property or, where appropriate, the sale of other property, which is obtained by a State Party as a result of its enforcement of a judgement of the Court shall be transferred to the Court.

Article 110. Review by the Court concerning reduction of sentence

1. The State of enforcement shall not release the person before expiry of the sentence pronounced by the Court.

2. The Court alone shall have the right to decide any reduction of sentence, and shall rule on the matter after having heard the person.

3. When the person has served two thirds of the sentence, or 25 years in the case of life imprisonment, the Court shall review the sentence to determine whether it should be reduced. Such a review shall not be conducted before that time.

4. In its review under paragraph 3, the Court may reduce the sentence if it finds that one or more of the following factors are present:

(a) The early and continuing willingness of the person to cooperate with the Court in its investigations and prosecutions;

(b) The voluntary assistance of the person in enabling the enforcement of the judgements and orders of the Court in other cases, and in particular providing assistance in locating assets subject to orders of fine, forfeiture or reparation which may be used for the benefit of victims; or

(c) Other factors establishing a clear and significant change of circumstances sufficient to justify the reduction of sentence, as provided in the Rules of Procedure and Evidence.

5. If the Court determines in its initial review under paragraph 3 that it is not appropriate to reduce the sentence, it shall thereafter review the question of reduction of sentence at such intervals and applying such criteria as provided for in the Rules of Procedure and Evidence.

Article 111. Escape

If a convicted person escapes from custody and flees the State of enforcement, that State may, after consultation with the Court, request the person's surrender from the State in which the person is located pursuant to existing bilateral or multilateral arrangements, or may request that the Court seek the person's surrender, in accordance with Part 9. It may direct that the person be delivered to the State in which he or she was serving the sentence or to another State designated by the Court.

PART 11. ASSEMBLY OF STATES PARTIES

Article 112. Assembly of States Parties

1. An Assembly of States Parties to this Statute is hereby established. Each State Party shall have one representative in the Assembly who may be accompanied by alternates and advisers. Other States which have signed this Statute or the Final Act may be observers in the Assembly.

2. The Assembly shall:

(a) Consider and adopt, as appropriate, recommendations of the Preparatory Commission;

(b) Provide management oversight to the Presidency, the Prosecutor and the Registrar regarding the administration of the Court;

(c) Consider the reports and activities of the Bureau established under paragraph 3 and take appropriate action in regard thereto;

(d) Consider and decide the budget for the Court;

(e) Decide whether to alter, in accordance with article 36, the number of judges;

(f) Consider pursuant to article 87, paragraphs 5 and 7, any question relating to non-cooperation;

(g) Perform any other function consistent with this Statute or the Rules of Procedure and Evidence.

3. (a) The Assembly shall have a Bureau consisting of a President, two Vice-Presidents and 18 members elected by the Assembly for three-year terms.

(b) The Bureau shall have a representative character, taking into account, in particular, equitable geographical distribution and the adequate representation of the principal legal systems of the world.

(c) The Bureau shall meet as often as necessary, but at least once a year. It shall assist the Assembly in the discharge of its responsibilities.

4. The Assembly may establish such subsidiary bodies as may be necessary, including an independent oversight mechanism for inspection, evaluation and investigation of the Court, in order to enhance its efficiency and economy.

5. The President of the Court, the Prosecutor and the Registrar or their representatives may participate, as appropriate, in meetings of the Assembly and of the Bureau.

6. The Assembly shall meet at the seat of the Court or at the Headquarters of the United Nations once a year and, when circumstances so require, hold special sessions. Except as otherwise specified in this Statute, special sessions shall be convened by the Bureau on its own initiative or at the request of one third of the States Parties.

7. Each State Party shall have one vote. Every effort shall be made to reach decisions by consensus in the Assembly and in the Bureau. If consensus cannot be reached, except as otherwise provided in the Statute:

(a) Decisions on matters of substance must be approved by a two-thirds majority of those present and voting provided that an absolute majority of States Parties constitutes the quorum for voting;

(b) Decisions on matters of procedure shall be taken by a simple majority of States Parties present and voting.

8. A State Party which is in arrears in the payment of its financial contributions towards the costs of the Court shall have no vote in the Assembly and in the Bureau if the amount of its arrears equals or exceeds the amount of the contributions due from it for the preceding two full years. The Assembly may, nevertheless, permit such a State Party to vote in the Assembly and in the Bureau if it is satisfied that the failure to pay is due to conditions beyond the control of the State Party.

9. The Assembly shall adopt its own rules of procedure.

10. The official and working languages of the Assembly shall be those of the General Assembly of the United Nations.

PART 12. FINANCING

Article 113. *Financial Regulations*

Except as otherwise specifically provided, all financial matters related to the Court and the meetings of the Assembly of States Parties, including its Bureau and subsidiary bodies, shall be governed by this Statute and the Financial Regulations and Rules adopted by the Assembly of States Parties.

Article 114. Payment of expenses

Expenses of the Court and the Assembly of States Parties, including its Bureau and subsidiary bodies, shall be paid from the funds of the Court.

Article 115. Funds of the Court and of the Assembly of States Parties

The expenses of the Court and the Assembly of States Parties, including its Bureau and subsidiary bodies, as provided for in the budget decided by the Assembly of States Parties, shall be provided by the following sources:

(a) Assessed contributions made by States Parties;

(b) Funds provided by the United Nations, subject to the approval of the General Assembly, in particular in relation to the expenses incurred due to referrals by the Security Council.

Article 116. Voluntary contributions

Without prejudice to article 115, the Court may receive and utilize, as additional funds, voluntary contributions from Governments, international organizations, individuals, corporations and other entities, in accordance with relevant criteria adopted by the Assembly of States Parties.

Article 117. Assessment of contributions

The contributions of States Parties shall be assessed in accordance with an agreed scale of assessment, based on the scale adopted by the United Nations for its regular budget and adjusted in accordance with the principles on which that scale is based.

Article 118. Annual audit

The records, books and accounts of the Court, including its annual financial statements, shall be audited annually by an independent auditor.

PART 13. FINAL CLAUSES

Article 119. Settlement of disputes

1. Any dispute concerning the judicial functions of the Court shall be settled by the decision of the Court.

2. Any other dispute between two or more States Parties relating to the interpretation or application of this Statute which is not settled through negotiations within three months of their commencement shall be referred to the Assembly of States Parties. The Assembly may itself seek to settle the dispute or may make recommendations on further means of settlement of the dispute, including referral to the International Court of Justice in conformity with the Statute of that Court.

Article 120. Reservations

No reservations may be made to this Statute.

Article 121. Amendments

1. After the expiry of seven years from the entry into force of this Statute, any State Party may propose amendments thereto. The text of any proposed amendment shall be submitted to the Secretary-General of the United Nations, who shall promptly circulate it to all States Parties.

2. No sooner than three months from the date of notification, the Assembly of States Parties, at

its next meeting, shall, by a majority of those present and voting, decide whether to take up the proposal. The Assembly may deal with the proposal directly or convene a Review Conference if the issue involved so warrants.

3. The adoption of an amendment at a meeting of the Assembly of States Parties or at a Review Conference on which consensus cannot be reached shall require a two-thirds majority of States Parties.

4. Except as provided in paragraph 5, an amendment shall enter into force for all States Parties one year after instruments of ratification or acceptance have been deposited with the Secretary-General of the United Nations by seven-eighths of them.

5. Any amendment to articles 5, 6, 7 and 8 of this Statute shall enter into force for those States Parties which have accepted the amendment one year after the deposit of their instruments of ratification or acceptance. In respect of a State Party which has not accepted the amendment, the Court shall not exercise its jurisdiction regarding a crime covered by the amendment when committed by that State Party's nationals or on its territory.

6. If an amendment has been accepted by seven-eighths of States Parties in accordance with paragraph 4, any State Party which has not accepted the amendment may withdraw from this Statute with immediate effect, notwithstanding article 127, paragraph 1, but subject to article 127, paragraph 2, by giving notice no later than one year after the entry into force of such amendment.

7. The Secretary-General of the United Nations shall circulate to all States Parties any amendment adopted at a meeting of the Assembly of States Parties or at a Review Conference.

Article 122. Amendments to provisions of an institutional nature

1. Amendments to provisions of this Statute which are of an exclusively institutional nature, namely, article 35, article 36, paragraphs 8 and 9, article 37, article 38, article 39, paragraphs 1 (first two sentences), 2 and 4, article 42, paragraphs 4 to 9, article 43, paragraphs 2 and 3, and articles 44, 46, 47 and 49, may be proposed at any time, notwithstanding article 121, paragraph 1, by any State Party. The text of any proposed amendment shall be submitted to the Secretary-General of the United Nations or such other person designated by the Assembly of States Parties who shall promptly circulate it to all States Parties and to others participating in the Assembly.

2. Amendments under this article on which consensus cannot be reached shall be adopted by the Assembly of States Parties or by a Review Conference, by a two-thirds majority of States Parties. Such amendments shall enter into force for all States Parties six months after their adoption by the Assembly or, as the case may be, by the Conference.

Article 123. Review of the Statute

1. Seven years after the entry into force of this Statute the Secretary-General of the United Nations shall convene a Review Conference to consider any amendments to this Statute. Such review may include, but is not limited to, the list of crimes contained in article 5. The Conference shall be open to those participating in the Assembly of States Parties and on the same conditions.

2. At any time thereafter, at the request of a State Party and for the purposes set out in paragraph 1, the Secretary-General of the United Nations shall, upon approval by a majority of States Parties, convene a Review Conference.

3. The provisions of article 121, paragraphs 3 to 7, shall apply to the adoption and entry into force of any amendment to the Statute considered at a Review Conference.

Article 124. Transitional Provision

Notwithstanding article 12, paragraphs 1 and 2, a State, on becoming a party to this Statute, may declare that, for a period of seven years after the entry into force of this Statute for the State concerned, it does not accept the jurisdiction of the Court with respect to the category of crimes referred to in article 8 when a crime is alleged to have been committed by its nationals or on its territory. A declaration under this article may be withdrawn at any time. The provisions of this article shall be reviewed at the Review Conference convened in accordance with article 123, paragraph 1.

Article 125. Signature, ratification, acceptance, approval or accession

1. This Statute shall be open for signature by all States in Rome, at the headquarters of the Food and Agriculture Organization of the United Nations, on 17 July 1998. Thereafter, it shall remain open for signature in Rome at the Ministry of Foreign Affairs of Italy until 17 October 1998. After that date, the Statute shall remain open for signature in New York, at United Nations Headquarters, until 31 December 2000.

2. This Statute is subject to ratification, acceptance or approval by signatory States. Instruments of ratification, acceptance or approval shall be deposited with the Secretary-General of the United Nations.

3. This Statute shall be open to accession by all States. Instruments of accession shall be deposited with the Secretary-General of the United Nations.

Article 126. Entry into force

1. This Statute shall enter into force on the first day of the month after the 60th day following the date of the deposit of the 60th instrument of ratification, acceptance, approval or accession with the Secretary-General of the United Nations.

2. For each State ratifying, accepting, approving or acceding to this Statute after the deposit of the 60th instrument of ratification, acceptance, approval or accession, the Statute shall enter into force on the first day of the month after the 60th day following the deposit by such State of its instrument of ratification, acceptance, approval or accession.

Article 127. Withdrawal

1. A State Party may, by written notification addressed to the Secretary-General of the United Nations, withdraw from this Statute. The withdrawal shall take effect one year after the date of receipt of the notification, unless the notification specifies a later date.

2. A State shall not be discharged, by reason of its withdrawal, from the obligations arising from this Statute while it was a Party to the Statute, including any financial obligations which may have accrued. Its withdrawal shall not affect any cooperation with the Court in connection with criminal investigations and proceedings in relation to which the withdrawing State had a duty to cooperate and which were commenced prior to the date on which the withdrawal became effective, nor shall it prejudice in any way the continued consideration of any matter which was already under consideration by the Court prior to the date on which the withdrawal became effective.

Article 128. Authentic texts

The original of this Statute, of which the Arabic, Chinese, English, French, Russian and Spanish texts are equally authentic, shall be deposited with the Secretary-General of the United Nations, who shall send certified copies thereof to all States.

IN WITNESS WHEREOF, the undersigned, being duly authorized thereto by their respective Governments, have signed this Statute.
DONE at Rome, this 17th day of July 1998.

제4부
취약집단의 보호

14. 여성에 대한 모든 형태의 차별철폐에 관한 협약*

1980.3.1 체결/ 1981.9.3 발효/ 당사국 수 185/ 대한민국 적용일 1985.1.26**

본 협약 당사국은,

국제연합 헌장이 기본적 인권, 인간의 존엄과 가치 및 남녀평등권에 대한 신뢰를 재확인하고 있음에 유의하고,

세계인권선언은 차별이 허용될 수 없다는 원칙을 확인하고 있으며 모든 인간은 자유롭게 그리고 존엄과 제반 권리에 있어 평등하게 출생하며 성에 기인한 차별을 포함한 어떠한 종류의 차별도 받지 아니하고 동 선언에 규정된 모든 권리와 자유를 누릴 권리가 있다고 선언하고 있음에 유의하고,

국제인권규약 당사국은 모든 경제적, 사회적, 문화적, 시민적 및 정치적 권리를 향유할 남녀의 평등권을 보장할 의무를 지고 있음에 유의하고,

국제연합 및 전문기구의 후원하에 체결된 남녀권리의 평등을 촉진하는 제 국제협약을 고려하고, 국제연합 및 전문기구에 의해 채택된 남녀권리의 평등을 촉진하는 결의, 선언 및 권고에도 유의하고,

그러나 이러한 제도에도 불구하고 여성에 대한 광범위한 차별이 계속 존재하고 있음을 우려하고, 여성에 대한 차별은 권리평등 및 인간의 존엄성의 존중원칙에 위배되며, 여성이 남성과 동등한 조건하에 국가의 정치적, 사회적, 경제적 및 문화적 생활에 참여하는 데 장애가 되며, 사회와 가정의 번영의 증진을 어렵게 하며, 그들 국가와 인류에 대한 봉사에 있어 여성의 잠재력의 완전한 개발을 더욱 어렵게 함을 상기하고,

궁핍한 상황하에서는 식량, 건강, 교육, 훈련 및 취업 기회와 기타의 필요에 있어 여성이 가장 혜택받기 어려운 점을 우려하고,

형평과 정의에 기초를 둔 신국제경제질서의 수립이 남녀평등을 도모하는 데 크게 기여할 것임을 확신하고,

인종격리정책, 모든 형태의 인종주의, 인종차별, 식민주의, 신식민주의, 침략, 외국의 점령 및 지배와 국내문제에 대한 간섭 등의 제거가 남성과 여성의 권리의 완전한 향유에 필수적임을 강조하고, 국제평화와 안전의 강화, 국제긴장의 완화, 국가의 사회적, 경제적 체제에 관계없이 국가간의 상호 협력, 전반적이고 완전한 군비축소, 특히 엄격하고 효과적인 국제적 통제하의 핵군축, 국제관

---

* 제20조 1항 개정 : 1995.12.22 채택, 미발효. 당사국 수 53. 대한민국 1996.8.12 수락.

** 유보 : 대한민국 정부는 이 협약을 검토한 후 동 협약 제9조와 제16조 제1항 중 (c), (d), (f), (g)에 대하여 유보하면서 동 협약을 비준한다.

유보철회 : 상기 유보선언에 대해 대한민국은 동 협약 제16조 제1항 중 (c), (d), (f)를 1991년 3월 15일 유보철회하였고, 동 협약 제9조를 1999년 8월 24일 유보철회하였음.

계에 있어서의 정의 평등 및 호혜의 원칙의 확인, 외국의 식민 지배와 외국의 점령하에 있는 인민의 자결권 및 독립권의 실현 그리고 국가주권 및 영토보전에 대한 존중 등이 사회 진보와 발전을 촉진하며 결과적으로 남성과 여성 사이의 완전한 평등의 성취에 기여할 것임을 확인하고,

국가의 완전한 발전과 인류의 복지 및 평화를 위해서는 여성이 모든 분야에 남성과 평등한 조건으로 최대한 참여하는 것이 필요함을 확신하고,

현재까지 충분히 인식되지 못하고 있는, 가정의 복지와 사회의 발전에 대한 여성의 지대한 공헌, 모성의 사회적 중요성 및 가정과 자녀양육에 있어서의 부모의 역할을 명심하며, 또한 출산에 있어서의 여성의 역할이 차별의 근거가 될 수 없으며, 아동의 양육에는 남성, 여성 및 사회전체가 책임을 분담해야 함을 인식하고,

남성과 여성 사이에 완전한 평등을 달성하기 위하여는 사회와 가정에서의 여성의 역할뿐만 아니라 남성의 전통적 역할에도 변화가 필요함을 인식하고,

여성에 대한 차별의 철폐에 관한 선언에 명시된 제 원칙을 이행하며, 이러한 목적으로 모든 형태 및 양태에 있어서의 차별을 철폐하는 데 필요한 조치를 취할 것을 결의하면서

다음과 같이 합의하였다.

제1부

제1조

본 협약의 목적을 위하여 "여성에 대한 차별"이라 함은 정치적, 경제적, 사회적, 문화적, 시민적 또는 기타 분야에 있어서 결혼 여부에 관계없이 남녀 동등의 기초 위에서 인권과 기본적 자유를 인식, 향유 또는 행사하는 것을 저해하거나 무효화하는 효과 또는 목적을 가지는 성에 근거한 모든 구별, 배제 또는 제한을 의미한다.

제2조

당사국은 여성에 대한 모든 형태의 차별을 규탄하고 여성에 대한 차별을 철폐하기 위한 정책을 모든 적절한 수단을 통해 지체없이 추진하기로 합의하며 이러한 목적으로 다음을 약속한다.

(a) 남녀평등의 원칙이 헌법 또는 기타 적절한 입법에 아직 규정되지 않았다면 이를 구현하며 법 또는 기타 적절한 수단을 통해 동 원칙의 실제적 실현을 확보할 것

(b) 여성에 대한 모든 차별을 금지하는 적절한 입법 및 기타 조치를 채택하고 필요한 경우 제재를 포함시킬 것

(c) 남성과 동등한 기초 위에서 여성의 권리에 대한 법적 보호를 확립하며 권한 있는 국내 법정과 기타 공공기관을 통하여 여성을 여하한 차별행위로부터 효과적으로 보호하도록 확보할 것

(d) 여성에 대한 여하한 차별행위 또는 관행에 따르는 것을 삼가며 공공 당국과 기관이 동 의무와 부합되게 행동하도록 확보할 것

(e) 여하한 개인, 조직 또는 기업에 의한 여성 차별도 철폐되도록 모든 적절한 조치를 취할 것

(f) 여성에 대한 차별을 구성하는 현행 법률, 규칙, 관습 및 관행을 수정 또는 폐지하도록 입법을

포함한 모든 적절한 조치를 취할 것

(g) 여성에 대한 차별을 구성하는 모든 국내형사법 규정을 폐지할 것

제3조

당사국은 여성이 남성과 동등하게 인권과 기본적 자유를 행사하고 향유하는 것을 보장하기 위한 목적으로 모든 분야, 특히 정치적, 사회적, 경제적 및 문화적 분야에서 여성의 완전한 발전 및 진보를 확보해 줄 수 있는 입법을 포함한 모든 적절한 조치를 취하여야 한다.

제4조

1. 남성과 여성 사이의 사실상의 평등을 촉진할 목적으로 당사국이 채택한 잠정적 특별조치는 본 협약에서 정의한 차별로 보지 아니하나, 그 결과 불평등한 또는 별도의 기준이 유지되어서는 결코 아니된다. 기회와 대우의 평등이라는 목적이 달성되었을 때 이러한 조치는 중지되어야 한다.

2. 당사국이 모성을 보호할 목적으로 본 협약에 수록된 제 조치를 포함한 특별조치를 채택하는 것은 차별적인 것으로 보아서는 아니된다.

제5조

당사국은 다음을 위하여 모든 적절한 조치를 취하여야 한다.

(a) 일방의 성이 열등 또는 우수하다는 관념 또는 남성과 여성의 고정적 역할에 근거한 편견, 관습 및 기타 모든 관행을 없앨 목적으로, 남성과 여성의 사회적 및 문화적 행동양식을 수정할 것

(b) 사회적 기능의 하나로서의 모성에 대한 적절한 이해와 자녀의 양육과 발전에 있어서 남녀의 공동책임에 대한 인식이 가정교육에 포함되도록 확보하되, 모든 경우에 있어서 자녀의 이익이 최우선적으로 고려되도록 할 것

제6조

당사국은 여성에 대한 모든 형태의 인신매매 및 매춘에 의한 착취를 금지하기 위하여 입법을 포함한 모든 적절한 조치를 취하여야 한다.

제2부

제7조

당사국은 국가의 정치적 및 공적 생활에서 여성에 대한 차별을 철폐하기 위하여 모든 적절한 조치를 취하여야 하며 특히 남성과 동등한 조건으로 다음의 권리를 여성에게 확보하여야 한다.

(a) 모든 선거 및 국민투표에서의 투표권 및 선거에 의해 선출되는 모든 공공기구에의 피선거권

(b) 정부정책의 입안 및 동 정책의 시행에 참여하며 공직에 봉직하여 정부의 모든 직급에서 공공 직능을 수행할 권리

(c) 국가의 공적, 정치적 생활과 관련된 비정부기구 및 단체에 참여할 권리

제8조

당사국은 여성이 남성과 동등한 조건으로 또한 아무런 차별 없이 국제적 수준에서 그들 정부를 대표하며 국제기구의 업무에 참여할 기회를 확보하기 위한 모든 적절한 조치를 취하여야 한다.

제9조

1. 당사국은 여성이 국적을 취득, 변경 또는 보유함에 있어 남성과 동등한 권리를 부여하여야 한다. 당사국은 특히 외국인과의 결혼 또는 혼인 중 부에 의한 국적의 변경으로 처의 국적이 자동적으로 변경되거나, 처가 무국적으로 되거나 또는 부의 국적이 처에게 강제되지 아니하도록 확보하여야 한다.

2. 당사국은 자녀의 국적에 관하여 남성과 동등한 권리를 여성에게 부여하여야 한다.

제3부

제10조

당사국은 교육 분야에서 여성에게 남성과 동등한 권리를 확보하기 위하여 특히 남녀평등의 기초 위에 다음을 확보할 목적으로 여성에 대한 차별을 철폐하기 위한 모든 적절한 조치를 취하여야 한다.

(a) 도시 및 시골의 각종 교육기관에서 취업과 직업 보도, 학문의 혜택 및 학위취득에 있어서의 동등한 조건; 이러한 평등은 취학전 교육, 일반교육, 기술교육, 전문교육 및 고등기술 교육에서 뿐만 아니라 모든 형태의 직업훈련에서 확보되어야 함

(b) 동일한 교과과정, 동일한 시험, 동일 수준의 자격요건을 가진 교수진, 동질의 학교건물 및 장비의 수혜

(c) 모든 수준 및 모든 형태의 교육에 있어서 남성과 여성의 역할에 관한 고정관념을 제거하기 위해 본 목적을 달성하는 데 기여할 수 있는 남녀공학 및 기타 형태의 교육을 장려하며 특히 교과서와 교과과정의 개편 및 교수방법의 개선을 기함

(d) 장학금 기타 연구장려금의 혜택을 받을 수 있는 동일한 기회

(e) 성인용 및 문맹자용 교과과정을 포함한 계속교육과정 특히 교육에 있어서의 남녀간의 격차를 가능한 한 조속히 감소시키기 위한 교과과정의 혜택을 받을 수 있는 동일한 기회

(f) 여학생 중퇴율의 감소 및 일찍이 학업을 포기한 소녀 및 여성을 위한 교과과정의 마련

(g) 스포츠와 체육교육에 적극적으로 참여할 수 있는 동일한 기회

(h) 가족계획에 관한 정보 및 조언을 포함하여 가족의 건강과 복지를 확보하는 데 도움을 주는 구체적인 교육정보의 수혜

제11조

1. 당사국은 고용 분야에서 남녀평등의 기초 위에 동일한 권리 특히 다음의 권리를 확보할 목적으로 여성에 대한 차별을 철폐하기 위한 모든 적절한 조치를 취하여야 한다.

(a) 모든 인간의 불가침의 권리로서의 근로의 권리

(b) 동일한 채용기준의 적용을 포함한 동일한 고용기회를 보장받을 권리

(c) 직업과 고용의 자유로운 선택권, 승진, 직장안정 및 역무에 관련된 모든 혜택과 조건을 누릴 권리, 그리고 견습, 고등직업훈련 및 반복훈련을 포함한 직업훈련 및 재훈련을 받을 권리

(d) 수당을 포함하여 동등한 보수를 받을 권리 및 노동의 질의 평가에 있어 동등한 처우와 동등한

가치의 노동에 대한 동등한 처우를 받을 권리

(e) 유급휴가를 받을 권리 및 사회보장, 특히 퇴직, 실업, 질병, 병약, 노령 및 기타 노동 무능력의 경우에 사회보장에 대한 권리

(f) 건강보호에 대한 권리 및 생식기능의 보호조치를 포함한 노동조건의 안전에 대한 권리

2. 당사국은 결혼 또는 모성을 이유로 한 여성에 대한 차별을 방지하며 여성의 근로에 대한 유효한 권리를 확보하기 위하여 다음을 위한 적절한 조치를 취하여야 한다.

(a) 임신 또는 출산휴가를 이유로 한 해고 및 혼인 여부를 근거로 한 해고에 있어서의 차별을 금지하고 위반시 제재를 가하도록 하는 것

(b) 종전의 직업, 선임순위 또는 사회보장 수당을 상실함이 없이 유급 또는 이에 상당하는 사회보장급부를 포함하는 출산휴가제를 도입하는 것

(c) 특히 아동 보육시설망의 확립과 발전의 촉진을 통하여 부모가 직장에서의 책임 및 사회생활에의 참여를 가사의 의무와 병행시키는 데 도움이 될 필요한 사회보장 혜택의 제공을 장려하는 것

(d) 임신 중의 여성에게 유해한 것이 증명된 유형의 작업에는 동 여성에 대한 특별한 보호를 제공하는 것

3. 본 조에 취급된 문제와 관련한 보호적 입법은 과학적 및 기술적 지식에 비추어 정기적으로 검토되어야 하며, 필요하다면 개정, 폐기 또는 연장되어야 한다.

제12조

1. 당사국은 남녀평등의 기초 위에 가족계획에 관련된 것을 포함한 보건 사업의 혜택을 확보하기 위하여 보건 분야에서의 여성에 대한 차별을 철폐하기 위한 모든 적절한 조치를 취하여야 한다.

2. 본조 제1항의 규정에도 불구하고 당사국은 여성에 대해 임신 및 수유기 동안의 적절한 영양 섭취를 확보하고 임신, 해산 및 산후조리 기간과 관련하여 적절한 역무제공을 확보하여야 하며, 필요한 경우에는 무상으로 이를 제공하여야 한다.

제13조

당사국은 경제적, 사회적 생활의 다른 영역에 있어 남녀평등의 기초 위에 동일한 권리, 특히 다음의 권리를 확보할 목적으로 여성에 대한 차별을 철폐하기 위한 모든 적절한 조치를 취하여야 한다.

(a) 가족급부금에 대한 권리

(b) 은행대부, 저당 및 기타 형태의 금융대부에 대한 권리

(c) 레크리에이션 활동, 체육과 각종 문화생활에 참여할 권리

제14조

1. 당사국은 시골여성이 직면하고 있는 특수한 문제와 화폐로 표시되지 않는 경제 부문에서의 노동을 포함하여 시골여성이 가족의 경제적 생존을 위하여 수행하는 중요한 역할을 고려하여야 하며, 시골여성에게 본 협약의 제 조항의 적용을 확보하도록 모든 적절한 조치를 취하여야 한다.

2. 당사국은 남녀평등의 기초 위에 시골여성이 지역개발에 참여하며 그 개발에 따른 이익을 향유할 수 있도록 보장하기 위하여 시골여성에 대한 차별을 철폐하기 위한 모든 적절한 조치를 취하여

야 하며, 특히 시골여성에 대하여 다음의 권리를 확보하여야 한다.

(a) 모든 수준에서 개발계획의 작성 및 실시에 참여하는 것

(b) 가족계획에 대한 정보, 상담 및 서비스를 포함한 적절한 보건시설의 혜택을 받는 것

(c) 사회보장 계획으로부터 직접적인 혜택을 받는 것

(d) 기술적 능력을 향상시키기 위하여 기능적 문자 해독능력에 관한 것을 포함한 모든 형태의 공식, 비공식 훈련 및 교육과, 특히 지역사회교육 및 특별교육의 혜택을 받는 것

(e) 취업 또는 자가경영을 통한 경제적 기회에 있어 평등한 혜택을 받을 수 있도록 자조집단 및 협동조합을 결성하는 것

(f) 모든 지역사회활동에 참여하는 것

(g) 농업신용 및 대부, 매매시설, 적절한 공업기술의 혜택을 받으며, 토지 및 농지개혁과 재정착 계획에 있어 동등한 대우를 받는 것

(h) 적절한 생활조건, 특히 주거, 위생시설, 전력 및 용수공급, 운송 및 통신 등과 관련한 생활조건 을 향유하는 것

제4부

제15조

1. 당사국은 여성에 대하여 법 앞에서의 남성과의 평등을 부여하여야 한다.

2. 당사국은 민사문제에 있어서, 여성에게 남성과 동등한 법적 능력 및 동 능력을 행사할 동일한 기회를 부여하여야 한다. 특히, 당사국은 계약을 체결하고 재산을 관리할 동등권을 여성에게 부여 하여야 하며 법원과 법정의 절차상 모든 단계에서 여성을 동등히 취급하여야 한다.

3. 당사국은 여성의 법적 능력을 제한하는 법적 효과를 가지는 모든 계약과 기타 모든 종류의 사적 문서를 무효로 간주하는 데 동의한다.

4. 당사국은 사람의 이전에 관한 법과 그들의 주거 및 주소 선택의 자유와 관련하여 남성과 여성 에게 동일한 권리를 부여하여야 한다.

제16조

1. 당사국은 혼인과 가족관계에 관한 모든 문제에 있어 여성에 대한 차별을 철폐하기 위한 모든 적절한 조치를 취하여야 하며, 특히 남녀평등의 기초 위에 다음을 보장하여야 한다.

(a) 혼인을 할 동일한 권리

(b) 자유로이 배우자를 선택하고 상호간의 자유롭고 완전한 동의에 의해서만 혼인을 할 동일한 권리

(c) 혼인 중 및 혼인을 해소할 때의 동일한 권리와 책임

(d) 부모의 혼인상태를 불문하고 자녀에 관한 문제에 있어 부모로서의 동일한 권리와 책임: 모든 경우에 있어서 자녀의 이익이 최우선적으로 고려되어야 함

(e) 자녀의 수 및 출산 간격을 자유롭고 책임감 있게 결정할 동일한 권리와 이 권리를 행사할 수 있게 하는 정보, 교육 및 제 수단의 혜택을 받을 동일한 권리

(f) 아동에 대한 보호, 후견, 재산관리 및 자녀입양 또는 국내법제상 존재하는 개념 중에 유사한 제도와 관련하여 동일한 권리와 책임: 모든 경우에 있어서 아동의 이익이 최우선적으로 고려 되어야 함

(g) 가족성(姓) 및 직업을 선택할 권리를 포함하여 부부로서의 동일한 개인적 권리

(h) 무상이든 혹은 유상이든 간에 재산의 소유, 취득, 운영, 관리, 향유 및 처분에 관한 양 배우자 의 동일한 권리

2. 아동의 약혼과 혼인은 아무런 법적 효과가 없으며 혼인을 위한 최저 연령을 정하고 공공등기소 에 혼인등록을 의무화하기 위하여 입법을 포함한 모든 필요한 조치를 취하여야 한다.

제5부

제17조

1. 본 협약의 이행상 행하여진 진전을 심의할 목적으로 여성에 대한 차별 철폐위원회(이하 위원회 라 함)를 설치하며, 위원회는 협약의 발효시에는 18인, 그리고 35번째 당사국이 비준 또는 가입한 후에는 23인의 본 협약의 규율 분야에서 높은 도덕적 명성과 능력을 갖춘 전문가로서 구성한다. 동 전문가는 당사국에 의해 그들의 국민 중에서 선출되어 개인 자격으로 봉사하여야 하며, 선출에 있어서는 공평한 지리적 배분과 주요 법체계 및 상이한 문명형태가 대표될 수 있도록 고려되어야 한다.

2. 위원회의 구성원은 당사국에 의해 지명된 자의 명부 중에서 비밀투표로 선출한다. 각 당사국은 그 국민 중에서 1인을 지명할 수 있다.

3. 최초선거는 본 협약의 발효일로부터 6개월 후에 행한다. 국제연합 사무총장은 최소한 각 선거 3개월 이전에 당사국에 서한을 발송하여 2개월 이내에 그들의 지명자를 제출해 줄 것을 요청하여 야 한다. 사무총장은 이렇게 지명된 전원의 명단을 알파벳 순으로, 그들을 지명한 당사국을 명시 하여, 작성하여 당사국에 송부하여야 한다.

4. 위원회 구성원의 선거는 사무총장에 의해 소집되어 국제연합본부에서 열리는 당사국회의에서 행한다. 당사국의 3분의 2가 정족수를 구성하는 동 회의에서 참석 및 투표한 당사국 대표의 최다 수표 및 절대다수표를 획득한 피지명자가 위원회 구성원으로 선출된다.

5. 위원회의 구성원은 4년 임기로 선출된다. 그러나 최초선거에서 선출된 구성원 중 9인의 임기는 2년으로 만료되며 최초 선거 후 즉시 동 9인 구성원의 명단을 위원회 의장이 추첨으로 선정한다.

6. 위원회는 추가 구성원 5인의 선거는 35번째 비준 또는 가입 후 본 조 제2항, 제3항 및 제4항의 규정에 따라 행한다. 동 기회에 선출된 추가 구성원 중 위원회 의장이 추첨으로 선정한 2인의 임기는 2년으로 만료된다.

7. 불시의 공석을 보충하기 위하여 자국의 전문가가 위원회 구성원으로서의 기능을 종료한 당사 국은 위원회의 승인을 조건으로 그 국민 중에서 다른 전문가를 임명하여야 한다.

8. 위원회 구성원은 위원회 책무의 중요성을 고려하여 총회가 승인하고 결정하는 조건에 따라 국 제연합 재원으로부터 보수를 받는다.

9. 국제연합 사무총장은 본 협약에 따른 위원회 임무의 효율적 수행을 위하여 필요한 직원 및 시설을 제공한다.

제18조

1. 당사국은 그들이 본 협약의 규정을 실시하기 위하여 채택한 입법, 사법, 행정 또는 기타 조치와 이와 관련하여 이루어진 진전에 대한 보고서를 위원회가 심의하도록 국제연합 사무총장에게 제출할 의무를 진다. 즉,

(a) 관계국에 대하여 발효한 후 1년 이내에 제출하며

(b) 그 이후에는 최소한 매 4년마다 제출하며 위원회가 요구하는 때는 언제든지 제출한다.

2. 보고서에는 본 협약상 의무의 이행 정도에 영향을 주는 요인 및 애로점을 지적할 수 있다.

제19조

1. 위원회는 자체의 의사규칙을 채택하여야 한다.

2. 위원회는 2년 임기의 자체직원을 선출하여야 한다.

제20조

1. 위원회는 본 협약 제18조에 따라 제출되는 보고서를 심의하기 위하여 매년 2주를 넘지 않는 기간 동안 정규로 회합한다.

2. 위원회 회의는 국제연합 본부 또는 위원회가 정하는 다른 편리한 장소에서 정규로 개최된다.

제21조

1. 위원회는 경제사회이사회를 통하여 그 활동에 관한 보고서를 매년 국제연합 총회에 제출하며, 당사국으로부터 접수한 보고서 및 정보에 대한 심사를 기초로 하여 제안 및 일반적 권고를 할 수 있다. 동 제안 및 일반적 권고는 당사국으로부터의 논평이 있는 경우 이와 함께 위원회의 보고서에 수록하여야 한다.

2. 사무총장은 위원회의 보고서를 참고용으로 여성지위위원회에 송부하여야 한다.

제22조

전문기구는 본 협약 규정 중 그 활동 범위에 속하는 규정의 시행에 대한 심의에 참가할 권한이 있다. 위원회는 전문기구에 그 활동 범위에 속하는 분야에서의 협약의 시행에 관한 보고서를 제출하도록 권유할 수 있다.

제6부

제23조

본 협약상 어떠한 것도 아래에 포함될 수 있는 남녀평등의 달성에 더욱 이바지하는 규정에 영향을 미치지 아니한다.

(a) 당사국의 법령 또는

(b) 동 국에 대하여 발효 중인 여하한 기타 국제협약, 조약 또는 협정

제24조

당사국은 본 협약상 인정된 권리의 완전한 실현을 달성할 목적으로 국가적 수준에서 모든 필요한 조치를 취할 의무를 진다.

제25조

1. 본 협약은 모든 국가의 서명을 위하여 개방된다.

2. 국제연합 사무총장은 본 협약의 수탁자로 지정된다.

3. 본 협약은 비준되어야 한다. 비준서는 국제연합 사무총장에게 기탁되어야 한다.

4. 본 협약은 모든 국가의 가입을 위하여 개방된다. 가입은 국제연합 사무총장에게 가입서를 기탁함으로써 이루어진다.

제26조

1. 본 협약의 개정요구는 국제연합 사무총장에 대한 서면통고의 방법으로 당사국이 언제든지 행할 수 있다.

2. 국제연합 총회는 동 요구가 있으면 이에 대하여 취할 조치를 결정한다.

제27조

1. 본 협약은 국제연합 사무총장에게 20번째의 비준서 또는 가입서가 기탁된 날로부터 30일 후에 발효한다.

2. 본 협약은 20번째의 비준서 또는 가입서가 기탁된 후에 본 협약을 비준하거나 가입한 각 국가에 대하여는 비준서 또는 가입서가 기탁된 날로부터 30일 후에 발효한다.

제28조

1. 국제연합 사무총장은 비준 또는 가입시에 각국이 행한 유보문을 접수하고 이를 모든 국가에 회람시켜야 한다.

2. 본 협약의 대상 및 목적과 양립하지 아니하는 유보는 허용되지 아니한다.

3. 유보는 국제연합 사무총장에 대한 통고로서 언제든지 철회할 수 있으며, 사무총장은 이를 모든 국가에 회람시켜야 한다. 그러한 통고는 접수된 날에 발효한다.

제29조

1. 본 협약의 해석 또는 적용에 관한 둘 또는 그 이상 당사국간의 분쟁이 직접교섭에 의해 해결되지 아니하는 경우 그들 중 하나의 요구가 있으면 중재재판에 회부되어야 한다. 중재재판 요구일로부터 6개월 이내 당사국이 중재재판 구성에 합의하지 못하면 동 당사국 중 일방은 국제사법재판소 규정에 부합하는 요청에 의해 동 분쟁을 국제사법재판소에 회부할 수 있다.

2. 각 당사국은 이 협약의 서명, 비준 또는 가입시에 동 국이 본조 제1항에 기속되는 것으로 보지 않는다고 선언할 수 있다. 타 당사국은 그러한 유보를 행한 당사국에 대하여는 전항에 기속되지 아니한다.

3. 본조 제2항에 따라 유보를 행한 당사국은 국제연합 사무총장에 대한 통고로서 언제든지 동 유보를 철회할 수 있다.

제30조

본 협약은 아랍어, 중국어, 영어, 불어, 노어 및 서반아어본이 동등히 정본이며 국제연합 사무총장에게 기탁된다.

이상의 증거로서 정당히 권한이 주어진 하기 서명자는 본 협약에 서명하였다.

14. CONVENTION ON THE ELIMINATION OF ALL FORMS OF DISCRIMINATION AGAINST WOMEN

The States Parties to the present Convention,

Noting that the Charter of the United Nations reaffirms faith in fundamental human rights, in the dignity and worth of the human person and in the equal rights of men and women,

Noting that the Universal Declaration of Human Rights affirms the principle of the inadmissibility of discrimination and proclaims that all human beings are born free and equal in dignity and rights and that everyone is entitled to all the rights and freedoms set forth therein, without distinction of any kind, including distinction based on sex,

Noting that the States Parties to the International Covenants on Human Rights have the obligation to ensure the equal rights of men and women to enjoy all economic, social, cultural, civil and political rights,

Considering the international conventions concluded under the auspices of the United Nations and the specialized agencies promoting equality of rights of men and women,

Noting also the resolutions, declarations and recommendations adopted by the United Nations and the specialized agencies promoting equality of rights of men and women,

Concerned, however, that despite these various instruments extensive discrimination against women continues to exist,

Recalling that discrimination against women violates the principles of equality of rights and respect for human dignity, is an obstacle to the participation of women, on equal terms with men, in the political, social, economic and cultural life of their countries, hampers the growth of the prosperity of society and the family and makes more difficult the full development of the potentialities of women in the service of their countries and of humanity,

Concerned that in situations of poverty women have the least access to food, health, education, training and opportunities for employment and other needs,

Convinced that the establishment of the new international economic order based on equity and justice will contribute significantly towards the promotion of equality between men and women,

Emphasizing that the eradication of apartheid, all forms of racism, racial discrimination, colonialism, neo-colonialism, aggression, foreign occupation and domination and interference in the internal affairs of States is essential to the full enjoyment of the rights of men and women,

Affirming that the strengthening of international peace and security, the relaxation of international tension, mutual co-operation among all States irrespective of their social and economic systems, general and complete disarmament, in particular nuclear disarmament under strict and effective international control, the affirmation of the principles of justice, equality and mutual benefit in relations among countries and the realization of the right of peoples under alien and colonial domination and foreign occupation to self-determination and independence, as well as respect for national sovereignty and territorial integrity, will promote social progress and development and as a consequence will contribute to the attainment of full equality between men and women,

Convinced that the full and complete development of a country, the welfare of the world and the cause of peace require the maximum participation of women on equal terms with men in all fields,

Bearing in mind the great contribution of women to the welfare of the family and to the development of society, so far not fully recognized, the social significance of maternity and the role of both parents in the family and in the upbringing of children, and aware that the role of women in procreation should not be a basis for discrimination but that the upbringing of children requires a sharing of responsibility between men and women and society as a whole,

Aware that a change in the traditional role of men as well as the role of women in society and in the family is needed to achieve full equality between men and women,

Determined to implement the principles set forth in the Declaration on the Elimination of Discrimination against Women and, for that purpose, to adopt the measures required for the elimination of such discrimination in all its forms and manifestations,

Have agreed on the following:

PART I

Article 1

For the purposes of the present Convention, the term "discrimination against women" shall mean any distinction, exclusion or restriction made on the basis of sex which has the effect or purpose of impairing or nullifying the recognition, enjoyment or exercise by women, irrespective of their marital status, on a basis of equality of men and women, of human rights and fundamental freedoms in the political, economic, social, cultural, civil or any other field.

Article 2

States Parties condemn discrimination against women in all its forms, agree to pursue by all appropriate means and without delay a policy of eliminating discrimination against women and, to this end, undertake:

(a) To embody the principle of the equality of men and women in their national constitutions or other appropriate legislation if not yet incorporated therein and to ensure, through law and other appropriate means, the practical realization of this principle;

(b) To adopt appropriate legislative and other measures, including sanctions where appropriate, prohibiting all discrimination against women;

(c) To establish legal protection of the rights of women on an equal basis with men and to ensure through competent national tribunals and other public institutions the effective protection of women against any act of discrimination;

(d) To refrain from engaging in any act or practice of discrimination against women and to ensure that public authorities and institutions shall act in conformity with this obligation;

(e) To take all appropriate measures to eliminate discrimination against women by any person, organization or enterprise;

(f) To take all appropriate measures, including legislation, to modify or abolish existing laws, regulations, customs and practices which constitute discrimination against women;

(g) To repeal all national penal provisions which constitute discrimination against women.

Article 3

States Parties shall take in all fields, in particular in the political, social, economic and cultural fields, all appropriate measures, including legislation, to ensure the full development and advancement of women, for the purpose of guaranteeing them the exercise and enjoyment of human rights and fundamental freedoms on a basis of equality with men.

Article 4

1. Adoption by States Parties of temporary special measures aimed at accelerating de facto equality between men and women shall not be considered discrimination as defined in the present Convention, but shall in no way entail as a consequence the maintenance of unequal or separate standards; these measures shall be discontinued when the objectives of equality of opportunity and treatment have been achieved.

2. Adoption by States Parties of special measures, including those measures contained in the present Convention, aimed at protecting maternity shall not be considered discriminatory.

Article 5

States Parties shall take all appropriate measures:

(a) To modify the social and cultural patterns of conduct of men and women, with a view to achieving the elimination of prejudices and customary and all other practices which are based on the idea of the inferiority or the superiority of either of the sexes or on stereotyped roles for men and women;

(b) To ensure that family education includes a proper understanding of maternity as a social function and the recognition of the common responsibility of men and women in the upbringing and development of their children, it being understood that the interest of the children is the primordial consideration in all cases.

Article 6

States Parties shall take all appropriate measures, including legislation, to suppress all forms of traffic in women and exploitation of prostitution of women.

PART II

Article 7

States Parties shall take all appropriate measures to eliminate discrimination against women in the political and public life of the country and, in particular, shall ensure to women, on equal terms with men, the right:

(a) To vote in all elections and public referenda and to be eligible for election to all publicly elected bodies;

(b) To participate in the formulation of government policy and the implementation thereof and to hold public office and perform all public functions at all levels of government;

(c) To participate in non-governmental organizations and associations concerned with the public and political life of the country.

Article 8

States Parties shall take all appropriate measures to ensure to women, on equal terms with men and without any discrimination, the opportunity to represent their Governments at the international level and to participate in the work of international organizations.

Article 9

1. States Parties shall grant women equal rights with men to acquire, change or retain their nationality. They shall ensure in particular that neither marriage to an alien nor change of nationality by the husband during marriage shall automatically change the nationality of the wife, render her stateless or force upon her the nationality of the husband.

2. States Parties shall grant women equal rights with men with respect to the nationality of their children.

PART III

Article 10

States Parties shall take all appropriate measures to eliminate discrimination against women in order to ensure to them equal rights with men in the field of education and in particular to ensure, on a basis of equality of men and women:

(a) The same conditions for career and vocational guidance, for access to studies and for the achievement of diplomas in educational establishments of all categories in rural as well as in urban areas; this equality shall be ensured in pre-school, general, technical, professional and higher technical education, as well as in all types of vocational training;

(b) Access to the same curricula, the same examinations, teaching staff with qualifications of the same standard and school premises and equipment of the same quality;

(c) The elimination of any stereotyped concept of the roles of men and women at all levels and in all forms of education by encouraging coeducation and other types of education which will help to achieve this aim and, in particular, by the revision of textbooks and school programmes and the adaptation of teaching methods;

(d) The same opportunities to benefit from scholarships and other study grants;

(e) The same opportunities for access to programmes of continuing education, including adult and functional literacy programmes, particulary those aimed at reducing, at the earliest possible time, any gap in education existing between men and women;

(f) The reduction of female student drop-out rates and the organization of programmes for girls and women who have left school prematurely;

(g) The same Opportunities to participate actively in sports and physical education;

(h) Access to specific educational information to help to ensure the health and well-being of families, including information and advice on family planning.

Article 11

1. States Parties shall take all appropriate measures to eliminate discrimination against women in the field of employment in order to ensure, on a basis of equality of men and women, the same rights, in particular:

(a) The right to work as an inalienable right of all human beings;

(b) The right to the same employment opportunities, including the application of the same criteria for selection in matters of employment;

(c) The right to free choice of profession and employment, the right to promotion, job security and all benefits and conditions of service and the right to receive vocational training and retraining, including apprenticeships, advanced vocational training and recurrent training;

(d) The right to equal remuneration, including benefits, and to equal treatment in respect of work of equal value, as well as equality of treatment in the evaluation of the quality of work;

(e) The right to social security, particularly in cases of retirement, unemployment, sickness, invalidity and old age and other incapacity to work, as well as the right to paid leave;

(f) The right to protection of health and to safety in working conditions, including the safeguarding of the function of reproduction.

2. In order to prevent discrimination against women on the grounds of marriage or maternity and to ensure their effective right to work, States Parties shall take appropriate measures:

(a) To prohibit, subject to the imposition of sanctions, dismissal on the grounds of pregnancy or of maternity leave and discrimination in dismissals on the basis of marital status;

(b) To introduce maternity leave with pay or with comparable social benefits without loss of former employment, seniority or social allowances;

(c) To encourage the provision of the necessary supporting social services to enable parents to combine family obligations with work responsibilities and participation in public life, in particular through promoting the establishment and development of a network of child-care facilities;

(d) To provide special protection to women during pregnancy in types of work proved to be harmful to them.

3. Protective legislation relating to matters covered in this article shall be reviewed periodically in the light of scientific and technological knowledge and shall be revised, repealed or extended as necessary.

Article 12

1. States Parties shall take all appropriate measures to eliminate discrimination against women in the field of health care in order to ensure, on a basis of equality of men and women, access to health care services, including those related to family planning.

2. Notwithstanding the provisions of paragraph I of this article, States Parties shall ensure to women appropriate services in connection with pregnancy, confinement and the post-natal period, granting free services where necessary, as well as adequate nutrition during pregnancy and lactation.

Article 13

States Parties shall take all appropriate measures to eliminate discrimination against women in other areas of economic and social life in order to ensure, on a basis of equality of men and women, the same rights, in particular:

(a) The right to family benefits;

(b) The right to bank loans, mortgages and other forms of financial credit;

(c) The right to participate in recreational activities, sports and all aspects of cultural life.

Article 14

1. States Parties shall take into account the particular problems faced by rural women and the significant roles which rural women play in the economic survival of their families, including their work in the non-monetized sectors of the economy, and shall take all appropriate measures to ensure the application of the provisions of the present Convention to women in rural areas.

2. States Parties shall take all appropriate measures to eliminate discrimination against women in rural areas in order to ensure, on a basis of equality of men and women, that they participate in and benefit from rural development and, in particular, shall ensure to such women the right:

(a) To participate in the elaboration and implementation of development planning at all levels;

(b) To have access to adequate health care facilities, including information, counselling and services in family planning;

(c) To benefit directly from social security programmes;

(d) To obtain all types of training and education, formal and non-formal, including that relating to functional literacy, as well as, inter alia, the benefit of all community and extension services, in order to increase their technical proficiency;

(e) To organize self-help groups and co-operatives in order to obtain equal access to economic opportunities through employment or self employment;

(f) To participate in all community activities;

(g) To have access to agricultural credit and loans, marketing facilities, appropriate technology and equal treatment in land and agrarian reform as well as in land resettlement schemes;

(h) To enjoy adequate living conditions, particularly in relation to housing, sanitation, electricity and water supply, transport and communications.

PART IV

Article 15

1. States Parties shall accord to women equality with men before the law.

2. States Parties shall accord to women, in civil matters, a legal capacity identical to that of men and the same opportunities to exercise that capacity. In particular, they shall give women equal rights to conclude contracts and to administer property and shall treat them equally in all stages of procedure in courts and tribunals.

3. States Parties agree that all contracts and all other private instruments of any kind with a legal effect which is directed at restricting the legal capacity of women shall be deemed null and void.

4. States Parties shall accord to men and women the same rights with regard to the law relating to the movement of persons and the freedom to choose their residence and domicile.

Article 16

1. States Parties shall take all appropriate measures to eliminate discrimination against women in all matters relating to marriage and family relations and in particular shall ensure, on a basis of equality of men and women:

(a) The same right to enter into marriage;

(b) The same right freely to choose a spouse and to enter into marriage only with their free and full consent;

(c) The same rights and responsibilities during marriage and at its dissolution;

(d) The same rights and responsibilities as parents, irrespective of their marital status, in matters relating to their children; in all cases the interests of the children shall be paramount;

(e) The same rights to decide freely and responsibly on the number and spacing of their children and to have access to the information, education and means to enable them to exercise these rights;

(f) The same rights and responsibilities with regard to guardianship, wardship, trusteeship and adoption of children, or similar institutions where these concepts exist in national legislation; in all cases the interests of the children shall be paramount;

(g) The same personal rights as husband and wife, including the right to choose a family name, a profession and an occupation;

(h) The same rights for both spouses in respect of the ownership, acquisition, management, administration, enjoyment and disposition of property, whether free of charge or for a valuable consideration.

2. The betrothal and the marriage of a child shall have no legal effect, and all necessary action, including legislation, shall be taken to specify a minimum age for marriage and to make the registration of marriages in an official registry compulsory.

PART V

Article 17

1. For the purpose of considering the progress made in the implementation of the present Convention, there shall be established a Committee on the Elimination of Discrimination against Women (hereinafter referred to as the Committee) consisting, at the time of entry into force of the Convention, of eighteen and, after ratification of or accession to the Convention by the thirty-fifth State Party, of twenty-three experts of high moral standing and competence in the field covered by the Convention. The experts shall be elected by States Parties from among their nationals and shall serve in their personal capacity, consideration being given to equitable geographical distribution and to the representation of the different forms of civilization as well as the principal legal systems.

2. The members of the Committee shall be elected by secret ballot from a list of persons nominated by States Parties. Each State Party may nominate one person from among its own nationals.

3. The initial election shall be held six months after the date of the entry into force of the present Convention. At least three months before the date of each election the Secretary-General of the United Nations shall address a letter to the States Parties inviting them to submit their nominations within two months. The Secretary-General shall prepare a list in alphabetical order of all persons thus nominated, indicating the States Parties which have nominated them, and shall submit it to the States Parties.

4. Elections of the members of the Committee shall be held at a meeting of States Parties convened by the Secretary-General at United Nations Headquarters. At that meeting, for which two thirds of the States Parties shall constitute a quorum, the persons elected to the Committee shall be those nominees who obtain the largest number of votes and an absolute majority of the votes of the representatives of States Parties present and voting.

5. The members of the Committee shall be elected for a term of four years. However, the terms

of nine of the members elected at the first election shall expire at the end of two years; immediately after the first election the names of these nine members shall be chosen by lot by the Chairman of the Committee.

6. The election of the five additional members of the Committee shall be held in accordance with the provisions of paragraphs 2, 3 and 4 of this article, following the thirty-fifth ratification or accession. The terms of two of the additional members elected on this occasion shall expire at the end of two years, the names of these two members having been chosen by lot by the Chairman of the Committee.

7. For the filling of casual vacancies, the State Party whose expert has ceased to function as a member of the Committee shall appoint another expert from among its nationals, subject to the approval of the Committee.

8. The members of the Committee shall, with the approval of the General Assembly, receive emoluments from United Nations resources on such terms and conditions as the Assembly may decide, having regard to the importance of the Committee's responsibilities.

9. The Secretary-General of the United Nations shall provide the necessary staff and facilities for the effective performance of the functions of the Committee under the present Convention.

Article 18

1. States Parties undertake to submit to the Secretary-General of the United Nations, for consideration by the Committee, a report on the legislative, judicial, administrative or other measures which they have adopted to give effect to the provisions of the present Convention and on the progress made in this respect:

(a) Within one year after the entry into force for the State concerned;

(b) Thereafter at least every four years and further whenever the Committee so requests.

2. Reports may indicate factors and difficulties affecting the degree of fulfilment of obligations under the present Convention.

Article 19

1. The Committee shall adopt its own rules of procedure.

2. The Committee shall elect its officers for a term of two years.

Article 20

1. The Committee shall normally meet for a period of not more than two weeks annually in order to consider the reports submitted in accordance with article 18 of the present Convention.

2. The meetings of the Committee shall normally be held at United Nations Headquarters or at any other convenient place as determined by the Committee.

Article 21

1. The Committee shall, through the Economic and Social Council, report annually to the General Assembly of the United Nations on its activities and may make suggestions and general recommendations based on the examination of reports and information received from the States Parties. Such suggestions and general recommendations shall be included in the report of the Committee together with comments, if any, from States Parties.

2. The Secretary-General of the United Nations shall transmit the reports of the Committee to the Commission on the Status of Women for its information.

Article 22

The specialized agencies shall be entitled to be represented at the consideration of the implementation of such provisions of the present Convention as fall within the scope of their activities. The Committee may invite the specialized agencies to submit reports on the implementation of the Convention in areas falling within the scope of their activities.

PART VI

Article 23

Nothing in the present Convention shall affect any provisions that are more conducive to the achievement of equality between men and women which may be contained:

(a) In the legislation of a State Party; or

(b) In any other international convention, treaty or agreement in force for that State.

Article 24

States Parties undertake to adopt all necessary measures at the national level aimed at achieving the full realization of the rights recognized in the present Convention.

Article 25

1. The present Convention shall be open for signature by all States.

2. The Secretary-General of the United Nations is designated as the depositary of the present Convention.

3. The present Convention is subject to ratification. Instruments of ratification shall be deposited with the Secretary-General of the United Nations.

4. The present Convention shall be open to accession by all States. Accession shall be effected by the deposit of an instrument of accession with the Secretary-General of the United Nations.

Article 26

1. A request for the revision of the present Convention may be made at any time by any State Party by means of a notification in writing addressed to the Secretary-General of the United Nations.

2. The General Assembly of the United Nations shall decide upon the steps, if any, to be taken in respect of such a request.

Article 27

1. The present Convention shall enter into force on the thirtieth day after the date of deposit with the Secretary-General of the United Nations of the twentieth instrument of ratification or accession.

2. For each State ratifying the present Convention or acceding to it after the deposit of the twentieth instrument of ratification or accession, the Convention shall enter into force on the thirtieth day after the date of the deposit of its own instrument of ratification or accession.

Article 28

1. The Secretary-General of the United Nations shall receive and circulate to all States the text of reservations made by States at the time of ratification or accession.

2. A reservation incompatible with the object and purpose of the present Convention shall not be permitted.

3. Reservations may be withdrawn at any time by notification to this effect addressed to the Secretary-General of the United Nations, who shall then inform all States thereof. Such notification shall take effect on the date on which it is received.

Article 29

1. Any dispute between two or more States Parties concerning the interpretation or application of the present Convention which is not settled by negotiation shall, at the request of one of them, be submitted to arbitration. If within six months from the date of the request for arbitration the parties are unable to agree on the organization of the arbitration, any one of those parties may refer the dispute to the International Court of Justice by request in conformity with the Statute of the Court.

2. Each State Party may at the time of signature or ratification of the present Convention or accession thereto declare that it does not consider itself bound by paragraph 1 of this article. The other States Parties shall not be bound by that paragraph with respect to any State Party which has made such a reservation.

3. Any State Party which has made a reservation in accordance with paragraph 2 of this article may at any time withdraw that reservation by notification to the Secretary-General of the United Nations.

Article 30

The present Convention, the Arabic, Chinese, English, French, Russian and Spanish texts of which are equally authentic, shall be deposited with the Secretary-General of the United Nations.

IN WITNESS WHEREOF the undersigned, duly authorized, have signed the present Convention.

14-1. 여성에 대한 모든 형태의 차별철폐에 관한 협약 선택의정서

1999.12.10 체결/ 2000.12.22 발효/ 당사국 수 90/ 대한민국 적용일 2007.1.18

이 의정서의 당사국은,

국제연합헌장이 기본적 인권, 인간의 존엄과 가치 및 남녀의 평등한 권리에 대한 신념을 재확인하고 있음에 유의하고,

또한, 세계인권선언이 모든 인간은 자유롭게 그리고 존엄과 권리에 있어 평등하게 태어나며 성에 기인한 구별을 포함한 어떠한 종류의 구별도 없이 동 선언에 규정된 모든 권리와 자유를 누릴 자격이 있다고 선언하고 있음에 유의하며,

국제인권규약들과 다른 국제인권규범들이 성에 기인한 차별을 금지하고 있음을 상기하고,

또한, 여성에 대한 모든 형태의 차별철폐에 관한 협약(이하 "협약"이라 한다)에서 동 협약 당사국들이 여성에 대한 모든 형태의 차별을 규탄하고 여성에 대한 차별철폐정책을 모든 적절한 수단으로 지체없이 추구하기로 동의한 점을 상기하며,

여성이 모든 인권과 기본적 자유를 완전하고 평등하게 향유하도록 보장하고, 이러한 권리와 자유에 대한 침해를 방지하기 위하여 효과적인 조치를 취하겠다는 협약당사국의 결의를 재확인하고,

다음과 같이 합의하였다.

제1조

이 의정서의 당사국(이하 "당사국"이라 한다)은 제2조의 규정에 따라 제출되는 통보를 접수하고 심리하는 여성차별철폐위원회(이하 "위원회"라 한다)의 권한을 인정한다.

제2조

통보는 당사국에 의한 협약상 권리의 침해로 피해를 입었다고 주장하는 그 당사국 관할 하의 개인 또는 개인의 집단에 의하거나 그들을 대리하여 제출될 수 있다. 통보가 개인 또는 집단을 대리하여 제출된 경우에는 그들의 동의없이 대리행위를 하는 것을 정당화할 수 있지 아니하는 한, 그러한 동의를 수반한다.

제3조

통보는 서면으로 제출되며 익명이어서는 아니된다. 통보가 이 의정서의 당사국이 아닌 협약당사국에 관한 것인 경우에는 어떠한 통보도 위원회에 접수되지 아니한다.

제4조

1. 위원회는 국내구제절차의 이용이 불합리하게 지연되거나 효과적인 구제수단이 되지 못하는 경

우가 아닌 한, 이용가능한 모든 국내구제절차가 완료되었음을 확인할 때까지는 통보를 심리하지 아니한다.

2. 위원회는 다음의 경우에는 통보를 심리할 수 없다고 선언한다.

가. 동일한 사안이 이미 위원회에서 검토되었거나, 또는 다른 국제적 조사절차나 해결절차에서 심사되었거나 심사중인 경우

나. 그것이 협약의 규정과 양립할 수 없는 경우

다. 그것이 명백하게 근거가 박약하거나 그 사안의 실체적 존재가 충분하게 소명되지 못하는 경우

라. 그것이 통보 제출권의 남용인 경우

마. 통보의 대상이 되는 사실이 이 의정서가 관련 당사국에게 발효된 후까지 지속되는 경우를 제외하고 동 발효 이전에 발생한 경우

제5조

1. 위원회는 통보를 접수한 후에 본안을 결정하기 전까지는 언제든지 주장된 권리침해의 피해자 또는 피해자들에게 발생할 수 있는 회복이 불가능한 손해를 방지하기 위하여 필요한 잠정조치를 취하라는 요청을 긴급한 고려사항으로 관련 당사국에게 송부할 수 있다.

2. 위원회가 이 조 제1항의 권한을 행사하더라도 이것은 통보의 심리가능성이나 본안에 대한 결정을 함의하는 것은 아니다.

제6조

1. 위원회가 관련 당사국을 거명하지 아니한 채 통보를 심리가 불가능하다고 판단하지 아니하는 한, 그리고 해당 개인이나 개인들이 그들의 신원을 관련 당사국에게 밝히는 것에 대하여 동의한다면, 위원회는 이 의정서에 따라 제출된 모든 통보에 대하여 비공개적으로 관련 당사국의 주의를 환기한다.

2. 접수 당사국은 이러한 사안과 자국이 제공한 구제조치가 있는 경우, 동 구제조치를 소명하는 서면 설명서 또는 진술서를 6월 이내에 위원회에 제출한다.

제7조

1. 위원회는 개인이나 개인의 집단에 의하여 또는 그들을 대리하여, 그리고 관련 당사국에 의하여 제출되어 위원회에 이용가능한 모든 정보가 관련 당사자들에게 전달되는 조건 하에서 이 정보를 고려하여 이 의정서에 따라 접수된 통보를 심리한다.

2. 위원회는 이 의정서에 따라 통보를 심사할 때에는 비공개회의를 갖는다.

3. 위원회는 통보를 심사한 후, 권고사항이 있는 경우에는 권고사항과 함께 동 통보에 대한 위원회의 견해를 관련 당사자들에게 전달한다.

4. 당사국은 위원회의 권고사항이 있는 경우에는 그 권고사항을 포함하여 위원회의 견해를 적정하게 고려하며, 위원회의 견해와 권고사항을 고려하여 취한 모든 조치에 관한 정보를 포함한 서면 답변을 6월 이내에 위원회에 제출한다.

5. 위원회는 위원회의 견해에 따라 또는 권고사항이 있는 경우에는 그 권고사항에 따라 위원회가 적절하다고 판단하는 것을 포함하여 당사국이 취한 조치에 관한 추가 정보를 협약 제18조의 규정

에 따라 당사국이 제출하는 후속 보고서를 통하여 제출하도록 당사국에게 요청할 수 있다.

제8조

1. 당사국이 협약에 규정된 권리를 중대하게 또는 체계적으로 침해하였음을 보여주는 신빙성 있는 정보를 입수한 경우, 위원회는 해당 당사국에게 동 정보의 심사에 협조하고 이를 위하여 관련 정보에 관한 의견을 제출하도록 요청한다.

2. 위원회는 관련 당사국이 제출한 의견과 위원회가 이용할 수 있는 다른 신빙성 있는 정보를 고려하여 조사를 수행하고 긴급히 위원회에 보고하는 위원회 위원 중 한명 또는 수명을 지명할 수 있다. 정당한 사유가 있는 경우에 당사국의 동의 하에 이러한 조사는 당사국의 영역에 대한 방문을 포함할 수 있다.

3. 위원회는 조사결과를 심사한 후, 동 결과를 논평 및 권고사항과 함께 관련 당사국에게 전달한다.

4. 관련 당사국은 위원회로부터 조사결과·논평 및 권고사항을 전달받은 후 6개월 이내에 자국의 견해를 위원회에 제출한다.

5. 이러한 조사는 비공개로 진행되며, 절차의 모든 단계에서 당사국의 협력이 요청된다.

제9조

1. 위원회는 관련 당사국에게 이 의정서 제8조의 규정에 따라 행하여진 조사에 대응하여 취한 모든 조치에 대한 상세한 내용을 협약 제18조의 규정에 따른 보고서에 포함하도록 요청할 수 있다.

2. 위원회는 필요한 경우 제8조제4항에 언급된 6월의 기간이 종료된 후에 관련 당사국에게 동 조사에 대응하여 취한 조치를 위원회에 알려주도록 요청할 수 있다.

제10조

1. 각 당사국은 제8조 및 제9조에 규정된 위원회의 권한을 인정하지 아니한다고 이 의정서의 서명·비준 또는 가입시 선언할 수 있다.

2. 제1항의 규정에 따라 선언을 한 당사국은 언제든지 사무총장에 대한 통고로써 동 선언을 철회할 수 있다.

제11조

당사국은 그 관할 하의 개인이 이 의정서에 따라 위원회에 통보를 제출하였다는 이유로 부당한 대우 또는 협박을 받지 아니하도록 보장하기 위하여 모든 적절한 조치를 취한다.

제12조

위원회는 협약 제21조의 규정에 따른 위원회의 연례보고서에 이 의정서에 따른 자신의 활동을 요약하여 포함한다.

제13조

각 당사국은 협약 및 이 의정서를 널리 알리고 홍보하며, 특히 그 당사국과 관련된 문제에 관한 위원회의 견해 및 권고에 관한 정보에 대한 접근을 용이하게 한다.

제14조

위원회는 이 의정서에 따라 부여된 직무를 수행할 때 따르는 의사규칙을 마련한다.

제15조

1. 이 의정서는 협약에 서명·비준 또는 가입한 모든 국가들의 서명을 위하여 개방된다.

2. 이 의정서는 협약을 비준하였거나 이에 가입한 국가의 비준을 받아야 한다. 비준서는 국제연합 사무총장에게 기탁된다.

3. 이 의정서는 협약을 비준하였거나 이에 가입한 국가들의 가입을 위하여 개방된다.

4. 가입은 국제연합사무총장에게 가입서를 기탁함으로써 발효한다.

제16조

1. 이 의정서는 열 번째 비준서 또는 가입서가 국제연합사무총장에게 기탁된 날부터 3월 후에 발효한다.

2. 이 의정서는 이 의정서가 발효된 후에 이 의정서를 비준하거나 또는 이에 가입하는 국가에 대하여는 그 국가의 비준서 또는 가입서가 기탁된 날부터 3월 후에 발효한다.

제17조

이 의정서에 대한 어떠한 유보도 허용되지 아니한다.

제18조

1. 모든 당사국은 이 의정서의 개정안을 제안하고 이를 국제연합사무총장에게 제출할 수 있다. 사무총장은 개정안을 접수하는 대로, 각 당사국에게 동 제안을 심의하고 표결에 회부하기 위한 당사국회의 개최에 찬성하는지 여부를 사무총장에게 통보하여 줄 것을 요청하는 것과 함께 개정 안을 이 의정서의 각 당사국에게 송부한다. 당사국 중 최소한 3분의 1이 회의 개최에 찬성하는 경우에, 사무총장은 국제연합의 주관 하에 이 회의를 소집한다. 이 회의에 출석하여 표결하는 당 사국의 과반수에 의하여 채택된 개정안은 그 승인을 위하여 국제연합총회에 제출된다.

2. 개정안은 국제연합총회의 승인을 받고 이 의정서 당사국의 3분의 2가 자국의 헌법절차에 따라 수락하는 때 발효한다.

3. 개정안이 발효하는 때 이를 수락한 당사국을 구속한다. 그러나 다른 당사국은 여전히 이 의정 서의 규정 및 그 당사국이 이미 수락한 그 이전의 모든 개정에 의하여 구속된다.

제19조

1. 당사국은 언제든지 국제연합사무총장에 대한 서면통보에 의하여 이 의정서를 폐기할 수 있다. 폐기는 사무총장이 통보를 접수한 날부터 6월 후에 효력을 발생한다.

2. 폐기는 폐기 발효일 이전에 제2조의 규정에 따라 제출된 통보나 제8조의 규정에 따라 개시된 조사에 이 의정서의 규정이 계속 적용되는 것에 영향을 미치지 아니한다.

제20조

국제연합사무총장은 모든 국가에 다음 사항을 통보한다.

가. 이 의정서에 따른 서명·비준 및 가입

나. 이 의정서의 발효일 및 제18조의 규정에 따른 개정의 발효일

다. 제19조의 규정에 따른 폐기

제21조

1. 이 의정서는 아랍어·중국어·영어·불어·러시아어 및 서반아어본이 동등하게 정본이며 국제연합문서보존소에 기탁된다.

2. 국제연합사무총장은 협약 제25조에 언급된 모든 국가들에게 이 의정서의 인증등본을 송부한다.

14-1. OPTIONAL PROTOCOL TO THE CONVENTION ON THE ELIMINATION OF ALL FORMS OF DISCRIMINATION AGAINST WOMEN

The States Parties to the present Protocol,

Noting that the Charter of the United Nations reaffirms faith in fundamental human rights, in the dignity and worth of the human person and in the equal rights of men and women,

Also noting that the Universal Declaration of Human Rights proclaims that all human beings are born free and equal in dignity and rights and that everyone is entitled to all the rights and freedoms set forth therein, without distinction of any kind, including distinction based on sex,

Recalling that the International Covenants on Human Rights and other international human rights instruments prohibit discrimination on the basis of sex,

Also recalling the Convention on the Elimination of All Forms of Discrimination against Women ("the Convention"), in which the States Parties thereto condemn discrimination against women in all its forms and agree to pursue by all appropriate means and without delay a policy of eliminating discrimination against women,

Reaffirming their determination to ensure the full and equal enjoyment by women of all human rights and fundamental freedoms and to take effective action to prevent violations of these rights and freedoms,

Have agreed as follows:

Article 1

A State Party to the present Protocol ("State Party") recognizes the competence of the Committee on the Elimination of Discrimination against Women ("the Committee") to receive and consider communications submitted in accordance with article 2.

Article 2

Communications may be submitted by or on behalf of individuals or groups of individuals, under the jurisdiction of a State Party, claiming to be victims of a violation of any of the rights set forth in the Convention by that State Party. Where a communication is submitted on behalf of individuals or groups of individuals, this shall be with their consent unless the author can justify acting on their behalf without such consent.

Article 3

Communications shall be in writing and shall not be anonymous. No communication shall be received by the Committee if it concerns a State Party to the Convention that is not a party to the present Protocol.

Article 4

1. The Committee shall not consider a communication unless it has ascertained that all available

domestic remedies have been exhausted unless the application of such remedies is unreasonably prolonged or unlikely to bring effective relief.

2. The Committee shall declare a communication inadmissible where:

(a) The same matter has already been examined by the Committee or has been or is being examined under another procedure of international investigation or settlement;

(b) It is incompatible with the provisions of the Convention;

(c) It is manifestly ill-founded or not sufficiently substantiated;

(d) It is an abuse of the right to submit a communication;

(e) The facts that are the subject of the communication occurred prior to the entry into force of the present Protocol for the State Party concerned unless those facts continued after that date.

Article 5

1. At any time after the receipt of a communication and before a determination on the merits has been reached, the Committee may transmit to the State Party concerned for its urgent consideration a request that the State Party take such interim measures as may be necessary to avoid possible irreparable damage to the victim or victims of the alleged violation.

2. Where the Committee exercises its discretion under paragraph 1 of the present article, this does not imply a determination on admissibility or on the merits of the communication.

Article 6

1. Unless the Committee considers a communication inadmissible without reference to the State Party concerned, and provided that the individual or individuals consent to the disclosure of their identity to that State Party, the Committee shall bring any communication submitted to it under the present Protocol confidentially to the attention of the State Party concerned.

2. Within six months, the receiving State Party shall submit to the Committee written explanations or statements clarifying the matter and the remedy, if any, that may have been provided by that State Party.

Article 7

1. The Committee shall consider communications received under the present Protocol in the light of all information made available to it by or on behalf of individuals or groups of individuals and by the State Party concerned, provided that this information is transmitted to the parties concerned.

2. The Committee shall hold closed meetings when examining communications under the present Protocol.

3. After examining a communication, the Committee shall transmit its views on the communication, together with its recommendations, if any, to the parties concerned.

4. The State Party shall give due consideration to the views of the Committee, together with its recommendations, if any, and shall submit to the Committee, within six months, a written response, including information on any action taken in the light of the views and recommendations of the Committee.

5. The Committee may invite the State Party to submit further information about any measures the State Party has taken in response to its views or recommendations, if any, including as deemed appropriate by the Committee, in the State Party's subsequent reports under article 18 of the Convention.

Article 8

1. If the Committee receives reliable information indicating grave or systematic violations by a State Party of rights set forth in the Convention, the Committee shall invite that State Party to cooperate in the examination of the information and to this end to submit observations with regard to the information concerned.

2. Taking into account any observations that may have been submitted by the State Party concerned as well as any other reliable information available to it, the Committee may designate one or more of its members to conduct an inquiry and to report urgently to the Committee. Where warranted and with the consent of the State Party, the inquiry may include a visit to its territory.

3. After examining the findings of such an inquiry, the Committee shall transmit these findings to the State Party concerned together with any comments and recommendations.

4. The State Party concerned shall, within six months of receiving the findings, comments and recommendations transmitted by the Committee, submit its observations to the Committee.

5. Such an inquiry shall be conducted confidentially and the cooperation of the State Party shall be sought at all stages of the proceedings.

Article 9

1. The Committee may invite the State Party concerned to include in its report under article 18 of the Convention details of any measures taken in response to an inquiry conducted under article 8 of the present Protocol.

2. The Committee may, if necessary, after the end of the period of six months referred to in article 8.4, invite the State Party concerned to inform it of the measures taken in response to such an inquiry.

Article 10

1. Each State Party may, at the time of signature or ratification of the present Protocol or accession thereto, declare that it does not recognize the competence of the Committee provided for in articles 8 and 9.

2. Any State Party having made a declaration in accordance with paragraph 1 of the present article may, at any time, withdraw this declaration by notification to the Secretary-General.

Article 11

A State Party shall take all appropriate steps to ensure that individuals under its jurisdiction are not subjected to ill treatment or intimidation as a consequence of communicating with the Committee pursuant to the present Protocol.

Article 12

The Committee shall include in its annual report under article 21 of the Convention a summary of its activities under the present Protocol.

Article 13

Each State Party undertakes to make widely known and to give publicity to the Convention and the present Protocol and to facilitate access to information about the views and recommendations of the Committee, in particular, on matters involving that State Party.

Article 14

The Committee shall develop its own rules of procedure to be followed when exercising the functions conferred on it by the present Protocol.

Article 15

1. The present Protocol shall be open for signature by any State that has signed, ratified or acceded to the Convention.

2. The present Protocol shall be subject to ratification by any State that has ratified or acceded to the Convention. Instruments of ratification shall be deposited with the Secretary-General of the United Nations.

3. The present Protocol shall be open to accession by any State that has ratified or acceded to the Convention.

4. Accession shall be effected by the deposit of an instrument of accession with the Secretary-General of the United Nations.

Article 16

1. The present Protocol shall enter into force three months after the date of the deposit with the Secretary-General of the United Nations of the tenth instrument of ratification or accession.

2. For each State ratifying the present Protocol or acceding to it after its entry into force, the present Protocol shall enter into force three months after the date of the deposit of its own instrument of ratification or accession.

Article 17

No reservations to the present Protocol shall be permitted.

Article 18

1. Any State Party may propose an amendment to the present Protocol and file it with the Secretary-General of the United Nations. The Secretary-General shall thereupon communicate any proposed amendments to the States Parties with a request that they notify her or him whether they favour a conference of States Parties for the purpose of considering and voting on the proposal. In the event that at least one third of the States Parties favour such a conference, the Secretary-General shall convene the conference under the auspices of the United Nations. Any amendment adopted by a majority of the States Parties present and voting at the conference shall be submitted to the General Assembly of the United Nations for approval.

2. Amendments shall come into force when they have been approved by the General Assembly of the United Nations and accepted by a two-thirds majority of the States Parties to the present Protocol in accordance with their respective constitutional processes.

3. When amendments come into force, they shall be binding on those States Parties that have accepted them, other States Parties still being bound by the provisions of the present Protocol and any earlier amendments that they have accepted.

Article 19

1. Any state Party may denounce the present Protocol at any time by written notification addressed to the Secretary-General of the United Nations. Denunciation shall take effect six months after the date of receipt of the notification by the Secretary-General.

2. Denunciation shall be without prejudice to the continued application of the provisions of the present Protocol to any communication submitted under article 2 or any inquiry initiated under article 8 before the effective date of denunciation.

Article 20

The Secretary-General of the United Nations shall inform all States of:

(a) Signatures, ratifications and accessions under the present Protocol;

(b) The date of entry into force of the present Protocol and of any amendment under article 18;

(c) Any denunciation under article 19.

Article 21

1. The present Protocol, of which the Arabic, Chinese, English, French, Russian and Spanish texts are equally authentic, shall be deposited in the archives of the United Nations.

2. The Secretary-General of the United Nations shall transmit certified copies of the present Protocol to all States referred to in article 25 of the Convention.

15. 부녀자의 정치적 권리에 관한 협약

1953.3.31 체결/ 1954.7.7 발효/ 당사국 수 121/ 대한민국 적용일 1959.9.21

체약국은

유엔헌장에 규정된 남녀평등의 원칙을 실현할 것을 희망하며,

모든 인민은 직접 또는 자유로이 선출된 대표를 통하여 국정에 참여할 권리가 있으며 또한 그 국가의 공직을 평등하게 담임할 수 있음을 인정하고,

유엔헌장과 세계인권선언의 규정에 따라 남성과 여성이 정치적 권리의 향유 및 행사에 있어서 동등한 지위를 유지할 것을 희망하여,

이 목적을 위하여 협약을 체결할 것을 결의하고 다음과 같이 합의한다.

제1조

여성은 남성과 동등한 조건으로 아무런 차별없이 모든 선거에 있어서 투표할 권리가 있다.

제2조

여성은 남성과 동등한 조건으로 아무런 차별없이 법률에 의하여 설치되고 선거에 의하여 구성되는 어떠한 기관에 대하여도 피선거권을 갖는다.

제3조

여성은 남성과 동등한 조건으로 아무런 차별없이 법률에 의하여 설치된 공공기관에서 공무를 담임하고 또한 공적 직무를 수행할 권리가 있다.

제4조

1. 이 협약은 국제연합의 모든 가맹국과 국제연합총회가 초청장을 발송한 비가맹국에 대하여 서명이 개방된다.

2. 이 협약은 비준되어야 하며 비준서는 국제연합사무총장에게 기탁하여야 한다.

제5조

1. 제4조1항에 규정한 모든 국가는 이 협약에 가입할 수 있다.

2. 가입은 국제연합사무총장에게 가입서를 기탁함으로써 행한다.

제6조

1. 이 협약은 여섯번째의 비준서나 가입서의 기탁이 있은 후 90일후에 실시된다.

2. 여섯번째의 비준서나 가입서의 기탁이 있은 후에 이 협약에 비준 또는 가입하는 국가에 대하여는 그 비준서나 가입서의 기탁이 있은 후 90일만에 이 협약이 실시된다.

제7조

어떤 국가가 서명, 비준 또는 가입할 때에 유보를 하는 경우에는 국제연합사무총장은 이 협약에 가입한 국가와 장차 가입할 모든 국가에 대하여 유보문을 통고한다. 이 유보에 반대하는 국가는 이 통고를 받은 날로부터 90일이내에(또는 이 협약의 당사국이 되는 날에) 국제연합사무총장에게 그 유보를 수락하지 않는다고 통고하여야 한다.

이 경우에는 이 협약은 유보하는 국가와 유보에 반대하는 국가간에는 효력이 발생하지 않는다.

제8조

1. 체약국은 국제연합사무총장에게 서면으로 통지함으로써 이 협약을 폐기할 수 있다. 폐기는 국제연합사무총장이 그 통지를 받은 후 1년을 경과함으로써 효력을 발생한다.

2. 이 협약은 당사국 수를 6개국이하로 하는 폐기가 효력을 발생하는 날로부터 효력을 상실한다.

제9조

이 협약 당사국간에 이 협약의 해석 및 적용에 관하여 분쟁이 발생하고 그 분쟁이 교섭에 의하여 해결되지 않고 또한 다른 해결방법에 의할 것이 합의에 도달하지 못하는 때에는 분쟁당사국의 일방의 요구에 의하여 국제사법재판소에 부탁할 수 있다.

제10조

국제연합사무총장은 국제연합의 모든 가맹국과 이 협약의 제4조1항에 규정한 비가맹국에 대하여 다음 사항을 통고한다.

(a) 제4조에 의하여 접수한 서명 및 비준서

(b) 제5조에 의하여 접수한 가입서

(c) 제6조에 의하여 이 협약이 실시되는 일자

(d) 제7조에 의하여 접수한 통고 및 통보

(e) 제8조1항에 의하여 접수한 폐기의 통고

(f) 제8조2항에 의한 이 협약의 효력상실

제11조

1. 이 협약의 중국어, 영어, 불어, 노서아어 및 스페인어로 된 원본은 동등하게 유권적이며 국제연합의 문서보관소에 보관한다.

2. 국제연합사무총장은 이 협약의 인증등본을 국제연합의 모든 가맹국과 4조1항에 규정한 비가맹국에 송부한다.

이상의 증거로서 각자의 정부에 의해 정당히 권한을 위임받은 하기 서명자는 뉴욕에서 서명을 위해 개방된 이 협약에 1953년 3월 31일 서명하였다.

16. 아동의 권리에 관한 협약

1990.1.26 체결/ 1990.9.2 발효/ 당사국 수 193/ 대한민국 적용일 1991.12.20*

이 협약의 당사국은, 국제연합 헌장에 선언된 원칙에 따라, 인류사회의 모든 구성원의 고유의 존엄성 및 평등하고 양도할 수 없는 권리를 인정하는 것이 세계의 자유·정의 및 평화의 기초가 됨을 고려하고,

국제연합체제하의 모든 국민들은 기본적인 인권과 인간의 존엄성 및 가치에 대한 신념을 헌장에서 재확인하였고, 확대된 자유 속에서 사회진보와 생활수준의 향상을 촉진하기로 결의하였음에 유념하며,

국제연합이 세계인권선언과 국제인권규약에서 모든 사람은 인종, 피부색, 성별, 언어, 종교, 정치적 또는 기타의 의견, 민족적 또는 사회적 출신, 재산, 출생 또는 기타의 신분 등 어떠한 종류 구분에 의한 차별 없이 동 선언 및 규약에 규정된 모든 권리와 자유를 누릴 자격이 있음을 선언하고 동의하였음을 인정하고,

국제연합이 세계인권선언에서 아동기에는 특별한 보호와 원조를 받을 권리가 있다고 선언하였음을 상기하며, 사회의 기초집단이며 모든 구성원 특히 아동의 성장과 복지를 위한 자연적 환경으로서 가족에게는 공동체 안에서 그 책임을 충분히 감당할 수 있도록 필요한 보호와 원조가 부여되어야 함을 확신하며,

아동은 완전하고 조화로운 인격 발달을 위하여 가족적 환경과 행복, 사랑 및 이해의 분위기 속에서 성장하여야 함을 인정하고,

아동은 사회에서 한 개인으로서의 삶을 영위할 수 있도록 충분히 준비되어져야 하며, 국제연합 헌장에 선언된 이상의 정신과 특히 평화·존엄·관용·자유·평등·연대의 정신 속에서 양육되어야 함을 고려하고,

아동에게 특별한 보호를 제공하여야 할 필요성은 1924년 아동권리에 관한 제네바선언과 1959년 11월 20일 총회에 의하여 채택된 아동권리선언에 명시되어 있으며, 세계인권선언, 시민적 및 정치적 권리에 관한 국제규약(특히 제23조 및 제24조), 경제적·사회적 및 문화적 권리에 관한 국제규약(특히 제10조) 및 아동의 복지와 관련된 전문기구와 국제기구의 규정 및 관련문서에서 인정되었음을 유념하고,

아동권리선언에 나타나 있는 바와 같이, "아동은 신체적·정신적 미성숙으로 인하여 출생전후를 막론하고 적절한 법적 보호를 포함한 특별한 보호와 배려를 필요로 한다"는 점에 유념하고, "국내적 또는 국제적 양육위탁과 입양을 별도로 규정하는 아동의 보호와 복지에 관한 사회적 및 법적

---

* 유보 : 대한민국 정부는 이 협약을 심의한 후, 이 협약의 제9조 제3항, 제21조 (a) 및 제40조 제2항 (b)(v)의 규정을 유보하면서 이 협약을 비준한다.

원칙에 관한 선언"의 제규정, "소년법 운영을 위한 국제연합 최소 표준규칙"(베이징 규칙) 및 "비상시 및 무력충돌시 부녀자와 아동의 보호에 관한 선언"을 상기하고,

세계 모든 국가에 예외적으로 어려운 여건하에 생활하고 있는 아동들이 있으며, 이 아동들은 특별한 배려를 필요로 함을 인정하고,

아동의 보호와 조화로운 발전을 위하여 각 민족의 전통과 문화적 가치의 중요성을 충분히 고려하고,

모든 국가, 특히 개발도상국가 아동의 생활여건을 향상시키기 위한 국제 협력의 중요성을 인정하면서,

다음과 같이 합의하였다.

제1부

제1조

이 협약의 목적상, "아동"이라 함은 아동에게 적용되는 법에 의하여 보다 조기에 성인 연령에 달하지 아니하는 한 18세 미만의 모든 사람을 말한다.

제2조

1. 당사국은 자국의 관할권 안에서 아동 또는 그의 부모나 후견인의 인종, 피부색, 성별, 언어, 종교, 정치적 또는 기타의 의견, 민족적, 인종적 또는 사회적 출신, 재산, 무능력, 출생 또는 기타의 신분에 관계없이 그리고 어떠한 종류의 차별을 함이 없이 이 협약에 규정된 권리를 존중하고, 각 아동에게 보장하여야 한다.

2. 당사국은 아동이 그의 부모나 후견인 또는 가족 구성원의 신분, 활동, 표명된 의견 또는 신념을 이유로 하는 모든 형태의 차별이나 처벌로부터 보호되도록 보장하는 모든 적절한 조치를 취하여야 한다.

제3조

1. 공공 또는 민간 사회복지기관, 법원, 행정당국, 또는 입법기관 등에 의하여 실시되는 아동에 관한 모든 활동에 있어서 아동의 최선의 이익이 최우선적으로 고려되어야 한다.

2. 당사국은 아동의 부모, 후견인, 기타 아동에 대하여 법적 책임이 있는 자의 권리와 의무를 고려하여, 아동복지에 필요한 보호와 배려를 아동에게 보장하고, 이를 위하여 모든 적절한 입법적·행정적 조치를 취하여야 한다.

3. 당사국은 아동에 대한 배려와 보호에 책임 있는 기관, 편의 및 시설이 관계당국이 설정한 기준, 특히 안전과 위생 분야 그리고 직원의 수 및 적격성은 물론 충분한 감독면에서 기준에 따를 것을 보장하여야 한다.

제4조

당사국은 이 협약에서 인정된 권리를 실현하기 위하여 모든 적절한 입법적·행정적 및 여타의

조치를 취하여야 한다. 경제적·사회적 및 문화적 권리에 관하여 당사국은 가용자원의 최대한도까지 그리고 필요한 경우에는 국제협력의 테두리 안에서 이러한 조치를 취하여야 한다.

제5조

아동이 이 협약에서 인정된 권리를 행사함에 있어서 당사국은 부모 또는 적용가능한 경우 현지 관습에 의하여 인정되는 확대가족이나 공동체의 구성원, 후견인 기타 아동에 대한 법적 책임자들이 아동의 능력발달에 상응하는 방법으로 적절한 감독과 지도를 행할 책임과 권리 및 의무를 가지고 있음을 존중하여야 한다.

제6조

1. 당사국은 모든 아동이 생명에 관한 고유의 권리를 가지고 있음을 인정한다.
2. 당사국은 가능한 한 최대한도로 아동의 생존과 발전을 보장하여야 한다.

제7조

1. 아동은 출생 후 즉시 등록되어야 하며, 출생시부터 성명권과 국적취득권을 가지며, 가능한 한 자신의 부모를 알고 부모에 의하여 양육받을 권리를 가진다.
2. 당사국은 이 분야의 국내법 및 관련 국제문서상의 의무에 따라 이러한 권리가 실행되도록 보장하여야 하며, 권리가 실행되지 아니하여 아동이 무국적으로 되는 경우에는 특히 그러하다.

제8조

1. 당사국은 위법한 간섭을 받지 아니하고, 국적, 성명 및 가족관계를 포함하여 법률에 의하여 인정된 신분을 보존할 수 있는 아동의 권리를 존중한다.
2. 아동이 그의 신분요소 중 일부 또는 전부를 불법적으로 박탈당한 경우, 당사국은 그의 신분을 신속하게 회복하기 위하여 적절한 원조와 보호를 제공하여야 한다.

제9조

1. 당사국은 사법적 심사의 구속을 받는 관계당국이 적용 가능한 법률 및 절차에 따라서 분리가 아동의 최상의 이익을 위하여 필요하다고 결정하는 경우 외에는, 아동이 그의 의사에 반하여 부모로부터 분리되지 아니하도록 보장하여야 한다. 위의 결정은 부모에 의한 아동 학대 또는 유기의 경우나 부모의 별거로 인하여 아동의 거소에 관한 결정이 내려져야 하는 등 특별한 경우에 필요할 수 있다.
2. 제1항의 규정에 의한 어떠한 절차에서도 모든 이해당사자는 그 절차에 참가하여 자신의 견해를 표시할 기회가 부여되어야 한다.
3. 당사국은 아동의 최선의 이익에 반하는 경우 외에는, 부모의 일방 또는 쌍방으로부터 분리된 아동이 정기적으로 부모와 개인적 관계 및 직접적인 면접교섭을 유지할 권리를 가짐을 존중하여야 한다.
4. 그러한 분리가 부모의 일방이나 쌍방 또는 아동의 감금, 투옥, 망명, 강제퇴거 또는 사망(국가가 억류하고 있는 동안 어떠한 원인에 기인한 사망을 포함한다) 등과 같이 당사국에 의하여 취하여진 어떠한 조치의 결과인 경우에는, 당사국은 그 정보의 제공이 아동의 복지에 해롭지 아니하는

한, 요청이 있는 경우, 부모, 아동 또는 적절한 경우 다른 가족구성원에게 부재 중인 가족구성원의 소재에 관한 필수적인 정보를 제공하여야 한다. 또한 당사국은 그러한 요청의 제출이 그 자체로 관계인에게 불리한 결과를 초래하지 아니하도록 보장하여야 한다.

제10조

1. 제9조 제1항에 규정된 당사국의 의무에 따라서, 가족의 재결합을 위하여 아동 또는 그 부모가 당사국에 입국하거나 출국하기 위한 신청은 당사국에 의하여 긍정적이며 인도적인 방법으로 그리고 신속하게 취급되어야 한다. 또한 당사국은 이러한 요청의 제출이 신청자와 그의 가족 구성원들에게 불리한 결과를 수반하지 아니하도록 보장하여야 한다.

2. 부모가 타국에 거주하는 아동은 예외적 상황 외에는 정기적으로 부모와 개인적 관계 및 직접적인 면접교섭을 유지할 권리를 가진다. 이러한 목적에 비추어 그리고 제9조 제2항에 규정된 당사국의 의무에 따라서, 당사국은 아동과 그의 부모가 본국을 포함하여 어떠한 국가로부터 출국할 수 있고 또한 본국으로 입국할 수 있는 권리를 존중하여야 한다. 어떠한 국가로부터 출국할 수 있는 권리는 법률에 의하여 규정되고, 국가안보, 공공질서, 공중보건이나 도덕 또는 타인의 권리와 자유를 보호하기 위하여 필요하며 이 협약에서 인정된 그 밖의 권리에 부합되는 제한에 의하여만 구속된다.

제11조

1. 당사국은 아동의 불법 해외이송 및 미귀환을 퇴치하기 위한 조치를 취하여야 한다.

2. 이 목적을 위하여 당사국은 양자 또는 다자협정의 체결이나 기존 협정에의 가입을 촉진하여야 한다.

제12조

1. 당사국은 자신의 견해를 형성할 능력이 있는 아동에 대하여 본인에게 영향을 미치는 모든 문제에 있어서 자신의 견해를 자유스럽게 표시할 권리를 보장하며, 아동의 견해에 대하여는 아동의 연령과 성숙도에 따라 정당한 비중이 부여되어야 한다.

2. 이러한 목적을 위하여, 아동에게는 특히 아동에게 영향을 미치는 어떠한 사법적·행정적 절차에 있어서도 직접 또는 대표자나 적절한 기관을 통하여 진술할 기회가 국내법적 절차에 합치되는 방법으로 주어져야 한다.

제13조

1. 아동은 표현에 대한 자유권을 가진다. 이 권리는 구두, 필기 또는 인쇄, 예술의 형태 또는 아동이 선택하는 기타의 매체를 통하여 모든 종류의 정보와 사상을 국경에 관계없이 추구하고 접수하며 전달하는 자유를 포함한다.

2. 이 권리의 행사는 일정한 제한을 받을 수 있다. 다만 이 제한은 오직 법률에 의하여 규정되고 또한 다음 사항을 위하여 필요한 것이어야 한다.

(a) 타인의 권리 또는 신망의 존중

(b) 국가안보, 공공질서, 공중보건 또는 도덕의 보호

제14조

1. 당사국은 아동의 사상・양심 및 종교의 자유에 대한 권리를 존중하여야 한다.

2. 당사국은 아동이 권리를 행사함에 있어 부모 및 경우에 따라서는, 후견인이 아동의 능력발달에 부합하는 방식으로 그를 감독할 수 있는 권리와 의무를 존중하여야 한다.

3. 종교와 신념을 표현하는 자유는 오직 법률에 의하여 규정되고 공공의 안전, 질서, 보건이나 도덕 또는 타인의 기본권적 권리와 자유를 보호하기 위하여 필요한 경우에만 제한될 수 있다.

제15조

1. 당사국은 아동의 결사의 자유와 평화적 집회의 자유에 대한 권리를 인정한다.

2. 이 권리의 행사에 대하여는 법률에 따라 부과되고 국가안보 또는 공공의 안전, 공공질서, 공중보건이나 도덕의 보호 또는 타인의 권리와 자유의 보호를 위하여 민주사회에서 필요한 것 외의 어떠한 제한도 과하여져서는 아니된다.

제16조

1. 어떠한 아동도 사생활, 가족, 가정 또는 통신에 대하여 자의적이거나 위법적인 간섭을 받지 아니하며 또한 명예나 신망에 대한 위법적인 공격을 받지 아니한다.

2. 아동은 이러한 간섭 또는 비난으로부터 법의 보호를 받을 권리를 가진다.

제17조

당사국은 대중매체가 수행하는 중요한 기능을 인정하며, 아동이 다양한 국내적 및 국제적 정보원으로부터의 정보와 자료, 특히 아동의 사회적・정신적・도덕적 복지와 신체적・정신적 건강의 향상을 목적으로 하는 정보와 자료에 대한 접근권을 가짐을 보장하여야 한다. 이 목적을 위하여 당사국은,

(a) 대중매체가 아동에게 사회적・문화적으로 유익하고 제29조의 정신에 부합되는 정보와 자료를 보급하도록 장려하여야 한다.

(b) 다양한 문화적・국내적 및 국제적 정보원으로부터의 정보와 자료를 제작・교환 및 보급하는 데 있어서의 국제협력을 장려하여야 한다.

(c) 아동도서의 제작과 보급을 장려하여야 한다.

(d) 대중매체로 하여금 소수집단에 속하거나 원주민인 아동의 언어상의 곤란에 특별한 관심을 기울이도록 장려하여야 한다.

(e) 제13조와 제18조의 규정을 유념하며 아동 복지에 해로운 정보와 자료로부터 아동을 보호하기 위한 적절한 지침의 개발을 장려하여야 한다.

제18조

1. 당사국은 부모 쌍방이 아동의 양육과 발전에 공동책임을 진다는 원칙이 인정받을 수 있도록 최선의 노력을 기울여야 한다. 부모 또는 경우에 따라서 후견인은 아동의 양육과 발달에 일차적 책임을 진다. 아동의 최선의 이익이 그들의 기본적 관심이 된다.

2. 이 협약에 규정된 권리를 보장하고 촉진시키기 위하여, 당사국은 아동의 양육책임 이행에 있어

서 부모와 후견인에게 적절한 지원을 제공하여야 하며, 아동 보호를 위한 기관·시설 및 편의의 개발을 보장하여야 한다.

3. 당사국은 취업부모의 아동들이 이용할 자격이 있는 아동보호를 위한 편의 및 시설로부터 이익을 향유할 수 있는 권리가 있음을 보장하기 위하여 모든 적절한 조치를 취하여야 한다.

제19조

1. 당사국은 아동이 부모·후견인 기타 아동양육자의 양육을 받고 있는 동안 모든 형태의 신체적·정신적 폭력, 상해나 학대, 유기나 유기적 대우, 성적 학대를 포함한 혹사나 착취로부터 아동을 보호하기 위하여 모든 적절한 입법적·행정적·사회적 및 교육적 조치를 취하여야 한다.

2. 이러한 보호조치는 아동 및 아동양육자에게 필요한 지원을 제공하기 위한 사회계획의 수립은 물론, 제1항에 규정된 바와 같은 아동학대 사례를 다른 형태로 방지하거나 확인·보고·조회·조사·처리 및 추적하고 또한 적절한 경우에는 사법적 개입을 가능하게 하는 효과적 절차를 적절히 포함하여야 한다.

제20조

1. 일시적 또는 항구적으로 가정환경을 박탈당하거나 가정환경에 있는 것이 스스로의 최선의 이익을 위하여 허용될 수 없는 아동은 국가로부터 특별한 보호와 원조를 부여받을 권리가 있다.

2. 당사국은 자국의 국내법에 따라 이러한 아동을 위한 보호의 대안을 확보하여야 한다.

3. 이러한 보호는 특히 양육위탁, 회교법의 카팔라, 입양, 또는 필요한 경우 적절한 아동 양육기관에 두는 것을 포함한다. 해결책을 모색하는 경우에는 아동 양육에 있어 계속성의 보장이 바람직하다는 점과 아동의 인종적·종교적·문화적 및 언어적 배경에 대하여 정당한 고려가 베풀어져야 한다.

제21조

입양제도를 인정하거나 허용하는 당사국은 아동의 최선의 이익이 최우선적으로 고려되도록 보장하여야 하며, 또한 당사국은,

(a) 아동의 입양은, 적용 가능한 법률과 절차에 따라서 그리고 적절하고 신빙성 있는 모든 정보에 기초하여, 입양이 부모·친척 및 후견인에 대한 아동의 신분에 비추어 허용될 수 있음을, 그리고 요구되는 경우 관계자들이 필요한 협의에 의하여 입양에 대한 분별 있는 승낙을 하였음을 결정하는 관계당국에 의하여만 허가되도록 보장하여야 한다.

(b) 국제입양은, 아동이 위탁양육자나 입양가족에 두어질 수 없거나 또는 어떠한 적절한 방법으로도 출신국에서 양육되어질 수 없는 경우, 아동 양육의 대체수단으로서 고려될 수 있음을 인정하여야 한다.

(c) 국제입양에 관계되는 아동이 국내입양의 경우와 대등한 보호와 기준을 향유하도록 보장하여야 한다.

(d) 국제입양에 있어서 양육지정이 관계자들에게 부당한 재정적 이익을 주는 결과가 되지 아니하도록 모든 적절한 조치를 취하여야 한다.

(e) 적절한 경우에는 양자 또는 다자약정이나 협정을 체결함으로써 이 조의 목적을 촉진시키며,

이러한 테두리 안에서 아동의 타국 내 양육지정이 관계당국이나 기관에 의하여 실시되는 것을 확보하기 위하여 노력하여야 한다.

제22조

1. 당사국은 난민으로서의 지위를 구하거나 또는 적용가능한 국제법 및 국내법과 절차에 따라 난민으로 취급되는 아동이, 부모나 기타 다른 사람과의 동반 여부에 관계없이, 이 협약 및 당해 국가가 당사국인 다른 국제인권 또는 인도주의 관련 문서에 규정된 적용 가능한 권리를 향유함에 있어서 적절한 보호와 인도적 지원을 받을 수 있도록 하기 위하여 적절한 조치를 취하여야 한다.

2. 이 목적을 위하여, 당사국은 국제연합 및 국제연합과 협력하는 그 밖의 권한 있는 정부간 또는 비정부간 기구들이 그러한 아동을 보호, 원조하고 가족재결합에 필요한 정보를 얻기 위하여 난민아동의 부모나 다른 가족 구성원을 추적하는 데 기울이는 모든 노력에 대하여도 적절하다고 판단되는 협조를 제공하여야 한다. 부모나 다른 가족구성원을 발견할 수 없는 경우, 그 아동은 어떠한 이유로 인하여 영구적 또는 일시적으로 가정환경을 박탈당한 다른 아동과 마찬가지로 이 협약에 규정된 바와 같은 보호를 부여받아야 한다.

제23조

1. 당사국은 정신적 또는 신체적 장애아동이 존엄성이 보장되고 자립이 촉진되며 적극적 사회참여가 조장되는 여건 속에서 충분히 품위있는 생활을 누려야 함을 인정한다.

2. 당사국은 장애아동의 특별한 보호를 받을 권리를 인정하며, 신청에 의하여 그리고 아동의 여건과 부모나 다른 아동양육자의 사정에 적합한 지원이, 활용 가능한 재원의 범위 안에서, 이를 받을 만한 아동과 그의 양육 책임자에게 제공될 것을 장려하고 보장하여야 한다.

3. 장애아동의 특별한 어려움을 인식하며, 제2항에 따라 제공된 지원은 부모나 다른 아동양육자의 재산을 고려하여 가능한 한 무상으로 제공되어야 하며, 장애아동의 가능한 한 전면적인 사회참여와 문화적·정신적 발전을 포함한 개인적 발전의 달성에 이바지하는 방법으로 그 아동이 교육, 훈련, 건강관리지원, 재활지원, 취업준비 및 오락기회를 효과적으로 이용하고 제공받을 수 있도록 계획되어야 한다.

4. 당사국은 국제협력의 정신에 입각하여, 그리고 당해 분야에서의 능력과 기술을 향상시키고 경험을 확대하기 위하여 재활, 교육 및 직업보도 방법에 관한 정보의 보급 및 이용을 포함하여, 예방의학 분야 및 장애아동에 대한 의학적·심리적·기능적 처치 분야에 있어서의 적절한 정보의 교환을 촉진하여야 한다. 이 문제에 있어서 개발도상국의 필요에 대하여 특별한 고려가 베풀어져야 한다.

제24조

1. 당사국은 도달 가능한 최상의 건강수준을 향유하고, 질병의 치료와 건강의 회복을 위한 시설을 사용할 수 있는 아동의 권리를 인정한다. 당사국은 건강관리지원의 이용에 관한 아동의 권리가 박탈되지 아니하도록 노력하여야 한다.

2. 당사국은 이 권리의 완전한 이행을 추구하여야 하며, 특히 다음과 같은 적절한 조치를 취하여야 한다.

(a) 유아와 아동의 사망률을 감소시키기 위한 조치

(b) 기초건강관리의 발전에 중점을 두면서 모든 아동에게 필요한 의료지원과 건강관리의 제공을 보장하는 조치

(c) 환경오염의 위험과 손해를 감안하면서, 기초건강관리 체계 안에서 무엇보다도 쉽게 이용 가능한 기술의 적용과 충분한 영양식 및 깨끗한 음료수의 제공 등을 통하여 질병과 영양실조를 퇴치하기 위한 조치

(d) 산모를 위하여 출산 전후의 적절한 건강관리를 보장하는 조치

(e) 모든 사회구성원 특히 부모와 아동은 아동의 건강과 영양, 모유·수유의 이익, 위생 및 환경정화 그리고 사고예방에 관한 기초 지식의 활용에 있어서 정보를 제공받고 교육을 받으며 지원을 받을 것을 확보하는 조치

(f) 예방적 건강관리, 부모를 위한 지도 및 가족계획에 관한 교육과 편의를 발전시키는 조치

3. 당사국은 아동의 건강을 해치는 전통관습을 폐지하기 위하여 모든 효과적이고 적절한 조치를 취하여야 한다.

4. 당사국은 이 조에서 인정된 권리의 완전한 실현을 점진적으로 달성하기 위하여 국제협력을 촉진하고 장려하여야 한다. 이 문제에 있어서 개발도상국의 필요에 대하여 특별한 고려가 베풀어져야 한다.

제25조

당사국은 신체적·정신적 건강의 관리, 보호 또는 치료의 목적으로 관계당국에 의하여 양육지정 조치된 아동이, 제공되는 치료 및 양육지정과 관련된 그 밖의 모든 사정을 정기적으로 심사받을 권리를 가짐을 인정한다.

제26조

1. 당사국은 모든 아동이 사회보험을 포함한 사회보장제도의 혜택을 받을 권리를 가짐을 인정하며, 자국의 국내법에 따라 이 권리의 완전한 실현을 달성하기 위하여 필요한 조치를 취하여야 한다.

2. 이러한 혜택은 아동 및 아동에 대한 부양책임자의 자력과 주변 사정은 물론 아동에 의하여 직접 행하여지거나 또는 아동을 대신하여 행하여지는 혜택의 신청과 관련된 그 밖의 사정을 참작하여 적절한 경우에 부여되어야 한다.

제27조

1. 당사국은 모든 아동이 신체적·지적·정신적·도덕적 및 사회적 발달에 적합한 생활수준을 누릴 권리를 가짐을 인정한다.

2. 부모 또는 기타 아동에 대하여 책임이 있는 자는 능력과 재산의 범위 안에서 아동 발달에 필요한 생활여건을 확보할 일차적 책임을 진다.

3. 당사국은 국내 여건과 재정의 범위 안에서 부모 또는 기타 아동에 대하여 책임 있는 자가 이 권리를 실현하는 것을 지원하기 위한 적절한 조치를 취하여야 하며, 필요한 경우에는 특히 영양, 의복 및 주거에 대하여 물질적 보조 및 지원계획을 제공하여야 한다.

4. 당사국은 국내외에 거주하는 부모 또는 기타 아동에 대하여 재정적으로 책임 있는 자로부터

아동양육비의 회부를 확보하기 위한 모든 적절한 조치를 취하여야 한다. 특히 아동에 대하여 재정적으로 책임 있는 자가 아동이 거주하는 국가와 다른 국가에 거주하는 경우, 당사국은 국제협약의 가입이나 그러한 협약의 체결은 물론 다른 적절한 조치의 강구를 촉진하여야 한다.

제28조

1. 당사국은 아동의 교육에 대한 권리를 인정하며, 점진적으로 그리고 기회 균등의 기초 위에서 이 권리를 달성하기 위하여 특히 다음의 조치를 취하여야 한다.

(a) 초등교육은 의무적이며, 모든 사람에게 무료로 제공되어야 한다.

(b) 일반교육 및 직업교육을 포함한 여러 형태의 중등교육의 발전을 장려하고, 이에 대한 모든 아동의 이용 및 접근이 가능하도록 하며, 무료교육의 도입 및 필요한 경우 재정적 지원을 제공하는 등의 적절한 조치를 취하여야 한다.

(c) 고등교육의 기회가 모든 사람에게 능력에 입각하여 개방될 수 있도록 모든 적절한 조치를 취하여야 한다.

(d) 교육 및 직업에 관한 정보와 지도를 모든 아동이 이용하고 접근할 수 있도록 조치하여야 한다.

(e) 학교에의 정기적 출석과 탈락률 감소를 장려하기 위한 조치를 취하여야 한다.

2. 당사국은 학교 규율이 아동의 인간적 존엄성과 합치하고 이 협약에 부합하도록 운영되는 것을 보장하기 위한 모든 적절한 조치를 취하여야 한다.

3. 당사국은, 특히 전세계의 무지와 문맹의 퇴치에 이바지하고, 과학적·기술적 지식과 현대적 교육방법에의 접근을 쉽게 하기 위하여, 교육에 관련되는 사항에 있어서 국제협력을 촉진하고 장려하여야 한다. 이 문제에 있어서 개발도상국의 필요에 대하여 특별한 고려가 베풀어져야 한다.

제29조

당사국은 아동교육이 다음의 목표를 지향하여야 한다는 데 동의한다.

(a) 아동의 인격, 재능 및 정신적·신체적 능력의 최대한의 계발

(b) 인권과 기본적 자유 및 국제연합 헌장에 규정된 원칙에 대한 존중의 진전

(c) 자신의 부모, 문화적 주체성, 언어 및 가치 그리고 현거주국과 출신국의 국가적 가치 및 이질 문명에 대한 존중의 진전

(d) 아동이 인종적·민족적·종교적 집단 및 원주민 등 모든 사람과의 관계에 있어서 이해, 평화, 관용, 성(性)의 평등 및 우정의 정신에 입각하여 자유사회에서 책임 있는 삶을 영위하도록 하는 준비

(e) 자연환경에 대한 존중의 진전

2. 이 조 또는 제28조의 어떠한 부분도 개인 및 단체가, 언제나 제1항에 규정된 원칙들을 준수하고 당해 교육기관에서 실시되는 교육이 국가에 의하여 설정된 최소한의 기준에 부합하여야 한다는 조건하에, 교육기관을 설립하여 운영할 수 있는 자유를 침해하는 것으로 해석되어서는 아니된다.

제30조

인종적·종교적 또는 언어적 소수자나 원주민이 존재하는 국가에서 이러한 소수자에 속하거나 원주민인 아동은 자기 집단의 다른 구성원과 함께 고유 문화를 향유하고, 고유의 종교를 신앙하고

실천하며, 고유의 언어를 사용할 권리를 부인당하지 아니한다.

제31조

1. 당사국은 휴식과 여가를 즐기고, 자신의 연령에 적합한 놀이와 오락활동에 참여하며, 문화생활과 예술에 자유롭게 참여할 수 있는 아동의 권리를 인정한다.

2. 당사국은 문화적·예술적 생활에 완전하게 참여할 수 있는 아동의 권리를 존중하고 촉진하며, 문화, 예술, 오락 및 여가활동을 위한 적절하고 균등한 기회의 제공을 장려하여야 한다.

제32조

1. 당사국은 경제적 착취 및 위험하거나, 아동의 교육에 방해되거나, 아동의 건강이나 신체적·지적·정신적·도덕적 또는 사회적 발전에 유해한 여하한 노동의 수행으로부터 보호받을 아동의 권리를 인정한다.

2. 당사국은 이 조의 이행을 보장하기 위한 입법적·행정적·사회적 및 교육적 조치를 강구하여야 한다. 이 목적을 위하여 그리고 그 밖의 국제 문서의 관련 규정을 고려하여 당사국은 특히 다음의 조치를 취하여야 한다.

(a) 단일 또는 복수의 최저 고용연령의 규정

(b) 고용시간 및 조건에 관한 적절한 규정의 마련

(c) 이 조의 효과적인 실시를 확보하기 위한 적절한 처벌 또는 기타 제재수단의 규정

제33조

당사국은 관련 국제조약에서 규정하고 있는 마약과 향정신성 물질의 불법적 사용으로부터 아동을 보호하고 이러한 물질의 불법적 생산과 거래에 아동이 이용되는 것을 방지하기 위하여 입법적·행정적·사회적·교육적 조치를 포함한 모든 적절한 조치를 취하여야 한다.

제34조

당사국은 모든 형태의 성적 착취와 성적 학대로부터 아동을 보호할 의무를 진다. 이 목적을 달성하기 위하여 당사국은 특히 다음의 사항을 방지하기 위한 모든 적절한 국내적·양국간·다국간 조치를 취하여야 한다.

(a) 아동을 모든 위법한 성적 활동에 종사하도록 유인하거나 강제하는 행위

(b) 아동을 매음이나 기타 위법한 성적 활동에 착취적으로 이용하는 행위

(c) 아동을 외설스러운 공연 및 자료에 착취적으로 이용하는 행위

제35조

당사국은 모든 목적과 형태의 아동의 약취유인이나 매매 또는 거래를 방지하기 위한 모든 적절한 국내적, 양국간, 다국간 조치를 취하여야 한다.

제36조

당사국은 아동복지의 어떠한 측면에 대하여라도 해로운 기타 모든 형태의 착취로부터 아동을 보호하여야 한다.

제37조

당사국은 다음의 사항을 보장하여야 한다.

(a) 어떠한 아동도 고문 또는 기타 잔혹하거나 비인간적이거나 굴욕적인 대우나 처벌을 받지 아니
한다. 사형 또는 석방의 가능성이 없는 종신형은 18세 미만의 사람이 범한 범죄에 대하여 과
하여져서는 아니된다.

(b) 어떠한 아동도 위법적 또는 자의적으로 자유를 박탈당하지 아니한다. 아동의 체포, 억류 또는
구금은 법률에 따라 행하여져야 하며, 오직 최후의 수단으로서 또한 적절한 최단기간 동안만
사용되어야 한다.

(c) 자유를 박탈당한 모든 아동은 인도주의와 인간 고유의 존엄성에 대한 존중에 입각하여 그리고
그들의 연령상의 필요를 고려하여 처우되어야 한다. 특히 자유를 박탈당한 모든 아동은, 성인
으로부터 격리되지 아니하는 것이 아동의 최선의 이익에 합치된다고 생각되는 경우를 제외하
고는 성인으로부터 격리되어야 하며, 예외적인 경우를 제외하고는 서신과 방문을 통하여 자기
가족과의 접촉을 유지할 권리를 가진다.

(d) 자유를 박탈당한 모든 아동은 법률적 및 기타 적절한 구조에 신속하게 접근할 권리를 가짐은
물론 법원이나 기타 권한 있고 독립적이며 공정한 당국 앞에서 자신에 대한 자유박탈의 합법
성에 이의를 제기하고 이러한 소송에 대하여 신속한 결정을 받을 권리를 가진다.

제38조

1. 당사국은 아동과 관련이 있는 무력분쟁에 있어서, 당사국에 적용 가능한 국제인도법의 규칙을
존중하고 동 존중을 보장할 의무를 진다.

2. 당사국은 15세에 달하지 아니한 자가 적대행위에 직접 참여하지 아니할 것을 보장하기 위하여
실행 가능한 모든 조치를 취하여야 한다.

3. 당사국은 15세에 달하지 아니한 자의 징병을 삼가야 한다. 15세에 달하였으나 18세에 달하지
아니한 자 중에서 징병하는 경우, 당사국은 최연장자에게 우선순위를 두도록 노력하여야 한다.

4. 무력분쟁에 있어서 민간인 보호를 위한 국제인도법상의 의무에 따라서, 당사국은 무력분쟁의
영향을 받는 아동의 보호 및 배려를 확보하기 위하여 실행 가능한 모든 조치를 취하여야 한다.

제39조

당사국은 모든 형태의 유기, 착취, 학대, 또는 고문이나 기타 모든 형태의 잔혹하거나 비인간적이
거나 굴욕적인 대우나 처벌, 또는 무력분쟁으로 인하여 희생이 된 아동의 신체적·심리적 회복
및 사회복귀를 촉진시키기 위한 모든 적절한 조치를 취하여야 한다.

제40조

1. 당사국은 형사피의자나 형사피고인 또는 유죄로 인정받은 모든 아동에 대하여, 아동의 연령
그리고 아동의 사회복귀 및 사회에서의 건설적 역할 담당을 촉진하는 것이 바람직스럽다는 점을
고려하고, 인권과 타인의 기본적 자유에 대한 아동의 존중심을 강화시키며, 존엄과 가치에 대한
아동의 지각을 촉진시키는 데 부합하도록 처우받을 권리를 가짐을 인정한다.

2. 이 목적을 위하여 그리고 국제문서의 관련 규정을 고려하며, 당사국은 특히 다음 사항을 보장

하여야 한다.

(a) 모든 아동은 행위시의 국내법 또는 국제법에 의하여 금지되지 아니한 작위 또는 부작위를 이유로 하여 형사피의자가 되거나 형사기소되거나 유죄로 인정받지 아니한다.

(b) 형사피의자 또는 형사피고인인 모든 아동은 최소한 다음 사항을 보장받는다.

(i) 법률에 따라 유죄가 입증될 때까지는 무죄로 추정받는다.

(ii) 피의사실을 신속하게 그리고 직접 또는 적절한 경우, 부모나 후견인을 통하여 통지받으며, 변론의 준비 및 제출시 법률적 또는 기타 적절한 지원을 받는다.

(iii) 권한 있고 독립적이며 공평한 기관 또는 사법기관에 의하여 법률적 또는 기타 적당한 지원하에 법률에 따른 공정한 심리를 받아 지체없이 사건이 판결되어야 하며, 아동의 최선의 이익에 반한다고 판단되지 아니하는 경우, 특히 그의 연령이나 주변환경, 부모 또는 후견인 등을 고려하여야 한다.

(iv) 증언이나 유죄의 자백을 강요당하지 아니하며, 자신에게 불리한 증인을 신문하거나 또는 신문받도록 하며, 대등한 조건하에 자신을 위한 증인의 출석과 신문을 확보한다.

(v) 형법위반으로 간주되는 경우, 그 판결 및 그에 따라 부과된 여하한 조치는 법률에 따라 권한 있고 독립적이며 공정한 상급당국이나 사법기관에 의하여 심사되어야 한다.

(vi) 아동이 사용되는 언어를 이해하지 못하거나 말하지 못하는 경우, 무료로 통역원의 지원을 받는다.

(vii) 사법절차의 모든 단계에서 아동의 사생활은 충분히 존중되어야 한다.

3. 당사국은 형사피의자, 형사피고인 또는 유죄로 인정받은 아동에게 특별히 적용될 수 있는 법률, 절차, 기관 및 기구의 설립을 촉진하도록 노력하며, 특히 다음 사항에 노력하여야 한다.

(a) 형법위반능력이 없다고 추정되는 최저 연령의 설정

(b) 적절하고 바람직스러운 경우, 인권과 법적 보장이 완전히 존중된다는 조건하에 이러한 아동을 사법절차에 의하지 아니하고 다루기 위한 조치

4. 아동이 그들의 복지에 적절하고 그들의 여건 및 범행에 비례하여 취급될 것을 보장하기 위하여 보호, 지도 및 감독명령, 상담, 보호관찰, 보호양육, 교육과 직업훈련계획 및 제도적 보호에 대한 그 밖의 대체방안 등 여러 가지 처분이 이용 가능하여야 한다.

제41조

이 협약의 규정은 다음 사항에 포함되어 있는 아동권리의 실현에 보다 공헌할 수 있는 어떠한 규정에도 영향을 미치지 아니한다.

(a) 당사국의 법

(b) 당사국에 대하여 효력을 가지는 국제법

제2부

제42조

당사국은 이 협약의 원칙과 규정을 적절하고 적극적인 수단을 통하여 성인과 아동 모두에게 널리

알릴 의무를 진다.

제43조

1. 이 협약상의 의무이행을 달성함에 있어서 당사국이 이룩한 진전 상황을 심사하기 위하여 이하에 규정된 기능을 수행하는 아동권리위원회를 설립한다.

2. 위원회는 고매한 인격을 가지고 이 협약이 대상으로 하는 분야에서 능력이 인정된 10명의 전문가로 구성된다. 위원회의 위원은 형평한 지리적 배분과 주요 법체계를 고려하여 당사국의 국민 중에서 선출되며, 개인적 자격으로 임무를 수행한다.*

3. 위원회의 위원은 당사국에 의하여 지명된 자의 명단 중에서 비밀투표에 의하여 선출된다. 각 당사국은 자국민 중에서 1인을 지명할 수 있다.

4. 위원회의 최초의 선거는 이 협약의 발효일부터 6월 이내에 실시되며, 그 이후는 매 2년마다 실시된다. 각 선거일의 최소 4월 이전에 국제연합 사무총장은 당사국에 대하여 2월 이내에 후보자 지명을 제출하라는 서한을 발송하여야 한다. 사무총장은 지명한 당사국의 표시와 함께 알파벳 순으로 지명된 후보들의 명단을 작성하여, 이를 이 협약의 당사국에게 제시하여야 한다.

5. 선거는 국제연합 본부에서 사무총장에 의하여 소집된 당사국회의에서 실시된다. 이 회의는 당사국의 3분의 2를 의사정족수로 하고, 출석하고 투표한 당사국 대표의 최대다수표 및 절대다수표를 얻는 자가 위원으로 선출된다.

6. 위원회의 위원은 4년 임기로 선출된다. 위원은 재지명된 경우에는 재선될 수 있다. 최초의 선거에서 선출된 위원 중 5인의 임기는 2년 후에 종료된다. 이들 5인 위원의 명단은 최초선거 후 즉시 동 회의의 의장에 의하여 추첨으로 선정된다.

7. 위원회 위원이 사망, 사퇴 또는 본인이 어떠한 이유로 인하여 위원회의 임무를 더 이상 수행할 수 없다고 선언하는 경우, 그 위원을 지명한 당사국은 위원회의 승인을 조건으로 자국민 중에서 잔여 임기를 수행할 다른 전문가를 임명한다.

8. 위원회는 자체의 절차규정을 제정한다.

9. 위원회는 2년 임기의 임원을 선출한다.

10. 위원회의 회의는 통상 국제연합 본부나 위원회가 결정하는 그 밖의 편리한 장소에서 개최된다. 위원회는 통상 매년 회의를 한다. 위원회의 회의 기간은 필요한 경우 총회의 승인을 조건으로 이 협약 당사국회의에 의하여 결정되고 재검토된다.

11. 국제연합 사무총장은 이 협약에 의하여 설립된 위원회의 효과적인 기능수행을 위하여 필요한 직원과 편의를 제공한다.

12. 이 협약에 의하여 설립된 위원회의 위원은 총회의 승인을 얻고 총회가 결정하는 기간과 조건에 따라 국제연합의 재원으로부터 보수를 받는다.

---

* 아동권리위원회는 당초 18명으로 구성하였으나, 1995.12.21 채택되어 2002.11.18 발효된 제43조 2항 개정에 의하여 10명으로 변경되었다. 대한민국도 1999.2.3 이 개정을 수락하였다.

제44조

1. 당사국은 이 협약에서 인정된 권리를 실행하기 위하여 그들이 채택한 조치와 동 권리의 향유와 관련하여 이룩한 진전상황에 관한 보고서를 다음과 같이 국제연합 사무총장을 통하여 위원회에 제출한다.

(a) 관계 당사국에 대하여 이 협약이 발효한 후 2년 이내

(b) 그 후 5년마다

2. 이 조에 따라 제출되는 보고서는 이 협약상 의무의 이행 정도에 영향을 미치는 요소와 장애가 있을 경우 이를 적시하여야 한다. 보고서는 또한 관계국에서의 협약이행에 관한 포괄적인 이해를 위원회에 제공하기 위한 충분한 정보를 포함하여야 한다.

3. 위원회에 포괄적인 최초의 보고서를 제출한 당사국은, 제1항 (b)호에 의하여 제출하는 후속보고서에 이미 제출된 기초적 정보를 반복할 필요는 없다.

4. 위원회는 당사국으로부터 이 협약의 이행과 관련이 있는 추가정보를 요청할 수 있다.

5. 위원회는 위원회의 활동에 관한 보고서를 2년마다 경제사회이사회를 통하여 총회에 제출한다.

6. 당사국은 자국의 활동에 관한 보고서를 자국 내 일반에게 널리 활용 가능하도록 하여야 한다.

제45조

이 협약의 효과적인 이행을 촉진하고 이 협약이 대상으로 하는 분야에서의 국제협력을 장려하기 위하여,

(a) 전문기구, 국제연합아동기금 및 국제연합의 그 밖의 기관은 이 협약 중 그들의 권한 범위 안에 속하는 규정의 이행에 관한 논의에 대표를 파견할 권리를 가진다. 위원회는 전문기구, 국제연합 아동기금 및 위원회가 적절하다고 판단하는 그 밖의 권한 있는 기구에 대하여 각 기구의 권한 범위에 속하는 분야에 있어서 이 협약의 이행에 관한 전문적인 자문을 제공하여 줄 것을 요청할 수 있다. 위원회는 전문기구, 국제연합 아동기금 및 국제연합의 그 밖의 기관에게 그들의 활동 범위에 속하는 분야에서의 이 협약의 이행에 관한 보고서를 제출할 것을 요청할 수 있다.

(b) 위원회는 적절하다고 판단되는 경우 기술적 자문이나 지원을 요청하거나 그 필요성을 지적하고 있는 당사국의 모든 보고서를 그러한 요청이나 지적에 대한 위원회의 의견이나 제안이 있으면 동 의견이나 제안과 함께 전문기구, 국제연합아동기금 및 그 밖의 권한 있는 기구에 전달하여야 한다.

(c) 위원회는 사무총장이 위원회를 대신하여 아동권리와 관련이 있는 특정 문제를 조사하도록 요청할 것을 총회에 대하여 권고할 수 있다.

(d) 위원회는 이 협약 제44조 및 제45조에 의하여 접수한 정보에 기초하여 제안과 일반적 권고를 할 수 있다. 이러한 제안과 일반적 권고는 당사국의 논평이 있으면 그 논평과 함께 모든 관계 당사국에 전달되고 총회에 보고되어야 한다.

제3부

제46조

이 협약은 모든 국가에 의한 서명을 위하여 개방된다.

제47조

이 협약은 비준되어야 한다. 비준서는 국제연합 사무총장에게 기탁되어야 한다.

제48조

이 협약은 모든 국가에 의한 가입을 위하여 개방된다. 가입서는 국제연합 사무총장에게 기탁되어야 한다.

제49조

1. 이 협약은 20번째의 비준서 또는 가입서가 국제연합 사무총장에게 기탁되는 날부터 30일째되는 날 발효한다.

2. 20번째의 비준서 또는 가입서의 기탁 이후에 이 협약을 비준하거나 가입하는 각 국가에 대하여, 이 협약은 그 국가의 비준서 또는 가입서 기탁 후 30일째 되는 날 발효한다.

제50조

1. 모든 당사국은 개정안을 제안하고 이를 국제연합 사무총장에게 제출할 수 있다. 동 제출에 의하여 사무총장은 당사국에게 동 제안을 심의하고 표결에 부치기 위한 당사국회의 개최에 대한 찬성 여부에 관한 의견을 표시하여 줄 것을 요청하는 것과 함께 개정안을 당사국에게 송부하여야 한다. 이러한 통보일부터 4월 이내에 당사국 중 최소 3분의 1이 회의 개최에 찬성하는 경우 사무총장은 국제연합 주관하에 동 회의를 소집하여야 한다. 동 회의에 출석하고 표결한 당사국의 과반수에 의하여 채택된 개정안은 그 승인을 위하여 국제연합 총회에 제출된다.

2. 제1항에 따라서 채택된 개정안은 국제연합 총회에 의하여 승인되고, 당사국의 3분의 2 이상의 다수가 수락하는 때에 발효한다.

3. 개정안은 발효한 때에 이를 수락한 당사국을 구속하며, 그 밖의 당사국은 계속하여 이 협약의 규정 및 이미 수락한 그 이전의 모든 개정에 구속된다.

제51조

1. 국제연합 사무총장은 비준 또는 가입시 각국이 행한 유보문을 접수하고 모든 국가에게 이를 배포하여야 한다.

2. 이 협약의 대상 및 목적과 양립할 수 없는 유보는 허용되지 아니한다.

3. 유보는 국제연합 사무총장에게 발송된 통고를 통하여 언제든지 철회될 수 있으며, 사무총장은 이를 모든 국가에게 통보하여야 한다. 그러한 통고는 사무총장에게 접수된 날부터 발효한다.

제52조

당사국은 국제연합 사무총장에 대한 서면통고를 통하여 이 협약을 폐기할 수 있다. 폐기는 사무총장이 통고를 접수한 날부터 1년 후에 발효한다.

제53조
국제연합 사무총장은 이 협약의 수탁자로 지명된다.

제54조
아랍어·중국어·영어·불어·러시아어 및 서반아어어본이 동등하게 정본인 이 협약의 원본은 국제연합 사무총장에게 기탁된다.

16. CONVENTION ON THE RIGHTS OF THE CHILD

PREAMBLE

The States Parties to the present Convention,

Considering that, in accordance with the principles proclaimed in the Charter of the United Nations, recognition of the inherent dignity and of the equal and inalienable rights of all members of the human family is the foundation of freedom, justice and peace in the world,

Bearing in mind that the peoples of the United Nations have, in the Charter, reaffirmed their faith in fundamental human rights and in the dignity and worth of the human person, and have determined to promote social progress and better standards of life in larger freedom,

Recognizing that the United Nations has, in the Universal Declaration of Human Rights and in the International Covenants on Human Rights, proclaimed and agreed that everyone is entitled to all the rights and freedoms set forth therein, without distinction of any kind, such as race, colour, sex, language, religion, political or other opinion, national or social origin, property, birth or other status,

Recalling that, in the Universal Declaration of Human Rights, the United Nations has proclaimed that childhood is entitled to special care and assistance,

Convinced that the family, as the fundamental group of society and the natural environment for the growth and well-being of all its members and particularly children, should be afforded the necessary protection and assistance so that it can fully assume its responsibilities within the community,

Recognizing that the child, for the full and harmonious development of his or her personality, should grow up in a family environment, in an atmosphere of happiness, love and understanding,

Considering that the child should be fully prepared to live an individual life in society, and brought up in the spirit of the ideals proclaimed in the Charter of the United Nations, and in particular in the spirit of peace, dignity, tolerance, freedom, equality and solidarity,

Bearing in mind that the need to extend particular care to the child has been stated in the Geneva Declaration of the Rights of the Child of 1924 and in the Declaration of the Rights of the Child adopted by the General Assembly on 20 November 1959 and recognized in the Universal Declaration of Human Rights, in the International Covenant on Civil and Political Rights (in particular in articles 23 and 24), in the International Covenant on Economic, Social and Cultural Rights (in particular in article 10) and in the statutes and relevant instruments of specialized agencies and international organizations concerned with the welfare of children,

Bearing in mind that, as indicated in the Declaration of the Rights of the Child, "the child, by reason of his physical and mental immaturity, needs special safeguards and care, including appropriate legal protection, before as well as after birth",

Recalling the provisions of the Declaration on Social and Legal Principles relating to the Protection and Welfare of Children, with Special Reference to Foster Placement and Adoption Nationally and Internationally; the United Nations Standard Minimum Rules for the Administration of Juvenile Justice(The Beijing Rules); and the Declaration on the Protection of Women and Children in Emergency and Armed Conflict,

Recognizing that, in all countries in the world, there are children living in exceptionally difficult conditions, and that such children need special consideration,

Taking due account of the importance of the traditions and cultural values of each people for the protection and harmonious development of the child,

Recognizing the importance of international co-operation for improving the living conditions of children in every country, in particular in the developing countries,

Have agreed as follows:

PART I

Article 1

For the purposes of the present Convention, a child means every human being below the age of eighteen years unless under the law applicable to the child, majority is attained earlier.

Article 2

1. States Parties shall respect and ensure the rights set forth in the present Convention to each child within their jurisdiction without discrimination of any kind, irrespective of the child's or his or her parent's or legal guardian's race, colour, sex, language, religion, political or other opinion, national, ethnic or social origin, property, disability, birth or other status.

2. States Parties shall take all appropriate measures to ensure that the child is protected against all forms of discrimination or punishment on the basis of the status, activities, expressed opinions, or beliefs of the child's parents, legal guardians, or family members.

Article 3

1. In all actions concerning children, whether undertaken by public or private social welfare institutions, courts of law, administrative authorities or legislative bodies, the best interests of the child shall be a primary consideration.

2. States Parties undertake to ensure the child such protection and care as is necessary for his or her well-being, taking into account the rights and duties of his or her parents, legal guardians, or other individuals legally responsible for him or her, and, to this end, shall take all appropriate legislative and administrative measures.

3. States Parties shall ensure that the institutions, services and facilities responsible for the care or protection of children shall conform with the standards established by competent authorities, particularly in the areas of safety, health, in the number and suitability of their staff, as well as competent supervision.

Article 4

States Parties shall undertake all appropriate legislative, administrative, and other measures for the implementation of the rights recognized in the present Convention. With regard to economic, social and cultural rights, States Parties shall undertake such measures to the maximum extent of their available resources and, where needed, within the framework of international co-operation.

Article 5

States Parties shall respect the responsibilities, rights and duties of parents or, where applicable, the members of the extended family or community as provided for by local custom, legal guardians or other persons legally responsible for the child, to provide, in a manner consistent with the evolving capacities of the child, appropriate direction and guidance in the exercise by the child of the rights recognized in the present Convention.

Article 6

1. States Parties recognize that every child has the inherent right to life.
2. States Parties shall ensure to the maximum extent possible the survival and development of the child.

Article 7

1. The child shall be registered immediately after birth and shall have the right from birth to a name, the right to acquire a nationality and, as far as possible, the right to know and be cared for by his or her parents.
2. States Parties shall ensure the implementation of these rights in accordance with their national law and their obligations under the relevant international instruments in this field, in particular where the child would otherwise be stateless.

Article 8

1. States Parties undertake to respect the right of the child to preserve his or her identity, including nationality, name and family relations as recognized by law without unlawful interference.
2. Where a child is illegally deprived of some or all of the elements of his or her identity, States Parties shall provide appropriate assistance and protection, with a view to re-establishing speedily his or her identity.

Article 9

1. States Parties shall ensure that a child shall not be separated from his or her parents against their will, except when competent authorities subject to judicial review determine, in accordance with applicable law and procedures, that such separation is necessary for the best interests of the child. Such determination may be necessary in a particular case such as one involving abuse or neglect of the child by the parents, or one where the parents are living separately and a decision must be made as to the child's place of residence.
2. In any proceedings pursuant to paragraph 1 of the present article, all interested parties shall be given an opportunity to participate in the proceedings and make their views known.
3. States Parties shall respect the right of the child who is separated from one or both parents to maintain personal relations and direct contact with both parents on a regular basis, except if it is contrary to the child's best interests.
4. Where such separation results from any action initiated by a State Party, such as the detention, imprisonment, exile, deportation or death (including death arising from any cause while the person is in the custody of the State) of one or both parents or of the child, that State Party shall, upon request, provide the parents, the child or, if appropriate, another member of the family with the essential information concerning the whereabouts of the absent member(s) of the family unless the provision of the information would be detrimental to the well-being of the child. States Parties shall further ensure that the submission of such a request shall of itself entail no adverse consequences for the person(s) concerned.

Article 10

1. In accordance with the obligation of States Parties under article 9, paragraph 1, applications by a child or his or her parents to enter or leave a State Party for the purpose of family reunification shall be dealt with by States Parties in a positive, humane and expeditious manner. States Parties shall further ensure that the submission of such a request shall entail no adverse consequences for the applicants and for the members of their family.

2. A child whose parents reside in different States shall have the right to maintain on a regular basis, save in exceptional circumstances personal relations and direct contacts with both parents. Towards that end and in accordance with the obligation of States Parties under article 9, paragraph 1, States Parties shall respect the right of the child and his or her parents to leave any country, including their own, and to enter their own country. The right to leave any country shall be subject only to such restrictions as are prescribed by law and which are necessary to protect the national security, public order (ordre public), public health or morals or the rights and freedoms of others and are consistent with the other rights recognized in the present Convention.

Article 11

1. States Parties shall take measures to combat the illicit transfer and non-return of children abroad.

2. To this end, States Parties shall promote the conclusion of bilateral or multilateral agreements or accession to existing agreements.

Article 12

1. States Parties shall assure to the child who is capable of forming his or her own views the right to express those views freely in all matters affecting the child, the views of the child being given due weight in accordance with the age and maturity of the child.

2. For this purpose, the child shall in particular be provided the opportunity to be heard in any judicial and administrative proceedings affecting the child, either directly, or through a representative or an appropriate body, in a manner consistent with the procedural rules of national law.

Article 13

1. The child shall have the right to freedom of expression; this right shall include freedom to seek, receive and impart information and ideas of all kinds, regardless of frontiers, either orally, in writing or in print, in the form of art, or through any other media of the child's choice.

2. The exercise of this right may be subject to certain restrictions, but these shall only be such as are provided by law and are necessary:

(a) For respect of the rights or reputations of others; or

(b) For the protection of national security or of public order (ordre public), or of public health or morals.

Article 14

1. States Parties shall respect the right of the child to freedom of thought, conscience and religion.

2. States Parties shall respect the rights and duties of the parents and, when applicable, legal guardians, to provide direction to the child in the exercise of his or her right in a manner consistent with the evolving capacities of the child.

3. Freedom to manifest one's religion or beliefs may be subject only to such limitations as are

prescribed by law and are necessary to protect public safety, order, health or morals, or the fundamental rights and freedoms of others.

Article 15

1. States Parties recognize the rights of the child to freedom of association and to freedom of peaceful assembly.
2. No restrictions may be placed on the exercise of these rights other than those imposed in conformity with the law and which are necessary in a democratic society in the interests of national security or public safety, public order (ordre public), the protection of public health or morals or the protection of the rights and freedoms of others.

Article 16

1. No child shall be subjected to arbitrary or unlawful interference with his or her privacy, family, home or correspondence, nor to unlawful attacks on his or her honour and reputation.
2. The child has the right to the protection of the law against such interference or attacks.

Article 17

States Parties recognize the important function performed by the mass media and shall ensure that the child has access to information and material from a diversity of national and international sources, especially those aimed at the promotion of his or her social, spiritual and moral well-being and physical and mental health. To this end, States Parties shall:

(a) Encourage the mass media to disseminate information and material of social and cultural benefit to the child and in accordance with the spirit of article 29;

(b) Encourage international co-operation in the production, exchange and dissemination of such information and material from a diversity of cultural, national and international sources;

(c) Encourage the production and dissemination of children's books;

(d) Encourage the mass media to have particular regard to the linguistic needs of the child who belongs to a minority group or who is indigenous;

(e) Encourage the development of appropriate guidelines for the protection of the child from information and material injurious to his or her well-being, bearing in mind the provisions of articles 13 and 18.

Article 18

1. States Parties shall use their best efforts to ensure recognition of the principle that both parents have common responsibilities for the upbringing and development of the child. Parents or, as the case may be, legal guardians, have the primary responsibility for the upbringing and development of the child. The best interests of the child will be their basic concern.
2. For the purpose of guaranteeing and promoting the rights set forth in the present Convention, States Parties shall render appropriate assistance to parents and legal guardians in the performance of their child-rearing responsibilities and shall ensure the development of institutions, facilities and services for the care of children.
3. States Parties shall take all appropriate measures to ensure that children of working parents have the right to benefit from child-care services and facilities for which they are eligible.

Article 19

1. States Parties shall take all appropriate legislative, administrative, social and educational measures to protect the child from all forms of physical or mental violence, injury or abuse, neglect or negligent treatment, maltreatment or exploitation, including sexual abuse, while in the care of parent(s), legal guardian(s) or any other person who has the care of the child.

2. Such protective measures should, as appropriate, include effective procedures for the establishment of social programmes to provide necessary support for the child and for those who have the care of the child, as well as for other forms of prevention and for identification, reporting, referral, investigation, treatment and follow-up of instances of child maltreatment described heretofore, and, as appropriate, for judicial involvement.

Article 20

1. A child temporarily or permanently deprived of his or her family environment, or in whose own best interests cannot be allowed to remain in that environment, shall be entitled to special protection and assistance provided by the State.

2. States Parties shall in accordance with their national laws ensure alternative care for such a child.

3. Such care could include, inter alia, foster placement, kafalah of Islamic law, adoption or if necessary placement in suitable institutions for the care of children. When considering solutions, due regard shall be paid to the desirability of continuity in a child's upbringing and to the child's ethnic, religious, cultural and linguistic background.

Article 21

States Parties that recognize and/or permit the system of adoption shall ensure that the best interests of the child shall be the paramount consideration and they shall:

(a) Ensure that the adoption of a child is authorized only by competent authorities who determine, in accordance with applicable law and procedures and on the basis of all pertinent and reliable information, that the adoption is permissible in view of the child's status concerning parents, relatives and legal guardians and that, if required, the persons concerned have given their informed consent to the adoption on the basis of such counselling as may be necessary;

(b) Recognize that inter-country adoption may be considered as an alternative means of child's care, if the child cannot be placed in a foster or an adoptive family or cannot in any suitable manner be cared for in the child's country of origin;

(c) Ensure that the child concerned by inter-country adoption enjoys safeguards and standards equivalent to those existing in the case of national adoption;

(d) Take all appropriate measures to ensure that, in inter-country adoption, the placement does not result in improper financial gain for those involved in it;

(e) Promote, where appropriate, the objectives of the present article by concluding bilateral or multilateral arrangements or agreements, and endeavour, within this framework, to ensure that the placement of the child in another country is carried out by competent authorities or organs.

Article 22

1. States Parties shall take appropriate measures to ensure that a child who is seeking refugee status or who is considered a refugee in accordance with applicable international or domestic law and procedures shall, whether unaccompanied or accompanied by his or her parents or by any other

person, receive appropriate protection and humanitarian assistance in the enjoyment of applicable rights set forth in the present Convention and in other international human rights or humanitarian instruments to which the said States are Parties.

2. For this purpose, States Parties shall provide, as they consider appropriate, co-operation in any efforts by the United Nations and other competent intergovernmental organizations or non-governmental organizations co-operating with the United Nations to protect and assist such a child and to trace the parents or other members of the family of any refugee child in order to obtain information necessary for reunification with his or her family. In cases where no parents or other members of the family can be found, the child shall be accorded the same protection as any other child permanently or temporarily deprived of his or her family environment for any reason, as set forth in the present Convention.

Article 23

1. States Parties recognize that a mentally or physically disabled child should enjoy a full and decent life, in conditions which ensure dignity, promote self-reliance and facilitate the child's active participation in the community.

2. States Parties recognize the right of the disabled child to special care and shall encourage and ensure the extension, subject to available resources, to the eligible child and those responsible for his or her care, of assistance for which application is made and which is appropriate to the child's condition and to the circumstances of the parents or others caring for the child.

3. Recognizing the special needs of a disabled child, assistance extended in accordance with paragraph 2 of the present article shall be provided free of charge, whenever possible, taking into account the financial resources of the parents or others caring for the child, and shall be designed to ensure that the disabled child has effective access to and receives education, training, health care services, rehabilitation services, preparation for employment and recreation opportunities in a manner conducive to the child's achieving the fullest possible social integration and individual development, including his or her cultural and spiritual development.

4. States Parties shall promote, in the spirit of international cooperation, the exchange of appropriate information in the field of preventive health care and of medical, psychological and functional treatment of disabled children, including dissemination of and access to information concerning methods of rehabilitation, education and vocational services, with the aim of enabling States Parties to improve their capabilities and skills and to widen their experience in these areas. In this regard, particular account shall be taken of the needs of developing countries.

Article 24

1. States Parties recognize the right of the child to the enjoyment of the highest attainable standard of health and to facilities for the treatment of illness and rehabilitation of health. States Parties shall strive to ensure that no child is deprived of his or her right of access to such health care services.

2. States Parties shall pursue full implementation of this right and, in particular, shall take appropriate measures:

(a) To diminish infant and child mortality;

(b) To ensure the provision of necessary medical assistance and health care to all children with emphasis on the development of primary health care;

(c) To combat disease and malnutrition, including within the framework of primary health care, through, inter alia, the application of readily available technology and through the provision of adequate nutritious foods and clean drinking-water, taking into consideration the dangers and risks of environmental pollution;

(d) To ensure appropriate pre-natal and post-natal health care for mothers;

(e) To ensure that all segments of society, in particular parents and children, are informed, have access to education and are supported in the use of basic knowledge of child health and nutrition, the advantages of breastfeeding, hygiene and environmental sanitation and the prevention of accidents;

(f) To develop preventive health care, guidance for parents and family planning education and services.

3. States Parties shall take all effective and appropriate measures with a view to abolishing traditional practices prejudicial to the health of children.

4. States Parties undertake to promote and encourage international co-operation with a view to achieving progressively the full realization of the right recognized in the present article. In this regard, particular account shall be taken of the needs of developing countries.

Article 25

States Parties recognize the right of a child who has been placed by the competent authorities for the purposes of care, protection or treatment of his or her physical or mental health, to a periodic review of the treatment provided to the child and all other circumstances relevant to his or her placement.

Article 26

1. States Parties shall recognize for every child the right to benefit from social security, including social insurance, and shall take the necessary measures to achieve the full realization of this right in accordance with their national law.

2. The benefits should, where appropriate, be granted, taking into account the resources and the circumstances of the child and persons having responsibility for the maintenance of the child, as well as any other consideration relevant to an application for benefits made by or on behalf of the child.

Article 27

1. States Parties recognize the right of every child to a standard of living adequate for the child's physical, mental, spiritual, moral and social development.

2. The parent(s) or others responsible for the child have the primary responsibility to secure, within their abilities and financial capacities, the conditions of living necessary for the child's development.

3. States Parties, in accordance with national conditions and within their means, shall take appropriate measures to assist parents and others responsible for the child to implement this right and shall in case of need provide material assistance and support programmes, particularly with regard to nutrition, clothing and housing.

4. States Parties shall take all appropriate measures to secure the recovery of maintenance for the child from the parents or other persons having financial responsibility for the child, both within the State Party and from abroad. In particular, where the person having financial responsibility for the child lives in a State different from that of the child, States Parties shall promote the accession to international agreements or the conclusion of such agreements, as well as the making of other

appropriate arrangements.

Article 28

1. States Parties recognize the right of the child to education, and with a view to achieving this right progressively and on the basis of equal opportunity, they shall, in particular:

(a) Make primary education compulsory and available free to all;

(b) Encourage the development of different forms of secondary education, including general and vocational education, make them available and accessible to every child, and take appropriate measures such as the introduction of free education and offering financial assistance in case of need;

(c) Make higher education accessible to all on the basis of capacity by every appropriate means;

(d) Make educational and vocational information and guidance available and accessible to all children;

(e) Take measures to encourage regular attendance at schools and the reduction of drop-out rates.

2. States Parties shall take all appropriate measures to ensure that school discipline is administered in a manner consistent with the child's human dignity and in conformity with the present Convention.

3. States Parties shall promote and encourage international cooperation in matters relating to education, in particular with a view to contributing to the elimination of ignorance and illiteracy throughout the world and facilitating access to scientific and technical knowledge and modern teaching methods. In this regard, particular account shall be taken of the needs of developing countries.

Article 29

1. States Parties agree that the education of the child shall be directed to:

(a) The development of the child's personality, talents and mental and physical abilities to their fullest potential;

(b) The development of respect for human rights and fundamental freedoms, and for the principles enshrined in the Charter of the United Nations;

(c) The development of respect for the child's parents, his or her own cultural identity, language and values, for the national values of the country in which the child is living, the country from which he or she may originate, and for civilizations different from his or her own;

(d) The preparation of the child for responsible life in a free society, in the spirit of understanding, peace, tolerance, equality of sexes, and friendship among all peoples, ethnic, national and religious groups and persons of indigenous origin;

(e) The development of respect for the natural environment.

2. No part of the present article or article 28 shall be construed so as to interfere with the liberty of individuals and bodies to establish and direct educational institutions, subject always to the observance of the principle set forth in paragraph 1 of the present article and to the requirements that the education given in such institutions shall conform to such minimum standards as may be laid down by the State.

Article 30

In those States in which ethnic, religious or linguistic minorities or persons of indigenous origin exist, a child belonging to such a minority or who is indigenous shall not be denied the right, in community with other members of his or her group, to enjoy his or her own culture, to profess and practise his or her own religion, or to use his or her own language.

Article 31

1. States Parties recognize the right of the child to rest and leisure, to engage in play and recreational activities appropriate to the age of the child and to participate freely in cultural life and the arts.
2. States Parties shall respect and promote the right of the child to participate fully in cultural and artistic life and shall encourage the provision of appropriate and equal opportunities for cultural, artistic, recreational and leisure activity.

Article 32

1. States Parties recognize the right of the child to be protected from economic exploitation and from performing any work that is likely to be hazardous or to interfere with the child's education, or to be harmful to the child's health or physical, mental, spiritual, moral or social development.
2. States Parties shall take legislative, administrative, social and educational measures to ensure the implementation of the present article. To this end, and having regard to the relevant provisions of other international instruments, States Parties shall in particular:
(a) Provide for a minimum age or minimum ages for admission to employment;
(b) Provide for appropriate regulation of the hours and conditions of employment;
(c) Provide for appropriate penalties or other sanctions to ensure the effective enforcement of the present article.

Article 33

States Parties shall take all appropriate measures, including legislative, administrative, social and educational measures, to protect children from the illicit use of narcotic drugs and psychotropic substances as defined in the relevant international treaties, and to prevent the use of children in the illicit production and trafficking of such substances.

Article 34

States Parties undertake to protect the child from all forms of sexual exploitation and sexual abuse. For these purposes, States Parties shall in particular take all appropriate national, bilateral and multilateral measures to prevent:
(a) The inducement or coercion of a child to engage in any unlawful sexual activity;
(b) The exploitative use of children in prostitution or other unlawful sexual practices;
(c) The exploitative use of children in pornographic performances and materials.

Article 35

States Parties shall take all appropriate national, bilateral and multilateral measures to prevent the abduction of, the sale of or traffic in children for any purpose or in any form.

Article 36

States Parties shall protect the child against all other forms of exploitation prejudicial to any aspects of the child's welfare.

Article 37

States Parties shall ensure that:

(a) No child shall be subjected to torture or other cruel, inhuman or degrading treatment or punishment. Neither capital punishment nor life imprisonment without possibility of release shall be imposed for offences committed by persons below eighteen years of age;

(b) No child shall be deprived of his or her liberty unlawfully or arbitrarily. The arrest, detention or imprisonment of a child shall be in conformity with the law and shall be used only as a measure of last resort and for the shortest appropriate period of time;

(c) Every child deprived of liberty shall be treated with humanity and respect for the inherent dignity of the human person, and in a manner which takes into account the needs of persons of his or her age. In particular, every child deprived of liberty shall be separated from adults unless it is considered in the child's best interest not to do so and shall have the right to maintain contact with his or her family through correspondence and visits, save in exceptional circumstances;

(d) Every child deprived of his or her liberty shall have the right to prompt access to legal and other appropriate assistance, as well as the right to challenge the legality of the deprivation of his or her liberty before a court or other competent, independent and impartial authority, and to a prompt decision on any such action.

Article 38

1. States Parties undertake to respect and to ensure respect for rules of international humanitarian law applicable to them in armed conflicts which are relevant to the child.

2. States Parties shall take all feasible measures to ensure that persons who have not attained the age of fifteen years do not take a direct part in hostilities.

3. States Parties shall refrain from recruiting any person who has not attained the age of fifteen years into their armed forces. In recruiting among those persons who have attained the age of fifteen years but who have not attained the age of eighteen years, States Parties shall endeavour to give priority to those who are oldest.

4. In accordance with their obligations under international humanitarian law to protect the civilian population in armed conflicts, States Parties shall take all feasible measures to ensure protection and care of children who are affected by an armed conflict.

Article 39

States Parties shall take all appropriate measures to promote physical and psychological recovery and social reintegration of a child victim of: any form of neglect, exploitation, or abuse; torture or any other form of cruel, inhuman or degrading treatment or punishment; or armed conflicts. Such recovery and reintegration shall take place in an environment which fosters the health, self-respect and dignity of the child.

Article 40

1 States Parties recognize the right of every child alleged as, accused of, or recognized as having infringed the penal law to be treated in a manner consistent with the promotion of the child's sense of dignity and worth, which reinforces the child's respect for the human rights and fundamental freedoms of others and which takes into account the child's age and the desirability of promoting

the child's reintegration and the child's assuming a constructive role in society.

2. To this end, and having regard to the relevant provisions of international instruments, States Parties shall, in particular, ensure that:

(a)   No child shall be alleged as, be accused of, or recognized as having infringed the penal law by reason of acts or omissions that were not prohibited by national or international law at the time they were committed;

(b)   Every child alleged as or accused of having infringed the penal law has at least the following guarantees:

(i)   To be presumed innocent until proven guilty according to law;

(ii)   To be informed promptly and directly of the charges against him or her, and, if appropriate, through his or her parents or legal guardians, and to have legal or other appropriate assistance in the preparation and presentation of his or her defence;

(iii)   To have the matter determined without delay by a competent, independent and impartial authority or judicial body in a fair hearing according to law, in the presence of legal or other appropriate assistance and, unless it is considered not to be in the best interest of the child, in particular, taking into account his or her age or situation, his or her parents or legal guardians;

(iv)   Not to be compelled to give testimony or to confess guilt; to examine or have examined adverse witnesses and to obtain the participation and examination of witnesses on his or her behalf under conditions of equality;

(v)   If considered to have infringed the penal law, to have this decision and any measures imposed in consequence thereof reviewed by a higher competent, independent and impartial authority or judicial body according to law;

(vi)   To have the free assistance of an interpreter if the child cannot understand or speak the language used;

(vii)   To have his or her privacy fully respected at all stages of the proceedings.

3. States Parties shall seek to promote the establishment of laws, procedures, authorities and institutions specifically applicable to children alleged as, accused of, or recognized as having infringed the penal law, and, in particular:

(a) The establishment of a minimum age below which children shall be presumed not to have the capacity to infringe the penal law;

(b) Whenever appropriate and desirable, measures for dealing with such children without resorting to judicial proceedings, providing that human rights and legal safeguards are fully respected.

4. A variety of dispositions, such as care, guidance and supervision orders; counselling; probation; foster care; education and vocational training programmes and other alternatives to institutional care shall be available to ensure that children are dealt with in a manner appropriate to their well-being and proportionate both to their circumstances and the offence.

Article 41

Nothing in the present Convention shall affect any provisions which are more conducive to the realization of the rights of the child and which may be contained in:

(a) The law of a State party; or

(b) International law in force for that State.

PART II

Article 42

States Parties undertake to make the principles and provisions of the Convention widely known, by appropriate and active means, to adults and children alike.

Article 43

1. For the purpose of examining the progress made by States Parties in achieving the realization of the obligations undertaken in the present Convention, there shall be established a Committee on the Rights of the Child, which shall carry out the functions hereinafter provided.

2. The Committee shall consist of ten experts of high moral standing and recognized competence in the field covered by this Convention. The members of the Committee shall be elected by States Parties from among their nationals and shall serve in their personal capacity, consideration being given to equitable geographical distribution, as well as to the principal legal systems.

3. The members of the Committee shall be elected by secret ballot from a list of persons nominated by States Parties. Each State Party may nominate one person from among its own nationals.

4. The initial election to the Committee shall be held no later than six months after the date of the entry into force of the present Convention and thereafter every second year. At least four months before the date of each election, the Secretary-General of the United Nations shall address a letter to States Parties inviting them to submit their nominations within two months. The Secretary-General shall subsequently prepare a list in alphabetical order of all persons thus nominated, indicating States Parties which have nominated them, and shall submit it to the States Parties to the present Convention.

5. The elections shall be held at meetings of States Parties convened by the Secretary-General at United Nations Headquarters. At those meetings, for which two thirds of States Parties shall constitute a quorum, the persons elected to the Committee shall be those who obtain the largest number of votes and an absolute majority of the votes of the representatives of States Parties present and voting.

6. The members of the Committee shall be elected for a term of four years. They shall be eligible for re-election if renominated. The term of five of the members elected at the first election shall expire at the end of two years; immediately after the first election, the names of these five members shall be chosen by lot by the Chairman of the meeting.

7. If a member of the Committee dies or resigns or declares that for any other cause he or she can no longer perform the duties of the Committee, the State Party which nominated the member shall appoint another expert from among its nationals to serve for the remainder of the term, subject to the approval of the Committee.

8. The Committee shall establish its own rules of procedure.

9. The Committee shall elect its officers for a period of two years.

10. The meetings of the Committee shall normally be held at United Nations Headquarters or at any other convenient place as determined by the Committee. The Committee shall normally meet annually. The duration of the meetings of the Committee shall be determined, and reviewed, if necessary, by a meeting of the States Parties to the present Convention, subject to the approval of the General Assembly.

11. The Secretary-General of the United Nations shall provide the necessary staff and facilities for

the effective performance of the functions of the Committee under the present Convention.

12. With the approval of the General Assembly, the members of the Committee established under the present Convention shall receive emoluments from United Nations resources on such terms and conditions as the Assembly may decide.

Article 44

1. States Parties undertake to submit to the Committee, through the Secretary-General of the United Nations, reports on the measures they have adopted which give effect to the rights recognized herein and on the progress made on the enjoyment of those rights:

(a) Within two years of the entry into force of the Convention for the State Party concerned;

(b) Thereafter every five years.

2. Reports made under the present article shall indicate factors and difficulties, if any, affecting the degree of fulfilment of the obligations under the present Convention. Reports shall also contain sufficient information to provide the Committee with a comprehensive understanding of the implementation of the Convention in the country concerned.

3. A State Party which has submitted a comprehensive initial report to the Committee need not, in its subsequent reports submitted in accordance with paragraph 1 (b) of the present article, repeat basic information previously provided.

4. The Committee may request from States Parties further information relevant to the implementation of the Convention.

5. The Committee shall submit to the General Assembly, through the Economic and Social Council, every two years, reports on its activities.

6. States Parties shall make their reports widely available to the public in their own countries.

Article 45

In order to foster the effective implementation of the Convention and to encourage international co-operation in the field covered by the Convention:

(a) The specialized agencies, the United Nations Children's Fund, and other United Nations organs shall be entitled to be represented at the consideration of the implementation of such provisions of the present Convention as fall within the scope of their mandate. The Committee may invite the specialized agencies, the United Nations Children's Fund and other competent bodies as it may consider appropriate to provide expert advice on the implementation of the Convention in areas falling within the scope of their respective mandates. The Committee may invite the specialized agencies, the United Nations Children's Fund, and other United Nations organs to submit reports on the implementation of the Convention in areas falling within the scope of their activities;

(b) The Committee shall transmit, as it may consider appropriate, to the specialized agencies, the United Nations Children's Fund and other competent bodies, any reports from States Parties that contain a request, or indicate a need, for technical advice or assistance, along with the Committee's observations and suggestions, if any, on these requests or indications;

(c) The Committee may recommend to the General Assembly to request the Secretary-General to undertake on its behalf studies on specific issues relating to the rights of the child;

(d) The Committee may make suggestions and general recommendations based on information received pursuant to articles 44 and 45 of the present Convention. Such suggestions and general recommendations shall be transmitted to any State Party concerned and reported to the General Assembly, together with comments, if any, from States Parties.

PART III

Article 46

The present Convention shall be open for signature by all States.

Article 47

The present Convention is subject to ratification. Instruments of ratification shall be deposited with the Secretary-General of the United Nations.

Article 48

The present Convention shall remain open for accession by any State. The instruments of accession shall be deposited with the Secretary-General of the United Nations.

Article 49

1. The present Convention shall enter into force on the thirtieth day following the date of deposit with the Secretary-General of the United Nations of the twentieth instrument of ratification or accession.

2. For each State ratifying or acceding to the Convention after the deposit of the twentieth instrument of ratification or accession, the Convention shall enter into force on the thirtieth day after the deposit by such State of its instrument of ratification or accession.

Article 50

1. Any State Party may propose an amendment and file it with the Secretary-General of the United Nations. The Secretary-General shall thereupon communicate the proposed amendment to States Parties, with a request that they indicate whether they favour a conference of States Parties for the purpose of considering and voting upon the proposals. In the event that, within four months from the date of such communication, at least one third of the States Parties favour such a conference, the Secretary-General shall convene the conference under the auspices of the United Nations. Any amendment adopted by a majority of States Parties present and voting at the conference shall be submitted to the General Assembly for approval.

2. An amendment adopted in accordance with paragraph 1 of the present article shall enter into force when it has been approved by the General Assembly of the United Nations and accepted by a two-thirds majority of States Parties.

3. When an amendment enters into force, it shall be binding on those States Parties which have accepted it, other States Parties still being bound by the provisions of the present Convention and any earlier amendments which they have accepted.

Article 51

1. The Secretary-General of the United Nations shall receive and circulate to all States the text of reservations made by States at the time of ratification or accession.

2. A reservation incompatible with the object and purpose of the present Convention shall not be permitted.

3. Reservations may be withdrawn at any time by notification to that effect addressed to the Secretary-General of the United Nations, who shall then inform all States. Such notification shall take effect on the date on which it is received by the Secretary-General.

Article 52

A State Party may denounce the present Convention by written notification to the Secretary-General of the United Nations. Denunciation becomes effective one year after the date of receipt of the notification by the Secretary-General.

Article 53

The Secretary-General of the United Nations is designated as the depositary of the present Convention.

Article 54

The original of the present Convention, of which the Arabic, Chinese, English, French, Russian and Spanish texts are equally authentic, shall be deposited with the Secretary-General of the United Nations.

IN WITNESS THEREOF the undersigned plenipotentiaries, being duly authorized thereto by their respective governments, have signed the present Convention.

16-1 아동의 무력충돌 참여에 관한
아동의 권리에 관한 협약 선택의정서

2000.5.25 채택/ 2002.2.12 발효/ 당사국 수 122/ 대한민국 적용일 2004.10.24.

이 의정서의 당사국은,

아동 권리 증진 및 보호를 위한 광범위한 의지를 보여주는 아동의권리에관한협약에 대한 압도적 지지에 고무되고,

아동의 권리는 특별한 보호를 필요로 함을 재확인하고, 평화롭고 안정된 상황에서의 아동의 발달 및 교육은 물론 차별없이 아동의 상태를 지속적으로 개선할 것을 요구하며,

무력충돌이 아동에게 미치는 유해하고 광범위한 영향과 이러한 영향이 지속적 평화·안전 및 발전에 미치는 장기적 결과를 우려하고,

무력충돌 상황에서 아동을 목표로 공격하는 행위와 학교 및 병원과 같이 일반적으로 아동이 상당수 소재하는 장소 등 국제법상 보호물을 직접 공격하는 행위를 규탄하며,

국제형사재판소에관한규정이 채택되었음과, 특히 이 규정상 국제적 및 비국제적 무력충돌시 15세 미만의 아동을 징집 또는 모병하거나 적대행위에 적극적으로 참여하도록 이용하는 행위가 전쟁범죄에 포함됨에 주목하고,

따라서 아동의권리에관한협약이 인정하는 권리의 이행을 더욱 강화하기 위하여 무력충돌 참여로부터의 아동 보호를 확대할 필요성이 있음을 고려하며,

아동의권리에관한협약 제1조가 그 아동에 적용되는 법에 의하여 더 이른 시기에 성년에 도달하지 아니하는 한 이 협약의 목적상 아동이라 함은 18세 미만인 자 모두를 말한다고 규정하고 있음에 주목하고,

군 입대 가능 연령 및 적대행위 참여 연령을 상향 조정하는 협약 선택의정서가 아동 관련 모든 활동에 있어서 아동의 최선의 이익이 최우선적으로 고려되어야 한다는 원칙의 이행에 효과적으로 기여할 것임을 확신하며,

1995년 12월 제26차 국제적십자회의가 특히 18세 미만 아동이 적대행위에 참여하지 아니하도록 무력충돌 당사자들이 가능한 모든 조치를 취하도록 권고하였음에 주목하고,

특히 무력충돌에 이용하기 위한 아동의 강제 모집 또는 징집을 금하는 가혹한형태의아동노동금지와근절을위한즉각적인조치에관한국제노동기구협약제182호가 1999년 6월 만장일치로 채택되었음을 환영하며,

국가의 군대가 아닌 무장단체가 모집 훈련 및 국내외 적대행위에서 아동을 이용하는 행위를 가장 심각하게 규탄하고, 이와 같이 아동을 모집·훈련 및 이용하는 자들의 책임을 인식하며,

국제인도법 규정을 준수하여야 하는 무력충돌 당사자의 의무를 상기하고,

이 의정서가 제51조 등 국제연합헌장의 목적 및 원칙과 국제인도법의 관련 규범을 저해하지 아니하며,

헌장의 목적 및 원칙에 대한 완전한 존중과 적용 가능한 인권 관련 국제법문서의 준수에 기반한 평화와 안정 상황이 특히 무력충돌 및 외국점령시 완전한 아동 보호를 위하여 필수적임에 유념하고,

경제적 또는 사회적 지위나 성별로 인하여 이 의정서에 반하는 모집이나 적대행위 이용에 특히 취약한 아동의 특별한 필요를 인정하며,

아동의 무력충돌 참여의 경제적·사회적 및 정치적 근본원인을 고려할 필요성에 유념하고,

무력충돌 피해아동의 신체적·사회심리적 재활 및 사회복귀는 물론 이 의정서의 이행을 위한 국제협력의 강화 필요성을 확신하며,

의정서 이행과 관련된 정보 및 교육 프로그램 보급에 있어 지역사회와 특히 아동 및 피해아동의 참여를 장려하면서,

다음과 같이 합의하였다.

제1조
당사국은 18세 미만인 자가 자국 군대의 구성원으로서 적대행위에 직접 참여하지 아니하도록 보장하기 위하여 가능한 모든 조치를 취한다.

제2조
당사국은 18세 미만인 자가 자국 군대에 징집되지 아니하도록 보장한다.

제3조
1. 당사국은 아동의권리에관한협약 제38조에 포함된 원칙을 고려하고 18세 미만인 자는 특별한 보호를 받을 협약상 권리가 있다는 점을 인식하여, 자국 군대에 자원입대할 수 있는 최소연령을 협약 제38조제3항의 규정보다 연단위로 상향 조정한다.

2. 당사국은 자국 군대에 자원입대할 수 있는 최소연령과 이러한 입대가 강제 또는 강요되지 아니하도록 보장하기 위하여 자국이 채택한 보호조치에 관한 내용을 명시한 구속력있는 선언을 이 의정서 비준 또는 가입시 기탁한다.

3. 18세 미만인 자의 자국 군대로의 자원입대를 허용하는 당사국은 최소한 다음 사항을 보장하기 위한 보호조치를 유지한다.

가. 이러한 입대가 진실로 자발적일 것

나. 이러한 입대가 부모 또는 법적 후견인의 고지에 입각한 동의하에 이루어질 것

다. 이러한 지원자가 이러한 병역에 따르는 의무에 대하여 충분히 알고 있을 것

라. 이러한 지원자가 국가의 군대에 선발되기 전 연령을 신빙성 있게 증명할 것

4. 당사국은 국제연합사무총장에 대한 통고로써 언제든지 자국의 선언내용을 강화할 수 있으며, 국제연합사무총장은 모든 당사국에 이를 알린다. 이러한 통고는 사무총장이 이를 접수한 날에 효

력을 발생한다.

5. 아동의권리에관한협약 제28조 및 제29조에 따라, 연령을 상향 조정할 것을 요구하는 제1항은 당사국 군대가 운영하거나 그 군대 관할하에 있는 학교에는 적용되지 아니한다.

제4조

1. 국가의 군대가 아닌 무장단체는 어떠한 상황에서도 18세 미만인 자를 모집하거나 적대행위에 이용하여서는 아니 된다.

2. 당사국은 이러한 모집 및 이용을 방지하기 위하여 이러한 관행의 금지 및 형사 처벌을 위한 법적 조치의 채택 등 모든 가능한 조치를 취한다.

3. 이 의정서의 이 조의 적용은 무력충돌 당사자의 법적 지위에 영향을 미치지 아니한다.

제5조

이 의정서의 내용은 아동의 권리 실현에 더욱 공헌하는 당사국의 법이나 국제문서 및 국제인도법의 규정을 배제하는 것으로 해석되지 아니한다.

제6조

1. 당사국은 자국 관할권 안에서 이 의정서 규정의 효과적 이행 및 집행을 보장하기 위하여 필요한 모든 법적·행정적 조치 및 그 밖의 조치를 취한다.

2. 당사국은 이 의정서의 원칙과 규정이 성인과 아동 모두에게 적절한 방법으로 널리 알려지고 증진되도록 할 의무를 부담한다.

3. 당사국은 자국의 관할권 안에서 이 의정서에 반하여 모집되거나 적대행위에 이용된 자들이 제대하거나 다른 방식으로 복무로부터 해제되도록 보장하기 위하여 모든 가능한 조치를 취한다. 당사국은 필요한 경우 이러한 자들의 신체적·심리적 회복 및 사회복귀를 위하여 모든 적절한 지원을 제공한다.

제7조

1. 당사국은 기술협력 및 재정지원을 포함하여, 의정서에 반하는 모든 활동의 방지와 이 의정서에 반하는 행위로 인한 희생자의 재활 및 사회복귀 등 이 의정서의 이행을 위하여 협력한다. 이러한 지원 및 협력은 관련 당사국 및 관련 국제기구와의 협의를 통하여 이루어진다.

2. 지원 가능한 위치에 있는 당사국은 기존의 다자·양자 또는 그 밖의 프로그램을 통하거나 특히 총회의 규칙에 따라 설립된 자발적 기금을 통하여 이러한 지원을 제공한다.

제8조

1. 당사국은 그 당사국에 대한 이 의정서의 효력 발생 후 2년 이내에 참여와 모집에 관한 규정을 이행하기 위하여 취한 조치를 포함하여 이 의정서의 규정을 이행하기 위하여 그 당사국이 취한 조치에 대한 포괄적 정보를 담은 보고서를 아동권리위원회에 제출한다.

2. 포괄적 보고서 제출 후 당사국은 협약 제44조에 따라 아동권리위원회에 제출하는 보고서에 이 의정서 이행에 관한 추가 정보를 포함한다. 그 밖의 당사국은 5년마다 보고서를 제출한다.

3. 아동권리위원회는 당사국에 이 의정서 이행과 관련한 추가 정보 제공을 요청할 수 있다.

제9조

1. 이 의정서는 모든 협약 당사국 또는 서명국의 서명을 위하여 개방된다.

2. 이 의정서는 비준되어야 하며, 모든 국가는 이 의정서에 가입할 수 있다. 비준서 또는 가입서는 국제연합사무총장에게 기탁된다.

3. 사무총장은 협약 및 의정서의 수탁자로서 모든 협약 당사국과 협약 서명국에 제3조에 따른 선언서를 통보한다.

제10조

1. 이 의정서는 열 번째 비준서나 가입서 기탁 후 3월이 경과한 때 발효한다.

2. 이 의정서는 발효 후 비준하거나 가입하는 국가에 대해서 그 국가의 비준서나 가입서 기탁 후 1월이 경과한 때 발효한다.

제11조

1. 당사국은 국제연합사무총장에 대한 서면 통고로써 언제든지 이 의정서를 폐기할 수 있으며, 국제연합사무총장은 그 밖의 협약 당사국과 서명국에 이를 알린다. 폐기는 사무총장이 통고를 접수한 날부터 1년이 경과한 때 효력을 발생한다. 그러나 폐기를 통고한 당사국이 1년이 경과하는 시점에 무력충돌에 참여하고 있는 경우, 폐기는 무력충돌이 종료되기 전까지 효력을 발생하지 아니한다.

2. 이러한 폐기는 폐기 효력발생일 이전에 발생한 범죄와 관련한 이 의정서상 의무로부터 당사국을 면제하는 효력을 갖지 못한다. 또한 이러한 폐기는 폐기의 효력발생일 이전에 위원회가 이미 심리중인 문제에 대한 계속적인 심리를 해하지 아니한다.

제12조

1. 당사국은 개정안을 제안하고 이를 국제연합사무총장에게 제출할 수 있다. 사무총장은 개정안 심의 및 표결을 위한 당사국회의 개최에 대한 찬성 여부표시 요청과 함께 개정안을 당사국에 송부한다. 이러한 통보일부터 4월이 경과하기 전 당사국 중 최소 3분의 1이 이러한 회의 개최에 찬성하는 경우 사무총장은 국제연합 주관으로 회의를 소집한다. 회의에 출석하고 표결하는 당사국의 과반수에 의하여 채택된 개정안은 승인을 위하여 총회에 제출된다.

2. 제1항의 규정에 따라 채택된 개정안은 국제연합 총회에 의하여 승인되고 당사국의 3분의 2이상의 다수결로 수락된 때 발효한다.

3. 개정이 발효하면 개정은 이를 수락한 당사국을 구속하며, 그 밖의 당사국은 계속하여 이 의정서의 규정 및 그 당사국이 수락한 그 이전의 모든 개정에 구속된다.

제13조

1. 아랍어·중국어·영어·불어·러시아어 및 서반아어본이 동등하게 정본인 이 의정서는 국제연합 문서보존소에 기탁된다.

2. 국제연합사무총장은 이 의정서의 인증등본을 협약 당사국과 서명국에 송부한다.

16-1. OPTIONAL PROTOCOL TO THE CONVENTION ON THE RIGHTS OF THE CHILD ON THE INVOLVEMENT OF CHILDREN IN ARMED CONFLICT

The States Parties to the present Protocol,

Encouraged by the overwhelming support for the Convention on the Rights of the Child, demonstrating the widespread commitment that exists to strive for the promotion and protection of the rights of the child,

Reaffirming that the rights of children require special protection, and calling for continuous improvement of the situation of children without distinction, as well as for their development and education in conditions of peace and security,

Disturbed by the harmful and widespread impact of armed conflict on children and the long-term consequences this has for durable peace, security and development,

Condemning the targeting of children in situations of armed conflict and direct attacks on objects protected under international law, including places generally having a significant presence of children, such as schools and hospitals,

Noting the adoption of the Statute of the International Criminal Court, in particular, its inclusion as a war crime of conscripting or enlisting children under the age of 15 years or using them to participate actively in hostilities in both international and non-international armed conflicts,

Considering, therefore, that to strengthen further the implementation of rights recognized in the Convention on the Rights of the Child there is a need to increase the protection of children from involvement in armed conflict,

Noting that article 1 of the Convention on the Rights of the Child specifies that, for the purposes of that Convention, a child means every human being below the age of 18 years unless, under the law applicable to the child, majority is attained earlier,

Convinced that an optional protocol to the Convention raising the age of possible recruitment of persons into armed forces and their participation in hostilities will contribute effectively to the implementation of the principle that the best interests of the child are to be a primary consideration in all actions concerning children,

Noting that the twenty-sixth international Conference of the Red Cross and Red Crescent in December 1995 recommended, inter alia, that parties to conflict take every feasible step to ensure that children under the age of 18 years do not take part in hostilities,

Welcoming the unanimous adoption, in June 1999, of International Labour Organization Convention No. 182 on the Prohibition and Immediate Action for the Elimination of the Worst Forms of Child Labour, which prohibits, inter alia, forced or compulsory recruitment of children for use in armed conflict,

Condemning with the gravest concern the recruitment, training and use within and across national borders of children in hostilities by armed groups distinct from the armed forces of a State, and recognizing the responsibility of those who recruit, train and use children in this regard,

Recalling the obligation of each party to an armed conflict to abide by the provisions of international humanitarian law,

Stressing that this Protocol is without prejudice to the purposes and principles contained in the Charter of the United Nations, including Article 51, and relevant norms of humanitarian law,

Bearing in mind that conditions of peace and security based on full respect of the purposes and principles contained in the Charter and observance of applicable human rights instruments are indispensable for the full protection of children, in particular during armed conflicts and foreign occupation,

Recognizing the special needs of those children who are particularly vulnerable to recruitment or use in hostilities contrary to this Protocol owing to their economic or social status or gender,

Mindful of the necessity of taking into consideration the economic, social and political root causes of the involvement of children in armed conflicts,

Convinced of the need to strengthen international cooperation in the implementation of this Protocol, as well as the physical and psychosocial rehabilitation and social reintegration of children who are victims of armed conflict,

Encouraging the participation of the community and, in particular, children and child victims in the dissemination of informational and educational programmes concerning the implementation of the Protocol,

Have agreed as follows:

Article 1

States Parties shall take all feasible measures to ensure that members of their armed forces who have not attained the age of 18 years do not take a direct part in hostilities.

Article 2

States Parties shall ensure that persons who have not attained the age of 18 years are not compulsorily recruited into their armed forces.

Article 3

1. States Parties shall raise the minimum age for the voluntary recruitment of persons into their national armed forces from that set out in article 38, paragraph 3, of the Convention on the Rights of the Child, taking account of the principles contained in that article and recognizing that under the Convention persons under 18 are entitled to special protection.

2. Each State Party shall deposit a binding declaration upon ratification of or accession to this Protocol that sets forth the minimum age at which it will permit voluntary recruitment into its national armed forces and a description of the safeguards that it has adopted to ensure that such recruitment is not forced or coerced.

3. States Parties that permit voluntary recruitment into their national armed forces under the age of 18 shall maintain safeguards to ensure, as a minimum, that:

(a) Such recruitment is genuinely voluntary;

(b) Such recruitment is done with the informed consent of the person's parents or legal guardians;

(c) Such persons are fully informed of the duties involved in such military service;

(d) Such persons provide reliable proof of age prior to acceptance into national military service.

4. Each State Party may strengthen its declaration at any time by notification to that effect addressed

to the Secretary-General of the United Nations, who shall inform all States Parties. Such notification shall take effect on the date on which it is received by the Secretary-General.

5. The requirement to raise the age in paragraph 1 of the present article does not apply to schools operated by or under the control of the armed forces of the States Parties, in keeping with articles 28 and 29 of the Convention on the Rights of the Child.

Article 4

1. Armed groups that are distinct from the armed forces of a State should not, under any circumstances, recruit or use in hostilities persons under the age of 18 years.

2. States Parties shall take all feasible measures to prevent such recruitment and use, including the adoption of legal measures necessary to prohibit and criminalize such practices.

3. The application of the present article under this Protocol shall not affect the legal status of any party to an armed conflict.

Article 5

Nothing in the present Protocol shall be construed as precluding provisions in the law of a State Party or in international instruments and international humanitarian law that are more conducive to the realization of the rights of the child.

Article 6

1. Each State Party shall take all necessary legal, administrative and other measures to ensure the effective implementation and enforcement of the provisions of this Protocol within its jurisdiction.

2. States Parties undertake to make the principles and provisions of the present Protocol widely known and promoted by appropriate means, to adults and children alike.

3. States Parties shall take all feasible measures to ensure that persons within their jurisdiction recruited or used in hostilities contrary to this Protocol are demobilized or otherwise released from service. States Parties shall, when necessary, accord to these persons all appropriate assistance for their physical and psychological recovery and their social reintegration.

Article 7

1. States Parties shall cooperate in the implementation of the present Protocol, including in the prevention of any activity contrary to the Protocol and in the rehabilitation and social reintegration of persons who are victims of acts contrary to this Protocol, including through technical cooperation and financial assistance. Such assistance and cooperation will be undertaken in consultation with concerned States Parties and relevant international organizations.

2. States Parties in a position to do so shall provide such assistance through existing multilateral, bilateral or other programmes, or, inter alia, through a voluntary fund established in accordance with the rules of the General Assembly.

Article 8

1. Each State Party shall submit, within two years following the entry into force of the Protocol for that State Party, a report to the Committee on the Rights of the Child providing comprehensive information on the measures it has taken to implement the provisions of the Protocol, including the measures taken to implement the provisions on participation and recruitment.

2. Following the submission of the comprehensive report, each State Party shall include in the

reports they submit to the Committee on the Rights of the Child, in accordance with article 44 of the Convention, any further information with respect to the implementation of the Protocol. Other States Parties to the Protocol shall submit a report every five years.

3. The Committee on the Rights of the Child may request from States Parties further information relevant to the implementation of this Protocol.

Article 9

1. The present Protocol is open for signature by any State that is a party to the Convention or has signed it.

2. The present Protocol is subject to ratification and is open to accession by any State. Instruments of ratification or accession shall be deposited with the Secretary-General of the United Nations.

3. The Secretary-General, in his capacity as depositary of the Convention and the Protocol, shall inform all States Parties to the Convention and all States that have signed the Convention of each instrument of declaration pursuant to article 13.

Article 10

1. The present Protocol shall enter into force three months after the deposit of the tenth instrument of ratification or accession.

2. For each State ratifying the present Protocol or acceding to it after its entry into force, the present Protocol shall enter into force one month after the date of the deposit of its own instrument of ratification or accession.

Article 11

1. Any State Party may denounce the present Protocol at any time by written notification to the Secretary-General of the United Nations, who shall thereafter inform the other States Parties to the Convention and all States that have signed the Convention. The denunciation shall take effect one year after the date of receipt of the notification by the Secretary-General. If, however, on the expiry of that year the denouncing State Party is engaged in armed conflict, the denunciation shall not take effect before the end of the armed conflict.

2. Such a denunciation shall not have the effect of releasing the State Party from its obligations under the present Protocol in regard to any act that occurs prior to the date on which the denunciation becomes effective. Nor shall such a denunciation prejudice in any way the continued consideration of any matter that is already under consideration by the Committee prior to the date on which the denunciation becomes effective.

Article 12

1. Any State Party may propose an amendment and file it with the Secretary-General of the United Nations. The Secretary-General shall thereupon communicate the proposed amendment to States Parties, with a request that they indicate whether they favour a conference of States Parties for the purpose of considering and voting upon the proposals. In the event that, within four months from the date of such communication, at least one third of the States Parties favour such a conference, the Secretary-General shall convene the conference under the auspices of the United Nations. Any amendment adopted by a majority of States Parties present and voting at the conference shall be submitted to the General Assembly for approval.

2. An amendment adopted in accordance with paragraph 1 of the present article shall enter into

force when it has been approved by the General Assembly of the United Nations and accepted by a two-thirds majority of States Parties.

3. When an amendment enters into force, it shall be binding on those States Parties that have accepted it, other States Parties still being bound by the provisions of the present Protocol and any earlier amendments that they have accepted.

Article 13

1. The present Protocol, of which the Arabic, Chinese, English, French, Russian and Spanish texts are equally authentic, shall be deposited in the archives of the United Nations.

2. The Secretary-General of the United Nations shall transmit certified copies of the present Protocol to all States Parties to the Convention and all States that have signed the Convention.

16-2. 아동매매 · 아동성매매 및 아동음란물에 관한 아동의 권리에 관한 협약 선택의정서

2000.5.25 채택/ 2002.1.18 발효/ 당사국 수 128/ 대한민국 적용일 2004.10.24.*

이 의정서의 당사국은,

아동의권리에관한협약의 목적 실현과 특히 제1조 · 제11조 · 제21조 · 제32조 · 제33조 · 제34조 · 제35조 및 제36조 등 협약 규정을 이행하기 위하여 당사국이 아동매매 · 아동성매매 및 아동음란물로부터 아동을 보호하기 위하여 취하여야 하는 조치를 확대하는 것이 적절함을 고려하고,

아동의권리에관한협약이 경제적 착취 및 위험하거나 아동의 교육을 방해하거나 아동의 건강이나 신체적 · 지적 · 정신적 · 도덕적 또는 사회적 발달에 유해한 모든 노동의 수행으로부터 보호받을 아동의 권리를 인정함을 또한 고려하며,

아동매매 · 아동성매매 및 아동음란물을 목적으로 한 국제적 아동 거래의 규모와 증가를 엄숙히 우려하고,

아동매매 · 아동성매매 및 아동음란물을 직접적으로 조장하여 아동이 특히 취약한 매춘 관광 관행이 확산되고 지속됨을 깊이 우려하며,

여자아동을 포함한 상당수 특히 취약한 집단이 성 착취의 위험에 더 노출되어 있고 여자아동이 성 착취 피해자 가운데 과도한 비율을 차지함을 인식하고,

인터넷과 발전하는 다른 기술을 통한 아동음란물 이용가능성이 점증함을 우려하고, "인터넷상 아동음란물 퇴치에 관한 국제회의(비엔나, 1999년)"와 특히 아동음란물의 생산 · 배포 · 수출 · 전송 · 수입 · 고의적 소지 및 선전 행위의 전 세계적 불법화를 요구하는 동 회의의 결정을 상기하고, 정부와 인터넷 업계사이의 긴밀한 협조와 협력의 중요성을 강조하며,

저개발 · 빈곤 · 경제 불균형 · 불평등한 사회경제구조 · 가족붕괴 · 교육결핍 · 도농간 이동 · 성차별 · 성인의 무책임한 성행위 · 유해한 전통관행 · 무력충돌 및 아동 거래 등을 포함하는 기여원인을 다루는 총체적 접근법의 채택이 아동매매 · 아동성매매 및 아동음란물의 근절을 촉진할 것을 믿고,

아동매매 · 아동성매매 및 아동 음란물에 대한 소비자 수요를 줄이기 위하여 일반대중의 인식을 증진하기 위한 노력이 필요함을 믿고, 모든 주체들간의 전 세계적 협력강화와 국내적 법 집행 개선의 중요성을 또한 믿으며,

국제입양관련아동의보호및협력에관한헤이그협약, 국제적아동약취 · 유인의민사적측면에관한헤이

---

* 선언 : 대한민국은 제3조 제1항 가목(2)의 규정을 국제입양관련 아동의 보호 및 협력에 관한 헤이그 협약의 당사국에만 적용되는 것으로 해석한다.

그협약, 부모의책임및아동보호조치관련관할권·준거법·승인·집행및협력에관한헤이그협약 및
가혹한형태의아동노동금지와근절을위한즉각적인조치에관한국제노동기구협약제182호와 같은 아
동보호에 관한 국제법문서의 규정에 주목하고,

아동권리 증진과 보호에 대한 광범위한 의지를 보여주는 아동의권리에관한 협약에 대한 압도적
지지에 고무되며,

"아동매매·아동성매매 및 아동음란물 예방을 위한 행동강령"과 1996년 8월 27일부터 31일까지
스톡홀름에서 개최된 "아동에 대한 상업적 성 착취에 반대하는 국제회의"에서 채택된 선언과 행
동강령 규정 및 관련 국제기구의 그 밖의 관련 결정 및 권고 이행의 중요성을 인식하고,

아동 보호와 아동의 조화로운 발달을 위한 각 민족의 전통과 문화적 가치의 중요성을 적절히 고려
하면서,

다음과 같이 합의하였다.

제1조
당사국은 이 의정서에 명시된 아동매매·아동성매매 및 아동음란물을 금지한다.

제2조
이 의정서의 목적상,

가. "아동매매"라 함은 보수나 다른 대가를 받고 개인이나 집단이 아동을 다른 사람에게 넘기는
모든 행위나 거래를 말한다.

나. "아동성매매"라 함은 보수나 다른 대가를 받고 아동을 성적 활동에 이용하는 것을 말한다.

다. "아동음란물"이라 함은 수단을 불문하고 실제 또는 가상의 노골적인 성적 활동에 관련된 아
동에 대한 표현 또는 성을 주목적으로 한 아동의 성적 부위에 대한 표현을 말한다.

제3조
1. 당사국은 이러한 범죄가 국내적 또는 국제적으로 행하여졌는지 또는 개인에 의하여 또는 조직
적으로 행하여졌는지에 관계없이 최소한 다음의 행위와 활동이 자국 형법에 포함되도록 보장한다.

가. 제2조에 정의된 아동매매의 관점에서,

⑴ 수단을 불문하고 다음을 목적으로 아동을 제공·운반 및 수령하는 행위

㈎ 아동의 성 착취

㈏ 이익을 목적으로 한 아동 장기의 이전

㈐ 아동의 강제노동 참여

⑵ 적용 가능한 입양 관련 국제법 문서를 위반하여 알선자로서 아동 입양에 대한 동의를 부적절하
게 유도하는 행위

나. 제2조에 정의된 아동성매매를 목적으로 아동을 제공·획득·조달 또는 공급하는 행위

다. 제2조에 정의된 아동음란물을 위 목적으로 생산·배포·보급·수입·수출·제공·판매 및
소지하는 행위

2. 당사국의 국내법 규정에 따를 것을 조건으로, 이러한 행위에 대한 미수 및 이러한 행위에 대한 공범 또는 참여에도 같은 내용이 적용된다.

3. 당사국은 행위의 심각성을 고려한 적절한 벌칙으로 이러한 범죄가 처벌될 수 있도록 한다.

4. 국내법 규정에 따를 것을 조건으로, 당사국은 적절한 경우 제1항에 명시된 범죄에 대한 법인의 책임을 확립하기 위한 조치를 취한다. 당사국의 법원칙에 따를 것을 조건으로, 법인의 이러한 책임은 형사 · 민사 또는 행정적인 책임이 될 수 있다.

5. 당사국은 아동입양에 관련된 모든 사람들이 적용 가능한 국제법 문서에 따라 행동하도록 보장하기 위하여 모든 적절한 법적 · 행정적 조치를 취한다.

제4조

1. 당사국은 자국의 영역 안에서 또는 자국에 등록된 선박이나 항공기에서 발생한 제3조제1항에 언급된 범죄에 대한 자국의 관할권을 확립하기 위하여 필요한 조치를 취한다.

2. 당사국은 다음과 같은 경우 제3조제1항에 언급된 행위에 대한 자국의 관할권을 확립하기 위하여 필요한 조치를 취할 수 있다.

가. 범죄피의자가 당사국 국민이거나 당사국 영역 안에 상거소가 있는 경우

나. 피해자가 당사국 국민인 경우

3. 당사국은 또한 자국민에 의한 범죄임을 이유로 당사국 영역 안에 있는 범죄피의자를 다른 당사국으로 인도하지 않는 경우 위 범죄에 대한 관할권을 확립하기 위하여 필요한 조치를 취한다.

4. 이 의정서는 국내법에 따라 행사되는 다른 형사관할권을 배제하지 아니한다.

제5조

1. 제3조제1항에 언급된 범죄는 그러한 조약에 규정된 조건에 따라 당사국간에 존재하는 범죄인인도조약상 인도대상범죄에 포함된 것으로 보며 당사국간 추후 체결되는 범죄인인도조약의 인도대상범죄에 포함한다.

2. 범죄인인도조약의 존재를 인도 조건으로 하는 당사국이 자국과 범죄인인도조약을 체결하지 아니한 다른 당사국으로부터 인도 청구를 받은 경우, 이 국가는 이 의정서를 이러한 범죄와 관련한 인도의 법적 근거로 볼 수 있다. 인도는 인도 청구를 받은 국가의 법에 명시된 조건에 따른다.

3. 범죄인인도조약의 존재를 인도 조건으로 하지 아니하는 당사국은 인도 청구를 받은 국가의 법에 명시된 조건에 따라 이러한 범죄를 당사국간 인도대상범죄로 인정한다.

4. 당사국간 인도의 목적상 이러한 범죄는 범죄 발생지뿐만 아니라 제4조에 따른 관할권 확립이 요청된 국가의 영역 안에서도 발생한 것으로 취급된다.

5. 제3조제1항에 명시된 범죄와 관련하여 인도가 청구되었으나 인도 청구를 받은 당사국이 범죄자의 국적을 근거로 인도하지 아니하거나 인도하지 아니하려는 경우, 그 당사국은 기소를 위하여 관할당국에 사건을 회부하기 위하여 적절한 조치를 취하여야 한다.

제6조

1. 당사국은 제3조제1항에 명시된 범죄에 대한 수사 또는 형사 또는 인도 절차와 관련하여 절차에 필요한 각국이 보유한 증거 취득과 관련한 공조를 포함하여 최대한의 공조를 서로 제공한다.

2. 당사국은 사법공조에 관한 당사국간 조약이나 그 밖의 약정이 존재하는 경우 이에 따라 제1항에 명시된 의무를 이행한다. 이러한 조약이나 약정이 존재하지 아니하는 경우, 당사국은 자국의 국내법에 따라 서로 공조를 제공한다.

제7조

당사국은 자국의 국내법 규정에 따라,

가. 다음의 사항을 적절하게 압수·몰수하기 위한 조치를 취한다.

(1) 이 의정서상 범죄를 행하거나 돕는 데 쓰인 자료·자산 및 그 밖의 수단 등의 물품

(2) 이러한 범죄로부터 얻은 수익

나. 가목에 언급된 물품이나 수익에 대한 다른 당사국의 압수 또는 몰수 요청을 집행한다.

다. 범죄를 행하는 데 이용된 장소를 임시 또는 최종적으로 폐쇄하기 위한 조치를 취한다.

제8조

1. 당사국은 모든 형사절차에서 특히 다음을 포함하여 이 의정서상 금지된 행위로 피해를 입은 아동의 권리와 이익을 보호하기 위한 적절한 조치를 취한다.

가. 피해아동의 취약성을 인정하고 아동의 특별한 요구, 특히 증인으로서의 아동에게 필요한 특별한 요구를 인정하기 위하여 절차를 적절하게 수정하는 것

나. 피해아동에게 그 권리 및 역할과 절차의 범위·시기·진행상황 및 사건 처리에 대하여 알려주는 것

다. 아동의 개인적 이해에 영향을 미치는 절차에서 피해아동의 견해·요구 및 관심사가 국내법의 절차규칙에 부합하는 방식으로 청취되고 고려되도록 허용하는 것

라. 사법절차 전체를 통하여 피해아동에게 적절한 지원 서비스를 제공하는 것

마. 피해아동의 사생활과 신원을 적절하게 보호하고 아동의 신원이 드러날 수 있는 정보의 부적절한 유출을 방지하기 위하여 국내법에 따른 조치를 취하는 것

바. 적절한 경우 협박과 보복으로부터 피해아동·피해아동의 가족 및 증인의 안전을 보장하는 것

사. 사건의 처리와 피해아동에 대한 보상 제공 명령 또는 판결 집행의 불필요한 지연을 방지하는 것

2. 당사국은 피해아동의 실제 연령이 불확실함을 이유로 피해아동의 연령을 밝히기 위한 수사를 포함한 범죄수사의 착수가 방해받지 않도록 보장한다.

3. 당사국은 이 의정서에 명시된 범죄의 피해 아동에 대한 형사제도상 대우에 있어서 아동의 최선의 이익이 최우선적으로 고려되도록 보장한다.

4. 당사국은 이 의정서에서 금지된 범죄로 피해를 입은 아동과 일하는 사람이 적절한 훈련, 특히 법적·심리적 훈련을 받도록 보장하기 위하여 조치를 취한다.

5. 적절한 경우 당사국은 위 범죄의 예방 및/또는 피해자 보호·재활에 관련된 개인 및/또는 단체의 안전과 보전을 위한 조치를 취한다.

6. 이 조 내용이 공정하고 공평한 재판을 받을 피고인의 권리를 해하거나 이에 위배되는 것으로 해석되어서는 안된다.

제9조

1. 당사국은 이 의정서에 언급된 범죄를 예방하기 위한 법·행정조치·사회정책 및 프로그램을 채택 또는 강화·실행 및 보급한다. 당사국은 이러한 관행에 특히 취약한 아동을 보호하기 위하여 특별한 관심을 기울인다.

2. 당사국은 모든 적절한 수단을 이용한 정보·교육 및 훈련을 통하여 이 의정서에 언급된 범죄의 유해성과 예방조치에 대한 아동을 포함한 일반대중의 인식을 증진한다. 당사국은 이 조의 의무를 이행함에 있어 국제적 수준을 포함한 이러한 정보·교육 및 훈련 프로그램에 대한 지역사회와 특히 아동 및 피해아동의 참여를 장려한다.

3. 당사국은 완전한 사회복귀 및 신체·심리적 회복을 포함하여 모든 적절한 지원을 위 범죄 피해자에게 제공하는 것을 목표로 가능한 모든 조치를 취한다.

4. 당사국은 이 의정서에 명시된 범죄로 피해를 입은 모든 아동이 차별없이 법적 책임이 있는 당사자로부터 피해 보상을 받기 위한 적절한 절차에 차별없이 이용할 수 있도록 보장한다.

5. 당사국은 이 의정서에 명시된 범죄를 선전하는 자료의 생산과 배포를 효과적으로 금지하기 위한 적절한 조치를 취한다.

제10조

1. 당사국은 아동매매·아동성매매·아동음란물 및 아동을 대상으로 한 매춘 관광에 관련된 행위의 책임자의 발생 예방·탐지·수사·기소 및 처벌을 위하여 다자·지역·양자간 약정을 통한 국제협력을 강화하기 위하여 필요한 모든 조치를 취한다. 당사국은 또한 관할당국과 국내·국제적 비정부기구 및 국제기구간 국제적 협력과 조정을 증진한다.

2. 당사국은 피해아동의 신체·심리적 회복, 사회복귀 및 귀환을 돕기 위한 국제적 협력을 증진한다.

3. 당사국은 빈곤·저개발과 같이 아동매매·아동성매매·아동음란물 및 아동을 대상으로 한 매춘 관광에 대한 아동의 취약성을 조장하는 근본원인에 대처하기 위한 국제협력 강화를 촉진한다.

4. 지원 가능한 위치에 있는 당사국은 기존의 다자·지역·양자 및 그 밖의 프로그램을 통하여 재정·기술 및 그 밖의 지원을 제공한다.

제11조

이 의정서는 다음의 사항에 포함되어 있는 아동 권리의 실현에 보다 공헌할 수 있는 규정에 영향을 주지 아니한다.

가. 당사국의 법

나. 당사국에 대하여 효력을 가지는 국제법

제12조

1. 당사국은 그 당사국에 대한 이 의정서의 효력 발생 후 2년 이내에 이 의정서의 규정을 이행하기 위하여 그 당사국이 취한 조치에 대한 포괄적 정보를 담은 보고서를 아동권리위원회에 제출한다.

2. 포괄적 보고서 제출 후 당사국은 협약 제44조에 따라 아동권리위원회에 제출하는 보고서에 이 의정서 이행에 관한 추가 정보를 포함한다. 그 밖의 당사국은 5년마다 보고서를 제출한다.

3. 아동권리위원회는 당사국에 이 의정서 이행과 관련한 추가 정보 제공을 요청할 수 있다.

제13조

1. 이 의정서는 협약 당사국 또는 서명국의 서명을 위하여 개방된다.

2. 이 의정서는 비준되어야 하며, 협약 당사국 또는 서명국은 이 의정서에 가입할 수 있다. 비준서 또는 가입서는 국제연합사무총장에게 기탁된다.

제14조

1. 이 의정서는 열 번째 비준서나 가입서 기탁 후 3월이 경과한 때 발효한다.

2. 이 의정서는 발효 후 비준하거나 가입하는 국가에 대해서 그 국가의 비준서나 가입서 기탁 후 1월이 경과한 때 발효한다.

제15조

1. 당사국은 국제연합사무총장에 대한 서면 통고로써 언제든지 이 의정서를 폐기할 수 있으며, 국제연합사무총장은 그 밖의 협약 당사국과 서명국에 이를 알린다. 폐기는 국제연합사무총장이 통고를 접수한 날부터 1년이 경과한 때 효력을 발생한다.

2. 이러한 폐기는 폐기 효력발생일 이전에 발생한 범죄와 관련한 이 의정서상 의무로부터 당사국을 면제하는 효력을 갖지 못한다. 또한 이러한 폐기는 폐기의 효력발생일 이전에 위원회가 이미 심리중인 문제에 대한 계속적인 심리를 해하지 아니한다.

제16조

1. 당사국은 개정안을 제안하고 이를 국제연합사무총장에게 제출할 수 있다. 사무총장은 개정안 심의 및 표결을 위한 당사국회의 개최에 대한 찬성 여부표시 요청과 함께 개정안을 당사국에 송부한다. 이러한 통보일부터 4월이 경과하기 전 당사국 중 최소 3분의 1이 이러한 회의 개최에 찬성하는 경우 사무총장은 국제연합 주관으로 회의를 소집한다. 회의에 출석하고 표결하는 당사국의 과반수에 의하여 채택된 개정안은 승인을 위하여 총회에 제출된다.

2. 제1항의 규정에 따라 채택된 개정안은 국제연합 총회에 의하여 승인되고 당사국의 3분의 2이상의 다수결로 수락된 때 발효한다.

3. 개정이 발효하면 개정은 이를 수락한 당사국을 구속하며, 그 밖의 당사국은 계속하여 이 의정서의 규정 및 그 당사국이 수락한 그 이전의 모든 개정에 구속된다.

제17조

1. 아랍어·중국어·영어·불어·러시아어 및 서반아어본이 동등하게 정본인 이 의정서는 국제연합 문서보존소에 기탁된다.

2. 국제연합사무총장은 이 의정서의 인증등본을 협약 당사국과 서명국에 송부한다.

16-2. OPTIONAL PROTOCOL TO THE CONVENTION ON THE RIGHTS OF THE CHILD ON THE SALE OF CHILDREN, CHILD PROSTITUTION AND CHILD PORNOGRAPHY

The States Parties to the present Protocol,

Considering that, in order further to achieve the purposes of the Convention on the Rights of the Child1 and the implementation of its provisions, especially articles 1, 11, 21, 32, 33, 34, 35 and 36, it would be appropriate to extend the measures that States Parties should undertake in order to guarantee the protection of the child from the sale of children, child prostitution and child pornography,

Considering also that the Convention on the Rights of the Child recognizes the right of the child to be protected from economic exploitation and from performing any work that is likely to be hazardous or to interfere with the child's education, or to be harmful to the child's health or physical, mental, spiritual, moral or social development,

Gravely concerned at the significant and increasing international traffic of children for the purpose of the sale of children, child prostitution and child pornography,

Deeply concerned at the widespread and continuing practice of sex tourism, to which children are especially vulnerable, as it directly promotes the sale of children, child prostitution and child pornography,

Recognizing that a number of particularly vulnerable groups, including girl children, are at greater risk of sexual exploitation, and that girl children are disproportionately represented among the sexually exploited,

Concerned about the growing availability of child pornography on the Internet and other evolving technologies, and recalling the International Conference on Combating Child Pornography on the Internet (Vienna, 1999) and, in particular, its conclusion calling for the worldwide criminalization of the production, distribution, exportation, transmission, importation, intentional possession and advertising of child pornography, and stressing the importance of closer cooperation and partnership between Governments and the Internet industry,

Believing that the elimination of the sale of children, child prostitution and child pornography will be facilitated by adopting a holistic approach, addressing the contributing factors, including underdevelopment, poverty, economic disparities, inequitable socio-economic structure, dysfunctioning families, lack of education, urban-rural migration, gender discrimination, irresponsible adult sexual behaviour, harmful traditional practices, armed conflicts and trafficking of children,

Believing that efforts to raise public awareness are needed to reduce consumer demand for the sale of children, child prostitution and child pornography, and also believing in the importance of strengthening global partnership among all actors and of improving law enforcement at the national level,

Noting the provisions of international legal instruments relevant to the protection of children, including the Hague Convention on the Protection of Children and Cooperation with Respect to

Inter-Country Adoption, the Hague Convention on the Civil Aspects of International Child Abduction, the Hague Convention on Jurisdiction, Applicable Law, Recognition, Enforcement and Cooperation in Respect of Parental Responsibility and Measures for the Protection of Children, and International Labour Organization Convention No. 182 on the Prohibition and Immediate Action for the Elimination of the Worst Forms of Child Labour,

Encouraged by the overwhelming support for the Convention on the Rights of the Child, demonstrating the widespread commitment that exists for the promotion and protection of the rights of the child,

Recognizing the importance of the implementation of the provisions of the Programme of Action for the Prevention of the Sale of Children, Child Prostitution and Child Pornography and the Declaration and Agenda for Action adopted at the World Congress against Commercial Sexual Exploitation of Children, held at Stockholm from 27 to 31 August 1996, and the other relevant decisions and recommendations of pertinent international bodies,

Taking due account of the importance of the traditions and cultural values of each people for the protection and harmonious development of the child,

Have agreed as follows:

Article 1

States Parties shall prohibit the sale of children, child prostitution and child pornography as provided for by the present Protocol.

Article 2

For the purpose of the present Protocol:

(a) Sale of children means any act or transaction whereby a child is transferred by any person or group of persons to another for remuneration or any other consideration;

(b) Child prostitution means the use of a child in sexual activities for remuneration or any other form of consideration;

(c) Child pornography means any representation, by whatever means, of a child engaged in real or simulated explicit sexual activities or any representation of the sexual parts of a child for primarily sexual purposes.

Article 3

1. Each State Party shall ensure that, as a minimum, the following acts and activities are fully covered under its criminal or penal law, whether these offences are committed domestically or transnationally or on an individual or organized basis:

(a) In the context of sale of children as defined in article 2:

(i) The offering, delivering or accepting, by whatever means, a child for the purpose of:

a. Sexual exploitation of the child;

b. Transfer of organs of the child for profit;

c. Engagement of the child in forced labour;

(ii) Improperly inducing consent, as an intermediary, for the adoption of a child in violation of applicable international legal instruments on adoption;

(b) Offering, obtaining, procuring or providing a child for child prostitution, as defined in article 2;

(c) Producing, distributing, disseminating, importing, exporting, offering, selling or possessing for the above purposes child pornography as defined in article 2.

2. Subject to the provisions of a State Party's national law, the same shall apply to an attempt to commit any of these acts and to complicity or participation in any of these acts.

3. Each State Party shall make these offences punishable by appropriate penalties that take into account their grave nature.

4. Subject to the provisions of its national law, each State Party shall take measures, where appropriate, to establish the liability of legal persons for offences established in paragraph 1 of the present article. Subject to the legal principles of the State Party, this liability of legal persons may be criminal, civil or administrative.

5. States Parties shall take all appropriate legal and administrative measures to ensure that all persons involved in the adoption of a child act in conformity with applicable international legal instruments.

Article 4

1. Each State Party shall take such measures as may be necessary to establish its jurisdiction over the offences referred to in article 3, paragraph 1, when the offences are commited in its territory or on board a ship or aircraft registered in that State.

2. Each State Party may take such measures as may be necessary to establish its jurisdiction over the offences referred to in article 3, paragraph 1, in the following cases:

(a) When the alleged offender is a national of that State or a person who has his habitual residence in its territory;

(b) When the victim is a national of that State.

3. Each State Party shall also take such measures as may be necessary to establish its jurisdiction over the above-mentioned offences when the alleged offender is present in its territory and it does not extradite him or her to another State Party on the ground that the offence has been committed by one of its nationals.

4. This Protocol does not exclude any criminal jurisdiction exercised in accordance with internal law.

Article 5

1. The offences referred to in article 3, paragraph 1, shall be deemed to be included as extraditable offences in any extradition treaty existing between States Parties and shall be included as extraditable offences in every extradition treaty subsequently concluded between them, in accordance with the conditions set forth in those treaties.

2. If a State Party that makes extradition conditional on the existence of a treaty receives a request for extradition from another State Party with which it has no extradition treaty, it may consider this Protocol as a legal basis for extradition in respect of such offences. Extradition shall be subject to the conditions provided by the law of the requested State.

3. States Parties that do not make extradition conditional on the existence of a treaty shall recognize such offences as extraditable offences between themselves subject to the conditions provided by the law of the requested State.

4. Such offences shall be treated, for the purpose of extradition between States Parties, as if they had been committed not only in the place in which they occurred but also in the territories of the States required to establish their jurisdiction in accordance with article 4.

5. If an extradition request is made with respect to an offence described in article 3, paragraph 1, and if the requested State Party does not or will not extradite on the basis of the nationality of the offender, that State shall take suitable measures to submit the case to its competent authorities for the purpose of prosecution.

Article 6

1. States Parties shall afford one another the greatest measure of assistance in connection with investigations or criminal or extradition proceedings brought in respect of the offences set forth in article 3, paragraph 1, including assistance in obtaining evidence at their disposal necessary for the proceedings.

2. States Parties shall carry out their obligations under paragraph 1 of the present article in conformity with any treaties or other arrangements on mutual legal assistance that may exist between them. In the absence of such treaties or arrangements, States Parties shall afford one another assistance in accordance with their domestic law.

Article 7

States Parties shall, subject to the provisions of their national law:

(a) Take measures to provide for the seizure and confiscation, as appropriate, of:

(i) Goods such as materials, assets and other instrumentalities used to commit or facilitate offences under the present protocol;

(ii) Proceeds derived from such offences;

(b) Execute requests from another State Party for seizure or confiscation of goods or proceeds referred to in subparagraph (a) (i);

(c) Take measures aimed at closing, on a temporary or definitive basis, premises used to commit such offences.

Article 8

1. States Parties shall adopt appropriate measures to protect the rights and interests of child victims of the practices prohibited under the present Protocol at all stages of the criminal justice process, in particular by:

(a) Recognizing the vulnerability of child victims and adapting procedures to recognize their special needs, including their special needs as witnesses;

(b) Informing child victims of their rights, their role and the scope, timing and progress of the proceedings and of the disposition of their cases;

(c) Allowing the views, needs and concerns of child victims to be presented and considered in proceedings where their personal interests are affected, in a manner consistent with the procedural rules of national law;

(d) Providing appropriate support services to child victims throughout the legal process;

(e) Protecting, as appropriate, the privacy and identity of child victims and taking measures in accordance with national law to avoid the inappropriate dissemination of information that could lead to the identification of child victims;

(f) Providing, in appropriate cases, for the safety of child victims, as well as that of their families and witnesses on their behalf, from intimidation and retaliation;

(g) Avoiding unnecessary delay in the disposition of cases and the execution of orders or decrees granting compensation to child victims.

2. States Parties shall ensure that uncertainty as to the actual age of the victim shall not prevent the initiation of criminal investigations, including investigations aimed at establishing the age of the victim.

3. States Parties shall ensure that, in the treatment by the criminal justice system of children who are victims of the offences described in the present Protocol, the best interest of the child shall be a primary consideration.

4. States Parties shall take measures to ensure appropriate training, in particular legal and psychological training, for the persons who work with victims of the offences prohibited under the present Protocol.

5. States Parties shall, in appropriate cases, adopt measures in order to protect the safety and integrity of those persons and/or organizations involved in the prevention and/or protection and rehabilitation of victims of such offences.

6. Nothing in the present article shall be construed as prejudicial to or inconsistent with the rights of the accused to a fair and impartial trial.

Article 9

1. States Parties shall adopt or strengthen, implement and disseminate laws, administrative measures, social policies and programmes to prevent the offences referred to in the present Protocol. Particular attention shall be given to protect children who are especially vulnerable to these practices.

2. States Parties shall promote awareness in the public at large, including children, through information by all appropriate means, education and training, about the preventive measures and harmful effects of the offences referred to in the present Protocol. In fulfilling their obligations under this article, States Parties shall encourage the participation of the community and, in particular, children and child victims, in such information and education and training programmes, including at the international level.

3. States Parties shall take all feasible measures with the aim of ensuring all appropriate assistance to victims of such offences, including their full social reintegration and their full physical and psychological recovery.

4. States Parties shall ensure that all child victims of the offences described in the present Protocol have access to adequate procedures to seek, without discrimination, compensation for damages from those legally responsible.

5. States Parties shall take appropriate measures aimed at effectively prohibiting the production and dissemination of material advertising the offences described in the present Protocol.

Article 10

1. States Parties shall take all necessary steps to strengthen international cooperation by multilateral, regional and bilateral arrangements for the prevention, detection, investigation, prosecution and punishment of those responsible for acts involving the sale of children, child prostitution, child pornography and child sex tourism. States Parties shall also promote international cooperation and coordination between their authorities, national and international non-governmental organizations and international organizations.

2. States Parties shall promote international cooperation to assist child victims in their physical and psychological recovery, social reintegration and repatriation.

3. States Parties shall promote the strengthening of international cooperation in order to address the

root causes, such as poverty and underdevelopment, contributing to the vulnerability of children to the sale of children, child prostitution, child pornography and child sex tourism.

4. States Parties in a position to do so shall provide financial, technical or other assistance through existing multilateral, regional, bilateral or other programmes.

Article 11

Nothing in the present Protocol shall affect any provisions that are more conducive to the realization of the rights of the child and that may be contained in:

(a) The law of a State Party;

(b) International law in force for that State.

Article 12

1. Each State Party shall submit, within two years following the entry into force of the Protocol for that State Party, a report to the Committee on the Rights of the Child providing comprehensive information on the measures it has taken to implement the provisions of the Protocol.

2. Following the submission of the comprehensive report, each State Party shall include in the reports they submit to the Committee on the Rights of the Child, in accordance with article 44 of the Convention, any further information with respect to the implementation of the Protocol. Other States Parties to the Protocol shall submit a report every five years.

3. The Committee on the Rights of the Child may request from States Parties further information relevant to the implementation of this Protocol.

Article 13

1. The present Protocol is open for signature by any State that is a party to the Convention or has signed it.

2. The present Protocol is subject to ratification and is open to accession by any State that is a party to the Convention or has signed it. Instruments of ratification or accession shall be deposited with the Secretary-General of the United Nations.

Article 14

1. The present Protocol shall enter into force three months after the deposit of the tenth instrument of ratification or accession.

2. For each State ratifying the present Protocol or acceding to it after its entry into force, the present Protocol shall enter into force one month after the date of the deposit of its own instrument of ratification or accession.

Article 15

1. Any State Party may denounce the present Protocol at any time by written notification to the Secretary-General of the United Nations, who shall thereafter inform the other States Parties to the Convention and all States that have signed the Convention. The denunciation shall take effect one year after the date of receipt of the notification by the Secretary-General of the United Nations.

2. Such a denunciation shall not have the effect of releasing the State Party from its obligations under this Protocol in regard to any offence that occurs prior to the date on which the denunciation becomes effective. Nor shall such a denunciation prejudice in any way the continued consideration of any matter that is already under consideration by the Committee prior to the date on which the

denunciation becomes effective.

Article 16

1. Any State Party may propose an amendment and file it with the Secretary-General of the United Nations. The Secretary-General shall thereupon communicate the proposed amendment to States Parties, with a request that they indicate whether they favour a conference of States Parties for the purpose of considering and voting upon the proposals. In the event that, within four months from the date of such communication, at least one third of the States Parties favour such a conference, the Secretary-General shall convene the conference under the auspices of the United Nations. Any amendment adopted by a majority of States Parties present and voting at the conference shall be submitted to the General Assembly for approval.

2. An amendment adopted in accordance with paragraph 1 of the present article shall enter into force when it has been approved by the General Assembly of the United Nations and accepted by a two-thirds majority of States Parties.

3. When an amendment enters into force, it shall be binding on those States Parties that have accepted it, other States Parties still being bound by the provisions of the present Protocol and any earlier amendments that they have accepted.

Article 17

1. The present Protocol, of which the Arabic, Chinese, English, French, Russian and Spanish texts are equally authentic, shall be deposited in the archives of the United Nations.

2. The Secretary-General of the United Nations shall transmit certified copies of the present Protocol to all States Parties to the Convention and all States that have signed the Convention.

17. 장애인의 권리에 관한 협약*

2006.12.13 채택/ 2008.5.3 발효/ 당사국 수 34

전 문

이 협약의 당사국은,

(가) 자유, 정의 및 세계 평화의 기초로서 모든 인류의 천부적 존엄성과 가치 및 동등하고 양도 불가능한 권리를 인정하고 있는 국제연합헌장에 천명된 원칙들을 상기하고,

(나) 국제연합은 세계인권선언과 국제인권규약에서 모든 인간은 어떠한 종류의 차별도 받지 않고 모든 권리와 자유를 누릴 자격이 있다는 것을 천명하고 동의하여 왔음을 인정하며,

(다) 모든 인권의 보편성, 불가분성, 상호의존성 및 상호관련성과, 장애인이 차별 없이 완전히 향유할 수 있도록 보장 받아야 하는 기본적 자유와 욕구를 재확인하고,

(라) 경제적, 사회적 및 문화적 권리에 관한 국제규약, 시민적 및 정치적 권리에 관한 국제규약, 모든 형태의 인종차별 철폐에 관한 국제협약, 여성에 대한 모든 형태의 차별 철폐에 관한 협약, 고문 및 그 밖의 잔혹한, 비인도적인 또는 굴욕적인 대우나 처벌의 방지에 관한 협약, 아동의 권리에 관한 협약, 모든 이주근로자와 그 가족의 권리 보호에 관한 국제협약을 상기하며,

(마) 장애는 점진적으로 변화하는 개념이며, 손상을 지닌 사람과 그들이 다른 사람과 동등하게 완전하고 효과적으로 사회에 참여하는 것을 저해하는 태도 및 환경적인 장벽 간의 상호작용으로부터 기인된다는 것을 인정하고,

(바) 장애인에게 보다 평등한 기회를 제공하기 위한 국가적·지역적·국제적 수준에서의 정책, 계획, 프로그램 및 활동의 증진, 수립 및 평가에 영향을 미치는 장애인에 대한 세계행동계획과 장애인의 기회 평등에 관한 표준규칙에 포함되어 있는 원칙 및 정책지침의 중요성을 인정하며,

(사) 지속가능한 발전과 관련된 전략의 핵심적인 부분으로서 장애문제 주류화의 중요성을 강조하고,

(아) 장애를 이유로 한 차별은 인간의 천부적 존엄성 및 가치에 대한 침해라는 것을 또한 인정하며,

(자) 장애인의 다양성을 보다 더 인정하고,

(차) 보다 집중적인 지원이 필요한 장애인을 비롯하여 모든 장애인의 인권을 증진하고 보호할 필요성이 있음을 인정하며,

(카) 이러한 다양한 문서와 조치에도 불구하고, 장애인은 동등한 사회의 구성원으로서 참여에 대한 장벽과 세계 각지에서 인권 침해에 지속적으로 직면하고 있음을 우려하고,

(타) 모든 국가, 특히 개발도상국에서 장애인의 생활조건을 개선하기 위한 국제적 협력의 중요성

---

* 유보 : 제25조 마호 생명보험에 관한 사항에 대하여 유보 예정 하에 2008년 9월말 현재 국회동의 계류 중.

을 인정하며,

(파) 지역사회의 전반적인 안녕과 다양성에 대한 장애인의 가치 있는 현재의 기여 및 잠재적 기여를 인정하고, 장애인의 인권과 기본적인 자유의 완전한 향유 그리고 장애인의 완전한 참여의 증진이 장애인의 소속감을 강화시키고, 사회의 인적, 사회적 및 경제적 발전과 빈곤퇴치에 있어서 상당한 진보를 가져올 것임을 인정하고,

(하) 장애인이 스스로 선택할 자유를 포함하여 장애인 개인의 자율 및 자립의 중요성을 인정하며,

(거) 장애인은 자신과 직접적으로 관련이 있는 정책 및 프로그램을 포함한 모든 정책 및 프로그램의 의사결정과정에 적극적으로 참여할 수 있는 기회를 가져야 함을 고려하고,

(너) 인종, 피부색, 성별, 언어, 종교, 정치적 또는 기타 견해, 국적, 민족적, 토착적, 사회적 출신, 재산, 출생, 연령 또는 그 밖의 신분에 따라 복합적이거나 가중된 형태의 차별의 대상이 되는 장애인이 직면하고 있는 어려운 상황에 대하여 우려하며,

(더) 장애여성과 장애소녀가 가정 내외에서 폭력, 상해 또는 학대, 유기 또는 유기적 대우, 혹사, 또는 착취를 당할 더 큰 위험에 직면해 있는 경우가 많음을 인정하고,

(러) 장애아동은 다른 아동과 동등하게 모든 인권과 기본적인 자유를 완전히 향유하여야 함을 인정하고, 이를 위하여 아동의 권리에 관한 협약의 당사국이 이행하는 책무를 상기하며,

(머) 장애인의 인권과 기본적인 자유의 완전한 향유를 증진하기 위한 모든 노력에 성 인지적 관점이 포함되어야 할 필요성을 강조하고,

(버) 상당수의 장애인이 빈곤한 상태에서 살고 있다는 사실을 강조하고, 이러한 관점에서 빈곤이 장애인에 미치는 부정적인 영향의 문제를 해결할 중대한 필요성을 인정하며,

(서) 국제연합헌장에 포함된 목적과 원칙의 완전한 존중과 인권문서의 준수에 기초한 평화 및 안전의 조건은, 특히 무력충돌 시와 외국의 점령기간 동안 장애인의 완전한 보호를 위하여 필수 불가결하다는 것을 유념하고,

(어) 장애인이 모든 인권과 기본적인 자유를 완전히 향유할 수 있도록 물리적, 사회적, 경제적, 문화적 환경 및 보건과 교육, 그리고 정보와 의사소통에 대한 접근성의 중요성을 인정하며,

(저) 다른 사람과 자신이 속한 지역사회에 대한 의무를 가진 개인은 국제인권장전에서 인정한 권리의 증진 및 준수를 위하여 노력할 책임이 있음을 인식하고,

(처) 가족은 자연적이고 근본적인 사회의 구성단위이며, 사회와 국가의 보호를 받을 자격이 있고, 장애인과 그 가족들은 장애인의 완전하고 동등한 권리 향유를 위해 가족들이 기여할 수 있도록 필요한 보호와 지원을 받아야 한다는 것을 확신하며,

(커) 장애인의 권리와 존엄성을 증진하고 보호하기 위한 포괄적이고 통합적인 국제협약은 개발도상국과 선진국 모두에서 장애인에 대한 뿌리 깊은 사회적 불이익을 시정하는 데 중대한 기여를 할 것이며, 시민적, 정치적, 경제적, 사회적 및 문화적 영역에서 장애인이 동등한 기회를 가지고 참여하는 것을 촉진할 것임을 확신하면서,

　　다음과 같이 합의하였다.

제1조 목적

이 협약의 목적은 장애인의 모든 인권과 기본적인 자유를 완전하고 동등하게 향유하도록 증진, 보호 및 보장하고, 장애인의 천부적 존엄성에 대한 존중을 증진하는 것이다.

장애인은 다양한 장벽과의 상호 작용으로 인하여 다른 사람과 동등한 완전하고 효과적인 사회 참여를 저해하는 장기간의 신체적, 정신적, 지적, 또는 감각적인 손상을 가진 사람을 포함한다.

제2조 정의

이 협약의 목적상,

"의사소통"이란 문어·음성언어·단순언어, 낭독자 및 접근 가능한 정보통신 기술을 포함한 확장적이고 대안적인 의사소통의 방식, 수단 및 형식뿐만 아니라 언어, 글자표시, 점자, 촉각을 통한 의사소통, 대형 인쇄, 접근 가능한 멀티미디어를 포함한다.

"언어"란 구어, 수화 및 다른 형태의 비음성 언어를 포함한다.

"장애로 인한 차별"이란 정치적, 경제적, 사회적, 문화적, 민간 또는 다른 분야에서 다른 사람과 동등하게 모든 인권과 기본적인 자유를 인정받거나 향유 또는 행사하는 것을 저해하거나 무효화하는 목적 또는 효과를 갖는, 장애를 이유로 한 모든 구별, 배제 또는 제한을 의미한다. 이는 합리적인 편의제공에 대한 거부를 포함한 모든 형태의 차별을 포함한다.

"합리적인 편의제공"이라 함은, 다른 사람과 동등하게 장애인에게 모든 인권과 기본적인 자유의 향유 또는 행사를 보장하기 위하여, 그것이 요구되는 특별한 경우, 불균형적이거나 부당한 부담을 지우지 아니하는 필요하고 적절한 변경과 조정을 의미한다.

"보편적인 디자인"이란 개조 또는 특별한 디자인을 할 필요없이 최대한 가능한 범위 내에서, 모든 사람이 사용할 수 있는 제품, 환경, 프로그램 및 서비스를 디자인하는 것을 의미한다. 필요한 경우, "보편적인 디자인"은 특정 장애인 집단을 위한 보조기구를 배제하지 아니한다.

제3조 일반 원칙

이 협약의 원칙은 다음과 같다.

(가) 천부적인 존엄성, 선택의 자유를 포함한 개인의 자율성 및 자립에 대한 존중

(나) 비차별

(다) 완전하고 효과적인 사회 참여 및 통합

(라) 인간의 다양성과 인류의 한 부분으로서의 장애인의 차이에 대한 존중 및 수용

(마) 기회의 균등

(바) 접근성

(사) 남녀의 평등

(아) 장애아동의 점진적 발달능력 및 정체성 유지를 위한 장애아동 권리에 대한 존중

제4조 일반 의무

1. 당사국은 장애를 이유로 한 어떠한 형태의 차별 없이 장애인의 모든 인권과 기본적인 자유의 완전한 실현을 보장하고 촉진하기 위한 의무를 부담한다. 이를 위하여 당사국은 다음의 사항을 약속한다.

(가) 이 협약에서 인정된 권리의 이행을 위하여 모든 적절한 입법적, 행정적 및 기타 조치를 채택할 것

(나) 장애인에 대한 차별을 구성하는 기존의 법률, 규칙, 관습 및 관행을 개정 또는 폐지하기 위하여 입법을 포함한 모든 적절한 조치를 취할 것

(다) 모든 정책과 프로그램에서 장애인의 인권 보호와 증진을 고려할 것

(라) 이 협약과 일치하지 아니하는 일체의 행위나 관행을 실행하는 것을 삼가고, 정부당국과 공공기관이 이 협약과 일치되도록 업무를 수행할 것을 보장할 것

(마) 모든 개인, 기관 또는 사기업에 의해 행해지는 장애를 이유로 한 차별을 철폐하기 위하여 모든 적절한 조치를 취할 것

(바) 이 협약 제2조가 규정하는 바와 같이, 장애인의 특별한 필요를 충족시키기 위하여 가능한 최소한의 개조 및 최소한의 비용이 요구되는 보편적인 디자인 제품, 서비스, 장비와 시설에 대한 연구 및 개발을 시행 또는 촉진하며, 이들의 유용성과 사용을 촉진하고, 표준 및 지침의 개발 시 보편적인 디자인을 촉진할 것

(사) 적정한 비용의 기술에 우선순위를 두어 장애인에게 적합한 정보와 통신기술, 이동 보조기, 장치 및 보조기술을 포함한 신기술의 연구와 개발을 시행 또는 촉진하고, 그 유용성과 사용을 촉진할 것

(아) 그 밖의 다른 형태의 보조, 지원 서비스 및 시설뿐만 아니라 신기술을 포함한 이동 보조기, 장치 및 보조기술에 관하여 접근 가능한 정보를 장애인에게 제공할 것

(자) 이 협약에서 인정하는 권리에 의해 보장되는 보다 나은 지원과 서비스를 제공하기 위하여, 장애인과 함께 일하는 전문가와 직원의 훈련을 촉진할 것

2. 각 당사국은 경제적, 사회적 및 문화적 권리와 관련하여, 국제법에 따라 즉시 적용되는 이 협약에 규정된 의무를 손상하지 아니하면서 이러한 권리의 완전한 실현을 점진적으로 달성하기 위하여, 필요한 경우 국제적 협력의 틀 내에서, 가용자원이 허용하는 최대한도까지 조치를 취할 것을 약속한다.

3. 당사국은 이 협약을 이행하기 위한 입법과 정책의 개발 및 이행, 그리고 장애인과 관련된 문제에 관한 그 밖의 의사결정절차에서 장애인을 대표하는 단체를 통하여 장애아동을 포함한 장애인과 긴밀히 협의하고 이들을 적극적으로 참가시킨다.

4. 이 협약의 어떠한 조항도 당사국의 법률 또는 그 당사국에서 시행되고 있는 국제법에 포함되어 있는 장애인 권리 실현에 보다 기여하는 규정에 영향을 미치지 아니한다. 이 협약이 그러한 권리 또는 자유를 인정하지 아니하거나 보다 협소한 범위에서 인정하고 있음을 이유로 하여 법률, 협약, 규정 또는 관습에 따라 당사국에서 인정되고 있거나 당사국에 존재하는 일체의 인권과 기본적인 자유에 대하여 제약이나 침해가 있어서는 아니 된다.

5. 이 협약의 규정은 일체의 제한이나 예외 없이 연방국가의 모든 지역에 적용된다.

제5조 평등 및 비차별

1. 당사국은 모든 인간은 법 앞에서 그리고 법 아래 평등하며, 법이 인정한 동등한 보호 및 동등한

혜택을 차별 없이 받을 자격이 있음을 인정한다.

2. 당사국은 장애를 이유로 한 모든 차별을 금지하고, 모든 이유에 근거한 차별에 대하여 장애인에게 평등하고 효과적인 법적 보호를 보장한다.

3. 당사국은 평등을 증진하고 차별을 철폐하기 위하여, 합리적인 편의 제공을 보장하기 위한 모든 적절한 절차를 취한다.

4. 장애인의 사실상 평등을 촉진하고 달성하기 위하여 필요한 구체적인 조치는 이 협약의 조건 하에서 차별로 간주되지 아니한다.

제6조 장애여성

1. 당사국은 장애여성과 장애소녀가 다중적 차별의 대상이 되고 있음을 인정하고, 이러한 측면에서 모든 인권과 기본적인 자유의 완전하고 동등한 향유를 보장하기 위한 조치를 취한다.

2. 당사국은 여성이 이 협약에서 정한 인권과 기본적인 자유를 행사하고 향유하는 것을 보장하기 위한 목적으로, 여성의 완전한 발전, 진보 및 권한강화를 보장하기 위하여 모든 적절한 조치를 취한다.

제7조 장애아동

1. 당사국은 장애아동이 다른 아동과 동등하게 모든 인권과 기본적인 자유를 완전히 향유하도록 보장하기 위하여 필요한 모든 조치를 취한다.

2. 장애아동과 관련된 모든 조치에 있어서는 장애아동의 최대 이익을 최우선적으로 고려한다.

3. 당사국은 장애아동이 자신에게 영향을 미치는 모든 문제에 대하여 다른 아동과 동등하게 자신의 견해를 자유로이 표현할 권리와, 그러한 권리를 실현하기 위하여 장애 및 연령에 따라 적절한 지원을 받을 권리가 있음을 보장한다. 그러한 견해에 대하여는 연령과 성숙도에 따라 정당한 비중이 부여된다.

제8조 인식 제고

1. 당사국은 다음의 목적을 위하여 즉각적이고, 효과적이며, 적절한 조치를 채택할 것을 약속한다.

(가) 가족 단위를 포함하여 사회 전반에서 장애인에 관한 인식을 제고하고, 장애인의 권리와 존엄성에 대한 존중심을 고취할 것

(나) 성별과 연령을 이유로 하는 것을 포함하여 삶의 모든 영역에서 장애인에 대한 고정관념, 편견 및 유해한 관행을 근절할 것

(다) 장애인의 능력과 이들의 기여에 대한 인식을 증진할 것

2. 이러한 목적을 달성하기 위한 조치는 다음을 포함한다.

(가) 다음의 목적을 위하여 기획된 효과적인 대중인식 캠페인을 추진하고 지속할 것

(1) 장애인의 권리에 대한 수용성을 함양할 것

(2) 장애인에 대한 긍정적인 인식과 사회적 인식의 증대를 촉진할 것

(3) 장애인의 기술, 실적 및 능력과 직장 및 고용시장에의 기여에 대한 인식을 증진할 것

(나) 유아기부터의 모든 아동을 포함하여 교육제도의 모든 단계에서 장애인의 권리를 존중하는 태도를 양성할 것

(다) 이 협약의 목적에 합치하는 방식으로 장애인을 묘사하도록 모든 언론 기관에 대해 권장할 것

(라) 장애인과 장애인의 권리에 관한 인식 훈련 프로그램을 장려할 것

제9조 접근성

1. 당사국은 장애인이 자립적으로 생활하고 삶의 모든 영역에 완전히 참여할 수 있도록 하기 위하여, 장애인이 다른 사람과 동등하게 도시 및 농촌지역 모두에서 물리적 환경, 교통, 정보와 의사소통 기술 및 체계를 포함한 정보와 의사소통, 그리고 대중에게 개방 또는 제공된 기타 시설 및 서비스에 대한 접근을 보장하기 위한 적절한 조치를 취한다. 접근성에 대한 장애와 장벽을 식별하고 철폐하는 것을 포함하는 이러한 조치는 특히 다음의 사항에 적용된다.

(가) 건물, 도로, 교통 및 학교, 주택, 의료시설 및 직장을 포함한 기타 실내·외 시설

(나) 정보, 의사소통 및 전자서비스와 응급서비스를 포함한 기타 서비스

2. 당사국은 또한 다음을 위하여 적절한 조치를 취한다.

(가) 대중에게 개방되거나 제공되는 시설과 서비스에 대한 접근성과 관련된 최소한의 기준과 지침을 개발, 공표하고 그 이행을 감시할 것

(나) 대중에게 개방되거나 제공되는 시설과 서비스를 제공하는 민간주체가 장애인의 접근성을 위하여 모든 측면을 고려하도록 보장할 것

(다) 장애인이 직면한 접근성 문제에 대하여 관계자에게 훈련을 제공할 것

(라) 대중에게 개방된 건물과 기타 시설에 점자 및 읽고 이해하기 쉬운 형태의 공공표지판을 설치할 것

(마) 대중에게 개방된 건물과 기타 시설에 대한 접근성을 용이하게 하기 위하여 안내인, 낭독자, 전문수화통역사를 포함한 형태의 현장지원과 매개체를 제공할 것

(바) 장애인의 정보에 대한 접근성을 보장하기 위하여 기타 적절한 형태의 지원과 보조를 촉진할 것

(사) 인터넷을 포함한 새로운 정보와 의사소통 기술 및 체계에 대한 장애인의 접근을 촉진할 것

(아) 최소한의 비용으로 접근이 가능하도록 초기 단계에서 접근 가능한 정보와 의사소통 기술 및 체계의 고안, 개발, 생산 및 보급을 촉진할 것

제10조 생명권

당사국은 모든 인간이 천부적인 생명권을 부여받았음을 재확인하고, 장애인이 다른 사람과 동등하게 이러한 권리를 효과적으로 향유할 수 있도록 보장하기 위하여 모든 필요한 조치를 취한다.

제11조 위험상황과 인도적 차원의 긴급사태

당사국은 국제인도법과 국제인권법을 포함한 국제법적 의무에 따라 무력충돌, 인도적 차원의 긴급사태 및 자연재해의 발생을 포함하는 위험상황의 발생 시 장애인을 보호하고 안전을 보장하기 위하여 모든 필요한 조치를 취한다.

제12조 법 앞의 평등

1. 당사국은 장애인이 모든 영역에서 법 앞에 인간으로서 인정받을 권리가 있음을 재확인한다.

2. 당사국은 장애인이 모든 생활 영역에서 다른 사람과 동등하게 법적 능력을 향유함을 인정한다.

3. 당사국은 장애인이 법적 능력을 행사하기 위하여 필요한 지원에 접근할 수 있도록 적절한 조치를 취한다.

4. 당사국은 법적 능력의 행사와 관련된 조치를 취할 때 이것이 남용되지 아니하도록 국제인권법에 따라 적절하고 효과적인 안전장치를 제공하도록 보장한다. 그러한 안전장치는 법적 능력 행사와 관련된 조치가 개인의 권리, 의지 및 선호도를 존중하고, 이익의 충돌 및 부당한 영향으로부터 자유롭고, 개인이 처한 환경에 비례하고 적합하며, 가능한 빠른 시일 내에 적용되고, 권한 있고 독립적이며 공정한 당국 또는 사법기관의 정기적인 검토를 받도록 보장한다. 안전장치는 그러한 조치들이 개인의 권리와 이익에 영향을 미치는 정도에 비례한다.

5. 이 조항 규정에 따라, 당사국은 장애인이 재산을 소유 또는 상속할 수 있는 동등한 권리를 보장하고, 자신의 재정 상황을 관리하고, 은행대출, 담보 및 다른 형태의 재무신용에 대하여 동등하게 접근할 수 있도록 모든 적절하고 효과적인 조치를 취하며, 장애인의 재산이 임의적으로 박탈당하지 아니하도록 보장한다.

제13조 사법에 대한 접근

1. 당사국은 장애인이 조사와 기타 예비적 단계를 포함한 모든 법적 절차에서 증인을 포함한 직ㆍ간접적 참여자로서 효과적인 역할을 할 수 있도록 촉진하기 위하여, 절차와 연령에 적합한 편의의 제공을 포함하여 다른 사람과 동등하게 사법에 효과적으로 접근할 수 있도록 보장한다.

2. 장애인이 효과적으로 사법에 접근할 수 있도록 보장하기 위하여, 당사국은 경찰과 교도관을 포함하여 사법 행정 분야에서 근무하는 직원을 위한 적절한 훈련을 장려한다.

제14조 신체의 자유 및 안전

1. 당사국은 다른 사람과 동등하게 장애인에 대해 다음의 사항을 보장한다.

(가) 신체의 자유 및 안전에 관한 권리를 향유한다.

(나) 장애인의 자유는 불법적 또는 임의적으로 박탈당하지 아니하고, 자유에 대한 일체의 제한은
     법에 합치하여야 하며, 어떠한 경우에도 장애의 존재가 자유의 박탈을 정당화하지 아니한다.

2. 당사국은, 장애인이 어떠한 절차를 통하여 자유를 박탈당하는 경우, 모든 사람과 동등하게 국제인권법에 따라 보장받을 자격이 있고, 합리적인 편의제공을 비롯하여 이 협약의 목적과 원칙에 따라 대우받도록 보장한다.

제15조 고문 또는 잔혹한, 비인도적이거나 굴욕적인 대우나 처벌로부터의 자유

1. 그 누구도 고문 또는 잔혹한, 비인도적이거나 굴욕적인 대우나 처벌의 대상이 되지 아니한다. 특히, 그 누구도 자발적인 동의 없이 의학적 또는 과학적 실험의 대상이 되지 아니한다.

2. 당사국은 다른 사람과 동등하게 장애인이 고문 또는 잔혹한, 비인도적 또는 굴욕적인 대우를 받거나 처벌당하지 않도록 하기 위하여 모든 효과적인 입법적, 행정적, 사법적 또는 그 밖의 조치를 취한다.

제16조 착취, 폭력 및 학대로부터의 자유

1. 당사국은 가정 내외에서 성별을 이유로 한 유형을 포함하여 모든 형태의 착취, 폭력 및 학대로부터 장애인을 보호하기 위하여 모든 적절한 입법적, 행정적, 사회적, 교육적 및 그 밖의 조치를

취한다.

2. 당사국은 특히 장애인과 그 가족 및 보호자를 위하여 착취, 폭력 및 학대를 방지하고 인지하며 신고하는 방법에 대한 정보 및 교육의 제공을 포함하여 성별과 연령을 고려한 적절한 형태의 지원 및 보조를 보장함으로써 모든 형태의 착취, 폭력 및 학대를 방지하기 위한 모든 적절한 조치를 취한다. 당사국은 연령, 성별 및 장애를 고려하여 이러한 보호서비스를 제공한다.

3. 당사국은 모든 형태의 착취, 폭력 및 학대의 발생을 방지하기 위하여 독립적인 기관이 장애인에게 제공되도록 고안된 모든 시설과 프로그램을 효과적으로 감시할 것을 보장한다.

4. 당사국은 보호서비스의 제공을 포함하여 모든 형태의 착취, 폭력 및 학대의 피해자가 된 장애인의 신체적, 인지적 및 심리적 회복, 재활 및 사회적 재통합을 촉진하기 위한 모든 적절한 조치를 취한다. 그러한 회복 및 재통합은 개인의 건강, 복지, 자아존중, 존엄성 및 자율성을 증진하는 환경에서 이루어지며, 성별과 연령에 따른 특수한 요구를 반영한다.

5. 당사국은 장애인에 대한 착취, 폭력 및 학대 사례를 확인하고 조사하며 적절한 경우에는 기소하기 위하여, 여성과 아동에 중점을 둔 입법과 정책을 포함하여 효율적인 입법과 정책을 마련한다.

제17조 개인의 존엄성 보호

모든 장애인은 다른 사람과 동등하게 신체적 및 정신적 존엄성을 존중받을 권리를 가진다.

제18조 이주 및 국적의 자유

1. 당사국은 다른 사람과 동등하게 장애인의 이주의 자유, 거주지 선택 및 국적의 자유에 대한 권리를 인정한다. 여기에는 다음의 사항을 보장하는 것이 포함된다.

(가) 국적을 취득 및 변경할 권리를 가지며, 임의로 또는 장애를 이유로 국적을 박탈당하지 아니 한다.

(나) 장애를 이유로 국적 관련 서류 또는 기타 신분증명서류를 취득, 소유 및 사용하거나 또는 이주의 자유와 관련된 권리의 행사를 용이하게 하는 데에 필요할 수 있는 이민절차와 같은 관련 절차를 이용할 자격을 박탈당하지 아니한다.

(다) 모국을 포함하여 모든 국가로부터 출국할 자유가 있다.

(라) 임의적으로 또는 장애를 이유로 모국에 입국할 권리를 박탈당하지 아니한다.

2. 장애아동은 출생 즉시 등록되며, 출생 시부터 이름을 가질 권리, 국적을 취득할 권리 및 가능한 한 자신의 부모가 누구인지 알고 그 부모에 의하여 양육될 권리를 갖는다.

제19조 자립적 생활 및 지역사회에의 동참

이 협약의 당사국은 모든 장애인이 다른 사람과 동등한 선택을 통하여 지역 사회에서 살 수 있는 동등한 권리를 가짐을 인정하며, 장애인이 이러한 권리를 완전히 향유하고 지역사회로의 통합과 참여를 촉진하기 위하여, 효과적이고 적절한 조치를 취한다. 여기에는 다음의 사항을 보장하는 것이 포함된다.

(가) 장애인은 다른 사람과 동등하게 자신의 거주지 및 동거인을 선택할 기회를 가지며, 특정한 주거 형태를 취할 것을 강요받지 아니한다.

(나) 장애인의 지역사회에서의 생활과 통합을 지원하고 지역사회로부터 소외되거나 분리되는 것

을 방지하기 위하여 필요한 개별 지원을 포함하여, 장애인은 가정 내 지원서비스, 주거 지원서비스 및 그 밖의 지역사회 지원 서비스에 접근할 수 있다.

(다) 일반 국민을 위한 지역사회 서비스와 시설은 동등하게 장애인에게 제공되고, 그들의 요구를 수용한다.

제20조 개인의 이동성

당사국은 장애인에 대하여 최대한 독립적인 개인적 이동성을 보장하기 위하여 효과적인 조치를 취한다. 여기에는 다음의 사항이 포함된다.

(가) 장애인이 선택한 방식과 시기에, 그리고 감당할 수 있는 비용으로 장애인이 개인적으로 이동하는 것을 촉진할 것

(나) 장애인이 감당할 수 있는 비용으로 이용하게 하는 것을 포함하여 양질의 이동 보조기, 장치 및 보조기술 그리고 지원자와 매개인에 대한 장애인의 접근을 촉진할 것

(다) 장애인 및 장애인과 함께 근무하는 전문직원에게 이동기술에 관한 훈련을 제공할 것

(라) 이동 보조기구, 장비 및 보조기술을 생산하는 기업이 장애인 이동의 모든 측면을 고려하도록 장려할 것

제21조 의사 및 표현의 자유와 정보 접근권

당사국은 이 협약 제2조에 따라 선택할 수 있는 모든 의사소통 수단을 통하여 장애인이 다른 사람과 동등하게 정보와 사상을 구하고, 얻고, 전파하는 자유를 포함한 의사 및 표현의 자유를 행사할 수 있도록 보장하기 위하여 모든 적절한 조치를 취한다. 여기에는 다음의 사항이 포함된다.

(가) 일반 대중을 위한 정보를 다양한 장애유형에 적합하게 접근 가능한 형식과 기술로 장애인에게 시의적절하고 추가 비용 없이 제공할 것

(나) 장애인의 공식적인 교류에 있어 장애인의 선택에 따른 수화, 점자, 확장적이고 대체적인 의사소통, 그리고 의사소통의 기타 모든 접근 가능한 수단, 방식 및 형식의 사용을 수용하고 촉진할 것

(다) 인터넷 경로를 포함하여 일반 대중에게 서비스를 제공하는 민간 주체가 장애인에게 접근 및 이용 가능한 형식으로 정보와 서비스를 제공하도록 촉구할 것

(라) 언론 매체의 서비스가 장애인에게 접근 가능하도록 인터넷을 통한 정보제공자를 포함한 언론 매체를 장려할 것

(마) 수화의 사용을 인정하고 증진할 것

제22조 사생활의 존중

1. 장애인은 거주지 또는 거주형태와 무관하게 자신의 사생활, 가족, 가정, 통신 및 다른 형태의 의사소통에 관하여 임의적 또는 불법적인 간섭을 받거나 자신의 명예와 명성에 대하여 불법적인 침해를 받지 아니한다. 장애인은 그러한 간섭 또는 침해에 대하여 법의 보호를 받을 권리를 갖는다.

2. 당사국은 장애인의 개인정보 및 건강과 재활에 관한 사적 정보를 다른 사람과 동등하게 보호한다.

제23조 가정과 가족에 대한 존중

1. 당사국은 다음의 사항을 보장하기 위하여 다른 사람과 동등하게 혼인, 가족, 부모자식 관계 및 친척관계와 관련한 모든 문제에 있어 장애인에 대한 차별을 근절하기 위하여 효과적이고 적절한 조치를 취한다.

(가) 결혼적령기에 있는 모든 장애인이 장래 배우자의 자유롭고 완전한 동의 아래 결혼을 하고 가정을 이룰 수 있는 권리가 인정된다.

(나) 장애인이 자녀의 수와 출산계획을 자유롭고 책임 있게 선택할 권리와 연령에 적합한 정보 및 출산과 가족계획 교육에 대한 접근권을 인정하고, 장애인이 이러한 권리를 행사하는데 필요한 수단을 제공한다.

(다) 장애아동을 포함한 장애인은 다른 사람과 동등하게 생식능력을 유지한다.

2. 당사국은 그러한 개념이 국내법에 존재하는 경우, 아동의 보호, 후견, 위탁, 입양 또는 유사한 제도와 관련한 장애인의 권리와 책임을 보장한다. 모든 경우에 아동의 최선의 이익이 가장 중요시된다. 당사국은 장애인이 자녀에 대한 양육 책임을 수행하는데 있어 적절한 지원을 제공한다.

3. 당사국은 장애아동이 가정생활에 있어서 동등한 권리를 가질 것을 보장한다. 이러한 권리를 실현하고 장애아동의 은닉, 유기, 방임 및 격리를 방지하기 위하여 당사국은 장애아동과 그 가족에 대해 조기에 종합적인 정보, 서비스 및 지원의 제공을 약속한다.

4. 당사국은 관계당국이 사법적 판단을 통하여 적용 가능한 법률과 절차에 따라 부모와의 격리가 아동의 최선의 이익을 위하여 필요하다고 결정하는 경우를 제외하고, 부모의 의사에 반하여 아동이 부모로부터 격리되지 아니하도록 보장한다. 어떠한 경우에도 아동은 아동 자신 또는 부모의 장애를 이유로 부모로부터 분리되지 아니한다.

5. 당사국은 직계 가족이 장애아동을 돌볼 수 없는 경우에 대가족 내에서 대체적인 보호를 제공하고, 이것마저 불가능한 경우에는 지역사회에서 가족의 형태로 대체적인 보호를 제공하기 위한 노력을 다할 것을 약속한다.

제24조 교육

1. 당사국은 장애인의 교육을 받을 권리를 인정한다. 당사국은 이러한 권리를 균등한 기회에 기초하여 차별 없이 실현하기 위하여, 모든 수준에서의 통합적인 교육제도와 평생교육을 보장한다. 이는 다음과 같은 목적을 지향한다.

(가) 인간의 잠재력, 존엄성 및 자기 존중감의 완전한 계발과, 인권, 기본적인 자유 및 인간의 다양성에 대한 존중의 강화

(나) 장애인의 정신적, 신체적 능력뿐만 아니라 인성, 재능 및 창의성의 계발 극대화

(다) 장애인의 자유사회에 대한 효과적인 참여의 증진

2. 당사국은 이러한 권리를 실현함에 있어 다음의 사항을 보장한다.

(가) 장애인은 장애를 이유로 일반 교육제도에서 배제되지 아니하며, 장애아동은 장애를 이유로 무상 의무초등교육이나 중등교육으로부터 배제되지 아니한다.

(나) 장애인은 자신이 속한 지역사회에서 다른 사람과 동등하게 통합적인 양질의 무상 초등교육

및 중등교육에 접근할 수 있다.

(다) 개인의 요구에 의한 합리적인 편의가 제공된다.

(라) 장애인은 일반 교육제도 내에서 효과적인 교육을 촉진하기 위하여 필요한 지원을 제공받는다.

(마) 학업과 사회성 발달을 극대화하는 환경 내에서 완전한 통합이라는 목표에 합치하는 효과적이고 개별화된 지원 조치가 제공된다.

3. 당사국은 장애인의 교육에 대한 완전하고 평등한 참여를 촉진하기 위하여 지역사회의 구성원으로서 생활 및 사회성 발달 능력을 학습할 수 있도록 한다. 이를 위하여, 당사국은 다음의 사항을 포함한 적절한 조치를 취한다.

(가) 점자, 대체문자, 확장적이고 대안적인 의사소통의 방식, 수단 및 형식, 적응지도 및 이동능력의 학습을 촉진하고, 동료집단의 지원과 조언을 촉진할 것

(나) 수화 학습 및 청각 장애인 집단의 언어 정체성 증진을 촉진할 것

(다) 특히 시각, 청각 또는 시청각 장애를 가진 아동을 포함하여 이러한 장애를 가진 장애인의 교육이 개인의 의사소통에 있어 가장 적절한 언어, 의사소통 방식 및 수단으로 학업과 사회성 발달을 극대화하는 환경에서 이루어지도록 보장할 것

4. 이러한 권리 실현의 보장을 돕기 위하여, 당사국은 장애인 교사를 포함하여 수화 그리고/또는 점자언어 활용이 가능한 교사를 채용하고 각 교육 단계별 전문가와 담당자를 훈련하기 위한 적절한 조치를 취한다. 그러한 훈련은 장애에 대한 인식과 더불어, 장애인을 지원하기 위하여 적절한 보완적이며 대인적인 방식, 수단 및 형태의 의사소통, 교육기법 및 교재의 사용이 통합적으로 이루어져야 한다.

5. 당사국은 장애인이 차별 없고 다른 사람과 동등하게 일반적인 고등교육, 직업훈련, 성인교육 및 평생교육에 접근할 수 있도록 보장한다. 이를 위하여 당사국은 장애인에 대하여 합리적인 편의 제공을 보장한다.

제25조 건강

당사국은 장애인이 장애를 이유로 한 차별 없이 달성할 수 있는 최고 수준의 건강을 향유할 권리가 있음을 인정한다. 당사국은 의료관련 재활을 포함하여 성별을 고려한 의료서비스에 대한 장애인의 접근을 보장하는 모든 적절한 조치를 취한다. 특히, 당사국은 다음의 사항을 이행한다.

(가) 성적, 생식적 보건 및 인구에 기초한 공공 보건 프로그램을 포함하여 다른 사람에게 제공되는 것과 동일한 범위, 수준 및 기준의 무상 또는 감당할 수 있는 비용의 건강관리 및 프로그램을 장애인에게 제공한다.

(나) 적절한 조기 발견과 개입을 포함하여 장애인이 특히 장애에 기인하여 필요로 하는 의료서비스와 아동 및 노인에게 발생하는 장애를 포함하여 추가적인 장애를 최소화하고 예방하기 위하여 고안된 서비스를 제공한다.

(다) 농촌지역을 포함하여, 장애인이 속한 지역사회와 가능한 한 인접한 곳에서 이러한 의료서비스를 제공한다.

(라) 공공 및 민간 건강관리 윤리기준에 대한 훈련과 홍보를 통하여, 특히, 장애인의 인권, 존엄성,

자율성 및 필요에 대한 인식 증진에 따른 자유로운 사전 동의를 기초로, 건강전문가로 하여금 장애인에게 다른 사람과 동등한 질의 의료서비스를 제공하도록 요구한다.

(마) 공평하고 합리적인 방식으로 제공되는 건강보험 및 국내법에 따라 허용되는 생명보험의 제공 시 장애인에 대한 차별을 금지한다.

(바) 장애를 이유로 한 건강관리, 의료서비스 또는 식량과 음료의 차별적 거부를 금지한다.

제26조 훈련 및 재활

1. 당사국은 장애인이 최대한의 독립성, 완전한 신체적·정신적·사회적 및 직업적 능력 그리고 삶의 전 분야에서 완전한 통합과 참여를 달성하고 유지할 수 있도록 동료집단의 지원을 포함하여 효과적이고 적절한 조치를 취한다. 이를 위하여, 당사국은 특히 보건, 고용, 교육 및 사회 서비스 분야에서 다음의 방법으로 종합적인 훈련, 재활서비스 및 프로그램을 구성·강화 및 확대한다.

(가) 재활 서비스와 프로그램은 가능한 초기 단계에서 개시하고, 개인의 필요와 장점에 대한 다양한 분야별 평가에 기초한다.

(나) 재활 서비스와 프로그램은 지역사회 및 사회 모든 분야로의 참여와 통합을 지원하고, 자발적이며, 농촌지역을 포함한 장애인 자신의 지역사회에서 가능한 근접한 곳에서 이용이 가능하도록 제공된다.

2. 당사국은 훈련과 재활 서비스를 담당하는 전문가와 실무담당자를 위한 초기 및 지속적인 교육의 개발을 증진한다.

3. 당사국은 훈련과 재활에 관련이 있는 경우, 장애인을 위하여 고안된 보조기구와 기술의 유용성, 지식 및 그 사용을 촉진한다.

제27조 근로 및 고용

1. 당사국은 다른 사람과 동등하게 장애인의 노동권을 인정한다. 이는 장애인이 장애인에게 개방적이고 통합적이며 접근 가능한 노동시장과 근로환경 내에서 자유로이 선택하거나 수용한 직업을 통하여 삶을 영위할 기회를 가질 권리를 포함한다. 당사국은 고용기간동안 장애를 입은 사람을 포함하여, 특히 다음의 사항을 위하여 입법을 포함한 적절한 조치를 취하여 노동권의 실현을 보호하고 증진한다.

(가) 모집, 채용 및 고용, 고용연장, 승진, 안전하고 위생적인 근무환경의 조건을 포함하여 고용관련 제반 사항에 관하여 장애를 이유로 한 차별을 금지한다.

(나) 동등한 가치를 갖는 업무에 대하여 동등한 기회와 보수를 인정하는 등, 공정하고 우호적인 근무 환경 및 괴롭힘으로부터의 보호 및 불편사항의 시정을 포함하여 안전하고 위생적인 근무환경에 대하여 다른 사람과 동등하게 장애인의 권리를 보호한다.

(다) 다른 사람과 동등하게 장애인이 단결권을 행사할 수 있도록 보장한다.

(라) 일반적인 기술과 직업지도 프로그램, 직업소개 서비스, 직업훈련 및 지속적인 훈련에 대하여 장애인이 효과적으로 접근할 수 있도록 한다.

(마) 구직, 취업, 직업유지 및 복직에 대하여 지원할 뿐만 아니라, 근로시장에서 장애인의 고용기회와 승진을 촉진한다.

(바) 자영업, 기업경영, 협동조합의 개발 및 창업의 기회를 촉진한다.

(사) 공공부문에 장애인을 고용한다.

(아) 적극적 고용개선조치 프로그램, 장려금 및 그 밖의 조치를 포함한 적절한 정책과 조치를 통하여 민간부문에서 장애인의 고용을 촉진한다.

(자) 작업장에서 장애인에게 합리적인 편의가 제공되도록 보장한다.

(차) 공개 노동시장에서 장애인이 직장경력을 습득하도록 촉진한다.

(카) 장애인을 위한 직업훈련 및 전문교육, 직업유지 및 복직 프로그램을 촉진한다.

2. 당사국은 장애인이 노예상태 또는 강제노역에 처하지 아니하고, 다른 사람과 동등하게 강요되거나 강제된 노동으로부터 보호되도록 보장한다.

제28조 적절한 생활수준과 사회적 보호

1. 당사국은 적정한 수준의 의식주를 포함하여 장애인 자신과 그 가족이 적정한 생활수준을 유지하고 생활조건이 지속적으로 개선될 장애인의 권리를 인정하며, 장애를 이유로 한 차별 없이 이러한 권리의 실현을 보호하고 증진하는 적절한 조치를 취한다.

2. 당사국은 장애를 이유로 한 차별 없이 장애인이 사회적 보호에 대한 권리를 가진다는 점과 이러한 권리의 향유를 인정하며, 다음의 조치를 포함하여 이러한 권리의 실현을 보호하고 증진하는 적절한 조치를 취한다.

(가) 정수(淨水) 서비스에 대하여 장애인에게 동등한 접근을 보장하고, 장애와 관련된 필요를 위한 적절하고 감당할 수 있는 비용의 서비스, 장치 및 그 밖의 지원에 대한 접근을 보장할 것

(나) 장애인, 특히 장애여성, 장애소녀 및 장애노인에 대하여 사회보호 프로그램과 빈곤감소 프로그램에 대한 접근을 보장할 것

(다) 빈곤상태에 있는 장애인과 그 가족에게 적절한 훈련, 상담, 재정지원 및 임시간호를 포함하여 장애 관련 국가의 비용 지원에 대한 접근을 보장할 것

(라) 공공주택 프로그램에 대한 장애인의 접근을 보장할 것

(마) 퇴직연금과 프로그램에 대한 장애인의 동등한 접근을 보장할 것

제29조 정치 및 공적 생활에 대한 참여

당사국은 장애인이 다른 사람과 동등하게 정치적 권리와 기회를 향유할 수 있도록 보장하며, 다음의 사항을 약속한다.

(가) 장애인이 투표하고 선출될 수 있는 권리와 기회를 포함하여, 다른 사람과 동등하게, 직접 또는 자유롭게 선택한 대표를 통한 정치 및 공적생활에 효과적이고 완전하게 참여할 수 있도록 특히 다음의 사항을 통하여 보장할 것

(1) 투표절차, 시설 및 자료가 적절하고, 접근가능하며, 그 이해와 사용이 용이하도록 보장할 것

(2) 적절한 경우 보조기술 및 새로운 기술의 사용을 촉진하여, 장애인이 위협당하지 아니하고 선거 및 국민투표에서 비밀투표를 할 권리와, 선거에 출마하고 효과적으로 취임하여 정부의 모든 단계에서 모든 공적 기능을 수행할 장애인의 권리를 보호할 것

(3) 유권자로서 장애인 의사의 자유로운 표현을 보장하고, 이를 위하여 필요한 경우, 장애인의 요

청에 따라 그가 선택한 사람에 의하여 투표에 있어 도움을 받도록 인정할 것

(나) 장애인이 차별 없이 다른 사람과 동등하게 공적 활동 수행에 효과적이고 완전하게 참여할 수 있는 환경을 적극적으로 조성하고, 다음을 포함한 장애인의 공적 활동에의 참여를 장려할 것

(1) 국가의 공적·정치적 활동과 관련된 비정부기구 및 비정부단체와 정당 활동 및 운영에의 참여

(2) 국제적, 국내적, 지역적 및 지방적 차원에서 장애인을 대표하는 장애인 단체의 결성과 가입

제30조 문화생활, 레크리에이션, 여가생활 및 체육활동에 대한 참여

1. 당사국은 다른 사람과 동등하게 문화생활에 참여할 수 있는 장애인의 권리를 인정하며, 장애인에게 다음의 사항을 보장하기 위하여 모든 적절한 조치를 취한다.

(가) 접근 가능한 형태로 된 문화자료에 대한 접근을 향유한다.

(나) 접근 가능한 형태로 된 텔레비전 프로그램, 영화, 연극 및 다른 문화 활동에 대한 접근을 향유한다.

(다) 공연장, 박물관, 영화관, 도서관, 관광서비스와 같은 문화 활동 또는 서비스를 위한 장소에 대한 접근과, 국가적으로 문화적 중요성을 가진 기념물과 명소에 대한 접근을 가능한 한 향유한다.

2. 당사국은 장애인 자신의 이익뿐만 아니라 풍요로운 사회를 위하여 장애인의 창조적, 예술적, 지적 잠재력을 계발하고 활용할 수 있는 기회를 보장하기 위하여 적절한 조치를 취한다.

3. 당사국은 국제법에 따라 지적재산권을 보호하는 법이 문화자료에 대한 장애인의 접근에 불합리하거나 차별적인 장벽을 구성하지 아니하도록 모든 적절한 조치를 취한다.

4. 장애인은 다른 사람과 동등하게 수화와 청각장애인의 문화를 포함하여 그들의 특정한 문화적·언어적 정체성을 인정받고 지원받을 자격이 있다.

5. 당사국은 장애인이 다른 사람과 동등하게 레크리에이션, 여가생활 및 체육활동에 참여할 수 있도록 하기 위하여 다음의 적절한 조치를 취한다.

(가) 주류 체육활동의 모든 단계에서 장애인이 가능한 최대로 참여할 수 있도록 장려하고 증진할 것

(나) 장애인이 장애특화 체육과 레크리에이션 활동을 조직, 개발하고 이에 참여할 수 있는 기회를 보장하고, 이를 위하여 다른 사람과 동등하게 적절한 교육, 훈련 및 자원의 제공을 장려할 것

(다) 체육활동, 레크리에이션 및 관광지에 대한 장애인의 접근을 보장할 것

(라) 장애아동이 교내 활동을 포함하여 놀이, 레크리에이션, 여가활동 및 체육활동의 참여에 대하여 다른 아동과 동등하게 접근할 수 있도록 보장할 것

(마) 레크리에이션, 관광, 여가활동 및 체육활동을 조직하는 서비스에 대한 장애인의 접근을 보장할 것

제31조 통계와 자료 수집

1. 당사국은 이 협약의 이행을 위한 정책을 수립하고 시행하기 위하여 통계 자료와 연구 자료를 포함한 적절한 정보를 수집할 것을 약속한다. 이러한 정보의 수집 및 유지 절차는 다음에 따른다.

(가) 장애인의 사생활에 대한 비밀과 존중을 보장하기 위하여 자료 보호와 관련된 입법을 포함하

여 법적으로 확립된 보호조치를 준수한다.

(나) 통계의 수집과 이용 시, 인권과 기본적인 자유를 보호하는 국제적으로 승인된 규범과 윤리원
   칙을 준수한다.

2. 이 조항에 따라 수집된 정보는 적절하게 구성요소별로 분류되어, 이 협약에 따른 당사국의 의
무 이행을 평가하고 장애인이 권리를 행사함에 있어 직면하는 장벽을 규명하고 해결하는 데에
사용된다.

3. 당사국은 이러한 통계의 보급에 책임을 지고, 이에 대한 장애인과 비장애인의 접근을 보장한다.

제32조 국제협력

1. 당사국은 이 협약의 목적과 목표의 실현을 위한 국가차원의 노력을 지원함에 있어 국제협력과
그에 대한 증진의 중요성을 인정하고, 이러한 관점에서 당사국 간 그리고 적절한 경우에는 관련
국제기구 및 지역기구와 시민단체, 특히 장애인 단체와의 협력을 통하여 적절하고 효과적인 조치
를 취할 것이다. 이러한 조치는 특히 다음의 사항을 포함할 수 있다.

(가) 국제개발 프로그램을 포함하여 국제협력에 장애인을 포함시키고, 장애인에게 접근 가능하도
   록 보장할 것

(나) 정보, 경험, 훈련 프로그램 및 모범사례의 교류 및 공유 등을 통하여 역량구축을 촉진하고
   지원할 것

(다) 연구 협력과 과학적 및 기술적 지식에 대한 접근을 촉진할 것

(라) 적절한 경우, 기술이전을 통하여 접근가능하고 보조적인 기술에 대한 접근과 공유를 촉진하
   는 것을 포함하여, 기술적 및 경제적 지원을 제공할 것

2. 이 조항의 규정은 이 협약 하에서 각 당사국이 이행하여야 하는 의무를 저해하지 아니한다.

제33조 국내적 이행 및 감독

1. 당사국은 이 협약의 이행과 관련된 사항을 위하여 국내조직의 체계에 맞춰 정부 내에 하나
또는 그 이상의 전담부서를 지정하고, 다양한 부문과 다양한 수준에서 관련 활동을 용이하게 하기
위하여 정부 내에 조정기구를 설치하거나 지정하는 것을 충분히 고려한다.

2. 당사국은 자국의 입법과 행정 체계에 따라 이 협약의 이행을 증진, 보호 및 감독하기 위하여
적절한 경우 당사국 내에 하나 또는 그 이상의 독립적 기구를 포함한 체제를 유지, 강화, 지정
또는 설치한다. 이러한 기구를 지정 또는 설치할 경우, 당사국은 인권보장과 증진을 위한 국가기
구의 지위 및 역할과 관련된 원칙을 고려한다.

3. 시민단체, 특히 장애인과 이들을 대표하는 단체들은 감독 절차에 충분히 포함되고 참여한다.

제34조 장애인권리위원회

1. 이하에서 규정하는 기능을 수행하는 장애인권리위원회(이하 "위원회"라 한다)를 설치한다.

2. 위원회는 이 협약 발효 시 12명의 전문가로 구성한다. 추가로 60개국이 비준 또는 가입한 이후
에 위원회의 위원은 6명까지 추가되어 최대 18명이 된다.

3. 위원회의 위원은 개인 자격으로 직무를 수행하고 높은 도덕성을 가지며, 이 협약이 다루는 분
야에서 인정된 능력과 경험을 인정받아야 한다. 당사국은 후보자 지명 시, 이 협약 제4조제3항의

규정을 충분히 고려하도록 요청된다.

4. 당사국은 공평한 지리적 배분, 다양한 문명형태와 주요 법체계의 대표성, 균형 있는 성별 대표성 및 장애인 당사자인 전문가의 참여를 고려하여 위원회의 위원을 선출한다.

5. 위원회의 위원은 당사국회의에서 각 당사국이 자국민 중에서 지명한 후보자 명부에서 비밀투표로 선출한다. 당사국의 3분의 2가 의사정족수를 구성하는 이 회의에서 출석하여 투표한 당사국 대표로부터 절대 다수표를 획득한 자 중 최다득표자 순으로 선출된다.

6. 최초의 선거는 이 협약의 발효일로부터 6월 안에 실시된다. 국제연합 사무총장은 최소한 각 선거일 4월 전에 모든 당사국에게 서한을 발송하여 2월 안에 후보자 명단을 제출해 주도록 요청한다. 국제연합 사무총장은 이와 같이 지명된 후보자의 명부를 지명한 당사국을 명시하여 알파벳 순으로 작성하며, 이 명부를 모든 당사국에게 송부한다.

7. 위원회의 위원은 4년 임기로 선출된다. 위원은 1회 재임 가능하다. 그러나 최초의 선거에서 선출된 위원 중 6명의 임기는 2년 후에 종료되며, 6명은 최초 선거 후 즉시 이 조 제5항에 규정된 회의의 의장이 추첨으로 선정한다.

8. 6명의 추가 위원회 위원의 선출은 이 조의 관련 규정에 따라 일반투표로 이루어진다.

9. 위원회의 위원이 사망, 사임하거나 또는 그 밖의 사유로 인하여 임무를 더 이상 수행할 수 없다고 선언한 경우, 이 위원을 지명한 당사국은 이 조항의 관련 규정에 명시된 자격을 갖추고 요건에 부합하는 다른 전문가를 임명하여 잔여임기를 수행하도록 한다.

10. 위원회는 자체의 의사규칙을 제정한다.

11. 국제연합 사무총장은 이 협약에 의하여 설립된 위원회가 효과적으로 기능을 수행하는데 필요한 직원과 시설을 제공하고, 제1차 회의를 소집한다.

12. 이 협약에 의하여 설립된 위원회의 위원은 위원회 책무의 중요성을 고려하여 국제연합 총회의 승인을 얻고 총회가 결정하는 조건에 따라 국제연합 재원으로부터 보수를 받는다.

13. 위원회의 위원은 국제연합의 특권과 면제에 관한 협약의 관련 부분에 규정된 바에 따라, 국제연합을 위하여 임무를 수행 중인 전문가를 위한 편의, 특권 및 면제를 향유한다.

제35조 당사국 보고서

1. 각 당사국은 이 협약에 따른 의무를 이행하기 위하여 취한 조치 및 진전사항에 관하여 이 협약이 자국에 대하여 발효한 후 2년 안에 종합적인 보고서를 국제연합 사무총장을 통하여 위원회에 제출한다.

2. 그 이후 당사국은 최소한 4년마다 후속 보고서를 제출하며 위원회가 요구하는 경우에는 언제든지 제출한다.

3. 위원회는 이 보고서의 내용에 적합한 지침을 결정한다.

4. 위원회에 제1차 종합보고서를 제출한 당사국은 후속보고서에 이전에 제출한 정보를 반복할 필요는 없다. 당사국은 위원회에 제출할 보고서를 준비하는 경우, 공개적이고 투명한 과정에 따라 이를 준비하고 이 협약의 제4조 제3항의 규정을 적절히 고려하도록 요청된다.

5. 보고서는 이 협약상 의무 이행정도에 영향을 미치는 요인과 애로점을 명시할 수 있다.

제36조 보고서의 검토

1. 위원회는 각 보고서를 검토하고 보고서에 관하여 적절하다고 판단되는 제안과 일반적인 권고를 하며, 이를 관련 당사국에 송부한다. 당사국은 이에 대한 정보를 위원회에 제출할 수 있다. 위원회는 이 협약의 이행과 관련된 추가 정보를 당사국에 요청할 수 있다.

2. 당사국의 보고서 제출이 상당히 지체될 경우, 위원회는 통지 이후 3개월 이내에 관련 보고서가 제출되지 아니하는 경우 위원회가 이용가능한 신뢰할 만한 정보를 기초로 관련 당사국에게 협약 이행을 심사할 필요성이 있음을 통지할 수 있다. 위원회는 관련 당사국에게 이러한 심사에 참여하도록 요청한다. 당사국이 관련 보고서를 제출함으로써 이에 응한다면, 이 조 제1항의 규정이 적용된다.

3. 국제연합 사무총장은 보고서를 모든 당사국에 송부한다.

4. 당사국은 보고서가 자국 국민에게 널리 활용 가능하도록 하여야 하며, 이 보고서에 관한 제안 및 일반 권고에 대한 접근을 증진한다.

5. 위원회는 적절하다고 판단되는 경우, 기술적 자문 또는 지원을 요청하거나 그 필요성을 지적하고 있는 당사국의 보고서를 그러한 요청 또는 지적에 대한 위원회의 소견과 권고가 있다면 그 소견 및 권고와 함께 국제연합의 전문기구, 기금 및 프로그램과 기타 관련기구에게 전달한다.

제37조 당사국과 위원회 간의 협력

1. 각 당사국은 위원회와 협력하고, 위원회 위원들이 임무를 수행할 수 있도록 지원한다.

2. 위원회는 당사국과의 관계에 있어서 이 협약의 이행을 위하여 국제협력을 포함하여 국가역량을 증진시킬 수 있는 수단과 방법을 적절히 고려한다.

제38조 위원회와 기타 기구와의 관계

이 협약의 효과적인 이행을 촉진하고, 이 협약이 대상으로 하는 분야에서의 국제협력을 장려하기 위하여,

(가) 전문기구와 국제연합의 기타 기관은 이 협약 중 그 권한 범위에 속하는 규정의 이행에 관한 논의에 대표를 파견할 자격이 있다. 위원회는 전문기구와 기타 권한 있는 기구에 대하여 적절하다고 판단될 경우 각 기구의 권한 범위에 속하는 분야에 있어서 이 협약의 이행에 관한 전문적인 자문을 제공하여 줄 것을 요청할 수 있다. 위원회는 전문기구와 기타 국제연합의 기관에 대하여 그 활동범위에 속하는 분야에서 이 협약의 이행에 관한 보고서를 제출할 것을 요청할 수 있다.

(나) 위원회는 직무 수행 시 개별적인 보고서 지침, 제안 및 일반 권고의 일관성을 보장하고 기능 수행에 있어 중복을 피하기 위한 목적으로 적절한 경우, 국제인권조약에 따라 설립된 기타 관련 기구와 협의한다.

제39조 위원회 보고서

위원회는 위원회의 활동에 대한 보고서를 2년마다 총회와 경제사회이사회에 제출하며, 당사국으로부터 접수한 보고서와 정보에 대한 심사를 기초로 하여 제안 및 일반적 권고를 할 수 있다. 이러한 제안 및 일반적 권고는 당사국으로부터의 논평이 있는 경우에는 이과 함께 위원회의 보고

서에 수록되어야 한다.

제40조 당사국회의

1. 당사국은 이 협약의 이행과 관련된 사항을 검토하기 위하여 당사국회의에서 정기적으로 회합한다.

2. 국제연합 사무총장은 이 협약이 발효된 후 6월 안에 당사국회의를 소집한다. 또한 국제연합 사무총장은 2년마다 또는 당사국회의의 결정에 따라 차기 회의를 소집한다.

제41조 수탁자

국제연합 사무총장은 이 협약의 수탁자이다.

제42조 서명

이 협약은 2007년 3월 30일 뉴욕 국제연합 본부에서 모든 국가와 지역통합기구의 서명을 위하여 개방된다.

제43조 기속적 동의

이 협약은 서명국에 의한 비준 및 서명한 지역통합기구에 의한 정식 확인의 대상이다. 이 협약은 이 협약에 서명하지 아니한 국가 또는 지역통합기구의 가입을 위하여 개방된다.

제44조 지역통합기구

1. "지역통합기구"란 특정지역의 주권 국가에 의하여 구성된 기구로서, 그 회원국들이 협약이 다루는 사항에 대한 권한을 위임한 기구를 의미한다. 이러한 기구는 정식확인서 또는 가입서에서 이 협약이 다루는 사항에 관한 자신의 권한 범위를 선언한다. 이후에, 이 기구는 자신의 권한 범위에 대한 중요한 변경에 대하여 수탁자에게 통보한다.

2. 이 협약의 "당사국"에 대한 언급은 지역통합기구의 권한 범위 내에서 이러한 기구에 적용된다.

3. 제45조제1항, 제47조제2항 및 제3항의 목적상, 지역통합기구에 의하여 기탁된 문서는 포함되지 아니한다.

4. 지역통합기구는 그 권한 내의 사항에 관하여 당사국회의에서 이 협약 당사국인 회원국 수와 동일한 투표수로 투표권을 행사할 수 있다. 기구의 회원국 중 어느 국가라도 투표권을 행사한다면 그 기구는 투표권을 행사할 수 없으며, 반대로 기구가 투표권을 행사한다면 그 기구의 회원국은 투표권을 행사할 수 없다.

제45조 발효

1. 이 협약은 20번째 비준서 또는 가입서가 국제연합 사무총장에게 기탁된 날부터 30일째 되는 날 발효한다.

2. 20번째의 비준서, 정식확인서 또는 가입서가 기탁된 후 이 협약을 비준, 정식확인 또는 가입하는 국가 또는 지역통합기구에 대하여 이 협약은 이러한 문서의 기탁된 날로부터 30일째 되는 날 발효한다.

제46조 유보

1. 이 협약의 대상 및 목적과 양립하지 아니하는 유보는 허용되지 아니한다.

2. 유보는 언제든지 철회할 수 있다.

제47조 개정

1. 모든 당사국은 이 협약의 개정안을 제안하고 이를 국제연합 사무총장에게 제출할 수 있다. 사무총장은 동 제안을 검토하고 결정하기 위한 당사국회의의 개최에 대한 찬성 여부에 관한 의견을 표시하여 줄 것을 요청하는 것과 함께 제안된 개정안을 당사국에게 송부한다. 송부일로부터 4월 안에 최소한 협약 당사국 3분의 1이 회의 개최에 찬성하는 경우, 사무총장은 국제연합의 주관 하에 이 회의를 소집한다. 회의에 출석하고 표결하는 당사국의 3분의 2 이상 중 과반수에 의하여 채택된 개정안은 그 승인을 위하여 사무총장을 통하여 국제연합 총회에 제출되고, 모든 당사국에 수락을 위하여 제출된다.

2. 이 조 제1항에 따라 채택되고 승인된 개정안은 기탁된 수락서의 수가 개정안 채택일 당시 당사국 수의 3분의 2를 충족한 후 30일째 되는 날 발효한다. 이후에, 당사국들이 자국의 수락서를 기탁한 후 30일째 되는 날부터 해당 당사국에 대하여 발효한다. 개정안은 이를 수락한 당사국에 대해서만 구속력을 가진다.

3. 당사국회의에서 총의로 결정되면 제34조, 제38조, 제39조 및 제40조와 배타적으로 관련되고 이 조의 제1항에 따라 채택되고 승인된 개정안은 기탁된 수락서의 수가 개정안 채택일을 기준으로 하여 당사국 수의 3분의 2를 충족한 후 30일째 되는 날 모든 당사국에 대하여 발효한다.

제48조 폐기

당사국은 국제연합 사무총장에 대한 서면통보에 의하여 이 협약을 폐기할 수 있다. 폐기는 사무총장이 통보를 접수한 날로부터 1년 후에 효력을 발생한다.

제49조 접근 가능한 형식

이 협약문은 접근 가능한 형식으로 제공된다.

제50조 정본

이 협약문은 아랍어, 중국어, 영어, 불어, 노어 및 서반아어본이 동등하게 정본이다.

이상의 증거로 아래의 서명 전권대표들은 각국 정부에 의하여 정당하게 권한을 위임받아 이 협약에 서명하였다.

17. CONVENTION ON THE RIGHTS OF PERSONS WITH DISABILITIES

Preamble

The States Parties to the present Convention,

(a) Recalling the principles proclaimed in the Charter of the United Nations which recognize the inherent dignity and worth and the equal and inalienable rights of all members of the human family as the foundation of freedom, justice and peace in the world,

(b) Recognizing that the United Nations, in the Universal Declaration of Human Rights and in the International Covenants on Human Rights, has proclaimed and agreed that everyone is entitled to all the rights and freedoms set forth therein, without distinction of any kind,

(c) Reaffirming the universality, indivisibility, interdependence and interrelatedness of all human rights and fundamental freedoms and the need for persons with disabilities to be guaranteed their full enjoyment without discrimination,

(d) Recalling the International Covenant on Economic, Social and Cultural Rights, the International Covenant on Civil and Political Rights, the International Convention on the Elimination of All Forms of Racial Discrimination, the Convention on the Elimination of All Forms of Discrimination against Women, the Convention against Torture and Other Cruel, Inhuman or Degrading Treatment or Punishment, the Convention on the Rights of the Child, and the International Convention on the Protection of the Rights of All Migrant Workers and Members of Their Families,

(e) Recognizing that disability is an evolving concept and that disability results from the interaction between persons with impairments and attitudinal and environmental barriers that hinders their full and effective participation in society on an equal basis with others,

(f) Recognizing the importance of the principles and policy guidelines contained in the World Programme of Action concerning Disabled Persons and in the Standard Rules on the Equalization of Opportunities for Persons with Disabilities in influencing the promotion, formulation and evaluation of the policies, plans, programmes and actions at the national, regional and international levels to further equalize opportunities for persons with disabilities,

(g) Emphasizing the importance of mainstreaming disability issues as an integral part of relevant strategies of sustainable development,

(h) Recognizing also that discrimination against any person on the basis of disability is a violation of the inherent dignity and worth of the human person,

(i) Recognizing further the diversity of persons with disabilities,

(j) Recognizing the need to promote and protect the human rights of all persons with disabilities, including those who require more intensive support,

(k) Concerned that, despite these various instruments and undertakings, persons with disabilities continue to face barriers in their participation as equal members of society and violations of their human rights in all parts of the world,

(l) Recognizing the importance of international cooperation for improving the living conditions of persons with disabilities in every country, particularly in developing countries,

(m) Recognizing the valued existing and potential contributions made by persons with disabilities to the overall well-being and diversity of their communities, and that the promotion of the full enjoyment by persons with disabilities of their human rights and fundamental freedoms and of full participation by persons with disabilities will result in their enhanced sense of belonging and in significant advances in the human, social and economic development of society and the eradication of poverty,

(n) Recognizing the importance for persons with disabilities of their individual autonomy and independence, including the freedom to make their own choices,

(o) Considering that persons with disabilities should have the opportunity to be actively involved in decision-making processes about policies and programmes, including those directly concerning them,

(p) Concerned about the difficult conditions faced by persons with disabilities who are subject to multiple or aggravated forms of discrimination on the basis of race, colour, sex, language, religion, political or other opinion, national, ethnic, indigenous or social origin, property, birth, age or other status,

(q) Recognizing that women and girls with disabilities are often at greater risk, both within and outside the home, of violence, injury or abuse, neglect or negligent treatment, maltreatment or exploitation,

(r) Recognizing that children with disabilities should have full enjoyment of all human rights and fundamental freedoms on an equal basis with other children, and recalling obligations to that end undertaken by States Parties to the Convention on the Rights of the Child,

(s) Emphasizing the need to incorporate a gender perspective in all efforts to promote the full enjoyment of human rights and fundamental freedoms by persons with disabilities,

(t) Highlighting the fact that the majority of persons with disabilities live in conditions of poverty, and in this regard recognizing the critical need to address the negative impact of poverty on persons with disabilities,

(u) Bearing in mind that conditions of peace and security based on full respect for the purposes and principles contained in the Charter of the United Nations and observance of applicable human rights instruments are indispensable for the full protection of persons with disabilities, in particular during armed conflicts and foreign occupation,

(v) Recognizing the importance of accessibility to the physical, social, economic and cultural environment, to health and education and to information and communication, in enabling persons with disabilities to fully enjoy all human rights and fundamental freedoms,

(w) Realizing that the individual, having duties to other individuals and to the community to which he or she belongs, is under a responsibility to strive for the promotion and observance of the rights recognized in the International Bill of Human Rights,

(x) Convinced that the family is the natural and fundamental group unit of society and is entitled to protection by society and the State, and that persons with disabilities and their family members should receive the necessary protection and assistance to enable families to contribute towards the full and equal enjoyment of the rights of persons with disabilities,

(y) Convinced that a comprehensive and integral international convention to promote and protect the rights and dignity of persons with disabilities will make a significant contribution to redressing the profound social disadvantage of persons with disabilities and promote their participation in the civil, political, economic, social and cultural spheres with equal opportunities, in both developing and developed countries,

Have agreed as follows:

Article 1. Purpose

The purpose of the present Convention is to promote, protect and ensure the full and equal enjoyment of all human rights and fundamental freedoms by all persons with disabilities, and to promote respect for their inherent dignity. Persons with disabilities include those who have long-term physical, mental, intellectual or sensory impairments which in interaction with various barriers may hinder their full and effective participation in society on an equal basis with others.

Article 2. Definitions

For the purposes of the present Convention:

"Communication" includes languages, display of text, Braille, tactile communication, large print, accessible multimedia as well as written, audio, plain-language, human-reader and augmentative and alternative modes, means and formats of communication, including accessible information and communication technology;

"Language" includes spoken and signed languages and other forms of non spoken languages;

"Discrimination on the basis of disability" means any distinction, exclusion or restriction on the basis of disability which has the purpose or effect of impairing or nullifying the recognition, enjoyment or exercise, on an equal basis with others, of all human rights and fundamental freedoms in the political, economic, social, cultural, civil or any other field. It includes all forms of discrimination, including denial of reasonable accommodation;

"Reasonable accommodation" means necessary and appropriate modification and adjustments not imposing a disproportionate or undue burden, where needed in a particular case, to ensure to persons with disabilities the enjoyment or exercise on an equal basis with others of all human rights and fundamental freedoms;

"Universal design" means the design of products, environments, programmes and services to be usable by all people, to the greatest extent possible, without the need for adaptation or specialized design. "Universal design" shall not exclude assistive devices for particular groups of persons with disabilities where this is needed.

Article 3. General principles

The principles of the present Convention shall be:

(a) Respect for inherent dignity, individual autonomy including the freedom to make one's own choices, and independence of persons;

(b) Non-discrimination;

(c) Full and effective participation and inclusion in society;

(d) Respect for difference and acceptance of persons with disabilities as part of human diversity and humanity;

(e) Equality of opportunity;

(f) Accessibility;

(g) Equality between men and women;

(h) Respect for the evolving capacities of children with disabilities and respect for the right of children with disabilities to preserve their identities.

Article 4. General obligations

1. States Parties undertake to ensure and promote the full realization of all human rights and fundamental freedoms for all persons with disabilities without discrimination of any kind on the basis of disability. To this end, States Parties undertake:

(a) To adopt all appropriate legislative, administrative and other measures for the implementation of the rights recognized in the present Convention;

(b) To take all appropriate measures, including legislation, to modify or abolish existing laws, regulations, customs and practices that constitute discrimination against persons with disabilities;

(c) To take into account the protection and promotion of the human rights of persons with disabilities in all policies and programmes;

(d) To refrain from engaging in any act or practice that is inconsistent with the present Convention and to ensure that public authorities and institutions act in conformity with the present Convention;

(e) To take all appropriate measures to eliminate discrimination on the basis of disability by any person, organization or private enterprise;

(f) To undertake or promote research and development of universally designed goods, services, equipment and facilities, as defined in article 2 of the present Convention, which should require the minimum possible adaptation and the least cost to meet the specific needs of a person with disabilities, to promote their availability and use, and to promote universal design in the development of standards and guidelines;

(g) To undertake or promote research and development of, and to promote the availability and use of new technologies, including information and communications technologies, mobility aids, devices and assistive technologies, suitable for persons with disabilities, giving priority to technologies at an affordable cost;

(h) To provide accessible information to persons with disabilities about mobility aids, devices and assistive technologies, including new technologies, as well as other forms of assistance, support services and facilities;

(i) To promote the training of professionals and staff working with persons with disabilities in the rights recognized in the present Convention so as to better provide the assistance and services guaranteed by those rights.

2. With regard to economic, social and cultural rights, each State Party undertakes to take measures to the maximum of its available resources and, where needed, within the framework of international cooperation, with a view to achieving progressively the full realization of these rights, without prejudice to those obligations contained in the present Convention that are immediately applicable according to international law.

3. In the development and implementation of legislation and policies to implement the present Convention, and in other decision-making processes concerning issues relating to persons with disabilities, States Parties shall closely consult with and actively involve persons with disabilities, including children with disabilities, through their representative organizations.

4. Nothing in the present Convention shall affect any provisions which are more conducive to the realization of the rights of persons with disabilities and which may be contained in the law of a

State Party or international law in force for that State. There shall be no restriction upon or derogation from any of the human rights and fundamental freedoms recognized or existing in any State Party to the present Convention pursuant to law, conventions, regulation or custom on the pretext that the present Convention does not recognize such rights or freedoms or that it recognizes them to a lesser extent.

5. The provisions of the present Convention shall extend to all parts of federal States without any limitations or exceptions.

Article 5. Equality and non-discrimination

1. States Parties recognize that all persons are equal before and under the law and are entitled without any discrimination to the equal protection and equal benefit of the law.

2. States Parties shall prohibit all discrimination on the basis of disability and guarantee to persons with disabilities equal and effective legal protection against discrimination on all grounds.

3. In order to promote equality and eliminate discrimination, States Parties shall take all appropriate steps to ensure that reasonable accommodation is provided.

4. Specific measures which are necessary to accelerate or achieve de facto equality of persons with disabilities shall not be considered discrimination under the terms of the present Convention.

Article 6. Women with disabilities

1. States Parties recognize that women and girls with disabilities are subject to multiple discrimination, and in this regard shall take measures to ensure the full and equal enjoyment by them of all human rights and fundamental freedoms.

2. States Parties shall take all appropriate measures to ensure the full development, advancement and empowerment of women, for the purpose of guaranteeing them the exercise and enjoyment of the human rights and fundamental freedoms set out in the present Convention.

Article 7. Children with disabilities

1. States Parties shall take all necessary measures to ensure the full enjoyment by children with disabilities of all human rights and fundamental freedoms on an equal basis with other children.

2. In all actions concerning children with disabilities, the best interests of the child shall be a primary consideration.

3. States Parties shall ensure that children with disabilities have the right to express their views freely on all matters affecting them, their views being given due weight in accordance with their age and maturity, on an equal basis with other children, and to be provided with disability and age-appropriate assistance to realize that right.

Article 8. Awareness-raising

1. States Parties undertake to adopt immediate, effective and appropriate measures:

(a) To raise awareness throughout society, including at the family level, regarding persons with disabilities, and to foster respect for the rights and dignity of persons with disabilities;

(b) To combat stereotypes, prejudices and harmful practices relating to persons with disabilities, including those based on sex and age, in all areas of life;

(c) To promote awareness of the capabilities and contributions of persons with disabilities.

2. Measures to this end include:

(a) Initiating and maintaining effective public awareness campaigns designed:

(i) To nurture receptiveness to the rights of persons with disabilities;

(ii) To promote positive perceptions and greater social awareness towards persons with disabilities;

(iii) To promote recognition of the skills, merits and abilities of persons with disabilities, and of their contributions to the workplace and the labour market;

(b) Fostering at all levels of the education system, including in all children from an early age, an attitude of respect for the rights of persons with disabilities;

(c) Encouraging all organs of the media to portray persons with disabilities in a manner consistent with the purpose of the present Convention;

(d) Promoting awareness-training programmes regarding persons with disabilities and the rights of persons with disabilities.

Article 9. Accessibility

1. To enable persons with disabilities to live independently and participate fully in all aspects of life, States Parties shall take appropriate measures to ensure to persons with disabilities access, on an equal basis with others, to the physical environment, to transportation, to information and communications, including information and communications technologies and systems, and to other facilities and services open or provided to the public, both in urban and in rural areas. These measures, which shall include the identification and elimination of obstacles and barriers to accessibility, shall apply to, inter alia:

(a) Buildings, roads, transportation and other indoor and outdoor facilities, including schools, housing, medical facilities and workplaces;

(b) Information, communications and other services, including electronic services and emergency services.

2. States Parties shall also take appropriate measures:

(a) To develop, promulgate and monitor the implementation of minimum standards and guidelines for the accessibility of facilities and services open or provided to the public;

(b) To ensure that private entities that offer facilities and services which are open or provided to the public take into account all aspects of accessibility for persons with disabilities;

(c) To provide training for stakeholders on accessibility issues facing persons with disabilities;

(d) To provide in buildings and other facilities open to the public signage in Braille and in easy to read and understand forms;

(e) To provide forms of live assistance and intermediaries, including guides, readers and professional sign language interpreters, to facilitate accessibility to buildings and other facilities open to the public;

(f) To promote other appropriate forms of assistance and support to persons with disabilities to ensure their access to information;

(g) To promote access for persons with disabilities to new information and communications technologies and systems, including the Internet;

(h) To promote the design, development, production and distribution of accessible information and communications technologies and systems at an early stage, so that these technologies and systems become accessible at minimum cost.

Article 10. Right to life

States Parties reaffirm that every human being has the inherent right to life and shall take all necessary measures to ensure its effective enjoyment by persons with disabilities on an equal basis with others.

Article 11. Situations of risk and humanitarian emergencies

States Parties shall take, in accordance with their obligations under international law, including international humanitarian law and international human rights law, all necessary measures to ensure the protection and safety of persons with disabilities in situations of risk, including situations of armed conflict, humanitarian emergencies and the occurrence of natural disasters.

Article 12. Equal recognition before the law

1. States Parties reaffirm that persons with disabilities have the right to recognition everywhere as persons before the law.

2. States Parties shall recognize that persons with disabilities enjoy legal capacity on an equal basis with others in all aspects of life.

3. States Parties shall take appropriate measures to provide access by persons with disabilities to the support they may require in exercising their legal capacity.

4. States Parties shall ensure that all measures that relate to the exercise of legal capacity provide for appropriate and effective safeguards to prevent abuse in accordance with international human rights law. Such safeguards shall ensure that measures relating to the exercise of legal capacity respect the rights, will and preferences of the person, are free of conflict of interest and undue influence, are proportional and tailored to the person's circumstances, apply for the shortest time possible and are subject to regular review by a competent, independent and impartial authority or judicial body. The safeguards shall be proportional to the degree to which such measures affect the person's rights and interests.

5. Subject to the provisions of this article, States Parties shall take all appropriate and effective measures to ensure the equal right of persons with disabilities to own or inherit property, to control their own financial affairs and to have equal access to bank loans, mortgages and other forms of financial credit, and shall ensure that persons with disabilities are not arbitrarily deprived of their property.

Article 13. Access to justice

1. States Parties shall ensure effective access to justice for persons with disabilities on an equal basis with others, including through the provision of procedural and age-appropriate accommodations, in order to facilitate their effective role as direct and indirect participants, including as witnesses, in all legal proceedings, including at investigative and other preliminary stages.

2. In order to help to ensure effective access to justice for persons with disabilities, States Parties shall promote appropriate training for those working in the field of administration of justice, including police and prison staff.

Article 14. Liberty and security of person

1. States Parties shall ensure that persons with disabilities, on an equal basis with others:

(a) Enjoy the right to liberty and security of person;

(b) Are not deprived of their liberty unlawfully or arbitrarily, and that any deprivation of liberty is in conformity with the law, and that the existence of a disability shall in no case justify a deprivation of liberty.

2. States Parties shall ensure that if persons with disabilities are deprived of their liberty through any process, they are, on an equal basis with others, entitled to guarantees in accordance with international human rights law and shall be treated in compliance with the objectives and principles of the present Convention, including by provision of reasonable accommodation.

Article 15. Freedom from torture or cruel, inhuman or degrading treatment or punishment

1. No one shall be subjected to torture or to cruel, inhuman or degrading treatment or punishment. In particular, no one shall be subjected without his or her free consent to medical or scientific experimentation.

2. States Parties shall take all effective legislative, administrative, judicial or other measures to prevent persons with disabilities, on an equal basis with others, from being subjected to torture or cruel, inhuman or degrading treatment or punishment.

Article 16. Freedom from exploitation, violence and abuse

1. States Parties shall take all appropriate legislative, administrative, social, educational and other measures to protect persons with disabilities, both within and outside the home, from all forms of exploitation, violence and abuse, including their gender-based aspects.

2. States Parties shall also take all appropriate measures to prevent all forms of exploitation, violence and abuse by ensuring, inter alia, appropriate forms of gender- and age-sensitive assistance and support for persons with disabilities and their families and caregivers, including through the provision of information and education on how to avoid, recognize and report instances of exploitation, violence and abuse. States Parties shall ensure that protection services are age-, gender- and disability-sensitive.

3. In order to prevent the occurrence of all forms of exploitation, violence and abuse, States Parties shall ensure that all facilities and programmes designed to serve persons with disabilities are effectively monitored by independent authorities.

4. States Parties shall take all appropriate measures to promote the physical, cognitive and psychological recovery, rehabilitation and social reintegration of persons with disabilities who become victims of any form of exploitation, violence or abuse, including through the provision of protection services. Such recovery and reintegration shall take place in an environment that fosters the health, welfare, self-respect, dignity and autonomy of the person and takes into account gender- and age-specific needs.

5. States Parties shall put in place effective legislation and policies, including women- and child-focused legislation and policies, to ensure that instances of exploitation, violence and abuse against persons with disabilities are identified, investigated and, where appropriate, prosecuted.

Article 17. Protecting the integrity of the person

Every person with disabilities has a right to respect for his or her physical and mental integrity on an equal basis with others.

Article 18. Liberty of movement and nationality

1. States Parties shall recognize the rights of persons with disabilities to liberty of movement, to freedom to choose their residence and to a nationality, on an equal basis with others, including by ensuring that persons with disabilities:

(a) Have the right to acquire and change a nationality and are not deprived of their nationality arbitrarily or on the basis of disability;

(b) Are not deprived, on the basis of disability, of their ability to obtain, possess and utilize documentation of their nationality or other documentation of identification, or to utilize relevant processes such as immigration proceedings, that may be needed to facilitate exercise of the right to liberty of movement;

(c) Are free to leave any country, including their own;

(d) Are not deprived, arbitrarily or on the basis of disability, of the right to enter their own country.

2. Children with disabilities shall be registered immediately after birth and shall have the right from birth to a name, the right to acquire a nationality and, as far as possible, the right to know and be cared for by their parents.

Article 19. Living independently and being included in the community

States Parties to the present Convention recognize the equal right of all persons with disabilities to live in the community, with choices equal to others, and shall take effective and appropriate measures to facilitate full enjoyment by persons with disabilities of this right and their full inclusion and participation in the community, including by ensuring that:

(a) Persons with disabilities have the opportunity to choose their lace of residence and where and with whom they live on an equal basis with others and are not obliged to live in a particular living arrangement;

(b) Persons with disabilities have access to a range of in-home, residential and other community support services, including personal assistance necessary to support living and inclusion in the community, and to prevent isolation or segregation from the community;

(c) Community services and facilities for the general population are available on an equal basis to persons with disabilities and are responsive to their needs.

Article 20. Personal mobility

States Parties shall take effective measures to ensure personal mobility with the greatest possible independence for persons with disabilities, including by:

(a) Facilitating the personal mobility of persons with disabilities in the manner and at the time of their choice, and at affordable cost;

(b) Facilitating access by persons with disabilities to quality mobility aids, devices, assistive technologies and forms of live assistance and intermediaries, including by making them available at affordable cost;

(c) Providing training in mobility skills to persons with disabilities and to specialist staff working with persons with disabilities;

(d) Encouraging entities that produce mobility aids, devices and assistive technologies to take into account all aspects of mobility for persons with disabilities.

Article 21. Freedom of expression and opinion, and access to information

States Parties shall take all appropriate measures to ensure that persons with disabilities can exercise the right to freedom of expression and opinion, including the freedom to seek, receive and impart information and ideas on an equal basis with others and through all forms of communication of their choice, as defined in article 2 of the present Convention, including by:

(a) Providing information intended for the general public to persons with disabilities in accessible formats and technologies appropriate to different kinds of disabilities in a timely manner and without additional cost;

(b) Accepting and facilitating the use of sign languages, Braille, augmentative and alternative communication, and all other accessible means, modes and formats of communication of their choice by persons with disabilities in official interactions;

(c) Urging private entities that provide services to the general public, including through the Internet, to provide information and services in accessible and usable formats for persons with disabilities;

(d) Encouraging the mass media, including providers of information through the Internet, to make their services accessible to persons with disabilities;

(e) Recognizing and promoting the use of sign languages.

Article 22. Respect for privacy

1. No person with disabilities, regardless of place of residence or living arrangements, shall be subjected to arbitrary or unlawful interference with his or her privacy, family, home or correspondence or other types of communication or to unlawful attacks on his or her honour and reputation. Persons with disabilities have the right to the protection of the law against such interference or attacks.

2. States Parties shall protect the privacy of personal, health and rehabilitation information of persons with disabilities on an equal basis with others.

Article 23. Respect for home and the family

1. States Parties shall take effective and appropriate measures to eliminate discrimination against persons with disabilities in all matters relating to marriage, family, parenthood and relationships, on an equal basis with others, so as to ensure that:

(a) The right of all persons with disabilities who are of marriageable age to marry and to found a family on the basis of free and full consent of the intending spouses is recognized;

(b) The rights of persons with disabilities to decide freely and responsibly on the number and spacing of their children and to have access to age-appropriate information, reproductive and family planning education are recognized, and the means necessary to enable them to exercise these rights are provided;

(c) Persons with disabilities, including children, retain their fertility on an equal basis with others.

2. States Parties shall ensure the rights and responsibilities of persons with disabilities, with regard to guardianship, wardship, trusteeship, adoption of children or similar institutions, where these concepts exist in national legislation; in all cases the best interests of the child shall be paramount. States Parties shall render appropriate assistance to persons with disabilities in the performance of their child-rearing responsibilities.

3. States Parties shall ensure that children with disabilities have equal rights with respect to family life. With a view to realizing these rights, and to prevent concealment, abandonment, neglect and segregation of children with disabilities, States Parties shall undertake to provide early and comprehensive information, services and support to children with disabilities and their families.

4. States Parties shall ensure that a child shall not be separated from his or her parents against their will, except when competent authorities subject to judicial review determine, in accordance with

applicable law and procedures, that such separation is necessary for the best interests of the child. In no case shall a child be separated from parents on the basis of a disability of either the child or one or both of the parents.

5. States Parties shall, where the immediate family is unable to care for a child with disabilities, undertake every effort to provide alternative care within the wider family, and failing that, within the community in a family setting.

Article 24. Education

1. States Parties recognize the right of persons with disabilities to education. With a view to realizing this right without discrimination and on the basis of equal opportunity, States Parties shall ensure an inclusive education system at all levels and lifelong learning directed to:

(a) The full development of human potential and sense of dignity and self-worth, and the strengthening of respect for human rights, fundamental freedoms and human diversity;

(b) The development by persons with disabilities of their personality, talents and creativity, as well as their mental and physical abilities, to their fullest potential;

(c) Enabling persons with disabilities to participate effectively in a free society.

2. In realizing this right, States Parties shall ensure that:

(a) Persons with disabilities are not excluded from the general education system on the basis of disability, and that children with disabilities are not excluded from free and compulsory primary education, or from secondary education, on the basis of disability;

(b) Persons with disabilities can access an inclusive, quality and free primary education and secondary education on an equal basis with others in the communities in which they live;

(c) Reasonable accommodation of the individual's requirements is provided;

(d) Persons with disabilities receive the support required, within the general education system, to facilitate their effective education;

(e) Effective individualized support measures are provided in environments that maximize academic and social development, consistent with the goal of full inclusion.

3. States Parties shall enable persons with disabilities to learn life and social development skills to facilitate their full and equal participation in education and as members of the community. To this end, States Parties shall take appropriate measures, including:

(a) Facilitating the learning of Braille, alternative script, augmentative and alternative modes, means and formats of communication and orientation and mobility skills, and facilitating peer support and mentoring;

(b) Facilitating the learning of sign language and the promotion of the linguistic identity of the deaf community;

(c) Ensuring that the education of persons, and in particular children, who are blind, deaf or deafblind, is delivered in the most appropriate languages and modes and means of communication for the individual, and in environments which maximize academic and social development.

4. In order to help ensure the realization of this right, States Parties shall take appropriate measures to employ teachers, including teachers with disabilities, who are qualified in sign language and/or Braille, and to train professionals and staff who work at all levels of education. Such training shall incorporate disability awareness and the use of appropriate augmentative and alternative modes, means and formats of communication, educational techniques and materials to support persons with

disabilities.

5. States Parties shall ensure that persons with disabilities are able to access general tertiary education, vocational training, adult education and lifelong learning without discrimination and on an equal basis with others. To this end, States Parties shall ensure that reasonable accommodation is provided to persons with disabilities.

Article 25. Health

States Parties recognize that persons with disabilities have the right to the enjoyment of the highest attainable standard of health without discrimination on the basis of disability. States Parties shall take all appropriate measures to ensure access for persons with disabilities to health services that are gender-sensitive, including health-related rehabilitation. In particular, States Parties shall:

(a) Provide persons with disabilities with the same range, quality and standard of free or affordable health care and programmes as provided to other persons, including in the area of sexual and reproductive health and population-based public health programmes;

(b) Provide those health services needed by persons with disabilities specifically because of their disabilities, including early identification and intervention as appropriate, and services designed to minimize and prevent further disabilities, including among children and older persons;

(c) Provide these health services as close as possible to people's own communities, including in rural areas;

(d) Require health professionals to provide care of the same quality to persons with disabilities as to others, including on the basis of free and informed consent by, inter alia, raising awareness of the human rights, dignity, autonomy and needs of persons with disabilities through training and the promulgation of ethical standards for public and private health care;

(e) Prohibit discrimination against persons with disabilities in the provision of health insurance, and life insurance where such insurance is permitted by national law, which shall be provided in a fair and reasonable manner;

(f) Prevent discriminatory denial of health care or health services or food and fluids on the basis of disability.

Article 26. Habilitation and rehabilitation

1. States Parties shall take effective and appropriate measures, including through peer support, to enable persons with disabilities to attain and maintain maximum independence, full physical, mental, social and vocational ability, and full inclusion and participation in all aspects of life. To that end, States Parties shall organize, strengthen and extend comprehensive habilitation and rehabilitation services and programmes, particularly in the areas of health, employment, education and social services, in such a way that these services and programmes:

(a) Begin at the earliest possible stage, and are based on the multidisciplinary assessment of individual needs and strengths;

(b) Support participation and inclusion in the community and all aspects of society, are voluntary, and are available to persons with disabilities as close as possible to their own communities, including in rural areas.

2. States Parties shall promote the development of initial and continuing training for professionals and staff working in habilitation and rehabilitation services.

3. States Parties shall promote the availability, knowledge and use of assistive devices and

technologies, designed for persons with disabilities, as they relate to habilitation and rehabilitation.

Article 27. Work and employment

1. States Parties recognize the right of persons with disabilities to work, on an equal basis with others; this includes the right to the opportunity to gain a living by work freely chosen or accepted in a labour market and work environment that is open, inclusive and accessible to persons with disabilities. States Parties shall safeguard and promote the realization of the right to work, including for those who acquire a disability during the course of employment, by taking appropriate steps, including through legislation, to, inter alia:

(a) Prohibit discrimination on the basis of disability with regard to all matters concerning all forms of employment, including conditions of recruitment, hiring and employment, continuance of employment, career advancement and safe and healthy working conditions;

(b) Protect the rights of persons with disabilities, on an equal basis with others, to just and favourable conditions of work, including equal opportunities and equal remuneration for work of equal value, safe and healthy working conditions, including protection from harassment, and the redress of grievances;

(c) Ensure that persons with disabilities are able to exercise their labour and trade union rights on an equal basis with others;

(d) Enable persons with disabilities to have effective access to general technical and vocational guidance programmes, placement services and vocational and continuing training;

(e) Promote employment opportunities and career advancement for persons with disabilities in the labour market, as well as assistance in finding, obtaining, maintaining and returning to employment;

(f) Promote opportunities for self-employment, entrepreneurship, the development of cooperatives and starting one's own business;

(g) Employ persons with disabilities in the public sector;

(h) Promote the employment of persons with disabilities in the private sector through appropriate policies and measures, which may include affirmative action programmes, incentives and other measures;

(i) Ensure that reasonable accommodation is provided to persons with disabilities in the workplace;

(j) Promote the acquisition by persons with disabilities of work experience in the open labour market;

(k) Promote vocational and professional rehabilitation, job retention and return-to-work programmes for persons with disabilities.

2. States Parties shall ensure that persons with disabilities are not held in slavery or in servitude, and are protected, on an equal basis with others, from forced or compulsory labour.

Article 28. Adequate standard of living and social protection

1. States Parties recognize the right of persons with disabilities to an adequate standard of living for themselves and their families, including adequate food, clothing and housing, and to the continuous improvement of living conditions, and shall take appropriate steps to safeguard and promote the realization of this right without discrimination on the basis of disability.

2. States Parties recognize the right of persons with disabilities to social protection and to the enjoyment of that right without discrimination on the basis of disability, and shall take appropriate

steps to safeguard and promote the realization of this right, including measures:

(a) To ensure equal access by persons with disabilities to clean water services, and to ensure access to appropriate and affordable services, devices and other assistance for disability-related needs;

(b) To ensure access by persons with disabilities, in particular women and girls with disabilities and older persons with disabilities, to social protection programmes and poverty reduction programmes;

(c) To ensure access by persons with disabilities and their families living in situations of poverty to assistance from the State with disability related expenses, including adequate training, counselling, financial assistance and respite care;

(d) To ensure access by persons with disabilities to public housing programmes;

(e) To ensure equal access by persons with disabilities to retirement benefits and programmes.

Article 29. Participation in political and public life

States Parties shall guarantee to persons with disabilities political rights and the opportunity to enjoy them on an equal basis with others, and shall undertake:

(a) To ensure that persons with disabilities can effectively and fully participate in political and public life on an equal basis with others, directly or through freely chosen representatives, including the right and opportunity for persons with disabilities to vote and be elected, inter alia, by:

(i) Ensuring that voting procedures, facilities and materials are appropriate, accessible and easy to understand and use;

(ii) Protecting the right of persons with disabilities to vote by secret ballot in elections and public referendums without intimidation, and to stand for elections, to effectively hold office and perform all public functions at all levels of government, facilitating the use of assistive and new technologies where appropriate;

(iii) Guaranteeing the free expression of the will of persons with disabilities as electors and to this end, where necessary, at their request, allowing assistance in voting by a person of their own choice;

(b) To promote actively an environment in which persons with disabilities can effectively and fully participate in the conduct of public affairs, without discrimination and on an equal basis with others, and encourage their participation in public affairs, including:

(i) Participation in non-governmental organizations and associations concerned with the public and political life of the country, and in the activities and administration of political parties;

(ii) Forming and joining organizations of persons with disabilities to represent persons with disabilities at international, national, regional and local levels.

Article 30. Participation in cultural life, recreation, leisure and sport

1. States Parties recognize the right of persons with disabilities to take part on an equal basis with others in cultural life, and shall take all appropriate measures to ensure that persons with disabilities:

(a) Enjoy access to cultural materials in accessible formats;

(b) Enjoy access to television programmes, films, theatre and other cultural activities, in accessible formats;

(c) Enjoy access to places for cultural performances or services, such as theatres, museums, cinemas, libraries and tourism services, and, as far as possible, enjoy access to monuments and sites of national cultural importance.

2. States Parties shall take appropriate measures to enable persons with disabilities to have the opportunity to develop and utilize their creative, artistic and intellectual potential, not only for their own benefit, but also for the enrichment of society.

3. States Parties shall take all appropriate steps, in accordance with international law, to ensure that laws protecting intellectual property rights do not constitute an unreasonable or discriminatory barrier to access by persons with disabilities to cultural materials.

4. Persons with disabilities shall be entitled, on an equal basis with others, to recognition and support of their specific cultural and linguistic identity, including sign languages and deaf culture.

5. With a view to enabling persons with disabilities to participate on an equal basis with others in recreational, leisure and sporting activities, States Parties shall take appropriate measures:

(a) To encourage and promote the participation, to the fullest extent possible, of persons with disabilities in mainstream sporting activities at all levels;

(b) To ensure that persons with disabilities have an opportunity to organize, develop and participate in disability-specific sporting and recreational activities and, to this end, encourage the provision, on an equal basis with others, of appropriate instruction, training and resources;

(c) To ensure that persons with disabilities have access to sporting, recreational and tourism venues;

(d) To ensure that children with disabilities have equal access with other children to participation in play, recreation and leisure and sporting activities, including those activities in the school system;

(e) To ensure that persons with disabilities have access to services from those involved in the organization of recreational, tourism, leisure and sporting activities.

Article 31. Statistics and data collection

1. States Parties undertake to collect appropriate information, including statistical and research data, to enable them to formulate and implement policies to give effect to the present Convention. The process of collecting and maintaining this information shall:

(a) Comply with legally established safeguards, including legislation on data protection, to ensure confidentiality and respect for the privacy of persons with disabilities;

(b) Comply with internationally accepted norms to protect human rights and fundamental freedoms and ethical principles in the collection and use of statistics.

2. The information collected in accordance with this article shall be disaggregated, as appropriate, and used to help assess the implementation of States Parties' obligations under the present Convention and to identify and address the barriers faced by persons with disabilities in exercising their rights.

3. States Parties shall assume responsibility for the dissemination of these statistics and ensure their accessibility to persons with disabilities and others.

Article 32. International cooperation

1. States Parties recognize the importance of international cooperation and its promotion, in support of national efforts for the realization of the purpose and objectives of the present Convention, and will undertake appropriate and effective measures in this regard, between and among States and, as appropriate, in partnership with relevant international and regional organizations and civil society, in particular organizations of persons with disabilities. Such measures could include, *inter alia*:

(a) Ensuring that international cooperation, including international development programmes, is inclusive of and accessible to persons with disabilities;

(b) Facilitating and supporting capacity-building, including through the exchange and sharing of information, experiences, training programmes and best practices;

(c) Facilitating cooperation in research and access to scientific and technical knowledge;

(d) Providing, as appropriate, technical and economic assistance, including by facilitating access to and sharing of accessible and assistive technologies, and through the transfer of technologies.

2. The provisions of this article are without prejudice to the obligations of each State Party to fulfil its obligations under the present Convention.

Article 33. National implementation and monitoring

1. States Parties, in accordance with their system of organization, shall designate one or more focal points within government for matters relating to the implementation of the present Convention, and shall give due consideration to the establishment or designation of a coordination mechanism within government to facilitate related action in different sectors and at different levels.

2. States Parties shall, in accordance with their legal and administrative systems, maintain, strengthen, designate or establish within the State Party, a framework, including one or more independent mechanisms, as appropriate, to promote, protect and monitor implementation of the present Convention. When designating or establishing such a mechanism, States Parties shall take into account the principles relating to the status and functioning of national institutions for protection and promotion of human rights.

3. Civil society, in particular persons with disabilities and their representative organizations, shall be involved and participate fully in the monitoring process.

Article 34. Committee on the Rights of Persons with Disabilities

1. There shall be established a Committee on the Rights of Persons with Disabilities (hereafter referred to as "the Committee"), which shall carry out the functions hereinafter provided.

2. The Committee shall consist, at the time of entry into force of the present Convention, of twelve experts. After an additional sixty ratifications or accessions to the Convention, the membership of the Committee shall increase by six members, attaining a maximum number of eighteen members.

3. The members of the Committee shall serve in their personal capacity and shall be of high moral standing and recognized competence and experience in the field covered by the present Convention. When nominating their candidates, States Parties are invited to give due consideration to the provision set out in article 4, paragraph 3, of the present Convention.

4. The members of the Committee shall be elected by States Parties, consideration being given to equitable geographical distribution, representation of the different forms of civilization and of the principal legal systems, balanced gender representation and participation of experts with disabilities.

5. The members of the Committee shall be elected by secret ballot from a list of persons nominated by the States Parties from among their nationals at meetings of the Conference of States Parties. At those meetings, for which two thirds of States Parties shall constitute a quorum, the persons elected to the Committee shall be those who obtain the largest number of votes and an absolute majority of the votes of the representatives of States Parties present and voting.

6. The initial election shall be held no later than six months after the date of entry into force of the present Convention. At least four months before the date of each election, the Secretary-General of the United Nations shall address a letter to the States Parties inviting them to submit the

nominations within two months. The Secretary-General shall subsequently prepare a list in alphabetical order of all persons thus nominated, indicating the State Parties which have nominated them, and shall submit it to the States Parties to the present Convention.

7. The members of the Committee shall be elected for a term of four years. They shall be eligible for re-election once. However, the term of six of the members elected at the first election shall expire at the end of two years; immediately after the first election, the names of these six members shall be chosen by lot by the chairperson of the meeting referred to in paragraph 5 of this article.

8. The election of the six additional members of the Committee shall be held on the occasion of regular elections, in accordance with the relevant provisions of this article.

9. If a member of the Committee dies or resigns or declares that for any other cause she or he can no longer perform her or his duties, the State Party which nominated the member shall appoint another expert possessing the qualifications and meeting the requirements set out in the relevant provisions of this article, to serve for the remainder of the term.

10. The Committee shall establish its own rules of procedure.

11. The Secretary-General of the United Nations shall provide the necessary staff and facilities for the effective performance of the functions of the Committee under the present Convention, and shall convene its initial meeting.

12. With the approval of the General Assembly of the United Nations, the members of the Committee established under the present Convention shall receive emoluments from United Nations resources on such terms and conditions as the Assembly may decide, having regard to the importance of the Committee's responsibilities.

13. The members of the Committee shall be entitled to the facilities, privileges and immunities of experts on mission for the United Nations as laid down in the relevant sections of the Convention on the Privileges and Immunities of the United Nations.

Article 35. Reports by States Parties

1. Each State Party shall submit to the Committee, through the Secretary-General of the United Nations, a comprehensive report on measures taken to give effect to its obligations under the present Convention and on the progress made in that regard, within two years after the entry into force of the present Convention for the State Party concerned.

2. Thereafter, States Parties shall submit subsequent reports at least every four years and further whenever the Committee so requests.

3. The Committee shall decide any guidelines applicable to the content of the reports.

4. A State Party which has submitted a comprehensive initial report to the Committee need not, in its subsequent reports, repeat information previously provided. When preparing reports to the Committee, States Parties are invited to consider doing so in an open and transparent process and to give due consideration to the provision set out in article 4, paragraph 3, of the present Convention.

5. Reports may indicate factors and difficulties affecting the degree of fulfilment of obligations under the present Convention.

Article 36. Consideration of reports

1. Each report shall be considered by the Committee, which shall make such suggestions and general recommendations on the report as it may consider appropriate and shall forward these to the State

Party concerned. The State Party may respond with any information it chooses to the Committee. The Committee may request further information from States Parties relevant to the implementation of the present Convention.

2. If a State Party is significantly overdue in the submission of a report, the Committee may notify the State Party concerned of the need to examine the implementation of the present Convention in that State Party, on the basis of reliable information available to the Committee, if the relevant report is not submitted within three months following the notification. The Committee shall invite the State Party concerned to participate in such examination. Should the State Party respond by submitting the relevant report, the provisions of paragraph 1 of this article will apply.

3. The Secretary-General of the United Nations shall make available the reports to all States Parties.

4. States Parties shall make their reports widely available to the public in their own countries and facilitate access to the suggestions and general recommendations relating to these reports.

5. The Committee shall transmit, as it may consider appropriate, to the specialized agencies, funds and programmes of the United Nations, and other competent bodies, reports from States Parties in order to address a request or indication of a need for technical advice or assistance contained therein, along with the Committee's observations and recommendations, if any, on these requests or indications.

Article 37. Cooperation between States Parties and the Committee

1. Each State Party shall cooperate with the Committee and assist its members in the fulfillment of their mandate.

2. In its relationship with States Parties, the Committee shall give due consideration to ways and means of enhancing national capacities for the implementation of the present Convention, including through international cooperation.

Article 38. Relationship of the Committee with other bodies

In order to foster the effective implementation of the present Convention and to encourage international cooperation in the field covered by the present Convention:

(a) The specialized agencies and other United Nations organs shall be entitled to be represented at the consideration of the implementation of such provisions of the present Convention as fall within the scope of their mandate. The Committee may invite the specialized agencies and other competent bodies as it may consider appropriate to provide expert advice on the implementation of the Convention in areas falling within the scope of their respective mandates. The Committee may invite specialized agencies and other United Nations organs to submit reports on the implementation of the Convention in areas falling within the scope of their activities;

(b) The Committee, as it discharges its mandate, shall consult, as appropriate, other relevant bodies instituted by international human rights treaties, with a view to ensuring the consistency of their respective reporting guidelines, suggestions and general recommendations, and avoiding duplication and overlap in the performance of their functions.

Article 39. Report of the Committee

The Committee shall report every two years to the General Assembly and to the Economic and Social Council on its activities, and may make suggestions and general recommendations based on the examination of reports and information received from the States Parties. Such suggestions and general recommendations shall be included in the report of the Committee together with comments, if any, from States Parties.

Article 40. Conference of States Parties

1. The States Parties shall meet regularly in a Conference of States Parties in order to consider any matter with regard to the implementation of the present Convention.

2. No later than six months after the entry into force of the present Convention, the Conference of States Parties shall be convened by the Secretary-General of the United Nations. The subsequent meetings shall be convened by the Secretary-General biennially or upon the decision of the Conference of States Parties.

Article 41. Depositary

The Secretary-General of the United Nations shall be the depositary of the present Convention.

Article 42. Signature

The present Convention shall be open for signature by all States and by regional integration organizations at United Nations Headquarters in New York as of 30 March 2007.

Article 43. Consent to be bound

The present Convention shall be subject to ratification by signatory States and to formal confirmation by signatory regional integration organizations. It shall be open for accession by any State or regional integration organization which has not signed the Convention.

Article 44. Regional integration organizations

1. "Regional integration organization" shall mean an organization constituted by sovereign States of a given region, to which its member States have transferred competence in respect of matters governed by the present Convention. Such organizations shall declare, in their instruments of formal confirmation or accession, the extent of their competence with respect to matters governed by the present Convention. Subsequently, they shall inform the depositary of any substantial modification in the extent of their competence.

2. References to "States Parties" in the present Convention shall apply to such organizations within the limits of their competence.

3. For the purposes of article 45, paragraph 1, and article 47, paragraphs 2 and 3, of the present Convention, any instrument deposited by a regional integration organization shall not be counted.

4. Regional integration organizations, in matters within their competence, may exercise their right to vote in the Conference of States Parties, with a number of votes equal to the number of their member States that are Parties to the present Convention. Such an organization shall not exercise its right to vote if any of its member States exercises its right, and vice versa.

Article 45. Entry into force

1. The present Convention shall enter into force on the thirtieth day after the deposit of the twentieth instrument of ratification or accession.

2. For each State or regional integration organization ratifying, formally confirming or acceding to the present Convention after the deposit of the twentieth such instrument, the Convention shall enter into force on the thirtieth day after the deposit of its own such instrument.

Article 46. Reservations

1. Reservations incompatible with the object and purpose of the present Convention shall not be permitted.

2. Reservations may be withdrawn at any time.

Article 47. Amendments

1. Any State Party may propose an amendment to the present Convention and submit it to the Secretary-General of the United Nations. The Secretary-General shall communicate any proposed amendments to States Parties, with a request to be notified whether they favour a conference of States Parties for the purpose of considering and deciding upon the proposals. In the event that, within four months from the date of such communication, at least one third of the States Parties favour such a conference, the Secretary-General shall convene the conference under the auspices of the United Nations. Any amendment adopted by a majority of two thirds of the States Parties present and voting shall be submitted by the Secretary-General to the General Assembly of the United Nations for approval and thereafter to all States Parties for acceptance.

2. An amendment adopted and approved in accordance with paragraph 1 of this article shall enter into force on the thirtieth day after the number of instruments of acceptance deposited reaches two thirds of the number of States Parties at the date of adoption of the amendment. Thereafter, the amendment shall enter into force for any State Party on the thirtieth day following the deposit of its own instrument of acceptance. An amendment shall be binding only on those States Parties which have accepted it.

3. If so decided by the Conference of States Parties by consensus, an amendment adopted and approved in accordance with paragraph 1 of this article which relates exclusively to articles 34, 38, 39 and 40 shall enter into force for all States Parties on the thirtieth day after the number of instruments of acceptance deposited reaches two thirds of the number of States Parties at the date of adoption of the amendment.

Article 48. Denunciation

A State Party may denounce the present Convention by written notification to the Secretary-General of the United Nations. The denunciation shall become effective one year after the date of receipt of the notification by the Secretary-General.

Article 49. Accessible format

The text of the present Convention shall be made available in accessible formats.

Article 50. Authentic texts

The Arabic, Chinese, English, French, Russian and Spanish texts of the present Convention shall be equally authentic.

IN WITNESS THEREOF the undersigned plenipotentiaries, being duly authorized thereto by their respective Governments, have signed the present Convention.

17-1. 장애인의 권리에 관한 협약 선택의정서

2006.12.13. 채택/ 2008.5.3 발효/ 당사국 수 20/ 대한민국 미가입.

이 의정서의 당사국은 다음과 같이 합의하였다.

제1조

1. 이 의정서의 당사국(이하 "당사국"이라 한다)은 당사국에 의한 협약 조항의 위반의 희생자임을 주장하는 자국의 관할권 하에 있는 개인이나 집단 또는 그들을 대리하는 자로부터 통보를 접수하고 검토할 수 있는 장애인권리위원회(이하 "위원회"라 한다)의 권한을 승인한다.

2. 통보가 이 의정서의 당사국이 아닌 협약 당사국에 관한 것이라면, 이는 위원회에 의하여 접수되지 아니한다.

제2조

위원회는 다음의 경우에는 통보를 심리할 수 없다:

가. 통보가 익명인 경우;

나. 통보가 그러한 통보를 제출할 권리의 남용이거나, 이 협약의 조항들과 양립불가능한 경우;

다. 동일한 문제가 이미 위원회에 의하여 심리된 바 있었거나, 또는 다른 국제적 조사 또는 분쟁해결 절차에 의하여 심리되고 있는 경우;

라. 모든 이용가능한 국내적 구제가 완료되지 않은 경우. 다만 구제의 적용이 불합리하게 지연되고 있거나, 실효적 구제의 가능성이 없을듯한 경우에는 그러하지 아니한다;

마. 통보가 근거가 없음이 명백하거나, 충분히 구체화되지 못한 경우; 또는

바. 통보의 대상 사실이 관련 당사국에 대하여 이 의정서가 발효되기 이전에 발생한 경우, 다만 그 사실이 발효일 이후에도 계속되는 경우는 그러하지 아니하다.

제3조

이 의정서 제2조의 규정에 따를 것을 조건으로, 위원회는 제출된 모든 통보에 대하여 비공개적으로 당사국의 주의를 촉구한다. 접수국은 6개월 내에 사건내용과 당해국에 의하여 취하여진 구제조치가 있는 경우 이를 소명하는 서면의 설명서 또는 진술서를 위원회로 제출한다.

제4조

1. 통보를 접수한 이후 본안 결정이 내려지기 전 언제라도, 위원회는 주장되고 있는 위반의 희생자에 대한 회복하기 어려운 피해를 방지하는데 필요한 임시조치를 당사국이 취하라는 요청을 당사국에게 긴급 고려사항으로 전달할 수 있다.

2. 위원회가 본조 제1항에 따른 재량권을 행사하는 것이 그 통보의 심리적격이나 본안에 대한

결정을 의미하지 아니한다.

제5조

위원회가 이 의정서에 따라 통보를 심리할 때에는 비공개 회의를 한다. 위원회는 통보를 심리한 후 제안과 권고사항이 있는 경우 관련 당사국과 청원인에게 전달한다.

제6조

1. 위원회가 당사국에 의한 협약에 규정된 권리의 중대하거나 조직적인 침해를 표시하는 신빙성 있는 정보를 접수한 경우, 위원회는 그 당사국에 대하여 정보를 조사하는데 협조할 것과 또한 이를 위하여 해당 정보에 대한 견해를 제출하도록 요청한다.

2. 관련 당사국에 의하여 제출된 견해는 물론 그 밖에 입수가능한 신빙성 있는 정보를 감안하여, 위원회는 조사를 수행하여 위원회에 긴급히 보고하라고 1명 또는 그 이상의 위원을 지명할 수 있다. 근거가 충분하고 당사국이 동의하면, 조사는 당사국의 영역에 대한 방문을 포함할 수 있다.

3. 위원회는 조사결과를 심리한 후, 이 결과를 논평 및 권고사항과 함께 관련 당사국에게 전달한다.

4. 관련 당사국은 위원회로부터 조사결과, 논평 및 권고사항을 전달받은 후 6개월 이내에 자국의 견해를 위원회로 제출한다.

5. 이 조사는 비공개로 진행되며, 절차의 모든 단계에서 당사국의 협력이 요청된다.

제7조

1. 위원회는 이 의정서 제6조에 따라 수행된 조사에 대응하여 취해진 모든 조치의 상세한 내용을 협약 제35조에 따른 보고서에 포함시키도록 관련 당사국에게 요청할 수 있다.

2. 위원회는 필요한 경우 제6조 제4항에 규정된 6개월의 기간이 종료된 이후 동 조사에 대응하여 취해진 조치를 위원회에 통지하도록 관련 당사국에게 요청할 수 있다.

제8조

각 당사국은 이 의정서의 서명, 비준 또는 가입시 제6조 및 제7조에 규정된 위원회 권한을 승인하지 아니한다고 선언할 수 있다.

제9조

국제연합 사무총장은 이 의정서의 수탁자이다.

제10조

이 의정서는 2007년 3월 30일자로 뉴욕의 국제연합 본부에서 협약 서명국과 지역통합기구의 서명을 위하여 개방된다.

제11조

이 의정서는 협약을 이미 비준 또는 가입한 의정서의 서명국의 비준을 받아야 한다. 이 의정서는 협약을 이미 공식으로 인준 또는 가입하고 의정서에 서명한 지역통합기구의 공식 인준을 받아야 한다. 이 의정서는 협약을 이미 비준하였거나, 공식적으로 인준하였거나 또는 가입하였으나 의정서에 서명하지 않은 모든 국가와 지역통합기구의 가입을 위하여 개방된다.

제12조

1. "지역통합기구"란 일정 지역의 주권국가들에 의하여 구성된 기구로서 회원국들이 협약과 이 의정서에 의하여 취급되는 문제에 관한 권한을 위임한 기구를 의미한다. 이 같은 기구는 공식 인준서 또는 비준서에서 협약과 이 의정서에 의하여 취급되는 문제에 관한 자신의 권한 범위를 선언하여야 한다. 이후 자신의 권한 범위에 있어서의 실질적인 변경을 수탁자에게 통보하여야 한다.

2. 이 의정서의 "당사국"이란 표시는 그 같은 기구의 권한 범위 내에서는 기구에게도 적용된다.

3. 이 의정서 제13조 제1항 및 제15조 제2항의 적용목적상 지역통합기구에 의하여 기탁된 문서는 계산되지 아니한다.

4. 지역통합기구는 자신의 권한에 속하는 문제에 있어서는 당사국 회의에서 이 의정서의 당사국인 회원국 수와 동일한 투표수로 투표권을 행사할 수 있다. 만약 어느 회원국이 자신의 권리를 행사하면 기구는 투표권을 행사할 수 없으며, 그 반대도 마찬가지이다.

제13조

1. 협약의 발효를 전제로 하여, 이 의정서는 10번째 비준서 또는 가입서가 기탁된 이후 30일째 되는 날 발효한다.

2. 10번째 문서의 기탁 이후 이 의정서를 비준하거나, 공식 인준하거나 또는 가입하는 각 당사국이나 지역통합기구에 대하여 이 의정서는 그 문서가 기탁된 이후 30일째 되는 날 발효한다.

제14조

1. 이 의정서의 대상 및 목적과 양립하지 아니하는 유보는 허용되지 아니한다.

2. 유보는 언제든지 철회할 수 있다.

제15조

1. 어떠한 당사국도 이 의정서의 개정을 제안하고, 이를 국제연합 사무총장에게 제출할 수 있다. 사무총장은 제안을 심의하고 결정하기 위한 당사국 회의를 개최하는데 대한 찬성 여부를 표시하여 달라는 요청과 함께 제안된 개정안을 당사국에게 송부한다. 그러한 경우 통보일로부터 4개월 이내에 최소한 당사국 중 3분의 1이 회의에 찬성하는 경우, 사무총장은 국제연합의 후원 하에 회의를 소집한다. 출석하고 표결한 당사국 3분의 2의 다수결로 채택된 개정안은 사무총장에 의하여 국제연합 총회에 승인을 받기 위하여 제출되며, 이후 모든 당사국의 수락을 받기 위하여 제출된다.

2. 본조 제1항에 따라 채택되고 승인된 개정안은 수락서의 기탁숫자가 개정안 채택일 당시의 당사국 수의 3분의 2에 도달한 이후 30일째 되는 날 발효한다. 이후 다른 국가에 대하여 개정은 그 국가의 수락서를 기탁한 이후 30일째 되는 날 발효한다. 개정은 이를 수락한 당사국만을 구속한다.

제16조

당사국은 국제연합 사무총장에 대한 서면 통고에 의하여 이 의정서를 폐기할 수 있다. 폐기는 사무총장이 통보를 접수한 날부터 1년 후에 발효한다.

제17조

이 의정서의 본문은 이용 가능한 형태로 제공된다.

제18조

이 의정서의 아랍어, 중국어, 영어, 프랑스어, 러시아어 및 스페인어본은 동등하게 정본이다.

17-1. OPTIONAL PROTOCOL TO THE CONVENTION ON THE RIGHTS OF PERSONS WITH DISABILITIES

The States Parties to the present Protocol have agreed as follows:

Article 1

1. A State Party to the present Protocol ("State Party") recognizes the competence of the Committee on the Rights of Persons with Disabilities ("the Committee") to receive and consider communications from or on behalf of individuals or groups of individuals subject to its jurisdiction who claim to be victims of a violation by that State Party of the provisions of the Convention.
2. No communication shall be received by the Committee if it concerns a State Party to the Convention that is not a party to the present Protocol.

Article 2

The Committee shall consider a communication inadmissible when:
(a) The communication is anonymous;
(b) The communication constitutes an abuse of the right of submission of such communications or is incompatible with the provisions of the Convention;
(c) The same matter has already been examined by the Committee or has been or is being examined under another procedure of international investigation or settlement;
(d) All available domestic remedies have not been exhausted. This shall not be the rule where the application of the remedies is unreasonably prolonged or unlikely to bring effective relief;
(e) It is manifestly ill-founded or not sufficiently substantiated; or when
(f) The facts that are the subject of the communication occurred prior to the entry into force of the present Protocol for the State Party concerned unless those facts continued after that date.

Article 3

Subject to the provisions of article 2 of the present Protocol, the Committee shall bring any communications submitted to it confidentially to the attention of the State Party. Within six months, the receiving State shall submit to the Committee written explanations or statements clarifying the matter and the remedy, if any, that may have been taken by that State.

Article 4

1. At any time after the receipt of a communication and before a determination on the merits has been reached, the Committee may transmit to the State Party concerned for its urgent consideration a request that the State Party take such interim measures as may be necessary to avoid possible irreparable damage to the victim or victims of the alleged violation.
2. Where the Committee exercises its discretion under paragraph 1 of this article, this does not imply a determination on admissibility or on the merits of the communication.

Article 5

The Committee shall hold closed meetings when examining communications under the present Protocol. After examining a communication, the Committee shall forward its suggestions and recommendations, if any, to the State Party concerned and to the petitioner.

Article 6

1. If the Committee receives reliable information indicating grave or systematic violations by a State Party of rights set forth in the Convention, the Committee shall invite that State Party to cooperate in the examination of the information and to this end submit observations with regard to the information concerned.

2. Taking into account any observations that may have been submitted by the State Party concerned as well as any other reliable information available to it, the Committee may designate one or more of its members to conduct an inquiry and to report urgently to the Committee. Where warranted and with the consent of the State Party, the inquiry may include a visit to its territory.

3. After examining the findings of such an inquiry, the Committee shall transmit these findings to the State Party concerned together with any comments and recommendations.

4. The State Party concerned shall, within six months of receiving the findings, comments and recommendations transmitted by the Committee, submit its observations to the Committee.

5. Such an inquiry shall be conducted confidentially and the cooperation of the State Party shall be sought at all stages of the proceedings.

Article 7

1. The Committee may invite the State Party concerned to include in its report under article 35 of the Convention details of any measures taken in response to an inquiry conducted under article 6 of the present Protocol.

2. The Committee may, if necessary, after the end of the period of six months referred to in article 6, paragraph 4, invite the State Party concerned to inform it of the measures taken in response to such an inquiry.

Article 8

Each State Party may, at the time of signature or ratification of the present Protocol or accession thereto, declare that it does not recognize the competence of the Committee provided for in articles 6 and 7.

Article 9

The Secretary-General of the United Nations shall be the depositary of the present Protocol.

Article 10

The present Protocol shall be open for signature by signatory States and regional integration organizations of the Convention at United Nations Headquarters in New York as of 30 March 2007.

Article 11

The present Protocol shall be subject to ratification by signatory States of the present Protocol which have ratified or acceded to the Convention. It shall be subject to formal confirmation by signatory regional integration organizations of the present Protocol which have formally confirmed or acceded to the Convention. It shall be open for accession by any State or regional integration organization which has ratified, formally confirmed or acceded to the Convention and which has not signed the Protocol.

Article 12

1. "Regional integration organization" shall mean an organization constituted by sovereign States of a given region, to which its member States have transferred competence in respect of matters governed by the Convention and the present Protocol. Such organizations shall declare, in their instruments of formal confirmation or accession, the extent of their competence with respect to matters governed by the Convention and the present Protocol. Subsequently, they shall inform the depositary of any substantial modification in the extent of their competence.

2. References to "States Parties" in the present Protocol shall apply to such organizations within the limits of their competence.

3. For the purposes of article 13, paragraph 1, and article 15, paragraph 2, of the present Protocol, any instrument deposited by a regional integration organization shall not be counted.

4. Regional integration organizations, in matters within their competence, may exercise their right to vote in the meeting of States Parties, with a number of votes equal to the number of their member States that are Parties to the present Protocol. Such an organization shall not exercise its right to vote if any of its member States exercises its right, and vice versa.

Article 13

1. Subject to the entry into force of the Convention, the present Protocol shall enter into force on the thirtieth day after the deposit of the tenth instrument of ratification or accession.

2. For each State or regional integration organization ratifying, formally confirming or acceding to the present Protocol after the deposit of the tenth such instrument, the Protocol shall enter into force on the thirtieth day after the deposit of its own such instrument.

Article 14

1. Reservations incompatible with the object and purpose of the present Protocol shall not be permitted.

2. Reservations may be withdrawn at any time.

Article 15

1. Any State Party may propose an amendment to the present Protocol and submit it to the Secretary-General of the United Nations. The Secretary-General shall communicate any proposed amendments to States Parties, with a request to be notified whether they favour a meeting of States Parties for the purpose of considering and deciding upon the proposals. In the event that, within four months from the date of such communication, at least one third of the States Parties favour such a meeting, the Secretary-General shall convene the meeting under the auspices of the United Nations. Any amendment adopted by a majority of two thirds of the States Parties present and voting shall be submitted by the Secretary-General to the General Assembly of the United Nations for approval and thereafter to all States Parties for acceptance.

2. An amendment adopted and approved in accordance with paragraph 1 of this article shall enter into force on the thirtieth day after the number of instruments of acceptance deposited reaches two thirds of the number of States Parties at the date of adoption of the amendment. Thereafter, the

amendment shall enter into force for any State Party on the thirtieth day following the deposit of its own instrument of acceptance. An amendment shall be binding only on those States Parties which have accepted it.

Article 16

A State Party may denounce the present Protocol by written notification to the Secretary-General of the United Nations. The denunciation shall become effective one year after the date of receipt of the notification by the Secretary-General.

Article 17

The text of the present Protocol shall be made available in accessible formats.

Article 18

The Arabic, Chinese, English, French, Russian and Spanish texts of the present Protocol shall be equally authentic.

IN WITNESS THEREOF the undersigned plenipotentiaries, being duly authorized thereto by their respective Governments, have signed the present Protocol.

18-1. 인신매매, 특히 여성과 아동의 매매의 예방, 금지 및 처벌을 위한 국제조직범죄방지협약 추가의정서

2000.12.12 체결/ 2003.12.25 발효/ 당사국 수 123/ 대한민국 미가입.

이 의정서의 당사국은,

인신매매, 특히 여성과 아동의 매매를 예방하고 대처하기 위한 효과적인 행동은 출신국, 통과국 및 목적지국에서 인신매매를 예방하고, 인신매매범을 처벌하고, 국제적으로 승인된 인권의 보호를 포함한 인신매매의 피해자들을 보호하는 조치를 포함하는 포괄적인 국제적 대처를 필요로 한다는 점을 선언하고,

인간, 특히 여성과 아동에 대한 착취에 대처하기 위한 규범과 실질적 수단을 포함하는 다양한 국제문서가 존재함에도 불구하고, 인신매매의 모든 측면에 대처하는 보편적 문서가 없다는 사실을 참작하고,

이러한 문서의 부재로 인하여 인신매매에 취약한 사람들이 충분히 보호받지 못하고 있다는 점을 고려하고,

국제적 조직범죄에 대처할 포괄적 국제협정을 작성하고, 특히 여성과 아동의 인신매매에 대처하는 국제문서의 성안을 토의할 목적으로 총회가 정부간 공개 특별위원회의 설립을 결정하였던 1998년 12월 9일의 총회 결의 제53/111호를 상기하고, 국제연합 국제조직범죄방지협약에 인신매매, 특히 여성과 아동에 대한 인신매매의 예방, 금지 및 처벌을 위한 국제문서를 보완하는 것은 그러한 범죄를 예방하고 대처하는데 유용할 것이라고 확신하여,

다음과 같이 합의하였다.

제1장 일반규정

제1조(국제연합 국제조직범죄방지협약과의 관계)

1. 이 의정서는 국제연합 국제조직범죄방지협약을 보완한다. 이 의정서는 협약과 함께 해석된다.

2. 달리 규정되어 있지 않는 한, 협약의 규정은 이 의정서에 준용되어 적용된다.

3. 이 의정서의 제5조에 규정된 범죄는 협약상의 범죄로 간주된다.

제2조(목적의 제시)

이 의정서는 다음을 목적으로 한다:

가. 여성과 아동에 대하여 특별한 주의를 기울이며 인신매매를 예방하고 대처한다;

나. 인권을 충분히 존중하는 가운데 인신매매의 피해자를 보호하고 지원한다;

다. 이러한 목적을 달성하기 위하여 당사국간의 협력을 증진한다.

제3조(용어의 사용)

이 의정서의 적용 목적상:

가. "인신매매"는 폭력의 위협이나 사용, 다른 형태의 강박, 납치, 기망, 사기, 권력이나 취약한
지위의 악용, 타인을 통제하는 자의 동의를 얻기 위한 보수나 이익의 지급 또는 수령의 방법
으로 착취를 목적으로 하여 사람을 모집, 수송, 이동, 은닉, 수용함을 의미한다. 착취란 기본적
으로 타인의 매춘행위의 착취, 다른 형태의 성적 착취, 강제적 노동이나 역무, 노예화 또는
노예화와 유사한 관행, 예속화, 기타 신체기관의 제거를 포함한다;

나. 본조 가호에 규정된 수단이 사용된 경우, 가호에 규정된 착취에 대한 인신매매 피해자의 동의
는 무의미하다;

다. 착취를 목적으로 한 아동의 모집, 수송, 이동, 은닉 또는 수용은 본조 가호에 규정된 수단이
사용되지 않더라도 "인신매매"로 간주된다;

라. 아동은 18세 미만의 사람을 의미한다.

제4조(적용범위)

의정서에 달리 규정된 경우를 제외하고, 이 의정서는 범죄의 성격이 국제적이고 조직범죄집단이
관여된 것으로 의정서 제5조에 규정된 범죄를 예방하고, 수사하고, 기소함과 아울러 그러한 범죄
의 피해자가 된 자를 보호하는데 적용된다.

제5조(범죄화)

1. 각 당사국은 고의로 행하여진 이 의정서 제3조에 규정된 행위를 형사 범죄로 규정하는데 필요
한 입법 및 기타 조치를 채택한다.

2. 각 당사국은 다음의 행위도 형사 범죄로 규정하는데 필요한 입법 및 기타 조치를 채택한다:

가. 자국 법제도의 기본 개념에 부합됨을 전제로 본조 제1항에 따라 규정된 범죄를 저지르려고
시도하는 행위;

나. 본조 제1항에 따라 규정된 범죄에 공범으로 참여하는 행위;

다. 타인을 본조 제1항에 규정된 범죄를 저지르도록 조직하거나 지시하는 행위.

제2장 인신매매 피해자 보호

제6조(인신매매 피해자에 대한 지원과 보호)

1. 필요한 경우 국내법상 가능한 범위 내에서 각 당사국은 무엇보다도 인신매매에 관한 사법절차
를 비공개로 하는 것을 포함하여 인신매매 피해자의 사생활과 신원을 보호한다.

2. 각 당사국은 적정한 경우 국내 법률이나 행정 체계가 인신매매 피해자들에게 다음 사항을 제공
하는 방안을 포함하도록 보장한다:

가. 관련 소송 및 행정 절차에 관한 정보;

나. 피고인의 권리를 해하지 않는 방식으로 범인에 대한 형사절차상의 적정한 단계에서 피해자의
견해와 관심이 제시되고 고려될 수 있도록 하는 지원.

3. 각 당사국은 적절한 경우 비정부간 기구, 다른 관련 기구, 기타 시민사회 구성원들과의 협력을 통하여 인신매매 피해자의 신체적, 심리적 및 사회적 회복을 위하여 특히 다음 사항을 제공하는 방안의 실시를 검토한다:

가. 적정한 주거;

나. 인신매매 피해자가 이해할 수 있는 언어로 특히 그들의 법적 권리에 관한 상담과 정보제공;

다. 의학적, 심리적 및 물질적 지원;

라. 고용, 교육 및 훈련 기회.

4. 각 당사국은 본 조항을 적용함에 있어서 인신매매 피해자의 연령, 성별, 특수한 필요를 고려하며, 특히 적정한 주거, 교육, 보호를 포함한 아동의 특수한 필요를 고려한다.

5. 각 당사국은 인신매매 피해자들이 자국의 영토 내에 있는 동안 그들의 신체적 안전을 보장하기 위하여 노력한다.

6. 각 당사국은 국내법 제도가 인신매매 피해자들에게 피해에 대한 배상을 받을 수 있는 기회를 제공하는 방안을 포함하도록 보장한다.

제7조(도착국에서의 인신매매 피해자의 지위)

1. 이 의정서 제6조에 따른 조치를 취하는데 추가하여, 각 당사국은 인신매매 피해자가 합당한 경우 자국 내에서 일시적 또는 영구적으로 체류할 수 있도록 허용하는 입법 또는 기타 적정한 조치의 채택을 검토한다.

2. 본조 제1항에 규정된 조항을 이행함에 있어서 각 당사국은 인도적 요소와 온정적 요소를 적절히 고려를 한다.

제8조(인신매매 피해자의 본국 귀환)

1. 인신매매 피해자가 자국민이거나 도착국 영역에 입국시 자국의 영주권자인 당사국은 그의 안전에 적정한 주의를 기울이며 과도하거나 불합리한 지체 없이 그의 귀환을 지원하고 수용한다.

2. 당사국이 인신매매 피해자를 국적국이나 도착국 영역에 입국시 영주권을 갖고 있는 국가로 돌려 보내는 경우, 귀환은 그의 안전과 그가 인신매매의 피해자라는 사실과 관련된 사법 절차상의 지위를 적절히 고려하며 이루어지고, 가급적 자의에 의하여야 한다.

3. 도착지 당사국의 요청이 있을 경우, 요청을 받은 당사국은 인신매매 피해자가 자국민이거나 또는 도착국 영역에 입국시 자국 영주권을 갖고 있는지 여부를 과도하거나 불합리한 지체 없이 확인하여 준다.

4. 적정한 증명서를 소지하지 않은 인신매매 피해자의 귀환을 촉진하기 위하여, 그가 자국민이거나 또는 도착국 영역에 입국시 자국 영주권을 갖고 있는 당사국은 도착국의 요청에 따라 자국으로의 그의 여행과 재입국을 가능하게 하는데 필요한 여행증명서나 기타 허가를 발행하는데 동의한다.

5. 본조는 인신매매 피해자에게 도착국의 국내법에 따라 부여된 어떠한 권리도 침해하지 아니한다.

6. 본조는 인신매매 피해자의 귀환에 부분적으로나 전체적으로 관련되는 다른 해당 양자 또는 다자 조약이나 해당 약정의 적용에 영향을 미치지 아니한다.

제3장 예방, 협력 및 기타 조치

제9조(인신매매의 예방)

1. 당사국은 다음 사항을 위한 포괄적인 정책, 계획 및 기타 방안을 수립한다:

가. 인신매매의 예방 및 대처; 그리고

나. 인신매매 피해자, 특히 여성과 아동을 이의 재발로부터의 보호.

2. 당사국은 인신매매를 예방하고 대처하기 위하여 연구, 정보 제공, 대중매체를 통한 홍보와 사회 경제적 조치와 같은 방안을 취하는데 노력한다.

3. 본조에 따른 정책, 계획 및 기타 조치는 적절한 경우 비정부간 기구, 다른 관련 기관 그리고 시민사회의 다른 구성원들과의 협력을 포함한다.

4. 당사국은 사람, 특히 여성과 아동을 인신매매에 취약하게 만드는 빈곤, 저개발, 기회균등의 결여와 같은 요인들을 경감시키기 위하여 양자 또는 다자간 협력을 포함한 조치를 취하거나 강화한다.

5. 당사국은 사람들 특히 여성과 아동에 대한 모든 형태의 착취를 조장하여 인신매매를 유도하게 되는 수요를 억제하기 위하여 입법조치나 양자 또는 다자간 협력을 포함하는 교육적, 사회적, 문화적 조치와 같은 다른 방안들을 채택하거나 강화한다.

제10조(정보교환과 훈련)

1. 당사국의 법 집행기관, 출입국 담당기관 또는 기타 관련 기관은 국내법에 따른 정보 교환을 통하여 다음 사항을 결정할 수 있도록 상호 협력한다:

가. 타인의 여행증명서를 소지하거나 여행증명서 없이 국경을 통과하거나, 통과하려고 시도한 자가 인신매매범이거나 그 피해자인지 여부;

나. 인신매매를 위하여 국경을 통과하는데 사용하였거나, 사용하려고 시도한 여행증명서의 유형;

다. 피해자의 모집과 수송, 경로, 인신매매에 종사하는 개인과 집단간의 연계를 포함하여 인신매매를 위하여 조직범죄집단에 의하여 사용된 수단과 방법 그리고 그들을 적발하기 위한 가능한 방안들.

2. 당사국은 법 집행기관 공무원, 출입국 공무원, 기타 인신매매의 예방과 관련된 다른 공무원을 위한 훈련을 제공하고 강화한다. 훈련은 인신매매의 예방, 인신매매범에 대한 기소와 인신매매범으로부터의 피해자 보호를 포함하여 피해자의 권리 보호에 초점을 맞춘다. 그러한 훈련은 또한 인권과 아동 및 성 인지적 문제들을 검토할 필요성을 고려하며, 비정부간 기구, 다른 관련기구 및 시민사회의 다른 구성원들과의 협력을 장려하여야 한다.

3. 정보를 제공받은 당사국은 정보 사용에 관한 타 당사국의 제한 요청을 준수한다.

제11조(국경 조치)

1. 주민의 이동의 자유에 관한 국제적 의무를 침해함이 없이, 당사국들은 인신매매를 예방하고 적발하는데 필요한 국경 통제를 최대한 강화한다.

2. 각 당사국은 상업적 운송사에 의해 운영되는 수송 수단이 이 의정서의 제5조에 규정된 범죄행위에 사용되는 것을 최대한 방지하기 위하여 입법 또는 기타 적절한 조치를 채택한다.

3. 해당 국제협정의 적용에 영향을 주지 아니하는 조건 하에서 적절한 경우, 그 같은 조치는 모든

운송회사, 수송 수단의 소유주나 운영자를 포함하여 상업적 운송사가 모든 승객이 도착국으로의 입국에 요구되는 여행증명서를 소지하고 있는지를 확인할 의무를 부과하는 것을 포함한다.

4. 당사국은 본조 제3항에 규정된 의무를 위반한 경우 국내법에 따라 제재를 가하기 위하여 필요한 조치를 취한다.

5. 각 당사국은 이 의정서에 규정된 범죄행위에 관련된 자의 입국거부 또는 사증 취소가 국내법상 가능하도록 하는 방안을 취할 것을 고려한다.

6. 협약 제27조의 적용에는 영향을 주지 아니하면서, 당사국은 특히 직접적인 연락 경로를 마련하고 유지함으로써 출입국관리 기관간의 협력 강화를 고려한다.

제12조(문서의 보안과 통제)

각 당사국은 가용 수단의 범위 내에서 다음 사항을 위하여 필요한 조치를 취한다:

가. 당사국에 의해 발행된 여행증명서나 신분증명서가 용이하게 도용될 수 없고, 쉽게 위조되거나 불법적으로 변조, 복제 또는 발행될 수 없는 양질의 것임을 보장한다; 그리고

나. 당사국에 의하여 또는 당사국을 대신하여 발행된 여행증명서나 신분증명서의 진정성과 안전을 보장할 것과 위 증명서의 위법한 제작, 발행, 사용을 방지한다.

제13조(문서의 합법성과 효력)

타 당사국의 요청이 있으면 당사국은 자신의 이름으로 발행되었거나 발행되었다고 주장되는 것으로서 인신매매에 사용되고 있다고 의심되는 여행증명서나 신분증명서의 합법성과 유효성을 국내법에 따라 합리적인 기간 내에 확인하여 준다.

제4장 최종규정

제14조(단서조항)

1. 이 의정서는 국제인도법과 국제인권법 그리고 특히 해당하는 경우 난민지위에 관한 1951년 협약과 1967년 의정서, 이에 담겨 있는 강제송환금지의 원칙을 포함하여 국제법상 국가와 개인의 권리, 의무 및 책임에 영향을 미치지 아니한다.

2. 이 의정서에 규정된 조치는 인신매매의 피해자였다는 이유로 대상자를 차별하지 않도록 해석되고 적용된다. 그러한 조치의 해석과 적용은 국제적으로 승인된 차별금지원칙에 합치되어야 한다.

제15조(분쟁해결)

1. 당사국은 협상을 통하여 이 의정서의 해석이나 적용에 관한 분쟁의 해결을 위하여 노력한다.

2. 합리적 기간 내에 협상을 통하여 해결될 수 없는 이 의정서의 해석이나 적용과 관련된 2개국 이상의 당사국간 분쟁은 당사국 중 일방의 요청이 있으면 중재재판에 회부된다. 중재재판 요청일로부터 6개월 경과시까지 당사국들이 중재재판부 구성에 합의할 수 없는 경우, 당사국 중 일방은 국제사법재판소 규정에 따른 신청에 의하여 분쟁을 이 재판소에 회부할 수 있다.

3. 각 당사국은 이 의정서의 서명, 비준, 수락, 승인 또는 가입 시에 본조의 제2항에 구속되지 않을 것임을 선언할 수 있다. 타 당사국은 그러한 유보를 행한 국가와의 관계에서는 본조 제2항에 구속

되지 아니한다.

4. 본조 제3항에 따른 유보를 행한 당사국은 국제연합 사무총장에게 통고함으로써 그 유보를 언제라도 철회할 수 있다.

제16조(서명, 비준, 수락, 승인 및 가입)

1. 이 의정서는 2000년 12월 12일에서 15일까지는 이탈리아의 팔레모에서, 그 이후에는 뉴욕의 국제연합 본부에서 서명을 위하여 모든 국가에게 개방된다.

2. 지역적 경제통합기구의 최소한 1개 회원국이 본조 제1항에 따라 이 의정서에 서명하면, 이 의정서는 그 기구의 서명을 위하여도 개방된다.

3. 이 의정서는 비준, 수락 또는 승인을 받아야 한다. 비준서, 수락서 또는 승인서는 국제연합 사무총장에게 기탁된다. 만약 지역적 경제통합기구의 최소한 1개 회원국이 비준서, 수락서 또는 승인서를 기탁한 경우, 기구 역시 같은 행위를 할 수 있다. 비준서, 수락서 또는 승인서에서 지역적 경제통합기구는 이 의정서가 다루는 문제에 관한 자신의 권한 범위를 선언하여야 한다. 기구는 또한 자신의 권한 범위에 있어서 관련된 변경이 있을 경우 이를 수탁자에게 통고하여야 한다.

4. 이 의정서는 모든 국가와 최소한 1개 회원국이 이 의정서의 당사국인 지역적 경제통합기구의 가입을 위하여 개방된다. 가입서는 국제연합 사무총장에게 기탁된다. 가입시 지역적 경제통합기구는 이 의정서가 다루는 문제에 관한 자신의 권한 범위를 선언하여야 한다. 기구는 또한 자신의 권한 범위에 있어서 관련된 변경이 있을 경우 이를 수탁자에게 통고하여야 한다.

제17조(발효)

1. 이 의정서는 40번째의 비준서, 수락서, 승인서 또는 가입서의 기탁일로부터 90일 이후 발효되나, 단 협약이 발효되기 전에는 이 의정서도 발효되지 아니한다. 본항의 적용에 있어서 지역적 경제통합기구에 의해 기탁된 문서는 그 기구 회원국에 의해 기탁된 문서와 중복 집계되지 아니한다.

2. 40번째 기탁서 이후에 비준, 수락, 승인, 가입한 국가 또는 지역적 경제통합기구에 대하여 이 의정서는 그러한 국가 또는 기구가 해당문서의 기탁일로부터 30일 이후나 또는 본조 제1항에 따른 이 의정서의 발효일 중 뒤의 일자에 발효된다.

제18조(개정)

1. 이 의정서의 발효 후 5년이 경과되면, 이 의정서의 당사국은 개정안을 제안하여 이를 국제연합 사무총장에게 제출할 수 있으며, 그는 제안된 개정안을 당사국과 그 제안을 심의하고 결정할 협약 당사국 회의에 통지한다. 당사국 회의에 참석한 의정서의 당사국들은 각 개정안에 대한 총의를 이끌어 내기 위한 모든 노력을 다하여야 한다. 만약 총의를 위한 모든 노력이 무산되고 합의를 이루지 못하는 경우, 마지막 방안으로 개정안은 당사국 회의에 참석하여 표결한 의정서 당사국 3분의 2 다수결에 의한 채택을 필요로 한다.

2. 지역적 경제통합기구는 그들 권한 내의 문제에 관하여 이 의정서의 당사국인 회원국 수에 해당하는 투표권을 본조에 따라 행사할 수 있다. 만약 회원국이 자신의 투표권을 행사하는 경우 그 기구는 투표권을 행사할 수 없으며, 그 반대의 경우도 마찬가지이다.

3. 본조 제1항의 규정에 따라 채택된 개정안은 당사국의 비준, 수락 또는 승인을 받아야 한다.

4. 본조 제1항의 규정에 따라 채택된 개정안은 이의 비준서, 수락서 또는 승인서를 국제연합 사무총장에게 기탁한 날로부터 90일 이후 당사국에 대하여 발효된다.

5. 개정안이 발효되면 개정은 이에 구속되는데 동의한 당사국들에 대하여 구속력을 갖는다. 타 당사국들은 여전히 이 의정서 조항과 그들이 비준, 수락 또는 승인한 이전 개정 규정에 구속된다.

제19조(폐기)

1. 당사국은 국제연합 사무총장에 대한 서면통고로써 이 의정서를 폐기할 수 있다. 폐기는 국제연합 사무총장이 그 통고를 받은 날로부터 1년 후에 발효한다.

2. 지역적 경제통합기구는 모든 회원국이 이 의정서를 폐기한 경우 당사자 자격을 상실한다.

제20조(수탁자와 언어)

1. 국제연합 사무총장이 이 의정서의 수탁자로 지정된다.

2. 아랍어, 중국어, 영어, 프랑스어, 러시아어 및 스페인어가 동등하게 정본인 이 의정서 원본은 국제연합 사무총장에게 기탁된다.

이상의 증거로서 각 정부에 의해 정당하게 권한을 부여받은 아래 전권대사들은 이 의정서에 서명하였다.

18-2. 육상, 해상 및 항공을 통한 불법이주를 방지하기 위한 국제조직범죄방지협약 추가의정서

2000.12.12 체결/ 2004.1.28 발효/ 당사국 수 114/ 대한민국 미가입.

이 의정서의 당사국은,

육상, 해상 및 항공을 통한 불법 이주를 예방하고 대처하기 위한 효과적인 행위는 협력을 포함하는 포괄적인 국제적 접근, 정보교환 그리고 사회·경제적 조치를 포함한 국가적·지역적·국제적 수준에서의 기타 적정한 조치를 필요로 한다는 것을 선언하고,

특히 빈곤과 깊이 관련되어 있는 이주의 근본 원인에 대처하고 관련자들에 대하여 국제 이주의 혜택을 극대화시키기 위하여, 그리고 타당한 경우에는 이주와 개발문제에 대하여 지속적으로 대처해 나갈 지역간, 지역내 및 소지역내 체제를 장려하기 위하여 국제 이주와 개발 분야에서의 국제적 협력을 강화할 것을 총회가 회원국과 국제연합 기구에 대하여 강조한 1999년 12월 22일의 총회 결의 제54/212호를 상기하고,

이주자에게 인도적인 처우와 그들의 권리에 대한 완전한 보호를 제공할 필요성을 확신하고,

여러 국제적 모임에서의 작업에도 불구하고, 불법 이주와 기타 관련 문제의 모든 측면에 대처하는 보편적 문서가 존재하지 않는다는 사실을 고려하고,

이 의정서에 규정된 관계 당사국에게 지대한 해악을 끼치는 불법이주 및 기타 관련 범죄 행위에 있어서의 조직범죄 집단의 활동이 현저히 증가함을 염려하고,

불법이주가 관련 이주자의 생명과 안전에 위험에 빠뜨릴 수 있음을 또한 염려하고,

국제적 조직범죄에 대처할 포괄적 국제협정을 작성하고, 특히 불법 인신매매와 해상경로를 포함한 불법 이주자 수송에 대처하는 국제 문서의 성안을 토의할 목적으로 총회가 정부간 공개 특별위원회의 설립을 결정하였던 1998년 12월 9일의 총회 결의 제53/111호를 상기하고,

국제연합 국제조직범죄방지협약에 육상, 해상 및 항공을 통한 불법이주 방지를 위한 국제문서를 추가하는 것은 그러한 범죄를 예방하고 대처하는데 유용하리라고 확신하여,

다음과 같이 합의하였다.

제1장 일반조항

제1조 국제연합 국제조직범죄방지협약과의 관계

1. 이 의정서는 국제조직범죄방지협약을 보완한다. 이 의정서는 협약과 함께 해석된다.

2. 의정서에 달리 규정되어 있지 않는 한, 협약의 규정은 이 의정서에 준용되어 적용된다.

3. 이 의정서의 제6조에 규정된 범죄는 협약상의 범죄로 간주된다.

제2조 목적의 제시

이 의정서의 목적은 불법 이주자의 권리를 보호하면서도, 불법 이주를 예방하고 대처함과 아울러 이를 위한 당사국간의 협력을 증진시키는 것이다.

제3조 용어의 사용

이 의정서의 적용에 있어서:

가. "불법 이주"란 직간접적으로 금전적 또는 다른 물질적 이익을 얻을 목적으로 자국민이나 영주권자가 아닌 자를 당사국으로 불법 입국을 주선함을 의미한다;

나. "불법 입국"이란 도착국으로의 합법적 입국에 필요한 절차를 밟지 않고 국경을 넘는 것을 의미한다;

다. "부정한 여행증명서 또는 신분증명서"란 아래와 같은 여행증명서 또는 신분증명서를 의미한다:

(1) 국가를 대신하여 여행증명서 또는 신분증명서를 제작하거나 발행할 합법적 권한을 부여받은 개인이나 기관 이외의 자에 의하여 부정하게 제작되었거나 실질적 부분이 변조된 것; 또는

(2) 허위표시, 매수, 협박, 기타 위법한 방법을 통하여 부적절하게 발행되었거나 획득된 것; 또는

(3) 정당한 보유자 이외의 자에 의하여 사용되는 것.

라. "선박"이란 고속부양함과 수상 비행기를 포함하여 수상에서 수송수단으로 사용될 수 있는 모든 형태의 선박을 의미하며, 다만 군함, 해군 보조함 또는 정부에 의해 소유되거나 운영되는 기타 선박과 당분간 정부의 비상업적 업무에 사용되는 선박은 제외한다.

제4조 적용범위

의정서에 달리 규정된 경우를 제외하고, 이 의정서는 범죄의 성격이 국제적이고 조직범죄집단이 관여된 것으로 의정서 제6조에 규정된 범죄를 예방하고, 수사하고, 기소함과 아울러 그러한 범죄의 대상이 된 자의 권리를 보호하는데 적용된다.

제5조 이주자의 형사책임

이주자는 이 의정서 제6조에 규정된 행위의 대상이 되었다는 사실로 인하여 의정서에 따른 형사소추의 대상이 되지는 아니한다.

제6조 범죄화

1. 각 당사국은 고의적으로 그리고 직간접적으로 금전적 또는 다른 물질적 이익을 얻기 위한 다음의 행위를 형사범죄로 규정하는데 필요한 입법 및 기타 조치를 채택한다:

가. 불법 이주 행위;

나. 불법 이주를 가능하게 할 목적으로 자행된 다음의 행위:

(1) 부정한 여행증명서 또는 신분증명서의 발급 행위;

(2) 그러한 증명서의 조달, 제공 또는 소지 행위;

다. 국민이나 영주권자가 아닌 자를 합법적으로 체류시키기 위한 필요요건의 준수 없이 본항 나호에 지적된 방법이나 기타 다른 불법적 수단에 의하여 해당국에 체류할 수 있도록 하는 행위.

2. 각 당사국은 다음의 행위도 형사범죄로 규정하는데 필요한 입법 및 기타 조치를 채택한다:

가. 자국 법제도의 기본 개념에 부합됨을 전제로 본조 제1항에 따라 규정된 범죄를 저지르려고
시도하는 행위;

나. 본조 제1항 가호, 나호 (1) 또는 다호에 따라 규정된 범죄의 공범, 그리고 자국 법제도의 기본
개념에 부합됨을 전제로 본조 제1항 나호 (2)에 따라 규정된 범죄의 공범으로 참여하는 행위;

다. 타인을 본조 제1항에 따라 규정된 범죄를 저지르도록 조직하거나, 지시하는 행위.

3. 각 당사국은 아래와 같은 경우를 본조 제1항 가호, 나호 (1)와 다호에 따라 규정된 범죄와 자국
법체제의 기본 개념에 부합됨을 전제로 본조 제2항 나호와 다호에 따라 규정된 범죄보다 한층
무겁게 처벌하는데 필요한 입법 및 기타 조치를 채택한다.

가. 관계된 이주자의 생명 또는 안전을 위험에 빠뜨리거나 위험에 빠뜨릴 우려가 있는 경우;

나. 그러한 이주자에 대한 착취를 포함하여 비인도적인 또는 굴욕적인 처우가 수반된 경우.

4. 이 의정서는 자국의 국내법에 의한 범죄를 구성하는 행위를 한 자에 대하여 당사국이 조치를
취하는 것을 방해하지 아니한다.

제2장 해상을 통한 불법 이주

제7조 협력

당사국은 해상을 통한 불법 이주를 예방하고 억제하기 위하여 국제 해양법에 따라 가능한 한 최대
의 협력을 하여야 한다.

제8조 해상을 통한 불법 이주에 대한 조치

1. 자국기를 게양하고 있거나 자국 선적임을 주장하고 있는 선박, 무국적 선박, 또는 외국기를
게양하고 있거나 국기 게양을 거부하고 있더라도 실제로는 자국 국적의 선박이 해상을 통한 불법
이주에 종사하고 있다고 의심할만한 합리적 이유를 가진 당사국은 그러한 목적을 위한 선박의
사용을 억제함에 있어 다른 당사국의 협조를 요청할 수 있다. 그러한 요청을 받은 당사국은 가용
수단의 범위 내에서 가능한 한 최대의 협력을 제공한다.

2. 국제법에 따른 항해의 자유를 행사하는 선박으로 다른 당사국의 국기를 게양하고 있거나 선적
을 표시하고 있는 선박이 해상을 통한 불법 이주에 종사하고 있다고 의심할만한 합리적 이유를
가진 당사국은 이를 기국에 통고하고 선적의 확인을 요청하여, 만약 선적이 확인되면 당해 선박에
대하여 적절한 조치를 취하는 것에 대한 기국의 허가를 요청할 수 있다. 기국은 요청국에 대하여
다음과 같은 권한을 부여할 수 있다:

가. 그 선박에 승선;

나. 그 선박의 조사; 그리고

다. 만약 그 선박이 해상을 통한 불법 이주에 종사하였다는 증거가 발견되는 경우, 기국에 의하여
권한을 부여받은대로 그 선박과 승선한 사람 및 화물에 관하여 적절한 조치.

3. 본조 제2항에 따라 조치를 취한 당사국은 관련 기국에 그러한 조치의 결과를 즉시 통지한다.

4. 당사국은 자국 선적임을 주장하거나 자국기를 게양한 선박이 그러한 자격이 있는지 여부를 확

인해 달라는 타당사국의 요청과 본조 제2항에 따른 권한부여 요청에 신속하게 대응하여야 한다.

5. 이 의정서 제7조에 부합되는 범위 내에서 기국은 권한부여에 있어서 책임 및 취하여질 실효적 조치의 한계에 관한 조건을 포함하여 자신과 요청국이 합의하는 조건을 붙일 수 있다. 사람의 생명에 대한 급박한 위험을 제거하는데 필요한 경우나 관련 양자 또는 다자 협정에 근거한 경우가 아니라면, 당사국은 기국의 명시적인 권한부여 없이는 추가적인 조치를 취할 수 없다.

6. 각 당사국은 선적이나 자국기를 게양할 선박의 권리를 확인하고, 적절한 조치를 취할 권한부여에 관한 지원 요청을 접수하고 응답할 기관을 지정하며, 필요하다면 복수의 기관을 지정한다. 그러한 지정은 한 달 이내에 사무총장을 통하여 다른 모든 당사국들에게 통지된다.

7. 선박이 해상을 통한 불법 이주에 종사하고 있으며, 또한 그 선박이 무국적선이거나 또는 무국적선으로 의심할만한 합리적인 이유를 가진 당사국은 그 선박에 승선하여 조사할 수 있다. 그러한 의심을 뒷받침하는 증거가 발견된 경우, 당사국은 관련 국내법과 국제법에 따라 적절한 조치를 취한다.

제9조 보호조항

1. 당사국이 이 의정서 제8조에 따라 선박에 대한 조치를 취하는 경우, 당사국은:

가. 승선한 사람의 안전과 인도적 대우를 보장한다;

나. 선박이나 화물의 안전이 위험하게 되지 않도록 적절한 주의를 기울인다;

다. 기국이나 다른 이해 당사국의 상업적 또는 법적 이해관계에 피해를 끼치지 않도록 적절한 주의를 기울인다;

라. 가용수단의 범위 내에서 선박에 관하여 취하여진 조치가 환경적으로 건전한 것임을 보장한다.

2. 이 의정서 제8조에 의거하여 취하여진 조치의 근거가 사실무근임이 증명된 경우, 그 선박이 취하여진 조치를 정당화할만한 어떠한 행위도 하지 않았다면 선박은 받은 손실 또는 손해에 대하여 보상을 받는다.

3. 본장에 따라 취하여졌거나, 채택되었거나, 이행된 어떠한 조치도 다음 사항을 방해하거나 영향을 미치지 않도록 적정한 주의를 기울여야 한다:

가. 국제 해양법에 따른 연안국의 권리와 의무 및 관할권의 행사; 또는

나. 선박과 관련된 행정적, 기술적, 사회적 문제에 대하여 관할권과 통제를 행사할 기국의 권한.

4. 본장에 의거하여 취해진 모든 조치는 군함이나 군용 항공기, 또는 공무수행중이라는 것이 명백히 표시되고 확인될 수 있으며 또한 그러한 권한을 부여받은 기타의 선박과 항공기에 의하여만 수행된다.

제3장 예방, 협력 및 기타 조치

제10조 정보

1. 협약 제27조와 제28조의 적용에 영향을 주지 아니하면서 당사국, 특히 국경선을 공유하거나 불법이주에 이용되는 경로상에 있는 당사국들은 이 의정서의 목적을 달성하기 위하여 각국의 국내법과 행정의 체계에 부합되는 범위 내에서 다음 사항과 같은 관련 정보를 교환한다:

가. 이 의정서 제6조에 규정된 행위에 종사하는 조직범죄집단에 의하여 이용되는 것으로 알려졌거나 또는 그러한 의심을 받는 승선지점과 행선지는 물론 항로, 수송선과 운송수단;

나. 이 의정서 제6조에 규정된 행위에 종사하는 것으로 알려졌거나 또는 그러한 의심을 받는 조직 또는 조직범죄단체의 실체와 방법;

다. 당사국에 의해 발행된 여행증명서의 정본 형태, 그리고 백지의 여행증명서나 신분증명서의 도난이나 이의 도용 사실;

라. 사람을 은닉·운송하는 수단과 방법, 이 의정서 제6조에 규정된 행위에 사용된 여행증명서나 신분증명서의 위법한 변조, 재생산, 취득 또는 기타의 도용 행위 그리고 이를 적발하는 방법;

마. 이 의정서 제6조에 규정된 행위를 예방하고 대처하기 위한 입법적 경험, 관행 및 조치; 그리고

바. 이 의정서 제6조에 규정된 행위를 예방하고, 발견하고, 조사하는 각자의 능력을 강화하고 또한 관련된 자들을 소추하기 위하여, 법 집행에 유용한 과학적 및 기술적 정보;

2. 정보를 제공받은 당사국은 정보 사용에 관한 타당사국의 제한 요청을 준수한다.

제11조 국경 조치

1. 주민의 이동의 자유에 관한 국제적 의무를 침해함이 없이, 당사국들은 불법 이주를 예방하고 적발하는데 필요한 국경 통제를 최대한 강화한다.

2. 각 당사국은 상업적 운송사에 의하여 운영되는 수송 수단이 이 의정서의 제6조 제1항 가호에 규정된 범죄행위에 사용되는 것을 최대한 방지하기 위하여 입법 또는 기타 적절한 방안을 채택한다.

3. 해당 국제협정의 적용에 영향을 주지 아니하는 조건 하에서 적절한 경우, 그 같은 조치는 모든 운송회사, 수송 수단의 소유주나 운영자를 포함하여 상업적 운송사가 모든 승객이 도착국으로의 입국에 요구되는 여행증명서를 소지하고 있는지를 확인할 의무를 부과하는 것을 포함한다.

4. 당사국은 본조 제3항에 규정된 의무를 위반한 경우 국내법에 따라 제재를 가하기 위하여 필요한 조치를 취한다.

5. 각 당사국은 이 의정서에 규정된 범죄행위에 관련된 자의 입국거부 또는 사증 취소가 국내법상 가능하도록 하는 방안을 취할 것을 고려한다.

6. 협약 제27조의 적용에 영향을 주지 아니하면서, 당사국은 특히 직접적인 연락 경로를 마련하고 유지함으로써 출입국관리 기관간의 협력 강화를 고려한다.

제12조 문서의 보안과 통제

각 당사국은 가용 수단의 범위 내에서 다음을 위하여 필요한 조치를 취한다:

가. 당사국에 의해 발행된 여행증명서나 신분증명서가 용이하게 도용될 수 없고, 쉽게 위조되거나 불법적으로 변조, 복제 또는 발행될 수 없는 양질의 것임을 보장한다; 그리고

나. 당사국에 의하여 또는 당사국을 대신하여 발행된 여행증명서나 신분증명서의 진정성과 안전을 보장할 것과 위 증명서의 위법한 제작, 발행, 사용을 방지한다.

제13조 문서의 합법성과 효력

타 당사국의 요청이 있으면 당사국은 자신의 이름으로 발행되었거나 발행되었다고 주장되는 것으

로 이 의정서 제6조에 규정된 행위의 목적으로 사용되고 있다고 의심되는 여행증명서나 신분증명서의 합법성과 유효성을 국내법에 따라 합리적인 기간 내에 확인하여 준다.

제14조 훈련과 기술적 협력

1. 당사국은 이 의정서에 규정된 이주자의 권리를 존중하는 가운데 의정서 제6조에 규정된 행위를 예방하고, 그러한 행위의 대상이 된 이주자의 인도적인 처우와 관련하여 출입국 및 다른 관련 공무원들에게 전문화된 훈련을 제공하고 강화한다.

2. 당사국은 자국 내에서 이 의정서 제6조에 규정된 행위를 방지, 대처, 근절하기 위한 적절한 요원 훈련을 확보하고, 그러한 행위의 대상이 된 이주자의 권리를 보호하기 위하여 당사국 상호간은 물론 관련 국제기구, 비정부간 기구, 다른 관련 기구, 기타 시민사회 구성원들과 필요한 협력을 한다. 그러한 훈련에는 다음을 포함한다:

가. 여행증명서의 보안과 질의 향상;

나. 부정한 여행증명서 또는 신분증명서의 인식과 적발;

다. 특히 이 의정서 제6조에 규정된 행위에 종사하는 것으로 알려졌거나 의심되는 조직범죄집단의 실체, 불법 이주자들의 수송에 사용되는 방법, 제6조에 규정된 행위를 목적으로 한 여행증명서 또는 신분증명서의 도용사실, 그리고 불법 이주에 사용된 은닉 수단에 관련된 범죄 정보의 수집;

라. 통상적 및 비통상적 출입국 지점에서 불법 이주자를 적발하기 위한 절차의 개선;

마. 이주자에 대한 인도적 처우와 이 의정서에 규정된 그들의 권리 보호.

3. 관련된 전문 지식을 가진 당사국은 빈번하게 이 의정서 제6조에 규정된 행위의 대상이 된 자의 출신국 또는 통과국이 되는 국가에게 기술적 협력을 제공할 것을 고려한다. 당사국은 제6조에 규정된 행위에 대처하기 위하여 차량, 컴퓨터 체계 및 문서 판독장치와 같은 필요한 자원을 마련하기 위하여 모든 노력을 기울인다.

제15조 기타 예방조치

1. 각 당사국은 이 의정서 제6조에 규정된 행위는 종종 조직범죄집단에 의하여 이윤을 목적으로 자행되는 범죄행위라는 사실과 이는 해당 이주자에게 심각한 위험을 제기한다는 사실에 대한 일반인의 인식을 고취할 정보제공 프로그램을 마련하거나 강화할 것을 보장하는 조치를 취한다.

2. 협약 제31조에 따라 당사국은 잠재적 이주자가 조직범죄집단의 희생자로 전락하는 것을 방지하기 위하여 공공정보 분야에서 협력한다.

3. 빈곤과 저개발과 같은 불법 이주의 사회·경제적 원인에 대처하기 위하여 각 당사국은 이주의 사회·경제적 현실을 고려하고, 경제적·사회적으로 낙후된 지역에 특별한 주의를 기울이면서, 국가적, 지역적 그리고 국제적 수준에서의 개발계획과 협력을 적절하게 증진하고 강화한다.

제16조 예방과 협력 조치

1. 이 의정서를 이행함에 있어서 각 당사국은 이 의정서 제6조에 규정된 행위의 대상이 된 자의 권리, 특히 생명권과 고문, 기타 잔인하거나 비인도적인 또는 굴욕적인 대우나 처벌당하지 않을 권리를 국제법에 따라 부여된 바와 같이 보전하고 보호하기 위하여 필요한 경우 입법을 포함하는

모든 적절한 조치를 국제법상의 의무에 상응하도록 취한다.

2. 각 당사국은 이 의정서 제6조에 규정된 행위의 대상이 되었다는 이유로 인하여 개인이나 집단에 의하여 가해질 수 있는 폭력으로부터 이주자들을 적절히 보호하기 위하여 적절한 조치를 취한다.

3. 각 당사국은 이 의정서 제6조에 규정된 행위의 대상이 되었다는 이유로 인하여 그들의 생명이나 안전을 위협받는 이주자에게 적절한 지원을 제공한다.

4. 본조의 조항을 적용함에 있어서 당사국은 여성과 아동의 특별한 필요를 고려한다.

5. 이 의정서 제6조에 규정된 행위의 대상이 된 자가 억류된 경우, 각 당사국은 필요한 경우 영사관 직원에 대한 통고 및 연락에 관한 조항을 해당자에게 지체없이 알리는 것을 포함하여 영사관계에 관한 비엔나 협약상의 의무를 따른다.

제17조 합의와 중재

당사국은 다음 사항을 목표로 하는 양자간 또는 지역적 협정, 실무협정, 양해각서의 체결을 검토한다:

가. 이 의정서 제6조에 규정된 행위를 방지 또는 대처하기 위하여 가장 적정하고 효과적인 조치의 수립; 또는

나. 당사국간에 이 의정서의 규정의 강화.

제18조 불법 이주자의 귀환

1. 각 당사국은 이 의정서 제6조에 규정된 행위의 대상이 된 자로 자국 국민이거나 귀환시 그 국가에 영주권을 갖고 있는 자가 과도하거나 비합리적인 지연없이 귀환함을 지원하고 수용할 것에 동의한다.

2. 각 당사국은 이 의정서 제6조에 규정된 행위의 대상이 된 자로 도착국으로의 입국시 그 국가의 국내법에 따른 영주권을 가진 자의 귀환을 지원하고 수용할 가능성을 검토한다.

3. 도착국의 요청이 있는 경우, 요청을 받은 당사국은 이 의정서 제6조의 행위의 대상이 된 자가 자국민이거나 자국에서 영주권을 갖고 있는지 여부를 과도하거나 비합리적인 지연없이 확인하여 준다.

4. 이 의정서 제6조의 행위의 대상이 된 사람으로 적정한 증명서를 소지하지 않은 자의 귀환을 촉진하기 위하여, 그가 자국민이거나 또는 영주권을 갖고 있는 당사국은 도착국의 요청에 따라 자국으로의 그의 여행과 재입국을 가능하게 하는데 필요한 여행증명서나 기타 허가를 발행하는데 동의한다.

5. 이 의정서 제6조에 규정된 행위의 대상이 된 자의 송환에 관여하는 각 당사국은 송환이 질서있고 대상자의 안전과 존엄성에 대한 적정한 주의가 기울여지는 가운데 이루어지도록 모든 적절한 조치를 취한다.

6. 당사국들은 이 조항의 이행을 위하여 관련 국제기구와 협력할 수 있다.

7. 본조는 이 의정서 제6조에 규정된 행위의 대상이 된 자에게 도착국의 국내법에 따라 부여된 어떠한 권리도 침해하지 아니한다.

8. 본조는 이 의정서 제6조에 규정된 행위의 대상이 된 자의 귀환에 부분적으로나 전체적으로

관련되는 다른 관련 양자 또는 다자 조약이나 다른 관련 실무협정상의 의무에 영향을 미치지 아니한다.

제4장 최종규정

제19조 단서조항

1. 이 의정서는 국제인도법과 국제인권법 그리고 특히 해당하는 경우 난민지위에 관한 1951년 협약과 1967년 의정서, 이에 담겨 있는 강제송환금지의 원칙을 포함하여 국제법상 국가와 개인의 권리, 의무 및 책임에 영향을 미치지 아니한다.

2. 이 의정서에 규정된 조치는 의정서 제6조에 규정된 행위의 대상자였다는 이유로 그를 차별하지 않도록 해석되고 적용된다. 그러한 조치의 해석과 적용은 국제적으로 승인된 차별금지원칙에 합치되어야 한다.

제20조 분쟁해결

1. 당사국은 협상을 통하여 이 의정서의 해석이나 적용에 관한 분쟁의 해결을 위하여 노력한다.

2. 합리적 기간 내에 협상을 통하여 해결될 수 없는 이 의정서의 해석이나 적용과 관련된 2개국 이상의 당사국간 분쟁은 당사국 중 일방의 요청이 있으면 중재재판에 회부된다. 중재재판 요청일로부터 6개월 경과시까지 당사국들이 중재재판부 구성에 합의할 수 없는 경우, 당사국 중 일방은 국제사법재판소 규정에 따른 신청에 의하여 분쟁을 이 재판소에 회부할 수 있다.

3. 각 당사국은 이 의정서의 서명, 비준, 수락, 승인 또는 가입 시에 본조의 제2항에 구속되지 않을 것임을 선언할 수 있다. 타 당사국은 그러한 유보를 행한 국가와의 관계에서는 본조 제2항에 구속되지 아니한다.

4. 본조 제3항에 따른 유보를 행한 당사국은 국제연합 사무총장에게 통고함으로써 그 유보를 언제라도 철회할 수 있다.

제21조 서명, 비준, 수락, 승인 및 가입

1. 이 의정서는 2000년 12월 12일에서 15일까지는 이탈리아의 팔레모에서, 그 이후에는 뉴욕의 국제연합 본부에서 서명을 위하여 모든 국가에게 개방된다.

2. 지역적 경제통합기구의 최소한 1개 회원국이 본조 제1항에 따라 이 의정서에 서명하면, 이 의정서는 그 기구의 서명을 위하여도 개방된다.

3. 이 의정서는 비준, 수락 또는 승인을 받아야 한다. 비준서, 수락서 또는 승인서는 국제연합 사무총장에게 기탁된다. 만약 지역적 경제통합기구의 최소한 1개 회원국이 비준서, 수락서 또는 승인서를 기탁한 경우, 기구 역시 같은 행위를 할 수 있다. 비준서, 수락서 또는 승인서에서 지역적 경제통합기구는 이 의정서가 다루는 문제에 관한 자신의 권한 범위를 선언하여야 한다. 기구는 또한 자신의 권한 범위에 있어서 관련된 변경이 있을 경우 이를 수탁자에게 통고하여야 한다.

4. 이 의정서는 모든 국가와 최소한 1개 회원국이 이 의정서의 당사국인 지역적 경제통합기구의 가입을 위하여 개방된다. 가입서는 국제연합 사무총장에게 기탁된다. 가입시 지역적 경제통합기구는 이 의정서가 다루는 문제에 관한 자신의 권한 범위를 선언하여야 한다. 기구는 또한 자신의

권한 범위에 있어서 관련된 변경이 있을 경우 이를 수탁자에게 통고하여야 한다.

제22조 발효

1. 이 의정서는 40번째의 비준서, 수락서, 승인서 또는 가입서의 기탁일로부터 90일 이후 발효되나, 단 협약이 발효되기 전에는 이 의정서도 발효되지 아니한다. 본항의 적용에 있어서 지역적 경제통합기구에 의해 기탁된 문서는 그 기구 회원국에 의해 기탁된 문서와 중복 집계되지 아니한다.

2. 40번째 기탁서 이후에 비준, 수락, 승인, 가입한 국가 또는 지역적 경제통합기구에 대하여 이 의정서는 그러한 국가 또는 기구가 해당문서를 기탁한 날로부터 30일 이후나 또는 본조 제1항에 따른 이 의정서의 발효일 중 뒤의 일자에 발효된다.

제23조 개정

1. 이 의정서의 발효 후 5년이 경과되면, 이 의정서의 당사국은 개정안을 제안하여 이를 국제연합 사무총장에게 제출할 수 있으며, 그는 제안된 개정안을 당사국과 그 제안을 심의하고 결정할 협약 당사국 회의에 통지한다. 당사국 회의에 참석한 의정서의 당사국들은 각 개정안에 대한 총의를 이끌어내기 위한 모든 노력을 다하여야 한다. 만약 총의를 위한 모든 노력이 무산되고 합의를 이루지 못하는 경우, 마지막 방안으로 개정안은 당사국 회의에 참석하여 표결한 의정서 당사국 3분의 2의 다수결에 의한 채택을 필요로 한다.

2. 지역적 경제통합기구는 그들 권한 내의 문제에 관하여 이 의정서의 당사국인 회원국 수에 해당하는 투표권을 본조에 따라 행사할 수 있다. 만약 회원국이 자신의 투표권을 행사하는 경우 그 기구는 투표권을 행사할 수 없으며, 그 반대의 경우도 마찬가지이다.

3. 본조 제1항의 규정에 따라 채택된 개정안은 당사국의 비준, 수락 또는 승인을 받아야 한다.

4. 본조 제1항의 규정에 따라 채택된 개정안은 이의 비준서, 수락서 또는 승인서를 국제연합 사무총장에게 기탁한 날로부터 90일 이후 당사국에 대하여 발효된다.

5. 개정안이 발효되면 개정은 이에 구속되는데 동의한 당사국들에 대하여 구속력을 갖는다. 타 당사국들은 여전히 이 의정서 조항과 그들이 비준, 수락 또는 승인한 이전 개정 규정에 구속된다.

제24조 폐기

1. 당사국은 국제연합 사무총장에 대한 서면통고로서 이 의정서를 폐기할 수 있다. 폐기는 국제연합 사무총장이 그 통고를 받은 날로부터 1년 후에 발효한다.

2. 지역적 경제통합기구는 모든 회원국이 이 의정서를 폐기한 경우 당사자 자격을 상실한다.

제25조 수탁자와 언어

1. 국제연합 사무총장이 이 의정서의 수탁자로 지정된다.

2. 아랍어, 중국어, 영어, 프랑스어, 러시아어 및 스페인어가 동등하게 정본인 이 의정서 원본은 국제연합 사무총장에게 기탁된다.

이상의 증거로서 각 정부에 의해 정당하게 권한을 부여받은 아래 전권대사들은 이 의정서에 서명하였다.

제5부
난민 및 무국적자의 보호

19. 난민의 지위에 관한 협약

1951.7.28 체결/ 1954.4.22 발효/ 당사국 수 144/ 대한민국 적용일 1993.3.3*

체약국은,

국제연합 헌장과 1948년 12월 10일 국제연합 총회에 의하여 승인된 세계인권선언이 인간은 차별 없이 기본적인 권리와 자유를 향유한다는 원칙을 확인하였음을 고려하고,

국제연합이 수차에 걸쳐 난민에 대한 깊은 관심을 표명하였고, 또한 난민에게 이러한 기본적인 권리와 자유의 가능한 한 광범위한 행사를 보장하려고 노력하였음을 고려하며,

난민의 지위에 관한 종전의 국제협정들을 개정하고 통합하고, 또한 그러한 문서의 적용 범위와 그러한 문서에서 정하여진 보호를 새로운 협정에서 확대하는 것이 바람직함을 고려하며,

난민에 대한 비호의 부여가 특정 국가에 부당하게 과중한 부담이 될 가능성이 있고, 또한 국제적 범위와 성격을 가진다고 국제연합이 인정하는 문제에 관한 만족할 만한 해결은 국제협력이 없이 는 성취될 수 없다는 것을 고려하며,

모든 국가가 난민문제의 사회적, 인도적 성격을 인식하고, 이 문제가 국가간의 긴장의 원인이 되 는 것을 방지하기 위하여 가능한 모든 조치를 취할 것을 희망하며,

국제연합 난민고등판무관이 난민의 보호에 관하여 정하는 국제협약의 적용을 감독하는 임무를 가 지고 있다는 것을 유의하고, 또한 각국과 국제연합 난민고등판무관과의 협력에 의하여 난민문제 를 다루기 위하여 취하여진 조치의 효과적인 조정이 가능하게 될 것임을 인정하며,

다음과 같이 합의하였다.

제1장 일반 규정
제1조 "난민"이라는 용어의 정의

A. 이 협약의 적용상, "난민"이라는 용어는 다음과 같은 자에게 적용된다.

(1) 1926년 5월 12일 및 1928년 6월 30일의 약정 또는 1933년 10월 28일 및 2월 10일의 협약, 1939년 9월 14일의 의정서 또는 국제난민기구 헌장에 의하여 난민으로 인정되고 있는 자. 국제난 민기구가 그 활동기간 중에 행한 부적격 결정은 당해 자가 (2)의 조건을 충족시키는 경우 당해자

---

* 유보 : 대한민국은 체약국의 영역에서 3년 거주요건을 충족한 난민에 입법상의 상호주의를 면제한 다고 규정한 제7조에 기속되지 아니함을 이 협약 제42조에 따라 선언한다.

선언 : 대한민국은 제1조 A에 규정된 "1951년 1월 1일 이전에 발생한 사건"이라는 용어가 "1951년 1월 1일 이전에 유럽 또는 기타 지역에서 발생한 사건"을 의미하는 것으로 해석된다는 것을 이 협 약 제1조 B에 따라 선언한다.

가 난민의 지위를 부여하는 것을 방해하지 아니한다.

(2) 1951년 1월 1일 이전에 발생한 사건의 결과로서, 또한 인종, 종교, 국적 또는 특정 사회 집단의 구성원 신분 또는 정치적 의견을 이유로 박해를 받을 우려가 있다는 충분한 이유가 있는 공포로 인하여 국적국 밖에 있는 자로서 그 국적국의 보호를 받을 수 없거나 또는 그러한 공포로 인하여 그 국적국의 보호를 받는 것을 원하지 아니하는 자 및 이들 사건의 결과로서 상주국가 밖에 있는 무국적자로서 종전의 상주국가로 돌아갈 수 없거나 또는 그러한 공포로 인하여 종전의 상주국가로 돌아가는 것을 원하지 아니하는 자.

둘 이상의 국적을 가진 자의 경우에, "국적국"이라 함은 그가 국적을 가지고 있는 국가 각각을 말하며, 충분한 이유가 있는 공포에 기초한 정당한 이유 없이 어느 하나의 국적국의 보호를 받지 않았다면 당해자에게 국적국의 보호가 없는 것으로 인정되지 아니한다.

B. (1) 이 협약의 적용상 제1조 A의 "1951년 1월 1일 이전에 발생한 사건"이라는 용어는 다음 중 어느 하나를 의미하는 것으로 이해된다.

(a) "1951년 1월 1일 이전에 유럽에서 발생한 사건" 또는

(b) "1951년 1월 1일 이전에 유럽 또는 기타 지역에서 발생한 사건"

각 체약국은 서명, 비준 또는 가입시에 이 협약상의 의무를 이행함에 있어서 상기 중 어느 규정을 적용할 것인가를 선택하는 선언을 행한다.

(2) (a)규정을 적용할 것을 선택한 체약국은 언제든지 (b)규정을 적용할 것을 선택한다는 것을 국제연합 사무총장에게 통고함으로써 그 의무를 확대할 수 있다.

C. 이 협약은 A의 요건에 해당하는 자에게 다음의 어느 것에 해당하는 경우 적용이 종지된다.

(1) 임의로 국적국의 보호를 다시 받고 있는 경우, 또는

(2) 국적을 상실한 후 임의로 국적을 회복한 경우, 또는

(3) 새로운 국적을 취득하고, 또한 새로운 국적국의 보호를 받고 있는 경우, 또는

(4) 박해를 받을 우려가 있다고 하는 공포 때문에 정주하고 있는 국가를 떠나거나 또는 그 국가 밖에 체류하고 있었으나 그 국가에서 임의로 다시 정주하게 된 경우, 또는

(5) 난민으로 인정되어 온 근거사유가 소멸되었기 때문에 국적국의 보호를 받는 것을 거부할 수 없게 된 경우. 다만, 이 조항은 이 조 A(1)에 해당하는 난민으로서 국적국의 보호를 받는 것을 거부한 이유로서 과거의 박해에 기인하는 어쩔 수 없는 사정을 원용할 수 있는 자에게는 적용하지 아니한다.

(6) 국적이 없는 자로서, 난민으로 인정되어 온 근거사유가 소멸되었기 때문에 종전의 상주국가에 되돌아올 수 있을 경우. 다만 이 조항은 이 조 A(1)에 해당하는 난민으로서 종전의 상주국가에 돌아오기를 거부한 이유로서 과거의 박해에 기인하는 어쩔 수 없는 사정을 원용할 수 있는 자에게는 적용하지 아니한다.

D. 이 협약은 국제연합 난민고등판무관 외에 국제연합의 기관이나 또는 기구로부터 보호 또는 원조를 현재 받고 있는 자에게는 적용하지 아니한다. 그러한 보호 또는 원조를 현재 받고 있는 자의 지위에 관한 문제가 국제연합 총회에 의하여 채택된 관련 결의에 따라 최종적으로 해결됨이

없이 그러한 보호 또는 원조의 부여가 종지되는 경우 그 자는 그 사실에 의하여 이 협약에 의하여 부여되는 이익을 받을 자격이 있다.

E. 이 협약은 거주국의 권한 있는 기관에 의하여 그 국가의 국적을 보유하는 데에 따른 권리 및 의무를 가진 것으로 인정되는 자에게는 적용하지 아니한다.

F. 이 협약의 규정은 다음의 어느 것에 해당한다고 간주될 상당한 이유가 있는 자에게는 적용하지 아니한다.

(a) 평화에 대한 범죄, 전쟁범죄 또는 인도에 대한 범죄에 관하여 규정하는 국제문서에 정하여진 그러한 범죄를 범한 자.

(b) 난민으로서 피난국에 입국하는 것이 허가되기 전에 그 국가 밖에서 중대한 비정치적 범죄를 범한 자.

(c) 국제연합의 목적과 원칙에 반하는 행위를 행한 자.

제2조 일반적 의무

모든 난민은 자신이 체재하는 국가에 대하여 특히 그 국가의 법령을 준수할 의무 및 공공질서를 유지하기 위한 조치에 따를 의무를 진다.

제3조 무차별

체약국은 난민에게 인종, 종교 또는 출신국에 의한 차별 없이 이 협약의 규정을 적용한다.

제4조 종교

체약국은 그 영역내의 난민에게 종교를 실천하는 자유 및 자녀의 종교적 교육에 관한 자유에 대하여 적어도 자국민에게 부여하는 대우와 동등한 호의적 대우를 부여한다.

제5조 이 협약과는 관계없이 부여되는 권리

이 협약의 어떠한 규정도 체약국이 이 협약과는 관계없이 난민에게 부여하는 권리와 이익을 저해하는 것으로 해석되지 아니한다.

제6조 "동일한 사정하에서"라는 용어

이 협약의 적용상, "동일한 사정하에서"라는 용어는, 그 성격상 난민이 충족시킬 수 없는 요건을 제외하고, 특정 개인이 그가 난민이 아니라고 할 경우에 특정 권리를 향유하기 위하여 충족시켜야 하는 요건(체재 또는 거주의 기간과 조건에 관한 요건을 포함한다)이 충족되어야 한다는 것을 의미한다.

제7조 상호주의로부터의 면제

1. 체약국은 난민에게 이 협약이 더 유리한 규정을 두고 있는 경우를 제외하고, 일반적으로 외국인에게 부여하는 대우와 동등한 대우를 부여한다.

2. 모든 난민은 어떠한 체약국의 영역 내에서 3년 간 거주한 후 그 체약국의 영역 내에서 입법상의 상호주의로부터의 면제를 받는다.

3. 각 체약국은 자국에 관하여 이 협약이 발효하는 날에 상호주의의 적용 없이 난민에게 이미 인정되고 있는 권리와 이익이 존재하는 경우 그 권리와 이익을 계속 부여한다.

4. 체약국은 제2항 및 제3항에 따라 인정되고 있는 권리와 이익 이외의 권리와 이익을 상호주의의 적용 없이 난민에게 부여할 가능성과 제2항에 규정하는 거주의 조건을 충족시키지 못하고 있는 난민과 제3항에 규정하는 권리와 이익이 인정되고 있지 아니한 난민에게도 상호주의로부터의 면제를 적용할 가능성을 호의적으로 고려한다.

5. 제2항 및 제3항의 규정은 이 협약의 제13조, 제18조, 제19조, 제21조 및 제22조에 규정하는 권리와 이익 및 이 협약에서 규정하고 있지 아니하는 권리와 이익에 관하여서도 적용한다.

제8조 예외적 조치의 면제

체약국은 특정한 외국 국민의 신체, 재산 또는 이익에 대하여 취하여지는 예외적 조치에 관하여, 형식상 당해 외국의 국민인 난민에 대하여 단순히 그의 국적만을 이유로 그 조치를 적용하여서는 아니된다. 법제상 이 조에 명시된 일반원칙을 적용할 수 없는 체약국은 적당한 경우 그러한 난민을 위하여 그 예외적 조치를 한다.

제9조 잠정조치

이 협약의 어떠한 규정도 체약국이 전시 또는 기타 중대하고 예외적인 상황에 처하여, 특정 개인에 관하여 국가안보를 위하여 불가결하다고 인정되는 조치를 잠정적으로 취하는 것을 방해하는 것은 아니다. 다만, 그 조치는 특정 개인이 사실상 난민인가의 여부, 또한 그 특정 개인에 관하여 불가결하다고 인정되는 조치를 계속 적용하는 것이 국가안보를 위하여 필요한 것인가의 여부를 체약국이 결정할 때까지에 한한다.

제10조 거주의 계속

1. 제2차 세계대전 중에 강제로 퇴거되어 어느 체약국의 영역으로 이동되어서 그 영역 내에 거주하고 있는 난민은 그러한 강제체류기간은 합법적으로 그 영역 내에서 거주한 것으로 본다.

2. 난민이 제2차 세계대전 중에 어느 체약국의 영역으로부터 강제로 퇴거되었다가 이 협약의 발효일 이전에 거주를 위하여 그 영역 내로 귀환한 경우 그러한 강제퇴거 전후의 거주기간은 계속적인 거주가 요건이 되는 어떠한 경우에 있어서도 계속된 하나의 기간으로 본다.

제11조 난민선원

체약국은 자국을 기국으로 하는 선박에 승선하고 있는 선원으로서 정규적으로 근무 중인 난민에 관하여서는 자국의 영역에서 정주하는 것에 관하여 호의적으로 고려하고, 특히 타국에서의 정주를 용이하게 하기 위한 여행증명서를 발급하거나 또는 자국의 영역에 일시적으로 입국하는 것을 허락하는 것에 관하여 호의적으로 고려한다.

제2장 법적 지위

제12조 개인적 지위

1. 난민의 개인적 지위는 주소지 국가의 법률에 의하거나 또는 주소가 없는 경우에는 거소지 국가의 법률에 의하여 규율된다.

2. 난민이 이미 취득한 권리로서 개인적 지위에 따르는 것, 특히 혼인에 따르는 권리는 난민이

체약국의 법률에 정하여진 절차에 따르는 것이 필요한 경우 이들에 따를 것을 조건으로 하여 그 체약국에 의하여 존중된다. 다만, 문제의 권리는 난민이 난민이 되지 않았을 경우일지라도 그 체약국의 법률에 의하여 인정된 것이어야 한다.

제13조 동산 및 부동산

체약국은 난민에게 동산 및 부동산의 소유권과 이에 관한 기타 권리의 취득 및 동산과 부동산에 관한 임대차 및 기타의 계약에 관하여 가능한 한 유리한 대우를 부여하고, 어떠한 경우에 있어서도, 동일한 사정하에서 일반적으로 외국인에게 부여되는 대우보다 불리하지 아니한 대우를 부여한다.

제14조 저작권 및 공업소유권

난민은 발명, 의장, 상표, 상호 등의 공업소유권의 보호 및 문학적 예술적 및 학술적 저작물에 대한 권리의 보호에 관하여, 상거소를 가지는 국가에서 그 국가의 국민에게 부여되는 보호와 동일한 보호를 부여받는다. 기타 체약국의 영역에 있어서도 그 난민이 상거소를 가지는 국가의 국민에게 그 체약국의 영역에서 부여되는 보호와 동일한 보호를 부여받는다.

제15조 결사의 권리

체약국은 합법적으로 그 영역 내에 체재하는 난민에게 비정치적이고 비영리적인 단체와 노동조합에 관한 사항에 관하여 동일한 사정하에서 외국 국민에게 부여하는 대우 중 가장 유리한 대우를 부여한다.

제16조 재판을 받을 권리

1. 난민은 모든 체약국의 영역에서 자유로이 재판을 받을 권리를 가진다.
2. 난민은 상거소를 가지는 체약국에서 법률구조와 소송비용의 담보 면제를 포함하여 재판을 받을 권리에 관한 사항에 있어서 그 체약국의 국민에게 부여되는 대우와 동일한 대우를 부여받는다.
3. 난민은 상거소를 가지는 체약국 이외의 체약국에서 제2항에 규정하는 사항에 관하여 그 상거소를 가지는 체약국의 국민에게 부여되는 대우와 동일한 대우를 부여받는다.

제3장 유급직업

제17조 임금이 지급되는 직업

1. 체약국은 합법적으로 그 영역 내에 체재하는 난민에게, 임금이 지급되는 직업에 종사할 권리에 관하여, 동일한 사정하에서 외국 국민에게 부여되는 대우 중 가장 유리한 대우를 부여한다.
2. 어떠한 경우에 있어서도, 체약국이 국내 노동시장의 보호를 위하여 외국인 또는 외국인의 고용에 관하여 취하는 제한적 조치는 그 체약국에 대하여 이 협약이 발효하는 날에 이미 그 조치로부터 면제된 난민이나, 또는 다음의 조건 중 어느 하나를 충족시키는 난민에게는 적용되지 아니한다.
(a) 그 체약국에서 3년 이상 거주하고 있는 자.
(b) 그 난민이 거주하고 있는 체약국의 국적을 가진 배우자가 있는 자. 난민이 그 배우자를 유기

한 경우에는 이 조항에 의한 이익을 원용하지 못한다.

(c) 그 난민이 거주하고 있는 체약국의 국적을 가진 1명 또는 그 이상의 자녀를 가진 자.

3. 체약국은 임금이 지급되는 직업에 관하여 모든 난민, 특히 노동자 모집계획 또는 이주민계획에 따라 그 영역 내에 입국한 난민의 권리를 자국민의 권리와 동일하게 할 것을 호의적으로 고려한다.

제18조 자영업

체약국은 합법적으로 그 영역 내에 있는 난민에게 독립하여 농업, 공업, 수공업 및 상업에 종사하는 권리 및 상업상, 산업상 회사를 설립할 권리에 관하여 가능한 한 유리한 대우를 부여하고, 어떠한 경우에 있어서도 동일한 사정하에서 일반적으로 외국인에게 부여하는 대우보다 불리하지 아니한 대우를 부여한다.

제19조 자유업

1. 각 체약국은 합법적으로 그 영역 내에 체재하는 난민으로서 그 체약국의 권한 있는 기관이 승인한 자격증서를 가지고 자유업에 종사할 것을 희망하는 자에게 가능한 한 유리한 대우를 부여하고, 어떠한 경우에 있어서도 동일한 사정하에서 일반적으로 외국인에게 부여하는 대우보다 불리하지 아니한 대우를 부여한다.

2. 체약국은 본토 지역이외에 자국이 국제관계에서 책임을 가지는 영역 내에서 상기한 난민이 정주하는 것을 확보하기 위하여 자국의 헌법과 법률에 따라 최선의 노력을 한다.

제4장 복지

제20조 배급

공급이 부족한 물자의 분배를 규제하는 것으로서 주민 전체에 적용되는 배급제도가 존재하는 경우, 난민은 그 배급제도의 적용에 있어서 내국민에게 부여되는 대우와 동일한 대우를 부여받는다.

제21조 주거

체약국은 주거에 관한 사항이 법령의 규제를 받거나 또는 공공기관의 관리하에 있는 경우 합법적으로 그 영역 내에 체재하는 난민에게 주거에 관하여 가능한 한 유리한 대우를 부여하고, 어떠한 경우에 있어서도 동일한 사정하에서 일반적으로 외국인에게 부여하는 대우보다 불리하지 아니한 대우를 부여한다.

제22조 공공교육

1. 체약국은 난민에게 초등교육에 대하여 자국민에게 부여하는 대우와 동일한 대우를 부여한다.

2. 체약국은 난민에게 초등교육 이외의 교육, 특히 수학의 기회, 학업에 관한 증명서, 자격증서 및 학위로서 외국에서 수여된 것의 승인, 수업료 기타 납부금의 감면 및 장학금의 급여에 관하여 가능한 한 유리한 대우를 부여하고, 어떠한 경우에 있어서도 동일한 사정하에서 일반적으로 외국인에게 부여하는 대우보다 불리하지 아니한 대우를 부여한다.

제23조 공공구제

체약국은 합법적으로 그 영역 내에 체재하는 난민에게, 공공구제와 공적 원조에 관하여 자국민에게 부여하는 대우와 동일한 대우를 부여한다.

제24조 노동법제와 사회보장

1. 체약국은 합법적으로 그 영역 내에 체재하는 난민에게, 다음 사항에 관하여 자국민에게 부여하는 대우와 동일한 대우를 부여한다.

(a) 보수의 일부를 구성하는 가족수당을 포함한 보수, 노동시간, 시간외 노동, 유급휴가, 가내노동에 관한 제한, 최저고용연령, 견습과 훈련, 여성과 연소자의 노동 및 단체교섭의 이익향유에 관한 사항으로서 법령의 규율을 받거나 또는 행정기관의 관리하에 있는 것.

(b) 사회보장(산업재해, 직업병, 출산, 질병, 폐질, 노령, 사망, 실업, 가족부양 기타 국내법령에 따라 사회보장제도의 대상이 되는 급부사유에 관한 법규). 다만, 다음의 조치를 취하는 것을 방해하지 아니한다.

(i) 취득한 권리와 취득과정 중에 있는 권리의 유지를 위하여 적절한 조치를 취하는 것.

(ii) 거주하고 있는 체약국의 국내법령이 공공자금에서 전액 지급되는 급부의 전부 또는 일부에 관하여, 또한 통상의 연금의 수급을 위하여 필요한 기여조건을 충족시키지 못하는 자에게 지급되는 수당에 관하여 특별한 조치를 정하는 것.

2. 산업재해 또는 직업병에서 기인하는 난민의 사망에 대한 보상을 받을 권리는 그의 권리를 취득하는 자가 체약국의 영역 밖에 거주하고 있다는 사실로 인하여 영향을 받지 아니한다.

3. 체약국은 취득되거나 또는 취득의 과정 중에 있는 사회보장에 관한 권리의 유지에 관하여 다른 체약국간에 이미 체결한 협정 또는 장차 체결할 문제의 협정의 서명국의 국민에게 적용될 조건을 난민이 충족시키고 있는 한 그 협정에 의한 이익과 동일한 이익을 그 난민에게 부여한다.

4. 체약국은 상기한 체약국과 비체약국간에 현재 유효하거나 장래 유효하게 될 유사한 협정에 의한 이익과 동일한 이익을 가능한 한 난민에게 부여하는 것을 호의적으로 고려한다.

제5장 행정적 조치

제25조 행정적 원조

1. 난민이 그의 권리를 행사함에 있어서 통상적으로 외국기관의 원조를 필요로 하는 경우 그 기관의 원조를 구할 수 없을 때에는 그 난민이 거주하고 있는 체약국은 자국의 기관 또는 국제기관에 의하여 그러한 원조가 난민에게 부여되도록 조치한다.

2. 제1항에서 말하는 자국의 기관 또는 국제기관은 난민에게 외국인이 통상적으로 본국의 기관으로부터 또는 이를 통하여 발급받은 문서 또는 증명서를 발급하거나 또는 그 감독하에 이들 문서 또는 증명서를 발급받도록 한다.

3. 상기와 같이 발급된 문서 또는 증명서는 외국인이 본국의 기관으로부터 또는 이를 통하여 발급받은 공문서에 대신하는 것으로 하고, 반증이 없는 한 신빙성을 가진다.

4. 궁핍한 자에 대한 예외적인 대우를 하는 경우 이에 따를 것을 조건으로 하여, 이 조에 규정하는 사무에 대하여 수수료를 징수할 수 있다. 그러나 그러한 수수료는 타당하고 또한 동종의 사무에 대하여 자국민에게 징수하는 수수료에 상응하는 것이어야 한다.

5. 이 조의 규정은 제27조 및 제28조의 적용을 방해하지 아니한다.

제26조 이동의 자유

각 체약국은 합법적으로 그 영역 내에 있는 난민에게 그 난민이 동일한 사정하에서 일반적으로 외국인에게 적용되는 규제에 따를 것을 조건으로 하여 거주지를 선택할 권리 및 그 체약국의 영역 내에서 자유로이 이동할 권리를 부여한다.

제27조 신분증명서

체약국은 그 영역 내에 있는 난민으로서 유효한 여행증명서를 소지하고 있지 아니한 자에게 신분 증명서를 발급한다.

제28조 여행증명서

1. 체약국은 합법적으로 그 영역 내에 체재하는 난민에게 국가안보 또는 공공질서를 위하여 어쩔 수 없는 이유가 있는 경우를 제외하고는, 그 영역 외로의 여행을 위한 여행증명서를 발급하고, 이 여행증명서에 관하여서는 이 협정 부속서의 규정을 적용한다. 체약국은 그 영역 내에 있는 다른 난민에게도 이러한 여행증명서를 발급할 수 있으며, 또한 체약국은 특히 그 영역 내에 있는 난민으로서 합법적으로 거주하고 있는 국가로부터 여행증명서를 받을 수 없는 자에게 이러한 여행증명서의 발급에 관하여 호의적으로 고려한다.

2. 종전의 국제협정의 체약국이 국제협정이 정한 바에 따라 난민에게 발급한 여행증명서는 이 협약의 체약국에 의하여 유효한 것으로 인정되고 또한 이 조에 따라 발급된 것으로 취급된다.

제29조 재정상의 부과금

1. 체약국은 난민에게 유사한 상태에 있는 자국민에게 과하고 있거나 또는 과해질 조세 기타 공과금(명칭 여하를 불문한다) 이외의 공과금을 과하지 아니한다. 또한 조세 기타 공과금에 대하여 유사한 상태에 있는 자국민에게 과하는 금액보다도 고액의 것을 과하지 아니한다.

2. 전항의 규정은 행정기관이 외국인에게 발급하는 신분증명서를 포함한 문서의 발급에 대한 수수료에 관한 법령을 난민에게 적용하는 것을 방해하지 아니한다.

제30조 자산의 이전

1. 체약국은 자국의 법령에 따라 난민이 그 영역 내로 반입한 자산을 정주하기 위하여 입국허가를 받은 다른 국가로 이전하는 것을 허가한다.

2. 체약국은 난민이 입국 허가된 타국에서 정주하기 위하여 필요한 자산에 대하여 그 소재지를 불문하고 그 난민으로부터 그 자산의 이전허가 신청이 있는 경우 그 신청을 호의적으로 고려한다.

제31조 피난국에 불법으로 있는 난민

1. 체약국은 그 생명 또는 자유가 제1조의 의미에 있어서 위협되고 있는 영역으로부터 직접 온 난민으로서 허가없이 그 영역에 입국하거나 또는 그 영역 내에 있는 자에 대하여 불법으로 입국하거나 또는 불법으로 있는 것을 이유로 형벌을 과하여서는 아니된다. 다만, 그 난민이 지체없이 당국에 출두하고 또한 불법으로 입국하거나 또는 불법으로 있는 것에 대한 상당한 이유를 제시할 것을 조건으로 한다.

2. 체약국은 상기한 난민의 이동에 대하여 필요한 제한 이외의 제한을 과하지 아니하며 또한 그러한 제한은 그 난민의 체약국에 있어서의 체재가 합법적인 것이 될 때까지 또는 그 난민이 타국에의 입국허가를 획득할 때까지만 적용된다. 체약국은 그러한 난민에게 타국에의 입국허가를 획득하기 위하여 타당하다고 인정되는 기간과 이를 위하여 필요한 모든 편의를 부여한다.

제32조 추방

1. 체약국은 국가안보 또는 공공질서를 이유로 하는 경우를 제외하고 합법적으로 그 영역에 있는 난민을 추방하여서는 아니된다.

2. 이러한 난민의 추방은 법률에 정하여진 절차에 따라 이루어진 결정에 의하여서만 행하여진다. 국가안보를 위하여 불가피한 이유가 있는 경우를 제외하고 그 난민은 추방될 이유가 없다는 것을 밝히는 증거를 제출하고, 또한 권한 있는 기관 또는 그 기관이 특별히 지명하는 자에게 이의를 신청하고 이 목적을 위한 대리인을 세우는 것이 인정된다.

3. 체약국은 상기 난민에게 타국가에의 합법적인 입국허가를 구하기 위하여 타당하다고 인정되는 기간을 부여한다. 체약국은 그 기간 동안 동국이 필요하다고 인정하는 국내 조치를 취할 권리를 유보한다.

제33조 추방 또는 송환의 금지

1. 체약국은 난민을 어떠한 방법으로도 인종, 종교, 국적, 특정 사회집단의 구성원 신분 또는 정치적 의견을 이유로 그 생명이나 자유가 위협받을 우려가 있는 영역의 국경으로 추방하거나 송환하여서는 아니된다.

2. 체약국에 있는 난민으로서 그 국가의 안보에 위험하다고 인정되기에 충분한 상당한 이유가 있는 자 또는 특히 중대한 범죄에 관하여 유죄의 판결이 확정되고 그 국가공동체에 대하여 위험한 존재가 된 자는 이 규정의 이익을 요구하지 못한다.

제34조 귀화

체약국은 난민의 동화 및 귀화를 가능한 한 장려한다. 체약국은 특히 귀화 절차를 신속히 행하기 위하여 또한 이러한 절차에 따른 수수료 및 비용을 가능한 한 경감시키기 위하여 모든 노력을 다한다.

제6장 실시 및 경과 규정

제35조 국내 당국과 국제연합과의 협력

1. 체약국은 국제연합 난민고등판무관 사무국 또는 그를 승계하는 국제연합의 다른 기관의 임무의 수행에 있어서 이들 기관과 협력할 것을 약속하고, 특히 이들 기관이 이 협약의 규정을 적용하는 것을 감독하는 책무의 수행에 있어서 이들 기관에게 편의를 제공한다.

2. 체약국은 국제연합 난민고등판무관 사무국 또는 그를 승계하는 국제연합의 다른 기관이 국제연합의 관할기관에 보고하는 것을 용이하게 하기 위하여 요청에 따라 다음 사항에 관한 정보와 통계를 적당한 양식으로 제공할 것을 약속한다.

(a) 난민의 상태

(b) 이 협약의 실시상황

(c) 난민에 관한 현행법령 및 장차 시행될 법령

제36조 국내법령에 관한 정보

체약국은 국제연합 사무총장에게 이 협약의 적용을 확보하기 위하여 제정하는 법령을 송부한다.

제37조 종전의 협약과의 관계

이 협약의 제28조 제2항을 침해함이 없이, 이 협약은 체약국 사이에서 1922년 7월 5일, 1924년 5월 31일, 1926년 5월 12일, 1928년 6월 30일 및 1935년 7월 30일의 협약, 1933년 10월 28일 및 1938년 2월 10일의 협약, 1939년 9월 14일의 의정서 및 1946년 10월 15일의 협약을 대신한다.

제7장 최종 조항

제38조 분쟁의 해결

이 협약의 해석 또는 적용에 관한 협약 당사국간의 분쟁으로서 다른 방법에 의하여 해결될 수 없는 것은 분쟁당사국 중 어느 일당사국의 요청에 의하여 국제사법재판소에 부탁된다.

제39조 서명, 비준 및 가입

1. 이 협약은 1951년 7월 28일에 제네바에서 서명을 위하여 개방되고, 그 후 국제연합 사무총장에게 기탁된다. 이 협약은 1951년 7월 28일부터 동년 8월 31일까지 국제연합 구주사무국에서, 동년 9월 17일부터 1952년 12월 31일까지 국제연합 본부에서 서명을 위하여 다시 개방된다.

2. 이 협약은 국제연합의 모든 회원국과 난민 및 무국적자의 지위에 관한 전권회의에 참석하도록 초청된 국가 또는 총회에 의하여 서명하도록 초청받은 국가의 서명을 위하여 개방된다. 이 협약은 비준되어야 하고, 비준서는 국제연합 사무총장에게 기탁된다.

3. 이 협약은 본조 제2항에 언급된 국가들의 가입을 위해 1951년 7월 28일부터 개방된다. 가입은 국제연합 사무총장에게 가입서를 기탁함으로써 효력을 발생한다.

제40조 적용지역 조항

1. 어떠한 국가도 서명, 비준 또는 가입시에 자국이 국제관계에 책임을 지는 영역의 전부 또는 일부에 관하여 이 협약을 적용한다는 것을 선언할 수 있다. 이러한 선언은 이 협약이 그 국가에 대하여 발효할 때 효력을 발생한다.

2. 그 후에는 국제연합 사무총장에게 언제든지 통고함으로써 그러한 적용을 행하고 또한 그 적용은 국제연합 사무총장이 통고를 수령한 날로부터 90일 후 또는 그 국가에 대하여 이 협약이 발효하는 날의 양자 중 늦은 날로부터 효력을 발생한다.

3. 관계국가는 서명, 비준 또는 가입시에 이 협약이 적용되지 아니하는 영역에 관하여 이 협약을 적용시키기 위하여 헌법상의 이유로 필요한 경우 그러한 영역의 정부의 동의를 조건으로 하여 필요한 조치를 취할 가능성을 검토한다.

제41조 연방 조항

체약국이 연방제 또는 비단일제 국가인 경우에는 다음 규정을 적용한다.

(a) 이 협약의 규정으로서 그 실시가 연방의 입법기관의 입법권의 범위 내에 속하는 것에 관하여
서는, 연방정부의 의무는 연방제 국가가 아닌 체약국의 의무와 동일한 것으로 한다.

(b) 이 협약의 규정으로서 그 실시가 연방구성국, 주 또는 현의 입법권의 범위 내에 속하고 또한
연방의 헌법제도상 구성국, 주 또는 현이 입법조치를 취할 의무가 없는 것에 관하여서는 연방
정부는 구성국, 주 또는 현의 적당한 기관에 대하여 가능한 한 빨리 호의적인 권고와 함께
그 규정을 통보한다.

(c) 이 협약의 체약국인 연방제 국가는 국제연합 사무총장을 통하여 이 협약의 다른 체약국으로부
터 요청이 있는 경우, 이 협약의 규정의 실시에 관한 연방과 그 구성단위의 법령 및 관행에
관한 설명을 제시하고, 또한 입법 기타의 조치에 의하여 이 협약의 규정이 실시되고 있는 정
도를 보여준다.

제42조 유보

1. 어떠한 국가도 서명, 비준 또는 가입시에 이 협약의 제1조, 제3조, 제16조(1), 제33조, 제36조
내지 제46조 규정 외에는 협약규정의 적용에 관하여 유보할 수 있다.

2. 이 조 제1항에 따라 유보를 행한 국가는 국제연합 사무총장에 대한 통고로써 당해 유보를 언제
든지 철회할 수 있다.

제43조 발효

1. 이 협약은 여섯 번째의 비준서 또는 가입서가 기탁된 날로부터 90일 후에 발효한다.

2. 이 협약은 여섯 번째의 비준서 또는 가입서가 기탁된 후 비준 또는 가입하는 국가에 대하여는
그 비준서 또는 가입서가 기탁된 날로부터 90일 후에 발효한다.

제44조 폐기

1. 어떠한 체약국도 국제연합 사무총장에 대한 통고로써 이 협약을 언제든지 폐기할 수 있다.

2. 폐기는 국제연합 사무총장이 통고를 접수한 날로부터 1년 후에 당해 체약국에 대하여 효력을
발생한다.

3. 제40조에 따라 선언 또는 통고를 행한 국가는 그 후 언제든지 국제연합 사무총장에 대한 통고
로써 상기한 영역에 이 협약의 적용을 종지한다는 선언을 할 수 있다. 그 선언은 국제연합 사무총
장이 통고를 접수한 날로부터 1년 후에 효력을 발생한다.

제45조 개정

1. 어떠한 체약국도 국제연합 사무총장에 대한 통고로써 언제든지 이 협약의 개정을 요청할 수
있다.

2. 국제연합 총회는 상기 요청에 관하여 조치가 필요한 경우 이를 권고한다.

제46조 국제연합 사무총장에 의한 통보

국제연합 사무총장은 국제연합의 모든 회원국과 제39조에 규정한 비회원국에 대하여 다음 사항을

통보한다.

(a) 제1조 B에 의한 선언 및 통고

(b) 제39조에 의한 서명, 비준 및 가입

(c) 제40조에 의한 선언 및 통고

(d) 제42조에 의한 유보 및 철회

(e) 제43조에 의한 이 협약의 발효일

(f) 제44조에 의한 폐기 및 통고

(g) 제45조에 의한 개정의 요청

이상의 증거로서 하기 서명자는 각자의 정부로부터 정당하게 위임을 받아 이 협약에 서명하였다. 1951년 7월 28일 제네바에서 모두 정본인 영어, 불란서어로 본서 1통을 작성하였다. 본서는 국제연합 문서보존소에 기탁되고, 그 인증등본은 국제연합의 모든 회원국과 제39조에 규정된 비회원국에 송부된다.

부속서

제1항

1. 이 협약 제28조에 규정하는 여행증명서의 양식은 부록에 첨부된 견본과 유사한 것으로 한다.

2. 증명서는 적어도 2개 언어로 작성되고, 그중 하나의 언어는 영어 또는 불어로 한다.

제2항

여행증명서를 발급하는 국가의 규칙에 달리 정하는 경우를 제외하고, 자녀는 양친의 어느 일방 또는 예외적인 경우 다른 성인 난민의 여행증명서를 병기할 수 있다.

제3항

증명서의 발급에 대하여 징수하는 수수료는 자국민의 여권에 대한 수수료의 최저액을 초과하여서는 아니된다.

제4항

특별한 경우 또는 예외적인 경우를 제외하고 증명서는 가능한 한 다수의 국가에 대하여 유효한 것으로 발급한다.

제5항

증명서는 발급기관의 재량에 따라 1년 또는 2년의 유효기간을 가진다.

제6항

1. 증명서의 유효기간의 갱신 또는 연장은 그 증명서의 명의인이 합법적으로 타국의 영역 내에 거주를 정하지 아니하고, 또한 증명서의 발급기관이 있는 국가의 영역 내에 합법적으로 거주하고 있는 한 그 발급 기관의 권한에 속한다.

2. 외교기관 또는 영사기관으로서 특히 그 권한을 부여받고 있는 기관은 자국 정부가 발급한 여행증명서의 유효기간을 6개월을 초과하지 아니하는 범위 이내에서 연장할 수 있는 권한을 가진다.

3. 체약국은 이미 그 영역 내에 합법적으로 거주하고 있지 아니하는 난민으로서 합법적으로 거주하고 있는 국가로부터 여행증명서를 취득할 수 없는 자에 대하여 여행증명서의 유효기간의 갱신, 연장 또는 새로운 증명서의 발급에 대하여 호의적으로 고려한다.

제7항

체약국은 이 협약 제28조의 규정에 따라 발급된 증명서의 효력을 인정한다.

제8항

난민이 가려고 희망하는 국가의 권한 있는 기관은 그의 입국을 인정할 용의가 있고 또한 사증이 필요한 경우에 그 난민이 소지한 증명서에 사증을 부여한다.

제9항

1. 체약국은 최종 목적지 영역의 사증을 취득한 난민에게 통과사증을 발급할 것을 약속한다.

2. 상기한 사증의 발급은 외국인에 대한 사증의 발급을 거부할 수 있는 정당한 사유에 의하여 거부할 수 있다.

제10항

출국사증, 입국사증 또는 통과사증에 대한 수수료는 외국의 여권에 사증을 부여하는 경우의 수수료의 최저액을 초과하여서는 아니된다.

제11항

난민이 다른 체약국의 영역 내에 합법적으로 거주를 정한 경우에 새로운 증명서를 발급하는 책임은 제28조의 규정에 따라 그 영역의 권한 있는 기관에 있고, 그 난민은 그 기관에 발급을 신청할 수 있다.

제12항

새로운 증명서를 발급하는 기관은 종전의 증명서를 회수하고, 그 증명서를 발급국에 반송하도록 기재되어 있는 경우에는 그 발급국에 이를 반송한다. 그와 같은 기재가 없는 경우 그 발급기관은 회수한 증명서를 무효로 한다.

제13항

1. 각 체약국은 이 협약 제28조에 따라 발급한 여행증명서의 명의인에 대하여 그 증명서의 유효기간 동안 언제라도 그 영역에 돌아오는 것을 허가할 것을 약속한다.

2. 체약국은 전항의 규정을 따를 것을 조건으로 하여, 증명서의 명의인에게 출입국에 관하여 정하여진 절차에 따를 것을 요구할 수 있다.

3. 체약국은 예외적인 경우 또는 난민의 체재가 일정기간에 한하여 허가된 경우 그 난민이 체약국의 영역에 돌아올 수 있는 기간을 증명서를 발급할 때에 3개월을 미달하지 아니하는 기간으로 제한할 수 있는 권리를 유보한다.

제14항

제13항의 규정만을 예외로 하고, 이 부속서의 규정은 체약국의 영역에의 입국, 통과, 체재, 정주 및 출국에 관한 조건을 규율하는 법령에 어떠한 영향도 미치지 아니한다.

제15항

증명서의 발급 또는 이의 기재사항은 그 명의인의 자유 특히 국적을 결정하거나 이에 영향을 미치지 아니한다.

제16항

증명서의 발급은 그 명의인에게 발급국의 외교기관 또는 영사기관에 의한 보호를 받을 권리를 결코 부여하는 것이 아니며, 또한 이들 기관에 대하여 보호의 권리를 부여하는 것도 아니다.

19. CONVENTION RELATING TO THE STATUS OF REFUGEES

PREAMBLE

The High Contracting Parties,

Considering that the Charter of the United Nations and the Universal Declaration of Human Rights approved on 10 December 1948 by the General Assembly have affirmed the principle that human beings shall enjoy fundamental rights and freedoms without discrimination,

Considering that the United Nations has, on various occasions, manifested its profound concern for refugees and endeavoured to assure refugees the widest possible exercise of these fundamental rights and freedoms,

Considering that it is desirable to revise and consolidate previous international agreements relating to the status of refugees and to extend the scope of and the protection accorded by such instruments by means of a new agreement,

Considering that the grant of asylum may place unduly heavy burdens on certain countries, and that a satisfactory solution of a problem of which the United Nations has recognized the international-scope and nature cannot therefore be achieved without international co-operation,

Expressing the wish that all States, recognizing the social and humanitarian nature of the problem of refugees, will do everything within their power to prevent this problem from becoming a cause of tension between States,

Noting that the United Nations High Commissioner for Refugees is charged with the task of supervising international conventions providing for the protection of refugees, and recognizing that the effective co-ordination of measures taken to deal with this problem will depend upon the co-operation of States with the High Commissioner,

Have agreed as follows:

CHAPTER I. GENERAL PROVISIONS

Article 1. Definition of the term "refugee"

A. For the purposes of the present Convention, the term "refugee" shall apply to any person who:
(1) Has been considered a refugee under the Arrangements of 12 May 1926 and 30 June 1928 or under the Conventions of 28 October 1933 and 10 February 1938, the Protocol of 14 September 1939 or the Constitution of the International Refugee Organization;

Decisions of non-eligibility taken by the International Refugee Organization during the period of its activities shall not prevent the status of refugee being accorded to persons who fulfil the conditions of paragraph 2 of this section;

(2) As a result of events occurring before 1 January 1951 and owing to well-founded fear of being persecuted for reasons of race, religion, nationality, membership of a particular social group or political opinion, is outside the country of his nationality and is unable, or owing to such fear, is unwilling to avail himself of the protection of that country; or who, not having a nationality and being outside the country of his former habitual residence as a result of such events, is unable or,

owing to such fear, is unwilling to return to it.

In the case of a person who has more than one nationality, the term "the country of his nationality" shall mean each of the countries of which he is a national, and a person shall not be deemed to be lacking the protection of the country of his nationality if, without any valid reason based on well-founded fear, he has not availed himself of the protection of one of the countries of which he is a national.

B. (1) For the purposes of this Convention, the words "events occurring before 1 January 1951" in article 1, section A, shall be understood to mean either (a) "events occurring in Europe before 1 January 1951"; or (b) "events occurring in Europe or elsewhere before 1 January 1951"; and each Contracting State shall make a declaration at the time of signature, ratification or accession, specifying which of these meanings it applies for the purpose of its obligations under this Convention.

(2) Any Contracting State which has adopted alternative (a) may at any time extend its obligations by adopting alternative (b) by means of a notification addressed to the Secretary-General of the United Nations.

C. This Convention shall cease to apply to any person falling under the terms of section A if:

(1) He has voluntarily re-availed himself of the protection of the country of his nationality; or

(2) Having lost his nationality, he has voluntarily reacquired it; or

(3) He has acquired a new nationality, and enjoys the protection of the country of his new nationality; or

(4) He has voluntarily re-established himself in the country which he left or outside which he remained owing to fear of persecution; or

(5) He can no longer, because the circumstances in connection with which he has been recognized as a refugee have ceased to exist, continue to refuse to avail himself of the protection of the country of his nationality;

Provided that this paragraph shall not apply to a refugee falling under section A (1) of this article who is able to invoke compelling reasons arising out of previous persecution for refusing to avail himself of the protection of the country of nationality;

(6) Being a person who has no nationality he is, because the circumstances in connection with which he has been recognized as a refugee have ceased to exist, able to return to the country of his former habitual residence;

Provided that this paragraph shall not apply to a refugee falling under section A (1) of this article who is able to invoke compelling reasons arising out of previous persecution for refusing to return to the country of his former habitual residence.

D. This Convention shall not apply to persons who are at present receiving from organs or agencies of the United Nations other than the United Nations High Commissioner for Refugees protection or assistance. When such protection or assistance has ceased for any reason, without the position of such persons being definitively settled in accordance with the relevant resolutions adopted by the General Assembly of the United Nations, these persons shall ipso facto be entitled to the benefits of this Convention.

E. This Convention shall not apply to a person who is recognized by the competent authorities of the country in which he has taken residence as having the rights and obligations which are attached to the possession of the nationality of that country.

F. The provisions of this Convention shall not apply to any person with respect to whom there are serious reasons for considering that.

(a) He has committed a crime against peace, a war crime, or a crime against humanity, as defined in the international instruments drawn up to make provision in respect of such crimes;

(b) He has committed a serious non-political crime outside the country of refuge prior to his admission to that country as a refugee;

(c) He has been guilty of acts contrary to the purposes and principles of the United Nations.

Article 2. General obligations

Every refugee has duties to the country in which he finds himself, which require in particular that he conform to its laws and regulations as well as to measures taken for the maintenance of public order.

Article 3. Non-discrimination

The Contracting States shall apply the provisions of this Convention to refugees without discrimination as to race, religion or country of origin.

Article 4. Religion

The Contracting States shall accord to refugees within their territories treatment at least as favourable as that accorded to their nationals with respect to freedom to practise their religion and freedom as regards the religious education of their children.

Article 5. Rights granted apart from this Convention

Nothing in this Convention shall be deemed to impair any rights and benefits granted by a Contracting State to refugees apart from this Convention.

Article 6. The term "in the same circumstances"

For the purposes of this Convention, the term "in the same circumstances" implies that any requirements (including requirements as to length and conditions of sojourn or residence) which the particular individual would have to fulfil for the enjoyment of the right in question, if he were not a refugee, must be fulfilled by him, with the exception of requirements which by their nature a refugee is incapable of fulfilling.

Article 7. Exemption from reciprocity

1. Except where this Convention contains more favourable provisions, a Contracting State shall accord to refugees the same treatment as is accorded to aliens generally.

2. After a period of three years' residence, all refugees shall enjoy exemption from legislative reciprocity in the territory of the Contracting States.

3. Each Contracting State shall continue to accord to refugees the rights and benefits to which they were already entitled, in the absence of reciprocity, at the date of entry into force of this Convention for that State.

4. The Contracting States shall consider favourably the possibility of according to refugees, in the absence of reciprocity, rights and benefits beyond those to which they are entitled according to paragraphs 2 and 3, and to extending exemption from reciprocity to refugees who do not fulfil the conditions provided for in paragraphs 2 and 3.

5. The provisions of paragraphs 2 and 3 apply both to the rights and benefits referred to in articles

13, 18, 19, 21 and 22 of this Convention and to rights and benefits for which this Convention does not provide.

Article 8. Exemption from exceptional measures

With regard to exceptional measures which may be taken against the person, property or interests of nationals of a foreign State, the Contracting States shall not apply such measures to a refugee who is formally a national of the said State solely on account of such nationality. Contracting States which, under their legislation, are prevented from applying the general principle expressed in this article, shall, in appropriate cases, grant exemptions in favour of such refugees.

Article 9. Provisional measures

Nothing in this Convention shall prevent a Contracting State, in time of war or other grave and exceptional circumstances, from taking provisionally measures which it considers to be essential to the national security in the case of a particular person, pending a determination by the Contracting State that that person is in fact a refugee and that the continuance of such measures is necessary in his case in the interests of national security.

Article 10. Continuity of residence

1. Where a refugee has been forcibly displaced during the Second World War and removed to the territory of a Contracting State, and is resident there, the period of such enforced sojourn shall be considered to have been lawful residence within that territory.

2. Where a refugee has been forcibly displaced during the Second World War from the territory of a Contracting State and has, prior to the date of entry into force of this Convention, returned there for the purpose of taking up residence, the period of residence before and after such enforced displacement shall be regarded as one uninterrupted period for any purposes for which uninterrupted residence is required.

Article 11. Refugee seamen

In the case of refugees regularly serving as crew members on board a ship flying the flag of a Contracting State, that State shall give sympathetic consideration to their establishment on its territory and the issue of travel documents to them or their temporary admission to its territory particularly with a view to facilitating their establishment in another country.

CHAPTER II. JURIDICAL STATUS

Article 12. Personal status

1. The personal status of a refugee shall be governed by the law of the country of his domicile or, if he has no domicile, by the law of the country of his residence.

2. Rights previously acquired by a refugee and dependent on personal status, more particularly rights attaching to marriage, shall be respected by a Contracting State, subject to compliance, if this be necessary, with the formalities required by the law of that State, provided that the right in question is one which would have been recognized by the law of that State had he not become a refugee.

Article 13. Movable and immovable property

The Contracting States shall accord to a refugee treatment as favourable as possible and, in any event, not less favourable than that accorded to aliens generally in the same circumstances, as regards the acquisition of movable and immovable property and other rights pertaining thereto, and to leases and other contracts relating to movable and immovable property.

Article 14. Artistic rights and industrial property

In respect of the protection of industrial property, such as inventions, designs or models, trade marks, trade names, and of rights in literary, artistic and scientific works, a refugee shall be accorded in the country in which he has his habitual residence the same protection as is accorded to nationals of that country. In the territory of any other Contracting States, he shall be accorded the same protection as is accorded in that territory to nationals of the country in which he has his habitual residence.

Article 15. Right of association

As regards non-political and non-profit-making associations and trade unions the Contracting States shall accord to refugees lawfully staying in their territory the most favourable treatment accorded to nationals of a foreign country, in the same circumstances.

Article 16. Access to courts

1. A refugee shall have free access to the courts of law on the territory of all Contracting States.
2. A refugee shall enjoy in the Contracting State in which he has his habitual residence the same treatment as a national in matters pertaining to access to the courts, including legal assistance and exemption from cautio judicatum solvi.
3. A refugee shall be accorded in the matters referred to in paragraph 2 in countries other than that in which he has his habitual residence the treatment granted to a national of the country of his habitual residence.

CHAPTER III. GAINFUL EMPLOYMENT

Article 17. Wage-earning employment

1. The Contracting States shall accord to refugees lawfully staying in their territory the most favourable treatment accorded to nationals of a foreign country in the same circumstances, as regards the right to engage in wage-earning employment.
2. In any case, restrictive measures imposed on aliens or the employment of aliens for the protection of the national labour market shall not be applied to a refugee who was already exempt from them at the date of entry into force of this Convention for the Contracting State concerned, or who fulfils one of the following conditions:
(a) He has completed three years' residence in the country;
(b) He has a spouse possessing the nationality of the country of residence. A refugee may not invoke the benefit of this provision if he has abandoned his spouse;
(c) He has one or more children possessing the nationality of the country of residence.
3. The Contracting States shall give sympathetic consideration to assimilating the rights of all refugees with regard to wage-earning employment to those of nationals, and in particular of those refugees who have entered their territory pursuant to programmes of labour recruitment or under immigration schemes.

Article 18. Self-employment

The Contracting States shall accord to a refugee lawfully in their territory treatment as favourable as possible and, in any event, not less favourable than that accorded to aliens generally in the same circumstances, as regards the right to engage on his own account in agriculture, industry, handicrafts and commerce and to establish commercial and industrial companies.

Article 19. Liberal professions

1. Each Contracting State shall accord to refugees lawfully staying in their territory who hold diplomas recognized by the competent authorities of that State, and who are desirous of practising a liberal profession, treatment as favourable as possible and, in any event, not less favourable than that accorded to aliens generally in the same circumstances.

2. The Contracting States shall use their best endeavours consistently with their laws and constitutions to secure the settlement of such refugees in the territories, other than the metropolitan territory, for whose international relations they are responsible.

CHAPTER IV. WELFARE

Article 20. Rationing

Where a rationing system exists, which applies to the population at large and regulates the general distribution of products in short supply, refugees shall be accorded the same treatment as nationals.

Article 21. Housing

As regards housing, the Contracting States, in so far as the matter is regulated by laws or regulations or is subject to the control of public authorities, shall accord to refugees lawfully staying in their territory treatment as favourable as possible and, in any event, not less favourable than that accorded to aliens generally in the same circumstances.

Article 22. Public education

1. The Contracting States shall accord to refugees the same treatment as is accorded to nationals with respect to elementary education.

2. The Contracting States shall accord to refugees treatment as favourable as possible, and, in any event, not less favourable than that accorded to aliens generally in the same circumstances, with respect to education other than elementary education and, in particular, as regards access to studies, the recognition of foreign school certificates, diplomas and degrees, the remission of fees and charges and the award of scholarships.

Article 23. Public relief

The Contracting States shall accord to refugees lawfully staying in their territory the same treatment with respect to public relief and assistance as is accorded to their nationals.

Article 24. Labour legislation and social security

1. The Contracting States shall accord to refugees lawfully staying in their territory the same treatment as is accorded to nationals in respect of the following matters;

(a) In so far as such matters are governed by laws or regulations or are subject to the control of administrative authorities: remuneration, including family allowances where these form part of remuneration, hours of work, overtime arrangements, holidays with pay, restrictions on home work, minimum age of employment, apprenticeship and training, women's work and the work of young persons, and the enjoyment of the benefits of collective bargaining;

(b) Social security (legal provisions in respect of employment injury, occupational diseases, maternity, sickness, disability, old age, death, unemployment, family responsibilities and any other contingency which, according to national laws or regulations, is covered by a social security scheme), subject to the following limitations:

(i) There may be appropriate arrangements for the maintenance of acquired rights and rights in course of acquisition;

(ii) National laws or regulations of the country of residence may prescribe special arrangements concerning benefits or portions of benefits which are payable wholly out of public funds, and concerning allowances paid to persons who do not fulfil the contribution conditions prescribed for the award of a normal pension.

2. The right to compensation for the death of a refugee resulting from employment injury or from occupational disease shall not be affected by the fact that the residence of the beneficiary is outside the territory of the Contracting State.

3. The Contracting States shall extend to refugees the benefits of agreements concluded between them, or which may be concluded between them in the future, concerning the maintenance of acquired rights and rights in the process of acquisition in regard to social security, subject only to the conditions which apply to nationals of the States signatory to the agreements in question.

4. The Contracting States will give sympathetic consideration to extending to refugees so far as possible the benefits of similar agreements which may at any time be in force between such Contracting States and non-contracting States.

CHAPTER V. ADMINISTRATIVE MEASURES

Article 25. Administrative assistance

1. When the exercise of a right by a refugee would normally require the assistance of authorities of a foreign country to whom he cannot have recourse, the Contracting States in whose territory he is residing shall arrange that such assistance be afforded to him by their own authorities or by an international authority.

2. The authority or authorities mentioned in paragraph 1 shall deliver or cause to be delivered under their supervision to refugees such documents or certifications as would normally be delivered to aliens by or through their national authorities.

3. Documents or certifications so delivered shall stand in the stead of the official instruments delivered to aliens by or through their national authorities, and shall be given credence in the absence of proof to the contrary.

4. Subject to such exceptional treatment as may be granted to indigent persons, fees may be charged for the services mentioned herein, but such fees shall be moderate and commensurate with those charged to nationals for similar services.

5. The provisions of this article shall be without prejudice to articles 27 and 28.

Article 26. Freedom of movement

Each Contracting State shall accord to refugees lawfully in its territory the right to choose their place of residence and to move freely within its territory subject to any regulations applicable to aliens generally in the same circumstances.

Article 27. Identity papers

The Contracting States shall issue identity papers to any refugee in their territory who does not possess a valid travel document.

Article 28. Travel documents

1. The Contracting States shall issue to refugees lawfully staying in their territory travel documents for the purpose of travel outside their territory, unless compelling reasons of national security or public order otherwise require, and the provisions of the Schedule to this Convention shall apply with respect to such documents. The Contracting States may issue such a travel document to any other refugee in their territory; they shall in particular give sympathetic consideration to the issue of such a travel document to refugees in their territory who are unable to obtain a travel document from the country of their lawful residence.

2. Travel documents issued to refugees under previous international agreements by Parties thereto shall be recognized and treated by the Contracting States in the same way as if they had been issued pursuant to this article.

Article 29. Fiscal charges

1. The Contracting States shall not impose upon refugees duties, charges or taxes, of any description whatsoever, other or higher than those which are or may be levied on their nationals in similar situations.

2. Nothing in the above paragraph shall prevent the application to refugees of the laws and regulations concerning charges in respect of the issue to aliens of administrative documents including identity papers.

Article 30. Transfer of assets

1. A Contracting State shall, in conformity with its laws and regulations, permit refugees to transfer assets which they have brought into its territory, to another country where they have been admitted for the purposes of resettlement.

2. A Contracting State shall give sympathetic consideration to the application of refugees for permission to transfer assets wherever they may be and which are necessary for their resettlement in another country to which they have been admitted.

Article 31. Refugees unlawfully in the country of refuge

1. The Contracting States shall not impose penalties, on account of their illegal entry or presence, on refugees who, coming directly from a territory where their life or freedom was threatened in the sense of article 1, enter or are present in their territory without authorization, provided they present themselves without delay to the authorities and show good cause for their illegal entry or presence.

2. The Contracting States shall not apply to the movements of such refugees restrictions other than those which are necessary and such restrictions shall only be applied until their status in the country is regularized or they obtain admission into another country. The Contracting States shall allow such

refugees a reasonable period and all the necessary facilities to obtain admission into another country.

Article 32. Expulsion

1. The Contracting States shall not expel a refugee lawfully in their territory save on grounds of national security or public order.

2. The expulsion of such a refugee shall be only in pursuance of a decision reached in accordance with due process of law. Except where compelling reasons of national security otherwise require, the refugee shall be allowed to submit evidence to clear himself, and to appeal to and be represented for the purpose before competent authority or a person or persons specially designated by the competent authority.

3. The Contracting States shall allow such a refugee a reasonable period within which to seek legal admission into another country. The Contracting States reserve the right to apply during that period such internal measures as they may deem necessary.

Article 33. Prohibition of expulsion or return ("refoulement")

1. No Contracting State shall expel or return ("refouler") a refugee in any manner whatsoever to the frontiers of territories where his life or freedom would be threatened on account of his race, religion, nationality, membership of a particular social group or political opinion.

2. The benefit of the present provision may not, however, be claimed by a refugee whom there are reasonable grounds for regarding as a danger to the security of the country in which he is, or who, having been convicted by a final judgement of a particularly serious crime, constitutes a danger to the community of that country.

Article 34. Naturalization

The Contracting States shall as far as possible facilitate the assimilation and naturalization of refugees. They shall in particular make every effort to expedite naturalization proceedings and to reduce as far as possible the charges and costs of such proceedings.

CHAPTER VI. EXECUTORY AND TRANSITORY PROVISIONS

Article 35. Co-operation of the national authorities with the United Nations

1. The Contracting States undertake to co-operate with the Office of the United Nations High Commissioner for Refugees, or any other agency of the United Nations which may succeed it, in the exercise of its functions, and shall in particular facilitate its duty of supervising the application of the provisions of this Convention.

2. In order to enable the Office of the High Commissioner or any other agency of the United Nations which may succeed it, to make reports to the competent organs of the United Nations, the Contracting States undertake to provide them in the appropriate form with information and statistical data requested concerning:

(a) The condition of refugees,

(b) The implementation of this Convention, and

(c) Laws, regulations and decrees which are, or may hereafter be, in force relating to refugees.

Article 36. Information on national legislation

The Contracting States shall communicate to the Secretary-General of the United Nations the laws and regulations which they may adopt to ensure the application of this Convention.

Article 37. Relation to previous conventions

Without prejudice to article 28, paragraph 2, of this Convention, this Convention replaces, as between Parties to it, the Arrangements of 5 July 1922, 31 May 1924, 12 May 1926, 30 June 1928 and 30 July 1935, the Conventions of 28 October 1933 and 10 February 1938, the Protocol of 14 September 1939 and the Agreement of 15 October 1946.

CHAPTER VII. FINAL CLAUSES

Article 38. Settlement of disputes

Any dispute between Parties to this Convention relating to its interpretation or application, which cannot be settled by other means, shall be referred to the International Court of Justice at the request of any one of the parties to the dispute.

Article 39. Signature, ratification and accession

1. This Convention shall be opened for signature at Geneva on 28 July 1951 and shall thereafter be deposited with the Secretary-General of the United Nations. It shall be open for signature at the European Office of the United Nations from 28 July to 31 August 1951 and shall be re-opened for signature at the Headquarters of the United Nations from 17 September 1951 to 31 December 1952.
2. This Convention shall be open for signature on behalf of all States Members of the United Nations, and also on behalf of any other State invited to attend the Conference of Plenipotentiaries on the Status of Refugees and Stateless Persons or to which an invitation to sign will have been addressed by the General Assembly. It shall be ratified and the instruments of ratification shall be deposited with the Secretary-General of the United Nations.
3. This Convention shall be open from 28 July 1951 for accession by the States referred to in paragraph 2 of this article. Accession shall be effected by the deposit of an instrument of accession with the Secretary-General of the United Nations.

Article 40. Territorial application clause

1. Any State may, at the time of signature, ratification or accession, declare that this Convention shall extend to all or any of the territories for the international relations of which it is responsible. Such a declaration shall take effect when the Convention enters into force for the State concerned.
2. At any time thereafter any such extension shall be made by notification addressed to the Secretary-General of the United Nations and shall take effect as from the ninetieth day after the day of receipt by the Secretary-General of the United Nations of this notification, or as from the date of entry into force of the Convention for the State concerned, whichever is the later.
3. With respect to those territories to which this Convention is not extended at the time of signature, ratification or accession, each State concerned shall consider the possibility of taking the necessary steps in order to extend the application of this Convention to such territories, subject, where necessary for constitutional reasons, to the consent of the Governments of such territories.

Article 41. Federal clause

In the case of a Federal or non-unitary State, the following provisions shall apply:

(a) With respect to those articles of this Convention that come within the legislative jurisdiction of the federal legislative authority, the obligations of the Federal Government shall to this extent be the same as those of parties which are not Federal States;

(b) With respect to those articles of this Convention that come within the legislative jurisdiction of constituent States, provinces or cantons which are not, under the constitutional system of the Federation, bound to take legislative action, the Federal Government shall bring such articles with a favourable recommendation to the notice of the appropriate authorities of States, provinces or cantons at the earliest possible moment;

(c) A Federal State Party to this Convention shall, at the request of any other Contracting State transmitted through the Secretary-General of the United Nations, supply a statement of the law and practice of the Federation and its constituent units in regard to any particular provision of the Convention showing the extent to which effect has been given to that provision by legislative or other action.

Article 42. Reservations

1. At the time of signature, ratification or accession, any State may make reservations to articles of the Convention other than to articles 1, 3, 4, 16 (1), 33, 36-46 inclusive.

2. Any State making a reservation in accordance with paragraph 1 of this article may at any time withdraw the reservation by a communication to that effect addressed to the Secretary-General of the United Nations.

Article 43. Entry into force

1. This Convention shall come into force on the ninetieth day following the day of deposit of the sixth instrument of ratification or accession.

2. For each State ratifying or acceding to the Convention after the deposit of the sixth instrument of ratification or accession, the Convention shall enter into force on the ninetieth day following the date of deposit by such State of its instrument of ratification or accession.

Article 44. Denunciation

1. Any Contracting State may denounce this Convention at any time by a notification addressed to the Secretary-General of the United Nations.

2. Such denunciation shall take effect for the Contracting State concerned one year from the date upon which it is received by the Secretary-General of the United Nations.

3. Any State which has made a declaration or notification under article 40 may, at any time thereafter, by a notification to the Secretary-General of the United Nations, declare that the Convention shall cease to extend to such territory one year after the date of receipt of the notification by the Secretary-General.

Article 45. Revision

1. Any Contracting State may request revision of this Convention at any time by a notification addressed to the Secretary-General of the United Nations.

2. The General Assembly of the United Nations shall recommend the steps, if any, to be taken in

respect of such request.

Article 46. Notifications by the Secretary-General of the United Nations

The Secretary-General of the United Nations shall inform all Members of the United Nations and non-member States referred to in article 39:

(a) Of declarations and notifications in accordance with section B of article 1;

(b) Of signatures, ratifications and accessions in accordance with article 39;

(c) Of declarations and notifications in accordance with article 40;

(d) Of reservations and withdrawals in accordance with article 42;

(e) Of the date on which this Convention will come into force in accordance with article 43;

(f) Of denunciations and notifications in accordance with article 44;

(g) Of requests for revision in accordance with article 45.

IN FAITH WHEREOF the undersigned, duly authorized, have signed this Convention on behalf of their respective Governments.

DONE at Geneva, this twenty-eighth day of July, one thousand nine hundred and fifty-one, in a single copy, of which the English and French texts are equally authentic and which shall remain deposited in the archives of the United Nations, and certified true copies of which shall be delivered to all Members of the United Nations and to the non-member States referred to in article 39.

19-1. 난민의 지위에 관한 의정서

1967.1.31 체결/ 1967.10.4 발효/ 당사국 수 144/ 대한민국 적용일 1992.12.3*

이 의정서의 당사국은,

1951년 7월 28일 제네바에서 작성된 난민의 지위에 관한 협약(이하 "협약"이라 한다)이 1951년 1월 1일 전에 발생한 사건의 결과로서 난민이 된 자에게만 적용된다는 것을 고려하고,

협약이 채택된 후 새로운 사태에 의하여 난민이 발생하였으며, 따라서 이들 난민은 협약의 적용을 받을 수 없음을 고려하며,

1951년 1월 1일 이전이라는 제한에 관계없이 협약의 정의에 해당되는 모든 난민이 동등한 지위를 향유함이 바람직하다고 고려하여,

다음과 같이 합의하였다.

제1조 총칙

1. 이 의정서의 당사국은 이하에서 정의된 난민에 대하여 협약의 제2조에서 제34조까지를 적용할 것을 약속한다.

2. 이 의정서의 적용상, "난민"이라는 용어는, 이 조 제3항의 적용에 관한 것을 제외하고, 협약 제1조 A(2)에서 "1951년 1월 1일 전에 발생한 사건의 결과로서 또한…"이라는 표현과 "…그러한 사건의 결과로서"라는 표현이 생략되어 있는 것으로 볼 경우 협약 제1조의 정의에 해당하는 모든 자를 말한다.

3. 이 의정서는 이 의정서의 당사국에 의하여 어떠한 지리적 제한도 없이 적용된다. 다만, 이미 협약의 당사국이 된 국가로서 협약 제1조 B(1) (a)를 적용한다는 선언을 행하고 있는 경우에 그 선언은 동 조 B(2)에 따라 그 국가의 의무가 확대되지 아니하는 한, 이 의정서 하에서도 적용된다.

제2조 국내 당국과 국제연합과의 협력

1. 이 의정서의 당사국은 국제연합 난민고등판무관 사무국 또는 이를 승계하는 국제연합의 다른 기관의 임무 수행에 있어서 이들 기관과 협력할 것을 약속하고, 특히 이들 기관이 이 의정서 규정의 적용을 감독하는 책무의 수행에 있어서 이들 기관에 편의를 제공한다.

2. 이 의정서의 당사국은 국제연합 난민고등판무관 사무국 또는 이를 승계하는 국제연합의 다른 기관이 국제연합의 관할기관에 보고하는 것을 용이하게 하기 위하여 요청에 따라 다음 사항에

---

* 유보 : 대한민국은 체약국의 영역에서 3년 거주요건을 충족한 난민에게 입법상의 상호주의를 면제한다고 규정한 난민의 지위에 관한 협약 제7조에 기속되지 아니함을 이 의정서 제7조에 따라 선언한다.

관한 정보와 통계자료를 적당한 양식으로 제공할 것을 약속한다.

(a) 난민의 상태

(b) 이 의정서의 실시상황

(c) 난민에 관한 현행법령 및 장래 시행될 법령

제3조 국내 법령에 관한 정보

이 의정서의 당사국은 국제연합 사무총장에게 이 의정서의 적용을 확보하기 위하여 제정하는 법령을 송부한다.

제4조 분쟁의 해결

이 의정서의 해석 또는 적용에 관한 이 의정서 당사국간의 분쟁으로서 다른 방법에 의하여 해결될 수 없는 것은 분쟁당사국 중 어느 일 당사국의 요청에 의하여 국제사법재판소에 부탁된다.

제5조 가입

이 의정서는 협약의 모든 당사국과 이들 당사국 이외의 국가로서 국제연합 또는 국제연합 전문기구의 회원국 또는 국제연합 총회에 의하여 이 의정서에 가입하도록 초청받은 국가에 의한 가입을 위하여 개방된다. 가입은 가입서를 국제연합 사무총장에게 기탁함으로써 이루어진다.

제6조 연방조항

연방제 또는 비단일제 국가인 경우에는 다음 규정을 적용한다.

(a) 이 의정서의 제1조 제1항에 따라 적용되는 협약의 규정으로서 이들 규정의 실시가 연방의 입법기관의 입법권의 범위 내에 속하는 것에 관하여서는, 연방 정부의 의무는 연방제를 취하고 있지 아니하고 있는 이 의정서의 당사국의 의무와 동일한 것으로 한다.

(b) 이 의정서의 제1조 제1항에 따라 적용되는 협약의 규정으로서 이들 규정의 실시가 구성국, 주 또는 현의 입법권의 범위 내에 속하고 또한 연방의 헌법제도상 구성국, 주 또는 현이 입법조치를 취할 의무가 없는 것에 관하여, 연방정부는 구성국, 주 또는 현의 적당한 기관에 대하여 가능한 한 빠른 시기에 호의적인 권고와 함께 그 규정을 통보한다.

(c) 이 의정서의 당사국인 연방제 국가는, 이 의정서의 기타 당사국으로부터 국제연합 사무총장을 통한 요청이 있는 경우, 제1조 제1항에 따라 적용되는 협약 규정의 실시에 관한 연방과 그 구성단위의 법령 및 관행에 관한 설명을 제공하고, 입법 기타의 조치에 의하여 이들 규정이 실시되고 있는 정도를 제시한다.

제7조 유보와 선언

1. 어떠한 국가도 이 의정서에 가입시 이 의정서 제4조에 관하여, 또한 협약의 제1조, 제3조, 제4조, 제16조 제1항 및 제33조 규정을 제외하고 이 의정서의 제1조에 따를 협약 규정의 적용에 관하여 유보할 수 있다. 다만, 협약의 당사국이 이 조에 따라 행한 유보는 협약의 적용을 받는 난민에게는 미치지 아니한다.

2. 협약 제42조에 따라 협약의 당사국이 협약에 대하여 행한 유보는 철회되지 아니하는 한 이 의정서에 따른 의무에 관하여서도 적용된다.

3. 이 조 제1항에 따라 유보를 행한 국가는 국제연합 사무총장에 대한 통고로써 당해 유보를 언제든지 철회할 수 있다.

4. 협약의 당사국으로서 이 의정서에 가입한 국가가 협약 제40조 제1항 또는 제2항에 따라 행한 선언은, 가입시 당해 당사국이 국제연합 사무총장에게 반대의 통고를 하지 아니하는 한, 이 의정서에 관하여도 적용되는 것으로 간주된다. 협약 제40조 제2항과 제3항 및 제44조 제3항의 규정은 이 의정서에 준용된다.

제8조 발효

1. 이 의정서는 여섯 번째의 가입서가 기탁된 날에 발효한다.

2. 이 의정서는 여섯 번째의 가입서가 기탁된 후 가입하는 국가에 대하여는 그 가입서가 기탁된 날에 발효한다.

제9조 폐기

1. 이 의정서의 어떠한 당사국도 국제연합 사무총장에 대한 통고로써 이 의정서를 언제든지 폐기할 수 있다.

2. 폐기는 국제연합 사무총장이 통고를 접수한 날로부터 1년 후에 관계당사국에 대하여 효력을 발생한다.

제10조 국제연합 사무총장에 의한 통보

국제연합 사무총장은 상기 제5조에 규정하는 국가에 대하여 이 의정서의 발효일자, 가입, 유보, 유보의 철회, 폐기 및 이에 관계된 선언 및 통고를 통보한다.

제11조 국제연합 사무국 문서보존소에의 기탁

중국어, 영어, 불란서어, 러시아어 및 서반아어본이 동등히 정본인 이 의정서의 본서는, 국제연합 총회 의장과 사무총장이 서명한 후 국제연합 사무국 문서보존소에 기탁된다. 사무총장은 그 인증등본을 국제연합의 모든 회원국과 상기 제5조에 규정하는 기타 국가들에게 송부한다.

19-1. PROTOCOL RELATING TO THE STATUS OF REFUGEES

The States Parties to the present Protocol,

Considering that the Convention relating to the Status of Refugees done at Geneva on 28 July 1951 (hereinafter referred to as the Convention) covers only those persons who have become refugees as a result of events occurring before 1 January 1951,

Considering that new refugee situations have arisen since the Convention was adopted and that the refugees concerned may therefore not fall within the scope of the Convention,

Considering that it is desirable that equal status should be enjoyed by all refugees covered by the definition in the Convention irrespective of the dateline 1 January 1951,

Have agreed as follows:

Article 1. General provision

1. The States Parties to the present Protocol undertake to apply articles 2 to 34 inclusive of the Convention to refugees as hereinafter defined.

2. For the purpose of the present Protocol, the term "refugee" shall, except as regards the application of paragraph 3 of this article, mean any person within the definition of article 1 of the Convention as if the words "As a result of events occurring before 1 January 1951 and..." and the words "...as a result of such events", in article 1 A (2) were omitted.

3. The present Protocol shall be applied by the States Parties hereto without any geographic limitation, save that existing declarations made by States already Parties to the Convention in accordance with article 1 B (1) (a) of the Convention, shall, unless extended under article 1 B (2) thereof, apply also under the present Protocol.

Article 2. Co-operation of the national authorities with the United Nations

1. The States Parties to the present Protocol undertake to co-operate with the Office of the United Nations High Commissioner for Refugees, or any other agency of the United Nations which may succeed it, in the exercise of its functions, and shall in particular facilitate its duty of supervising the application of the provisions of the present Protocol.

2. In order to enable the Office of the High Commissioner or any other agency of the United Nations which may succeed it, to make reports to the competent organs of the United Nations, the States Parties to the present Protocol undertake to provide them with the information and statistical data requested, in the appropriate form, concerning:

(a) The condition of refugees;

(b) The implementation of the present Protocol;

(c) Laws, regulations and decrees which are, or may hereafter be, in force relating to refugees.

Article 3. Information on national legislation

The States Parties to the present Protocol shall communicate to the Secretary-General of the United Nations the laws and regulations which they may adopt to ensure the application of the present

Protocol.

Article 4 Settlement of disputes

Any dispute between States Parties to the present Protocol which relates to its interpretation or application and which cannot be settled by other means shall be referred to the International Court of Justice at the request of any one of the parties to the dispute.

Article 5. Accession

The present Protocol shall be open for accession on behalf of all States Parties to the Convention and of any other State Member of the United Nations or member of any of the specialized agencies or to which an invitation to accede may have been addressed by the General Assembly of the United Nations. Accession shall be effected by the deposit of an instrument of accession with the Secretary-General of the United Nations.

Article 6. Federal clause

In the case of a Federal or non-unitary State, the following provisions shall apply:

(a) With respect to those articles of the Convention to be applied in accordance with article 1, paragraph 1, of the present Protocol that come within the legislative jurisdiction of the federal legislative authority, the obligations of the Federal Government shall to this extent be the same as those of States Parties which are not Federal States;

(b) With respect to those articles of the Convention to be applied in accordance with article 1, paragraph 1, of the present Protocol that come within the legislative jurisdiction of constituent States, provinces or cantons which are not, under the constitutional system of the Federation, bound to take legislative action, the Federal Government shall bring such articles with a favourable recommendation to the notice of the appropriate authorities of States, provinces or cantons at the earliest possible moment;

(c) A Federal State Party to the present Protocol shall, at the request of any other State Party hereto transmitted through the Secretary-General of the United Nations, supply a statement of the law and practice of the Federation and its constituent units in regard to any particular provision of the Convention to be applied in accordance with article 1, paragraph 1, of the present Protocol, showing the extent to which effect has been given to that provision by legislative or other action.

Article 7. Reservations and declarations

1. At the time of accession, any State may make reservations in respect of article 4 of the present Protocol and in respect of the application in accordance with article 1 of the present Protocol of any provisions of the Convention other than those contained in articles 1, 3, 4, 16(1) and 33 thereof, provided that in the case of a State Party to the Convention reservations made under this article shall not extend to refugees in respect of whom the Convention applies.

2. Reservations made by States Parties to the Convention in accordance with article 42 thereof shall, unless withdrawn, be applicable in relation to their obligations under the present Protocol.

3. Any State making a reservation in accordance with paragraph 1 of this article may at any time withdraw such reservation by a communication to that effect addressed to the Secretary-General of the United Nations.

4. Declarations made under article 40, paragraphs 1 and 2, of the Convention by a State Party thereto which accedes to the present Protocol shall be deemed to apply in respect of the present

Protocol, unless upon accession a notification to the contrary is addressed by the State Party concerned to the Secretary-General of the United Nations. The provisions of article 40, paragraphs 2 and 3, and of article 44, paragraph 3, of the Convention shall be deemed to apply muratis mutandis to the present Protocol.

Article 8. Entry into Protocol

1. The present Protocol shall come into force on the day of deposit of the sixth instrument of accession.

2. For each State acceding to the Protocol after the deposit of the sixth instrument of accession, the Protocol shall come into force on the date of deposit by such State of its instrument of accession.

Article 9. Denunciation

1. Any State Party hereto may denounce this Protocol at any time by a notification addressed to the Secretary-General of the United Nations.

2. Such denunciation shall take effect for the State Party concerned one year from the date on which it is received by the Secretary-General of the United Nations.

Article 10. Notifications by the Secretary-General of the United Nations

The Secretary-General of the United Nations shall inform the States referred to in article 5 above of the date of entry into force, accessions, reservations and withdrawals of reservations to and denunciations of the present Protocol, and of declarations and notifications relating hereto.

Article 11. Deposit in the archives of the Secretariat of the United Nations

A copy of the present Protocol, of which the Chinese, English, French, Russian and Spanish texts are equally authentic, signed by the President of the General Assembly and by the Secretary-General of the United Nations, shall be deposited in the archives of the Secretariat of the United Nations. The Secretary-General will transmit certified copies thereof to all States Members of the United Nations and to the other States referred to in article 5 above.

20. 무국적자의 지위에 관한 협약

1954.9.28 체결/ 1960.6.6 발효/ 당사국 수 63/ 대한민국 적용일 1962.11.20.

전 문

모든 체약국들은,

국제연합 헌장과 1948년 12월 28일 국제연합총회에서 채택된 세계인권선언이 인류가 차별없이 기본권리와 자유를 향유한다는 원칙을 확인하였음을 고려하고, 국제연합이 수차에 걸쳐서 무국적자에 대한 심심한 관심을 표명하였고 또한 이들 무국적자가 기본권리와 자유를 가능한 최대한도로 행사하도록 확보하는데 노력하여 왔음을 고려하고,

피난민이기도 한 무국적자들만이 1951년 7월 28일의 「피난민의지위에관한협약」의 적용을 받는다는 것과 당해협약의 적용을 받지 않는 무국적자들이 다수임을 고려하고,

국제적 협정에 의하여 무국적자의 지위를 규제 개선할 것이 요망됨을 고려하여,

아래와 같이 합의하였다.

제1장 일반규칙

제1조 「무국적자」라는 용어의 정의

〈1〉 본 협약의 적용상 「무국적자」라는 용어는 어떠한 국가에 의하여도 그의 법률의 시행상 국민으로 간주되지 않는 자를 말한다.

〈2〉 본 협약은 다음과 같은 자에게는 적용되지 않는다.

(1) 국제연합 난민구제 고등판무관 이외의 국제연합의 기관 및 단체로부터 보호 또는 원조를 받고 있는 자로서 그러한 보호와 원조를 받는 한에 있어서.

(2) 그들이 거주를 정한 국가의 관할당국에 의하여 그 국민에게 부여되는 의무를 향유하는 것으로 인정된 자.

(3) 그들에 관하여 하기의 사실을 인정할만한 사유가 있는 자.

(가) 그들이 평화에 대한 범죄, 전쟁범죄 또는 인도에 반한 범죄를 규제하기 위하여 작성된 국제문서에 정의된 바의 그러한 범죄를 범한 사실,

(나) 그들이 그 거주하는 국가에 입국하기전에 해당국 외에서 중대한 비정치적 범죄를 범한 사실,

(다) 그들이 국제연합의 목적과 원칙에 위배되는 행위를 범한 사실.

제2조 일반적 의무

모든 무국적자는 그가 거주하는 국가에 대하여 특히 공공질서의 유지를 위하여 취하는 조치뿐만 아니라 그 법령에도 복종할 의무를 진다.

제3조 불차별

체약국은 인종, 종교 또는 출신국의 차별없이 본 협약의 규정을 무국적자에 적용한다.

제4조 종교

체약국은 그 영토내에서 신앙의 자유 및 자녀의 종교, 교육의 자유에 관하여 그 국민에게 허여하는 바와 적어도 동등한 대우를 무국적자에게 허여한다.

제5조 본 협약과는 별도로 부여된 권리

본 협약의 어느 규정도 당사국이 본 협약과는 별도로 무국적자에게 부여한 권리와 권익을 해하는 것으로 간주하지 못한다.

제6조 「동일한사정하에(서)라는용어」

본 협약의 적용상 「동일한사정하에(서)」라는 용어는 특정의 개인이 만약 그가 무국적자가 아니라면 문제의 권리를 향유하기 위하여 충족하여야 하는 제 요구조건(체류 또는 거주의 기간과 조건에 관한 요건을 포함)이 무국적자에 의하여 충족되어야 하며 그 성질상 무국적자가 충족할 수 있는 요건은 제외함을 의미한다.

제7조 상호주의의 면제

⟨1⟩ 협약이 더욱 적절한 규정을 둔 경우를 제외하고 체약국은 일반적으로 외국인에게 허여하는 것과 동등한 대우를 무국적자에게 허여한다.

⟨2⟩ 모든 무국적자는 3년간의 거주후에 체약국 영토내에서 입법상의 상호주의의 면제를 받는다.

⟨3⟩ 각 체약국은 본 협약이 그 국가에 대하여 효력을 발생하는 일자에 상호주의 없이 무국적자에게 부여한 권리와 이익을 계속해서 부여한다.

⟨4⟩ 체약국은 2항 및 3항에 따라서 무국적자들이 부여받은 바 이상의 권리와 이익을 상호주의없이 무국적자에게 부여할 가능성과 2항 및 3항에 규정된 조건을 충족하지 않는 무국적자에게 상호주의로부터의 면제를 인정할 가능성에 대하여 호의적으로 고려한다.

⟨5⟩ 제2항 및 제3항의 규정은 본 협약 제13, 제18, 제19, 제21 및 제22조에서 말한 권리와 이익 및 본 협약이 규정하지 않는 권리와 이익에 공히 적용된다.

제8조 예외적 조치의 면제

외국인 또는 국민이었던 자의 신체나 재산 또는 이익에 대하여 취하여지는 예외적 조치에 관하여 체약국은 무국적자가 문제된 외국의 국적을 전에 가졌었다는 이유만으로써 그에 대하여 그러한 조치를 취하지 못한다. 자국의 법률로 인하여 본조에 표현된 일반원칙의 적용을 금지되는 체약국은 적당한 경우에 있어서 그러한 무국적자를 위하여 호의의 면제를 허여한다.

제9조 잠정적 조치

본 협약의 어떠한 규정도 전시 또는 기타의 중대하고 예외적인 상황에 처하여 어떤 특정인의 경우에 있어서 그가 사실상 무국적자이며 또한 그에 관하여 국가의 안전을 위하여 요구되는 잠정적 조치의 존속이 필요하다고 체약국이 결정할 때까지 국가안전에 필요하다고 고려하는 잠정적 조치를 체약국이 취함을 금지하는 것이 아니다.

제10조 거주의 계속

〈1〉 무국적자가 제2차세계대전중에 강제로 추방되고 체약국영토로 이전되어 현재 그곳에 거주하고 있는 경우에 그러한 강제체류기간은 그 영토내에서 합법적으로 거주한 것으로 간주한다.

〈2〉 무국적자가 제2차세계대전중에 체약국 영토로부터 강제로 추방되고 본 협약의 발효일자이전에 거주의 목적으로 당해국에 귀환한 경우에 그러한 강제추방 전후의 거주기간은, 연속적 거주가 요구되는 어떠한 목적을 위해서도 하나의 연속적 기간으로 간주한다.

제11조 무국적선원

체약국의 국기를 게양한 선박의 선원으로서 정식으로 근무하는 무국적자의 경우에 있어서 당해 체약국은 그 영토내의 그들의 정착 특히 타국에 있어서의 그들의 정착을 용이하게 하기 위하여 증명서 또는 임시 입국허가서의 발급에 관하여 동정적인 고려를 행한다.

제2장 법적지위

제12조 신분

〈1〉 무국적자의 신분은 그 주소지국가의 법률에 의하여 또는 주소지가 없는 경우에는 그 거주지 국가의 법률에 의하여 결정한다.

〈2〉 신분에 종속하는 무국적자의 기득권리 특히 결혼에 부속되는 권리는 필요하다면 체약국의 법률이 요구하는 정식절차에 따를 것을 조건으로 하여 당해국에 의하여 존중된다. 단, 문제의 권리는 만일 그가 무국적자가 되지 않았다면 당해국 법률에 의하여 인정을 받는 권리이어야 한다.

제13조 동산 및 부동산

체약국은 동산 및 부동산의 취득과 이에 관한 기타의 권리 및 동산과 부동산의 차용 및 기타의 계약에 관한 권리에 관하여 무국적자에게 가능한 한 유리하며 어떠한 경우에 있어서도 동일한 사정하에서 외국인에게 일반적으로 허여되는 바보다 불리하지 않는 대우를 허여한다.

제14조 예술상의 권리와 공업소유권

발명, 의장이나 설계, 상표 및 상호와 같은 공업소유권 및 문학, 예술 및 과학작품에 대한 권리등의 보호에 관하여 무국적자는 그가 평소에 거주하는 국가에서 그 국가의 국민에게 부여되는 것과 동등한 보호를 부여받는다. 다른 체약국영토에 있어서 그는 그가 평소에 거주하는 국가의 국민에게 부여되는 것과 동일한 보호를 부여받는다.

제15조 단체의 권리

비정치적이며 비영리적인 단체와 노동조합에 관하여 체약국은 그 영토내에 합법적으로 체재하는 무국적자에게 가능한 한 유리하며 또한 어떠한 경우에 있어서든지 동일한 사정하에서 일반적으로 외국인에게 부여되는 것보다 불리하지 않은 대우를 허여한다.

제16조 제소권

〈1〉 무국적자는 모든 체약국 영토에 있어서 법원에 자유로이 제소할 수 있다.

〈2〉 무국적자는 그가 평소에 거주하는 체약국내에서 법률상의 원조와 「소송비용보증금」(*Cautio*

Judicatum solvi)의 면제를 포함하여 제소권에 관한 사항에 있어서 그 국민과 동등한 대우를 받는다.

〈3〉 무국적자는 그가 평소에 거주하는 국가 이외의 국가에서 제2항에 규정한 사항에 관하여 그의 평소의 거주지국가의 국민에게 허여되는 대우를 허여 받는다.

제3장 유급고용

제17조 유임직업

〈1〉 체약국은 합법적으로 그 영토내에 체재하는 무국적자에게 유임직업에 종사할 권리에 관하여 가능한 한 유리하며 또한 어떠한 경우에 있어서도 동일한 사정하에서 외국인에게 일반적으로 허여되는 것보다 불리하지 않은 대우를 허여 받는다.

〈2〉 체약국은 유임직업에 관하여 모든 무국적자의 권리 특히 노동보충계획이나 이민계획에 의거하여 그 영토에 들어온 무국적자의 권리를 국민의 권리와 동일하게 할 것을 호의적으로 고려한다.

제18조 자가영업

체약국은 자신을 위하여 농업, 공업, 수예업 및 상업에 종사하며 또한 상업 및 공업회사를 설립할 권리에 관하여 그 영토내에 합법적으로 체재하는 무국적자에게 가능한 한 유리하며 또는 여하한 경우에 있어서도 동일한 사정하에 외국인에게 일반적으로 허여되는 것보다 불리하지 않은 대우를 허여한다.

제19조 자유직업

각 체약국은 그 영토내에 합법적으로 체재하며 그 국가의 관할 당국이 인정하는 면허장을 소지하고 또한 자유직업에 종사할 것을 희망하는 무국적자에게 가능한 한 유리하며 또한 어떠한 경우에 있어서도 동일한 사정에서 외국인에게 일반적으로 허여하는 것보다 불리하지 않은 대우를 허여한다.

제4장 복지

제20조 배급

주민전반에 적용되며 공급이 부족한 생산품의 전반적 분배를 규제하는 배급제도가 존재하는 경우에는 무국적자는 국민과 동등한 대우를 허여받는다.

제21조 주택

체약국은 주택에 관하여 그 문제가 법령에 의하여 규제되거나 또는 공공당국의 통제에 복종하는 한에 있어서 그 영토내에 합법적으로 체재하는 무국적자에게 가능한 한 유리하며 또는 어떠한 경우에 있어서도 동일한 사정하에서 외국인에게 일반적으로 허여하는 것보다 불리하지 않은 대우를 허여한다.

제22조 학교교육

〈1〉 체약국은 초등교육에 관하여 국민에게 허여한 것과 동등한 대우를 무국적자에게 허여한다.

〈2〉 체약국은 초등교육 이외의 다른 교육에 관하여 특히 연구의 편의, 외국학교증명서, 졸업증명서 및 학위증명서등의 인정, 학비면제 및 장학금의 급여에 관하여 가능한 한 유리하며 또한 어떠한 경우에 있어서도 동일한 사정하에서 외국인에게 일반적으로 허여되는 것보다 불리하지 않은 대우를 무국적자에게 허여한다.

제23조 공공구호

체약국은 자국 영토내에 합법적으로 체재하는 무국적자에게 공공구호의 원조에 관하여 자국민에게 허여하는 것과 동등한 대우를 허여한다.

제24조 노동법률과 사회보장

〈1〉 체약국은 아래의 사항에 관하여 그 영토내에 합법적으로 체재하는 무국적자에게 국민에게 허여하는 것과 동등한 대우를 허여한다.

(가) 그러한 사항이 법령에 의하여 규제되거나 행정당국의 통제에 복종하는 한에 있어서 보상(보상의 일부를 형성하는 가족수당을 포함), 작업시간, 초과근무, 유급공휴일, 가내작업의 제한, 최저고용연령, 견습과 훈련, 부인노동과 유년노동 및 단체교섭이익의 향유.

(나) 사회보장(취업중의 부상, 취업과 관련된 질병, 산모, 와병, 불구, 노령, 사망, 실업가족의 책임 및 국내법령에 의하여 사회보장계획의 보호를 받는 기타의 불의의 사고등). 단 아래의 제한에 따라야 한다.

(1) 취득한 권리와 취득수속중에 있는 권리의 유지를 위하여 적절한 조치가 있어야 한다.

(2) 거주지국의 국내법령은 공공기금에서 전적으로 지불하는 급부나 또는 급부의 부분에 관하여 또한 통상연금의 지급에 대하여 규정된 기여조건을 충족하지 않는 자에게 지급되는 수당에 관하여 특별한 조치를 규정할 수 있다.

〈2〉 취업중의 상해나 직업과 관련된 질병에 기인되는 무국적자의 사망에 대한 보상을 받을 권리는 수혜자의 거주지가 체약국영토 외부에 있다는 사실로 인하여 영향을 받지 않는다.

〈3〉 체약국은 사회보장에 관하여 취득한 권리 또는 취득수속중에 있는 권리의 유지에 관하여 그들 사이에 체결된 또는 장차에 체결될 협정의 이익을 무국적자에게 부여한다. 단, 다만 문제의 협정에 대한 서명국 국민에게 적용되는 요건에만 따를 것을 조건으로 한다.

〈4〉 체약국은 어느 때에라도 전기의 체약국과 비체약국간에 시행될 유사한 협정의 이익을 가능한 한 무국적자에게 부여할 것을 호의적으로 고려한다.

제5장 행정적 조치

제25조 행정적 원조

〈1〉 무국적자의 권리행사가 그가 의뢰할 수 없는 외국당국의 원조를 통상적으로 필요로 할 경우에는 그 영토에 그가 거주하는 체약국은 그 자체의 당국이 그러한 원조를 그에게 부여하도록 조치한다.

〈2〉 제1항에서 말한 당국은 통상적으로 외국인의 국가당국에 의하여 또는 이를 통하여 그들에게 교부되는 문서 또는 증명서를 무국적자에게 발급하거나 또는 그 감독하에 발급되도록 한다.

〈3〉 전기와 같이 교부한 문서 또는 증명서는 외국인의 국가당국에 의하여 또는 이를 통하여 그들에게 교부되는 정식문서에 대신하여 효력을 가지며 또한 반대되는 증거가 없는 경우에는 신빙성을 갖는다.

〈4〉 궁핍한 자에게 허여할 수 있는 특별대우를 조건으로 하여 본 규정에서 말한 사무에 대하여 수수료를 과할 수 있다. 그러나 이러한 수수료는 적절한 금액이며 또한 유사한 사무에 대하여 국민에게 과하는 그것과 동액이어야 한다.

〈5〉 본조의 제규정은 제27조 및 제28조를 해하지 못한다.

제26조 이전의 자유

각체약국은 그 영토내에 합법적으로 체재하는 무국적자에게 동일한 사정하에서 외국인에게 일반적으로 적용되는 규칙에 따를 것을 조건으로 하여 그 영토내에서 그 거주지를 선택하며 또한 자유로히 이전할 권리를 부여한다.

제27조 신원증명서

체약국은 유효한 여행증명서를 소지하지 않은 그 영토내의 무국적자에게 신원증명서를 발급한다.

제28조 여행증명서

체약국은 그 영토내에 합법적으로 체재하는 무국적자에게 국가의 안전과 공공질서의 상당한 이유로 인하여 별도의 조치가 요구되지 않는 한 그 영토 외로의 여행목적을 위하여 여행증명서를 발급하며 또한 본 협정부속서의 제규정은 이러한 문서에 관하여 적용된다. 체약국은 그 영토내의 다른 어떠한 무국적자에게도 이러한 여행증명서를 발급할 수 있으며 또한 체약국은 특히 그들의 합법적인 거주지국가로부터 여행증명서를 받지 못하는 그 영토내의 무국적자에 대한 이러한 여행증명서의 발급에 관하여 호의적인 고려를 행한다.

제29조 재정상의부과금

〈1〉 체약국은 유사한 사정하에 국민에게 부과하는 또는 장차에 부과할 것 이외의 또는 그보다 고율의 관세, 수수료 또는 조세 등 여하한 명목의 것이라도 이를 무국적자에게 부과하지 않는다.

〈2〉 전항의 어떠한 규정도 신원증명서를 포함한 행정적 문서를 외국인에게 발급하는데 대한 수수료에 관한 법령을 무국적자에게 적용하는 것을 금하지 않는다.

제30조 재산의 이전

〈1〉 체약국은 무국적자가 그 영토내에 반입한 재산을 정착의 목적으로 입국허가를 받은 다른 국가로 이전하는 것을 그 법령에 따라서 허가한다.

〈2〉 체약국은 무국적자가 그 위치여하를 불문하며 또한 그들의 입국이 허가된 타국에 있어서 그들의 정착을 위하여 필요한 재산의 이전허가를 신청하는데 대하여 호의적인 고려를 한다.

제31조 추방

〈1〉 체약국은 합법적으로 그 영토에 체재하는 무국적자를 국가의 안전과 공공질서의 이유 이외에는 추방하지 못한다.

〈2〉 이러한 무국적자의 추방은 타당한 법률절차에 따라서 이루어진 결정에 의하여서만 행하여진다. 상당한 국가안전상의 이유가 다른 조치를 요하는 경우를 제외하고 무국적자는 자신을 소명할 증거를 제시하며 또한 관할당국 또는 관할당국이 특별히 지정한 자에게 상소하고 이 목적을 위하여 그 대리인을 세우도록 허용되어야 한다.

〈3〉 체약국은 이러한 무국적자가 타국가에의 합법적인 입국 허가를 구할 수 있는 합당한 기간을 허여한다. 체약국은 그 기간동안 동국이 필요하다고 인정하는 국내적 조치를 취할 권리를 보유한다.

제32조 귀화

체약국은 무국적자의 동화 및 귀화를 위하여 가능한 한 편의를 도모한다. 특히 체약국은 귀화절차를 신속화하며 또한 이러한 절차의 수수료 및 비용은 가능한 한 인하하기 위하여 모든 노력을 경주한다.

제6장 최종조항

제33조 국내법령의 통고

체약국은 국제연합사무총장에게 체약국이 본 협정의 적용을 보장하기 위하여 채택할 법령을 통고한다.

제34조 분쟁의 해결

본 협약의 해석 또는 적용에 관한 분쟁으로서 다른 방법에 의하여 해결할 수 없는 것은 분쟁당사국중 일국의 요청에 의하여 국제사법재판소에 제소한다.

제35조 서명, 비준, 가입

〈1〉 본 협약은 서명을 위하여 국제연합본부에 1955년 12월 31일까지 개방한다.

〈2〉 본 협약은 하기 국가의 서명을 위하여 개방된다.

(가) 국제연합 회원국가

(나) 무국적자의 지위에 관한 국제연합 회의에 참석하도록 초청된 국가 및

(다) 국제연합총회가 서명 또는 가입초청을 발송한 국가

〈3〉 본 협약은 비준되어야 하며 비준서는 국제연합사무총장에게 기탁한다.

〈4〉 본 협약은 본조 제2항에 열거한 국가의 가입을 위하여 개방한다. 가입은 국제연합사무총장에 가입서를 기탁함으로써 효력이 발생한다.

제36조 지역적 적용조항

〈1〉 어느 국가나, 서명, 비준 또는 가입시에 국제관계상 당해 국가가 그 국제관계에 책임을 지는 전체 또는 그 일부에 본 협약이 적용됨을 선언할 수 있다. 이러한 선언은 본 협약이 관계국가에 대하여 효력을 발생할 때에 발효한다.

〈2〉 그 후에는 언제든지 국제연합사무총장에 통고함으로써 그러한 적용을 행하며 또한 이러한 적용은 국제연합사무총장이 이 통고접수일의 90일후 또는 관계국에 대하여 본 협약이 발효하는 일자의 양자중 늦은 쪽을 취한다.

〈3〉 본 협약이 서명, 비준 또는 가입시에 적용되지 않는 영토에 관하여는 관계각국가는 헌법상의 이유로 인하여 필요한 경우에 그러한 영토국 정부의 동의를 조건으로 하여 그러한 영토에 대하여

본 협약의 적용을 확대하기 위하여 필요한 조치를 취할 가능성을 고려한다.

제37조 연방조항

연방 또는 비단일국가의 경우에 있어서는 아래의 규정을 적용한다.

(가) 연방입법당국의 입법권에 속하는 본 협약조문에 관하여 연방정부의 의무는 그 정도까지 연방국가 아닌 당사국의 의무와 동일하다.

(나) 연방의 헌법제도상 입법행위를 취할 채무가 없는 하방 주 또는 현의 입법권내에 속하는 본 협약의 제조항에 관하여 연방정부는 가능한 한 단시일내에 그러한 조항을 국가의 관계당국에 호의적인 권고와 함께 통고한다.

(다) 본 협약의 연방체약국은 국제연합사무총장을 통하여 발송된 다른 체약국의 요청이 있을 때에 본 협약의 특정규정에 관하여 동 규정이 입법 또는 기타의 행위에 의하여 효력이 부여된 범위를 표시하는 연방국의 법률 및 관행에 관한 보고서를 제출한다.

제38조 유보

⟨1⟩ 체약국은 서명, 비준 또는 가입시에 본 협약의 제1, 제3, 제4, 제16조1항과 제33조 내지 제42조 이외의 조항에 대하여 유보를 행할 수 있다.

⟨2⟩ 본조제1항에 의거하여 유보를 행하는 체약국은 국제연합사무총장에게 유보의 철회에 관한 통고를 행함으로써 언제든지 유보를 철회할 수 있다.

제39조 효력의발생

⟨1⟩ 본 협약은 여섯째의 비준서 또는 가입서가 기탁된 일자의 90일후에 효력을 발생한다.

⟨2⟩ 여섯째의 비준서 또는 가입서의 기탁후 본 협약을 비준 또는 이에 가입하는 각국가에 대하여는 본 협약은 그러한 국가가 비준서 또는 가입서를 기탁한 일자의 90일후에 효력을 발생한다.

제40조 폐기

⟨1⟩ 체약국은 국제연합사무총장에 대한 통고에 의하여 언제든지 본 협약을 폐기할 수 있다.

⟨2⟩ 이러한 폐기통고는 국제연합사무총장이 이를 접수한 일자로부터 1년 후에 관계체약국에 대하여 발효한다.

⟨3⟩ 제36조에 의하여 선언 또는 통고를 행한 체약국은 그후 언제든지 국제연합 사무총장에 대한 통고로써 본 협약이 동 사무총장에 의하여 통고가 접수된 일자의 1년 후에 모든 영토에 적용함을 중지한다는 선언을 행할 수 있다.

제41조 개정

⟨1⟩ 체약국은 국제연합사무총장에 대한 통고로써 언제든지 본 협약의 개정을 요청할 수 있다.

⟨2⟩ 국제연합 총회는 전기의 요청에 관하여 조치를 취하여야 할 때에는 이를 권고한다.

제42조 국제연합사무총장의 통고

국제연합사무총장은 국제연합의 모든 가맹국과 제35조에 규정한 비가맹국에 대하여 다음 사항을 통고한다.

가. 제35조에 의거한 서명, 비준 및 가입,

　나. 제36조에 의거한 선언 및 통고,

　다. 제38조에 의거한 유보 및 철회,

　라. 제39조에 의거한 본 협약의 발효일자,

　마. 제40조에 의거한 폐기 및 통고,

　바. 제41조에 의거한 개정의 요청.

이상의 증거로써 하기의 서명자는 정당하게 위임을 받아 각자의 정부를 위하여 본 협약에 서명하였다.

1954년 9월 28일 뉴욕에서 단일본으로 작성되었으며 그의 영어, 불어 및 서반아어문은 동등한 효력을 가지며 또한 국제연합 문서보관소에 기탁되고 그 인증등본은 모든 국제연합가맹국과 제35조에 규정된 비가맹국에 교부한다.

부속서

제1항

〈1〉 본 협약 제28조에 규정한 여행증명서는 1954년 9월 28일 협약의 규정에 의거하여 그 소지자가 무국적자임을 표시한다.

〈2〉 동증명서는 적어도 2개국어로 작성되어야 하며 그 중 하나가 영어나 불어이어야 한다.

〈3〉 체약국은 본 부속서에 첨부된 여행증명서 양식의 채택이 요망됨을 고려한다.

제2항

교부국의 통용되는 규정에 의거하여 소아는 부모 또는 특별한 경우에 다른 성인의 여행증명서에 포함할 수 있다.

제3항

증명서의 교부에 대하여 과하는 수수료는 내국민의 여권에 대한 최저수수료를 초과하지 못한다.

제4항

특별 또는 예외적인 경우를 제외하고 증명서는 가능한 한 최다수의 국가에 대하여 유효하도록 작성한다.

제5항

증명서는 3개월 이상 2년 이하의 유효기간을 갖도록 한다.

제6항

〈1〉 증명서의 유효기간의 갱신 또는 연장은 그 소지자가 다른 영토에 합법적인 거주를 정하지 않고 증명서 교부당국이 있는 영토내에 합법적으로 거주하는 한 전기한 교부당국이 처리할 사무이다. 신 증명서의 교부는 동일한 조건하에서 구 증명서를 교부한 당국이 처리할 사무이다.

〈2〉 외교 또는 영사 당국은 자국의 정부가 교부한 여행증명서의 효력을 6개월을 초과하지 않는 기간동안 연장할 수 있는 권한을 위임받을 수 있다.

〈3〉 체약국은 자국영토내의 합법적인 거주가 아니며 그 합법적인 거주지 국가로부터 여행증명서를 취득할 수 없는 무국적자에 대하여 여행증명서의 효력의 갱신 또는 연장 또는 신 증명서의 교부에 대하여 호의적인 고려를 한다.

제7항

체약국은 본 협약 제28조의 규정에 의거하여 교부된 증명서의 효력을 인정한다.

제8항

무국적자가 가려고 원하는 국가의 관할당국은 그의 입국을 허가한 경우 및 사증을 요하는 경우에 동 무국적자가 그 소지자인 증명서에 사증을 첨부한다.

제9항

〈1〉 체약국은 최종행선지 영토까지의 사증을 취득한 무국적자에게 통과사증을 교부할 것을 약속한다.

〈2〉 전기 사증의 교부는 외국인에 대한 사증의 거부를 정당화할 수 있는 이유로써 이를 거부할 수 있다.

제10항

출국사증, 입국사증 또는 통과사증에 대한 수수료는 외국인 여권사증에 대한 수수료의 최저율을 초과하지 못한다.

제11항

무국적자가 다른 체약국영토에 합법적으로 거주를 정한 경우에 신 증명서의 교부에 대한 책임은 제28조의 규정과 조건에 의거하여 무국적자가 신청할 권리가 있는 영토의 관할당국에 있다.

제12항

신 증명서를 교부하는 당국은 구 증명서를 회수하여 동 증명서를 반환하도록 기재되어 있는 경우에는 교부국에 이를 반환한다. 기타의 경우에 있어서는 동증명서를 회수 파기한다.

제13항

〈1〉 본 협약 제28조에 의거하여 교부된 여행증명서는 반대되는 기재사항이 없는 한 그 유효기간 동안 언제든지 교부국 영토내에 재입국할 권리를 소지자에게 허여한다. 어떠한 경우에 있어서도 소지자가 증명서를 교부하는 국가에 귀환하는 기간은 무국적자가 여행할 것을 신청한 국가가 재입국할 권리를 부여하는 여행증명서를 요구하지 않는 경우를 제외하고 3개월 이상이어야 한다.

〈2〉 전기 〈1〉항의 규정에 따를 것을 조건으로 하여 체약국은 증명서 소지자에게 그 영토로부터의 출국 또는 영토에의 귀환에 관하여 규정될 절차에 따를 것을 요구할 수 있다.

제14항

오직 제13항의 규정을 따를 것을 조건으로 하여 본 부속서의 제규정은 체약국 영토에의 입국, 통과, 거주 및 정주와 동 영토로부터의 출국에 대한 조건을 규제하는 법령에 결코 영향을 미치지 않는다.

제15항

증명서의 교부 또는 이의 기재는 소지자의 신분(특히 국적에 관하여)을 결정하거나 변경하지 않는다.

제16항

증명서의 교부는 소지자에게 교부국의 외교 또는 영사당국의 보호를 받을 권리를 결코 부여하지 않으며 또한 전기의 당국에 대하여 보호의 권리를 사실상 부여하는 것이 아니다.

여행 증명서의 양식

증명서는 소 책자형(약 15×10센티미터의 크기)으로 하며 화학적 또는 기타 방법에 의한 말소 또는 변경을 용이하게 간취할 수 있도록 인쇄하고 각면마다 연속적으로 교부국의 국어로써 「1954년 9월 28일자 협약」이라는 말을 인쇄할 것을 권고한다.

(소 책자의 표지)

여행증명서

(「1954년 9월 28일자 협약」)

제 호

(1)

여행증명서

(「1954년 9월 28일 협약」)

본증명서는 그 효력을 연장 또는 갱신하지 않는한 _____에
효력을 상실한다.

성명 _____

세례명 _____

동반 소아의 수 _____

1. 본 증명서는 소지자에게 내국민 여권 대신으로 사용할 수 있는 여행증명서를 소지하게 할 목적으로써만 교부되며 또한 결코 소지자의 국적을 변경하지 않는다.
2. 소지자는 후부에 더 늦은 일자가 명기되지 않는한 ___년 ___월 ___일 또는 ___전에 ___국(증명서 교부당국의 국가)로 귀환할 것을 허가한다(소지자가 귀환하도록 허가된 기간은 소지자가 여행할 것을 요청한 국가가 재입국의 권리를 부여하는 여행증명서를 요구하지 않은 경우를 제외하고 3개월 이상이어야 한다).

3. 소지자가 이 증명서를 교부한 국가 이외의 국가에 거주를 정하는 경우에 다시 여행할 것을 원하면 그는 거주지국가의 관할당국에 신 증명서의 교부를 위하여 신청하여야 한다(구 여행증명서는 신 증명서를 교부하는 당국에 의하여 회수되며 그것을 교부한 당국에 반환한다)(주 1).

(본 증명서는 표지를 제외하고 32면으로 되어 있음)

주 1) 괄호안의 구절은 정부가 원하는 바에 따라서 이를 삽입한다.

---

(2)

출생지 및 생년월일 _____

직업 _____

현주소 _____

※ 처의 본명 및 세례명 _____

　부(夫)의 성명 및 세례명 _____

신원사항

신장 _____

모발 _____

안색 _____

코 _____

안면의 형상 _____

안색 _____

특징 _____

소지자와 동반 자녀

성명	세례명	출생지 및 생년월일	성별
_____	_____	_____	_____
_____	_____	_____	_____
_____	_____	_____	_____

※적용되지 않는 것은 말소한다.

(본 증명서는 표지를 제외하고 32면으로 되어 있음)

(3)

소지자의 사진 및 교부당국의 소인

소지자의 지문(필요한 경우)

소지자의 서명 _____

(본 증명서는 표지를 제외하고 32면으로 되어 있음)

(4)

1. 본 증명서는 하기 국가에 대하여 효력을 갖는다:

_____

_____

_____

2. 이 증명서를 교부하는데 증거가 되는 서류:

_____

_____

_____

교부지 _____

일자 _____

증명서 교부당국의 서명 및 소인: _____

지불수수료: _____

(본 증명서는 표지를 제외하고 32면으로 되어 있음)

(5~6)

효력의 연장 또는 갱신

지불수수료: _____부터

                    _____까지

조처지 : _____ 일자 _____

증명서의 효력을 연장 또는

갱신하는 당국의 서명 및 소인

(7 - 32)

(사증)

본 증명서 소지자의 성명을 각 사증마다 기재하여야 한다.

(본 증명서는 표지를 제외하고 32면으로 되어 있음)

21. 무국적자의 감소에 관한 협약

1961. 8. 30 체결/ 1975.12.13 발효/ 당사국 수 35/ 대한민국 미가입.

체약국들은,

1954년 12월 4일에 국제연합 총회에서 채택된 결의 제896호(IX)에 의거하여 활동하며,
국제협정을 통한 무국적자의 감축이 바람직스럽다고 생각하여,

다음과 같이 합의하였다.

제1조

1. 체약국은 자국 영역에서 출생하여 다른 방법으로는 국적을 갖지 못하는 자에게 자국 국적을
부여한다. 그 국적은 다음과 같이 부여된다:

가. 출생시 법률의 적용에 의하여, 또는

나. 국내법에 규정된 방법으로 당사자가 직접 또는 대리로 담당기관에 신청서를 제출함에 의하여.
본조 제2항 규정을 따른다는 전제 하에, 그러한 신청을 거부될 수 없다. 본항 나호에 따라
자국 국적을 부여하는 체약국은 국내법에 규정된 연령과 조건에 따라 법률의 적용을 통하여
도 국적을 부여할 수 있다.

2. 체약국은 다음 조건의 하나 또는 그 이상을 적용한다는 전제 하에 본조 제1항 나호에 따라
자국 국적을 부여할 수 있다:

가. 이 신청은 18세 이상 21세 이하 사이에서 체약국이 정한 기간 내에 제출될 것. 단 당사자에게
는 별도의 법적 허가를 얻지 않고도 스스로 신청할 수 있는 기간이 1년 이상 부여되어야 한다;

나. 신청서를 제출하기 직전의 5년이나 통산 10년을 넘지 않는 범위 내에서 체약국이 정한 기간동
안 당사자가 체약국 영역 내에서 상시 거주하였을 것;

다. 당사자가 국가안보에 관한 범죄로 유죄판결을 받았거나, 형사범죄로 5년 이상의 금고형을 받
지 않았을 것;

라. 당사자가 이제까지 계속 무국적이었을 것.

3. 본조 제1항 나호와 제2항의 규정에도 불구하고 어린이가 체약국 영역에서 적출로 출생하였고
모가 그 나라의 국적을 가졌을 경우, 그가 다른 국적을 취득할 수 없으면 출생시 그 나라의 국적을
취득한다.

4. 체약국 영역 내에서 출생하였으나 국적신청 연령이 도과하였거나 필요한 거주요건을 충족하지
못하여 무국적자로 되는 자로서 만약 부모중 어느 일방이 그의 출생시 위에 지적된 체약국 국적자
였다면, 체약국은 그에게 국적을 부여한다. 그의 출생시 부모가 동일한 국적을 갖지 않고 있을
경우, 당사자가 부 또는 모 어느 편의 국적을 따를 것이냐의 문제는 체약국의 국내법에 따라 결정

된다. 국적부여 신청이 필요한 경우 그 신청은 국내법의 규정된 방법에 따라 신청자가 직접 또는 대리로 담당기관에 제출되어야 한다. 본조 제5항 규정을 적용한다는 전제 하에, 이 신청은 거부되지 아니한다.

5. 체약국은 다음 조건의 하나 이상을 적용한다는 전제 하에 본조 제4항 규정에 따라 자국 국적을 부여할 수 있다:

가. 신청자가 체약국이 규정한 연령에 도달하기 이전에 신청이 제출될 것, 다만 23세 이하로 규정되지는 아니한다;

나. 당사자가 신청서를 제출하기 직전 체약국이 3년 이내로 정한 기간동안 체약국 영역에 상시 거주하였을 것;

다. 당사자가 이제까지 계속 국적이 없었을 것.

제2조
체약국의 영역에서 발견된 기아는 반대의 증거가 없는 한 체약국의 국적을 가진 부모에 의하여 그 영역 내에서 출생한 것으로 간주된다.

제3조
이 협약에 따른 체약국의 의무를 결정하는 목적상, 선박 또는 항공기 내에서의 출생은 그 선박의 기국 또는 그 항공기 등록국의 영역에서 출생한 것으로 본다.

제4조
1. 만약 출생시 부모중 어느 일방이 체약국의 국적을 가졌다면, 체약국은 자국 영역에서 출생하지 않았으나 달리는 국적을 갖지 못하는 자에게 자국 국적을 부여한다. 만약 그의 출생시 부모가 동일한 국적을 갖고 있지 않았을 경우 당사자가 부 또는 모 어느 편의 국적을 따를 것이냐의 문제는 체약국의 국내법에 따라 결정된다. 본항 규정에 따른 국적은 다음과 같이 부여된다:

가. 법률의 적용에 따라 출생시, 또는

나. 국내법에 규정된 방법으로 당사자가 직접 또는 대리로 담당기관에 신청서를 제출함에 의하여. 본조 제2항 규정을 따른다는 전제 하에 그러한 신청은 거부될 수 없다.

2. 체약국은 다음 조건중 하나 또는 그 이상을 적용한다는 전제 하에 본조의 제1항 규정에 따라 자국적을 부여할 수 있다:

가. 신청자가 체약국이 규정한 연령에 도달하기 전에 신청이 제출될 것, 단 23세 이하로 규정되지는 아니한다;

나. 당사자가 신청서를 제출하기 직전 체약국이 3년 이내로 정한 기간동안 체약국 영역 내에 상시 거주하였을 것;

다. 당사자가 국가안보에 관한 범죄로 유죄판결을 받은 일이 없었을 것;

라. 당사자가 이제까지 계속 국적이 없었을 것.

제5조
1. 혼인, 혼인 종료, 준정, 인지 또는 입양과 같은 신분변경으로 인하여 체약국의 법률상 국적상실이 초래되는 경우, 그러한 상실은 타국 국적의 보유 또는 취득을 전제로 하여야 한다.

2. 비적출자가 부의 인지의 결과 체약국의 법률에 따라 국적을 상실하게 되면, 그에게는 담당기관에 서면신청을 제출함으로써 국적을 회복할 기회가 부여되며, 그러한 신청조건은 이 협약 제1조 제2항에 규정된 조건보다 엄격하여서는 아니된다.

제6조

체약국의 법률이 그 나라의 국적을 상실하거나 박탈당한 자의 배우자나 자도 국적을 상실하도록 규정하고 있으면, 그러한 상실은 그들이 타국 국적의 보유 또는 취득을 전제로 하여야 한다.

제7조

1. 가. 체약국의 법률이 국적의 상실 또는 포기를 규정하고 있어도 당사자가 다른 국적을 보유 또는 취득하지 아니하는 한, 포기가 국적의 상실을 결과하지 아니한다;

나. 본항 가호의 적용이 1948년 12월 10일 국제연합 총회에 의하여 승인된 세계인권선언 제13조 및 제14조에 규정된 원칙과 모순되는 경우, 이 조항은 적용되지 아니한다.

2. 외국에 귀화하고자 하는 체약국 국민이 그 외국의 국적을 취득하지 못하였거나 취득을 보장받지 못하였을 경우 자신의 국적을 상실하지 아니한다.

3. 본조 제4항 및 제5항의 규정을 따른다는 전제 하에, 체약국 국민은 출국, 해외거주, 등록 불이행, 기타 유사한 이유로 국적을 상실하여 무국적자가 되지 아니한다.

4. 귀화자가 7년 이상 계속하여 해당 체약국의 법률로 규정된 기간동안 해외에 거주하면서 그의 국적 유지 의사를 관계기관에 표시하지 않았을 경우 그의 국적은 상실될 수 있다.

5. 해외에서 출생한 체약국 국민이 성년에 도달한지 1년 이후에도 그 나라 국적을 보유하느냐 여부에 관하여 체약국 법률은 당시 그 나라 영역에 거주하거나 또는 관계기관에 등록하였느냐를 조건으로 할 수 있다.

6. 이 협약의 어떠한 규정에 의하여 국적 상실이 명시적으로 금지되고 있지 않더라도, 체약국 국적의 상실로 무국적자가 될 경우에는 본조에 규정된 경우를 제외하고는 그 국적을 상실하지 아니한다.

제8조

1. 국적 박탈로 무국적자가 될 경우, 체약국은 그 국적을 박탈할 수 없다.

2. 본조 제1항 규정에도 불구하고 다음의 경우에는 체약국의 국적을 박탈당할 수 있다:

가. 제7조 제4항 및 제5항에 따라 국적 상실이 허용될 수 있는 경우;

나. 허위진술 또는 사기로 국적을 취득한 경우.

3. 본조 제1항의 규정에도 불구하고 체약국이 서명, 비준 또는 가입시 다음과 같은 경우의 국적 박탈권을 기존의 국내법에 명시하고 있다면 그 국적을 박탈할 권리를 유지할 수 있다:

가. 대상자가 체약국에 대한 충성의무와 모순되게:

(1) 체약국의 명시적 금지규정을 위반하여 타국에 역무를 제공하였거나, 이를 계속하고 있거나, 또는 타국으로부터 보수를 받았거나, 이를 계속 받고 있는 경우, 또는

(2) 체약국의 중대한 이익에 심각한 피해를 끼치는 행동을 한 경우.

나. 타국에 대한 충성을 선서하였거나, 이를 공식 선언을 한 경우 또는 체약국에 대한 충성을 거부

하는 자신의 결정에 관하여 명백한 증거를 제공한 경우.

4. 체약국은 본조 제2항 및 제3항에 의하여 허용된 박탈권을 법률에 의하지 않고는 행사할 수 없으며, 그 법률은 당사자에게 법원 또는 다른 독립된 기관에서 공정한 심리를 받을 수 있는 권리를 인정하여야 한다.

제9조

체약국은 인종적, 민족적, 종교적 또는 정치적 이유로 어느 개인 또는 집단에 대하여 그들의 국적을 박탈시킬 수 없다.

제10조

1. 영역의 이양을 규정하는 체약국간의 모든 조약은 그 이양의 결과 무국적자가 발생하지 않도록 보장하는 조항을 포함하여야 한다. 체약국은 이 협약의 체약국이 아닌 국가와 체결하는 조약도 위와 같은 조항을 포함하도록 최대의 노력을 기울여야 한다.

2. 그러한 조항이 없는 경우, 영역을 이양받거나 취득하게 된 체약국은 영역 이양이나 취득의 결과 무국적자로 되는 자에게 자국 국적을 부여한다.

제11조

체약국들은 여섯 번째 비준서 또는 가입서의 기탁이 있은 후 즉시 이 협약상의 이익을 주장하는 자가 자신의 청구의 심사를 요청하고 담당기관에 대한 청구제출의 지원을 요청할 수 있는 기관을 국제연합 내에 설치하도록 추진하여야 한다.

제12조

1. 이 협약 제1조 제1항 또는 제4조의 규정에 따라 출생시 법률의 적용에 의하여 그 나라의 국적을 부여하지 않는 체약국과 관련하여 제1조 제1항 또는 제4조의 규정은 이 협약의 발효 후는 물론 발효 전에 출생한 자에게도 적용된다.

2. 이 협약 제1조 제4항의 규정은 이 협약 발효 후는 물론 발효 전에 출생한 자에게도 적용된다.

3. 이 협약 제2조의 규정은 이 협약 발효 후 체약국 영역에서 발견된 기아에게만 적용된다.

제13조

이 협약은 현재 시행중이거나 향후 시행될 체약국의 법률에 포함되어 있거나, 또는 2개국 이상의 체약국간에 현재 시행중이거나 향후 시행될 다른 협약, 조약 및 협정에 포함되어 있는 무국적자의 감소를 더욱 촉진시키는 규정에 영향을 미치는 것으로 해석되지 아니한다.

제14조

이 협약의 해석 또는 적용에 관하여 다른 방법으로는 해결될 수 없는 체약국간의 모든 분쟁은 분쟁 당사자의 어느 일방의 요청에 따라 국제사법재판소에 제출된다.

제15조

1. 이 협약은 체약국이 국제관계를 책임지고 있는 비자치지역, 신탁통치지역, 식민지, 기타 본국 외 영역에 적용된다; 해당 체약국은 이 조 제2항의 규정을 따른다는 전제하에 서명, 비준 또는 가입시에 그러한 서명, 비준 또는 가입으로 이 협약이 바로 적용될 본국 외 영역을 선언하여야

한다.

2. 국적에 관하여 본국 외 영역은 본국 영역과 같이 취급되지 않는 경우나, 이 협약이 그 영역에 적용되기 위하여는 체약국 또는 본국 외 영역의 헌법이나 관행에 의하여 본국 외 영역의 사전 동의가 필요할 경우, 체약국은 협약 서명일로부터 12개월 이내에 본국 외 영역의 필요한 동의를 얻도록 노력하며, 그러한 동의를 얻으면 체약국은 국제연합 사무총장에게 통고한다. 이 협약은 사무총장의 통고 접수일로부터 이에 명시된 영역에 적용된다.

3. 본조 제2항에서 규정된 12개월의 기간이 만료된 이후 해당 체약국은 자신이 국제관계를 책임 지고 있으며 이 협약 적용에 대한 동의가 보류되어 있는 본국 외 영역과의 교섭결과를 사무총장에게 보고한다.

제16조

1. 이 협약은 1961년 8월 30일부터 1962년 5월 31일까지 국제연합 본부에서 서명에 개방된다.

2. 이 협약은 다음과 같은 국가의 서명에 개방된다:

가. 국제연합 회원국;

나. 향후 무국적자 근절 또는 감소에 관한 국제연합 회의에 참석하도록 초청된 기타 국가;

다. 국제연합 총회에 의하여 서명 또는 가입이 초청된 기타 국가.

3. 이 협약은 비준을 받아야 하며, 비준서는 국제연합 사무총장에게 기탁된다.

4. 이 협약은 본조 제2항에 규정된 국가의 가입을 위하여 개방된다. 가입은 국제연합 사무총장에 대한 가입서의 기탁으로 발효한다.

제17조

1. 서명, 비준 또는 가입시 어떤 국가도 제11조, 제14조 또는 제15조에 관하여 유보를 할 수 있다.

2. 이 협약에 대한 기타의 유보는 허용되지 아니한다.

제18조

1. 이 협약은 여섯 번째의 비준서 또는 가입서의 기탁일로부터 2년 후에 발효한다.

2. 여섯 번째 비준서 또는 가입서가 기탁된 이후 이 협약을 비준 또는 가입하는 국가에 대하여는 그 국가의 비준 또는 가입서가 기탁된 후 90일째 되는 날 또는 본조 제1항의 규정에 따라 이 협약 이 발효되는 날 중 늦은 날로부터 발효한다.

제19조

1. 체약국은 국제연합 사무총장에 대한 서면통고로써 언제든지 이 협약을 폐기시킬 수 있다. 이 폐기는 사무총장이 이를 접수한 날로부터 1년 후에 해당 체약국에 대하여 발효된다.

2. 제15조의 규정에 따라 이 협약이 체약국의 본국 외 영역에 적용되고 있는 경우, 그 체약국은 이후 해당 영역의 동의를 얻어 그 영역에 대하여만 별도로 협약의 폐기를 국제연합 사무총장에게 언제든지 통고할 수 있다. 이 폐기는 사무총장이 통고를 접수한 날로부터 1년 후에 발효하며, 사무총장은 이 통고와 접수일자를 다른 모든 체약국에게 통보한다.

제20조

1. 국제연합 사무총장은 국제연합 모든 회원국과 제16조에 규정된 비회원국에 대하여 다음 사항을 통보한다:

가. 제16조에 따른 서명, 비준 및 가입;

나. 제17조에 따른 유보;

다. 제18조에 따른 이 협약의 발효일;

라. 제19조에 따른 폐기.

2. 국제연합 사무총장은 늦어도 여섯 번째의 비준서 또는 가입서의 수탁 후, 제11조에 따라 동조에 규정된 기구의 설치문제에 관하여 총회의 주의를 환기시킨다.

제21조

이 협약은 발효일에 국제연합 사무총장에게 등록된다.

제6부
노동자의 보호

22. 모든 이주 노동자와 그 가족의 권리보호에 관한 국제협약

1990.12.18 채택/ 2003.7.1 발효/ 당사국 수 39/ 대한민국 미가입.

이 협약의 당사국은,

인권에 관한 국제연합의 기본적인 문서, 특히 세계인권선언, 경제적・사회적 및 문화적 권리에 관한 국제규약, 시민적 및 정치적 권리에 관한 국제규약, 모든 형태의 인종차별 철폐에 관한 국제협약, 여성에 대한 모든 형태의 차별철폐에 관한 협약, 아동의 권리에 관한 협약 등에 담긴 원칙들을 고려하고,

국제노동기구 체제 내에서 만들어진 관련 문서, 특히 취업목적의 이주에 관한 협약(제97호), 학대상황에서의 이주와 이주노동자의 기회균등 및 처우 증진에 관한 협약(제143호), 취업목적 이주에 관한 권고(제86호), 이주노동자에 관한 권고(제151호), 강제적 또는 의무적 노동에 관한 협약(제29호), 강제노동폐지 협약(제105호) 등에 규정된 원칙과 기준을 고려하고,

국제연합 교육과학문화기구의 교육상의 차별금지 협약에 내포된 원칙의 중요성을 재확인하고, 고문 및 그 밖의 잔혹한, 비인도적인 또는 굴욕적인 대우나 처벌의 방지에 관한 협약, 범죄의 예방 및 범죄자의 처우에 관한 제4차 국제연합 회의의 선언, 법집행관을 위한 행위준칙, 노예제도에 관한 각종 협약을 상기하고,

국제노동기구의 목적중의 하나가 그 헌장에 규정된 바와 같이 자국 이외의 국가에서 고용된 노동자의 이익보호인 점을 상기하고, 이주노동자와 그 가족에 관한 문제에 있어서는 이 기구가 전문지식과 경험을 갖고 있음을 유념하고,

국제연합의 각종기관, 특히 인권위원회, 사회개발위원회 및 국제연합 식량농업기구, 국제연합 교육과학문화기구, 세계보건기구 및 기타의 국제기구가 이주노동자와 그 가족에 관하여 달성한 업적의 중요성을 인정하고,

이주노동자와 그 가족의 권리보호에 관하여 지역적 내지 양자적 기반 위에서 일부 국가들에 의하여 달성된 성과는 물론, 이 분야에서의 양자 및 다자협정의 중요성과 유용성을 인정하고,

수백만명의 사람들이 관련되어 국제사회에서 많은 국가에 영향을 미치고 있는 이주현상의 중요성과 정도를 실감하고,

이주노동자의 유입이 해당국과 그 국민에 미치는 충격을 인식하며, 이주노동자와 그 가족의 처우에 관한 기본원칙을 수용함으로써 각국의 태도 조화에 기여할 수 있는 규범의 수립을 희망하고, 무엇보다도 출신국에 없다는 점과 취업국에 체재함에 따라 직면하는 어려움으로 인하여 이주노동자와 그 가족은 종종 취약한 상황에 처하게 됨을 고려하고,

이주노동자와 그 가족의 권리가 충분히 인식되어 있지 않으며, 따라서 적절한 국제적 보호가 필요

함을 확신하고,

특히 가족 이산으로 인하여 이주는 이주노동자 본인은 물론 그 가족에게도 종종 심각한 문제를 야기함을 고려하고,

이주와 관련된 문제들은 위법한 이주의 경우에 한층 심각하다는 점에 유의하여, 그들의 기본적 인권의 보호를 보장함과 동시에 이주노동자의 은밀한 이동과 인신매매를 예방하고 근절하기 위하여 적절한 조치가 장려되어야 함을 확신하고,

미등록 또는 위법한 상황의 노동자는 종종 다른 노동자보다도 불리한 근로조건 속에서 고용되고 있으며, 일부 고용주는 불공정한 경쟁의 이익을 취하기 위하여 이에 현혹되어 그 같은 노동력을 찾는 점을 고려하고,

모든 이주노동자의 기본적인 인권이 보다 광범위하게 인정된다면 위법한 상황의 이주노동자의 고용을 활용하려는 것이 억제되고, 나아가 정상적 상황의 이주노동자와 그 가족에게 일정한 권리를 추가로 인정한다면, 모든 이주노동자와 고용주가 해당국의 법률과 절차를 존중하고 준수하는 것이 촉진될 것임을 고려하고,

그러므로 범세계적으로 적용될 포괄적인 협약에서 기본규범을 재확인하고 확립하여 이주노동자와 그 가족의 권리에 대한 국제적 보호를 달성할 필요성을 확신하여,

다음과 같이 합의하였다.

제1부 적용범위와 정의

제1조

1. 이 협약은 이하에 달리 규정되어 있지 않는한 성, 인종, 피부색, 언어, 종교 또는 신념, 정치적 또는 기타의 의견, 민족적, 종족적 또는 사회적 출신, 국적, 연령, 경제적 지위, 재산, 혼인상의 지위, 출생 또는 기타의 신분 등 어떠한 종류의 구별도 없이 모든 이주노동자와 그 가족에 대하여 적용된다.

2. 이 협약은 이주의 준비, 출국, 통과, 취업국에 체류하여 직업활동을 하는 전기간은 물론 출신국 또는 상거주국으로의 귀환을 포함하여 이주노동자와 그 가족의 전체 이주과정에 적용된다.

제2조

이 협약의 적용상:

1. "이주노동자"란 자신의 국적국이 아닌 국가에서 직업활동에 종사할 예정이거나, 이에 종사하고 있거나, 또는 종사하여 온 사람을 말한다.

2. 가. "월경노동자"란 그의 상거주지를 인접국에 두고 통상 매일 또는 적어도 매주 한 번은 귀가하는 이주노동자를 말한다.

나. "계절노동자"란 그의 작업이 성질상 계절적 조건에 의존하며, 일년중 일정기간 동안만 수행되는 이주노동자를 말한다.

다. "선원"이란 어부를 포함하여 국적국이 아닌 국가에 등록된 선박에 고용된 이주노동자를 말

한다.

라. "해상시설노동자"란 국적국이 아닌 국가의 관할에 속하는 해상시설에 고용된 이주노동자를 말한다.

마. "순회노동자"란 어느 한 국가에 상거주지를 갖고 직업의 성격상 단기간에 다른 국가들을 돌아 다녀야 하는 이주노동자를 말한다.

바. "특정사업노동자"란 고용주에 의하여 그 국가에서 수행되는 특정사업에만 근무하도록 지정기간동안 취업국에 입국이 허가된 이주노동자를 말한다.

사. "특별취업노동자"란 다음과 같은 이주노동자를 말한다.

(1) 특정한 업무 또는 임무를 수행하도록 고용주에 의하여 한정된 특정 기간동안 취업국에 파견된 자; 또는

(2) 전문적, 상업적, 기술적 또는 기타 고도의 특수기능을 필요로 하는 작업에 한정된 특정 기간동안 종사하는 자; 또는

(3) 고용주의 요청에 의하여 취업국에서 한정된 특정 기간동안 일시적 또는 단기적 성격의 작업에 종사하는 자; 체류허가기간이 만료되거나 또는 그 이전이라도 더 이상 특수한 업무 또는 임무를 수행하지 않는다거나 그 작업에 종사하지 않으면 취업국을 출국하여야 하는 자.

아. "자영노동자"란 고용계약에 의하지 않고 직업활동에 종사하며, 통상 혼자 또는 자신의 가족과 함께 일하여 생계를 얻는 이주노동자와 취업국의 법률이나 양자 또는 다자협정에 의하여 자영취업을 인정받는 여타의 이주노동자를 말한다.

제3조

이 협약은 다음 사람에게는 적용되지 아니한다.

가. 국제기구나 기관에 의하여 파견되었거나 고용된 자 또는 공무 수행을 위하여 국가에 의하여 자국 영토 외로 파견되었거나 고용된 자로서 그의 입국과 지위가 일반 국제법 또는 특정한 국제협정이나 협약에 의하여 규율되는 자.

나. 개발계획 및 기타 협력계획에 참가하도록 국가 또는 그 대리인에 의하여 그 영역 외에서 고용되거나 파견된 자로서 그의 입국과 지위가 취업국과의 협정에 의하여 규율되며, 그 협정에 따라 이주노동자로 간주되지 않는 자.

다. 출신국 이외의 국가에 투자가로 거주하는 자.

라. 난민 및 무국적자. 단 관련 당사국의 해당 국내법 또는 발효중인 국제협약에 의하여 적용이 정해져 있는 경우는 이에 해당하지 아니한다.

마. 학생 및 연수생.

바. 취업국 내에 주거를 정하여 직업활동에 종사할 것을 허가받지 못한 선원 및 해상시설 노동자.

제4조

이 협약의 적용상 "가족"은 이주노동자와 혼인한 자 또는 해당법률에 따르면 혼인과 같은 효력을 갖는 관계에 있는 자는 물론 피부양 자녀 및 해당법률 또는 관계국간의 양자 또는 다자협정에 의하여 가족으로 인정되는 여타의 피부양자를 말한다.

제5조

이 협약의 적용상 이주노동자와 그 가족은:

가. 취업국의 법률과 그 국가가 당사국인 국제협정에 따라 그 국가로의 입국, 체류 및 직업활동에
   의 종사를 허용받으면 등록되거나 정상 상황에 있는 것으로 간주된다;

나. 본조 가호의 조건을 만족시키지 못할 때는, 미등록 또는 위법 상황에 있는 것으로 간주된다.

제6조

이 협약의 적용상:

가. "출신국"이란 해당자의 국적국을 의미한다;

나. "취업국"이란 이주노동자가 직업활동에 종사할 예정이거나, 종사하고 있거나, 종사하여 온 국
   가중 해당하는 경우를 의미한다;

다. "통과국"이란 해당자가 취업국으로 이동하거나, 또는 취업국에서 출신국이나 상거주국으로
   이동할 때 통과하는 국가를 의미한다.

제2부 권리의 비차별

제7조

당사국은 자국의 영토 내에 있거나 관할권 하에 있는 모든 이주노동자와 그 가족에 대하여 성,
인종, 피부색, 언어, 종교 또는 신념, 정치적 또는 기타의 의견, 민족적, 종족적 또는 사회적 출신,
국적, 연령, 경제적 지위, 재산, 혼인상의 지위, 출생 또는 기타의 신분 등에 의한 어떠한 차별도
없이 이 협약에 규정된 권리를 인권에 관한 국제문서에 따라 존중하고 보장할 것을 약속한다.

제3부 모든 이주노동자와 그 가족의 인권

제8조

1. 이주노동자와 그 가족은 출신국을 포함한 어느 국가로부터도 자유롭게 출국할 수 있다. 이 권
리는 법률에 의하여 규정되고 국가안보, 공공질서, 공중보건이나 도덕 또는 다른 사람의 권리 및
자유를 보호하는데 필요하고, 또한 이 협약 제3부에서 인정되는 기타의 다른 권리와 양립가능한
경우를 제외하고는 어떠한 제한도 받지 아니한다.

2. 이주노동자와 그 가족은 언제라도 출신국으로 입국하여 재류할 권리를 갖는다.

제9조

이주노동자와 그 가족의 생명권은 법률에 의하여 보호된다.

제10조

어떠한 이주노동자나 그 가족도 고문 또는 잔혹한, 비인도적인 또는 굴욕적인 처우나 형벌을 받지
아니한다.

제11조

1. 어떠한 이주노동자나 그 가족도 노예상태나 예속상태에 놓여지지 아니한다.

2. 어떠한 이주노동자나 그 가족도 강제적 또는 의무적 노동을 하도록 요구받지 아니한다.

3. 본조 제2항은 범죄에 대한 형벌로서 중노동을 수반한 구금형을 부과할 수 있는 국가에서 권한 있는 법원에 의하여 그러한 형의 선고에 따라 중노동을 시키는 것을 금지하는 것으로 해석되지 아니한다.

4. 본조의 적용상 "강제적 또는 의무적 노동"이란 용어는 다음 사항을 포함하지 아니한다.

가. 본조 제3항에 지적되지 아니한 작업 또는 역무로서 법원의 합법적 명령에 의하여 억류되어 있는 자 또는 그러한 억류로부터 조건부로 석방되어 있는 자에게 통상적으로 요구되는 것;

나. 공동사회의 존립이나 안녕을 위협하는 긴급사태 또는 재난시에 강제되는 역무;

다. 시민으로서의 통상적인 의무를 구성하는 작업 또는 역무로서 그 국가의 시민에게도 부과되는 것.

제12조

1. 이주노동자와 그 가족은 사상, 양심 및 종교의 자유에 대한 권리를 갖는다. 이 권리에는 스스로 선택하는 종교 또는 신념을 가지거나 받아들일 자유와 단독으로 또는 다른 사람과 공동으로, 공적 또는 사적으로 예배, 의식, 행사 및 선교에 의하여 그 종교 또는 신념을 표명하는 자유를 포함한다.

2. 이주노동자와 그 가족은 스스로 선택한 종교 또는 신념을 가지거나 받아들일 자유를 침해하게 될 강제를 당하지 아니한다.

3. 종교 또는 신념을 표명할 자유는 법률로 규정되고 공공의 안전, 공공질서, 보건이나 도덕 또는 다른 사람의 기본적 권리 및 자유를 보호하기 위하여 필요한 경우에만 제한받을 수 있다.

4. 이 협약의 당사국은 적어도 일방이 이주노동자인 부모 또는 경우에 따라서는 법정후견인이 그들의 신념에 따라 자녀의 종교적, 도덕적 교육을 확보할 자유를 존중할 것을 약속한다.

제13조

1. 이주노동자와 그 가족은 간섭받지 아니하고 의견을 가질 권리를 갖는다.

2. 이주노동자와 그 가족은 표현의 자유에 대한 권리를 갖는다; 이 권리에는 구두, 서면, 인쇄, 예술의 형태 또는 스스로 선택하는 기타의 매체를 통하여 국경에 관계없이 모든 종류의 정보와 사상을 추구하고 접수하며 전달하는 자유를 포함한다.

3. 본조 제2항에 규정된 권리의 행사에는 특별한 의무와 책임이 따른다. 따라서 이러한 권리의 행사는 일정한 제한을 받을 수 있다. 다만 그 제한은 법률에 의하여 규정되고 또한 다음의 사항을 위하여 필요한 경우에 한한다.

가. 다른 사람의 권리 또는 명성의 존중;

나. 해당국의 국가안보, 공공질서, 공중보건 또는 도덕의 보호;

다. 전쟁선전의 금지;

라. 차별, 적의, 폭력을 선동하는 민족적, 인종적 또는 종교적 증오의 고취 금지.

제14조

이주노동자나 그 가족은 사생활, 가족, 가정, 서신 또는 기타 통신에 대하여 자의적이거나 불법적인 간섭을 받거나 또는 그의 명예와 명성에 대한 불법적인 비난을 받지 아니한다. 이주노동자나 그 가족은 그러한 간섭 또는 비난에 대하여 법률의 보호를 받을 권리를 갖는다.

제15조

이주노동자나 그 가족은 단독으로 또는 다른 사람과 공동으로 소유하는 재산을 자의적으로 박탈당하지 아니한다. 취업국의 국내법에 의하여 이주노동자나 그 가족의 재산의 전부 또는 일부가 수용당할 경우, 이들은 공정하고 적절한 보상을 받을 권리를 갖는다.

제16조

1. 이주노동자와 그 가족은 신체의 자유와 안전에 대한 권리를 갖는다.

2. 이주노동자와 그 가족은 공무원, 개인, 집단 또는 단체 등 그 누구에 의한 폭력, 상해, 협박 및 위협에 대하여도 국가의 실효적인 보호를 받을 권리를 갖는다.

3. 법집행 공무원에 의한 이주노동자나 그 가족의 신원 확인은 법률에 의하여 규정된 절차에 따라 실시되어야 한다.

4. 이주노동자와 그 가족은 개별적으로든 집단적으로든 자의적으로 체포되거나 억류되지 아니한다; 그들은 법률에 규정된 이유 및 절차에 따르지 아니하고는 자신들의 자유를 박탈당하지 아니한다.

5. 체포당하는 이주노동자와 그 가족은 체포시에 가능한한 그들이 이해할 수 있는 언어로 체포이유를 통고받으며, 그들에 대한 피의사실을 그들이 이해할 수 있는 언어로 신속히 통고받는다.

6. 형사상의 범죄 혐의로 체포되거나 억류된 이주노동자와 그 가족은 법관 또는 법률에 의하여 사법권을 행사할 권한을 부여받은 기타 관헌에게 신속히 회부되어야 하며, 또한 합리적인 기간 내에 재판을 받거나 또는 석방될 권리를 갖는다. 재판에 회부된 사람을 억류하는 것이 일반적인 원칙이 되어서는 아니되며, 단 석방은 재판, 기타 사법적 절차의 모든 단계에서의 출두 및 필요한 경우 판결의 집행을 위하여 출두할 것이라는 보증을 조건으로 할 수 있다.

7. 이주노동자나 그 가족이 체포되거나, 재판에 회부되어 교도소 또는 구금시설에 수용되거나, 기타 어떤 형태로든 억류되어 있을 때:

가. 본인의 요구가 있으면 그가 체포 또는 억류된 사실과 그 이유가 출신국 또는 이익대표국의 영사 또는 외교당국에 지체없이 통고되어야 한다;

나. 해당자는 위의 당국자와 연락할 권리를 갖는다. 위의 당국자에 대한 해당자의 연락은 지체없이 전달되어야 하며, 또한 그도 위의 당국자로부터의 연락을 지체없이 받을 권리를 갖는다;

다. 해당자는 이상의 권리와 해당국가간에 적용가능한 관련조약에서 비롯되는 위의 당국자와 연락하고, 면회하고, 법률적 변호를 위하여 그들과 함께 조치를 취할 권리 등을 지체없이 고지받아야 한다.

8. 체포 또는 억류에 의하여 자유를 박탈당한 이주노동자와 그 가족은 법원이 그 억류의 합법성을 지체없이 결정하고 억류가 합법적이 아닌 경우에는 석방을 명령할 수 있도록 하기 위하여 법원에 절차를 취할 권리를 갖는다. 그들이 절차에 참가할 때, 사용되는 언어를 이해하지 못하거나 말할 수 없는 경우에는 통역인의 조력을 받으며, 필요하다면 비용은 무상으로 한다.

9. 위법하게 체포되거나 억류된 이주노동자와 그 가족은 집행가능한 보상을 받을 권리를 갖는다.

제17조

1. 자유를 박탈당한 이주노동자와 그 가족은 인도적으로 그리고 인간 고유의 존엄성과 그들의 문화적 독자성을 존중받으며 처우되어야 한다.

2. 기소된 이주노동자와 그 가족은 예외적인 사정이 있는 경우를 제외하고는 기결수와 분리되어야 하며, 유죄의 판결을 받고 있지 아니한 자로서의 지위에 상응하는 별도의 취급을 받는다. 미성년 피고인은 성인과 분리되어야 하며, 또한 가능한한 신속히 재판에 회부된다.

3. 이주에 관한 규정을 위반하여 통과국 또는 취업국에서 억류된 이주노동자나 그 가족은 되도록이면 기결수 또는 재판을 받기 위하여 억류된 자와는 분리되어 취급된다.

4. 법원이 부과한 형벌로서 구금이 집행중일 때, 이주노동자나 그 가족의 대우의 기본적인 목적은 그들의 교정 및 사회복귀에 두어야 한다. 소년범은 성인과는 분리되어야 하며, 그 연령과 법적 지위에 상응하는 대우가 부여된다.

5. 억류 또는 수감기간 중 이주노동자와 그 가족은 가족의 면회에 관하여 그 국가의 국민과 동등한 권리를 향유한다.

6. 이주노동자가 자유를 박탈당할 때마다 해당국의 담당기관은 그의 가족, 특히 배우자와 미성년의 자녀에게 초래될 수 있는 문제에 유의한다.

7. 취업국 또는 통과국의 현행 법률에 따라 억류 또는 구금된 이주노동자와 그 가족은 같은 상황의 당해국의 국민과 동등한 권리를 향유한다.

8. 이주노동자나 그 가족이 이주에 관한 법률 위반을 확인하기 위하여 억류된 경우, 그는 그에 따른 비용을 부담하지 아니한다.

제18조

1. 이주노동자와 그 가족은 법원에서 그 국가의 국민과 동등한 권리를 갖는다. 형사상의 범죄소추 또는 소송상의 권리와 의무를 결정함에 있어서 그들은 법률에 의하여 설립된 권한있고 독립적이고 공평한 법원에 의하여 공정한 공개심리를 받을 권리를 갖는다.

2. 형사상의 범죄로 기소된 이주노동자와 그 가족은 법률에 따라 유죄가 입증될 때까지 무죄로 추정받을 권리를 갖는다.

3. 이주노동자와 그 가족은 그에 대한 형사상의 죄를 결정함에 있어서 적어도 다음과 같은 보장을 받을 권리를 갖는다:

가. 그에 대한 기소의 성격과 이유에 대하여 그가 이해하는 언어로 신속하고 상세하게 통고받을 것;

나. 방어 준비를 위하여 충분한 시간과 편의를 가질 것과 본인이 선임한 변호인과 연락을 취할 수 있을 것;

다. 부당하게 지체됨이 없이 재판을 받을 것;

라. 본인의 출석 하에 재판을 받으며, 직접 또는 본인이 선임한 자의 법적 조력을 통하여 변호할 것; 만약 법적 조력을 받지 못하는 경우, 변호인의 조력을 받을 권리에 대하여 통지받을 것; 사법상의 이익을 위하여 필요한 경우 법적 조력이 그에게 주어지도록 할 것이며, 충분한 지불 수단을 가지고 있지 못한 경우 무료로 제공될 것;

마. 자기에게 불리한 증인을 심문하거나 또는 심문받도록 할 것과 자기에게 불리한 증인과 동일한 조건으로 자기를 위한 증인을 출석시키도록 하고, 또한 심문받도록 할 것;

바. 법정에서 사용되는 언어를 이해하지 못하거나 또는 말할 수 없는 경우에는 무료로 통역의 조력을 받을 것;

사. 자기에게 불리한 진술 또는 유죄의 자백을 강요당하지 아니할 것.

4. 미성년자의 경우에는 그 절차가 그들의 연령과 사회복귀를 촉진시키고자 하는 요망을 고려하는 것이어야 한다.

5. 유죄 판결을 받은 이주노동자와 그 가족은 그 판정 및 형벌에 대하여 법률에 따라 상급법원에서 다시 심리를 받을 권리를 갖는다.

6. 이주노동자나 그 가족이 확정판결에 의하여 유죄판결을 받았으나, 이후 새로운 사실 또는 새로 발견된 사실에 의하여 오심이 있었음이 결정적으로 입증됨으로써 그에 대한 유죄판결이 파기되었거나 또는 사면을 받았을 경우, 유죄판결의 결과 형벌을 받은 자는 법률에 따라 보상을 받는다. 단 알지 못한 사실이 적시에 밝혀지지 않은 것이 전체적 또는 부분적으로 그에게 책임이 있었다는 것이 증명된 경우에는 그러하지 아니하다.

7. 어떠한 이주노동자나 그 가족도 각국의 법률 및 형사절차에 따라 이미 확정적으로 유죄 또는 무죄선고를 받은 행위에 관하여는 재차 재판 또는 처벌을 받지 아니한다.

제19조

1. 이주노동자나 그 가족은 행위시에 국내법 또는 국제법에 의하여 범죄를 구성하지 아니하는 작위 또는 부작위를 이유로 유죄로 되지 아니하며, 범죄가 행하여진 때에 적용될 수 있는 형벌보다도 중한 형벌을 받지 아니한다. 범죄인은 범죄가 행하여진 후에 보다 가벼운 형을 부과하도록 하는 규정이 법률로 정하여진 경우에는 그 혜택을 받는다.

2. 이주노동자나 그 가족이 범한 범죄에 형벌을 부과할 때에는 이주노동자의 지위, 특히 거주와 취업의 권리에 대한 인도적인 배려가 주어져야 한다.

제20조

1. 어떠한 이주노동자나 그 가족도 계약상의 의무의 이행불능만을 이유로 구금되지 아니한다.

2. 어떠한 이주노동자나 그 가족도 근로계약에 따른 의무를 이행하지 못하였다는 것만을 이유로 체류허가 또는 취업허가를 박탈당하지 아니하며, 퇴거강제 당하지 아니한다. 단, 당해 의무 이행이 체류허가나 취업허가의 요건인 경우에는 그러하지 아니하다.

제21조

법률에 의하여 정식으로 권한을 부여받은 공무원 이외의 자가 신분증명서, 해당국내의 입국, 체류, 거주 또는 정착을 허가하는 서류 또는 취업허가증을 압수, 파기 또는 파기하려 함은 위법이다. 상세한 수령증의 교부가 없이는 그 같은 서류를 합법적으로 압수할 수 없다. 어떠한 경우에도 이주노동자나 그 가족의 여권 또는 그에 상응하는 서류를 파기하는 것은 허용되지 아니한다.

제22조

1. 이주노동자와 그 가족에 대한 집단적 추방 조치는 금지된다. 각 추방사건은 개별적으로 심리되

고 결정되어야 한다.

2. 이주노동자와 그 가족은 법률에 따른 담당기관의 결정에 의하여만 당사국의 영역으로부터 추방될 수 있다.

3. 이 결정은 그들이 이해하는 언어로 통고되어야 한다. 본인의 요구가 없으면 의무적이 아닌 경우라도 만약 요구를 하면 결정은 문서로 통보되어야 하며, 국가안보로 인한 예외적인 경우를 제외하고는 그러한 결정의 이유가 서술되어야 한다. 이러한 권리는 결정 이전 또는 늦어도 결정시에는 당사자에게 고지되어야 한다.

4. 사법당국에 의한 최종 판결이 발표된 경우를 제외하고 당사자는 자신이 추방되지 말아야 할 사유를 제출할 권리가 있으며, 담당기관에 의하여 그 사건을 심사받을 수 있어야 한다. 단, 국가안보상의 긴요한 사유가 있는 경우에는 그러하지 아니하다. 심사 기간중 당사자는 추방 결정의 집행 정지를 요청할 권리를 갖는다.

5. 이미 집행된 추방결정이 나중에 무효로 되었을 때, 당사자는 법률에 따른 보상을 청구할 권리를 가지며, 이전의 결정은 그가 당해 국가로 재입국하는 것에 방해사유가 될 수 없다.

6. 추방의 경우 당사자에게 임금 청구, 본인에게 귀속될 다른 권리 또는 현행 채무를 해결하기 위한 합리적인 기회가 출국 전후에 주어져야 한다.

7. 추방 결정의 집행을 해하지 않는 범위에서 그 결정의 대상인 이주노동자나 그 가족은 출신국 이외의 국가로의 입국을 모색할 수 있다.

8. 이주노동자나 그 가족이 추방되는 경우 추방비용을 당사자에게 부담시켜서는 아니된다. 당사자는 자신의 여행경비의 지불을 요구받을 수 있다.

9. 취업국으로부터의 추방 그 자체로는 임금 수령권과 그에게 귀속될 다른 권리를 포함하여 이주노동자나 그 가족이 그 국가의 법률에 따라 획득한 어떠한 권리도 손상시키지 아니한다.

제23조

이주노동자와 그 가족은 이 협약상의 권리를 침해받았을 때, 출신국 또는 그 국가의 이익대표국의 영사 또는 외교당국의 보호와 지원을 요청할 권리를 갖는다. 특히 추방의 경우 당사자는 이 권리에 대하여 지체없이 고지받으며, 추방국 당국은 이 권리의 행사를 용이하게 하여야 한다.

제24조

모든 이주노동자와 그 가족은 어디에서나 법 앞에 인간으로 인정받을 권리를 갖는다.

제25조

1. 이주노동자는 보수 및 다음 사항에 있어서 취업국 국민보다도 불리한 대우를 받지 아니한다:

가. 다른 근무조건, 즉 초과근무, 노동시간, 주간휴가, 유급휴가, 안전, 보건, 고용관계의 종료 및 기타 그 국가의 법률과 관행상 근무조건에 포함되는 사항;

나. 다른 고용조건, 즉 최저 고용연령, 가사노동의 제한 및 기타 그 국가의 법률과 관행상 고용조건으로 간주되는 사항.

2. 사적 고용계약이 본조 제1항에 지적된 평등대우의 원칙을 위배함은 위법이다.

3. 당사국은 이주노동자의 체류 또는 취업이 위법하다는 이유로 인하여 이 원칙으로부터 파생되

는 어떠한 권리도 박탈당하지 않을 것을 보장하기 위한 모든 적절한 조치를 취하여야 한다. 특히 그러한 위법성을 이유로 고용주가 법률상 또는 계약상의 의무를 면제받을 수 없으며, 그들의 의무가 어떠한 방법으로든 제한되지 아니한다.

제26조

1. 당사국은 이주노동자와 그 가족의 다음과 같은 권리를 인정한다:

가. 해당 기관의 규정만을 따를 것을 조건으로 하여 노동조합 및 자신들의 경제적, 사회적, 문화적 및 기타의 이익을 보호하기 위하여 법률에 따라 설립된 다른 단체의 집회와 활동에 참가할 권리;

나. 해당 기관의 규정만을 따를 것을 조건으로 하여 노동조합 및 위에 지적된 단체에 자유로이 가입할 권리;

다. 노동조합 및 위에 지적된 단체의 원조 및 지원을 구할 권리.

2. 이러한 권리의 행사에 대하여는 법률에 규정되고 국가안보, 공공질서, 타인의 권리 및 자유를 보호하기 위하여 민주사회에서 필요한 제한 이외에는 어떠한 제한도 부과될 수 없다.

제27조

1. 사회보장에 있어서 이주노동자와 그 가족이 취업국의 해당법률과 양자 및 다자조약에 규정된 요건을 충족하면, 취업국에서 내국민과 동등한 대우를 받는다. 출신국과 취업국의 담당기관은 이의 적용방식을 결정하기 위하여 필요한 조치를 언제든지 마련할 수 있다.

2. 해당법률이 이주노동자와 그 가족에 대한 급부를 인정하지 않는 경우, 해당국은 유사한 상황의 자국민에게 부여되는 대우를 기초로 하여 그 급부와 관련된 당사자의 출연금액을 본인에게 상환하는 가능성을 검토하여야 한다.

제28조

이주노동자와 그 가족은 해당국 국민과의 평등한 대우를 기초로 하여 생명의 유지와 회복 불가능한 건강상의 피해를 방지하기 위하여 긴급하게 요구되는 진료를 받을 권리를 갖는다. 응급진료는 그의 체류나 취업이 합법적이지 않음을 이유로 거절되어서는 아니된다.

제29조

이주노동자의 자녀는 성명, 출생등록 및 국적에 대한 권리를 갖는다.

제30조

이주노동자의 자녀는 해당국의 국민과의 평등한 대우를 바탕으로 교육을 받을 기본권을 갖는다. 취업국에서 부모 일방의 체류 또는 취업이 합법적이지 않다거나 자녀의 체류가 합법적이 아니라는 이유로 공립의 취학전 교육기관이나 학교로의 입학이 거부되거나 제한되어서는 아니된다.

제31조

1. 당사국은 이주노동자와 그 가족의 문화적 독자성에 대한 존중을 보장하여야 하며, 그의 출신국과의 문화적 유대의 유지를 방해하여서는 아니된다.

2. 당사국은 이에 관한 노력을 지원하고 조장시키는 적절한 조치를 취할 수 있다.

제32조

이주노동자와 그 가족은 취업국에서의 체류가 만료되었을 때 그들의 소득과 저축을 이전시키고, 관련국의 해당법률에 따라 가재 및 소지품을 이전시킬 권리를 갖는다.

제33조

1. 이주노동자와 그 가족은 출신국, 취업국, 통과국으로부터 해당하는 경우 다음 각 사항에 관하여 통지받을 권리를 갖는다:

가. 이 협약에 의하여 발생하는 권리;

나. 입국 조건, 해당국의 법률과 관행에 따른 그의 권리와 의무 및 해당국의 행정적 또는 기타 절차를 준수할 수 있도록 하는 기타의 사항.

2. 당사국은 위와 같은 정보를 보급하고 고용주, 노동조합 및 기타 적절한 단체나 기관에 의한 정보제공을 보장하는데 적절하다고 생각하는 모든 조치를 취한다. 적절한 경우에는 다른 관계국과도 협력한다.

3. 이주노동자와 그 가족이 요구하면 그 같은 적정한 정보가 무료로 제공되며, 가능한 한 그가 이해할 수 있는 언어로 제공된다.

제34조

이 협약 제3부의 어떠한 규정도 이주노동자와 그 가족이 통과국과 취업국의 법률과 규정을 준수할 의무나 그 국가 주민의 문화적 독자성을 존중할 의무를 면제시켜 주는 효과를 갖지 아니한다.

제35조

이 협약 제3부의 어떠한 규정도 미등록 또는 위법 상황의 이주노동자나 그 가족의 상황을 합법화한다거나 또는 그들의 상황을 합법화할 권리를 의미하는 것으로 해석되지 아니하며, 이 협약의 제6부에 규정된 건전하고 공평한 국제이주의 조건을 보장하기 위한 조치를 해하지도 아니한다.

제4부 등록되거나 합법적 상황의 이주노동자와 그 가족들의 기타의 권리

제36조

취업국에 등록된 또는 합법적 상황의 이주노동자와 그 가족은 이 협약 제3부에 규정된 권리에 추가하여 제4부에 규정된 권리도 향유한다.

제37조

이주노동자와 그 가족은 출국전 또는 늦어도 취업국에 입국할 때에는 그들의 입국과 특히 체류와 그가 종사할 직업활동에 관한 모든 조건은 물론 그들이 취업국에서 충족시켜야 할 요건과 이들 조건의 변경을 위하여 접촉할 당국에 관한 정보에 대하여 출신국 또는 취업국으로부터 충분하게 고지받을 권리를 갖는다.

제38조

1. 취업국은 사정에 따라 이주노동자와 그 가족에게 체류나 취업허가에 대한 영향이 없이 일시출

국이 허용될 수 있도록 모든 노력을 다하여야 한다. 이 때 취업국은 특히 출신국에서의 이주노동자와 그 가족의 특별한 필요와 의무를 고려한다.

2. 이주노동자와 그 가족은 이러한 일시출국이 허용되는 조건에 대하여 충분하게 고지받을 권리를 갖는다.

제39조

1. 이주노동자와 그 가족은 취업국의 영역 내에서 이전의 자유와 거주지 선택의 자유에 대한 권리를 갖는다.

2. 본조 제1항의 권리는 법률에 의하여 규정되고, 국가안보, 공공질서, 공중보건 또는 도덕 또는 타인의 권리 및 자유를 보호하기 위하여 필요하고 또한 이 협약에서 인정되는 기타 권리와 양립가능한 제한 이외에는 어떠한 제한도 받지 아니한다.

제40조

1. 이주노동자와 그 가족은 그들의 경제적, 사회적, 문화적 및 기타의 이익을 증진시키고 보호하기 위하여 취업국에서 단체와 노동조합을 결성할 권리를 갖는다.

2. 이 권리의 행사에 대하여는 법률에 의하여 규정되고, 국가안보, 공공질서 또는 타인의 권리 및 자유를 보호하기 위하여 민주사회에서 필요한 것 이외의 어떠한 제한도 가하여지지 아니한다.

제41조

1. 이주노동자와 그 가족은 출신국의 법률에 따라 자국의 공무에 참여할 권리를 가지며, 자국의 선거시 선거권과 피선거권을 갖는다.

2. 관계국은 적절한 경우 자국의 법률에 따라 이러한 권리의 행사를 지원한다.

제42조

1. 당사국은 출신국과 취업국 양쪽에 이주노동자와 그 가족의 특별한 필요, 희망 및 의무가 이를 통하여 고려될 수 있는 절차 또는 기관의 수립을 검토하고, 적절한 경우 이주노동자와 그 가족이 자유롭게 선출한 대표자를 이 기관에 둘 수 있는 가능성을 상정하여야 한다.

2. 취업국은 지역사회의 생활과 운영에 관한 결정을 할 때 국내법에 따라 이주노동자와 그 가족과의 협의와 참여를 조장한다.

3. 취업국이 주권의 행사로서 이주노동자에게 정치적 권리를 부여하면, 그는 취업국에서 정치적 권리를 향유할 수 있다.

제43조

1. 이주노동자는 다음 사항의 이용에 관하여 취업국의 국민과 동등한 대우를 향유한다:

가. 관련 기관 및 서비스의 입학요건과 여타 규정을 따른다는 조건 하에 교육기관 및 서비스의 이용;

나. 직업안내 및 취업소개의 이용;

다. 직업훈련 및 재훈련시설과 기관의 이용;

라. 사회적 주택계획과 임차료의 착취로부터의 보호를 포함하는 주택의 이용;

마. 당해사업의 참가자격을 충족하는 경우, 사회복지사업 및 보건사업의 이용;

바. 협동조합 및 자주관리사업에의 참여, 단 이것이 그들의 이주상의 지위 변경을 의미하지 아니하며, 해당기관의 규정과 규칙을 따라야 한다;

사. 문화생활의 이용과 참여.

2. 취업국에 의하여 허용된 체류조건이 각각의 요건을 충족시킨다면, 당사국은 이주노동자가 본조 제1항에 규정된 권리를 향유할 수 있도록 실질적인 평등 대우를 보장할 수 있는 조건을 신장시킨다.

3. 취업국은 이주노동자의 고용주가 그들을 위하여 주택이나 사회적·문화적 시설을 설립하는 것을 방해하여서는 아니된다. 이 협약 제70조의 규정의 적용을 전제로 하여 취업국은 그러한 시설의 설립에 있어서 해당국에서 일반적으로 적용되는 시설요건을 따르게 할 수 있다.

제44조

1. 당사국은 가정이 사회의 자연적이며 기초적인 단위이고, 사회와 국가의 보호를 받을 권리를 가짐을 인정하며, 이주노동자 가족들의 결합의 보호를 보장하기 위하여 적절한 조치를 취한다.

2. 당사국은 이주노동자가 그의 배우자나 해당법률에 따르면 혼인과 동등한 취급을 받는 관계에 있는 자 및 미혼의 피부양 미성년 자녀와 재결합하는 것을 촉진하기 위하여 자신의 권한 내에서 적절한 조치를 취한다.

3. 취업국은 이주노동자의 다른 가족에 대하여도 인도적 견지에서 본조 제2항에 규정된 것과 동등한 대우를 부여함을 호의적으로 고려한다.

제45조

1. 이주노동자의 가족은 취업국에서 다음 사항에 관하여 취업국의 국민과 평등한 대우를 향유한다:

가. 당해 기관과 서비스상의 입학요건 및 기타 규정을 따른다는 조건 하에 교육기관 및 서비스의 이용;

나. 참가 자격을 충족하는 경우, 직업안내 및 훈련시설과 사업의 이용;

다. 당해 사업의 참가자격을 충족하는 경우, 사회복지사업 및 보건사업의 이용;

라. 문화생활의 이용과 참여.

2. 취업국은 적절한 경우 출신국과 협력하여 이주노동자의 자녀들이 현지 학교제도에 용이하게 적응하도록 하는 정책, 특히 그들에게 현지 언어를 교육하는 것에 관한 정책을 추구하여야 한다.

3. 취업국은 이주노동자의 자녀에 대한 모국어 및 문화 교육을 촉진하도록 노력하여야 하며, 출신국은 적절한 경우 언제든지 이에 협력하여야 한다.

4. 취업국은 필요하다면 출신국의 협력을 받아 이주노동자의 자녀의 모국어 교육을 위한 특별과정을 설치할 수 있다.

제46조

해당국의 적용 법률은 물론 관련 국제협정 및 관세동맹에의 참여에 따른 해당국의 의무를 따를 것을 전제로 하여, 이주노동자와 그 가족은 개인 용품 및 가재도구는 물론 취업국에서의 직업활동을 수행하는데 필요한 장비에 대하여 다음의 경우 수출입 관세와 세금을 면제받는다:

가. 출신국 또는 상거주국으로부터의 출국시;

나. 취업국으로의 최초 입국시;

다. 취업국으로부터의 최종 출국시;

라. 출신국 또는 상거주국으로의 최종 귀국시.

제47조

1. 이주노동자는 그의 수입과 저축, 특히 가족 부양에 필요한 금액을 취업국으로부터 출신국 또는 기타 국가로 송금할 권리를 갖는다. 그러한 송금은 관계국의 적용 법률에 따른 절차와 관련 국제 협정에 따라 시행된다.

2. 관계국은 송금을 용이하게 하도록 적절한 조치를 취하여야 한다.

제48조

1. 관련 이중과세 협정의 적용에는 영향을 주지 아니하며, 이주노동자와 그 가족은 취업국에서의 수입에 관하여 다음과 같이 처우된다:

가. 유사한 상황의 현지 국민에게 부과되는 것 이상으로 고액이거나 부담이 되는 조세, 관세 또는 어떠한 명칭의 부과금도 부과당하지 아니한다;

나. 부양가족 공제를 포함하여 유사한 상황의 현지 국민에게 적용되는 어떠한 명칭의 세금감면이 나 세금공제도 받을 권리를 갖는다.

2. 당사국은 이주노동자와 그 가족의 수입과 저축에 대한 이중과세를 방지하기 위하여 적절한 조치를 채택하도록 노력한다.

제49조

1. 국내법에 따라 거주와 취업에 별개의 허가를 요하는 경우, 취업국은 이주노동자의 직업활동 종사 허가기간과 최소한 동일한 기간의 체류허가를 발급하여야 한다.

2. 취업국에서 직업활동을 자유롭게 선택하는 것이 허용된 이주노동자는 취업허가 또는 유사한 허가의 기간만료 이전에 직업활동이 종료되었다는 사실만으로는 불법체류 상황에 있는 것으로 간주되거나 체류허가를 상실하지 아니한다.

3. 본조 제2항에 규정된 이주노동자에게 다른 직업활동을 구하는데 충분한 시간을 주기 위하여, 적어도 그가 실업수당을 받을 수 있는 기간 동안은 체류허가가 취소되어서는 아니된다.

제50조

1. 이주노동자가 사망하거나 혼인의 해소시, 취업국은 가족의 재결합에 근거하여 자국에 거주하고 있는 이주노동자 가족에 대하여 체류허가를 부여하는데 호의적인 고려를 한다; 취업국은 그들이 그 국가에 이미 거주한 기간을 고려한다.

2. 그러한 허가를 받지 못한 가족에게는 출국 전에 취업국에서의 용무를 처리하는데 필요한 합리적인 기간이 허용되어야 한다.

3. 본조 제1항과 제2항의 규정은 취업국의 입법 또는 그 국가에 적용되는 양자 및 다자조약에 의하여 그러한 가족에게 부여되는 체류 및 취업의 권리를 해하는 것으로 해석되지 아니한다.

제51조

취업국에서 자유롭게 직업활동을 선택하는 것이 허용되지 않은 이주노동자는 그의 체류허가가 입국이 허용된 특정의 직업활동에 종속되어 있음이 명시된 경우 이외에는, 취업 허가기간의 만료 전에 직업활동이 종료되었다는 사실만으로는 불법체류 상황에 있는 것으로 간주된다거나 체류허가를 상실하지 아니한다. 취업허가시에 특정된 조건과 제한의 적용을 받는다는 전제 하에, 그 같은 이주노동자는 남은 취업허가기간 동안 대체취업, 공공근로계획에의 참여 및 재훈련 등을 요청할 권리가 있다.

제52조

1. 이주노동자는 다음과 같은 제한과 조건 하에서 취업국에서 자유롭게 직업활동을 선택할 권리를 갖는다.

2. 취업국은 이주노동자에 대하여:

가. 국가이익을 위하여 필요하고 국내법으로 규정된 경우에는 일정한 범주의 취업, 직무, 역무, 활동으로의 진출을 제한할 수 있다;

나. 그 국가 외에서 취득한 직업상의 자격증의 인정에 관한 법률에 따라 직업활동의 자유로운 선택을 제한할 수 있다. 그러나 관련 당사국은 그러한 자격증을 인정할 수 있도록 노력한다.

3. 제한된 기간동안 취업허가를 받은 이주노동자에 대하여 취업국은 또한:

가. 이주노동자가 직업활동을 목적으로 국내법으로 규정된 2년 이내의 기간동안 합법적으로 자국에 거주하였을 것을 조건으로 하여, 그에게 자유롭게 직업활동을 선택할 권리를 인정할 수 있다;

나. 자국민 또는 국내법이나 양자 또는 다자협정에 따라 이러한 목적상 자국민으로 취급되는 자에게 우선권을 주는 정책을 수행하기 위하여 이주노동자의 직업활동에 대한 진출을 제한할 수 있다. 국내법으로 규정된 5년 이내의 기간 동안 직업활동을 목적으로 합법적으로 자국에 거주한 이주노동자에게는 이러한 제한이 적용되지 아니한다.

4. 취업국은 취업을 위하여 입국이 허용된 이주노동자가 자영업 종사를 허가받을 수 있는 조건을 설정하여야 한다. 그 노동자가 취업국에서 이미 합법적으로 거주한 기간이 고려되어야 한다.

제53조

1. 무기한 또는 자동연장이 가능한 체류허가 또는 입국허가를 얻은 이주노동자의 가족은 이 협약 제52조에 따라 이주노동자에게 적용되는 것과 같은 조건 하에서 자유롭게 직업활동을 선택하는 것이 허용된다.

2. 관련 양자 또는 다자협정을 적용한다는 전제 하에, 직업활동의 자유로운 선택이 허용되지 않은 이주노동자의 가족에 대하여 당사국은 취업국으로의 입국을 원하는 다른 노동자보다는 직업활동에 종사할 허가의 취득에 있어서 우선권의 부여를 긍정적으로 고려한다.

제54조

1. 체류허가 또는 취업허가의 조건과 이 협약 제25조와 제27조에 규정된 권리에 영향을 주지 아니하면서, 이주노동자는 다음 사항에 있어서 취업국의 국민과 동등한 처우를 향유한다:

가. 해고로부터의 보호;

나. 실업수당;

다. 실업대책으로서의 공공근로계획에의 참가;

라. 이 협약 제52조의 적용을 전제로 하여 실업 또는 다른 직업활동의 종료시 대체취업의 기회.

2. 이주노동자가 자신의 근로계약 조건이 고용주에 의하여 위반되었다고 주장하는 경우, 그는 이 협약 제18조 1항에 규정된 바에 따라 그 사건을 취업국의 담당기관에 제기할 권리가 있다.

제55조

직업활동에 종사를 허가받은 이주노동자는 그 허가에 첨부된 조건 하에서는 그 직업활동의 수행에 있어서 취업국의 국민과 동등한 처우를 받을 권리를 갖는다.

제56조

1. 협약 제4부에서 지적된 이주노동자와 그 가족은 협약 제3부에 규정된 보호조건이 적용된다는 전제 하에, 그 국가의 국내법에 규정된 이유에 해당하는 경우 이외에는 취업국으로부터 추방당하지 아니한다.

2. 체류허가 및 취업허가로부터 발생하는 이주노동자나 그 가족의 권리를 박탈하기 위한 목적으로 추방이 이용되어서는 아니된다.

3. 이주노동자나 그 가족의 추방 여부를 검토할 때에는 인도적 고려사항과 그가 취업국에서 이미 거주한 기간이 고려되어야 한다.

제5부 특별한 유형의 이주노동자와 그 가족에 관한 규정

제57조

협약 제5부에 규정된 등록되거나 합법적 상황의 특정 유형의 이주노동자와 그 가족은 제3부에 규정된 권리와 아래에서 수정된 경우를 제외하고 제4부에 규정된 권리를 향유한다.

제58조

1. 이 협약 제2조 제2항 가호에 정의된 월경노동자는 그가 취업국에 상거주지를 갖고 있지 않은 점이 감안되면서 취업국에서의 체재와 근무로 인하여 그에게 적용될 수 있는 협약 제4부에 규정된 권리를 갖는다.

2. 취업국은 일정기간 이후에는 월경노동자에게 자유롭게 직업활동을 선택할 권리의 부여를 긍정적으로 고려한다. 이 권리의 부여는 그의 월경노동자로서의 지위에 영향을 미치지 아니한다.

제59조

1. 이 협약 제2조 제2항 나호에 정의된 계절노동자는 협약 제4부에 규정된 권리로서 취업국 영역에서의 체재와 근무로 인하여 그에게 적용될 수 있으며, 그가 취업국에서 연중 일부만 체재한다는 점을 감안하여 계절노동자라는 그의 지위와 양립가능한 권리를 갖는다.

2. 본조 제1항의 적용을 전제로 하여 취업국은 상당기간 자국 내에서 취업하였던 계절노동자가 다른 직업활동에 종사할 가능성을 허용하고, 관련 양자 및 다자협정에 따른다는 전제 하에 그 국

가로 입국신청을 하는 다른 노동자에 비하여 우선권의 부여를 고려한다.

제60조

이 협약 제2조 제2항 마호에 정의된 순회노동자는 협약의 제4부에 규정된 권리로서 취업국에서의 체재와 근무로 인하여 그에게 부여될 수 있으며, 그 국가에서 순회노동자로서의 지위와 양립가능한 권리를 갖는다.

제61조

1. 이 협약 제2조 제2항 바호에 정의된 특정사업노동자와 그 가족은 제43조 제1항 나호 및 다호, 제43조 제1항 라호중 사회적 주택계획에 관한 부분, 제45조 제1항 나호 및 제52조 내지 제55조의 권리를 제외한 협약의 제4부에 규정된 권리를 갖는다.

2. 특정사업노동자가 그의 근로계약조건이 고용주에 의하여 위반되었다고 주장하는 경우, 그는 이 협약 제18조 1항에 규정된 내용에 따라 그 사건을 당해 고용주에 대하여 관할권을 갖는 그 국가의 담당기관에 제기할 권리를 갖는다.

3. 당사국은 발효중인 양자 또는 다자협정을 따른다는 전제 하에 특정사업노동자가 그 사업에 근무하고 있는 동안에도 출신국 또는 상거주국의 사회보장제도에 의한 보호를 적절하게 계속 받도록 노력한다. 관련 당사국은 이와 관련하여 권리의 거부나 중복 지급을 회피할 수 있도록 적절한 조치를 취한다.

4. 이 협약 제47조의 규정 및 관련 양자 또는 다자협정의 적용에는 영향을 주지 아니하면서, 관련 당사국은 특정사업노동자의 보수를 출신국 또는 상거주국에서 지불할 것을 허용한다.

제62조

1. 이 협약 제2조 제2항 사호에 정의된 특별취업노동자는 협약 제43조 제1항 나호 및 다호, 제43조 제1항 라호중 사회적 주택계획에 관한 부분, 제52조, 제54조 제1항 라호를 제외하고 협약 제4부에 규정된 권리를 갖는다.

2. 특별취업노동자의 가족은 제53조의 규정을 제외하고 협약 제4부에 규정된 이주노동자의 가족에 관한 권리를 갖는다.

제63조

1. 이 협약 제2조 제2항 아호에 정의된 자영노동자는 근로계약을 체결하는 노동자에게만 배타적으로 적용되는 권리를 제외하고 협약 제4부에 규정된 권리를 갖는다.

2. 이 협약 제52조와 제57조의 적용에는 영향을 주지 아니하면서, 자영노동자의 경제활동 종료는 그의 체류허가가 입국이 허용된 특정의 직업활동에 종속되어 있음이 명시된 경우 이외에는 그 자체로 본인이나 그 가족에 대한 취업국에서의 체류 또는 직업활동 종사에 대한 허가의 철회를 의미하지 아니한다.

제6부 노동자와 그 가족의 국제이주에 관한 건전하고 공평하며 인도적이며 합법적인 조건의 증진

제64조

1. 이 협약 제79조의 규정의 적용에는 영향을 주지 아니하면서, 관련 당사국은 노동자와 그 가족의 국제이주에 관한 건전하고 공평하며 인도적인 조건을 증진시키기 위하여 적절하게 협의하고 협력한다.

2. 이와 관련하여 노동력의 수요와 공급만이 아니라 해당 이주노동자와 그 가족의 사회적, 경제적, 문화적 및 기타의 필요는 물론 관련 지역사회에 대한 이주의 영향에 대하여도 적절한 고려가 있어야 한다.

제65조

1. 당사국은 노동자와 그 가족의 국제이주에 관한 문제를 다루기 위하여 적절한 부서를 유지한다. 그 기능에는 특히 다음이 포함되어야 한다:

가. 그 같은 이주에 관한 정책의 수립과 집행;

나. 그 같은 이주와 관련된 다른 당사국의 담당기관과의 정보교환, 협의 및 협력;

다. 특히 고용주, 노동자 및 그들의 단체에 대하여 이주 및 취업에 관한 정책, 법률, 규정과 이주에 관한 타국과의 협정, 기타 관련된 사항에 대한 적절한 정보의 제공;

라. 이주노동자와 그 가족에게 출발, 이동, 도착, 체류, 직업활동, 일시출국과 재입국을 할 때 필요한 허가, 절차, 조치는 물론 취업국에서의 근무조건과 생활조건, 관세, 통화, 세금, 기타 관계 법령에 관한 정보와 적절한 지원의 제공.

2. 당사국은 이주노동자와 그 가족의 사회적, 문화적 및 기타의 필요를 충족하는데 소요되는 적정한 영사업무 및 다른 지원의 제공을 적절히 촉진한다.

제66조

1. 본조 제2항에 적용을 전제로 하여, 외국에서 취업할 노동자를 모집하는 업무를 담당할 권리는 아래에 한정되어 인정된다:

가. 그러한 업무가 실시되는 국가의 공공기관이나 기구;

나. 관계국간의 협정에 근거한 취업국의 공공기관이나 기구;

다. 양자 또는 다자협정에 의하여 설립된 기구.

2. 관련 당사국의 법률과 관행에 따라 설립되어 당사국의 공공당국에 의한 허가, 승인, 감독에 따를 것을 조건으로 모집대리기관, 장래의 고용주 또는 그들의 대리인에게도 그러한 업무수행이 허용될 수 있다.

제67조

1. 관련 당사국은 이주노동자와 그 가족이 귀국하기로 결정하였거나, 거주 또는 취업 허가가 만료되었거나, 또는 취업국에서 위법 상황에 있을 때, 그들의 출신국으로의 질서있는 귀환에 관한 조치를 채택함에 있어서 적절히 협력한다.

2. 합법 상황의 이주노동자와 그 가족과 관련하여 관련 당사국은 출신국에 그들이 재정착 하기 위한 적절한 경제환경을 조장하고 그들의 항구적인 사회적, 문화적 재통합을 용이하게 하기 위하여 당사국간에 합의된 조건에 따라 적절히 협력한다.

제68조

1. 통과국을 포함하여 당사국들은 위법 상황인 이주노동자의 불법 내지 비밀 이동과 취업을 방지하고 근절하기 위하여 협력한다. 이 목적을 위하여 각국의 관할권 내에서 취해질 조치에는 다음 사항이 포함된다:

가. 이민을 오고 가는 것에 관한 잘못된 정보의 유포행위에 대한 적절한 조치;

나. 이주노동자와 그 가족의 불법 내지 비밀 이동을 적발하고 근절하는 조치와 이와 같은 이동을 조직하거나, 수행하거나, 또는 이를 지원하는 개인, 집단 또는 단체를 효과적으로 제재하기 위한 조치;

다. 위법 상황인 이주노동자와 그 가족에게 폭력, 협박, 위협을 가하는 개인, 집단 또는 단체를 효과적으로 제재하기 위한 조치.

2. 취업국은 필요한 경우 고용주에 대한 제재를 포함하여 자국 영역 내에서 위법 상황인 이주노동자의 취업을 근절하는데 적절하고 효과적인 모든 조치를 취하여야 한다. 이주노동자가 취업의 결과 고용주에 대하여 갖는 권리는 이러한 조치에 의하여 침해받지 아니한다.

제69조

1. 당사국은 자국 영역 내에 위법 상황의 이주노동자와 그 가족이 있는 경우 그러한 상태가 지속되지 않도록 적절한 조치를 취한다.

2. 관계당사국이 관련 국내법 및 양자 또는 다자협정에 따라 그들의 지위를 합법화 시킬 가능성을 검토할 때에는, 그들의 입국 관련 사정, 취업국에서의 체류기간, 기타 관련 고려사항, 특히 그의 가족상황에 관한 사항에 적절한 주의가 기울여져야 한다.

제70조

당사국은 합법 상황의 이주노동자와 그 가족의 근무조건과 생활조건이 건강, 안전, 보건 및 인간의 존엄성의 원칙 등의 기준에 상응할 것을 보장하기 위하여 자국민에게 적용되는 정도의 조치를 취하여야 한다.

제71조

1. 당사국은 사망한 이주노동자나 그 가족의 사체를 필요할 경우에는 언제든지 출신국으로의 용이하게 송환되도록 한다.

2. 이주노동자나 그 가족의 사망에 대한 보상문제에 관하여 당사국은 문제의 조속한 해결을 위하여 필요한 경우 관계자에게 지원을 제공한다. 이 문제의 해결은 이 협약 및 관련 양자 또는 다자협정상의 규정에 맞추어 해당 국내법에 근거하여 이루어져야 한다.

제7부 협약의 적용

제72조

1. 가. 이 협약의 적용을 심사하기 위하여 모든 이주노동자와 그 가족의 권리보호위원회(이하 "위원회"라고 부른다)를 설치한다;

   나. 위원회는 이 협약의 발효시에는 10명, 그리고 41개 당사국에 대하여 발효한 이후에는 14명의 고매한 인격을 가지며, 공정하고, 협약이 대상으로 하는 분야에서 능력을 인정받은 전문가로 구성한다.

2. 가. 위원회의 위원은 당사국에 의하여 추천된 명단으로부터 당사국에 의한 비밀투표에 의하여 선출되는데, 출신국과 취업국을 포함하는 공평한 지리적 배분과 주요한 법체계의 대표성에 관하여 적절한 고려를 하여야 한다. 각 당사국은 자국민으로는 1명을 추천할 수 있다;

   나. 위원은 개인자격으로 선출되어 직무를 수행한다.

3. 최초의 선거는 이 협약의 발효일로부터 6개월 이내에 실시하며, 이후의 선거는 매2년마다 실시한다. 국제연합 사무총장은 적어도 각 선거일 4개월 전에 모든 당사국에 대하여 2개월 내로 추천을 제출하도록 요청하는 서한을 보낸다. 사무총장은 추천한 당사국을 적시하여 알파벳순으로 피추천자의 명단을 작성하고, 이를 늦어도 해당 선거일 1개월 전에 피추천자의 경력을 첨부하여 당사국에게 송부한다.

4. 위원회 위원의 선거는 국제연합 본부에서 사무총장이 소집한 당사국 회의에서 실시된다. 당사국의 3분의 2를 의사정족수로 하는 회의에서, 출석하여 투표한 당사국의 최대다수표 및 재적 과반수를 획득한 후보가 선출된다.

5. 가. 위원회의 위원은 4년 임기를 근무한다. 단 최초의 선거에서 선출된 위원 중 5인의 임기는 2년으로 종료된다; 이들 5인 위원의 명단은 최초 선거 직후 당사국 회의 의장의 추첨으로 선정된다.

   나. 협약이 41개국에 대하여 발효된 이후 위원회의 4인의 추가위원의 선거는 본조 제2항, 제3항 및 제4항의 규정에 따라서 실시된다. 이 때 선출된 추가위원 중 2인의 임기는 2년으로 종료한다; 이들 위원의 명단은 당사국 회의 의장의 추첨으로 선정된다.

   다. 위원회 위원은 다시 추천되면 재선될 수 있다.

6. 위원회의 위원이 사망하거나, 사임하거나 또는 다른 이유로 위원회의 직무를 더 이상 수행할 수 없다고 선언하는 경우, 그 전문가를 추천한 당사국은 잔여 임기동안 자국민 중에서 다른 전문가를 임명한다. 이 신규 임명은 위원회의 승인을 받아야 한다.

7. 국제연합 사무총장은 위원회의 효과적인 기능수행을 위하여 필요한 직원과 편의를 제공한다.

8. 위원회의 위원은 국제연합의 재원으로부터 총회가 결정하는 내용과 조건의 보수를 받는다.

9. 위원회의 위원은 국제연합의 특권과 면제에 관한 협정의 관계 조항에 규정된 바에 따라 국제연합을 위한 직무를 행하는 전문가로서의 편의, 특권 및 면제를 향유할 권리를 갖는다.

제73조

1. 당사국은 이 협약 규정의 이행을 위하여 취한 입법, 사법, 행정 및 기타 조치에 관한 보고서를

위원회의 심의를 받기 위하여 국제연합 사무총장에게 다음과 같이 제출할 것을 약속한다:

가. 협약 당사국에 대하여 이 협약의 발효 후 1년 이내;

나. 이후에는 5년마다 및 위원회가 요청할 때.

2. 본조에 의하여 작성되는 보고서는 이 협약의 이행에 영향을 미치는 요소와 장애가 있을 경우 이를 기재하며, 당사국이 관련된 이주의 흐름상의 특징에 관한 정보를 포함시킨다.

3. 위원회는 보고서의 내용에 관하여 적용될 추가지침을 작성한다.

4. 당사국은 그 보고서를 자국 내에서 일반에게 널리 보급한다.

제74조

1. 위원회는 각 당사국이 제출하는 보고서를 심사하고, 적절하다고 판단하는 논평을 해당국에게 송부한다. 당사국은 본조에 따라 위원회가 제시한 논평에 대한 견해를 위원회로 제출할 수 있다. 위원회는 이 보고서를 심의할 때 당사국으로부터의 보충정보를 요청할 수 있다.

2. 국제연합 사무총장은 위원회의 각 정기회의가 개최되기 이전 적절한 시기에 당사국이 제출한 보고서의 사본과 보고서의 심의에 관련된 정보를 국제노동기구 사무국장에게 송부하여, 국제노동 기구의 권한 영역에 속하는 것으로 이 협약에 의하여 취급되고 있는 사항에 대하여는 사무국이 전문지식의 제공을 통하여 위원회를 지원할 수 있도록 한다. 위원회는 그 심리에 있어 사무국이 제공한 논평과 자료를 고려한다.

3. 국제연합 사무총장은 위원회와의 협의 후 다른 전문기구나 정부간 국제기구에게 그들의 권한 범위에 속하는 보고서 해당부분의 사본을 송부할 수 있다.

4. 위원회는 국제연합의 전문기구와 기관은 물론 정부간 국제기구 및 기타 관련기관에 대하여 위 원회에서의 심의를 위하여 그 기관의 활동분야에 속하는 것으로 이 협약이 취급하고 있는 사항에 관하여 정보를 제출하도록 요청할 수 있다.

5. 위원회는 국제노동기구 사무국에 대하여 위원회 회의에 자문역으로 참가할 대표를 임명하도록 요청하여야 한다.

6. 위원회는 국제연합의 다른 전문기구와 기관은 물론 정부간 국제기구의 권한범위내의 문제가 심의되는 경우에는 언제든지 대표자가 회의에 출석하여 의견을 제시하도록 초청할 수 있다.

7. 위원회는 특히 보고서의 심사와 당사국에 의하여 제출된 견해에 근거한 그 자신의 고려사항과 권고를 포함하는 이 협약의 이행에 관한 연례보고서를 국제연합 총회에 제출한다.

8. 국제연합 사무총장은 위원회의 연례보고서를 이 협약의 당사국, 경제사회이사회 및 국제연합 인권위원회, 국제노동기구 사무총장, 기타 관련 기관으로 송부한다.

제75조

1. 위원회는 자체의 절차 규칙을 채택한다.

2. 위원회는 2년 임기의 임원을 선출한다.

3. 위원회는 통상 매년 회합한다.

4. 위원회의 회의는 통상 국제연합 본부에서 개최된다.

제76조

1. 협약의 당사국은 본조에 따라 타당사국이 협약상의 의무를 이행하지 않고 있다고 주장하는 당사국의 통보를 접수하여 심의할 위원회의 권한을 인정한다고 언제든지 선언할 수 있다. 본조에 의한 통보는 자국에 대한 위원회의 권한을 인정한다고 선언한 당사국에 의하여 제출된 경우에만 접수, 심의될 수 있다. 그러한 선언을 행하지 아니한 당사국에 관한 통보는 위원회에 의하여 접수되지 아니한다. 본조에 따라 접수된 통보는 다음의 절차에 따라 처리된다:

가. 이 협약의 당사국은 타 당사국이 이 협약상의 의무를 이행하지 않고 있다고 생각하는 경우, 서면통보에 의하여 이 문제에 관한 해당 당사국의 주의를 환기시킬 수 있다. 당사국은 위원회에도 이를 통지한다. 통보를 접수한 후 3개월 이내에 접수국은 당해문제를 해명하는 설명 또는 기타 진술을 서면으로 통보국에 전달하며, 이에는 가능하고 적절한 범위 내에서 당해문제에 관하여 이미 취하여졌던가, 현재 진행중이든가 또는 이용가능한 국내절차와 구제에 관한 언급을 포함하여야 한다;

나. 접수국이 최초의 통보를 접수한 후 6개월 이내에 당해문제가 양당사국에게 만족스럽게 조정되지 아니하는 경우, 어느 일방 당사국은 위원회와 타당사국에 대한 통고로써 당해문제를 위원회로 회부할 권리를 갖는다;

다. 위원회는 일반적으로 승인된 국제법의 원칙에 따라 그 문제에 관하여 가능한 모든 국내적 구제절차가 원용되고 완료되었음을 확인한 다음에만 회부된 문제를 처리한다. 다만 위원회가 보기에 구제절차의 적용이 비합리적으로 지연되고 있을 경우에는 그러하지 아니한다;

라. 본항 다호의 규정을 따를 것을 전제로 하여, 위원회는 이 협약에 규정된 의무에 대한 존중을 기반으로 하여 문제를 우호적으로 해결하기 위하여 관계 당사국에게 주선을 제공한다.

마. 위원회가 본조에 의한 통보를 심사할 경우에는 비공개 회의를 한다.

바. 위원회는 본항 나호에 따라 회부된 어떠한 문제에 관하여도 나호에 지적된 관계 당사국들에게 모든 관련정보를 제출하도록 요청할 수 있다.

사. 본항 나호에 지적된 관계당사국은 위원회에 의하여 당해문제가 검토되고 있는 동안 출석하여 구두 또는 서면으로 의견을 제출할 권리를 갖는다.

아. 위원회는 본항 나호에 의한 통보의 접수일로부터 12개월 내에 다음과 같은 보고서를 제출한다:

(1) 본항 라호의 규정에 따른 해결에 도달한 경우, 위원회는 보고서를 사안과 달성된 해결에 관한 간략한 설명에만 국한시킨다;

(2) 라호의 규정에 따른 해결에 도달하지 못한 경우, 위원회는 보고서에 관계 당사국간의 쟁점에 관한 관련사실을 진술한다. 관계당사국이 제출한 서면진술과 구두진술의 기록은 이 보고서에 첨부된다. 위원회는 관계 당사국간의 쟁점과 관련된다고 생각하는 견해를 관계 당사국에게만 통보할 수 있다.

모든 경우 보고서는 관계 당사국에게 통보된다.

2. 본조의 규정은 이 협약의 10개 당사국이 본조 제1항에 의한 선언을 하였을 때 발효된다. 당사

국에 의한 선언문은 국제연합 사무총장에게 기탁되며, 그는 이의 사본을 다른 당사국에게 송부한다. 이 선언은 사무총장에 대한 통고로써 언제든지 철회될 수 있다. 이 철회는 본조에 의하여 이미 제출된 통보의 대상인 어떠한 문제의 검토도 방해하지 아니한다; 선언 철회의 통고가 사무총장에 의하여 접수된 이후에는 관계당사국이 새로운 선언을 하지 아니하는 한 본조에 따른 당사국에 의한 어떠한 통보도 더 이상 접수되지 아니한다.

제77조

1. 협약의 당사국은 자신의 관할권에 속하는 자로서 이 협약에 규정된 개인적 권리가 그 당사국에 의하여 침해되었다고 주장하는 개인 또는 그의 대리인의 통보를 접수하고 검토할 위원회의 권한을 인정한다는 선언을 본조에 따라 언제든지 할 수 있다. 그러한 선언을 행하지 아니한 당사국에 대한 통보는 위원회에 의하여 접수되지 아니한다.

2. 위원회는 본조에 따른 통보가 익명이거나 통보 제출권의 남용 또는 이 협약 규정과 양립할 수 없다고 판단하는 경우, 그러한 통보는 심리적격이 없다고 간주한다.

3. 위원회는 다음 사항이 확인되지 아니하면 본조에 따른 개인의 통보를 검토하지 아니한다:

가. 동일한 문제가 다른 국제적 조사 또는 해결 절차에 따라 심사된 바 없었거나, 심사되고 있지 않을 것;

나. 개인이 이용가능한 모든 국내적 구제조치를 완료하였을 것; 단 위원회가 보기에 구제조치의 적용이 불합리하게 지연되고 있다거나, 당사자에게 실효적인 구제를 부여할 것으로 보이지 않는 경우에는 그러하지 아니한다.

4. 본조 제2항의 규정을 따를 것을 전제로 하여, 위원회는 본조에 의하여 제출된 모든 통보에 대하여 본조 제1항의 선언을 하였고 이 협약의 어느 규정을 위반하고 있다고 주장되는 당사국의 주의를 환기시킨다. 이를 받은 국가는 사건과 취하여진 구제조치가 있는 경우 이를 명확히 하는 설명서 또는 진술서를 6개월 이내에 위원회에 제출한다.

5. 위원회는 개인 또는 그 대리인과 관계 당사국으로부터 제출된 모든 정보에 비추어 본조에 의하여 접수된 통보를 검토한다.

6. 위원회가 본조에 의한 통보를 심사할 때에는 비공개 회의를 한다.

7. 위원회는 관계 당사국과 개인에게 자신의 견해를 송부한다.

8. 본조의 규정은 이 협약의 10개 당사국이 제1항에 의한 선언을 하였을 때에 발효된다. 이 선언은 당사국에 의하여 국제연합 사무총장에게 기탁되고, 그는 그 사본을 다른 당사국에게 송부한다. 이 선언은 사무총장에 대한 통고로써 언제든지 철회될 수 있다. 이 철회는 본조의 규정에 의하여 이미 송부된 통보의 대상인 어떠한 문제의 검토도 방해하지 아니한다; 사무총장에 의하여 선언철회의 통고가 접수된 후에는 당사국이 새로운 선언을 하지 아니하는 한, 본조에 따른 개인이나 그의 대리인에 의한 통보는 더 이상 접수되지 아니한다.

제78조

이 협약 제76조의 규정은 이 협약의 대상분야로서 국제연합 및 그 전문기구의 설립문서나 이들 기관에 의하여 채택된 협정에 규정되어 있는 분쟁이나 청원의 해결을 위한 다른 절차의 적용을 방해하지 아니하는 가운데 적용되며, 당사국들이 그들간에 발효중인 국제협정에 따라 분쟁해결을 위한 다른 절차에 호소하는 것도 방해하지 아니한다.

제8부 일반조항

제79조

이 협약의 어떠한 규정도 이주노동자와 그 가족의 입국을 규율하는 기준을 설정할 당사국의 권리에 영향을 미치지 아니한다. 이주노동자와 그 가족의 법적 지위와 처우에 관한 기타 문제에 대하여 당사국은 이 협약에 규정된 제한을 따라야 한다.

제80조

이 협약의 어떠한 규정도 이 협약에서 취급되는 문제에 관하여 국제연합의 각 기관과 전문기구의 책임을 각각 명시하고 있는 국제연합 헌장 및 전문기구 헌장의 규정을 침해하는 것으로 해석되지 아니한다.

제81조

1. 이 협약의 어떠한 규정도 다음에 의하여 이주노동자와 그 가족에게 부여된 좀더 호의적인 권리와 자유에 영향을 미치지 아니한다:

가. 당사국의 법률 또는 관행;

나. 관계 당사국에 대하여 발효중인 모든 양자 또는 다자조약.

2. 이 협약의 어떠한 규정도 어느 국가, 집단 또는 개인이 협약에 규정된 권리와 자유를 침해하는 행위에 관여하거나, 그러한 행위를 할 권리를 부여하는 것으로 해석되지 아니한다.

제82조

이 협약에 규정된 이주노동자와 그 가족의 권리는 포기될 수 없다. 협약상의 어느 권리를 포기시키거나 단념시킬 목적으로 이주노동자와 그 가족에게 여하한 형태의 압력을 가하는 것도 허용되지 아니한다. 계약을 통하여 이 협약상 인정된 권리로부터 일탈할 수 없다. 당사국은 이 원칙에 대한 존중이 보장되도록 적절한 조치를 취하여야 한다.

제83조

이 협약의 각 당사국은 다음의 조치를 취할 것을 약속한다:

가. 이 협약에서 인정되는 권리 또는 자유를 침해당한 자에 대하여, 설사 그러한 침해가 공무집행 중인 자에 의하여 수행된 것이라고 할지라도 효과적인 구제를 받을 수 있도록 보장한다;

나. 그러한 구제를 청구하는 개인에 대하여, 권한있는 사법, 행정 또는 입법 당국이나 당해 국가의 법제도에 따라 설치된 여타의 담당기관에 의하여 그의 청구가 심사되고 결정될 것임을 보장하고, 또한 사법적 구제의 가능성을 확대시킨다;

다. 구제조치가 허용되는 경우, 담당기관이 이를 집행할 것을 보장한다.

제84조

각 당사국은 이 협약 규정의 이행에 필요한 입법 및 기타 조치를 채택할 것을 약속한다.

제9부 최종조항

제85조

국제연합 사무총장이 이 협약의 수탁자로 지명된다.

제86조

1. 이 협약은 모든 국가들의 서명을 위하여 개방된다. 이 협약은 비준을 받아야 한다.
2. 이 협약은 어떠한 국가의 가입에도 개방된다.
3. 비준서 또는 가입서는 국제연합 사무총장에게 기탁된다.

제87조

1. 이 협약은 20번째의 비준서 또는 가입서의 기탁일로부터 3개월 경과후 다음 달 1일에 발효한다.
2. 협약 발효후 협약을 비준하거나 가입한 국가에 대하여는 그 비준서 또는 가입서의 기탁일로부터 3개월 경과후 다음 달 1일에 발효한다.

제88조

이 협약을 비준 또는 가입하는 국가는 협약의 특정 부의 적용을 배제시키거나, 제3조에 규정된 경우 이외에는 특정 범주의 이주노동자를 적용에서 배제시킬 수 없다.

제89조

1. 모든 당사국은 자국에 대하여 협약이 발효한 날로부터 5년 이후에는 국제연합 사무총장에게 보내는 서면통지에 의하여 이 협약을 폐기시킬 수 있다.
2. 폐기는 국제연합 사무총장이 통지를 수령한 날로부터 12개월 경과후 다음 달 1일에 발효한다.
3. 그러한 폐기는 이의 효력 발생일 이전에 발생한 어떠한 작위 또는 부작위에 관하여도 당사국을 이 협약상의 의무로부터 면제시켜 주는 효과가 없으며, 또한 폐기의 효력 발생일 이전에 이미 위원회에 의하여 심리되고 있는 문제에 대하여는 그 심리의 계속을 어떠한 경우에도 방해하지 아니한다.
4. 위원회는 당사국의 폐기의 효력 발생일 이후에는 그 국가에 관한 새로운 문제의 심의를 시작할 수 없다.

제90조

1. 이 협약 발효로부터 5년 이후에는 어느 당사국에 의하여도 언제든지 국제연합 사무총장에 대한 서면통지로써 이 협약 개정의 요청이 제안될 수 있다. 사무총장은 각 당사국에게 이 제안을 심의하고 표결할 당사국 회의의 개최에 찬성하는지 여부에 관한 의견을 자신에게 통보하여 달라는 요청과 함께, 개정안을 당사국에게 통보한다. 통보일로부터 4개월 내에 당사국중 3분의 1 이상이 회의 개최에 찬성하는 경우, 사무총장은 국제연합의 후원 하에 회의를 소집한다. 이 회의에 출석하고 표결한 당사국의 과반수에 의하여 채택된 개정안은 승인을 받기 위하여 총회에 제출된다.
2. 개정은 국제연합 총회의 승인을 얻고, 각국의 헌법 절차에 따라 당사국의 3분의 2의 수락을 받을 때 발효한다.
3. 개정이 발효하면 이를 수락한 당사국만을 구속하고, 여타 당사국은 이 규약의 규정과 이미 수

락한 그 이전의 개정에 계속 구속된다.

제91조

1. 국제연합 사무총장은 서명, 비준, 가입시 각국이 행하는 유보를 접수하고, 이를 모든 국가에게 회람한다.

2. 이 협약의 대상 및 목적과 양립되지 않는 유보는 허용되지 아니한다.

3. 유보는 국제연합 사무총장에게 보낸 통고에 의하여 언제든지 철회될 수 있으며, 그는 이를 모든 국가에게 고지한다. 이 통고는 접수된 날에 발효한다.

제92조

1. 이 협약의 해석 또는 적용에 관한 두 개 이상의 당사국간의 분쟁으로 협상에 의하여 해결되지 않는 것은 그중 어느 당사국의 요청이 있으면 중재재판에 회부된다. 중재재판 요청일로부터 6개월 이내에 중재재판부의 구성에 대하여 당사국이 합의하지 못한 경우, 그중 어느 당사국도 국제사법재판소 규정에 따른 요청을 통하여 분쟁을 국제사법재판소로 회부할 수 있다.

2. 각 당사국은 이 협약의 서명, 비준 또는 가입할 시 본조 제1항에 구속되지 않겠다는 선언을 할 수 있다. 그러한 선언을 한 당사국에 대하여는 다른 당사국도 같은 항에 구속되지 아니한다.

3. 제2항에 따른 선언을 한 당사국은 국제연합 사무총장에 대한 통고로써 언제든지 그 선언을 철회할 수 있다.

제93조

1. 이 협약은 아랍어, 중국어, 영어, 불어, 러시아어 및 스페인어본이 동등하게 정본이며, 국제연합 사무총장에게 기탁된다.

2. 국제연합 사무총장은 이 협약의 인증등본을 모든 국가에게 송부한다.

22. INTERNATIONAL CONVENTION ON THE PROTECTION OF THE RIGHTS OF ALL MIGRANT WORKERS AND MEMBERS OF THEIR FAMILIES

PREAMBLE

The States Parties to the present Convention,

Taking into account the principles embodied in the basic instruments of the United Nations concerning human rights, in particular the Universal Declaration of Human Rights, the International Covenant on Economic, Social and Cultural Rights, the International Covenant on Civil and Political Rights, the International Convention on the Elimination of All Forms of Racial Discrimination, the Convention on the Elimination of All Forms of Discrimination against Women and the Convention on the Rights of the Child,

Taking into account also the principles and standards set forth in the relevant instruments elaborated within the framework of the International Labour Organisation, especially the Convention concerning Migration for Employment (No. 97), the Convention concerning Migrations in Abusive Conditions and the Promotion of Equality of Opportunity and Treatment of Migrant Workers (No. 143), the Recommendation concerning Migration for Employment (No. 86), the Recommendation concerning Migrant Workers (No. 151), the Convention concerning Forced or Compulsory Labour (No. 29) and the Convention concerning Abolition of Forced Labour (No. 105),

Reaffirming the importance of the principles contained in the Convention against Discrimination in Education of the United Nations Educational, Scientific and Cultural Organization,

Recalling the Convention against Torture and Other Cruel, Inhuman or Degrading Treatment or Punishment, the Declaration of the Fourth United Nations Congress on the Prevention of Crime and the Treatment of Offenders, the Code of Conduct for Law Enforcement Officials, and the Slavery Conventions,

Recalling that one of the objectives of the International Labour Organisation, as stated in its Constitution, is the protection of the interests of workers when employed in countries other than their own, and bearing in mind the expertise and experience of that organization in matters related to migrant workers and members of their families,

Recognizing the importance of the work done in connection with migrant workers and members of their families in various organs of the United Nations, in particular in the Commission on Human Rights and the Commission for Social Development, and in the Food and Agriculture Organization of the United Nations, the United Nations Educational, Scientific and Cultural Organization and the World Health Organization, as well as in other international organizations,

Recognizing also the progress made by certain States on a regional or bilateral basis towards the protection of the rights of migrant workers and members of their families, as well as the importance and usefulness of bilateral and multilateral agreements in this field,

Realizing the importance and extent of the migration phenomenon, which involves millions of people and affects a large number of States in the international community,

Aware of the impact of the flows of migrant workers on States and people concerned, and desiring to establish norms which may contribute to the harmonization of the attitudes of States through the acceptance of basic principles concerning the treatment of migrant workers and members of their families,

Considering the situation of vulnerability in which migrant workers and members of their families frequently-find themselves owing, among other things, to their absence from their State of origin and to the difficulties they may encounter arising from their presence in the State of employment,

Convinced that the rights of migrant workers and members of their families have not been sufficiently recognized everywhere and therefore require appropriate international protection,

Taking into account the fact that migration is often the cause of serious problems for the members of the families of migrant workers as well as for the workers themselves, in particular because of the scattering of the family,

Bearing in mind that the human problems involved in migration are even more serious in the case of irregular migration and convinced therefore that appropriate action should be encouraged in order to prevent and eliminate clandestine movements and trafficking in migrant workers, while at the same time assuring the protection of their fundamental human rights,

Considering that workers who are non-documented or in an irregular situation are frequently employed under less favourable conditions of work than other workers and that certain employers find this an inducement to seek such labour in order to reap the benefits of unfair competition,

Considering also that recourse to the employment of migrant workers who are in an irregular situation will be discouraged if the fundamental human rights of all migrant workers are more widely recognized and, moreover, that granting certain additional rights to migrant workers and members of their families in a regular situation will encourage all migrants and employers to respect and comply with the laws and procedures established by the States concerned,

Convinced, therefore, of the need to bring about the international protection of the rights of all migrant workers and members of their families, reaffirming and establishing basic norms in a comprehensive convention which could be applied universally,

Have agreed as follows:

PART I. SCOPE AND DEFINITIONS

Article 1

1. The present Convention is applicable, except as otherwise provided hereafter, to all migrant workers and members of their families without distinction of any kind such as sex, race, colour, language, religion or conviction, political or other opinion, national, ethnic or social origin, nationality, age, economic position, property, marital status, birth or other status.

2. The present Convention shall apply during the entire migration process of migrant workers and members of their families, which comprises preparation for migration, departure, transit and the entire period of stay and remunerated activity in the State of employment as well as return to the State of origin or the State of habitual residence.

Article 2

For the purposes of the present Convention:

1. The term "migrant worker" refers to a person who is to be engaged, is engaged or has been engaged in a remunerated activity in a State of which he or she is not a national.
2. (a) The term "frontier worker" refers to a migrant worker who retains his or her habitual residence in a neighbouring State to which he or she normally returns every day or at least once a week;

(b) The term "seasonal worker" refers to a migrant worker whose work by its character is dependent on seasonal conditions and is performed only during part of the year;

(c) The term "seafarer", which includes a fisherman, refers to a migrant worker employed on board a vessel registered in a State of which he or she is not a national;

(d) The term "worker on an offshore installation" refers to a migrant worker employed on an offshore installation that is under the jurisdiction of a State of which he or she is not a national;

(e) The term "itinerant worker" refers to a migrant worker who, having his or her habitual residence in one State, has to travel to another State or States for short periods, owing to the nature of his or her occupation;

(f) The term "project-tied worker" refers to a migrant worker admitted to a State of employment for a defined period to work solely on a specific project being carried out in that State by his or her employer;

(g) The term "specified-employment worker" refers to a migrant worker:

(i) Who has been sent by his or her employer for a restricted and defined period of time to a State of employment to undertake a specific assignment or duty; or

(ii) Who engages for a restricted and defined period of time in work that requires professional, commercial, technical or other highly specialized skill; or

(iii) Who, upon the request of his or her employer in the State of employment, engages for a restricted and defined period of time in work whose nature is transitory or brief; and who is required to depart from the State of employment either at the expiration of his or her authorized period of stay, or earlier if he or she no longer undertakes that specific assignment or duty or engages in that work;

(h) The term "self-employed worker" refers to a migrant worker who is engaged in a remunerated activity otherwise than under a contract of employment and who earns his or her living through this activity normally working alone or together with members of his or her family, and to any other migrant worker recognized as self-employed by applicable legislation of the State of employment or bilateral or multilateral agreements.

Article 3

The present Convention shall not apply to:

(a) Persons sent or employed by international organizations and agencies or persons sent or employed by a State outside its territory to perform official functions, whose admission and status are regulated by general international law or by specific international agreements or conventions;

(b) Persons sent or employed by a State or on its behalf outside its territory who participate in development programmes and other co-operation programmes, whose admission and status are regulated by agreement with the State of employment and who, in accordance with that agreement, are not considered migrant workers;

(c) Persons taking up residence in a State different from their State of origin as investors;

(d) Refugees and stateless persons, unless such application is provided for in the relevant national legislation of, or international instruments in force for, the State Party concerned;

(e) Students and trainees;

(f) Seafarers and workers on an offshore installation who have not been admitted to take up residence and engage in a remunerated activity in the State of employment.

Article 4

For the purposes of the present Convention the term "members of the family" refers to persons married to migrant workers or having with them a relationship that, according to applicable law, produces effects equivalent to marriage, as well as their dependent children and other dependent persons who are recognized as members of the family by applicable legislation or applicable bilateral or multilateral agreements between the States concerned.

Article 5

For the purposes of the present Convention, migrant workers and members of their families:

(a) Are considered as documented or in a regular situation if they are authorized to enter, to stay and to engage in a remunerated activity in the State of employment pursuant to the law of that State and to international agreements to which that State is a party;

(b) Are considered as non-documented or in an irregular situation if they do not comply with the conditions provided for in subparagraph (a) of the present article.

Article 6

For the purposes of the present Convention:

(a) The term "State of origin" means the State of which the person concerned is a national;

(b) The term "State of employment" means a State where the migrant worker is to be engaged, is engaged or has been engaged in a remunerated activity, as the case may be;

(c) The term "State of transit" means any State through which the person concerned passes on any journey to the State of employment or from the State of employment to the State of origin or the State of habitual residence.

PART II. NON-DISCRIMINATION WITH RESPECT TO RIGHTS

Article 7

States Parties undertake, in accordance with the international instruments concerning human rights, to respect and to ensure to all migrant workers and members of their families within their territory or subject to their jurisdiction the rights provided for in the present Convention without distinction of any kind such as to sex, race, colour, language, religion or conviction, political or other opinion, national, ethnic or social origin, nationality, age, economic position, property, marital status, birth or other status.

PART III. HUMAN RIGHTS OF ALL MIGRANT WORKERS AND MEMBERS OF THEIR FAMILIES

Article 8

1. Migrant workers and members of their families shall be free to leave any State, including their State of origin. This right shall not be subject to any restrictions except those that are provided by law, are necessary to protect national security, public order (ordre public), public health or morals or the rights and freedoms of others and are consistent with the other rights recognized in the present part of the Convention.

2. Migrant workers and members of their families shall have the right at any time to enter and remain in their State of origin.

Article 9

The right to life of migrant workers and members of their families shall be protected by law.

Article 10

No migrant worker or member of his or her family shall be subjected to torture or to cruel, inhuman or degrading treatment or punishment.

Article 11

1. No migrant worker or member of his or her family shall be held in slavery or servitude.

2. No migrant worker or member of his or her family shall be required to perform forced or compulsory labour.

3. Paragraph 2 of the present article shall not be held to preclude, in States where imprisonment with hard labour may be imposed as a punishment for a crime, the performance of hard labour in pursuance of a sentence to such punishment by a competent court.

4. For the purpose of the present article the term "forced or compulsory labour" shall not include:

(a) Any work or service not referred to in paragraph 3 of the present article normally required of a person who is under detention in consequence of a lawful order of a court or of a person during conditional release from such detention;

(b) Any service exacted in cases of emergency or clamity threatening the life or well-being of the community;

(c) Any work or service that forms part of normal civil obligations so far as it is imposed also on citizens of the State concerned.

Article 12

1. Migrant workers and members of their families shall have the right to freedom of thought, conscience and religion. This right shall include freedom to have or to adopt a religion or belief of their choice and freedom either individually or in community with others and in public or private to manifest their religion or belief in worship, observance, practice and teaching.

2. Migrant workers and members of their families shall not be subject to coercion that would impair their freedom to have or to adopt a religion or belief of their choice.

3. Freedom to manifest one's religion or belief may be subject only to such limitations as are prescribed by law and are necessary to protect public safety, order, health or morals or the fundamental rights and freedoms of others.

4. States Parties to the present Convention undertake to have respect for the liberty of parents, at least one of whom is a migrant worker, and, when applicable, legal guardians to ensure the religious and moral education of their children in conformity with their own convictions.

Article 13

1. Migrant workers and members of their families shall have the right to hold opinions without interference.

2. Migrant workers and members of their families shall have the right to freedom of expression; this right shall include freedom to seek, receive and impart information and ideas of all kinds, regardless of frontiers, either orally, in writing or in print, in the form of art or through any other media of their choice.

3. The exercise of the right provided for in paragraph 2 of the present article carries with it special duties and responsibilities. It may therefore be subject to certain restrictions, but these shall only be such as are provided by law and are necessary:

(a) For respect of the rights or reputation of others;

(b) For the protection of the national security of the States concerned or of public order(ordre public) or of public health or morals;

(c) For the purpose of preventing any propaganda for war;

(d) For the purpose of preventing any advocacy of national, racial or religious hatred that constitutes incitement to discrimination, hostility or violence.

Article 14

No migrant worker or member of his or her family shall be subjected to arbitrary or unlawful interference with his or her privacy, family, home, correspondence or other communications, or to unlawful attacks on his or her honour and reputation. Each migrant worker and member of his or her family shall have the right to the protection of the law against such interference or attacks.

Article 15

No migrant worker or member of his or her family shall be arbitrarily deprived of property, whether owned individually or in association with others. Where, under the legislation in force in the State of employment, the assets of a migrant worker or a member of his or her family are expropriated in whole or in part, the person concerned shall have the right to fair and adequate compensation.

Article 16

1. Migrant workers and members of their families shall have the right to liberty and security of person.

2. Migrant workers and members of their families shall be entitled to effective protection by the State against violence, physical injury, threats and intimidation, whether by public officials or by private individuals, groups or institutions.

3. Any verification by law enforcement officials of the identity of migrant workers or members of their families shall be carried out in accordance with procedure established by law.

4. Migrant workers and members of their families shall not be subjected individually or collectively to arbitrary arrest or detention; they shall not be deprived of their liberty except on such grounds and in accordance with such procedures as are established by law.

5. Migrant workers and members of their families who are arrested shall be informed at the time

of arrest as far as possible in a language they understand of the reasons for their arrest and they shall be promptly informed in a language they understand of any charges against them.

6. Migrant workers and members of their families who are arrested or detained on a criminal charge shall be brought promptly before a judge or other officer authorized by law to exercise judicial power and shall be entitled to trial within a reasonable time or to release. It shall not be the general rule that while awaiting trial they shall be detained in custody, but release may be subject to guarantees to appear for trial, at any other stage of the judicial proceedings and, should the occasion arise, for the execution of the judgement.

7. When a migrant worker or a member of his or her family is arrested or committed to prison or custody pending trial or is detained in any other manner:

(a) The consular or diplomatic authorities of his or her State of origin or of a State representing the interests of that State shall, if he or she so requests, be informed without delay of his or her arrest or detention and of the reasons therefor;

(b) The person concerned shall have the right to communicate with the said authorities. Any communication by the person concerned to the said authorities shall be forwarded without delay, and he or she shall also have the right to receive communications sent by the said authorities without delay;

(c) The person concerned shall be informed without delay of this right and of rights deriving from relevant treaties, if any, applicable between the States concerned, to correspond and to meet with representatives of the said authorities and to make arrangements with them for his or her legal representation.

8. Migrant workers and members of their families who are deprived of their liberty by arrest or detention shall be entitled to take proceedings before a court, in order that that court may decide without delay on the lawfulness of their detention and order their release if the detention is not lawful. When they attend such proceedings, they shall have the assistance, if necessary without cost to them, of an interpreter, if they cannot understand or speak the language used.

9. Migrant workers and members of their families who have been victims of unlawful arrest or detention shall have an enforceable right to compensation.

Article 17

1. Migrant workers and members of their families who are deprived of their liberty shall be treated with humanity and with respect for the inherent dignity of the human person and for their cultural identity.

2. Accused migrant workers and members of their families shall, save in exceptional circumstances, be separated from convicted persons and shall be subject to separate treatment appropriate to their status as unconvicted persons. Accused juvenile persons shall be separated from adults and brought as speedily as possible for adjudication.

3. Any migrant worker or member of his or her family who is detained in a State of transit or in a State of employment for violation of provisions relating to migration shall be held, in so far as practicable, separately from convicted persons or persons detained pending trial.

4. During any period of imprisonment in pursuance of a sentence imposed by a court of law, the essential aim of the treatment of a migrant worker or a member of his or her family shall be his or her reformation and social rehabilitation. Juvenile offenders shall be separated from adults and be accorded treatment appropriate to their age and legal status.

5. During detention or imprisonment, migrant workers and members of their families shall enjoy the same rights as nationals to visits by members of their families.

6. Whenever a migrant worker is deprived of his or her liberty, the competent authorities of the State concerned shall pay attention to the problems that may be posed for members of his or her family, in particular for spouses and minor children.

7. Migrant workers and members of their families who are subjected to any form of detention or imprisonment in accordance with the law in force in the State of employment or in the State of transit shall enjoy the same rights as nationals of those States who are in the same situation.

8. If a migrant worker or a member of his or her family is detained for the purpose of verifying any infraction of provisions related to migration, he or she shall not bear any costs arising therefrom.

Article 18

1. Migrant workers and members of their families shall have the right to equality with nationals of the State concerned before the courts and tribunals. In the determination of any criminal charge against them or of their rights and obligations in a suit of law, they shall be entitled to a fair and public hearing by a competent, independent and impartial tribunal established by law.

2. Migrant workers and members of their families who are charged with a criminal offence shall have the right to be presumed innocent until proven guilty according to law.

3. In the determination of any criminal charge against them, migrant workers and members of their families shall be entitled to the following minimum guarantees:

(a) To be informed promptly and in detail in a language they understand of the nature and cause of the charge against them;

(b) To have adequate time and facilities for the preparation of their defence and to communicate with counsel of their own choosing;

(c) To be tried without undue delay;

(d) To be tried in their presence and to defend themselves in person or through legal assistance of their own choosing; to be informed, if they do not have legal assistance, of this right; and to have legal assistance assigned to them, in any case where the interests of justice so require and without payment by them in any such case if they do not have sufficient means to pay;

(e) To examine or have examined the witnesses against them and to obtain the attendance and examination of witnesses on their behalf under the same conditions as witnesses against them;

(f) To have the free assistance of an interpreter if they cannot understand or speak the language used in court;

(g) Not to be compelled to testify against themselves or to confess guilt.

4. In the case of juvenile persons, the procedure shall be such as will take account of their age and the desirability of promoting their rehabilitation.

5. Migrant workers and members of their families convicted of a crime shall have the right to their conviction and sentence being reviewed by a higher tribunal according to law.

6. When a migrant worker or a member of his or her family has, by a final decision, been convicted of a criminal offence and when subsequently his or her conviction has been reversed or he or she has been pardoned on the ground that a new or newly discovered fact shows conclusively that there has been a miscarriage of justice, the person who has suffered punishment as a result of such conviction shall be compensated according to law, unless it is proved that the non-disclosure of the unknown fact in time is wholly or partly attributable to that person.

7. No migrant worker or member of his or her family shall be liable to be tried or punished again for an offence for which he or she has already been finally convicted or acquitted in accordance with the law and penal procedure of the State concerned.

Article 19

1. No migrant worker or member of his or her family shall be held guilty of any criminal offence on account of any act or omission that did not constitute a criminal offence under national or international law at the time when the criminal offence was committed, nor shall a heavier penalty be imposed than the one that was applicable at the time when it was committed. If, subsequent to the commission of the offence, provision is made by law for the imposition of a lighter penalty, he or she shall benefit thereby.

2. Humanitarian considerations related to the status of a migrant worker, in particular with respect to his or her right of residence or work, should be taken into account in imposing a sentence for a criminal offence committed by a migrant worker or a member of his or her family.

Article 20

1. No migrant worker or member of his or her family shall be imprisoned merely on the ground of failure to fulfil a contractual obligation.

2. No migrant worker or member of his or her family shall be deprived of his or her authorization of residence or work permit or expelled merely on the ground of failure to fulfil an obligation arising out of a work contract unless fulfilment of that obligation constitutes a condition for such authorization or permit.

Article 21

It shall be unlawful for anyone, other than a public official duly authorized by law, to confiscate, destroy or attempt to destroy identity documents, documents authorizing entry to or stay, residence or establishment in the national territory or work permits. No authorized confiscation of such documents shall take place without delivery of a detailed receipt. In no case shall it be permitted to destroy the passport or equivalent document of a migrant worker or a member of his or her family.

Article 22

1. Migrant workers and members of their families shall not be subject to measures of collective expulsion. Each case of expulsion shall be examined and decided individually.

2. Migrant workers and members of their families may be expelled from the territory of a State Party only in pursuance of a decision taken by the competent authority in accordance with law.

3. The decision shall be communicated to them in a language they understand. Upon their request where not otherwise mandatory, the decision shall be communicated to them in writing and, save in exceptional circumstances on account of national security, the reasons for the decision likewise stated. The persons concerned shall be informed of these rights before or at the latest at the time the decision is rendered.

4. Except where a final decision is pronounced by a judicial authority, the person concerned shall have the right to submit the reason he or she should not be expelled and to have his or her case reviewed by the competent authority, unless compelling reasons of national security require otherwise. Pending such review, the person concerned shall have the right to seek a stay of the

decision of expulsion.

5. If a decision of expulsion that has already been executed is subsequently annulled, the person concerned shall have the right to seek compensation according to law and the earlier decision shall not be used to prevent him or her from re-entering the State concerned.

6. In case of expulsion, the person concerned shall have a reasonable opportunity before or after departure to settle any claims for wages and other entitlements due to him or her and any pending liabilities.

7. Without prejudice to the execution of a decision of expulsion, a migrant worker or a member of his or her family who is subject to such a decision may seek entry into a State other than his or her State of origin.

8. In case of expulsion of a migrant worker or a member of his or her family the costs of expulsion shall not be borne by him or her. The person concerned may be required to pay his or her own travel costs.

9. Expulsion from the State of employment shall not in itself prejudice any rights of a migrant worker or a member of his or her family acquired in accordance with the law of that State, including the right to receive wages and other entitlements due to him or her.

Article 23

Migrant workers and members of their families shall have the right to have recourse to the protection and assistance of the consular or diplomatic authorities of their State of origin or of a State representing the interests of that State whenever the rights recognized in the present Convention are impaired. In particular, in case of expulsion, the person concerned shall be informed of this right without delay and the authorities of the expelling State shall facilitate the exercise of such right.

Article 24

Every migrant worker and every member of his or her family shall have the right to recognition everywhere as a person before the law.

Article 25

1. Migrant workers shall enjoy treatment not less favourable than that which applies to nationals of the State of employment in respect of remuneration and:

(a) Other conditions of work, that is to say, overtime, hours of work, weekly rest, holidays with pay, safety, health, termination of the employment relationship and any other conditions of work which, according to national law and practice, are covered by these terms;

(b) Other terms of employment, that is to say, minimum age of employment, restriction on home work and any other matters which, according to national law and practice, are considered a term of employment.

2. It shall not be lawful to derogate in private contracts of employment from the principle of equality of treatment referred to in paragraph 1 of the present article.

3. States Parties shall take all appropriate measures to ensure that migrant workers are not deprived of any rights derived from this principle by reason of any irregularity in their stay or employment. In particular, employers shall not be relieved of any legal or contractual obligations, nor shall their obligations be limited in any manner by reason of such irregularity.

Article 26

1. States Parties recognize the right of migrant workers and members of their families:

(a) To take part in meetings and activities of trade unions and of any other associations established in accordance with law, with a view to protecting their economic, social, cultural and other interests, subject only to the rules of the organization concerned;

(b) To join freely any trade union and any such association as aforesaid, subject only to the rules of the organization concerned;

(c) To seek the aid and assistance of any trade union and of any such association as aforesaid.

2. No restrictions may be placed on the exercise of these rights other than those that are prescribed by law and which are necessary in a democratic society in the interests of national security, public order (ordre public) or the protection of the rights and freedoms of others.

Article 27

1. With respect to social security, migrant workers and members of their families shall enjoy in the State of employment the same treatment granted to nationals in so far as they fulfil the requirements provided for by the applicable legislation of that State and the applicable bilateral and multilateral treaties. The competent authorities of the State of origin and the State of employment can at any time establish the necessary arrangements to determine the modalities of application of this norm.

2. Where the applicable legislation does not allow migrant workers and members of their families a benefit, the States concerned shall examine the possibility of reimbursing interested persons the amount of contributions made by them with respect to that benefit on the basis of the treatment granted to nationals who are in similar circumstances.

Article 28

Migrant workers and members of their families shall have the right to receive any medical care that is urgently required for the preservation of their life or the avoidance of irreparable harm to their health on the basis of equality of treatment with nationals of the State concerned. Such emergency medical care shall not be refused them by reason of any irregularity with regard to stay or employment.

Article 29

Each child of a migrant worker shall have the right to a name, to registration of birth and to a nationality.

Article 30

Each child of a migrant worker shall have the basic right of access to education on the basis of equality of treatment with nationals of the State concerned. Access to public pre-school educational institutions or schools shall not be refused or limited by reason of the irregular situation with respect to stay or employment of either parent or by reason of the irregularity of the child's stay in the State of employment.

Article 31

1. States Parties shall ensure respect for the cultural identity of migrant workers and members of their families and shall not prevent them from maintaining their cultural links with their State of origin.

2. States Parties may take appropriate measures to assist and encourage efforts in this respect.

Article 32

Upon the termination of their stay in the State of employment, migrant workers and members of their families shall have the right to transfer their earnings and savings and, in accordance with the applicable legislation of the States concerned, their personal effects and belongings.

Article 33

1. Migrant workers and members of their families shall have the right to be informed by the State of origin, the State of employment or the State of transit as the case may be concerning:

(a) Their rights arising out of the present Convention;

(b) The conditions of their admission, their rights and obligations under the law and practice of the State concerned and such other matters as will enable them to comply with administrative or other formalities in that State.

2. States Parties shall take all measures they deem appropriate to disseminate the said information or to ensure that it is provided by employers, trade unions or other appropriate bodies or institutions. As appropriate, they shall co-operate with other States concerned.

3. Such adequate information shall be provided upon request to migrant workers and members of their families, free of charge, and, as far as possible, in a language they are able to understand.

Article 34

Nothing in the present part of the Convention shall have the effect of relieving migrant workers and the members of their families from either the obligation to comply with the laws and regulations of any State of transit and the State of employment or the obligation to respect the cultural identity of the inhabitants of such States.

Article 35

Nothing in the present part of the Convention shall be interpreted as implying the regularization of the situation of migrant workers or members of their families who are non-documented or in an irregular situation or any right to such regularization of their situation, nor shall it prejudice the measures intended to ensure sound and equitable-conditions for international migration as provided in part VI of the present Convention.

PART IV. OTHER RIGHTS OF MIGRANT WORKERS AND MEMBERS OF THEIR FAMILIES WHO ARE DOCUMENTED OR IN A REGULAR SITUATION

Article 36

Migrant workers and members of their families who are documented or in a regular situation in the State of employment shall enjoy the rights set forth in the present part of the Convention in addition to those set forth in part III.

Article 37

Before their departure, or at the latest at the time of their admission to the State of employment, migrant workers and members of their families shall have the right to be fully informed by the State of origin or the State of employment, as appropriate, of all conditions applicable to their admission and particularly those concerning their stay and the remunerated activities in which they may engage as well as of the requirements they must satisfy in the State of employment and the authority to which they must address themselves for any modification of those conditions.

Article 38

1. States of employment shall make every effort to authorize migrant workers and members of the families to be temporarily absent without effect upon their authorization to stay or to work, as the case may be. In doing so, States of employment shall take into account the special needs and obligations of migrant workers and members of their families, in particular in their States of origin.

2. Migrant workers and members of their families shall have the right to be fully informed of the terms on which such temporary absences are authorized.

Article 39

1. Migrant workers and members of their families shall have the right to liberty of movement in the territory of the State of employment and freedom to choose their residence there.

2. The rights mentioned in paragraph 1 of the present article shall not be subject to any restrictions except those that are provided by law, are necessary to protect national security, public order (ordre public), public health or morals, or the rights and freedoms of others and are consistent with the other rights recognized in the present Convention.

Article 40

1. Migrant workers and members of their families shall have the right to form associations and trade unions in the State of employment for the promotion and protection of their economic, social, cultural and other interests.

2. No restrictions may be placed on the exercise of this right other than those that are prescribed by law and are necessary in a democratic society in the interests of national security, public order (ordre public) or the protection of the rights and freedoms of others.

Article 41

1. Migrant workers and members of their families shall have the right to participate in public affairs of their State of origin and to vote and to be elected at elections of that State, in accordance with its legislation.

2. The States concerned shall, as appropriate and in accordance with their legislation, facilitate the exercise of these rights.

Article 42

1. States Parties shall consider the establishment of procedures or institutions through which account may be taken, both in States of origin and in States of employment, of special needs, aspirations and obligations of migrant workers and members of their families and shall envisage, as appropriate, the possibility for migrant workers and members of their families to have their freely chosen representatives in those institutions.

2. States of employment shall facilitate, in accordance with their national legislation, the consultation or participation of migrant workers and members of their families in decisions concerning the life

and administration of local communities.

3. Migrant workers may enjoy political rights in the State of employment if that State, in the exercise of its sovereignty, grants them such rights.

Article 43

1. Migrant workers shall enjoy equality of treatment with nationals of the State of employment in relation to:

(a) Access to educational institutions and services subject to the admission requirements and other regulations of the institutions and services concerned;

(b) Access to vocational guidance and placement services;

(c) Access to vocational training and retraining facilities and institutions;

(d) Access to housing, including social housing schemes, and protection against exploitation in respect of rents;

(e) Access to social and health services, provided that the requirements for participation in the respective schemes are met;

(f) Access to co-operatives and self-managed enterprises, which shall not imply a change of their migration status and shall be subject to the rules and regulations of the bodies concerned;

(g) Access to and participation in cultural life.

2. States Parties shall promote conditions to ensure effective equality of treatment to enable migrant workers to enjoy the rights mentioned in paragraph 1 of the present article whenever the terms of their stay, as authorized by the State of employment, meet the appropriate requirements.

3. States of employment shall not prevent an employer of migrant workers from establishing housing or social or cultural facilities for them. Subject to article 70 of the present Convention, a State of employment may make the establishment of such facilities subject to the requirements generally applied in that State concerning their installation.

Article 44

1. States Parties, recognizing that the family is the natural and fundamental group unit of society and is entitled to protection by society and the State, shall take appropriate measures to ensure the protection of the unity of the families of migrant workers.

2. States Parties shall take measures that they deem appropriate and that fall within their competence to facilitate the reunification of migrant workers with their spouses or persons who have with the migrant worker a relationship that, according to applicable law, produces effects equivalent to marriage, as well as with their minor dependent unmarried children.

3. States of employment, on humanitarian grounds, shall favourably consider granting equal treatment, as set forth in paragraph 2 of the present article, to other family members of migrant workers.

Article 45

1. Members of the families of migrant workers shall, in the State of employment, enjoy equality of treatment with nationals of that State in relation to:

(a) Access to educational institutions and services, subject to the admission requirements and other regulations of the institutions and services concerned;

(b) Access to vocational guidance and training institutions and services, provided that requirements for participation are met;

(c) Access to social and health services, provided that requirements for participation in the respective schemes are met;

(d) Access to and participation in cultural life.

2. States of employment shall pursue a policy, where appropriate in collaboration with the States of origin, aimed at facilitating the integration of children of migrant workers in the local school system, particularly in respect of teaching them the local language.

3. States of employment shall endeavour to facilitate for the children of migrant workers the teaching of their mother tongue and culture and, in this regard, States of origin shall collaborate whenever appropriate.

4. States of employment may provide special schemes of education in the mother tongue of children of migrant workers, if necessary in collaboration with the States of origin.

Article 46

Migrant workers and members of their families shall, subject to the applicable legislation of the States concerned, as well as relevant international agreements and the obligations of the States concerned arising out of their participation in customs unions, enjoy exemption from import and export duties and taxes in respect of their personal and household effects as well as the equipment necessary to engage in the remunerated activity for which they were admitted to the State of employment:

(a) Upon departure from the State of origin or State of habitual residence;

(b) Upon initial admission to the State of employment;

(c) Upon final departure from the State of employment;

(d) Upon final return to the State of origin or State of habitual residence.

Article 47

1. Migrant workers shall have the right to transfer their earnings and savings, in particular those funds necessary for the support of their families, from the State of employment to their State of origin or any other State. Such transfers shall be made in conformity with procedures established by applicable legislation of the State concerned and in conformity with applicable international agreements.

2. States concerned shall take appropriate measures to facilitate such transfers.

Article 48

1. Without prejudice to applicable double taxation agreements, migrant workers and members of their families shall, in the matter of earnings in the State of employment:

(a) Not be liable to taxes, duties or charges of any description higher or more onerous than those imposed on nationals in similar circumstances;

(b) Be entitled to deductions or exemptions from taxes of any description and to any tax allowances applicable to nationals in similar circumstances, including tax allowances for dependent members of their families.

2. States Parties shall endeavour to adopt appropriate measures to avoid double taxation of the earnings and savings of migrant workers and members of their families.

Article 49

1. Where separate authorizations to reside and to engage in employment are required by national

legislation, the States of employment shall issue to migrant workers authorization of residence for at least the same period of time as their authorization to engage in remunerated activity.

2. Migrant workers who in the State of employment are allowed freely to choose their remunerated activity shall neither be regarded as in an irregular situation nor shall they lose their authorization of residence by the mere fact of the termination of their remunerated activity prior to the expiration of their work permits or similar authorizations.

3. In order to allow migrant workers referred to in paragraph 2 of the present article sufficient time to find alternative remunerated activities, the authorization of residence shall not be withdrawn at least for a period corresponding to that during which they may be entitled to unemployment benefits.

Article 50

1. In the case of death of a migrant worker or dissolution of marriage, the State of employment shall favourably consider granting family members of that migrant worker residing in that State on the basis of family reunion an authorization to stay; the State of employment shall take into account the length of time they have already resided in that State.

2. Members of the family to whom such authorization is not granted shall be allowed before departure a reasonable period of time in order to enable them to settle their affairs in the State of employment.

3. The provisions of paragraphs 1 and 2 of the present article may not be interpreted as adversely affecting any right to stay and work otherwise granted to such family members by the legislation of the State of employment or by bilateral and multilateral treaties applicable to that State.

Article 51

Migrant workers who in the State of employment are not permitted freely to choose their remunerated activity shall neither be regarded as in an irregular situation nor shall they lose their authorization of residence by the mere fact of the termination of their remunerated activity prior to the expiration of their work permit, except where the authorization of residence is expressly dependent upon the specific remunerated activity for which they were admitted. Such migrant workers shall have the right to seek alternative employment, participation in public work schemes and retraining during the remaining period of their authorization to work, subject to such conditions and limitations as are specified in the authorization to work.

Article 52

1. Migrant workers in the State of employment shall have the right freely to choose their remunerated activity, subject to the following restrictions or conditions.

2. For any migrant worker a State of employment may:

(a) Restrict access to limited categories of employment, functions, services or activities where this is necessary in the interests of this State and provided for by national legislation;

(b) Restrict free choice of remunerated activity in accordance with its legislation concerning recognition of occupational qualifications acquired outside its territory. However, States Parties concerned shall endeavour to provide for recognition of such qualifications.

3. For migrant workers whose permission to work is limited in time, a State of employment may also:

(a) Make the right freely to choose their remunerated activities subject to the condition that the migrant worker has resided lawfully in its territory for the purpose of remunerated activity for a period of time prescribed in its national legislation that should not exceed two years;

(b) Limit access by a migrant worker to remunerated activities in pursuance of a policy of granting priority to its nationals or to persons who are assimilated to them for these purposes by virtue of legislation or bilateral or multilateral agreements. Any such limitation shall cease to apply to a migrant worker who has resided lawfully in its territory for the purpose of remunerated activity for a period of time prescribed in its national legislation that should not exceed five years.

4. States of employment shall prescribe the conditions under which a migrant worker who has been admitted to take up employment may be authorized to engage in work on his or her own account. Account shall be taken of the period during which the worker has already been lawfully in the State of employment.

Article 53

1. Members of a migrant worker's family who have themselves an authorization of residence or admission that is without limit of time or is automatically renewable shall be permitted freely to choose their remunerated activity under the same conditions as are applicable to the said migrant worker in accordance with article 52 of the present Convention.

2. With respect to members of a migrant worker's family who are not permitted freely to choose their remunerated activity, States Parties shall consider favourably granting them priority in obtaining permission to engage in a remunerated activity over other workers who seek admission to the State of employment, subject to applicable bilateral and multilateral agreements.

Article 54

1. Without prejudice to the terms of their authorization of residence or their permission to work and the rights provided for in articles 25 and 27 of the present Convention, migrant workers shall enjoy equality of treatment with nationals of the State of employment in respect of:

(a) Protection against dismissal;

(b) Unemployment benefits;

(c) Access to public work schemes intended to combat unemployment;

(d) Access to alternative employment in the event of loss of work or termination of other remunerated activity, subject to article 52 of the present Convention.

2. If a migrant worker claims that the terms of his or her work contract have been violated by his or her employer, he or she shall have the right to address his or her case to the competent authorities of the State of employment, on terms provided for in article 18, paragraph 1, of the present Convention.

Article 55

Migrant workers who have been granted permission to engage in a remunerated activity, subject to the conditions attached to such permission, shall be entitled to equality of treatment with nationals of the State of employment in the exercise of that remunerated activity.

Article 56

1. Migrant workers and members of their families referred to in the present part of the Convention may not be expelled from a State of employment, except for reasons defined in the national legislation of that State, and subject to the safeguards established in part III.

2. Expulsion shall not be resorted to for the purpose of depriving a migrant worker or a member of his or her family of the rights arising out of the authorization of residence and the work permit.

3. In considering whether to expel a migrant worker or a member of his or her family, account should be taken of humanitarian considerations and of the length of time that the person concerned has already resided in the State of employment.

PART V. PROVISIONS APPLICABLE TO PARTICULAR CATEGORIES OF MIGRANT WORKERS AND OF THEIR FAMILIES

Article 57

The particular categories of migrant workers and members of their families specified in the present part of the Convention who are documented or in a regular situation shall enjoy the rights set forth in part III and, except as modified below, the rights set forth in part IV.

Article 58

1. Frontier workers, as defined in article 2, paragraph 2 (a), of the present Convention, shall be entitled to the rights provided for in part IV that can be applied to them by reason of their presence and work in the territory of the State of employment, taking into account that they do not have their habitual residence in that State.

2. States of employment shall consider favourably granting frontier workers the right freely to choose their remunerated activity after a specified period of time. The granting of that right shall not affect their status as frontier workers.

Article 59

1. Seasonal workers, as defined in article 2, paragraph 2 (b), of the present Convention, shall be entitled to the rights provided for in part IV that can be applied to them by reason of their presence and work in the territory of the State of employment and that are compatible with their status in that State as seasonal workers, taking into account the fact that they are present in that State for only part of the year.

2. The State of employment shall, subject to paragraph 1 of the present article, consider granting seasonal workers who have been employed in its territory for a significant period of time the possibility of taking up other remunerated activities and giving them priority over other workers who seek admission to that State, subject to applicable bilateral and multilateral agreements.

Article 60

Itinerant workers, as defined in article 2, paragraph 2 (e), of the present Convention, shall be entitled to the rights provided for in part IV that can be granted to them by reason of their presence and work in the territory of the State of employment and that are compatible with their status as itinerant workers in that State.

Article 61

1. Project-tied workers, as defined in article 2, paragraph 2 (f), of the present Convention, and members of their families shall be entitled to the rights provided for in part IV except the provisions

of article 43, paragraphs 1 (b) and (c), article 43, paragraph 1 (d), as it pertains to social housing schemes, article 45, paragraph 1 (b), and articles 52 to 55.

2. If a project-tied worker claims that the terms of his or her work contract have been violated by his or her employer, he or she shall have the right to address his or her case to the competent authorities of the State which has jurisdiction over that employer, on terms provided for in article 18, paragraph 1, of the present Convention.

3. Subject to bilateral or multilateral agreements in force for them, the States Parties concerned shall endeavour to enable project-tied workers to remain adequately protected by the social security systems of their States of origin or habitual residence during their engagement in the project. States Parties concerned shall take appropriate measures with the aim of avoiding any denial of rights or duplication of payments in this respect.

4. Without prejudice to the provisions of article 47 of the present Convention and to relevant bilateral or multilateral agreements, States Parties concerned shall permit payment of the earnings of project-tied workers in their State of origin or habitual residence.

Article 62

1. Specified-employment workers as defined in article 2, paragraph 2 (g), of the present Convention, shall be entitled to the rights provided for in part IV, except the provisions of article 43, paragraphs 1 (b) and (c), article 43, paragraph 1 (d), as it pertains to social housing schemes, article 52, and article 54, paragraph 1 (d).

2. Members of the families of specified-employment workers shall be entitled to the rights relating to family members of migrant workers provided for in part IV of the present Convention, except the provisions of article 53.

Article 63

1. Self-employed workers, as defined in article 2, paragraph 2 (h), of the present Convention, shall be entitled to the rights provided for in part IV with the exception of those rights which are exclusively applicable to workers having a contract of employment.

2. Without prejudice to articles 52 and 79 of the present Convention, the termination of the economic activity of the self-employed workers shall not in itself imply the withdrawal of the authorization for them or for the members of their families to stay or to engage in a remunerated activity in the State of employment except where the authorization of residence is expressly dependent upon the specific remunerated activity for which they were admitted.

PART VI. PROMOTION OF SOUND, EQUITABLE, HUMANE AND LAWFUL CONDITIONS CONNECTION WITH INTERNATIONAL MIGRATION OF WORKERS AND MEMBERS OF THEIR FAMILIES

Article 64

1. Without prejudice to article 79 of the present Convention, the States Parties concerned shall as appropriate consult and co-operate with a view to promoting sound, equitable and humane conditions in connection with international migration of workers and members of their families.

2. In this respect, due regard shall be paid not only to labour needs and resources, but also to the social, economic, cultural and other needs of migrant workers and members of their families involved, as well as to the consequences of such migration for the communities concerned.

Article 65

1. States Parties shall maintain appropriate services to deal with questions concerning international migration of workers and members of their families. Their functions shall include, *inter alia*:

(a) The formulation and implementation of policies regarding such migration;

(b) An exchange of information. consultation and co-operation with the competent authorities of other States Parties involved in such migration;

(c) The provision of appropriate information, particularly to employers, workers and their organizations on policies, laws and regulations relating to migration and employment, on agreements concluded with other States concerning migration and on other relevant matters;

(d) The provision of information and appropriate assistance to migrant workers and members of their families regarding requisite authorizations and formalities and arrangements for departure, travel, arrival, stay, remunerated activities, exit and return, as well as on conditions of work and life in the State of employment and on customs, currency, tax and other relevant laws and regulations.

2. States Parties shall facilitate as appropriate the provision of adequate consular and other services that are necessary to meet the social, cultural and other needs of migrant workers and members of their families.

Article 66

1. Subject to paragraph 2 of the present article, the right to undertake operations with a view to the recruitment of workers for employment in another State shall be restricted to:

(a) Public services or bodies of the State in which such operations take place;

(b) Public services or bodies of the State of employment on the basis of agreement between the States concerned;

(c) A body established by virtue of a bilateral or multilateral agreement.

2. Subject to any authorization, approval and supervision by the public authorities of the States Parties concerned as may be established pursuant to the legislation and practice of those States, agencies, prospective employers or persons acting on their behalf may also be permitted to undertake the said operations.

Article 67

1. States Parties concerned shall co-operate as appropriate in the adoption of measures regarding the orderly return of migrant workers and members of their families to the State of origin when they decide to return or their authorization of residence or employment expires or when they are in the State of employment in an irregular situation.

2. Concerning migrant workers and members of their families in a regular situation, States Parties concerned shall co-operate as appropriate, on terms agreed upon by those States, with a view to promoting adequate economic conditions for their resettlement and to facilitating their durable social and cultural reintegration in the State of origin.

Article 68

1. States Parties, including States of transit, shall collaborate with a view to preventing and eliminating illegal or clandestine movements and employment of migrant workers in an irregular situation. The measures to be taken to this end within the jurisdiction of each State concerned shall include:

(a) Appropriate measures against the dissemination of misleading information relating to emigration and immigration;

(b) Measures to detect and eradicate illegal or clandestine movements of migrant workers and members of their families and to impose effective sanctions on persons, groups or entities which organize, operate or assist in organizing or operating such movements;

(c) Measures to impose effective sanctions on persons, groups or entities which use violence, threats or intimidation against migrant workers or members of their families in an irregular situation.

2. States of employment shall take all adequate and effective measures to eliminate employment in their territory of migrant workers in an irregular situation, including, whenever appropriate, sanctions on employers of such workers. The rights of migrant workers vis-a-vis their employer arising from employment shall not be impaired by these measures.

Article 69

1. States Parties shall, when there are migrant workers and members of their families within their territory in an irregular situation, take appropriate measures to ensure that such a situation does not persist.

2. Whenever States Parties concerned consider the possibility of regularizing the situation of such persons in accordance with applicable national legislation and bilateral or multilateral agreements, appropriate account shall be taken of the circumstances of their entry, the duration of their stay in the States of employment and other relevant considerations, in particular those relating to their family situation.

Article 70

States Parties shall take measures not less favourable than those applied to nationals to ensure that working and living conditions of migrant workers and members of their families in a regular situation are in keeping with the standards of fitness, safety, health and principles of human dignity.

Article 71

1. States Parties shall facilitate, whenever necessary, the repatriation to the State of origin of the bodies of deceased migrant workers or members of their families.

2. As regards compensation matters relating to the death of a migrant worker or a member of his or her family, States Parties shall, as appropriate, provide assistance to the persons concerned with a view to the prompt settlement of such matters. Settlement of these matters shall be carried out on the basis of applicable national law in accordance with the provisions of the present Convention and any relevant bilateral or multilateral agreements.

PART VII. APPLICATION OF THE CONVENTION

Article 72

1. (a) For the purpose of reviewing the application of the present Convention, there shall be established a Committee on the Protection of the Rights of All Migrant Workers and Members of Their Families (hereinafter referred to as "the Committee");

(b) The Committee shall consist, at the time of entry into force of the present Convention, of ten and, after the entry into force of the Convention for the forty-first State Party, of fourteen experts of high moral standing, impartiality and recognized competence in the field covered by the Convention.

2. (a) Members of the Committee shall be elected by secret ballot by the States Parties from a list of persons nominated by the States Parties, due consideration being given to equitable geographical distribution, including both States of origin and States of employment, and to the representation of the principal legal system. Each State Party may nominate one person from among its own nationals;

(b) Members shall be elected and shall serve in their personal capacity.

3. The initial election shall be held no later than six months after the date of the entry into force of the present Convention and subsequent elections every second year. At least four months before the date of each election, the Secretary-General of the United Nations shall address a letter to all States Parties inviting them to submit their nominations within two months. The Secretary-General shall prepare a list in alphabetical order of all persons thus nominated, indicating the States Parties that have nominated them, and shall submit it to the States Parties not later than one month before the date of the corresponding election, together with the curricula vitae of the persons thus nominated.

4. Elections of members of the Committee shall be held at a meeting of States Parties convened by the Secretary-General at United Nations Headquarters. At that meeting, for which two thirds of the States Parties shall constitute a quorum, the persons elected to the Committee shall be those nominees who obtain the largest number of votes and an absolute majority of the votes of the States Parties present and voting.

5. (a) The members of the Committee shall serve for a term of four years. However, the terms of five of the members elected in the first election shall expire at the end of two years; immediately after the first election, the names of these five members shall be chosen by lot by the Chairman of the meeting of States Parties;

(b) The election of the four additional members of the Committee shall be held in accordance with the provisions of paragraphs 2, 3 and 4 of the present article, following the entry into force of the Convention for the forty-first State Party. The term of two of the additional members elected on this occasion shall expire at the end of two years; the names of these members shall be chosen by lot by the Chairman of the meeting of States Parties;

(c) The members of the Committee shall be eligible for re-election if renominated.

6. If a member of the Committee dies or resigns or declares that for any other cause he or she can no longer perform the duties of the Committee, the State Party that nominated the expert shall appoint another expert from among its own nationals for the remaining part of the term. The new appointment is subject to the approval of the Committee.

7. The Secretary-General of the United Nations shall provide the necessary staff and facilities for the effective performance of the functions of the Committee.

8. The members of the Committee shall receive emoluments from United Nations resources on such terms and conditions as the General Assembly may decide.

9. The members of the Committee shall be entitled to the facilities, privileges and immunities of experts on mission for the United Nations as laid down in the relevant sections of the Convention on the Privileges and Immunities of the United Nations.

Article 73

1. States Parties undertake to submit to the Secretary-General of the United Nations for consideration by the Committee a report on the legislative, judicial, administrative and other measures they have taken to give effect to the provisions of the present Convention:

(a) Within one year after the entry into force of the Convention for the State Party concerned;

(b) Thereafter every five years and whenever the Committee so requests.

2. Reports prepared under the present article shall also indicate factors and difficulties, if any, affecting the implementation of the Convention and shall include information on the characteristics of migration flows in which the State Party concerned is involved.

3. The Committee shall decide any further guidelines applicable to the content of the reports.

4. States Parties shall make their reports widely available to the public in their own countries.

Article 74

1. The Committee shall examine the reports submitted by each State Party and shall transmit such comments as it may consider appropriate to the State Party concerned. This State Party may submit to the Committee observations on any comment made by the Committee in accordance with the present article. The Committee may request supplementary information from States Parties when considering these reports.

2. The Secretary-General of the United Nations shall, in due time before the opening of each regular session of the Committee, transmit to the Director-General of the International Labour Office copies of the reports submitted by States Parties concerned and information relevant to the consideration of these reports, in order to enable the Office to assist the Committee with the expertise the Office may provide regarding those matters dealt with by the present Convention that fall within the sphere of competence of the International Labour Organisation. The Committee shall consider in its deliberations such comments and materials as the Office may provide.

3. The Secretary-General of the United Nations may also, after consultation with the Committee, transmit to other specialized agencies as well as to intergovernmental organizations, copies of such parts of these reports as may fall within their competence.

4. The Committee may invite the specialized agencies and organs of the United Nations, as well as intergovernmental organizations and other concerned bodies to submit, for consideration by the Committee, written information on such matters dealt with in the present Convention as fall within the scope of their activities.

5. The International Labour Office shall be invited by the Committee to appoint representatives to participate, in a consultative capacity, in the meetings of the Committee.

6. The Committee may invite representatives of other specialized agencies and organs of the United Nations, as well as of intergovernmental organizations, to be present and to be heard in its meetings

whenever matters falling within their field of competence are considered.

7. The Committee shall present an annual report to the General Assembly of the United Nations on the implementation of the present Convention, containing its own considerations and recommendations, based, in particular, on the examination of the reports and any observations presented by States Parties.

8. The Secretary-General of the United Nations shall transmit the annual reports of the Committee to the States Parties to the present Convention, the Economic and Social Council, the Commission on Human Rights of the United Nations, the Director-General of the International Labour Office and other relevant organizations.

Article 75

1. The Committee shall adopt its own rules of procedure.

2. The Committee shall elect its officers for a term of two years.

3. The Committee shall normally meet annually.

4. The meetings of the Committee shall normally be held at United Nations Headquarters.

Article 76

1. A State Party to the present Convention may at any time declare under this article that it recognizes the competence of the Committee to receive and consider communications to the effect that a State Party claims that another State Party is not fulfilling its obligations under the present Convention. Communications under this article may be received and considered only if submitted by a State Party that has made a declaration recognizing in regard to itself the competence of the Committee. No communication shall be received by the Committee if it concerns a State Party which has not made such a declaration. Communications received under this article shall be dealt with in accordance with the following procedure:

(a) If a State Party to the present Convention considers that another State Party is not fulfilling its obligations under the present Convention, it may, by written communication, bring the matter to the attention of that State Party. The State Party may also inform the Committee of the matter. Within three months after the receipt of the communication the receiving State shall afford the State that sent the communication an explanation, or any other statement in writing clarifying the matter which should include, to the extent possible and pertinent, reference to domestic procedures and remedies taken, pending or available in the matter;

(b) If the matter is not adjusted to the satisfaction of both States Parties concerned within six months after the receipt by the receiving State of the initial communication, either State shall have the right to refer the matter to the Committee, by notice given to the Committee and to the other State;

(c) The Committee shall deal with a matter referred to it only after it has ascertained that all available domestic remedies have been invoked and exhausted in the matter, in conformity with the generally recognized principles of international law. This shall not be the rule where, in the view of the Committee, the application of the remedies is unreasonably prolonged;

(d) Subject to the provisions of subparagraph (c) of the present paragraph, the Committee shall make available its good offices to the States Parties concerned with a view to a friendly solution of the matter on the basis of the respect for the obligations set forth in the present Convention;

(e) The Committee shall hold closed meetings when examining communications under the present article;

(f) In any matter referred to it in accordance with subparagraph (b) of the present paragraph, the Committee may call upon the States Parties concerned, referred to in subparagraph (b), to supply any relevant information;

(g) The States Parties concerned, referred to in subparagraph (b) of the present paragraph, shall have the right to be represented when the matter is being considered by the Committee and to make submissions orally and/or in writing;

(h) The Committee shall, within twelve months after the date of receipt of notice under subparagraph (b) of the present paragraph, submit a report, as follows:

(i) If a solution within the terms of subparagraph (d) of the present paragraph is reached, the Committee shall confine its report to a brief statement of the facts and of the solution reached;

(ii) If a solution within the terms of subparagraph (d) is not reached, the Committee shall, in its report, set forth the relevant facts concerning the issue between the States Parties concerned. The written submissions and record of the oral submissions made by the States Parties concerned shall be attached to the report. The Committee may also communicate only to the States Parties concerned any views that it may consider relevant to the issue between them.

In every matter, the report shall be communicated to the States Parties concerned.

2. The provisions of the present article shall come into force when ten States Parties to the present Convention have made a declaration under paragraph 1 of the present article. Such declarations shall be deposited by the States Parties with the Secretary-General of the United Nations, who shall transmit copies thereof to the other States Parties. A declaration may be withdrawn at any time by notification to the Secretary-General. Such a withdrawal shall not prejudice the consideration of any matter that is the subject of a communication already transmitted under the present article; no further communication by any State Party shall be received under the present article after the notification of withdrawal of the declaration has been received by the Secretary-General, unless the State Party concerned has made a new declaration.

Article 77

1. A State Party to the present Convention may at any time declare under the present article that it recognizes the competence of the Committee to receive and consider communications from or on behalf of individuals subject to its jurisdiction who claim that their individual rights as established by the present Convention have been violated by that State Party. No communication shall be received by the Committee if it concerns a State Party that has not made such a declaration.

2. The Committee shall consider inadmissible any communication under the present article which is anonymous or which it considers to be an abuse of the right of submission of such communications or to be incompatible with the provisions of the present Convention.

3. The Committee shall not consider any communication from an individual under the present article unless it has ascertained that:

(a) The same matter has not been, and is not being, examined under another procedure of international investigation or settlement;

(b) The individual has exhausted all available domestic remedies; this shall not be the rule where, in the view of the Committee, the application of the remedies is unreasonably prolonged or is unlikely to bring effective relief to that individual.

4. Subject to the provisions of paragraph 2 of the present article, the Committee shall bring any

communications submitted to it under this article to the attention of the State Party to the present Convention that has made a declaration under paragraph 1 and is alleged to be violating any provisions of the Convention. Within six months, the receiving State shall submit to the Committee written explanations or statements clarifying the matter and the remedy, if any, that may have been taken by that State.

5. The Committee shall consider communications received under the present article in the light of all information made available to it by or on behalf of the individual and by the State Party concerned.

6. The Committee shall hold closed meetings when examining communications under the present article.

7. The Committee shall forward its views to the State Party concerned and to the individual.

8. The provisions of the present article shall come into force when ten States Parties to the present Convention have made declarations under paragraph 1 of the present article. Such declarations shall be deposited by the States Parties with the Secretary-General of the United Nations, who shall transmit copies thereof to the other States Parties. A declaration may be withdrawn at any time by notification to the Secretary-General. Such a withdrawal shall not prejudice the consideration of any matter that is the subject of a communication already transmitted under the present article; no further communication by or on behalf of an individual shall be received under the present article after the notification of withdrawal of the declaration has been received by the Secretary-General, unless the State Party has made a new declaration.

Article 78

The provisions of article 76 of the present Convention shall be applied without prejudice to any procedures for settling disputes or complaints in the field covered by the present Convention laid down in the constituent instruments of, or in conventions adopted by, the United Nations and the specialized agencies and shall not prevent the States Parties from having recourse to any procedures for settling a dispute in accordance with international agreements in force between them.

PART VIII. GENERAL PROVISIONS

Article 79

Nothing in the present Convention shall affect the right of each State Party to establish the criteria governing admission of migrant workers and members of their families. Concerning other matters related to their legal situation and treatment as migrant workers and members of their families, States Parties shall be subject to the limitations set forth in the present Convention.

Article 80

Nothing in the present Convention shall be interpreted as impairing the provisions of the Charter of the United Nations and of the constitutions of the specialized agencies which define the respective responsibilities of the various organs of the United Nations and of the specialized agencies in regard to the matters dealt with in the present Convention.

Article 81

1. Nothing in the present Convention shall affect more favourable rights or freedoms granted to

migrant workers and members of their families by virtue of:

(a) The law or practice of a State Party; or

(b) Any bilateral or multilateral treaty in force for the State Party concerned.

2. Nothing in the present Convention may be interpreted as implying for any State, group or person any right to engage in any activity or perform any act that would impair any of the rights and freedoms as set forth in the present Convention.

Article 82

The rights of migrant workers and members of their families provided for in the present Convention may not be renounced. It shall not be permissible to exert any form of pressure upon migrant workers and members of their families with a view to their relinquishing or foregoing any of the said rights. It shall not be possible to derogate by contract from rights recognized in the present Convention. States Parties shall take appropriate measures to ensure that these principles are respected.

Article 83

Each State Party to the present Convention undertakes:

(a) To ensure that any person whose rights or freedoms as herein recognized are violated shall have an effective remedy, notwithstanding that the violation has been committed by persons acting in an official capacity;

(b) To ensure that any persons seeking such a remedy shall have his or her claim reviewed and decided by competent judicial, administrative or legislative authorities, or by any other competent authority provided for by the legal system of the State, and to develop the possibilities of judicial remedy;

(c) To ensure that the competent authorities shall enforce such remedies when granted.

Article 84

Each State Party undertakes to adopt the legislative and other measures that are necessary to implement the provisions of the present Convention.

PART IX. FINAL PROVISIONS

Article 85

The Secretary-General of the United Nations is designated as the depositary of the present Convention.

Article 86

1. The present Convention shall be open for signature by all States. It is subject to ratification.

2. The present Convention shall be open to accession by any State.

3. Instruments of ratification or accession shall be deposited with the Secretary-General of the United Nations.

Article 87

1. The present Convention shall enter into force on the first day of the month following a period of three months after the date of the deposit of the twentieth instrument of ratification or accession.

2. For each State ratifying or acceding to the present Convention after its entry into force, the Convention shall enter into force on the first day of the month following a period of three months after the date of the deposit of its own instrument of ratification or accession.

Article 88

A State ratifying or acceding to the present Convention may not exclude the application of any Part of it, or, without prejudice to article 3, exclude any particular category of migrant workers from its application.

Article 89

1. Any State Party may denounce the present Convention, not earlier than five years after the Convention has entered into force for the State concerned, by means of a notification writing addressed to the Secretary-General of the United Nations.

2. Such denunciation shall become effective on the first day of the month following the expiration of a period of twelve months after the date of the receipt of the notification by the Secretary-General of the United Nations.

3. Such a denunciation shall not have the effect of releasing the State Party from its obligations under the present Convention in regard to any act or omission which occurs prior to the date at which the denunciation becomes effective, nor shall denunciation prejudice in any way the continued consideration of any matter which is already under consideration by the Committee prior to the date at which the denunciation becomes effective.

4. Following the date at which the denunciation of a State Party becomes effective, the Committee shall not commence consideration of any new matter regarding that State.

Article 90

1. After five years from the entry into force of the Convention a request for the revision of the Convention may be made at any time by any State Party by means of a notification in writing addressed to the Secretary-General of the United Nations. The Secretary-General shall thereupon communicate any proposed amendments to the States Parties with a request that they notify him whether the favour a conference of States Parties for the purpose of considering and voting upon the proposals. In the event that within four months from the date of such communication at least one third of the States Parties favours such a conference, the Secretary-General shall convene the conference under the auspices of the United Nations. Any amendment adopted by a majority of the States Parties present and voting shall be submitted to the General Assembly for approval.

2. Amendments shall come into force when they have been approved by the General Assembly of the United Nations and accepted by a two-thirds majority of the States Parties in accordance with their respective constitutional processes.

3. When amendments come into force, they shall be binding on those States Parties that have accepted them, other States Parties still being bound by the provisions of the present Convention and any earlier amendment that they have accepted.

Article 91

1. The Secretary-General of the United Nations shall receive and circulate to all States the text of reservations made by States at the time of signature, ratification or accession.

2. A reservation incompatible with the object and purpose of the present Convention shall not be

permitted.

3. Reservations may be withdrawn at any time by notification to this effect addressed to the Secretary-General of the United Nations, who shall then inform all States thereof. Such notification shall take effect on the date on which it is received.

Article 92

1. Any dispute between two or more States Parties concerning the interpretation or application of the present Convention that is not settled by negotiation shall, at the request of one of them, be submitted to arbitration. If within six months from the date of the request for arbitration the Parties are unable to agree on the organization of the arbitration, any one of those Parties may refer the dispute to the International Court of Justice by request in conformity with the Statute of the Court.

2. Each State Party may at the time of signature or ratification of the present Convention or accession thereto declare that it does not consider itself bound by paragraph 1 of the present article. The other States Parties shall not be bound by that paragraph with respect to any State Party that has made such a declaration.

3. Any State Party that has made a declaration in accordance with paragraph 2 of the present article may at any time withdraw that declaration by notification to the Secretary-General of the United Nations.

Article 93

1. The present Convention, of which the Arabic, Chinese, English, French, Russian and Spanish texts are equally authentic, shall be deposited with the Secretary-General of the United Nations.

2. The Secretary-General of the United Nations shall transmit certified copies of the present Convention to all States.

IN WITNESS WHEREOF the undersigned plenipotentiaries, being duly authorized thereto by their respective Governments, have signed the present Convention.

23. 강제노동협약(ILO 협약 제29호)

1930.6.28 채택/ 1932.5.1 발효/ 당사국 수 173/ 대한민국 미가입.

국제노동기구 총회는,

국제노동기구 사무국 이사회가 제네바에서 소집한 1930년 6월 10일자 제14차 회기에서,

회기 일정의 첫 번째 의제인 강제적 또는 의무적 노동에 관한 제안을 채택하기로 결정하고,

그 제안이 국제협약의 형식을 취할 것을 결의하여,

국제노동기구 헌장 규정에 따라 국제노동기구 회원국의 비준을 받기 위하여 1930년 강제노동협약이라고 부르는 다음의 협약을 1930년 6월 28일 채택한다:

제1조

1. 이 협약을 비준하는 국제노동기구 회원국은 가능한 한 신속하게 모든 형태의 강제적 또는 의무적 노동의 이용을 폐지하기로 약속한다.

2. 강제노동의 완전한 폐지를 기대하며 과도기간 동안은 강제적 또는 의무적 노동이 공적 목적을 위하여만 예외적 조치로서 아래에 규정된 조건 및 보장 하에서 활용될 수 있다.

3. 이 협약 발효 후 5년의 기간이 경과하고 국제노동기구 이사회가 아래 제31조에 규정된 보고서를 준비하면, 이사회는 더 이상의 과도기간 없이 모든 형태의 강제적 또는 의무적 노동을 폐지할 가능성과 이 문제를 총회의 의제로 상정하는 것이 바람직한지를 검토한다.

제2조

1. 이 협약에서 "강제적 또는 의무적 노동"이라 함은 어떠한 자가 처벌의 위협 하에서 강제되어 그가 임의로 제공하는 것이 아닌 모든 노동과 역무를 의미한다.

2. 다만 이 협약에서 "강제적 또는 의무적 노동"이라고 할 경우 다음 각호는 포함되지 아니한다:

가. 순수한 군사적 성격의 작업으로 의무적 병역법에 의해서 강제되는 노동이나 역무;

나. 완전한 자치국가의 시민들의 통상적인 시민적 의무를 구성하는 노동이나 역무;

다. 법원 판결의 결과로 강제되는 노동이나 역무. 다만 그러한 노동이나 역무는 공공당국의 감독과 통제 하에 진행되어야 하며, 대상자가 사인, 회사 또는 단체에 고용되었거나 처분에 맡겨져 있지 않아야 한다;

라. 전쟁 또는 화재, 홍수, 기근, 지진, 심각한 전염병이나 가축 전염병, 짐승·곤충 또는 식물해충의 침입 그리고 일반적으로 주민의 전부 또는 일부의 생존이나 안녕을 위협하는 일체의 상황 등과 같은 재해가 발생하거나 그러한 우려가 있는 비상시에 강제되는 노동이나 역무;

마. 공동체의 직접적 이익을 위하여 주민에 의해 수행되며 따라서 공동체 구성원에 대한 통상적인 시민적 의무라고 간주될 수 있는 종류의 공동체의 소소한 역무. 단 공동체의 구성원이나 그들

제9조

1. 이 협약을 비준한 회원국은 이 협약이 발효일부터 10년이 만료 한 후 국제노동사무국장에게 문서를 등록함으로써 협약을 폐기할 수 있다. 협약의 폐기는 등록일부터 1년 후에 발효한다.

2. 이 협약을 비준하고 제1항의 규정에 의한 10년이 만료한 후 1년내에 이 조에 규정된 폐기권을 행사하지 아니한 회원국은 다시 10년의 기간 협약의 기속을 받으며 그 후 10년의 기간이 만료할 때마다 이 조에 규정된 조건에 따라 협약을 폐기할 수 있다.

제10조

1. 국제노동사무국장은 국제노동기구 회원국으로부터 통보받은 모든 비준.선언 및 폐기에 관한 등록사항을 기구의 모든 회원국에 통고한다.

2. 국제노동사무국장은 2번째의 비준등록 통보를 받아 회원국에 통고할 경우 협약의 발효일에 대하여 기구 회원국의 주의를 환기한다.

제11조

국제노동사무국장은 위 조항들의 규정에 의하여 등록된 모든 비준서.선언서 및 폐기서의 명세를 국제연합헌장 제102조에 의하여 등록하기 위하여 국제연합사무총장에게 통보한다.

제12조

국제노동사무국 이사회는 필요하다고 인정되는 경우 협약의 이행에 관한 보고서를 총회에 제출하며, 협약의 전부 또는 일부 개정에 관한 문제를 총회의 의제로 상정할 것인지를 심의한다.

제13조

1. 총회가 이 협약의 전부 또는 일부를 개정하는 신협약을 채택하는 경우, 신협약에 달리 규정하지 아니하는 한

가. 회원국이 신 개정협약의 비준으로 신 개정협약이 발효하였을 때 제9조의 규정에도 불구하고 당연히 이 협약은 즉시 폐기된다.

나. 이 협약은 신 개정협약의 발효일부터 더 이상 회원국의 비준대상이 되지 아니한다.

2. 이 협약을 비준하였으나 신 개정협약을 비준하지 아니한 회원국에 대하여 이 협약은 현재의 형식 및 내용으로 계속 유효하다.

제14조

이 협약의 영문본 및 불어본을 동등하게 정본으로 한다.

27. 강제노동폐지 협약(ILO 협약 제105호)

1957.6.25 채택/ 1959.1.17 발효/ 당사국 수 169/ 대한민국 미가입.

국제노동기구 총회는,

국제노동기구 사무국 이사회가 제네바에서 소집한 1957년 6월 5일자 제40차 회기에서,

회기 일정의 네 번째 의제인 강제노동문제를 심의하고,

1930년 강제노동협약 규정에 유의하고,

1926년 노예협약이 강제적 또는 의무적 노동이 노예제도와 유사한 형태로 발전하는 것을 방지하기 위하여 필요한 모든 조치가 취하여져야 한다고 규정하고 있는 점과 1956년 노예제도, 노예무역 및 노예제도와 유사한 제도 및 관행의 폐지에 관한 보충협약이 부채 노예제와 농노제의 완전한 폐지를 규정하고 있다는 점에 유의하고,

1949년 임금보호협약이 임금은 정기적으로 지급되어야 하며, 노동자가 고용을 종료시킬 수 있는 실질적 가능성을 박탈하는 형태의 지급수단을 금지한다고 규정하고 있음에 유의하고,

국제연합 헌장에 규정되어 있고, 세계인권선언에 선언되어 있는 인권의 침해가 되는 모든 형태의 강제적 또는 의무적 노동의 폐지에 관하여 추가제안을 채택하기로 결정하고,

이 제안이 국제협약의 형식을 취할 것을 결의하여,

1957년 강제노동폐지 협약이라고 부르는 다음의 협약을 1957년 6월 25일 채택한다:

제1조

이 협약을 비준하는 국제노동기구 회원국은 어떠한 형태의 강제적 또는 의무적 노동도 금지하고, 이를 아래와 같이 활용하지 않기로 약속한다.

가. 기존의 정치적·사회적·경제적 체제에 반대하는 정치적 견해 또는 사상적 견해를 가지거나 공표하는 것에 대한 정치적 강제수단, 교육 수단 또는 처벌로서;

나. 노동을 경제발전을 위한 목적으로 동원 또는 이용하는 수단으로서;

다. 노동규율의 수단으로서;

라. 파업 참가에 대한 제재로서;

마. 인종적·사회적·민족적 또는 종교적 차별의 수단으로.

제2조

이 협약을 비준하는 국제노동기구 회원국은 협약 제1조에 규정된 강제적 또는 의무적 노동의 즉각적이고도 완전한 폐지를 보장하기 위한 실효적인 조치를 취할 것을 약속한다.

제3조

이 협약의 공식 비준서는 등록을 위하여 국제노동기구 사무국장에게 송부된다.

제4조

1. 이 협약은 국제노동기구 사무국장에게 비준서가 등록된 국제노동기구 회원국만을 구속한다.
2. 이 협약은 2개의 회원국이 사무국장에게 비준서를 등록한 날로부터 12월 후에 발효한다.
3. 이후 비준한 회원국에게는 이 협약의 비준서를 등록한 날로부터 12월 후에 발효한다.

제5조

1. 이 협약을 비준한 회원국은 협약의 최초 발효일로부터 10년이 지난 후 국제노동기구 사무국장에게 문서로 등록함으로써 협약을 폐기할 수 있다. 협약의 폐기는 등록일로부터 1년 후 발효한다.
2. 이 협약을 비준하고 제1항의 규정에 의하여 10년이 지난 후 1년 이내에 이 조에 규정된 폐기권을 행사하지 아니한 회원국은 다시 5년 동안 이 협약에 구속되며, 그 후 5년의 기간이 경과할 때마다 이 조에 규정된 조건에 따라 이 협약을 폐기할 수 있다.

제6조

1. 국제노동기구 사무국장은 국제노동기구 회원국으로부터 통보받은 모든 비준과 폐기에 관한 등록사항을 기구의 모든 회원국에게 통고한다.
2. 사무국장은 두 번째 비준등록을 회원국에게 통고할 경우 협약의 발효일에 대하여 기구 회원국의 주의를 환기시킨다.

제7조

국제노동기구 사무국장은 위 조항들의 규정에 의하여 등록된 모든 비준, 선언 및 폐기행위의 명세를 국제연합 헌장 제102조에 따른 등록을 위하여 국제연합 사무총장에게 통지한다.

제8조

필요하다고 판단될 때 국제노동기구 사무국 이사회는 협약 이행에 관한 보고서를 총회에 제출하고, 협약의 전부 또는 일부의 개정문제를 총회의 의제로 상정하는 것이 바람직한지를 심의한다.

제9조

1. 총회가 이 협약의 전부 또는 일부를 개정하는 새로운 협약을 채택하는 경우, 새로운 협약에 달리 규정되어 있지 않은 한:
가. 회원국이 새로운 개정 협약을 비준하는 경우, 이 협약 제5조의 규정에도 불구하고 새로운 개정 협약이 발효하는 때 이 협약은 법률상 당연히 폐기된다.
나. 이 협약은 새로운 개정협약의 발효일로부터 더 이상 회원국의 비준대상이 되지 아니한다.
2. 이 협약을 비준하였으나 새로운 개정 협약을 비준하지 않은 회원국에 대하여는 이 협약이 현재의 형식과 내용으로 계속 유효하다.

제10조

이 협약의 영어본과 불어본은 동등하게 정본이다.

28. 고용 및 직업상의 차별에 관한 협약
(ILO 협약 제111호)

1958.6.25 채택/ 1960.6.15 발효/ 당사국 수 168/ 대한민국 적용일 1999.12.4.

국제노동기구 총회는,

국제노동사무국 이사회가 1958년 6월 4일 제네바에서 소집한 제42차 회기에서,

회기 의사일정의 제4 의제인 고용 및 직업상의 차별에 관한 제안의 채택을 결정하고,

이 제안이 국제협약의 형식을 취할 것을 결의하여,

필라델피아 선언이 모든 인간은 인종·종교 또는 성별에 관계없이 자유와 존엄, 경제적 보장과 기회의 평등이라는 조건하에 그들의 물질적 안녕과 정신적 개발을 추구할 권리가 있다고 확인하고 있음을 고려하고,

또한 차별은 세계인권선언이 천명한 권리에 대한 위반을 구성함을 고려하여,

1958년의 차별(고용및직업)협약이라고 하는 다음의 협약을 1958년 6월 25일 채택한다.

제1조

1. 이 협약의 목적상, "차별"이라 함은 다음 사항을 포함한다.

가. 인종, 피부색, 성별, 종교, 정치적 견해, 출신국 또는 사회적 신분에 근거한 모든 구별·배제 또는 우대로서, 고용 또는 직업상의 기회 또는 대우의 균등을 부정하거나 저해하는 효과를 가지는 것.

나. 고용 또는 직업상의 기회 또는 대우의 균등을 부정하거나 저해하는 효과를 가지는 여타 구별·배제 또는 우대로서, 관련 회원국이 결정하는 것. 이를 위하여 관련 회원국은 사용자 및 노동자 대표단체가 존재하는 경우 이들과 협의하거나 여타 적절한 기구와 협의한다.

2. 특정 직종의 고유한 요구사항에 근거한 모든 구별·배제 또는 우대는 차별로 간주되지 아니한다.

3. 이 협약의 목적상, "고용" 및 "직업"은 직업훈련의 기회, 고용 및 특정 직업의 기회와 고용조건을 포함한다.

제2조

이 협약을 시행하는 회원국은 고용 및 직업상의 모든 차별을 제거할 목적으로, 국내 여건과 관행에 적합한 방법으로 고용 및 직업상의 기회와 대우의 균등을 증진하기 위하여 국내 정책을 선언하고 이를 추구할 것을 약속한다.

제3조

이 협약을 시행하는 회원국은 국내 여건과 관행에 적합한 방법으로 다음을 행할 것을 약속한다.

가. 이 정책의 수락 및 그 준수의 촉진에 있어 사용자 및 노동자 단체, 그리고 여타 적절한 기구의 협력을 구한다.

나. 이 정책의 수락과 준수를 확보하려는 것으로 추정되는 법을 제정하고 교육 프로그램을 증진한다.

다. 상기 정책과 부합하지 아니하는 법령규정 및 행정지침 또는 관행을 폐기·수정한다.

라. 국내 당국의 직접적인 통제하에 고용에 관한 상기 정책을 추구한다.

마. 국내 당국의 지도하에 직업지도·직업훈련 및 직업소개서비스 활동에 있어 상기 정책의 준수를 보장한다.

바. 이 협약의 적용에 관한 연례 보고서에 상기 정책에 따라 취하여진 조치 및 이러한 조치로 얻어진 결과를 표시한다.

제4조

국가 안보를 손상시키는 활동의 정당한 혐의가 있는 자, 또는 이러한 활동에 관여한 자에 영향을 미치는 조치는 차별로 간주되지 아니한다. 다만, 이 경우 관계당사자가 국가 관행에 따라 설립되는 관련 기구에 진정할 권리를 보유하는 것을 조건으로 한다.

제5조

1. 국제노동기구에 의하여 채택된 여타 협약 및 권고가 규정하는 특별보호 또는 지원조치는 차별로 간주되지 아니한다.

2. 회원국은 사용자 및 노동자 대표단체가 존재하는 경우 이들과 협의하여 성별, 연령, 장애, 가족상의 의무 또는 사회적·문화적 신분 등의 사유로 인하여 일반적으로 특별보호 또는 지원이 필요하다고 인정되는 자의 특정한 필요를 충족하기 위한 특별한 조치는 차별로 간주하지 아니한다고 결정할 수 있다.

제6조

이 협약을 비준하는 회원국은 국제노동기구헌장의 규정에 의하여 이 협약을 대도시 이외의 지역에도 적용할 것을 약속한다.

제7조

이 협약의 정식 비준서는 등록을 위하여 국제노동사무국장에게 송부된다.

제8조

1. 이 협약은 국제노동사무국장에게 비준이 등록된 국제노동기구 회원국만을 기속한다.

2. 이 협약은 2개의 회원국이 사무국장에게 비준을 등록한 날부터 12월 후에 발효한다.

3. 협약 발효후에 비준한 회원국에 대하여, 이 협약은 비준서를 등록한 날부터 12월 후에 발효한다.

제9조

1. 이 협약을 비준한 회원국은 이 협약이 발효일부터 10년이 지난 후 국제노동사무국장에게 문서를 등록함으로써 협약을 폐기할 수 있다. 협약의 폐기는 등록일부터 1년 후에 발효한다.

2. 이 협약을 비준하고 제1항의 규정에 의한 10년이 지난 후 1년 안에 이 조에 규정된 폐기권을 행사하지 아니한 회원국은 다시 10년간 협약의 기속을 받으며 그 후 10년의 기간이 만료할 때마다 이 조에 규정된 조건에 따라 협약을 폐기할 수 있다.

제10조

1. 국제노동사무국장은 국제노동기구 회원국으로부터 통보받은 모든 비준·선언 및 폐기에 관한 등록사항을 기구의 모든 회원국에 통고한다.

2. 국제노동사무국장은 두번째의 비준등록 통보를 받아 회원국에 통고할 경우 협약의 발효일에 대하여 기구 회원국의 주의를 환기한다.

제11조

국제노동사무국장은 위 조항들의 규정에 의하여 등록된 모든 비준서, 선언서 및 폐기서의 명세를 국제연합헌장 제102조에 의하여 등록을 위하여 국제연합사무총장에게 통보한다.

제12조

국제노동사무국 이사회는 필요하다고 인정되는 경우 협약의 이행에 관한 보고서를 총회에 제출하며, 협약의 전부 또는 일부의 개정에 관한 문제를 총회의 의제로 상정할 것인지를 심의한다.

제13조

1. 총회가 이 협약의 전부 또는 일부를 개정하는 새로운 협약을 채택하는 경우, 새로운 협약에 달리 규정되지 아니하는 한

가. 회원국이 새로운 개정협약의 비준으로 새로운 개정협약이 발효하였을 때 제9조의 규정에 불구하고 당연히 이 협약은 즉시 폐기된다.

나. 이 협약은 새로운 개정협약의 발효일부터 더 이상 회원국의 비준대상이 되지 아니한다.

2. 이 협약을 비준하였으나 새로운 개정협약을 비준하지 아니한 회원국에 대하여 이 협약은 현재의 형식 및 내용으로 계속 유효하다.

제14조

이 협약의 영문본 및 불어본은 동등하게 정본으로 한다.

29. 취업 최저연령에 관한 협약(ILO 협약 제138호)

1973.6.26 채택/ 1976.6.19 발효/ 당사국 수 150/ 대한민국 적용일 2000.1.28.

국제노동기구 총회는,

국제노동사무국 이사회가 1973년 6월 6일 제네바에서 소집한 제58차 회기에서,

회기 의사일정의 제4의제인 취업최저연령에 관한 제안의 채택을 결정하고,

1919년 최저연령(공업)협약, 1920년 최저연령(해상)협약, 1921년 최저연령(농업)협약, 1921년 최저연령(석탄부및화부)협약, 1932년 최저연령(비공업적노무)협약, 1936년 최저연령(해상)협약(개정), 1937년 최저연령(공업)협약(개정), 1937년 최저연령(비공업적노무)협약(개정), 1959년 최저연령(어선원)협약 및 1965년 최저연령(갱내작업)협약의 내용에 유의하고,

아동의 노동을 전면 폐지하기 위하여 제한적인 경제부문에 적용되는 기존의 협약을 대체할 일반적인 협약을 마련할 시기가 도래하였음을 고려하고,

이 제안이 국제협약의 형식을 취할 것을 결의하여,

1973년의 최저연령협약이라고 하는 다음의 협약을 1973년 6월 26일 채택한다.

제1조

이 협약을 시행하는 회원국은 아동의 노동이 효과적으로 폐지되도록 보장하고 취업최저연령이 청소년의 완전한 신체적·정신적 발달에 부합하는 수준이 되도록 이를 점진적으로 상향화하기 위한 국내정책을 추구할 것을 약속한다.

제2조

1. 이 협약을 비준하는 회원국은 비준서에 첨부되는 선언에 자국 영토의 취업최저연령, 그리고 자국의 영토에서 등록된 수송수단을 지정한다. 이 협약 제4조 내지 제8조에 의하여, 상기 취업최저연령미만인 자는 어떠한 직업의 노무에도 취업할 수 없다.

2. 이 협약을 비준한 회원국은 차후에 추가선언을 통하여 그 이전에 지정한 최저연령보다 높은 연령을 지정하였음을 국제노동사무국 사무총장에게 통보한다.

3. 이 조 제1항에 의하여 지정된 취업최저연령은 최소한 의무교육을 완료하는 연령이상이어야 하며, 어떠한 경우에도 15세미만이어서는 아니된다.

4. 이 조 제3항의 규정에 불구하고, 경제 및 교육체계가 충분히 발달되지 못한 회원국은 시행 초기의 최저연령을 14세로 정할 수 있다. 이를 위하여 회원국은 관련 사용자 및 노동자 단체가 존재하는 경우, 이들과 협의한다.

5. 전항의 규정에 의하여 최저연령을 14세로 지정한 회원국은 국제노동기구헌장 제22조에 의하여 제출되는 이 협약의 적용에 관한 보고서에 다음의 내용을 포함시킨다.

가. 최저연령을 14세로 정하게 된 사유 또는

나. 기술한 일자부터 문제의 규정을 원용할 권리의 포기

제3조

1. 노무의 성격 또는 그것이 이루어지는 환경으로 인하여 청소년의 건강·안전 또는 도덕이 위태로와질 수 있는 경우, 동 노무의 취업최저연령은 18세 미만이어서는 아니된다.

2. 이 조 제1항이 적용되는 노무의 형태는 국내법령·규칙 또는 권한있는 기관에 의하여 결정된다. 이를 위하여 상기 기관은 관련 사용자 및 노동자 단체가 존재하는 경우, 이들과 협의한다.

3. 이 조 제1항의 규정에 불구하고, 국내법령·규칙 또는 권한있는 기관은 청소년의 건강·안전 및 도덕이 완전하게 보호되며 이들이 관련 활동분야에서 충분한 구체적 지도 또는 직업훈련을 받았음을 조건으로, 16세부터 노무를 허가할 수 있다. 이를 위하여 상기 기관은 관련 사용자 및 노동자 단체가 존재하는 경우, 이들과 협의한다.

제4조

1. 권한있는 기관은 이 협약의 적용상 특별하고 실질적인 문제가 발생하는 제한된 부문의 노무에 대하여는 필요한 정도로 이 협약의 적용을 배제할 수 있다. 이를 위하여 상기 기관은 관련 사용자 및 노동자 단체가 존재하는 경우, 이들과 협의한다.

2. 이 협약을 비준하는 회원국은 국제노동기구헌장 제22조에 의하여 제출되는 협약의 적용에 관한 제1차 보고서에 이 조 제1항에 의하여 협약의 적용이 배제된 부문을 열거하고, 그 이유를 설명하며, 후속보고서에서는 적용이 배제된 부문에 관한 자국의 법령과 관행, 그리고 이러한 부문과 관련하여 협약이 적용되는 정도를 제시한다.

3. 이 협약 제3조의 적용을 받는 노무에 대하여는 이 조에 의하여 이 협약의 적용이 배제되지 아니한다.

제5조

1. 경제 및 행정체계가 충분히 발달되지 못한 회원국은 시행초기에 이 협약의 적용범위를 제한할 수 있다. 이를 위하여 회원국은 관련 사용자 및 노동자 단체가 존재하는 경우, 이들과 협의한다.

2. 이 조 제1항의 규정을 이용하는 회원국은 비준서에 첨부된 선언에서 자국이 이 협약의 규정을 적용할 경제활동분야 또는 사업형태를 명시한다.

3. 이 협약의 규정은 최소한 다음에 대하여 적용된다.

광업·채석업, 제조업, 건설업, 전기·가스 및 수도사업, 위생업, 운송·저장 및 통신업, 그리고 주로 상업목적의 생산을 하는 플랜테이션 및 여타 농업사업중 자급자족목적의 생산을 하며 정기적으로 임금노동자를 고용하지 아니하는 소규모 소유지생산을 제외한 것.

4. 이 조에 의하여 이 협약의 적용범위를 제한한 회원국은

가. 국제노동기구헌장 제22조에 의한 자국의 보고서에 이 협약의 적용범위에서 제외된 활동부문 안의 청소년과 아동의 노무에 대한 일반적인 입장 및 이 협약 규정의 보다 광범위한 적용을 위하여 이루어진 진전을 제시한다.

나. 국제노동사무국장 앞으로의 선언으로 언제든지 적용범위를 공식적으로 확장할 수 있다.

제6조

이 협약은 일반·직업 또는 기술교육 학교 또는 기타 훈련기관의 아동과 청소년에 의하여 이루어지는 작업에는 적용되지 아니한다. 이 협약은 또한 최소한 14세 이상의 자가 다음의 일환으로 사업장에서 행한 작업에는 적용되지 아니한다. 다만, 이러한 작업은 권한있는 기관이 정한 조건에 따라 행하여져야 한다. 이를 위하여 상기 기관은 관련 사용자 및 노동자 단체가 존재하는 경우, 이들과 협의한다.

가. 학교 또는 훈련기관이 일차적인 책임을 지는 교육 또는 훈련과정

나. 주로 또는 전적으로 사업장에서 이루어지는 훈련프로그램으로서 권한있는 기관이 승인한 것, 또는

다. 직업 또는 훈련계통의 선택을 용이하게 하기 위한 지도 또는 교육 프로그램

제7조

1. 국내 법령 또는 규칙은 13세 내지 15세인 자가 다음과 같은 경노무에 종사하는 것을 허용할 수 있다.

가. 그들의 건강 및 발달에 유해하지 아니하고

나. 학교 출석, 소관관청이 승인한 직업지도나 훈련프로그램에의 참여, 또는 이들이 받은 지도로부터 이익을 누릴 역량을 저해하지 아니하는 정도의 작업

2. 국내 법령 또는 규칙은 의무교육을 마치지 아니한 최소한 15세의 자가 이 조 제1항의 가목 및 나목에서 정한 요구사항을 충족하는 노무에 종사하는 것을 허용할 수 있다.

3. 권한있는 기관은 이 조 제1항 및 제2항에 의하여 노무가 허용되는 활동을 결정하고, 이러한 노무가 이루어질 시간수 및 조건을 정한다.

4. 이 조 제1항 및 제2항의 규정에 불구하고, 제2조제4항의 규정을 원용한 회원국은 동 규정을 원용하는 동안에는 이 조 제1항의 13세와 15세를 12세와 14세로, 그리고 제2항의 15세를 14세로 각각 대체할 수 있다.

제8조

1. 권한있는 기관은 예술공연에의 참여와 같은 목적을 위하여, 개별 사안에 대하여 부여되는 허가를 통하여 이 협약 제2조가 규정한 노무의 금지에 대한 예외를 허용한다. 이를 위하여 상기 기관은 관련 사용자 및 노동자 단체가 존재하는 경우, 이들과 협의한다.

2. 허가 부여시에는 취업 또는 작업이 허용되는 시간수를 제한하고, 그 조건을 정한다.

제9조

1. 권한있는 기관은 이 협약 규정의 효과적인 시행을 보장하기 위하여, 적절한 처벌부과를 포함한 모든 필요한 조치를 취한다.

2. 국내 법령이나 규칙 또는 권한있는 기관은 이 협약의 시행규정을 준수할 책임이 있는 자를 정한다.

3. 국내 법령이나 규칙 또는 권한있는 기관은 사용자에 의하여 보관되고 제공되는 대장 또는 기타 문서에 관하여 규정한다. 이러한 대장 또는 문서에는 사용자가 고용하고 있는 자 또는 사용자를

위하여 종사하고 있는 자로서 18세미만인 자의 정당하게 인증된 성명 및 연령 또는 생년월일이 기재되어야 한다.

제10조

1. 이 협약은 이 조에 규정된 조건에 따라 1919년 최저연령(공업)협약, 1920년 최저연령(해상)협약, 1921년 최저연령(농업)협약, 1921년 최저연령(석탄부및화부)협약, 1932년 최저연령(비공업적노무)협약, 1936년 최저연령(해상)협약(개정), 1937년 최저연령(공업)협약(개정), 1937년 최저연령(비공업적노무)협약(개정), 1959년 최저연령(어선원)협약 및 1965년 최저연령(갱내작업)협약을 개정한다.

2. 이 협약의 발효는 1936년 최저연령(해상)협약(개정), 1937년 최저연령(공업)협약(개정), 1937년 최저연령(비공업적노무)협약(개정), 1959년 최저연령(어선원)협약 및 1965년 최저연령(갱내작업)협약의 추가 비준을 마감시키지 아니한다.

3. 1919년 최저연령(공업)협약, 1920년 최저연령(해상)협약, 1921년 최저연령(농업)협약 및 1921년 최저연령(석탄부및화부)협약은 각 협약의 모든 당사국이 이 협약을 비준함으로써, 또는 국제노동사무국장에게 송부되는 선언으로써 상기 협약들의 이러한 비준 마감에 동의하는 경우, 추가 비준이 마감된다.

4. 이 협약이 발효한 시점부터 다음의 해당 협약은 즉시 폐기된다.

가. 1937년 최저연령(공업)협약(개정)의 당사국인 회원국이 이 협약의 의무를 수락하였으며 이 협약 제2조에 의하여 15세 이상의 최저연령을 지정한 경우

나. 1932년 최저연령(비공업적노무)협약의 당사국인 회원국이 동 협약에서 정의된 비공업적 노무에 관하여 이 협약의 의무를 수락한 경우

다. 1937년 최저연령(비공업적노무)협약(개정)의 당사국인 회원국이 동 협약에서 정의된 비공업적 노무에 관하여 이 협약의 의무를 수락하였으며 이 협약 제2조에 의하여 15세 이상의 최저연령을 지정한 경우

라. 1936년 최저연령(해상)협약(개정)의 당사국인 회원국이 해상 노무에 관하여 이 협약의 의무를 수락하였으며 이 협약 제2조에 의하여 15세 이상의 최저연령을 지정한 경우, 또는 동 회원국이 이 협약의 제3조가 해상 노무에 적용됨을 명시한 경우

마. 1959년 최저연령(어선원)협약의 당사국인 회원국이 어업에 관하여 이 협약의 의무를 수락하였으며 이 협약 제2조에 의하여 15세 이상의 최저연령을 지정한 경우, 또는 동 회원국이 이 협약의 제3조가 어업에 적용됨을 명시한 경우

바. 1965년 최저연령(갱내작업)협약의 당사국인 회원국이 이 협약의 의무를 수락하였으며 이 협약 제2조에 의하여 1965년 최저연령(갱내작업)협약상의 최저연령을 상회하는 최저연령을 지정한 경우, 또는 동 회원국이 이 협약의 제3조가 어업에 적용됨을 명시한 경우

제11조

이 협약의 정식 비준서는 등록을 위하여 국제노동사무국장에게 송부된다.

제12조

1. 이 협약은 국제노동사무국장에게 비준이 등록된 국제노동기구 회원국만을 기속한다.

2. 이 협약은 2개 회원국이 사무국장에게 비준을 등록한 날부터 12월후에 발효한다.

3. 협약의 발효후에 비준한 회원국에 대하여, 이 협약은 비준서를 등록한 날부터 12월후에 발효한다.

제13조

1. 이 협약을 비준한 회원국은 이 협약의 발효일부터 10년이 지난 후 국제노동사무국장에게 문서를 등록함으로써 협약을 폐기할 수 있다. 협약의 폐기는 등록일부터 1년후에 발효한다.

2. 이 협약을 비준하고 제1항의 규정에 의한 10년이 지난 후 1년안에 이 조에 규정된 폐기권을 행사하지 아니한 회원국은 다시 10년간 협약의 기속을 받으며 그 후 10년의 기간이 만료할 때마다 이 조에 규정된 조건에 따라 협약을 폐기할 수 있다.

제14조

1. 국제노동사무국장은 국제노동기구의 회원국으로부터 통보받은 모든 비준, 선언 및 폐기에 관한 등록사항을 기구의 모든 회원국에 통고한다.

2. 국제노동사무국장은 두번째의 비준등록통보를 받아 회원국에 이를 통고할 경우 협약의 발효일에 대하여 기구 회원국의 주의를 환기한다.

제15조

국제노동사무국장은 위 조항들의 규정에 의하여 등록된 모든 비준서, 선언서 및 폐기서의 명세를 국제연합헌장 제102조에 의하여 등록을 위하여 국제연합사무총장에게 통보한다.

제16조

국제노동사무국 이사회는 필요하다고 인정되는 경우에 협약의 이행에 관한 보고서를 총회에 제출하며, 협약의 전부 또는 일부의 개정에 관한 문제를 총회의 의제로 상정할 것인지를 심의한다.

제17조

1. 총회가 이 협약의 전부 또는 일부를 개정하는 새로운 협약을 채택하는 경우, 새로운 협약에 달리 규정되지 아니하는 한

가. 회원국이 새로운 협약의 비준으로 새로운 개정협약이 발효하는 때에 제9조의 규정에 불구하고 당연히 이 협약은 즉시 폐기된다.

나. 이 협약은 새로운 개정협약의 발효일부터 더 이상 회원국의 비준대상이 되지 아니한다.

2. 이 협약을 비준하였으나 새로운 개정협약을 비준하지 아니한 회원국에 대하여는 이 협약은 현재의 형식 및 내용으로 계속 유효하다.

제18조

이 협약의 영문본 및 불어본은 동등하게 정본으로 한다.

30. 가혹한 형태의 아동노동금지와 근절을 위한 즉각적인 조치에 관한 협약(ILO 협약 제182호)

1999.6.17 채택/ 2000.11.19 발효/ 당사국 수 168/ 대한민국 적용일 2002.3.29.

국제노동기구 총회는,

국제노동사무국 이사회에 의하여 제네바에서 소집되어 1999년 6월 1일 제87차 회의를 개최하였고,

아동노동에 관한 기본적 문서인 1973년최저고용연령에관한협약 및 권고의 보완을 위하여 국제협력과 지원을 포함한 국내적·국제적 조치가 우선 필요한 과제로서 가혹한 형태의 아동노동을 금지·근절하기 위한 새로운 문서를 채택할 필요성을 고려하며,

가혹한 형태의 아동노동을 효과적으로 근절하기 위하여는 무상기초교육이 갖는 중요성과 관련 아동을 그러한 노동으로부터 분리시키고, 가족의 생계문제에 유념하면서 분리된 아동의 재활 및 사회적 통합의 촉진을 위한 즉각적·포괄적인 조치의 필요성을 고려하고,

1996년 제83차 국제노동기구 총회에서 채택된 아동노동의 근절에 관한 결의를 상기하며,

아동노동이 주로 빈곤에 기인하며 그 장기적인 해결책은 지속적인 경제성장을 통한 사회발전, 특히 빈곤 완화와 범국민적 교육에 의존함을 인식하고,

1989년 11월 20일 국제연합 총회에서 채택된 아동의권리에관한협약을 상기하며,

1998년 제86차 국제노동기구 총회에서 채택된 작업장에서의기본원칙과 권리에관한국제노동기구선언 및 후속조치를 상기하고,

가혹한 형태의 아동노동중 일부가 기타 국제문서, 특히 1930년강제노동협약 및 1956년노예제·노예무역·노예제와유사한제도및관행의폐지에관한국제연합보충협약으로 규율되고 있음을 상기하며,

이 회의의 의사일정 제4의제인 아동노동에 관한 몇가지 제안을 채택할 것과 이러한 제안이 국제협약의 형식을 취하여야 할 것을 결정하면서,

1999년가혹한형태의아동노동협약이라고 부를 다음의 협약을 1999년 6월 17일 채택한다.

제1조

이 협약을 비준하는 각 회원국은 긴급한 사안으로서 가혹한 형태의 아동노동을 금지·근절하기 위한 즉각적이고 효과적인 조치를 취하여야 한다.

제2조

이 협약의 목적상, "아동"이라 함은 18세 미만의 모든 자를 말한다.

제3조

이 협약의 목적상, "가혹한 형태의 아동노동"은 다음 각목의 노동을 말한다.

가. 모든 형태의 노예제 또는 아동매매·밀매·채무담보·농노 및 무력분쟁에 사용하기 위한 아동의 강제·의무징용을 포함하는 강제 또는 의무노동과 같은 노예제와 유사한 관행

나. 매매춘·음란물제작 및 음란행위를 위한 아동의 사용·조달 및 제공

다. 특히, 관련 국제조약에 정의된 약물의 생산·밀매 등 불법활동을 위한 아동의 사용·조달 및 제공

라. 수행되는 작업의 성격 및 환경상 아동의 건강·안전 및 도덕성을 저해할 개연성이 있는 작업

제4조

1. 제3조 라목의 규정에 의한 작업의 종류는 관련 국제기준, 특히 1999년가혹한형태의아동노동권고 제3항 및 제4항을 고려하면서 관련 노사단체의 의견을 수렴하여 국내법령 또는 권한있는 기관에 의하여 결정되어야 한다.

2. 권한있는 기관은 관련 노사단체의 의견을 수렴하여, 이와 같이 결정된 종류의 작업이 어느 곳에서 이루어지고 있는지를 파악하여야 한다.

3. 이 조 제1항의 규정에 의하여 결정된 작업의 종류에 관한 목록은 관련 노사단체의 의견이 수렴되어 정기적으로 검토되어야 하고, 필요한 경우 수정되어야 한다.

제5조

각 회원국은 노사단체의 의견을 수렴하여 이 협약에 효력을 부여하는 규정의 이행을 감독할 적절한 수단을 마련하거나 지정하여야 한다.

제6조

1. 각 회원국은 우선 과제로서 가혹한 형태의 아동노동을 근절하기 위한 행동계획을 수립·시행하여야 한다.

2. 이러한 행동계획은 관련 정부기관과의 협의 및 노사단체의 의견수렴을 통하여, 그리고 적절하다고 판단되는 경우에는 기타 관련 단체의 견해가 수렴되어 수립·시행되어야 한다.

제7조

1. 각 회원국은 형벌규정 또는 적절하다고 판단되는 경우에는 기타 제재 조항을 포함하여, 이 협약에 효력을 부여하는 조항을 효과적으로 시행·집행하기 위하여 모든 필요한 조치를 취하여야 한다.

2. 각 회원국은 아동노동을 근절하는데 있어 교육이 갖는 중요성을 고려하여, 효과적이고 한시적인 다음 각목의 조치를 취하여야 한다.

가. 아동이 가혹한 형태의 아동노동에 종사하는 것을 방지할 것

나. 가혹한 형태의 아동노동으로부터 아동을 분리하고 분리된 아동의 재활과 사회적 통합을 위하여 필요하고 적절한 직접적 지원을 제공할 것

다. 가혹한 형태의 아동노동으로부터 분리된 아동에게 무상기초교육과, 가능하고 적절한 경우에

　는 언제나 직업훈련의 기회를 보장할 것

라. 특별한 위험에 처하여 있는 아동을 파악하여 원조할 것

마. 소녀들의 특별한 상황을 고려할 것

3. 각 회원국은 이 협약에 효력을 부여하는 규정의 이행을 책임지는 권한있는 기관을 지정하여야 한다.

제8조

회원국은 사회경제개발, 빈곤퇴치 프로그램 및 범국민적 교육에 대한 지원을 포함한 국제협력·지원의 강화를 통하여 이 협약의 규정에 효력을 부여하는데 있어 상호지원할 수 있는 적절한 조치를 취하여야 한다.

제9조

이 협약의 공식 비준서는 등록을 위하여 국제노동사무국장에게 송부된다.

제10조

1. 이 협약은 국제노동사무국장에게 비준서가 등록된 국제노동기구 회원국만을 구속한다.

2. 이 협약은 2개의 회원국이 국제노동사무국장에게 비준서를 등록한 날부터 12월 후에 발효한다.

3. 이 협약의 발효 후에 비준한 회원국의 경우에는 이 협약의 비준서를 등록한 날부터 12월후에 발효한다.

제11조

1. 이 협약을 비준한 회원국은 협약의 발효일부터 10년의 기간이 경과하여 국제노동사무국장에게 문서로 등록함으로써 협약을 탈퇴할 수 있다. 협약의 탈퇴는 등록일부터 1년 후에 발효한다.

2. 이 협약을 비준하고 제1항에 규정된 10년의 기간이 경과한 후 1년 이내에 이 조에 규정된 탈퇴권을 행사하지 아니한 회원국은 다시 10년의 기간동안 이 협약에 구속되며, 그 후 10년의 기간이 경과할 때마다 이 조에 규정된 조건에 따라 이 협약을 탈퇴할 수 있다.

제12조

1. 국제노동사무국장은 국제노동기구의 회원국으로부터 통보받은 모든 비준 및 탈퇴에 관한 등록사항을 모든 회원국에게 통보한다.

2. 국제노동사무국장은 두번째 비준의 등록을 회원국에게 통보하는 경우, 협약의 발효일에 대하여 회원국의 주의를 환기시킨다.

제13조

국제노동사무국장은 위 조항들의 규정에 따라 등록된 모든 비준서 및 탈퇴서의 명세를 국제연합 사무총장에게 국제연합헌장 제102조의 규정에 의한 등록을 위하여 통지한다.

제14조

국제노동사무국 이사회는 필요하다고 인정하는 경우, 이 협약의 이행에 관한 보고서를 총회에 제출하고, 협약의 전부 또는 일부의 개정에 관한 문제를 총회의 의제로 상정하는 것이 바람직한지를 심의한다.

제15조

1. 국제노동기구 총회는 이 협약의 전부 또는 일부를 개정하는 신 협약을 채택하는 경우, 그 신 협약에 달리 규정되어 있지 아니하는 한,

(가) 회원국이 신 개정협약을 비준하는 경우, 이 협약은 제11조의 규정에도 불구하고 신 개정협약이 발효하는 때에 그 회원국에 대하여 법률상 당연히 폐기된다.

(나) 이 협약은 신 개정협약의 발효일부터 회원국에 의한 비준절차가 중단된다.

2. 이 협약을 비준하였으나 신 개정협약을 비준하지 아니한 회원국의 경우에는 이 협약이 현재의 형식 및 내용으로 계속 유효하다.

제16조

이 협약문의 영어본 및 불어본은 이를 동등하게 정본으로 한다.

의 직접적인 대표자는 그러한 역무의 필요성에 관하여 상의를 받을 권리가 있다.

제3조

이 협약에서 "담당기관"이라 함은 본국의 기관 또는 해당지역의 최고위 중앙기관을 말한다.

제4조

1. 담당기관은 사인·회사 또는 단체의 이익을 위하여 강제적 또는 의무적 노동을 부과하거나 이의 부과를 허가할 수 없다.

2. 회원국이 협약의 비준을 국제노동기구 사무총장에게 등록하였을 때 사인·회사 또는 단체의 이익을 위한 강제적 또는 의무적 노동이 존재하는 경우, 회원국은 협약이 자국에 대하여 발효하는 날부터 강제적 또는 의무적 노동을 완전히 폐지하여야 한다.

제5조

1. 사인·회사 또는 단체에 부여된 양허에 사인·회사 또는 단체가 이용하거나 거래하는 생산물의 생산이나 수집을 위한 어떠한 형태의 강제적 또는 의무적 노동도 포함되어서는 아니된다.

2. 강제적 또는 의무적 노동에 관한 조항을 포함하는 양허가 있을 경우, 이 협약 제1조를 준수하기 위하여 가능한 한 신속하게 이 조항은 폐지되어야 한다.

제6조

행정 공무원은 비록 그가 자신의 책임 하에 있는 주민을 어떠한 형태의 노동에 종사하도록 장려하는 직무를 갖는 경우라고 하더라도, 주민 또는 그중 일부에 대해서 사인, 회사 또는 단체를 위하여 노동하도록 강제하여서는 아니된다.

제7조

1. 행정부의 기능을 행사하지 않는 장은 강제적 또는 의무적 노동을 활용할 수 없다.

2. 행정부의 기능을 행사하는 장은 담당기관의 명시적 허가를 받아 이 협약 제10조의 규정을 따르는 것을 조건으로 강제적 또는 의무적 노동을 활용할 수 있다.

3. 적법하게 승인을 받은 장으로서 다른 형태로 적절한 보수를 받지 아니하는 자는 개인의 역무를 활용할 수 있으나, 단 적절한 규정을 준수하여야 하며, 남용의 방지를 위한 모든 필요한 조치가 취하여져야 한다.

제8조

1. 강제적 또는 의무적 노동을 활용하려는 모든 결정에 대한 책임은 해당지역에서의 최고 시정기관에 부여된다.

2. 다만 그 기관은 노동자의 평상시 거주지로부터의 이전을 수반하지 아니하는 강제적 또는 의무적 노동을 부과할 권한을 지방 최고기관에 위임할 수 있다. 또한 그 기관은 직무수행중인 행정 공무원의 이전을 용이하게 하기 위하여나 정부 저장품의 수송을 위하여 노동자의 평상시 거주지로부터의 이전을 수반하는 강제적 또는 의무적 노동을 부과할 권한을 이 협약 제23조에 의한 규정에 마련된 기간과 조건에 따라 지방 최고기관에 위임할 수 있다.

제9조

이 협약 제10조에 달리 규정된 경우를 제외하고는 강제적 또는 의무적 노동을 부과할 권한이 있는 기관은 이의 활용을 결정하기에 앞서 다음 각호를 확인하여야 한다:

가. 실시될 노동 또는 역무가 이를 필요로 하는 공동체의 중대한 직접적인 이해관계가 있을 것;

나. 당해 노동 또는 역무가 당장 또는 급박하게 필요할 것;

다. 유사한 노동이나 역무에 대하여 해당지역에서 시행되는 조건보다 불리하지 않은 임금 및 노동조건을 제시하더라도 그러한 노동이나 역무를 수행하기 위한 임의 노동을 구할 수 없을 것;

라. 이용가능한 노동력과 주민의 업무 담당능력을 감안할 때, 이러한 노동이나 역무가 현재의 주민에게 과도한 부담을 주지 않을 것.

제10조

1. 세금으로서 부과되는 강제적 또는 의무적 노동과 행정부의 기능을 행사하는 장에 의하여 공공사업의 수행을 위해 활용되는 강제적 또는 의무적 노동은 점진적으로 폐지되어야 한다.

2. 그동안 강제적 또는 의무적 노동이 세금으로서 부과되는 경우와 강제적 또는 의무적 노동이 행정부의 권한을 행사하는 장에 의하여 공공사업의 수행을 위하여 활용되는 경우 해당기관은 우선 다음 각호를 확인하여야 한다:

가. 실시될 노동 또는 역무가 이를 필요로 하는 공동체의 중대한 직접적인 이해관계가 있을 것;

나. 당해 노동 또는 역무가 당장 또는 급박하게 필요할 것;

다. 이용할 수 있는 노동력 및 현재의 주민들이 이러한 업무를 행할 능력을 고려하여 이러한 노동 또는 역무가 주민들에게 과중한 부담을 주지 않을 것;

라. 당해 노동 또는 역무가 노동자들을 그들의 상거주지로부터 이전시키지 아니할 것;

마. 당해 노동 또는 역무의 수행이 종교, 사회생활, 농업의 긴급 사정에 맞추어 지시될 것.

제11조

1. 명백한 연령이 18세 이상 45세 이하인 건장한 성인남자만이 강제적 또는 의무적 노동에 소집될 수 있다. 이 협약 제10조에 규정된 종류의 노동을 제외하고는 다음 각호의 제한 및 조건을 따라야 한다:

가. 행정부가 임명한 의사가 해당자는 전염병에 걸리지 않았으며, 해야 할 작업과 업무 조건에 신체적으로 적합하다고 사전에 결정하는 것이 언제나 가능하여야 함;

나. 학교교사와 학생, 행정부의 공무원은 일반적으로 제외함;

다. 각 지역 별로 가족생활 및 사회생활에 불가결한 건장한 남자의 수를 유지할 것;

라. 부부 및 가족관계를 존중할 것.

2. 전항 다호의 적용을 위하여 이 협약 제23조에 의한 규정은 1회에 강제적 또는 의무적 노동에 소집할 수 있는 건장한 성인 남자주민의 비율을 지정하여야 한다. 다만 이 비율은 어떠한 경우에도 25%를 초과할 수 없다. 이 비율을 결정함에 있어서 담당기관은 인구밀도, 사회적·신체적 발달, 계절 및 해당자가 그 지역에서 자신의 생계를 위해 하여야 업무를 고려하여야 하며, 일반적으로 해당지역의 일상생활상의 경제적·사회적 필요를 유의하여야 한다.

제12조

1. 어떠한 자가 12개월의 기간중 모든 종류의 강제적 또는 의무적 노동에 소집될 수 있는 최장기간은 근무장소를 왕복하는 데 소요되는 기간을 포함하여 60일을 초과할 수 없다.

2. 강제적 또는 의무적 노동을 부과당한 노동자는 자신이 완료한 노동기간을 표시한 증명서를 교부받는다.

제13조

1. 강제적 또는 의무적 노동이 부과되는 자의 일반 노동시간은 통상적인 임의노동의 경우와 동일하여야 하며, 통상 노동시간을 초과한 근무시간에 대해서는 임의노동의 초과 시간과 동일한 비율의 보수가 지급되어야 한다.

2. 여하한 종류의 강제적 또는 의무적 노동이 부과되는 모든 자에 대하여 주당 1일의 휴일이 부여되어야 하며, 휴일은 해당 지역 또는 지방의 전통이나 관습으로 정해진 날과 가능한 한 일치하여야 한다.

제14조

1. 이 협약 제10조에 규정된 경우를 제외하고는 모든 종류의 강제적 또는 의무적 노동에 대하여는 노동력이 사용된 지역과 노동력이 소집된 지역 어느 쪽이 높던 유사한 노동에 대한 통상적인 보수보다 낮지 않은 비율의 보수가 현금으로 지불되어야 한다.

2. 행정부의 기능을 행사하는 장에 의하여 활용된 노동의 경우 전항의 규정에 따른 임금의 지급은 가능한 한 신속하게 이루어져야 한다.

3. 임금은 각 노동자에게 개별적으로 지급되어야 하며, 부족 대표 또는 기타의 기관에게 지급되어서는 아니된다.

4. 임금지급에 있어서 근무장소로의 왕복에 소요되는 일수는 노동일수로 계산된다.

5. 본조는 통상적인 배급을 임금의 일부로 지급하는 것을 금하지 아니하나, 이러한 배급은 적어도 그에 해당하는 금액과 동등한 가치를 지녀야 한다. 다만 세금의 지급이나 특수한 근무조건 하에서의 적절한 작업수행을 위하여 노동자에게 공급되는 특수한 음식물, 피복 또는 숙소, 기타 작업도구의 공급 등은 임금에서 공제되지 아니한다.

제15조

1. 노동자의 근무중 발생한 사고나 질병의 보상에 관한 법령과 사망하거나 노동능력 상실자의 피부양자의 보상에 대한 법령으로 해당지역에 발효중이거나 발효 예정인 것은 강제적 또는 의무적 노동이 부과된 자와 임의 노동자에게 동등하게 적용된다.

2. 근무중 발생한 사망이나 질병으로 자신을 부양할 능력의 전부 또는 일부를 상실한 자의 생활을 보장하고, 근무중 발생한 노동능력 상실이나 사망 사고를 당한 노동자의 피부양자의 생계유지를 보장할 조치를 취하는 것은 어느 경우에나 노동자를 강제적 또는 의무적 노동에 사용한 기관의 의무이다.

제16조

1. 특별히 필요한 경우 이외에는 강제적 또는 의무적 노동이 부과된 자는 음식물과 기후가 그가 익숙한 곳과 현저히 달라 건강을 해치게 되는 지역으로 이송되어서는 아니된다.

2. 노동자를 상황에 적응시키고 그의 건강을 보호하기 위하여 필요한 위생 및 숙박에 관한 모든 조치가 엄격하게 실시되지 아니하면, 노동자의 이송은 어떠한 경우에도 허용되지 아니한다.

3. 그러한 이송이 불가피한 경우에는 권한있는 의사의 권고에 따라 음식물 및 기후의 새로운 상황에 차츰 적응시키는 조치를 취하여야 한다.

4. 노동자가 익숙하지 아니한 정규업무를 하여야 할 경우, 특히 점진적 훈련, 근무시간 및 휴식시간의 마련, 음식물의 추가 및 개선에 관하여 필요한 조치 등 적응을 보장하기 위한 조치가 취하여져야 한다.

제17조

노동자가 근무지에 상당기간 체류해야 되는 건설이나 관리작업을 위하여 강제적 또는 의무적 노동의 활용을 허가하기에 앞서 담당기관은 다음 사항을 확인하여야 한다:

(1) 노동자의 건강을 보호하고 필요한 의료조치를 보장하기 위하여 필요한 모든 조치, 특히 (가) 노동자가 근무를 개시하기 전 또는 근무기간중 정기적으로 의료 검사를 받을 것. (나) 모든 수요에 부응하는 데 필요한 약국, 진료실, 병원 및 설비와 함께 충분한 의료요원이 존재할 것. (다) 근무장소의 위생상태와 음료수, 식품, 연료, 취사도구 및 필요한 경우에는 주거와 피복의 공급이 만족스러울 것.

(2) 특히 노동자의 요청이나 동의에 따라 임금의 일부를 안전한 방법으로 가족에게 송금할 수 있게 함으로써 노동자 가족의 생계를 확보하기 위한 명확한 조치가 취하여 질 것;

(3) 노동자의 근무지로의 왕복은 행정부의 비용과 책임 하에 이루어지며, 행정부는 이용가능한 운송수단을 완전하게 활용함으로써 여행의 편의를 도모하여야 한다;

(4) 일정기간 노동능력의 상실을 초래하는 질병 또는 사고가 발생한 경우, 노동자는 정부의 비용으로 송환된다;

(5) 노동자가 강제적 또는 의무적 노동기간의 만료시 임의 노동자로 남고자 한다면 그는 무료로 송환될 수 있는 권리를 2년간 상실하지 않으면서 이를 허용받는다.

제18조

1. 화물 운반인이나 선원 같이 사람 또는 화물 운송을 위한 강제적 또는 의무적 노동은 가능한한 빨리 폐지되어야 한다. 유지기간 동안 담당기관은 다음 사항을 정하는 규정을 공포하여야 한다. (가) 그러한 노동은 직무수행중인 공무원의 이동을 용이하게 하기 위한 경우, 정부 저장품의 운송을 위한 경우 또는 매우 긴급한 필요가 있는 경우 공무원 이외의 자의 수송을 위한 경우에만 이용한다, (나) 의학적 검사가 가능한 경우, 투입되는 노동자가 신체적으로 적합함이 의학적으로 입증되어야 한다. 이러한 의학적 검사의 실행이 어려운 경우에는 노동자를 사용하는 자가 그들이 신체적으로 적합하고 전염성 질병에 걸리지 않았음을 보장할 책임을 진다, (다) 노동자가 운반할 수 있는 최대 하중, (라) 노동자의 가정으로부터 떨어져 소집될 수 있는 최대 거리, (마) 노동자가

가정으로 귀환에 필요한 일수를 포함하여 매달 또는 일정 기간내 소집될 수 있는 최대 일수, (바) 강제적 또는 의무적 노동을 요청할 권한이 있는 자 및 요청할 수 있는 정도.

2. 전항 (다), (라), (마)에 규정한 최대한도를 정함에 있어서 담당기관은 노동자가 소집되는 주민의 신체적 발달, 그들이 여행할 지방의 성격 및 기후조건 등을 포함하여 모든 관련 요소를 감안하여야 한다.

3. 담당기관은 운반할 중량과 가야할 거리 뿐만 아니라 도로의 상태, 계절 및 기타 관련 요소를 모두 고려한 가운데 노동자의 통상적인 하루 이동이 평균 8시간 노동에 합당한 거리를 초과하지 않도록 규정하며, 이동거리가 통상적인 하루 거리를 초과하는 경우 평소보다 높은 비율의 보수가 지급되어야 함을 규정한다.

제19조

1. 담당기관의 강제경작의 허가는 기근이나 식량공급의 부족에 대한 대비수단이며, 식량이나 생산물은 이를 생산하는 개인이나 공동체의 소유로 남을 것을 조건으로 하여야 한다.

2. 법이나 관습에 의하여 생산이 공동체 단위로 조직되고 생산물이나 이의 판매수익이 공동체의 재산으로 남는 경우, 본조가 법이나 관습에 의하여 공동체가 그 구성원에게 요구하는 작업 수행의무를 해제하는 것으로 해석되지 아니한다.

제20조

구성원의 범죄로 공동체가 처벌되는 집단적 처벌법은 처벌수단의 하나로서 공동체에 의한 강제적 또는 의무적 노동에 관한 규정을 포함할 수 없다.

제21조

강제적 또는 의무적 노동은 광산에서의 갱내노동을 위하여 사용될 수 없다.

제22조

이 협약을 비준하는 회원국이 국제노동기구 헌장 제22조의 규정에 따라 이 협약의 규정을 실시하기 위하여 취한 조치에 관하여 사무국에 제출하기로 약속한 연차 보고서는 각 해당지역에 있어서 그 지역에서 강제적 또는 의무적 노동이 활용되는 정도, 이를 이용하는 목적, 질병 및 사망률, 노동시간, 임금 지급방법, 임금 수준 및 기타 관련 자료에 관하여 가능한한 많은 정보를 수록하여야 한다.

제23조

1. 이 협약의 규정을 실시하기 위하여 담당기관은 강제적 또는 의무적 노동의 사용을 규율하는 완전하고도 상세한 규정을 공포하여야 한다.

2. 이러한 규정은 특히 강제적 또는 의무적 노동이 부과된 자로 하여금 노동조건에 관한 여하한 이의도 당국에 제기할 수 있도록 허용하고, 그러한 이의가 심사되고 고려될 것을 보장하는 내용을 포함하여야 한다.

제24조

임의 노동을 감독하기 위하여 설치된 기존 노동감독기관의 임무를 강제적 또는 의무적 노동까지 포함하도록 확장시키거나 기타 다른 적절한 방법을 통하여 강제적 또는 의무적 노동의 활용에 관한 규정이 엄격히 적용될 것을 보장하는 적절한 조치가 언제나 취하여져야 한다. 그 같은 노동이 부과되는 자에게 이러한 규정이 알려지는 것을 보장하는 조치 또한 취해져야 한다.

제25조

강제적 또는 의무적 노동의 불법적인 부과는 형사 범죄로 처벌되어야 하며, 또한 이 협약을 비준하는 회원국은 법에 의하여 부과되는 형벌이 실제로 적절하고도 엄격하게 집행될 것을 보장할 의무가 있다.

제26조

1. 이 협약을 비준하는 국제노동기구 각 회원국은 내부 관할 하의 문제에 영향을 미칠 의무를 수락할 수 있는 권리가 있는 한 자국의 주권, 관할권, 보호권, 종주권, 후견 또는 지배 하에 있는 영역에 이를 적용할 것을 약속한다; 다만 회원국이 국제노동기구 헌장 제35조 규정의 활용을 원한다면, 그 국가는 비준서에 아래 선언을 첨부한다:

가. 협약 규정을 변경없이 적용하려는 지역;

나. 협약 규정을 변경하여 적용하려는 경우 해당지역과 함께 상세한 변경내용;

다. 당사국이 이에 관한 결정을 유보한 지역.

2. 전항의 선언은 비준의 일부분으로 간주되어 비준의 효력을 지닌다. 회원국은 본조 제1항 나호, 다호에 기한 당초 선언에서 한 유보의 전부 또는 일부를 후속선언에 의하여 취소할 수 있다.

제27조

국제노동기구 헌장에 규정된 조건 하에 이 협약의 공식 비준서는 등록을 위하여 국제노동기구 사무국장에게 송부된다.

제28조

1. 이 협약은 국제노동기구 사무국장에게 비준서가 등록된 국제노동기구 회원국만을 구속한다.

2. 이 협약은 2개의 회원국이 사무국장에게 비준서를 등록한 날로부터 12월 후에 발효한다.

3. 이후 비준한 회원국에게는 이 협약의 비준서를 등록한 날로부터 12월 후에 발효한다.

제29조

국제노동기구 2개 회원국의 비준서가 사무국에 등록됨과 동시에 국제노동기구 사무국장은 모든 기구 회원국에게 통보한다. 그는 이후 다른 기구 회원국에 의하여 통지된 비준서의 등록에 대하여도 마찬가지로 통보한다.

제30조

1. 이 협약을 비준한 회원국은 협약의 최초 발효일로부터 10년이 지난 후 국제노동기구 사무국장에게 문서로 등록함으로써 협약을 폐기할 수 있다. 협약의 폐기는 국제노동기구 사무국에 등록일로부터 1년 후 발효한다.

2. 이 협약을 비준하고 제1항의 규정에 의하여 10년이 지난 후 1년 이내에 본조에 규정된 폐기권을 행사하지 아니한 회원국은 다시 5년 동안 이 협약에 구속되며, 그후 5년의 기간이 경과할 때마

다 본조에 규정된 조건에 따라 이 협약을 폐기할 수 있다.

제31조

이 협약의 발효후 매 5년마다 국제노동기구 사무국 이사회는 협약 이행에 관한 보고서를 총회에 제출하고, 협약의 전부 또는 일부의 개정문제를 총회의 의제로 상정하는 것이 바람직한지를 심의한다.

제32조

1. 총회가 이 협약의 전부 또는 일부를 개정하는 새로운 협약을 채택하는 경우, 회원국이 새로운 개정 협약을 비준하게 되면 이 협약 제30조의 규정에도 불구하고 새로운 개정 협약이 발효하는 때 이 협약은 법률상 당연한 폐기된다.

2. 이 협약은 새로운 개정협약의 발효일로부터 더 이상 회원국의 비준대상이 되지 아니한다.

3. 이 협약을 비준하였으나 새로운 개정 협약을 비준하지 않은 회원국에 대하여는 이 협약이 현재의 형식과 내용으로 계속 유효하다.

제33조

이 협약의 영어본과 불어본은 동등하게 정본이다.

24. 결사의 자유 및 단결권 보호 협약
(ILO 협약 제87호)

1948.7.9 채택/ 1950.7.4 발효/ 당사국 수 149/ 대한민국 미가입.

국제노동기구 총회는,

국제노동기구 사무국 이사회가 샌프란시스코에서 소집한 1948년 6월 17일자 제31차 회기에서,

회기일정의 일곱 번째 의제인 결사의 자유 및 단결권 보호에 관한 제안을 국제협약의 형식으로 채택할 것을 결의하고,

국제노동기구 헌장 전문이 "결사의 자유 원칙의 승인"은 근로조건을 향상시키고 평화를 확립하는 수단이라고 선언하고 있음을 고려하고,

필라델피아선언이 "표현의 자유와 결사의 자유는 부단한 진보에 필수적"이라고 재확인하고 있음을 고려하고,

국제노동기구 총회가 제30차 회의에서 국제적 규제의 기초를 이루는 원칙들을 만장일치로 채택하였음을 고려하고,

국제연합 총회가 제2차 회의에서 이 원칙들을 지지하며, 국제노동기구에게 하나 또는 복수의 국제협약을 채택할 수 있도록 모든 노력을 계속할 것을 요청하였음을 고려하여,

1948년 결사의 자유 및 단결권 보호 협약이라고 부르는 다음의 협약을 1948년 7월 9일 채택한다:

제1절 결사의 자유

제1조

이 협약의 적용을 받는 국제노동기구의 회원국은 다음의 규정을 실시할 것을 약속한다.

제2조

노동자 및 사용자는 어떠한 차별도 없이 사전허가를 받지 아니하고 자신이 선택하는 단체를 설립하고, 그 단체의 규약만을 따를 것을 조건으로 단체에 가입할 수 있는 권리를 갖는다.

제3조

1. 노동자단체 및 사용자단체는 자신의 헌장과 규칙을 작성하고, 자유로이 대표자를 선출하며, 관리기구 및 활동을 조직하고, 강령을 수립할 권리를 갖는다.

2. 공공기관은 이 권리를 제한하거나 이 권리의 합법적인 행사를 방해하려는 어떠한 간섭도 하지 아니한다.

제4조

노동자단체 및 사용자단체는 행정당국에 의하여 해산되거나 활동을 정지당하지 아니한다.

제5조

노동자단체 및 사용자단체는 연맹이나 연합체를 설립하고 이에 가입할 권리를 가지며, 이러한 단체, 연맹 또는 연합체는 노동자 및 사용자의 국제기구와 연대할 권리를 갖는다.

제6조

이 협약 제2조, 제3조 및 제4조의 규정은 노동자단체 및 사용자단체의 연맹과 연합체에도 적용된다.

제7조

노동자단체 및 사용자단체 그리고 각 연맹 및 연합체의 법인격 취득은 이 협약 제2조, 제3조 및 제4조의 적용을 제한하는 성격의 조건을 따르게 하여서는 아니된다.

제8조

1. 이 협약에 규정된 권리를 행사함에 있어서 노동자, 사용자 및 그들의 각 단체는 다른 개인이나 조직 집단과 마찬가지로 현지법을 존중하여야 한다.

2. 현지법은 이 협약에 규정된 보장사항을 저해하거나 저해할 목적으로 적용되어서는 아니된다.

제9조

1. 이 협약에 규정된 보장내용을 군대 및 경찰에 적용하는 범위는 국내법령으로 정한다.

2. 국제노동기구 헌장 제19조 제8항에 명시된 원칙에 따라 회원국에 의한 이 협약의 비준은 군대 또는 경찰 구성원이 이 협약상의 권리를 향유하게 하는 기존의 법률, 판정, 관습 또는 협정에 영향을 미치지 아니한다.

제10조

이 협약에서 "단체"라 함은 노동자 또는 사용자의 이익을 증진 및 옹호하기 위한 노동자단체 또는 사용자단체를 의미한다.

제2절 단결권의 보호

제11조

이 협약의 적용을 받는 국제노동기구의 각 회원국은 노동자 및 사용자가 단결권을 자유롭게 행사하도록 보장하기 위하여 모든 필요한 적절한 조치를 취할 것을 약속한다.

제3절 기타규정

제12조

1. 1946년 국제노동기구 헌장 개정에 의한 국제노동기구 헌장 제35조에 지적된 영역으로 단 그 제4항 및 제5항에서 지적된 영역을 제외한 영역에 대하여는 이 협약을 비준한 기구 회원국이 국제노동기구 사무국장에게 비준시 또는 비준후 가급적 신속히 다음 사항에 관한 선언을 통지하여야 한다:

가. 협약 규정이 변경없이 적용될 것임을 당사국이 약속하는 지역;

나. 협약 규정이 변경되어 적용되는 경우 해당지역과 함께 상세한 변경내용;

다. 협약이 적용되지 않는 지역과 그 경우 적용될 수 없는 이유;

라. 당사국이 이에 관한 결정을 유보한 지역.

2. 본조 제1항 가호 및 나호에서 지적된 약속은 비준의 일부분으로 간주되어 비준의 효력을 지닌다.

3. 회원국은 본조 제1항 나호, 다호, 라호에 기한 당초 선언에서 한 유보의 전부 또는 일부를 후속 선언에 의하여 언제라도 취소할 수 있다.

4. 제16조 규정에 따른 협약 폐기 조항을 전제로 하여, 회원국은 선행 선언상의 내용을 다른 어떠한 점에서라도 변경시키고 지적된 영역에 관하여 새로운 입장을 피력하는 선언을 언제라도 사무국장에게 통지할 수 있다.

제13조

1. 협약의 사안이 비본토지역의 자치권에 속하는 경우, 그 지역의 국제관계를 책임지는 회원국은 지역정부와의 합의 하에 협약상의 의무를 수락한다는 선언을 그 지역을 대신하여 국제노동기구 사무국장에게 통보할 수 있다.

2. 이 협약의 의무를 수락한다는 선언은 국제노동기구 사무국장에게 다음과 같이 통고될 수 있다:

가. 국제노동기구의 둘 또는 그 이상의 회원국의 공동통치하에 있는 지역에 관하여는 이들 회원국;

나. 국제연합헌장 등에 의하여 국제기구가 시정을 책임지는 지역에 관하여는 그 국제기구.

3. 본조 전항들에 의하여 국제노동기구 사무국장에게 통보된 선언은 협약 규정이 당해지역에 수정없이 적용될 것인가 또는 수정하에 적용될 것인가를 표시하여야 한다; 선언이 협약 규정의 수정 적용을 표시하는 경우, 상세한 수정 내용을 명기한다.

4. 회원국 또는 해당 국제기구는 과거 선언에서 표시한 수정 권한의 전부 또는 일부를 후속선언에 의하여 언제든지 포기할 수 있다.

5. 제16조 규정에 따른 협약 폐기 조항을 전제로 회원국 또는 해당 국제기구는 과거 선언상의 내용을 다른 어떠한 점에서라도 변경시키고 협약 적용에 관하여 새로운 입장을 피력하는 선언을 사무국장에게 언제든지 통지할 수 있다.

제4절 최종규정

제14조

이 협약의 공식 비준서는 등록을 위하여 국제노동기구 사무국장에게 송부된다.

제15조

1. 이 협약은 국제노동기구 사무국장에게 비준서가 등록된 국제노동기구 회원국만을 구속한다.

2. 이 협약은 2개의 회원국이 사무국장에게 비준서를 등록한 날로부터 12월 후에 발효한다.

3. 이후 비준한 회원국에게는 이 협약의 비준서를 등록한 날로부터 12월 후에 발효한다.

제16조

1. 이 협약을 비준한 회원국은 협약의 최초 발효일로부터 10년이 지난 후 국제노동기구 사무국장에게 문서로 등록함으로써 협약을 폐기할 수 있다. 협약의 폐기는 등록일로부터 1년 후 발효한다.

2. 이 협약을 비준하고 제1항의 규정에 의하여 10년이 지난 후 1년 이내에 이 조에 규정된 폐기권을 행사하지 아니한 회원국은 다시 10년 동안 이 협약에 구속되며, 그 후 10년의 기간이 경과할 때마다 이 조에 규정된 조건에 따라 이 협약을 폐기할 수 있다.

제17조

1. 국제노동기구 사무국장은 국제노동기구 회원국으로부터 통보받은 모든 비준, 선언 및 폐기에 관한 등록사항을 기구의 모든 회원국에게 통고한다.

2. 사무국장은 두 번째 비준등록을 회원국에게 통고할 경우 협약의 발효일에 대하여 기구 회원국의 주의를 환기시킨다.

제18조

국제노동기구 사무국장은 위 조항들의 규정에 의하여 등록된 모든 비준, 선언 및 폐기행위의 명세를 국제연합 헌장 제102조에 따른 등록을 위하여 국제연합 사무총장에게 통지한다.

제19조

이 협약의 발효 후 매 10년마다 국제노동기구 사무국 이사회는 협약 이행에 관한 보고서를 총회에 제출하고, 협약의 전부 또는 일부의 개정문제를 총회의 의제로 상정하는 것이 바람직한지를 심의한다.

제20조

1. 총회가 이 협약의 전부 또는 일부를 개정하는 새로운 협약을 채택하는 경우, 새로운 협약에 달리 규정되어 있지 않은 한:

가. 회원국이 새로운 개정 협약을 비준하는 경우, 이 협약 제16조의 규정에도 불구하고 새로운 개정 협약이 발효하는 때 이 협약은 법률상 당연히 폐기된다.

나. 이 협약은 새로운 개정협약의 발효일로부터 더 이상 회원국의 비준대상이 되지 아니한다.

2. 이 협약을 비준하였으나 새로운 개정 협약을 비준하지 않은 회원국에 대하여는 이 협약이 현재의 형식과 내용으로 계속 유효하다.

제21조

이 협약의 영어본과 프랑스어본은 동등하게 정본이다.

25. 단결권 및 단체교섭 협약(ILO 협약 제98호)

1949.7.1 채택/ 1951.7.18 발효/ 당사국 수 159/ 대한민국 미가입.

국제노동기구 총회는,

국제노동기구 사무국 이사회가 제네바에서 소집한 1949년 6월 8일자 제32차 회기에서,

회기일정의 네 번째 의제인 단결권 및 단체교섭의 원칙의 적용에 관한 제안을 채택하기로 결정하고,

이 제안이 국제협약의 형식을 취할 것을 결의하여,

1949년 단결권 및 단체교섭 협약이라고 부르는 다음의 협약을 1949년 7월 1일 채택한다:

제1조

1. 노동자는 고용과 관련된 반조합적 차별행위에 대항하여 적절한 보호를 향유한다.

2. 이러한 보호는 다음 각호의 행위에 대하여 보다 특별히 적용된다:

가. 노동조합에 가입하지 아니하거나 또는 노동조합으로부터 탈퇴할 것을 고용조건으로 하는 행위;

나. 노동조합원이라는 이유나 근로시간 외 또는 사용자가 동의한 근로시간 내에 노동조합 활동에 참여하였다는 것을 이유로 노동자를 해고하거나 기타 불이익을 주는 행위.

제2조

1. 노동자단체 및 사용자단체는 그 설립, 활동 및 운영에 있어서 상호 상대방, 대리인 또는 구성원에 의한 어떠한 간섭으로부터도 적절한 보호를 향유한다.

2. 특히 노동자단체를 사용자 또는 사용자단체의 지배 하에 두기 위하여 사용자 또는 사용자단체에 의하여 지배되는 노동자단체의 설립을 촉진하는 행위나 또는 노동자단체에 재정 또는 기타 수단에 의하여 원조를 하려는 행위는 이 조가 의미하는 간섭행위에 해당하는 것으로 간주된다.

제3조

위의 각 조항에 규정된 단결권의 존중을 확보하기 위하여 필요한 경우에는 국내사정에 적합한 기관이 설립되어야 한다.

제4조

단체협약을 통한 고용조건을 규정함에 있어서 사용자 또는 사용자단체와 노동자단체간의 자발적 교섭절차의 충분한 발달과 활용을 장려하고 촉진하기 위하여 필요한 경우에는 국내사정에 적합한 조치가 취하여져야 한다.

제5조

1. 이 협약에 규정된 보장내용을 군대와 경찰에 적용하는 범위는 국내법령으로 정한다.

2. 국제노동기구 헌장 제19조 제8항에 명시된 원칙에 따라 회원국에 의한 이 협약의 비준은 군대 또는 경찰 구성원이 이 협약상의 권리를 향유하게 하는 기존의 법률, 판정, 관습 또는 협정에 영향을 미치지 아니한다.

제6조

이 협약은 국가행정에 종사하는 공무원의 신분은 다루지 아니하며, 또한 협약은 그들의 권리 또는 지위를 어떠한 방법으로든 해하는 것으로 해석되지 아니한다.

제7조

이 협약의 공식 비준서는 등록을 위하여 국제노동기구 사무국장에게 송부된다.

제8조

1. 이 협약은 국제노동기구 사무국장에게 비준서가 등록된 국제노동기구 회원국만을 구속한다.

2. 이 협약은 2개의 회원국이 사무국장에게 비준서를 등록한 날로부터 12월 후에 발효한다.

3. 이후 비준한 회원국에게는 이 협약의 비준서를 등록한 날로부터 12월 후에 발효한다.

제9조

1. 국제노동기구 헌장 제35조 제2항에 따라 국제노동기구 사무총장에게 통보되는 선언은 다음을 표시하여야 한다:

가. 협약 규정이 변경없이 적용될 것임을 당사국이 약속하는 지역;

나. 협약 규정이 변경되어 적용되는 경우 해당지역과 함께 상세한 변경내용;

다. 협약이 적용되지 않는 지역과 그 경우 적용될 수 없는 이유;

라. 당사국이 추가적인 입장 검토를 위하여 결정을 유보한 지역.

2. 본조 제1항 가호 및 나호에서 지적된 약속은 비준의 일부분으로 간주되어 비준의 효력을 지닌다.

3. 회원국은 본조 제1항 나호, 다호, 라호에 기한 당초 선언에서 한 유보의 전부 또는 일부를 후속 선언에 의하여 언제든지 취소할 수 있다.

4. 제11조 규정에 따른 협약 폐기 조항을 전제로 회원국은 선행 선언상의 내용을 다른 어떠한 점에서라도 변경시키고 지적된 영역에 관하여 새로운 입장을 피력하는 선언을 사무국장에게 언제든지 통지할 수 있다.

제10조

1. 국제노동기구 헌장 제35조 제4항 및 제5항에 따라 국제노동기구 사무국장에게 통보되는 선언은 협약 규정이 해당지역에 수정없이 적용될 것인가 또는 수정 하에 적용될 것인가를 표시하여야 한다; 선언이 협약 규정의 수정 적용을 표시하는 경우, 상세한 수정 내용을 명기한다.

2. 회원국 또는 해당 국제기구는 과거 선언에서 표시한 수정 권한의 전부 또는 일부를 후속선언에 의하여 언제라도 포기할 수 있다.

3. 제11조 규정에 따른 협약 폐기 조항을 전제로 회원국 또는 해당 국제기구는 과거 선언상의 내용을 다른 어떠한 점에서라도 변경시키고 협약 적용에 관하여 새로운 입장을 피력하는 선언을 언제라도 사무국장에게 통지할 수 있다.

제11조

1. 이 협약을 비준한 회원국은 협약의 최초 발효일로부터 10년이 지난 후 국제노동 사무국장에게 문서로 등록함으로써 협약을 폐기할 수 있다. 협약의 폐기는 등록일로부터 1년 후 발효한다.

2. 이 협약을 비준하고 제1항의 규정에 의하여 10년이 지난 후 1년 이내에 이 조에 규정된 폐기권을 행사하지 아니한 회원국은 다시 10년 동안 이 협약에 구속되며, 그 후 10년의 기간이 경과할 때마다 이 조에 규정된 조건에 따라 이 협약을 폐기할 수 있다.

제12조

1. 국제노동기구 사무국장은 국제노동기구 회원국으로부터 통보받은 모든 비준, 선언 및 폐기에 관한 등록사항을 기구의 모든 회원국에게 통고한다.

2. 사무국장은 두 번째 비준등록을 회원국에게 통고할 경우 협약의 발효일에 대하여 기구 회원국의 주의를 환기시킨다.

제13조

국제노동기구 사무국장은 위 조항들의 규정에 의하여 등록된 모든 비준, 선언 및 폐기행위의 명세를 국제연합 헌장 제102조에 따른 등록을 위하여 국제연합 사무총장에게 통지한다.

제14조

이 협약의 발효 후 매 10년마다 국제노동기구 사무국 이사회는 협약 이행에 관한 보고서를 총회에 제출하고, 협약의 전부 또는 일부의 개정문제를 총회의 의제로 상정하는 것이 바람직한지를 심의한다.

제15조

1. 총회가 이 협약의 전부 또는 일부를 개정하는 새로운 협약을 채택하는 경우, 새로운 협약에 달리 규정되어 있지 않은 한:

가. 회원국이 새로운 개정 협약을 비준하는 경우, 이 협약 제11조의 규정에도 불구하고 새로운 개정 협약이 발효하는 때 이 협약은 법률상 당연히 폐기된다.

나. 이 협약은 새로운 개정협약의 발효일로부터 더 이상 회원국의 비준대상이 되지 아니한다.

2. 이 협약을 비준하였으나 새로운 개정 협약을 비준하지 않은 회원국에 대하여는 이 협약이 현재의 형식과 내용으로 계속 유효하다.

제16조

이 협약의 영어본과 프랑스어본은 동등하게 정본이다.

26. 동일가치노동에 대한 남녀 근로자의 동일보수에 관한 협약(ILO 협약 제100호)

1951.6.29 채택/ 1953.5.23 발효/ 당사국 수 166/ 대한민국 적용일 1998.12.8.

국제노동기구의 총회는,

국제노동사무국의 이사회가 제네바에서 1951년 6월 6일 소집한 제34차 회기에서,

회기 의사일정의 제7의제인 동일가치 노동에 대한 남녀근로자의 동일보수 원칙에 관한 제안의 채택을 결정하고,

이 제안이 국제협약의 형식을 취할 것을 결의하여,

1951년의 동일보수협약이라고 하는 다음의 협약을 1951년 6월 29일 채택한다.

제1조

이 협약의 목적상,

가. "보수"라 함은 통상 기본 또는 최저의 임금이나 봉급 그리고 고용을 이유로 지불하는 모든 추가적 급여를 말한다.

나. "동일가치 노동에 대한 남녀근로자의 동일보수"라 함은 성별에 따른 차별없이 정하여지는 보수액을 말한다.

제2조

1. 회원국은 보수액을 결정하기 위하여 사용되고 있는 방법에 적합한 수단으로 동일가치 노동에 대한 남녀근로자의 동일보수 원칙을 모든 근로자에게 적용할 것을 촉진하며, 이 방법과 일치하는 한 그 적용을 보장한다.

2. 이 원칙은 다음의 수단에 의하여 적용될 수 있다.

가. 국내법령

나. 합법적으로 제정되었거나 인정된 임금결정체계

다. 사용자와 노동자간의 단체협약

라. 위의 각종 수단의 조합

제3조

1. 이 협약의 규정을 이행하는데 도움이 될 경우에는, 수행되는 노동을 기초로 한 객관적인 직무평가를 장려하기 위한 조치를 취한다.

2. 이 직무평가시에 따라야 할 방법은 보수액의 결정을 담당하는 기관이 결정할 수 있고, 보수액이 단체협약에 의하여 결정될 경우에는 그 단체협약의 당사자가 결정할 수 있다.

3. 근로자간 보수액의 차이는 위의 객관적인 평가로 볼 때 성별에 관계없이 행하여지는 노동의 차이와 일치하면 동일가치 노동에 대한 남녀근로자의 동일보수 원칙에 위배되는 것으로 간주되어서는 안 된다.

제4조

회원국은 이 협약의 규정을 이행할 목적으로 관련 사용자단체 및 근로자단체와 적절히 협력한다.

제5조

이 협약의 정식 비준서는 등록을 위하여 국제노동사무국장에게 송부한다.

제6조

1. 이 협약은 국제노동사무국장에게 비준이 등록된 국제노동기구회원국만을 기속한다.

2. 이 협약은 2개 회원국이 사무국장에게 비준을 등록한 날부터 12월 후에 발효한다.

3. 협약 발효후에 비준한 회원국에 대하여, 이 협약은 비준서를 등록한 날부터 12월 후에 발효한다.

제7조

1. 국제노동기구헌장 제35조제2항에 의하여 국제노동사무국장에게 송부되는 선언은 다음 사항을 명시한다.

가. 협약의 규정을 수정하지 아니하고 적용할 것을 약속하는 지역

나. 협약의 규정을 수정하여 적용할 것을 약속하는 지역 및 상세한 수정내역

다. 협약을 적용할 수 없는 지역 및 그 이유

라. 입장에 대한 추후 고려시까지 결정을 유보하는 지역

2. 제1항 가목 및 나목에 규정된 약속사항은 비준서의 불가분의 일부로 간주되며 비준의 효력을 가진다.

3. 회원국은 제1항 나목·다목 또는 라목에 의하여 최초의 선언에서 한 유보의 전부 또는 일부를 추후 선언으로 언제든지 취소할 수 있다.

4. 회원국은 제9조의 규정에 의하여 이 협약을 폐기할 수 있는 기간중 언제든지 과거 선언의 조항을 변경하고 지정지역에 관하여 현재입장을 기술한 선언을 사무국장에게 통보할 수 있다.

제8조

1. 국제노동기구헌장 제35조제4항 또는 제5항에 의하여 국제노동사무국장에게 송부되는 선언은 해당지역에서 이 협약의 규정을 수정없이 적용할 것인지 수정하여 적용할 것인지를 명시한다. 선언이 이 협약의 규정을 수정하여 적용할 것임을 명시하는 경우에는, 선언에 수정의 상세사항을 기술한다.

2. 하나 이상의 관련회원국 또는 관련국제기구는 과거의 선언에 명시된 수정을 할 수 있는 권리의 전부 또는 일부를 추후의 선언에 의하여 언제든지 포기할 수 있다.

3. 하나 이상의 관련회원국이나 관련국제기구는 제9조의 규정에 의하여 협약을 폐기할 수 있는 기간중에는 언제든지 이전의 선언의 조건을 다른 사항에 관하여 수정하고, 이 협약의 적용에 관련된 현재의 사정을 기술한 선언을 사무국장에게 통고할 수 있다.

제7부
지역적 인권협약

31. 인권 및 기본적 자유의 보호에 관한 유럽협약

1950.11.4 체결/ 1953.9.3 발효/ 당사국 수 47.
[제3 추가의정서(1970년 9월 21일 발효), 제5 추가의정서(1971년 12월 20일 발효),
제8 추가의정서(1990년 1월 1일 발효), 제11 추가의정서(1998년 11월 1일 발효)에 의한 개정 반영]

유럽심의회 회원국인 서명 정부는,

1948년 12월 10일 국제연합 총회가 선포한 세계인권선언을 고려하고,

그 선언이 그 속에 선포된 권리의 보편적이고 실효적인 승인과 준수를 확보함을 목적으로 하고 있음을 고려하고,

유럽심의회의 목적이 회원국간의 보다 강한 결합을 달성하는 것이며, 그 목적이 추구되는 방법 중의 하나가 인권 및 기본적 자유의 유지와 보다 큰 실현이라는 점을 고려하고,

세계의 정의와 평화의 기초이며, 한편으로는 실효적인 정치적 민주주의에 의하여 다른 한편으로는 그 자체가 의존하고 있는 인권에 대한 공통의 이해와 준수에 의하여 가장 잘 유지될 수 있는 기본적 자유에 대한 깊은 신념을 재확인하고,

마음을 같이 하며, 정치적 전통, 이상, 자유 및 법의 지배에 관한 공통의 유산을 갖고 있는 유럽 국가의 정부로서, 세계인권선언 속에 규정된 일정한 권리를 집단적으로 실행하기 위한 최초의 조치를 취할 것을 결의하여,

다음과 같이 합의하였다.

제1조 인권존중의 의무

체약국은 자신의 관할에 속하는 모든 자에 대하여 이 협약 제1절에 규정된 권리와 자유를 보장한다.

제1절 권리와 자유

제2조 생명권

1. 모든 사람의 생명권은 법에 의하여 보호된다. 어느 누구도 법에 규정된 형벌이 부과되는 범죄의 유죄확정에 따른 법원의 판결을 집행하는 경우를 제외하고는 고의로 생명을 박탈당하지 아니한다.

2. 생명의 박탈이 다음의 상황에서 절대적으로 필요한 힘의 행사의 결과인 경우에는 본조를 위반하여 부과된 것으로 간주되지 아니한다.

가. 위법한 폭력으로부터 사람을 보호하기 위하여.

나. 합법적인 체포를 하거나 또는 합법적으로 구금된 자의 도주를 방지하기 위하여.

다. 폭동 또는 반란을 진압하기 위하여 합법적으로 취하여지는 행동.

제3조 고문의 금지

어느 누구도 고문, 비인도적인 또는 굴욕적인 대우나 처벌을 받지 아니한다.

제4조 노예 및 강제노동의 금지

1. 어느 누구도 노예 또는 예속상태에 놓여지지 아니한다.

2. 어느 누구도 강제적 또는 의무적 노동을 하도록 요구받지 아니한다.

3. 본조의 적용상 "강제적 또는 의무적 노동"이라고 하는 용어는 다음 사항을 포함하지 아니한다:

가. 이 협약 제5조의 규정에 따라 부과된 통상의 구금과정에서 요구되는 작업이나 또는 그러한 구금으로부터 조건부 석방시 요구되는 작업;

나. 군사적 성격의 역무 또는 양심적 병역거부가 인정되고 있는 국가에서 병역의무 대신 실시되는 역무;

다. 공동체의 존립이나 복지를 위협하는 긴급사태 또는 재난시에 요구되는 역무;

라. 시민의 통상적인 의무에 해당하는 작업 또는 역무.

제5조 신체의 자유와 안전에 대한 권리

1. 모든 사람은 신체의 자유와 안전에 대한 권리를 가진다. 어느 누구도 다음의 경우 외에 그리고 법률로 정한 절차를 따르지 아니하고는 자유를 박탈당하지 아니한다:

가. 권한있는 법원에 의하여 유죄 판결을 받은 자의 합법적 구금;

나. 법원의 합법적 명령에 따르지 않는 자나 법률이 규정한 의무의 이행을 확보하기 위한 사람의 합법적 체포 또는 구금;

다. 범죄를 범했다고 의심할만한 합리적인 이유가 있을 때 또는 범죄의 수행이나 범죄수행 후의 도주를 방지하기 위하여 필요하다고 믿을만한 합리적 이유가 있을 때, 그를 권한있는 사법당국에게 회부하기 위한 목적에서 실시되는 합법적 체포 또는 구금;

라. 교육적 감독을 목적으로 하는 합법적 명령에 의한 미성년자의 구금이나 권한있는 사법당국으로의 회부를 목적으로 하는 미성년자의 합법적인 구금;

마. 전염병의 전파를 방지하기 위한 구금 또는 정신이상자, 알콜 중독자, 마약 중독자 및 부랑자의 합법적 구금;

바. 불법 입국을 방지하기 위하여 또는 강제퇴거나 범죄인인도를 위한 절차가 행하여지고 있는 사람의 합법적 체포 또는 구금.

2. 체포된 모든 사람은 그가 이해하는 언어로 그의 체포 사유 및 피의 사실을 신속하게 고지받는다.

3. 본조 제1항 다호 규정에 따라 체포 또는 구금된 모든 사람은 법관 또는 법률에 의하여 사법권을 행사할 권한을 부여받은 기타 관헌에게 신속히 회부되어야 하며, 그는 합리적인 기간 내에 재판을 받거나 또는 재판 중에 석방될 권리를 가진다. 석방은 재판을 위하여 출두할 것이라는 보증을 조건으로 할 수 있다.

4. 체포 또는 구금에 의하여 자유를 박탈당한 사람은 누구든지 법원이 그의 구금의 합법성을 지체

없이 결정하고, 그의 구금이 합법적이 아닌 경우에는 석방이 명령되도록 법원에 절차를 취할 권리를 가진다.

5. 본조의 규정에 위반된 체포 또는 구금의 피해자는 누구든지 집행 가능한 보상을 받을 권리를 가진다.

제6조 공정한 재판을 받을 권리

1. 모든 사람은 민사상의 권리와 의무 또는 형사상의 죄의 결정을 위하여 법률에 의하여 설립된 독립적이고, 공평한 법원에 의하여 합리적인 기한 내에 공정한 공개 심리를 받을 권리를 가진다. 판결은 공개적으로 선고된다. 다만 미성년자의 이익이나 당사자들의 사생활 보호를 위하여 필요한 경우에는 민주사회에 있어서의 도덕, 공공질서 또는 국가안보를 위하여 보도기관이나 일반인에 대하여 재판의 전부 또는 일부가 공개되지 아니할 수 있으며, 또는 공개가 사법상의 이익을 해할 특별한 사정이 있는 경우 법원의 견해상 엄격히 필요한 한도 내에서 공개되지 아니할 수 있다.

2. 모든 형사피고인은 법률에 따라 유죄가 입증될 때까지는 무죄로 추정된다.

3. 모든 형사피고인은 다음과 같은 최소한의 권리를 가진다:

가. 그에 대한 기소의 성격 내지 이유를 그가 이해하는 언어로 신속하고 상세하게 고지받을 것;

나. 자신의 변호의 준비를 위하여 충분한 시간과 편의를 가질 것;

다. 직접 또는 본인이 선택한 법적 조력을 통하여 자신을 변호할 것. 만약 본인이 법적 조력을 위한 충분한 지불수단을 갖고 있지 못하지만 사법상의 이익을 위하여 필요한 경우에는 무료로 법적 조력이 부여될 것;

라. 자신에게 불리한 증인을 심문하거나 심문받도록 할 것과 자신에게 불리한 증인과 동일한 조건으로 자신을 위한 증인을 출석시키도록 하고 또한 심문받도록 할 것.

마. 법정에서 사용되는 언어를 이해하지 못하거나 또는 말할 수 없는 경우에는 무료로 통역의 조력을 받을 것.

제7조 죄형법정주의

1. 어떤 누구도 행위시의 국내법 또는 국제법에 의하여 범죄를 구성하지 아니하는 작위 또는 부작위를 이유로 유죄로 되지 아니한다. 어느 누구도 범죄가 행하여 진 때에 적용될 수 있는 형벌보다도 중한 형벌을 받지 아니한다.

2. 본조는 행위시 문명국가에 의하여 승인된 법의 일반원칙에 따르면 범죄에 해당하는 작위 또는 부작위를 이유로 하여 당해인을 재판하고 처벌하는 것을 방해하지 아니한다.

제8조 사생활 및 가족생활을 존중받을 권리

1. 모든 사람은 그의 사생활, 가정생활, 주거 및 통신을 존중받을 권리를 가진다.

2. 이 권리의 행사에 대하여는 무질서와 범죄의 방지, 보건 및 도덕의 보호 또는 타인의 권리 및 자유를 보호하기 위하여, 민주사회에서 국가안보, 공공의 안전 또는 국가의 경제적 복리에 필요하여 법률에 따른 경우 이외에는 어떠한 공공당국의 개입도 있어서는 아니된다.

제9조 사상 · 양심 · 종교의 자유

1. 모든 사람은 사상, 양심 및 종교의 자유에 대한 권리를 가진다. 이러한 권리는 자신의 종교 또는 신념을 변경하는 자유와 단독으로 또는 타인과 공동으로, 공적으로 또는 사적으로 예배, 선교, 행사와 의식에 의하여 그의 종교 또는 신념을 표명하는 자유를 포함한다.

2. 자신의 종교 또는 신념을 표명하는 자유는 공공질서, 보건 또는 도덕이나 타인의 권리 및 자유를 보호하기 위하여 민주사회에서 공공의 안전에 필요하여 법률의 규정에 의한 경우에만 제한받을 수 있다.

제10조 표현의 자유

1. 모든 사람은 표현의 자유에 대한 권리를 가진다. 이 권리는 의견을 가질 자유와 공공당국의 간섭을 받지 않고 국경에 관계없이 정보 및 사상을 주고 받는 자유를 포함한다. 본조가 방송, 텔레비전 또는 영화 사업에 대한 국가의 허가제도를 금지하는 것은 아니다.

2. 이러한 자유의 행사에는 의무와 책임이 따르므로 무질서와 범죄의 방지, 보건이나 도덕의 보호, 타인의 명예나 권리의 보호, 비밀리에 얻은 정보의 공개 방지 또는 사법부의 권위와 공정성의 유지를 위하여 민주사회에서 국가안보, 영토의 일체성이나 공공의 안전에 필요하여 법률에 규정된 바와 같은 형식, 조건, 제약 또는 형벌에 따르게 할 수 있다.

제11조 집회 및 결사의 자유

1. 모든 사람은 자신의 이익을 보호하기 위하여 노동조합을 조직하고, 이에 가입하는 권리를 포함하여 평화적인 집회 및 타인과의 결사의 자유에 관한 권리를 가진다.

2. 이 권리의 행사에 관하여는 무질서와 범죄의 방지, 보건이나 도덕의 보호 또는 타인의 권리 및 자유의 보호를 위하여 민주사회에서 국가안보 또는 공공의 안전에 필요하여 법률의 규정에 의한 경우 이외에는 어떠한 제한도 부과되지 아니한다. 본조는 국가의 군대, 경찰 또는 행정부의 구성원이 이러한 권리를 행사하는데 대하여 합법적인 제한을 부과하는 것을 방해하지 아니한다.

제12조 혼인의 권리

혼인 적령의 남녀는 이 권리행사에 관한 국내법에 따라 혼인을 하고 가정을 구성할 권리를 가진다.

제13조 실효적 구제를 받을 권리

이 협약에 규정된 권리와 자유를 침해당한 모든 사람은 그 침해가 공무집행중인 자에 의하여 자행된 것이라 할지라도 국가당국 앞에서 실효적 구제를 받는다.

제14조 차별의 금지

성, 인종, 피부색, 언어, 종교, 정치적 또는 기타의 의견, 민족적 또는 사회적 출신, 소수민족에의 소속, 재산, 출생 또는 기타의 신분 등에 의한 어떠한 차별도 없이 이 협약에 규정된 권리와 자유의 향유가 보장된다.

제15조 비상시의 의무 예외

1. 전쟁 또는 국가의 생존을 위협하는 기타 공공의 비상사태의 경우에는 어떠한 체약국도 사태의 긴급성에 의하여 엄격히 요구되는 한도 내에서 이 협약상의 의무를 이탈하는 조치를 취할 수가

있다. 다만 이러한 조치는 국제법상의 다른 의무에 저촉되어서는 아니된다.

2. 적법한 전쟁행위로 인한 사망의 경우를 제외하고 제2조, 그리고 제3조, 제4조 제1항 및 제7조에 대하여는 본조를 근거로 한 어떠한 이탈도 허용되지 아니한다.

3. 의무 이탈권을 행사하는 모든 체약국은 자국이 취한 조치와 그 이유를 유럽심의회 사무총장에게 상세하게 통보하여야 한다. 당해 국가는 그러한 조치의 적용이 언제 중지되어 협약 규정이 다시 완전히 실행될 것인지 역시 유럽심의회 사무총장에게 통보하여야 한다.

제16조 외국인의 정치활동의 제한

제10조, 제11조 및 제14조의 어떠한 규정도 체약국이 외국인의 정치활동에 대하여 제한을 부과하는 것을 금지하는 것으로 간주되지 아니한다.

제17조 권리남용의 금지

이 협약 중의 어떠한 규정도 어느 국가, 집단 또는 개인이 이 협약에 규정된 권리 및 자유를 파괴하거나 또는 이 협약에 규정된 범위 이상으로 제한하는 것을 목적으로 하는 활동에 종사하거나 수행할 권리를 가지는 것으로 해석되지 아니한다.

제18조 권리제한의 한계

이상의 권리 및 자유에 대하여 이 협약 하에서 허용되는 제한은, 이것이 규정되게 된 목적 이외의 다른 목적을 위하여는 적용되지 아니한다.

제2절 유럽인권재판소

제19조 재판소의 설립

협약 및 의정서의 체약국이 행한 약속의 준수를 확보하기 위하여 유럽인권재판소(이하 '재판소'라고 한다)를 설립한다. 이 재판소는 상설적으로 활동한다.

제20조 판사의 수

재판소는 체약국 수와 같은 수의 판사로 구성된다.

제21조 판사의 자격

1. 판사는 덕망이 높은 자로서 국내의 고위 판사직으로 임명되는데 필요한 자격을 보유하거나 능력이 인정된 법률가이어야 한다.

2. 판사는 개인 자격에서 재판소에 근무한다.

3. 판사는 임기중 그의 독립성, 중립성 또는 상임직의 요구와 양립될 수 없는 활동에 종사하여서는 아니된다. 이 항의 적용과정에서 발생하는 모든 문제는 재판소에 의하여 결정된다.

제22조 판사의 선출

1. 판사는 체약국이 지명한 3명의 후보 명단으로부터 각 체약국 별로 의회에서 다수결로 선출된다.

2. 새로운 체약국이 가입하는 경우와 예기치 않은 공석을 채우는 경우에도 위와 동일한 절차가 적용된다.

제23조 임기

1. 판사는 6년 임기로 선출된다. 판사는 연임될 수 있다. 그러나 최초의 선거에서 선출된 판사 중 2분의 1의 임기는 3년이다.

2. 최초의 3년 임기의 판사는 선거 직후 유럽심의회의 사무총장의 추첨에 의하여 선정된다.

3. 판사 절반의 임기가 가능한한 매 3년마다 갱신될 수 있도록 의회는 후속 선거가 실시되기 이전에 1명 또는 그 이상의 판사의 임기를 6년이 아니라, 9년 이하 3년 이상으로 결정할 수 있다.

4. 한 가지 이상의 임기가 해당되고 의회가 위의 항을 적용하는 경우, 임기의 배정은 선거 직후 유럽심의회의 사무총장의 추첨에 의한다.

5. 임기가 종료되지 않은 판사를 교체하기 위하여 선출된 판사는 그 전임자의 잔여임기동안 재직한다.

6. 판사의 정년은 70세이다.

7. 판사는 교체될 때까지 직을 보유한다. 그러나 이미 심리중인 사건은 계속하여 관여한다.

제24조 해임

판사는 다른 판사들이 3분의 2의 다수결로 자격요건을 갖추지 못하였다고 결정하는 경우를 제외하고는 해임되지 아니한다.

제25조 서기국 및 법률비서

재판소는 서기국을 두며, 그 기능과 조직은 재판소의 규칙으로 정한다. 재판소는 법률비서의 조력을 받는다.

제26조 전원재판부

판사 전원회의는

가. 3년 임기의 재판소 소장과 한명 또는 두명의 재판소 부소장을 선출한다. 이들은 연임될 수 있다;

나. 지정된 임기로 구성되는 소재판부를 설치한다;

다. 재판소 소재판부의 재판장을 선출한다; 이들은 연임될 수 있다;

라. 재판소 규칙을 채택한다; 그리고

마. 재판소 서기와 한명 또는 그 이상의 부서기를 선임한다.

제27조 위원회, 소재판부 및 대재판부

1. 제소된 사건을 심리하기 위하여 재판소는 3명의 판사로 구성된 위원회, 7명의 판사로 구성된 소재판부 및 17명의 판사로 구성된 대재판부를 둔다. 각 소재판부는 지정된 임기의 위원회를 설치한다.

2. 소재판부와 대재판부에는 사건 당사국 출신 판사가 당연직으로 참여하며, 만약 해당 판사가 없거나 참여가 불가능하면 사건 당사국이 선택하는 자가 판사로 참여한다.

3. 대재판부는 재판소 소장, 부소장, 각 소재판부 재판장 및 재판소 규칙에 따라 선정된 기타의 판사들로 구성된다. 제43조에 따라 사건이 대재판부에 회부된 경우, 그 판결을 내린 소재판부의

판사는 대재판부에 참여할 수 없으나, 다만 소재판부 재판장과 사건 당사국측 판사는 이에 해당하지 아니한다.

제28조 위원회에 의한 각하선언

제34조에 따라 제출된 제소가 더 이상의 조사없이 결정이 내려질 수 있는 경우, 위원회는 전원일치로써 심리적격이 없다고 선언하거나 사건목록에서 삭제할 수 있다. 이 결정은 최종적이다.

제29조 심리적격 및 본안에 대한 소재판부의 결정

1. 제28조에 의한 결정이 내려지지 않은 경우, 소재판부는 제34조에 따라 제출된 개별 제소의 심리적격 및 본안에 대하여 결정한다.

2. 소재판부는 제33조에 따라 제출된 국가간 제소의 심리적격 및 본안에 관하여 결정한다.

3. 예외적인 경우 재판소가 달리 결정하지 않는 한 심리적격에 대한 결정은 분리되어 내려진다.

제30조 대재판부에 대한 관할권의 이양

소재판부에 계류된 사건이 협약 또는 의정서의 해석에 영향을 미치는 중대한 문제를 제기하는 경우나 소재판부에 의한 사건해결이 재판소의 선례와 일치하지 않는 결과를 가져올지도 모르는 경우에는, 사건의 당사자중 일방이 반대하지 않는다면 소재판부는 판결을 내리기 전 언제라도 대재판부로 관할권을 이양할 수 있다.

제31조 대재판부의 권한

대재판부는

가. 제33조 또는 제34조에 따라 제출된 사건으로 소재판부가 제30조에 따라 관할권을 이양한 사건이나 제43조에 따라 이에 제출된 사건을 판단한다; 그리고

나. 제47조에 따라 제출된 권고적 의견부여 요청을 심리한다.

제32조 재판소의 관할권

1. 재판소는 제33조, 제34조 및 제47조에 규정된 바와 같이 이에 제출된 협약 및 의정서의 해석과 적용에 관한 모든 문제에 대하여 관할권을 가진다.

2. 재판소의 관할권 보유 여부에 관하여 분쟁이 있을 경우에는 재판소가 결정한다.

제33조 국가간 사건

모든 체약국은 협약 및 의정서의 규정에 대한 다른 체약국의 어떠한 위반에 대하여도 재판소에 제소할 수 있다.

제34조 개별 제소

재판소는 협약 또는 의정서에 규정된 권리를 체약국의 위반에 의하여 침해당하였다고 주장하는 모든 사람, 비정부기구, 개인집단으로부터의 제소를 접수한다. 체약국은 이 권리의 효과적인 행사를 어떠한 방법으로도 방해하지 아니할 것을 약속한다.

제35조 심리적격의 기준

1. 재판소는 일반적으로 인정된 국제법 원칙에 따라 모든 국내적 구제절차가 종료된 이후, 그리고 그 최종 결정이 내려진 날로부터 6개월 이내의 사건만을 다룰 수 있다.

2. 재판소는 제34조에 따라 제출된 다음과 같은 제소는 다루지 아니한다.

가. 익명의 제소; 또는

나. 재판소에 의하여 이미 다루어진 사건과 실질적으로 동일한 사안이거나 다른 국제적 조사 또는 분쟁해결절차에 제기된 바 있었으나, 새로운 관련 정보를 포함하고 있지 못한 제소.

3. 제34조에 따른 개별 제소로서 협약 또는 의정서의 규정과 양립할 수 없거나, 근거가 없는 것이 명백하거나, 또는 제소권의 남용이라고 판단되는 경우 재판소는 심리 부적격을 선언하여야 한다.

4. 재판소는 본조에 따라 심리적격이 없다고 판단되는 어떠한 제소도 각하하여야 한다. 이는 소송의 어떠한 단계에서도 가능하다.

제36조 제3자 소송참가

1. 소재판부 또는 대재판부가 다루는 모든 사건에서 원고의 출신 체약국은 서면자료를 제출하고 심리에 참여할 권리가 있다.

2. 재판소 소장은 재판의 적절한 운용을 위하여 소송의 당사국이 아닌 체약국이나 원고가 아닌 개인에게 서면자료의 제출이나 심리참여를 요청할 수 있다.

제37조 제소의 각하

1. 재판소는 다음과 같은 상황에 이르는 경우 소송의 어떠한 단계에서도 제소를 사건목록에서 삭제할 수 있다.

가. 원고가 그 제소를 계속하기 원하지 않는 경우;

나. 문제가 해결된 경우;

다. 어떠한 이유에서든 제소에 대한 조사를 계속하는 것이 더 이상 정당화될 수 없는 경우. 그러나 재판소는 협약 및 의정서에 규정된 인권에 대한 존중을 위하여 필요한 경우에는 제소에 대한 조사를 계속한다.

2. 재판소는 상황에 의하여 정당화될 수 있다고 판단되는 경우 제소를 사건목록에 회복시킬 수 있다.

제38조 사건의 조사 및 우호적 해결

1. 재판소가 심리적격을 인정한다고 선언하면, 재판소는

가. 당사자의 대리인들과 함께 사건을 심리하고, 필요한 경우 조사를 정한다. 이의 효과적인 수행을 위하여 관련 당사국은 모든 필요한 편의를 제공한다.

나. 협약 및 의정서에 규정된 인권에 대한 존중에 기초하여 사건을 우호적으로 해결하려는 것에 관하여는 관련 당사자들의 처리에 맡긴다.

2. 제1항 나호에 따라 수행된 절차는 공개되지 아니한다.

제39조 우호적 해결의 성립

우호적 해결이 이루어지면 재판소는 사안 및 그 해결내용에 대하여 간략히 서술하는 결정을 통하여 해당 사건을 사건목록에서 삭제한다.

제40조 심리의 공개 및 자료접근
1. 예외적인 경우에 재판소가 달리 결정하지 않은 한 심리는 공개된다.
2. 재판소 소장이 달리 결정하지 않은 한 서기국에 보관된 문서는 일반인에게 공개된다.

제41조 정당한 만족
협약 또는 의정서의 위반이 있었으나 해당 체약국의 국내법이 부분적인 보상만을 허용하고 있는 경우, 재판소는 필요하다면 피해 당사자에게 정당한 만족방법을 제공하여야 한다.

제42조 소재판부의 판결
제44조 제2항의 규정에 따른 소재판부의 판결은 최종적이다.

제43조 대재판부로의 회부
1. 소재판부의 판결일로부터 3개월 이내에 사건의 당사자는 예외적인 경우 사건이 대재판부로 회부되도록 요청할 수 있다.
2. 대재판부의 5명의 판사로 구성된 패널은 그 사건이 협약 또는 의정서의 해석이나 적용에 심각한 영향을 미치는 문제나, 일반적인 중요성을 갖는 심각한 문제를 야기하는 경우 그 요청을 받아들여야 한다.
3. 패널이 그 요청을 받아들이는 경우, 대재판부는 판결로써 이 사건을 결정하여야 한다.

제44조 최종판결
1. 대재판부의 판결은 최종적이다.
2. 소재판부의 판결은 다음과 같은 경우 최종적이다.
가. 당사자들이 그 사건을 대재판부에 회부하도록 요청하지 않겠다고 선언하는 경우;
나. 대재판부로의 회부 요청이 없이, 판결일로부터 3개월이 지난 경우;
다. 대재판부의 패널이 제43조에 따른 회부요청을 각하하는 경우.
3. 최종판결은 공표된다.

제45조 판결 및 결정의 이유
1. 제소적격 여부에 대한 판결 및 결정에 대하여는 그 이유가 제시되어야 한다.
2. 판결의 전부 또는 일부가 판사들의 전원일치의 의견이 아닌 경우, 어떠한 판사도 개별의견을 밝힐 수 있다.

제46조 판결의 구속력 및 집행
1. 체약국은 자신이 당사자인 모든 사건에서 재판소의 최종판결에 따를 것을 약속한다.
2. 재판소의 최종판결은 각료위원회로 송부되며, 이는 판결의 이행을 감독한다.

제47조 권고적 의견
1. 재판소는 각료위원회의 요청에 따라 협약 및 의정서의 해석에 관한 법률 문제에 관하여 권고적 의견을 부여할 수 있다.
2. 권고적 의견은 협약 제1절 및 의정서에 규정된 권리와 자유의 내용이나 범위에 관련된 문제 또는 재판소나 각료위원회가 협약에 따라 진행될 수 있는 절차의 결과로 검토하여야 하는 문제는

다루지 아니한다.

3. 재판소의 권고적 의견을 요구하기로 하는 각료위원회의 결정은 각료위원회 재적 과반수의 찬성을 요한다.

제48조 재판소의 권고적 관할권

재판소는 각료위원회에 의하여 제출된 권고적 의견부여 요청이 제47조에서 규정된 권한 범위 내에 속하는지 여부를 결정하여야 한다.

제49조 권고적 의견의 이유

1. 재판소의 권고적 의견에 대하여는 이유가 제시되어야 한다.

2. 권고적 의견의 전부 또는 일부가 판사의 전원일치의 의견이 아닌 경우, 어떠한 판사도 개별의견을 제시할 수 있다.

3. 재판소의 권고적 의견은 각료위원회에 통보된다.

제50조 재판소의 비용

재판소의 경비는 유럽심의회가 부담한다.

제51조 판사의 특권 및 면제

직무수행중의 판사는 유럽심의회 규정 제40조 및 그에 따른 협정에 규정된 특권과 면제를 부여받는다.

제3절 일반규정

제52조 사무총장의 문의

유럽심의회의 사무총장의 요청을 받으면 체약국은 자국의 국내법이 어떠한 방법으로 이 협약 규정의 실효적인 이행을 확보하는가에 대하여 설명하여야 한다.

제53조 기존 인권의 보장

이 협약중의 어떠한 규정도 체약국의 법률이나 체약국이 당사국인 다른 협정에 의하여 보장되는 인권 및 기본적 자유를 제한하거나 훼손하는 것으로 해석되지 아니한다.

제54조 각료위원회의 권한

이 협약의 어떠한 규정도 유럽심의회 규정에 의하여 각료위원회에 부여된 권한을 침해하지 아니한다.

제55조 다른 분쟁해결 수단의 배제

체약국은 특별협정에 의한 경우를 제외하고는 이 협약의 해석 또는 적용으로부터 발생하는 분쟁을 이 협약에 규정된 것 이외의 분쟁해결 수단에 일방적 신청을 통하여 회부할 목적으로 체약국간에 발효중인 조약, 협정 또는 선언을 이용하지 아니할 것에 동의한다.

제56조 적용영역

1. 본조 제4항의 적용을 전제로 하여 어떠한 국가도 비준시 또는 이후 언제라도 유럽심의회의 사무총장에 대한 통고로써 자국이 국제관계에 대한 책임을 지는 영역의 전부 또는 일부에 이 협약

이 적용된다는 것을 선언할 수 있다.

2. 이 협약은 유럽심의회의 사무총장에 의한 통고 접수후 30일째부터 통고에서 지정된 영역에 적용된다.

3. 이 협약의 규정은 현지에서의 요구를 적절히 고려하여 해당 영역에 적용된다.

4. 본조 제1항에 따른 선언을 한 국가는 그 선언이 적용되는 하나 또는 그 이상의 영역에 있어서 이 협약 제34조에 따라 개인, 비정부기구 또는 개인 집단으로부터의 제소를 재판소가 수리할 권한을 수락하는 선언을 이후 언제라도 할 수 있다.

제57조 유보

1. 어떠한 국가도 이 협약의 서명 또는 비준서 기탁시 자국 영역에서 당시 적용중인 국내법이 이 협약의 규정과 일치하지 않는 한도 내에서 해당조항에 대한 유보를 할 수 있다. 본조에 의한 일반적 성격의 유보는 허용되지 아니한다

2. 본조에 따라 행하여진 어떠한 유보도 관계법률에 대한 간단한 설명을 포함하여야 한다.

제58조

1. 체약국은 당사국이 된 날부터 5년이 경과된 이후 유럽심의회 사무총장에 대한 통고서에 포함된 6개월간의 예고기간 이후에만 이 협약을 폐기할 수 있으며, 사무총장은 이 사실을 다른 체약국에게 통보하여야 한다.

2. 폐기의 발효일 이전에 체약국이 이행하지 않았으면 의무 위반에 해당할 수 있는 행위에 관하여는 이 같은 폐기가 해당 체약국을 협약상의 의무로부터 면제시켜 주지 아니한다.

3. 유럽심의회 회원국에서 제외된 체약국은 같은 조건하에서 이 협약의 당사국으로부터도 제외된다.

4. 협약은 제56조에 의하여 적용된다고 선언된 영역에 관하여도 위 항들의 규정에 따라 폐기될 수 있다.

제59조 서명 및 비준

1. 이 협약은 유럽심의회 회원국의 서명을 위하여 개방된다. 이 협약은 비준되어야 한다. 비준서는 유럽심의회의 사무총장에게 기탁된다.

2. 이 협약은 10번째 비준서의 기탁 이후 발효한다.

3. 그 이후에 비준하는 서명국에 대하여 이 협약은 비준서 기탁일에 발효한다.

4. 유럽심의회의 사무총장은 모든 유럽심의회 회원국에게 협약의 발효 사실, 비준한 체약국가의 명단 그리고 그 후에 이루어진 모든 비준서의 기탁을 통고한다.

1950년 11월 4일 로마에서 동등하게 정본인 영어 및 프랑스어본 단일 문서로 작성되어, 이는 유럽심의회 문서보관소에 기탁된다. 사무총장은 인증등본을 각 서명국에게 송부한다.

31-1. 인권 및 기본적 자유의 보호에 관한 유럽협약 제1 추가의정서*

1952.3.20 체결/ 1954.5.18 발효/ 당사국 수 45.

유럽심의회 회원국인 서명국 정부는,

1950년 11월 4일 로마에서 서명된 인권 및 기본적 자유의 보호에 관한 협약(이하 협약이라 한다) 제1절에 이미 포함된 것 이외의 일정한 권리와 자유의 집단적 이행을 확보하는 조치를 취할 것을 결의하여,

다음과 같이 합의하였다.

제1조 재산의 보호

모든 자연인 또는 법인은 자신의 재산을 평화적으로 향유할 권리를 가진다. 어느 누구도 공익을 위하여 그리고 법률 및 국제법의 일반원칙에 의하여 규정된 조건에 따르는 경우를 제외하고는 자신의 재산을 박탈당하지 아니한다.

단 위의 규정은 국가가 일반의 이익에 따라 재산의 사용을 규제한다거나, 세금이나 기타의 부담금 또는 벌금을 확보하기 위하여 필요한 법률을 시행할 권리를 결코 해하지 아니한다.

제2조 교육을 받을 권리

어느 누구도 교육을 받을 권리를 부인당하지 아니한다. 국가는 교육 및 교수와 관련된 어떠한 기능을 수행하는데 있어서도 자신의 종교적 및 철학적 신념에 일치하는 교육 및 교수를 확보할 부모의 권리를 존중하여야 한다.

제3조 자유선거의 권리

체약국들은 입법부의 선출에 있어서 국민의 자유로운 의사 표시를 확보할 수 있는 조건하에 합리적인 간격을 두고 비밀투표에 의한 자유선거를 실시할 것을 약속한다.

제4조 적용지역

체약국은 이 의정서의 서명이나 비준시 또는 이후 어느 때라도 의정서의 조항들이 자국이 국제관계의 책임을 지는 것으로 지적된 지역에 어느 범위로 적용될 것인가를 약속하는 선언을 유럽심의회 사무총장에게 통지할 수 있다.

---

* 제11의정서에 의한 개정 내용 반영.

　제2, 제3, 제5, 제8, 제9, 제10 의정서는 1998년 11월 1일 제11의정서의 발효로 그 내용이 대체되었으므로 본 책자에 별도로 수록하지 않음.

위의 조항에 따른 선언을 통지한 체약국은 기존의 선언의 내용을 수정하거나 특정지역에 대한
이 의정서 규정의 적용을 종료시킨다는 추가선언을 언제라도 통지할 수 있다.

이 조에 따라 행하여진 선언은 협약 제56조 제1항에 따라 행하여진 것으로 간주된다.

제5조 협약과의 관계

체약국간에 있어서는 이 의정서 제1조, 제2조, 제3조 및 제4조의 규정들이 협약에 대한 추가조항
으로 간주되며, 따라서 협약의 모든 규정들이 적용된다.

제6조 서명 및 비준

이 의정서는 협약 서명국인 유럽심의회 회원국의 서명을 위하여 개방된다. 이 의정서는 협약의
비준과 동시에 또는 그 이후 비준되어야 한다. 이 의정서는 10개의 비준서가 기탁된 이후 발효한
다. 이후 비준하는 서명국에 대하여 의정서는 그 국가의 비준서 기탁일에 발효한다.

비준서는 유럽심의회 사무총장에게 기탁되고, 그는 모든 회원국에게 비준국가의 명단을 통고한다.

31-2. 인권 및 기본적 자유의 보호에 관한 유럽협약 제4 추가의정서*

(협약 및 제1의정서에 이미 포함된 것 이외의 일정한 권리 및 자유의 보장에 관한 의정서)

1963.9.16 체결/ 1968.5.2 발효/ 당사국 수 42.

유럽심의회 회원국인 서명정부는,

1950년 11월 4일 로마에서 서명된 인권 및 기본적 자유의 보호에 관한 협약(이하 협약이라 한다)의 제1절 및 1952년 3월 20일 파리에서 서명된 제1의정서의 제1조 내지 제3조 중에 이미 포함된 것 이외의 일정한 권리와 자유의 집단적 보장을 확보하기 위한 조치를 취할 것을 결의하여,

다음과 같이 합의하였다.

제1조 채무로 인한 구금의 금지

어느 누구도 계약상의 의무이행 불능만을 이유로 자유를 박탈당하지 아니한다.

제2조 이전의 자유

1. 합법적으로 국가의 영역 내에 있는 모든 사람은 그 영역 내에서 이전의 자유와 주거선택의 자유에 대한 권리를 가진다.

2. 모든 사람은 자국을 포함하여 어떠한 국가로부터도 자유롭게 떠날 수 있다.

3. 이러한 권리의 행사에 관하여는 공공질서의 유지, 범죄의 예방, 보건 및 도덕의 보호, 또는 타인의 권리 및 자유의 보호를 위하여 민주사회에서 국가안보 또는 공공의 안전에 필요하여 법률에 따른 경우 이외에는 어떠한 제한도 부과되지 아니한다.

4. 제1항에 규정된 권리들은 특정한 분야에서 민주사회에서 공익에 의하여 정당화되고 법률에 따라 부과되는 제약을 받을 수 있다.

제3조 자국민의 추방금지

1. 어느 누구도 자신의 국적국의 영역으로부터 개별적으로든 집단적 조치에 의하든 추방당하지 아니한다.

2. 어느 누구도 자기의 국적국의 영역으로 입국할 권리를 박탈당하지 아니한다.

---

* 제11의정서에 의한 개정 내용 반영.

제4조 외국인의 집단적 추방의 금지

외국인의 집단적 추방은 금지된다.

제5조 적용지역

1. 체약국은 이 의정서의 서명이나 비준시 또는 이후 어느 때라도 의정서의 조항들이 자국이 국제관계의 책임을 지는 것으로 지적된 지역에 어느 범위로 적용될 것인가를 약속하는 선언을 유럽심의회 사무총장에게 통지할 수 있다.

2. 위의 조항에 따른 선언을 통지한 체약국은 기존의 선언의 내용을 수정하거나 특정지역에 대한 이 의정서 규정의 적용을 종료시킨다는 추가선언을 언제라도 통지할 수 있다.

3. 본조에 따라 행하여진 선언은 협약 제56조 제1항에 따라 행하여진 것으로 간주된다.

4. 비준 또는 수락에 의하여 이 의정서가 적용되는 국가의 영역과 본조에 따른 국가의 선언에 의하여 이 의정서가 적용되는 각 지역은 제2조 및 제3조에서 언급된 국가의 지역과 관련하여서는 별개의 지역으로 취급된다.

5. 본조 제1항 또는 제2항에 따른 선언을 한 국가는 선언의 대상인 하나 또는 그 이상의 지역을 위하여 이 의정서 제1조 내지 제4조 전부 또는 일부에 관하여 협약 제34조에 따른 개인, 비정부기구, 개인집단으로부터의 제소를 수리할 수 있는 재판소의 권한을 수락한다는 선언을 이후 언제라도 할 수 있다.

제6조 협약과의 관계

체약국간에 있어서 이 의정서 제1조 내지 제5조의 규정들은 협약에 대한 추가조항으로 간주되며, 따라서 협약의 모든 규정들이 적용된다.

제7조 서명 및 비준

1. 이 의정서는 협약 서명국인 유럽심의회 회원국의 서명을 위하여 개방된다. 이 의정서는 협약의 비준과 동시에 또는 그 이후 비준되어야 한다. 이 의정서는 5개의 비준서가 기탁된 이후 발효한다. 이후 비준하는 서명국에 대하여 의정서는 그 국가의 비준서 기탁일에 발효한다.

2. 비준서는 유럽심의회 사무총장에게 기탁되고, 그는 모든 회원국에게 비준국가 명단을 통고한다.

31-3. 인권 및 기본적 자유의 보호에 관한 유럽협약 제6 추가의정서*

(인권 및 기본적 자유의 보호에 관한 유럽협약에 대한 사형폐지에 관한 의정서)

1983.4.28 체결/ 1985.3.1 발효/ 당사국 수 46.

1950년 11월 4일 로마에서 서명된 인권 및 기본적 자유의 보호에 관한 협약(이하 협약이라 한다)에 대한 의정서에 서명한 유럽심의회 각 회원국들은,

유럽심의회의 몇몇 회원국에서 나타난 변화가 사형폐지를 찬성하는 일반적 경향을 표시하고 있다는 점을 고려하여,

다음과 같이 합의하였다.

제1조 사형의 폐지

제1조 사형의 폐지

사형은 폐지되어야 한다. 어느 누구도 사형선고를 받지 아니하며, 집행 당하지도 아니한다.

제2조 전시의 사형

국가는 전시 또는 전쟁의 급박한 위협시에 발생한 행위에 관하여는 사형조항을 법률에 규정할 수 있다. 사형은 법률에 규정된 경우 그 조항에 따라서만 적용된다. 당해 국가는 그 법률의 해당 조항을 유럽심의회 사무총장에게 통지하여야 한다.

제3조 의무이탈의 금지

이 의정서의 규정에 대하여는 협약 제15조에 따른 의무이탈이 허용되지 아니한다.

제4조 유보의 금지

이 의정서의 규정에 대하여는 협약 제57조에 의한 유보를 할 수 없다.

제5조 적용지역

1. 어떠한 국가도 서명시 또는 비준서, 수락서, 승인서의 기탁시 이 의정서가 적용될 지역을 특정할 수 있다.

2. 어떠한 국가도 이후 유럽심의회 사무총장에게 전달되는 선언을 통하여 그 선언에 명기된 다른 지역으로 이 의정서의 적용을 확대시킬 수 있다. 이 지역에 대하여는 사무총장이 해당 선언을

---

* 제11 의정서에 의한 개정 내용 반영.

수리한 날의 다음 달 1일에 의정서가 발효한다.

3. 위의 두 개 항에 따른 선언은 그 선언에 명시된 지역과 관련하여 사무총장에 대한 통고에 의하여 철회되거나 수정될 수 있다. 철회나 수정은 사무총장이 그러한 통고를 접수한 날의 다음 달 1일에 발효한다.

제6조 협약과의 관계

당사국들간에 있어서 이 의정서 제1조 내지 제5조의 규정들은 협약에 대한 추가조항으로 간주되며, 따라서 협약의 모든 규정들이 적용된다.

제7조 서명 및 비준

이 의정서는 협약의 서명국인 유럽심의회의 회원국의 서명을 위하여 개방된다. 이 의정서는 비준, 수락 또는 승인을 받아야 한다. 유럽심의회 회원국은 동시 또는 사전에 협약을 비준하지 않는 한, 이 의정서를 비준, 수락 또는 승인할 수 없다. 비준서, 수락서 또는 승인서는 유럽심의회 사무총장에게 기탁된다.

제8조 발효

1. 이 의정서는 제7조의 규정에 따라 유럽심의회 5개 회원국이 의정서의 구속을 받겠다는 동의를 표명한 날의 다음 달 1일에 발효한다.

2. 이후 이 의정서에 구속을 받겠다는 동의를 표명한 회원국에 대하여 의정서는 비준서, 수락서 또는 승인서가 기탁된 날의 다음 달 1일에 발효한다.

제9조 수탁자의 역할

유럽심의회 사무총장은 다음 사항을 회원국들에 통고한다:

가. 서명 사실;

나. 비준서, 수락서 또는 승인서의 기탁;

다. 제5조 및 제8조에 따른 의정서의 발효일;

라. 이 의정서에 관련된 기타의 행위, 통고 또는 통지.

31-4. 인권 및 기본적 자유의 보호에 관한 유럽협약 제7 추가의정서*

1984.11.22 체결/ 1988.11.1 발효/ 당사국 수 41.

유럽심의회의 회원국인 서명국들은
1950년 11월 4일 로마에서 서명된 인권 및 기본적 자유의 보호에 관한 협약(이하 협약이라 한다)에 의한 일정한 권리와 자유의 집단적 이행을 확보하기 위하여 추가적인 조치를 취하기로 결의하고, 다음과 같이 합의하였다.

제1조 외국인 추방에 관한 절차적 보장

1. 어느 국가의 영토에 적법하게 거주하는 외국인은 법률에 따른 결정에 의한 경우를 제외하고는 추방되지 아니하며, 다음의 권리가 부여된다.

가. 자신의 추방에 대하여 이의를 제기할 수 있다.

나. 자신의 사건을 재검토 받을 수 있다.

다. 권한있는 기관 또는 그 기관에 의하여 지명된 사람 앞에 위와 같은 목적을 위하여 출두할 수 있다.

2. 추방이 공공질서를 위하여 필요하거나 국가안보에 근거하고 있을 경우, 외국인은 본조 제1항 가호, 나호 및 다호에 따른 권리를 행사하기 이전에 추방될 수 있다.

제2조 형사사건에서의 상소권

1. 법원에서 형사 범죄로 유죄판정을 받은 사람은 자신에 대한 평결이나 선고를 상급심에 의하여 재검토 받을 권리를 갖는다. 이 권리가 행사될 수 있는 근거를 포함하여 이 권리의 행사는 법률에 의하여 규율된다.

2. 법률에 규정된 경범죄의 경우, 당사자가 최고심에서 제1심 판결을 받은 경우, 석방에 대한 이의 제기의 결과 유죄판정을 받은 경우 등에는 이 권리가 배제될 수 있다.

제3조 오심에 대한 보상

형사범죄에 관하여 유죄의 확정판결을 받았던 자가 새로운 사실 또는 새롭게 발견된 사실로 인하여 재판상의 잘못이 확정적으로 들어났기 때문에 이후 그 판정이 번복되었거나 사면을 받았다면, 몰랐던 사실이 적절한 시기에 공개되지 않았던 것이 전적으로 또는 부분적으로 본인의 책임이라는 것이 입증되지 않는한 유죄판정의 결과 처벌을 받았던 자는 해당국가의 법률이나 관행에 따른

---

* 제11의정서에 의한 개정 내용 반영.

보상을 받는다.

제4조 일사부재리

1. 어느 누구도 한 국가의 법률 및 형사절차에 따라 이미 최종적으로 무죄 또는 유죄판정을 받은 범죄에 대하여 같은 국가의 관할권 하의 형사절차에서 다시 재판을 받거나 처벌당하지 아니한다.

2. 위의 규정은 새로운 사실 또는 새롭게 발견된 사실이 있다거나, 과거의 재판 결과에 영향을 미친 근본적 오류가 있었다면, 해당 국가의 법률 및 형사절차에 따라 당해 사건이 재심리되는 것을 방해하지 아니한다.

3. 이 조항에 대하여는 협약 제15조에 따른 의무이탈이 허용되지 아니한다.

제5조 배우자간의 평등

배우자들은 그들간의 사법적 성격의 권리와 책임을 동등하게 향유하며, 혼인·혼인중 및 이혼시 그들의 자녀와의 관계에 있어서의 권리와 책임을 동등하게 향유한다. 본조는 국가가 자녀의 이익에 필요한 조치를 취하는 것을 방해하지 아니한다.

제6조 적용지역

1. 각국은 서명시 또는 비준서, 가입서 또는 승인서를 기탁할 때 이 의정서가 적용되는 지역을 지정하고, 이 의정서의 규정이 그 지역에 어느 범위로 적용될 것인가에 대한 약속을 서술하여야 한다.

2. 어떠한 국가도 이후 유럽심의회 사무총장에게 통보한 선언을 통하여 이 의정서의 적용을 선언문에 명시된 다른 지역으로 확장시킬 수 있다. 이 지역에 관하여는 사무총장이 선언을 접수한 날로부터 2개월의 경과 후 다음 달 1일에 의정서가 발효한다.

3. 위의 두 개 항에 따른 선언은 그 선언에 명시된 지역과 관련하여 사무총장에 대한 통고에 의하여 철회되거나 수정될 수 있다. 철회나 수정은 사무총장이 그러한 통고를 접수한 날로부터 2개월의 경과 후 다음 달 1일에 발효한다.

4. 본조에 따른 선언은 협약 제56조 제1항에 따라 행하여진 것으로 간주된다.

5. 비준, 수락 또는 승인에 의하여 이 의정서가 적용되는 국가의 영역과 본조에 따른 국가의 선언에 의하여 의정서가 적용되는 각각의 지역은 그에 대한 제1조의 적용상 각각 별개의 지역으로 취급될 수 있다.

6. 본조 제1항 또는 제2항에 따른 선언을 한 국가는 선언의 대상인 지역을 위하여 이 의정서 제1조 내지 제5조에 관하여 협약 제34조에 따른 개인, 비정부기구, 개인집단으로부터의 제소를 수리할 재판소의 권한을 수락한다는 선언을 언제라도 할 수 있다.

제7조 협약과의 관계

당사국들 간에 있어서 이 의정서의 제1조 내지 제6조의 규정들은 협약에 대한 추가조항으로 간주되며, 따라서 협약의 모든 규정들이 적용된다.

제8조 서명 및 비준

이 의정서는 협약의 서명국인 유럽심의회의 회원국의 서명을 위하여 개방된다. 이 의정서는 비준,

수락 또는 승인을 받아야 한다. 유럽심의회 회원국은 동시 또는 사전에 협약을 비준하지 않는 한, 이 의정서를 비준, 수락 또는 승인할 수 없다. 비준서, 수락서 또는 승인서는 유럽심의회 사무총장에게 기탁된다.

제9조 발효

1. 이 의정서는 유럽심의회 7개의 회원국이 제8조의 규정에 따라 의정서에 구속을 받겠다는 동의를 표명한 날로부터 2개월의 경과 후 다음 달 1일에 발효한다.

2. 이후 이 의정서에 구속을 받겠다는 동의를 표명한 국가에 대하여 의정서는 비준서, 수락서 또는 승인서가 기탁된 날로부터 2개월의 경과 후 다음 달 1일에 발효한다.

제10조 수탁자의 역할

유럽심의회 사무총장은 모든 회원국에 대하여 다음 사실을 통고한다:

가. 서명 사실;

나. 비준서, 수락서 또는 승인서의 기탁;

다. 제6조 및 제9조에 따른 이 의정서의 발효일;

라. 이 의정서와 관련된 기타 행위, 통고 또는 선언.

31-5. 인권 및 기본적 자유의 보호에 관한 유럽협약 제11 추가의정서

(협약 통제기구의 재편성에 관한 의정서)

1994.5.11 체결/ 1998.11.1 발효.

1950년 11월 4일 로마에서 서명된 인권 및 기본적 자유의 보호에 관한 협약(이하 협약이라 한다)에 대한 의정서에 서명한 유럽심의회 각 회원국들은,

특히 유럽심의회에 대한 가입신청의 증가와 회원국의 확대를 고려할 때 인권 및 기본적 자유의 보호의 효율성을 유지하고 증진시키기 위하여는, 협약에 의하여 설립된 통제기구의 재편성이 긴급하게 필요함을 인식하고,

특히 기존의 유럽위원회와 인권재판소를 새로운 상설재판소로 대체시키는 것과 관련하여 협약의 일부 조항을 개정함이 바람직스럽다고 생각하고,

1985년 3월 19일과 20일 비엔나에서 개최된 인권에 관한 유럽각료회의에서 채택된 결의 제1호를 유의하고,

1992년 10월 6일 유럽심의회 의회에서 채택된 권고 제1194호(1992)를 유의하고,

1993년 10월 9일 비엔나 선언에서 유럽심의회 회원국 수반들에 의하여 채택된 협약 통제기구의 개혁에 관한 결정에 유의하고,

다음과 같이 합의하였다.

제1조 및 제2조

(이는 기존의 협약 및 의정서의 개정에 관한 내용으로 이미 앞의 해당부분에 반영, 수록되었으므로 생략함)

제3조

1. 이 의정서는 협약의 서명국인 유럽심의회 회원국들의 서명을 위하여 개방되며, 다음과 같은 방법으로 구속을 받겠다는 동의를 표시할 수 있다.

가. 비준, 수락 또는 승인을 조건으로 하지 않는 서명; 또는

나. 비준, 수락 또는 승인을 조건으로 서명하여, 이후 비준, 수락 또는 승인을 함.

2. 비준서, 수락서 또는 승인서는 유럽심의회 사무총장에게 기탁된다.

제4조

이 의정서는 제3조의 규정에 따라 모든 협약 당사국들이 의정서의 구속을 받겠다는 동의를 표시

한 날로부터 1년의 경과 후 다음 달 1일에 발효한다. 이 의정서 규정에 따른 새로운 판사의 선거와 새로운 재판소를 설립하기 위하여 필요한 추가조치는 모든 협약 당사국들이 의정서의 구속을 받겠다는 동의를 표시한 이후 실시된다.

제5조

1. 아래 제3항과 제4항의 규정을 해함이 없이, 판사, 위원회, 재판소 서기 및 부서기의 임기는 이 의정서의 발효일에 종료된다.

2. 이 의정서의 발효일까지 심리적격 판정을 받지 못하고, 위원회에 계류중인 신청사건은 이 의정서의 규정에 따라 재판소에 의하여 심리된다.

3. 이 의정서의 발효일 이전에 심리적격 판정을 받은 신청사건은 이후 1년간 위원회 위원들에 의하여 계속 다루어진다. 그 기간동안 심리가 완료되지 못한 신청사건은 재판소로 이송되어, 이 의정서 규정에 따른 적격사건으로 심리된다.

4. 이 의정서 발효일 이후 위원회가 협약 구 제31조에 따라 보고서를 채택한 신청사건의 경우, 보고서는 당사자들에게 송부되나 이들은 이를 자유로이 출간할 수 없다. 이 의정서 발효 이전에 적용되던 조항에 따라 사건은 재판소로 회부될 수 있다. 대재판부의 패널은 이 사건을 소재판부 또는 대재판부 어디에서 결정할 것인가를 정한다. 사건이 소재판부에서 결정되는 경우, 이는 최종적 결정이 된다. 재판소로 회부되지 않은 사건은 협약 구 제32조 규정에 따라 활동하는 각료위원회에 의하여 처리된다.

5. 이 의정서의 발효일까지 판정이 내려지지 않고 재판소에 계류중인 사건은 재판소 대재판부로 이송되어, 이 의정서 규정에 따라 심리된다.

6. 이 의정서 발효일까지 협약 구 제32조에 따라 결정이 내려지지 않고 각료위원회에 계류중인 사건은 구 규정에 따라 활동하는 각료위원회에 의하여 완료된다.

제6조

체약국이 협약 구 제25조 또는 제46조에 따라 수락 선언을 하면서 선언 이후 발생하였거나 또는 발생한 사실에 근거한 사건에 관하여만 위원회의 권한이나 재판소의 관할을 수락한다는 선언을 한 경우, 이 같은 제한은 이 의정서에 의한 재판소의 관할권에 관하여도 계속 적용된다.

제7조

유럽심의회 사무총장은 모든 회원국에 대하여 다음 사실을 통고한다.

가. 서명 사실;

나. 비준서, 수락서 또는 승인서의 기탁;

다. 제4조에 따른 이 의정서 또는 의정서 규정의 발효일;

라. 이 의정서와 관련된 기타 행위, 통고 또는 통지.

부록 (그 내용이 해당 협약 및 의정서에 반영, 수록되었으므로 생략함)

31-6. 인권 및 기본적 자유의 보호에 관한 유럽협약 제12 추가의정서

2000.11.4 체결/ 2005.4.1 발효/ 당사국 수 17.

유럽심의회 회원국인 서명국들은,

모든 사람들은 법 앞에 평등하고, 법의 평등한 보호를 받을 권리가 있다는 근본 원칙을 존중하며,

1950년 11월 4일 로마에서 서명된 인권 및 기본적 자유의 보호에 관한 협약(이하 협약이라 한다)에 의하여 차별의 일반적 금지를 집단적으로 이행함으로써 모든 사람들의 평등을 고양시키는 추가적 조치를 취하기로 결의하고,

비차별 원칙은 만약 객관적이고 합리적인 정당화 사유가 있다면 당사국이 완전하고 실효적인 평등을 증진하기 위한 조치를 취하는 것을 금지하지 않음을 재확인하고,

다음과 같이 합의하였다.

제1조 차별의 일반적 금지

1. 법률이 규정한 모든 권리의 향유는 성, 인종, 피부색, 언어, 종교, 정치적 또는 기타의 의견, 민족적 또는 사회적 출신, 소수민족에의 소속, 재산, 출생, 기타 신분에 의한 어떠한 차별도 없이 보장된다.

2. 어느 누구도 제1항에 규정된 사유로 인하여 공공당국에 의하여 차별당하지 아니한다.

제2조 적용 지역

1. 어떠한 국가도 서명시 또는 비준서, 수락서 또는 승인서를 기탁할 때 이 의정서가 적용될 지역을 특정할 수 있다.

2. 어떠한 국가도 유럽심의회 사무총장에게 전달되는 선언을 통하여 이 의정서의 적용을 그 선언에 명기된 다른 지역으로 이후 언제든지 확대시킬 수 있다. 이 지역에 대하여는 사무총장이 해당 선언을 수리한 날로부터 3개월의 경과 후 다음 달 1일에 의정서가 발효한다.

3. 위의 두 개 항에 따른 선언은 그 선언에 명시된 지역과 관련하여 사무총장에 대한 통고에 의하여 철회되거나 수정될 수 있다. 철회나 수정은 사무총장이 그러한 통고를 접수한 날로부터 3개월의 경과 후 다음 달 1일에 발효한다.

4. 본조에 따른 선언은 협약 제56조 제1항에 따라 행하여진 것으로 간주된다.

5. 본조 제1항 또는 제2항에 따른 선언을 한 국가는 선언의 대상지역을 위하여 이후 언제라도 이 의정서 제1조에 관하여 협약 제34조에 따른 개인, 비정부기구, 개인집단으로부터의 제소를 수리할 재판소의 권한을 수락한다고 선언할 수 있다.

제3조 협약과의 관계

당사국들 간에 있어서 이 의정서의 제1조 및 제2조의 규정들은 협약에 대한 추가조항으로 간주되며, 따라서 협약의 모든 규정들이 적용된다.

제4조 서명 및 비준

이 의정서는 협약의 서명국인 유럽심의회의 회원국의 서명을 위하여 개방된다. 이 의정서는 비준, 수락 또는 승인을 받아야 한다. 유럽심의회 회원국은 동시 또는 사전에 협약을 비준하지 않는 한, 이 의정서를 비준, 수락 또는 승인할 수 없다. 비준서, 수락서 또는 승인서는 유럽심의회 사무총장에게 기탁된다.

제5조 발효

1. 이 의정서는 유럽심의회 10개의 회원국이 제4조의 규정에 따라 의정서에 구속을 받겠다는 동의를 표명한 날로부터 3개월의 경과후 다음 달 1일에 발효한다.

2. 이후 이 의정서에 구속을 받겠다는 동의를 표명한 국가에 대하여 의정서는 비준서, 수락서 또는 승인서가 기탁된 날로부터 3개월의 경과후 다음 달 1일에 발효한다.

제6조 수탁자의 역할

유럽심의회 사무총장은 모든 회원국에 대하여 다음 사실을 통고하여야 한다.

가. 서명 사실;

나. 비준서, 수락서 또는 승인서의 기탁;

다. 제2조 및 제5조에 따른 이 의정서의 발효일;

라. 이 의정서와 관련된 기타 행위, 통지 또는 통보.

31-7. 인권 및 기본적 자유의 보장에 관한 유럽협약 제13 추가의정서

(모든 상황에서의 사형제폐지에 관한 의정서)

2002.5.3 체결/ 2003.7.1 발효/ 당사국 수 40.

유럽심의회 회원국인 서명국들은,

모든 사람의 생명권은 민주사회의 기본적 가치이며, 사형의 폐지는 이 권리의 보호와 모든 인간의 고유한 존엄성의 완전한 인정을 위하여 필수적임을 확신하고,

1950년 11월 4일 로마에서 서명된 인권 및 기본적 자유의 보호에 관한 협약(이하 협약이라고 한다)에 의해 보장된 생명권의 보호를 강화하기 희망하고,

1983년 4월 28일 스트라스부르크에서 서명된 협약에 대한 사형 폐지에 관한 제6 추가의정서가 전시 또는 전쟁의 급박한 위협시 발생한 행위에 대하여는 사형을 배제하고 있지 않음에 유의하고,

모든 상황에서의 사형 폐지를 위한 최종적인 조치를 취할 것을 결의하며,

다음과 같이 합의하였다

제1조 사형의 폐지

사형은 폐지되어야 한다. 누구도 그와 같은 형을 선고받거나 집행당하지 아니한다.

제2조 의무 예외의 금지

이 의정서의 조항에 대하여는 협약 제15조에 따른 의무이탈이 허용되지 아니한다.

제3조 유보의 금지

이 의정서의 규정에 대하여는 협약 제57조에 따른 유보를 할 수 없다.

제4조 적용지역

1. 어떠한 국가도 서명시 또는 비준서, 수락서 또는 승인서를 기탁할 때 이 의정서가 적용될 지역을 특정할 수 있다.

2. 어떠한 국가도 유럽심의회 사무총장에게 전달되는 선언을 통하여 그 선언에 명기된 다른 지역으로 이 의정서의 적용을 이후 언제든지 확대시킬 수 있다. 이 지역에 대하여는 사무총장이 해당 선언을 수리한 날로부터 3개월의 경과 후 다음 달 1일에 의정서가 발효한다.

3. 위의 두 개 항에 따른 선언은 그 선언에 명시된 지역과 관련하여 사무총장에 대한 통고에 의하여 철회되거나 수정될 수 있다. 철회나 수정은 사무총장이 그러한 통고를 접수한 날로부터 3개월의 경과 후 다음 달 1일에 발효한다.

제5조 협약과의 관계

당사국들 간에 있어서 이 의정서의 제1조 내지 제4조의 규정들은 협약에 대한 추가조항으로 간주되며, 따라서 협약의 모든 규정들이 적용된다.

제6조 서명 및 비준

이 의정서는 협약에 서명한 유럽심의회 회원국의 서명을 위하여 개방된다. 이 의정서는 비준, 수락, 승인을 받아야 한다. 유럽심의회 회원국은 사전에 또는 동시에 협약을 비준하지 않는한 이 의정서를 비준, 수락 또는 승인할 수 없다. 비준서, 수락서 또는 승인서는 유럽심의회 사무총장에게 기탁된다.

제7조 발효

1. 이 의정서는 유럽심의회 10개의 회원국이 제6조의 규정에 따라 의정서에 구속을 받겠다는 동의를 표명한 날로부터 3개월의 경과 후 다음 달 1일에 발효한다.

2. 이후 이 의정서에 구속을 받겠다는 동의를 표명한 국가에 대하여 의정서는 비준서, 수락서 또는 승인서가 기탁된 날로부터 3개월의 경과 후 다음 달 1일에 발효한다.

제8조 수탁자의 역할

유럽심의회 사무총장은 모든 회원국에 대하여 다음 사실을 통고한다.

가. 서명 사실;

나. 비준서, 수락서 또는 승인서의 기탁;

다. 제4조 및 제7조에 따른 이 의정서의 발효일;

라. 이 의정서와 관련된 기타 행위, 통고 또는 통지.

31-8. 인권 및 기본적 자유의 보호에 관한 유럽협약 제14 추가의정서

2004.5.13 체결/ 미발효/ 당사국 수 46.

전 문

유럽심의회 회원국으로 1950년 11월 4일 로마에서 서명된 인권 및 기본적 자유의 보호에 관한 협약(이하 협약이라 한다)에 대한 본 의정서의 서명국들은,

2000년 11월 3일과 4일 로마에서 열린 인권에 관한 유럽 각료회의에서 채택된 결의 제1호와 선언을 존중하고;

2001년 11월 8일, 2002년 11월 7일 그리고 2003년 5월 15일 각각 열린 제109회기, 제111회기, 제112회기 각료 위원회에 의해 채택된 선언들을 존중하고;

2004년 4월 28일 유럽심의회 의회에서 채택된 견해 제251호(2004)를 존중하고;

주로 유럽 인권재판소와 유럽심의회 각료위원회의 업무량의 지속적인 증가에 비추어 볼 때, 장기적인 통제 시스템의 효율성을 유지하고 증진시키기 위하여는 협약의 일정한 조항을 개정하는 것이 긴급히 요구된다는 점을 고려하고;

특히 유럽에서 인권을 보호하는 데 있어 재판소가 탁월한 역할을 계속 수행할 수 있도록 보장할 필요가 있음을 고려하여,

다음과 같이 합의하였다:

제1조

협약 제22조 제2항은 삭제된다.

제2조

협약 제23조는 다음과 같이 개정된다:

제23조(임기와 해임)

1. 판사는 9년 임기로 선출된다. 판사는 연임될 수 없다.

2. 판사의 정년은 70세이다.

3. 판사는 교체될 때까지 직을 보유한다. 그러나 이미 심리중인 사건은 계속하여 관여한다.

4. 판사는 다른 판사들이 3분의 2의 다수결로 자격요건을 갖추지 못하였다고 결정하는 경우를 제외하고는 해임되지 아니한다.

제3조

협약 제24조는 삭제된다.

제4조

협약 제25조는 제24조로 되며, 그 내용은 다음과 같이 개정된다:

제24조(서기국과 보고관)

1. 재판소는 서기국을 두며, 그 기능과 조직은 재판소의 규칙으로 정한다.

2. 단독판사제의 경우 재판소는 보고관의 보조를 받으며, 그는 재판소장의 권위 하에 임무를 수행한다. 보고관은 재판소 서기국에 소속된다.

제5조

협약 제26조는 제25조로 되며("전원회의"), 그 내용은 다음과 같이 개정된다:

1. 라호의 끝 부분의 ','는 ';'으로 대체된다. "그리고"는 삭제된다.

2. 마호의 끝 부분의 '.'는 ';'으로 대체된다.

3. 새로운 바호가 다음과 같이 추가된다:

"바. 제26조 제2항에 따른 요청을 정한다."

제6조

협약 제27조는 제26조로 되며, 그 내용은 다음과 같이 개정된다:

제26조(단독판사, 위원회, 소재판부와 대재판부)

1. 재판소는 제기된 사건을 심리하기 위하여, 단독판사, 3명의 판사로 구성되는 위원회, 7명의 판사로 구성되는 소재판부와 17명의 판사로 구성된 대재판부를 둔다. 재판소의 소재판부는 지정된 임기의 위원회를 설치한다.

2. 전원회의의 요청이 있으면, 각료위원회는 만장일치의 결정을 통하여 일정 기간 동안 소재판부 판사의 수를 5명으로 줄일 수 있다.

3. 단독판사의 경우 판사는 출신국을 상대로 제기된 제소를 심리할 수 없다.

4. 소재판부와 대재판부 구성의 경우 출신국 판사는 당연직으로 참여한다. 만약 그러한 판사가 없거나 그가 참여할 수 없을 경우, 당사국이 사전에 제출한 명단에서 재판소장이 선임한 자가 판사직을 수행한다.

5. 대재판부는 재판소 소장, 부소장, 각 소재판부 재판장 및 재판소 규칙에 따라 선정된 기타의 판사들로 구성된다. 제43조에 따라 사건이 대재판부에 회부된 경우, 그 판결을 내린 소재판부의 판사는 대재판부에 참여할 수 없으나, 다만 소재판부 재판장과 사건 당사국측 판사는 이에 해당하지 아니한다.

제7조

새로운 제26조 뒤에, 새로운 제27조가 협약에 추가된다. 그 내용은 다음과 같다:

제27조(단독판사의 권한)

1. 단독판사는 제34조에 따른 제소가 심리적격이 없다고 선언하거나 사건목록에서 삭제할 수 있으며, 그러한 결정이 내려진 사건은 더 이상 심리되지 않는다.

2. 이 결정은 최종적이다.

3. 만약 단독판사가 제소의 심리적격이 없다고 선언하거나 사건목록을 삭제하지 않은 경우, 판사

는 추가 심리를 위하여 이를 위원회나 소재판부로 회부하여야 한다.

제8조

협약 제28조는 다음과 같이 개정된다:

제28조(위원회의 권한)

1. 제34조에 따른 제소에 관하여 위원회는 만장일치로,

가. 제소가 심리적격이 없다고 선언하거나 사건목록에서 삭제할 수 있으며, 그러한 결정이 내려진 사건은 더 이상 심리되지 아니한다; 또는

나. 만약 사건의 주제가 협약과 추가의정서의 해석과 적용에 관하여 이미 재판소의 확립된 판례에 해당한다면, 심리적격을 선언함과 동시에 본안 판결을 내릴 수 있다.

2. 제1항에 따른 결정과 판결은 최종적이다.

3. 만약 해당 체약국 출신 판사가 위원회 위원이 아닌 경우, 위원회는 심리의 어느 단계에서라도 당사국이 제1항 나호 절차 적용에 항의하였는가 여부를 포함하는 모든 관련사항을 고려하여 출신국 판사에게 위원회 위원중 한명을 대체하도록 요청할 수 있다.

제9조

협약 제29조는 다음과 같이 개정된다:

1. 제1항은 다음과 같이 개정된다: "만약 제27조나 제28조에 따른 결정이 내려지지 않거나 제28조에 따른 판결이 내려지지 않는다면, 소재판부는 제34조에 따라 제출된 개별 제소의 심리적격 및 본안에 대하여 결정한다. 심리적격에 대한 결정은 분리되어 내려진다."

2. 제2항의 끝에 다음과 같은 새로운 문장이 추가된다: "예외적인 경우 재판소가 달리 결정하지 않는 한 심리적격에 대한 결정은 분리되어 내려진다."

3. 제3항은 삭제된다.

제10조

협약 제31조는 다음과 같이 개정된다:

1. 가호의 끝에 "그리고"가 삭제된다.

2. 나호는 다호가 되고, 새로운 나호가 삽입되며, 그 내용은 다음과 같다:

"나. 제46조 4항에 따라 각료위원회에 의하여 재판소에 회부된 쟁점들에 대해 결정한다; 그리고."

제11조

협약 제32조는 다음과 같이 개정된다:

제1항에서, 숫자 34 후에 ','와 숫자 46이 삽입된다.

제12조

협약 제35조 3항은 다음과 같이 개정된다:

3. 법원은 제34조에 따라 제출된 개별 제소가 다음과 같은 사유에 해당한다고 판단되면 심리 부적격을 선언한다:

가. 제소가 협약 또는 의정서의 규정과 양립할 수 없거나, 근거가 없는 것이 명백하거나, 또는

제소권의 남용인 경우; 또는

나. 제소자가 중대한 불이익을 받지 않으면서도, 협약과 의정서에 규정된 인권에 대한 존중이 제소 본안에 관한 검토를 요구하지 않으며, 어떠한 사건도 국내 법원에 의하여 적절히 검토되지 않은 근거 하에서는 각하되지 않을 경우.

제13조

새로운 제3항이 협약 제36조의 끝에 추가되며, 그 내용은 다음과 같다:

3. 소재판부나 대재판부에 회부된 모든 사건에서, 유럽심의회 인권판무관은 의견서를 제출하고, 심리에 참가할 수 있다.

제14조

협약 제38조는 다음과 같이 개정된다:

제38조(사건의 심리)

재판소는 당사자의 대리인들과 함께 사건을 심리하고, 필요한 경우 조사를 행한다. 이의 효과적인 수행을 위하여 관련 체약국은 필요한 모든 편의를 제공한다.

제15조

협약 제39조는 다음과 같이 개정된다:

제39조 우호적 해결

1. 절차의 어느 단계에서라도, 재판소는 협약과 의정서에서 규정된 인권에 대한 존중에 기초하여 사건을 우호적으로 해결하려는 것에 관하여는 관련 당사자들의 처리에 맡긴다.

2. 제1항에 따라 수행된 절차는 공개되지 아니한다.

3. 우호적 해결이 이루어지면 재판소는 사안 및 그 해결내용에 대하여 간략히 서술하는 결정을 통하여 해당 사건을 사건목록에서 삭제한다.

4. 이 결정은 각료위원회로 송부되며, 이는 결정에서 제시된 우호적 해결내용의 이행을 감독한다.

제16조

협약 제46조는 다음과 같이 개정된다:

제46조(판결의 구속력과 집행)

1. 체약국은 자신이 당사국인 모든 사건에서 재판소의 최종판결에 따를 것을 약속한다.

2. 재판소의 최종판결은 각료위원회로 송부되며, 이는 판결의 이행을 감독한다.

3. 최종판결 이행의 감독이 판결해석의 문제로 방해되고 있다고 각료위원회가 판단하면, 해석문제에 관한 결정을 위하여 이를 재판소로 회부할 수 있다. 회부 결정은 위원회 재적 3분의 2의 다수결을 요한다.

4. 체약국이 자신이 당사국인 사건의 최종 판결의 준수를 거부하였다고 각료위원회가 판단하면, 해당 당사국에 공식 통보 이후 각료위원회 재적 3분의 2의 다수결에 의한 결정을 통하여 당사국이 제1항 상의 의무를 이행하지 못하였는가 여부의 문제를 재판소에 회부할 수 있다.

5. 재판소가 제1항의 위반을 발견하면, 재판소는 취해질 조치의 검토를 위하여 사건을 각료위원회로 회부한다. 재판소가 제1항의 위반을 발견하지 못하면, 재판소는 사건을 각료위원회로 회부하

고, 이는 사건의 검토를 종결한다.

제17조

협약 제59조는 다음과 같이 개정된다:

1. 새로운 제2항은 다음과 같이 삽입된다:

"2. 유럽연합은 이 협약에 가입할 수 있다."

2. 제2항, 제3항과 제4항은 각각 제3항, 제4항과 제5항이 된다.

최종규정과 경과규정

제18조

1. 이 의정서는 유럽심의회 회원국인 협약 서명국들의 서명을 위하여 개방되며, 이들은 구속을 받겠다는 동의를 다음과 같이 표시할 수 있다.

가. 비준, 수락 또는 승인을 조건으로 하지 않는 서명; 또는

나. 비준, 수락 또는 승인을 조건으로 서명하고, 이후 비준, 수락 또는 승인을 함.

2. 비준서, 수락서 또는 승인서는 유럽심의회 사무총장에게 기탁된다.

제19조

이 의정서는 제18조의 규정에 따라 모든 협약 당사국들이 의정서의 구속을 받겠다는 동의를 표시한 날로부터 3개월의 경과 후 다음 달 1일에 발효한다.

제20조

1. 이 의정서의 발효일로부터 이들 조항은 재판소에 계류중인 모든 제소사건과 아울러 그 집행이 각료위원회에 감독 하에 있는 모든 판결에 대하여 적용된다.

2. 이 의정서 제12조에 따라 협약 제35조 제3항 나호로 삽입된 새로운 심리적격의 판단기준은 이 의정서의 발효 이전에 심리적격을 인정받은 제소에 대하여는 적용되지 아니한다. 이 의정서의 발효 2년 이후에는 새로운 심리적격의 판단기준만이 재판소 소재판부와 대재판부에 의하여 적용될 수 있다.

제21조

이 의정서의 효력 발생일에 첫 번째 임기를 수행중인 판사의 임기는 총 9년의 기간이 되도록 법적으로 연장된다. 다른 판사들은 자신의 임기를 마치며, 이는 법적으로 2년 연장된다.

제22조

유럽심의회 사무총장은 모든 회원국에 대하여 다음 사실을 통고한다:

가. 서명 사실;

나. 비준서, 수락서 또는 승인서의 기탁;

다. 제19조에 따른 이 의정서의 발효일;

라. 이 의정서와 관련된 기타 행위, 통고 또는 통지.

이 의정서는 2004년 5월 13일 스트라스부르크에서 동등하게 정본인 영어 및 프랑스어본 단일 문서로 작성되어, 이는 유럽심의회 문서보관소에 기탁된다. 사무총장은 인증등본을 각 서명국에게 송부한다.

32. 미주인권협약

1969.11.22 채택/ 1978.7.18 발효/ 당사국 수 25.

전 문

　이 협약에 서명한 미주국가는,

인간의 기본적 권리를 존중하는 바탕 위에 민주적 제도의 틀 안에서 개인의 자유와 사회정의의 체제를 이 지역에서 공고히 할 의사를 재확인하고;

인간의 기본적 권리들은 특정국가의 국민이라는 사실로부터 나오는 것이 아니라 인간의 본성에 근거하는 것이며, 따라서 이 권리들은 미주국가들의 국내법에 규정된 보호를 강화하거나 보완하는 협약에 의한 국제적 보호를 정당화시킨다는 것을 인정하고;

이 원칙들은 미주기구 헌장, 인간의 권리의무에 관한 미주선언 및 세계인권선언에 규정되어 있으며, 범세계적 및 지역적 적용의 다른 국제문서에서 재확인되고 정비되어 있음을 고려하고;

세계인권선언에서와 같이 공포와 결핍으로부터의 자유를 향유하는 자유로운 인간이라는 이상은 모든 사람이 시민적 및 정치적 권리 뿐만 아니라 경제적, 사회적 및 문화적 권리를 향유할 수 있는 조건이 이루어져야만 달성될 수 있음을 재차 강조하며; 그리고

제3차 미주간 특별회의(1967년 부에노스 아이레스)가 경제적, 사회적 및 교육적 권리에 관하여 보다 광범위한 기준을 미주기구 헌장에 포함시키는 것을 승인하였고, 미주간 인권협약은 이들 문제에 대한 책임을 담당할 기구의 구성, 권한 및 절차를 결정하여야 한다고 결의한 점을 고려하여,

　다음과 같이 합의한다:

제1부 국가의 의무와 보호되는 권리

제1장 일반 의무

제1조 권리를 존중할 의무

1. 이 협약의 당사국은 협약에서 인정된 권리와 자유를 존중하고, 자국 관할권내의 모든 사람에게 인종, 피부색, 성, 언어, 종교, 정치적 또는 다른 의견, 민족적 또는 사회적 출신, 경제적 지위, 출생 또는 다른 사회적 조건을 이유로 한 어떠한 차별도 없이 그러한 권리와 자유의 자유롭고 완전한 행사를 보장할 것을 약속한다.

2. 이 협약의 목적상 "사람"이란 모든 인간을 의미한다.

제2조 국내법적 효과

제1조에서 지적된 권리 또는 자유의 행사가 입법 또는 다른 규정에 의하여 아직 보장되지 않는 경우, 당사국은 자국의 헌법절차와 이 협약의 규정에 따라서 이들 권리 또는 자유를 이행하는데

650 ■ 제7부 지역적 인권협약

필요한 입법 또는 기타의 조치를 취할 것을 약속한다.

제2장 시민적 및 정치적 권리

제3조 법인격에 대한 권리

모든 사람은 법 앞에 인간으로서 인정받을 권리를 가진다.

제4조 생명권

1. 모든 사람은 자신의 생명을 존중받을 권리를 가진다. 이 권리는 법률에 의하여 보호되며, 일반적으로 임신의 순간부터 보호되어야 한다. 어느 누구도 자의적으로 자신의 생명을 박탈당하지 아니한다.

2. 사형을 폐지하지 않은 국가의 경우, 사형은 가장 중대한 범죄에 대하여만 범죄행위 이전에 제정되어 그러한 형벌을 규정한 법에 따라 권한있는 법원이 내린 확정판결에 의거하여만 부과될 수 있다. 그 같은 형벌의 적용은 현재 그것이 적용되지 않는 범죄에 대하여는 확대되지 아니한다.

3. 사형은 이를 폐지한 국가에서는 다시 도입되지 아니한다.

4. 어떠한 경우에도 사형은 정치적 범죄 또는 이와 관련된 일반범죄에 대하여는 부과되지 아니한다.

5. 사형은 범행시 18세 미만이나 70세 이상인 자에 대하여는 부과되지 아니하며, 임신부에게도 적용되지 아니한다.

6. 사형선고를 받은 모든 사람은 사면, 특사 또는 감형을 청구할 권리를 가지며, 이는 어떠한 경우에나 부여될 수 있다. 사형은 그러한 청원이 담당기관에 의하여 검토되는 동안에는 집행될 수 없다.

제5조 인도적 처우를 받을 권리

1. 모든 사람은 자신의 신체적, 정신적 및 도덕적 완전성을 존중받을 권리를 가진다.

2. 어느 누구도 고문 및 잔혹한, 비인도적인 또는 굴욕적인 형벌 또는 대우를 받지 아니한다. 자유를 박탈당한 모든 사람은 인간 고유의 존엄성을 존중받으면서 처우된다.

3. 형벌은 범죄인 이외의 사람에게 확대 적용되지 아니한다.

4. 피고인은 예외적인 경우를 제외하고는 유죄선고를 받은 자와 분리되며, 미결수로서의 지위에 적합한 별도의 처우를 받는다.

5. 형사소송에 계류중인 미성년자는 성인과 분리되며, 가능한한 신속하게 특별법원에 회부되며, 미성년자로서의 지위에 알맞는 처우를 받는다.

6. 자유를 박탈하는 형벌은 재소자의 교정과 사회 재적응을 기본목표로 한다.

제6조 노예상태로부터의 자유

1. 어느 누구도 노예상태나 비자발적인 예속상태에 놓여지지 아니하며, 이는 노예무역과 여성 인신매매와 같은 어떠한 형태로도 금지된다.

2. 어느 누구도 강제적 또는 의무적 노역을 요구받지 아니한다. 이 조항은 일정한 범죄에 대한 형벌이 강제노역을 통한 자유의 박탈인 국가에서 권한 있는 법원에 의하여 부과된 형벌의 이행을

금지하는 의미로 해석되지 아니한다. 강제노역이 재소자의 존엄성이나 신체적 또는 지적 능력에 부정적 영향을 끼쳐서는 아니된다.

3. 이 조항의 목적상 다음의 경우는 강제적 또는 의무적 노역에 해당하지 아니한다:

가. 권한있는 사법당국이 선고한 판결이나 공식 결정을 집행함에 있어서 재소자에게 통상적으로 요구되는 작업 또는 역무. 그러한 작업 또는 역무는 공공기관의 감독과 통제 하에서 수행되어야 하며, 그러한 작업 또는 역무를 이행하는 자가 개인, 회사 또는 법인의 처분에 맡겨져서는 아니된다;

나. 군복무 그리고 양심적 병역거부자가 인정되는 국가에서 군복무에 대신하여 법률이 규정한 국가적 역무;

다. 공동체의 존립 또는 복지를 위협하는 위험시나 재난시 요구되는 역무; 또는

라. 통상적인 시민의 의무를 구성하는 작업 또는 역무.

제7조 신체의 자유에 대한 권리

1. 모든 사람은 신체의 자유와 안전을 누릴 권리를 가진다.

2. 당사국의 헌법이나 그에 따라 제정된 법률에 미리 규정된 이유와 조건에 의하지 아니하고는 어느 누구도 신체의 자유를 박탈당하지 아니한다.

3. 어느 누구도 자의적인 체포 또는 구금을 당하지 아니한다.

4. 구금된 자는 자신의 구금사유를 통지받아야 하며, 자신에 대한 혐의를 신속하게 고지받아야 한다.

5. 구금된 자는 판사 또는 법률에 의하여 사법권을 행사할 수 있는 권한을 가진 기타 관헌 앞에 신속히 회부되어야 하며, 합리적인 기간 내에 재판을 받거나 또는 소송절차의 계속에는 영향을 주지 아니하면서 석방될 권리를 가진다. 석방은 그가 재판에 출석할 것을 보장하기 위한 보증을 조건으로 할 수 있다.

6. 자유를 박탈당한 자는 법원이 그의 체포나 구금의 적법성에 대하여 지체없이 판단하고, 체포나 구금이 불법적인 경우 그의 석방을 명할 수 있도록, 권한있는 법원에 절차를 취할 권리가 있다. 자신의 자유가 박탈당할 위협을 받고 있다고 믿는 자는 그러한 위협의 적법성을 판단받기 위하여 권한있는 법원에 절차를 취할 권리를 보장하는 법률을 가진 당사국에서는 이러한 구제조치가 제한되거나 폐지될 수 없다. 이해관계자 또는 그의 대리인이 이러한 구제조치를 추구할 수 있다.

7. 어느 누구도 채무로 인하여 구금되지 아니한다. 이 원칙은 부양의무의 불이행에 대하여 권한있는 사법기관이 내리는 명령을 제한하지 아니한다.

제8조 공정한 재판을 받을 권리

1. 모든 사람은 자신에 대한 형사기소를 확정함에 있어서나 자신의 민사, 노동, 재정, 기타 어떠한 성격의 권리와 의무를 결정하기 위하여, 법률에 의하여 사전에 설립된 권한있고 독립적이며 공정한 법원에 의하여 적절한 보장을 받으며 합리적인 기한 내에 심리를 받을 권리를 가진다.

2. 형사범죄로 기소된 모든 사람은 법률에 따라 유죄로 입증될 때까지 무죄로 추정받을 권리를 가진다. 소송 계속중인 모든 사람은 다음과 같은 최저한의 보장을 완전히 평등하게 받을 권리를

가진다:

가. 피고인이 법정에서의 언어를 이해하거나 말할 수 없는 경우, 무료로 번역인이나 통역인의 도움을 받을 권리;

나. 피고인에 대한 기소내용의 상세한 통지;

다. 자신의 변론준비를 위한 충분한 시간과 수단;

라. 피고인이 자신을 직접 변호하거나 또는 자신이 선택한 변호인의 조력을 받으며, 자신의 변호인과 자유로이 그리고 비공개로 연락을 취할 권리;

마. 피고인이 자신을 직접 변호하지 못하거나 법률이 정한 기간 내에 변호인을 고용하지 못하는 경우, 국내법이 정하는 바에 따라 유상 또는 무상으로 국가가 제공하는 변호인의 조력을 받을 불가양의 권리;

바. 법원에 출석한 증인을 심문하고, 사실관계를 밝힐 수 있는 감정인이나 기타 다른 사람들을 증인으로서 출석시킬 방어권;

사. 자신에게 불리한 증언이나 유죄인정을 강요받지 않을 권리; 그리고

아. 상급법원에 상소할 권리.

3. 피고인의 유죄자백은 그것이 어떠한 종류의 강압에도 의하지 않고 이루어진 경우에만 유효하다.

4. 상소할 수 없는 판결에 의하여 무죄선고를 받은 자는 동일한 사유로 새로운 재판을 받지 아니한다.

5. 형사소송절차는 사법상의 이익을 보호하는데 필요한 경우 이외에는 공개된다.

제9조 소급입법으로부터의 자유

어느 누구도 행위시 적용가능한 법률에 의하여 형사범죄를 구성하지 아니하던 작위 또는 부작위를 이유로 유죄로 되지 아니한다. 범죄가 행하여진 때에 적용될 수 있었던 형벌보다 중한 형벌은 부과되지 아니한다. 범죄행위 이후의 법률이 보다 가벼운 형의 부과를 규정하는 경우, 유죄판결을 받은 자는 그 혜택을 받는다.

제10조 보상을 받을 권리

오심에 의한 확정판결로 형을 선고받은 경우, 모든 사람은 법률이 정하는 바에 따른 보상을 받을 권리를 가진다.

제11조 사생활에 대한 권리

1. 모든 사람은 자신의 명예를 존중받고, 자신의 존엄성을 인정받을 권리를 가진다.

2. 어느 누구도 자신의 사생활, 가족, 가정, 또는 서신에 대하여 자의적이거나 남용적인 간섭을 받지 아니하며, 자신의 명예나 명성에 대한 불법적인 공격을 받지 아니한다.

3. 모든 사람은 그 같은 간섭이나 공격에 대하여 법률의 보호를 받을 권리를 가진다.

제12조 양심과 종교의 자유

1. 모든 사람은 양심과 종교의 자유에 대한 권리를 가진다. 이 권리는 자신의 종교나 신념을 유지하거나 변경할 자유와 자신의 종교나 신념을 단독으로 또는 다른 사람과 공동으로, 공적 또는 사적으로 고백하거나 전파할 자유를 포함한다.

2. 어느 누구도 자신의 종교나 신념을 유지하거나 변경할 자유를 침해할 수 있는 제한을 받지 아니한다.

3. 자신의 종교와 신념을 표명할 자유는 법률에 규정되고 공공의 안전, 질서, 보건, 도덕 또는 타인의 권리나 자유를 보호하는데 필요한 경우에만 제한받을 수 있다.

4. 부모 또는 경우에 따라서 후견인은 그들의 신념에 따라 자녀나 피후견인에게 종교적, 도덕적 교육을 제공할 권리를 가진다.

제13조 사상과 표현의 자유

1. 모든 사람은 사상과 표현의 자유에 관한 권리를 가진다. 이 권리는 구두, 서면, 인쇄물, 예술의 형태 또는 스스로 선택하는 기타의 매체를 통하여 국경에 관계없이 모든 종류의 정보와 사상을 추구하고, 접수하며, 전달하는 자유를 포함한다.

2. 위의 조항에 규정된 권리의 행사는 사전검열을 받지 아니하나, 사후적 책임부과에는 복종한다. 이는 다음을 보장하는데 필요한 범위 내에서 법률에 의하여 명시적으로 규정되어야 한다:

가. 타인의 권리 또는 명성의 존중; 또는

나. 국가안보, 공공질서 또는 공중보건이나 도덕의 보호.

3. 표현의 권리는 신문용지, 무선방송 주파수 또는 정보의 보급용 장비에 대한 정부나 민간의 규제남용과 같은 간접적인 수단 방법이나 또는 사상과 의견의 전달과 유포를 저해할 수 있는 다른 수단에 의하여 제한될 수 없다.

4. 위 제2항에도 불구하고, 공공오락은 어린이와 청소년의 도덕적 보호를 위하여 이에 대한 접근을 규율할 목적에서만 법률에 의하여 사전검열을 받게 할 수 있다.

5. 인종, 피부색, 종교, 언어 또는 민족적 출신 등을 이유로 개인 또는 집단에 대하여 불법적인 폭력이나 기타 유사한 행동을 선동하는 전쟁의 선전과 민족적, 인종적 또는 종교적인 증오의 고취는 법률에 의하여 처벌되는 범죄로 간주된다.

제14조 반론권

1. 법률로 규율되는 통신매체를 통하여 대중 일반에게 유포된 부정확하거나 공격적인 발언 또는 생각에 의하여 피해를 입은 자는 법률이 정한 요건에 따라 동일한 통신매체를 이용하여 반론하거나 정정할 권리를 가진다.

2. 정정이나 반론은 어떠한 경우에도 이미 초래된 다른 법적 책임을 면제시켜 주지 아니한다.

3. 명예와 명성을 효과적으로 보호하기 위하여 모든 출판사, 신문, 영화, 라디오와 텔레비전 회사는 면제나 특권에 의하여 보호되지 않으면서 책임을 질 사람을 둔다.

제15조 집회의 권리

비무장의 평화로운 집회의 권리가 인정된다. 이 권리의 행사에 대하여는 국가안보, 공공의 안전이나 공공질서를 위하여 또는 공중보건이나 도덕, 타인의 권리나 자유를 보호하기 위하여 민주사회에서 필요하여 법률에 따라 부과된 것 이외에는 어떠한 제한도 가하여지지 아니한다.

제16조 결사의 자유

1. 모든 사람은 이념적, 종교적, 정치적, 경제적, 노동, 사회적, 문화적, 체육 또는 기타의 목적을

위하여 자유로운 결사의 권리를 가진다.

2. 이 권리의 행사는 국가안보, 공공의 안전이나 공공질서를 위하여 또는 공중보건이나 도덕, 타인의 권리 및 자유를 보호하기 위하여 민주사회에서 필요하여 법률에 규정된 제한에만 복종한다.

3. 본조의 규정은 군대와 경찰의 구성원에 대한 결사의 권리의 행사금지를 포함하여 합법적 제한을 부과하는 것을 방해하지 아니한다.

제17조 가정에 대한 권리

1. 가정은 사회의 자연적이고 기초적인 단위이며, 사회와 국가의 보호를 받을 권리가 있다.

2. 국내법상의 요건을 충족하면 혼인 적령기의 남녀는 혼인을 하고 가정을 부양할 권리가 인정된다. 단 그 요건들은 이 협약에 규정된 비차별 원칙에 영향을 주지 않아야 한다.

3. 혼인은 장래의 배우자들의 자유롭고 완전한 합의없이는 이루어지지 아니한다.

4. 당사국은 혼인 기간중 및 혼인의 해소시에 혼인에 대한 배우자의 권리평등과 책임의 적정한 균형을 보장하기 위하여 적절한 조치를 취한다. 혼인해소의 경우 오직 아동의 최선 이익만을 기반으로 아동의 보호에 필요한 조치가 취하여져야 한다.

5. 법률은 서출자와 적출자에 대하여 동등한 권리를 인정한다.

제18조 성명에 대한 권리

모든 사람은 이름과 부모 쌍방 또는 일방의 성을 가질 권리가 있다. 법률은 필요하다면 추정적 성명 사용에 의해서라도 모든 사람에게 이 권리가 보장되도록 할 방안을 규정하여야 한다.

제19조 아동의 권리

모든 아동은 미성년이라는 조건에 의하여 자신의 가족, 사회 및 국가에 대하여 요구되는 보호조치를 받을 권리를 가진다.

제20조 국적에 대한 권리

1. 모든 사람은 국적을 가질 권리를 가진다.

2. 다른 국적을 가질 권리가 없는 경우, 모든 사람은 자신이 출생한 국가의 국적을 가질 권리를 가진다.

3. 어느 누구도 자신의 국적 또는 국적을 바꿀 권리를 자의적으로 박탈당하지 아니한다.

제21조 재산에 대한 권리

1. 모든 사람은 자신의 재산을 사용하고 향유할 권리를 가진다. 법률은 그러한 사용과 향유를 사회의 이익에 종속시킬 수 있다.

2. 공공의 이용이나 사회적 이익을 이유로 하여 법률에 규정되어 있고 법률로 정한 형식에 따라 정당한 보상이 지급되지 아니하면, 어느 누구도 자신의 재산을 박탈당하지 아니한다.

3. 고리대금 및 기타 형태의 사람에 대한 사람의 착취는 법률에 의하여 금지된다.

제22조 이전과 거주의 자유

1. 합법적으로 당사국 영역 내에 있는 모든 사람은 법률에 따라 그 안에서 이전과 거주의 권리를 가진다.

2. 모든 사람은 자국을 포함하여 어떠한 국가로부터도 자유로이 퇴거할 권리를 가진다.

3. 위의 권리의 행사는 범죄를 예방하거나 국가안보, 공공안전, 공공질서, 공중도덕, 공공보건 또는 타인의 권리 및 자유를 보호하기 위하여 민주사회에서 필요한 범위 내에서 법률에 의하여만 제한될 수 있다.

4. 제1항에서 인정된 권리의 행사는 공익을 위하여 지정된 지역에서는 법률에 의하여 제한될 수 있다.

5. 어느 누구도 자신의 국적국으로부터 추방될 수 없으며, 국적국으로 입국할 권리를 박탈당하지 아니한다.

6. 합법적으로 이 협약 당사국의 영역 내에 있는 외국인은 법률에 따라 내려진 결정에 의하여만 추방될 수 있다.

7. 정치적 범죄 또는 이와 관련된 일반범죄로 인하여 추적받고 있는 경우, 모든 사람은 외국에서 그 국가의 법률과 국제협약에 따라 비호를 구하고 부여받을 권리를 가진다.

8. 외국인이 특정국가에서 인종, 국적, 종교, 사회적 지위 또는 정치적 견해를 이유로 그의 생명이나 신체적 자유에 대한 권리가 침해당할 위험에 처한 경우, 그 국가가 자신의 출신국인지 여부와 상관없이 어떠한 경우에도 당해 국가로 추방되거나 송환되지 아니한다.

9. 외국인의 집단추방은 금지된다.

제23조 공무담임권

1. 모든 시민은 다음과 같은 권리와 기회를 향유한다:

가. 직접 또는 자유로이 선출된 대표를 통하여 공적 업무수행에 참여한다;

나. 진정으로 정기적인 선거에서 투표하고 선출된다. 선거는 보통 및 평등선거에 의하여, 그리고 유권자의 의사의 자유로운 표현이 보장되는 비밀투표에 의하여야 한다;

다. 일반적으로 평등한 조건하에서 자국의 공무에 취임한다.

2. 법률은 연령, 국적, 거주, 언어, 교육, 민사적 및 정신적 능력 또는 형사소송에서 권한있는 법원에 의한 선고를 근거로 하여서만 위 조항에서 언급된 권리와 기회의 행사를 규제할 수 있다.

제24조 평등한 보호를 받을 권리

모든 사람은 법 앞에서 평등하다. 따라서 그들은 차별없이 법의 평등한 보호를 받을 권리를 가진다.

제25조 사법적 보호에 대한 권리

1. 모든 사람은 관련국의 헌법이나 법률 또는 이 협약에 의하여 인정된 자신의 기본권을 침해하는 행위에 대한 보호를 받기 위하여, 권한있는 법원이나 법정에 용이하고 신속한 구제나 또는 다른 실효적인 구제를 청구할 권리가 있다. 그러한 침해가 공무수행중인 자에 의하여 이루어진 경우에도 동일하다.

2. 당사국은 다음 사항을 이행한다:

가. 그러한 구제를 청구하는 자에게는 국가의 법제도에 따른 담당기관에 의하여 그의 권리가 결정되도록 보장한다;

나. 사법적 구제의 가능성을 확대시킨다; 그리고

다. 구제가 부여되면 담당기관이 그러한 구제를 실행할 것을 보장한다.

제3장 경제적, 사회적 및 문화적 권리

제26조 점진적 발전

당사국은 부에노스 아이레스 의정서에 의하여 개정된 미주기구 헌장에 규정된 경제적, 사회적, 교육적, 과학적 및 문화적 기준에 내재된 권리의 완전한 실현을 입법 또는 기타 적절한 수단을 통하여 점진적으로 달성하기 위한 조치들, 특히 경제적 및 기술적 성격의 조치들을 국내적으로 그리고 국제협력을 통하여 채택할 것을 약속한다.

제4장 보장의 정지, 해석 및 적용

제27조 보장의 정지

1. 당사국은 자국의 독립이나 안보를 위협하는 전쟁, 공공의 위험 또는 기타의 비상사태의 경우, 상황의 위급성에 의하여 엄격히 요구되는 범위와 기한 내에서 이 협약상의 의무로부터 이탈하는 조치를 취할 수 있다. 단, 그러한 조치가 국제법상 자국의 다른 의무와 충돌되지 아니하고, 인종, 피부색, 성, 언어, 종교 또는 사회적 출신을 이유로 한 차별을 포함하지 않아야 한다.

2. 위 규정은 다음 조항의 정지를 허용하지 아니한다:
제3조(법인격에 대한 권리), 제4조(생명권), 제5조(인도적 처우를 받을 권리), 제6조(노예상태로부터의 자유), 제9조(소급입법으로부터의 자유), 제12조(양심과 종교의 자유), 제17조(가정에 대한 권리), 제18조(성명에 대한 권리), 제19조(아동의 권리), 제20조(국적에 대한 권리), 제23조(공무담임권) 또는 이들 권리를 보호하는데 필요한 사법적 보장.

3. 정지권을 행사하는 당사국은 적용이 정지된 조항, 정지하는 이유 및 정지의 종료 예정일을 미주기구의 사무총장을 통하여 다른 당사국들에게 즉시 통보한다.

제28조 연방조항

1. 당사국이 연방국가인 경우 그 당사국의 중앙정부는 자신이 입법 및 사법 관할권을 행사하는 주제에 관하여 협약의 모든 규정들을 이행하여야 한다.

2. 연방국가의 소속주가 관할권을 갖는 주제에 관한 규정들에 대하여는, 소속주의 담당기관이 이 협약의 이행을 위한 적절한 규정을 채택할 수 있도록 중앙정부는 헌법과 법률에 따라서 즉시 적절한 조치를 취한다.

3. 2개 이상의 당사국들이 연방이나 다른 형태의 연합을 구성하기로 합의하는 경우, 이들 국가는 연방협정이나 다른 협정이 새로 조직된 국가 내에서 이 협약상의 기준을 지속시키고 유효하게 하는데 필요한 규정을 포함하도록 유의한다.

제29조 해석에 관한 제한

이 협약의 어떠한 규정도 다음과 같이 해석되지 아니한다:

1. 당사국, 단체 또는 개인이 이 협약에서 인정되는 권리와 자유의 향유나 행사를 억압하거나, 또는 이에 규정된 것 이상으로 이를 제한하도록 허용함;

2. 당사국의 법률 또는 그 국가가 당사국인 다른 협약에 의하여 인정된 권리나 자유의 향유 또는 행사를 제한함;

3. 인간성에 고유하거나 정부형태로서의 대의민주주의로부터 유래하는 다른 권리나 보장을 배제시킴; 또는

4. 인간의 권리와 의무에 관한 미주선언과 동일한 성격의 다른 국제문서가 가지고 있는 효과를 배제시키거나 제한함.

제30조 제한의 범위

이 협약에서 인정되는 권리나 자유의 향유 또는 행사에 대하여는 일반의 이익을 위하여 제정된 법률에 따라 그러한 제한이 설정된 목적에 알맞는 경우 이외에는 협약에 근거한 어떠한 제한도 허용되지 아니한다.

제31조 기타 권리의 인정

제76조와 제77조에 규정된 절차에 따라 승인된 기타의 권리와 자유는 이 협약의 보호체제 내에 포함될 수 있다.

제5장 개인의 책임

제32조 의무와 권리간의 관계

1. 모든 사람은 자신의 가족, 지역사회 및 인류에 대하여 책임을 부담한다.

2. 각 개인의 권리는 민주사회에서 다른 사람의 권리, 모든 사람의 안전 및 일반복지의 정당한 필요성에 의하여 제한된다.

제2부 보호 수단

제6장 담당기관

제33조

다음의 기관들은 이 협약의 당사국들이 행한 약속의 이행과 관련된 문제에 대하여 권한을 가진다.

가. 미주인권위원회 (이하 "위원회"라 한다); 그리고

나. 미주인권재판소 (이하 "재판소"라 한다).

제7장 미주인권위원회

제1절 구성

제34조

미주인권위원회는 고매한 인격과 인권분야에서의 능력을 인정받은 7인의 위원으로 구성된다.

제35조

위원회는 미주기구의 모든 회원국을 대표한다.

제36조

1. 위원회의 위원은 회원국 정부가 추천한 후보명단으로부터 미주기구 총회에 의하여 개인 자격으로 선출된다.

2. 각 회원국 정부는 후보를 3인까지 추천할 수 있으며, 이 후보들은 추천국이나 미주기구의 다른 회원국의 국민이어야 한다. 3인이 추천된 경우 적어도 1인의 후보는 추천국 외 다른 국가의 국민이어야 한다.

제37조

1. 위원회의 위원은 4년 임기로 선출되며, 1회에 한하여 재선될 수 있다. 단 첫 번째 선거에서 선출된 위원중 3인의 임기는 2년으로 한다. 첫번째 선거 직후 총회는 추첨에 의하여 그 3인의 위원을 결정한다.

2. 동일한 국가 출신의 2인이 위원회의 위원으로 될 수 없다.

제38조

정상적인 임기만료 이외의 사유로 발생한 위원회의 공석은 위원회의 규정에 따라 미주기구 상임이사회에 의하여 충원된다.

제39조

위원회는 자체의 규정을 작성하고, 승인을 받기 위하여 이를 미주기구 총회에 제출한다. 위원회는 자체 규칙을 작성한다.

제40조

위원회의 사무국 업무는 미주기구 사무국의 적절한 전문부서에서 제공한다. 이 부서는 위원회에 의하여 부과된 업무를 수행하는데 필요한 자원을 제공받는다.

제2절 기능

제41조

위원회의 주된 기능은 인권의 존중과 보호를 증진하는 것이다. 이 임무를 수행함에 있어서 위원회는 다음의 기능과 권한을 가진다:

가. 미주 인민들 사이에 인권의식을 발전시킨다;

나. 바람직하다고 판단되는 경우, 회원국의 국내법과 헌법규정 체계 내에 인권을 위한 발전적인 조치는 물론 이들 권리의 준수를 강화시키는 적절한 조치가 채택되도록 회원국 정부에게 권고를 한다;

다. 위원회의 임무를 수행하는데 바람직하다고 보는 연구나 보고서를 준비한다;

라. 회원국 정부에게 인권분야에서 그들이 채택한 조치에 관한 정보의 제출을 요청한다;

마. 인권관련 문제에 대한 회원국의 문의에 대하여 미주기구 사무국을 통하여 답변하고, 회원국이

요구하는 자문을 가능한 범위 내에서 당해 국가에게 제공한다.

바. 이 협약 제44조 내지 제51조의 규정에 따른 의원회의 권한에 의거하여 청원과 기타 통보에 대한 조치를 취한다; 그리고

사. 미주기구 총회에 연차보고서를 제출한다.

제42조

부에노스 아이레스 의정서에 의하여 개정된 미주기구 헌장에 규정된 경제적, 사회적, 교육적, 과학적 및 문화적 기준에 내재된 권리의 증진을 위원회가 감독할 수 있도록, 당사국들은 그들이 미주 경제사회이사회와 미주 교육과학문화이사회의 집행위원회에 각각 매년 제출하는 보고서와 연구서 각각의 사본을 위원회에 송부한다.

제43조

당사국들은 그들의 국내법이 이 협약 규정의 실효적인 적용을 보장하는 방법에 관하여 위원회가 요청한 정보를 위원회에 제공하기로 약속한다.

제3절 권한

제44조

모든 개인 또는 단체, 또는 1개 이상의 미주기구 회원국에서 법인으로 인정된 비정부 기구는 당사국에 의한 이 협약의 위반을 고발하거나 이의를 제기하는 청원을 위원회에 제출할 수 있다.

제45조

1. 모든 당사국은 이 협약의 비준서나 가입서를 기탁할 때 또는 그 이후 언제라도, 일방 당사국이 다른 당사국에 의한 이 협약상의 인권침해를 주장하는 통보를 접수하고 조사할 위원회의 권한을 수락하는 선언을 할 수 있다.

2. 본조에 의하여 제출된 통보는 위원회의 위의 권한을 인정하는 선언을 한 당사국에 의하여 제출되는 경우에만 수락되고 검토될 수 있다. 위원회는 그러한 선언을 하지 않은 당사국에 대한 통보는 수락하지 아니한다.

3. 권한 인정에 관한 선언은 무기한으로나 또는 특정 기간동안이나 특정한 사건에 대하여만 유효하도록 할 수 있다.

4. 선언서는 미주기구 사무국에 기탁되고, 사무국은 기구의 회원국에게 그 사본을 송부한다.

제46조

1. 위원회는 제44조 또는 제45조에 따라 제출된 청원이나 통보를 다음의 요건을 전제로 수락한다:

가. 일반적으로 승인된 국제법의 원칙에 따라 국내법상의 구제가 시도되어 완료되었을 것;

나. 자신의 권리가 침해되었다고 주장하는 당사자가 확정판결을 통보받은 날로부터 6개월 이내에 청원이나 통보가 제출되었을 것;

다. 청원이나 통보의 사안이 다른 국제적 분쟁해결절차에 계류중이 아닐 것; 그리고

라. 제44조의 경우 청원서는 이를 제출하는 사람이나 기관의 법적 대표자의 성명, 국적, 직업, 주

소 및 서명을 포함할 것.

2. 본조의 제1항 가호와 나호의 규정은 다음의 경우에는 적용되지 아니한다:

가. 침해받았다고 주장되는 권리의 보호를 위하여 해당국가의 국내법이 적법절차를 제공하지 않는 경우;

나. 권리침해를 주장하는 당사자가 국내법에 의한 구제를 거부당하였거나, 구제받는 것을 금지당한 경우; 또는

다. 위의 구제절차에 따른 확정판결이 내려지는데 있어서 부당한 지연이 있었던 경우.

제47조

위원회는 다음과 같은 경우에는 제44조 또는 제45조에 의하여 제출된 청원이나 통보를 수락할 수 없는 것으로 간주한다:

가. 제46조에 제시된 요건을 충족하지 못한 경우;

나. 청원이나 통보가 이 협약에 의하여 보장되는 권리의 침해를 구성한다는 사실을 서술하지 아니하고 있는 경우;

다. 청원이나 통보가 명백히 근거가 없다거나 분명히 잘못이라는 점을 청원인 또는 당사국의 진술서가 보여 주고 있는 경우; 또는

라. 청원이나 통보가 위원회 또는 다른 국제기구에 의하여 이전에 검토된 것과 실질적으로 동일한 경우.

제4절 절차

제48조

1. 위원회가 이 협약에 의하여 보호되는 권리의 침해를 주장하는 청원이나 통보를 접수하는 경우 다음과 같이 처리한다:

가. 위원회가 청원이나 통보의 심리적격을 인정하는 경우, 위원회는 주장된 침해에 대하여 책임이 있는 것으로 지적된 국가에게 정보제공을 요청하고, 또한 청원이나 통보의 관련부분의 사본을 그 국가에게 제공한다. 이 정보는 각 사건의 상황에 알맞게 위원회가 결정한 합리적인 기한 내에 제출되어야 한다.

나. 정보가 접수된 이후 또는 정보가 접수되지 아니한 상태로 지정된 기한이 경과한 이후, 위원회는 청원이나 통보가 근거가 있는지 여부를 확인한다. 근거가 없는 경우, 위원회는 기록을 종료시키라고 명령한다.

다. 위원회는 한편 추후에 접수된 정보나 증거를 근거로 청원이나 통보가 심리부적격 또는 규칙위반이라고 선언할 수 있다.

라. 기록이 종료되지 아니한 경우, 위원회는 사실관계를 확인하기 위하여 당사자들의 인지 하에 청원이나 통보에 진술된 사건을 검토한다. 필요하고 바람직한 경우 위원회는 조사를 실시하며, 효과적인 조사를 위하여 필요한 모든 편의를 요청하고, 관련국은 이를 위원회에 제공하여야 한다.

마. 위원회는 관련국에게 해당정보의 제공을 요청할 수 있으며, 만약 요청을 받게 되면 관련당사
  자들로부터 구두진술을 청취하거나 서면진술을 접수한다.

바. 위원회는 이 협약에서 인정된 인권에 대한 존중을 바탕으로 사건이 우호적으로 해결될 수
  있도록 당사자들의 의사를 존중한다.

2. 그러나 심각하고 긴급한 사건의 경우 심리적격의 모든 형식요건을 갖춘 청원이나 통보의 제출
만으로 위원회는 그 영역 내에서 위반행위가 발생했다고 주장되는 국가의 사전동의를 얻어 조사
를 실시할 수 있다.

제49조

제48조 제1항 바호에 따라서 우호적 해결이 이루어진 경우 위원회는 보고서를 작성하여 이를 청
원인과 협약의 당사국들에게 통보하고, 또한 공표를 위하여 미주기구 사무총장에게 통보한다. 이
보고서는 사안과 달성된 해결에 대한 간단한 설명을 포함하여야 한다. 만약 사건의 어느 당사자의
요청이 있으면, 가능한한 모든 정보가 제공된다.

제50조

1. 해결이 이루어지지 않은 경우, 위원회는 규정에 정하여진 기한 내에 사안과 자신의 결론을 서
술하는 보고서를 작성한다. 만약 보고서의 전부 또는 일부가 위원회의 위원들의 전원일치에 의한
것이 아닌 경우, 어떤 위원도 보고서에 개별의견을 첨부할 수 있다. 제48조 1항 마호에 따라 당사
자들이 행한 서면 및 구두진술도 보고서에 첨부된다.

2. 보고서는 관련국에게 송부되어야 하며, 그 국가는 이를 자유로이 공표하여서는 아니된다.

3. 보고서를 송부할 때 위원회는 적절하다고 판단되는 제안과 권고를 할 수 있다.

제51조

1. 위원회의 보고서가 관련국에게 송부된 날로부터 3개월 이내에 사건이 해결되지 않거나 위원회
또는 관련국에 의하여 관할권이 수락된 재판소로 사건이 회부되지 아니한 경우, 위원회는 위원들
의 재적과반수 투표를 통하여 심리를 위하여 제출된 쟁점에 관하여 자신의 의견과 결론을 내릴
수 있다.

2. 필요한 경우 위원회는 적합한 권고를 하며, 조사대상인 상황을 구제하기 위하여 해당국에게
부과된 조치를 취할 기한을 설정한다.

3. 설정된 기한이 만료되면, 위원회는 위원들의 재적과반수 투표를 통하여 해당국가가 적절한 조
치를 취하였는지 그리고 보고서를 공표할 것인지 여부를 결정한다.

제8장 미주인권재판소

제1절 구성

제52조

1. 재판소는 미주기구의 회원국 국민으로서 최고의 덕망을 갖추고 인권분야에서 능력이 인정된
자로서 출신국 또는 그를 후보로 추천한 국가의 법률에 따라 최고위의 사법적 기능행사에 요구되

는 자격을 갖춘 법률가 중에서 개인자격으로 선출된 7인의 판사로 구성된다.

2. 2인의 판사가 동일한 국가의 국민이 될 수 없다.

제53조

1. 재판소의 판사는 미주기구 총회에서 협약 당사국들이 추천한 후보단으로부터 협약 당사국들의 비밀투표에서 재적과반수 찬성으로 선출된다.

2. 각 당사국은 추천국이나 미주기구의 다른 회원국의 국민으로 3인까지의 후보를 추천할 수 있다. 3인의 후보가 추천된 경우 그 중 최소한 한명은 추천국 이외의 국가의 국민이어야 한다.

제54조

1. 재판소의 판사는 6년 임기로 선출되며 1회에 한하여 재선될 수 있다. 첫 번째 선거에서 선출된 3인의 판사의 임기는 3년으로 종료된다. 선거 직후 그 3인의 판사는 총회에서의 추첨을 통하여 결정된다.

2. 임기가 만료되지 아니한 판사를 대체하기 위하여 선출된 판사는 전임자의 임기를 근무한다.

3. 판사는 자신의 임기가 만료될 때까지 재임한다. 그러나 판사는 자신이 심리를 시작하여 아직 계류중인 사건에 관하여는 근무를 계속하며, 이 목적에 있어서는 새로 선출된 판사에 의하여 대체되지 아니한다.

제55조

1. 판사가 재판소에 제출된 사건의 당사국 국민인 경우에도 그는 당해 사건을 심리할 권한을 보유한다.

2. 사건의 심리를 맡은 판사중 1인이 사건 당사국의 국민인 경우, 그 사건의 다른 당사국은 재판소에 근무할 자를 선임하여 특별판사로 임명할 수 있다.

3. 사건의 심리를 맡은 판사중 사건 당사국들의 국민이 없는 경우, 각 당사국들은 특별판사를 임명할 수 있다.

4. 특별판사는 제52조에 규정된 자격을 갖추어야 한다.

5. 협약의 다수 당사국들이 한 사건에서 동일한 이해관계를 가지고 있는 경우, 이 국가들은 위 조항의 적용에 있어서는 하나의 당사자로 취급된다. 의심스러운 경우에는 재판소가 결정한다.

제56조

5명의 판사가 재판소 업무활동의 의사정족수를 구성한다.

제57조

위원회는 재판소에서의 모든 사건에 출정하여야 한다.

제58조

1. 재판소는 미주기구 총회에서 협약 당사국이 결정한 장소에 소재한다; 그러나 재판소의 과반수 판사가 바람직하다고 판단하면 관련국의 사전 동의를 얻어 미주기구 어느 회원국의 영역에서도 재판소가 소집될 수 있다. 재판소의 소재지는 협약 당사국 총회에서 2/3의 투표로 변경될 수 있다.

2. 재판소는 자체의 서기를 임명한다.

3. 서기는 재판소 소재지에 그의 사무소를 두며, 재판소 소재지 이외의 장소에서 열리는 회의에도 참석하여야 한다.

제59조

재판소는 사무국을 두며, 사무국은 재판소 서기의 지휘 하에 재판소의 독립성과 충돌되지 않는한 모든 점에서 미주기구 사무국의 행정적 기준에 따라서 활동한다. 재판소 사무국의 직원은 재판소 서기와의 협의 하에 미주기구의 사무총장에 의하여 임명된다.

제60조

재판소는 자체 규정을 작성하고, 승인을 얻기 위하여 이를 총회에 제출한다. 재판소는 자체 절차 규칙을 채택한다.

제2절 관할권과 기능

제61조

1. 당사국과 위원회만이 재판소에 사건을 회부할 권리가 있다.

2. 재판소가 사건을 심리하기 위하여는 제48조와 제50조에 규정된 절차가 완료되어야 한다.

제62조

1. 당사국은 이 협약의 비준서나 가입서를 기탁할 때 또는 그 이후 언제라도 이 협약의 해석이나 적용에 관한 모든 문제에 대하여 특별합의가 없어도 바로 재판소의 관할권의 구속력을 인정하는 선언을 할 수 있다.

2. 이 선언은 무조건적으로나 상호주의를 조건으로, 일정한 기간동안 또는 특별한 사건에 대해서만 행할 수 있다. 이 선언은 미주기구 사무총장에게 제출되고, 그는 기구의 다른 회원국과 재판소 서기에게 그 사본을 전달한다.

3. 재판소의 관할권은 협약조항의 해석과 적용에 관하여 재판소에 제기된 모든 사건들을 포괄한다. 단, 사건의 당사국들이 위 조항에 의한 특별선언이나 특별합의에 의하여 그 같은 관할권을 인정하거나 인정하였을 경우에 한한다.

제63조

1. 재판소가 이 협약에 의하여 보호되는 권리나 자유의 침해가 있었다고 판단하는 경우, 재판소는 피해 당사자의 침해된 권리나 자유의 향유가 보장되어야 한다고 판결한다. 필요한 경우 재판소는 그러한 권리나 자유를 침해하는 조치나 상황의 결과가 시정되어야 하며, 피해 당사자에게 공정한 보상이 지불되어야 한다고 판결한다.

2. 극도로 중대하고 긴급하며 사람에 대한 회복할 수 없는 피해를 회피하기 위하여 필요한 경우, 재판소는 심리중인 사건에 적절하다고 보는 잠정조치를 채택한다. 재판소에 아직 제기되지 아니한 사건에 관하여도 재판소는 위원회의 요청에 따라 조치를 취할 수 있다.

제64조

1. 미주기구의 회원국은 이 협약이나 미주국가에서의 인권보호에 관한 다른 조약들의 해석에 관

하여 재판소와 협의할 수 있다. 부에노스 아이레스 의정서에 의하여 개정된 미주기구 헌장 제10장에 열거된 기구들도 그들의 권한범위 내에서 같은 방법으로 재판소와 협의할 수 있다.

2. 재판소는 미주기구 회원국의 요청이 있는 경우 그 국가의 국내법이 위에 언급된 국제문서들과 양립가능한지에 관한 의견을 당해국에 제시할 수 있다.

제65조

미주기구 총회의 검토를 위하여 재판소는 지난 해의 재판소 활동에 관한 보고서를 총회 각 정규회기에 제출한다. 특히 재판소는 국가가 판결을 준수하지 않고 있는 사건들을 적절한 권고와 함께 명기한다.

제3절 절차

제66조

1. 재판소의 판결에는 판결이유가 제시된다.

2. 판결의 전체 또는 일부가 판사들의 전원일치에 의한 것이 아닌 경우, 어떤 판사도 자신의 반대의견이나 개별의견을 판결에 첨부할 권리가 있다.

제67조

재판소의 판결은 최종적이며 상소할 수 없다. 판결의 의미나 범위에 관하여 이견이 있는 경우, 당사자가 요청하면 재판소는 이를 해석하여야 한다. 단 그러한 요청은 판결의 통고일로부터 90일 이내에 하여야 한다.

제68조

1. 협약의 당사국은 자신이 당사국인 사건에서 재판소가 내린 판결을 준수할 것을 약속한다.

2. 손해배상을 명시한 판결부분은 국가를 상대로 한 판결의 집행을 규율하는 국내절차에 따라 관련국에서 집행될 수 있다.

제69조

사건 당사국은 재판소의 판결을 통고받으며, 판결은 협약 당사국에게도 송부된다.

제9장 공통규정

제70조

1. 재판소의 판사와 위원회의 위원은 선출시부터 임기 기간중 국제법에 따라서 외교사절에게 적용되는 면제를 향유한다. 또한 이들의 공무수행 중에는 임무수행에 필요한 외교적 특권을 누린다.

2. 재판소의 판사나 위원회의 위원은 자신의 임무수행중 발표된 결정이나 의견에 대하여 어느 시점에서도 책임을 지지 아니한다.

제71조

재판소의 판사 또는 위원회의 위원의 지위는 각각의 규정에 규정된 판사 또는 위원의 독립성이나 공정성에 영향을 줄 수 있는 다른 어떠한 활동과도 양립될 수 없다.

제72조

재판소의 판사와 위원회의 위원은 직무의 중요성과 독립성을 적절히 고려하여 각각의 규정에 정하여진 형식과 요건에 따라 보수와 여행경비를 지급받는다. 이러한 보수와 여행경비는 미주기구의 예산으로 책정되며, 또한 그 예산은 재판소와 사무국의 경비를 포함한다. 이러한 목적을 위하여 재판소는 자체 예산을 책정하고, 총회의 승인을 얻기 위하여 이를 미주기구 사무국을 통하여 제출한다. 사무국은 예산안에 어떠한 변경도 가할 수 없다.

제73조

총회는 각각의 규정에 규정된 조치를 정당화시킬 근거가 있는 경우, 오직 위원회 또는 재판소의 요청에 기하여만 위원회의 위원이나 재판소의 판사에 대한 제재를 결정할 수 있다. 위원회의 위원의 경우에는 결정에 미주기구 회원국 3분의 2의 찬성이 요구되고, 재판소의 판사의 경우 이 협약 당사국 3분의 2의 찬성이 또한 요구된다.

제3부 일반 및 임시 규정
제10장 서명, 비준, 유보, 개정, 의정서 및 폐기

제74조

1. 이 협약은 미주기구 회원국의 서명과 비준 또는 가입을 위하여 개방된다.
2. 이 협약의 비준이나 가입은 비준서 또는 가입서를 미주기구 사무국에 기탁함으로써 이루어진다. 11개국이 비준서나 가입서를 기탁하는 날로부터 협약은 발효한다. 그 이후에 비준하거나 가입하는 국가에 대하여 이 협약은 그 국가가 비준서나 가입서를 기탁한 날로부터 발효한다.
3. 사무총장은 협약의 발효를 미주기구의 모든 회원국에게 통지한다.

제75조

이 협약에 대하여는 1969년 5월 23일 서명된 조약법에 관한 비엔나협약 규정에 따른 유보만이 허용된다.

제76조

1. 이 협약의 개정안은 총회에서의 적절한 조치를 위하여 당사국은 직접, 위원회나 재판소는 사무총장을 통하여 총회로 제출할 수 있다.
2. 개정은 협약 당사국의 3분의 2가 비준서를 기탁한 날로부터 이를 비준한 국가에 대하여 발효된다. 다른 당사국에 대하여는 이들 국가가 자신의 비준서를 기탁한 날로부터 개정이 발효된다.

제77조

1. 제31조에 따라 협약의 보호체제 내에 다른 권리와 자유를 점진적으로 포함시킬 목적으로 모든 당사국과 위원회는 협약에 대한 의정서를 당사국들의 심의를 위하여 총회에 제출할 수 있다.
2. 각 의정서는 발효되는 방식을 결정하여야 하며, 이는 해당 의정서의 당사국간에만 적용된다.

제78조

1. 당사국은 협약의 발효일로부터 5년이 경과한 이후 1년간의 사전통고로써 이 협약을 폐기시킬

수 있다. 폐기통고는 미주기구 사무총장에게 통지되며, 그는 이를 다른 당사국에게 통보한다.

2. 협약상의 의무위반에 해당하는 것으로서 폐기통고의 발효일 이전에 해당국에 의하여 행하여진 행위에 관하여서는, 그러한 폐기가 당사국을 협약상의 의무로부터 면제시켜 주는 효과를 갖지 못한다.

제11장 경과 규정
제1절 미주인권위원회

제79조

이 협약이 발효하면 사무총장은 미주기구의 각 회원국에게 90일 이내에 미주인권위원회의 위원후보를 추천할 것을 서면으로 요청한다. 사무총장은 추천된 후보의 명단을 알파벳순으로 작성하여, 늦어도 총회 차기회기 30일 이전에 이를 미주기구 회원국들에게 통지한다.

제80조

위원회의 위원은 제79조에 지적된 후보명단으로부터 총회의 비밀투표에 의하여 선출된다. 회원국 대표들로부터 최다득표와 재적과반수 찬성을 얻은 후보가 선출된다. 위원회의 모든 위원을 선출하기 위하여 여러 차례 투표를 하여야 하는 경우, 총회가 정한 방법에 따라 최소득표를 한 후보가 차례로 배제된다.

제2절 미주인권재판소

제81조

이 협약이 발효하면 사무총장은 협약 당사국들에게 90일 이내에 미주인권재판소의 판사후보를 추천할 것을 서면으로 요청한다. 사무총장은 추천된 후보의 명단을 알파벳순으로 작성하여, 늦어도 총회 차기회기 30일 이전에 이를 당사국들에게 통지한다.

제82조

재판소의 판사는 제81조에 지적된 후보명단으로부터 총회에서 협약당사국의 비밀투표에 의하여 선출된다. 당사국 대표들로부터 최다득표와 재적과반수 찬성을 얻은 후보가 선출된다. 재판소의 모든 판사를 선출하기 위하여 여러 차례 투표를 하여야하는 경우, 당사국들이 정한 방법에 따라 최소득표를 한 후보가 차례로 배제된다.

32-1. 경제적·사회적 및 문화적 권리에 관한 미주인권협약 추가의정서

1988.11.17 채택/ 1999.11.16 발효/ 당사국 수 14.

전 문

미주인권협약 "산호세 협약"의 당사국들은,

인간의 기본적 권리를 존중하는 바탕 위에 민주적 제도의 틀 안에서 개인적 자유와 사회정의의 체제를 이 지역에서 공고히 할 의사를 재확인하고,

인간의 기본적 권리들은 특정국가의 국민이라는 사실로부터 나오는 것이 아니라 인간의 본성에 근거하는 것이며, 따라서 이 권리들은 미주국가들의 국내법에 규정된 보호를 강화하거나 보완하는 협약에 의한 국제적 보호를 정당화시킨다는 것을 인정하고,

상이한 유형의 권리는 인간의 존엄성에 대한 인정을 바탕으로 하는 불가분의 전체를 구성하며, 바로 그런 이유에서 경제적, 사회적 및 문화적 권리와 시민적 및 정치적 권리가 완전히 실현되려면 양자는 항구적 보호와 고취를 필요로 하며, 일부 권리의 실현을 위한 다른 권리의 침해는 결코 정당화될 수 없다는 양자간의 밀접한 관계를 고려하고,

국가간 협력과 국제관계의 증진과 발전에서 비롯되는 혜택을 인정하고,

세계인권선언과 미주인권협약에 따라 공포와 결핍으로부터의 해방을 향유하는 자유로운 인간이라는 이상은 모든 사람이 시민적 및 정치적 권리 뿐만 아니라 경제적, 사회적 및 문화적 권리를 향유할 수 있는 조건이 이루어져야만 달성될 수 있음을 상기하고,

기본적인 경제적, 사회적 및 문화적 권리가 이미 범세계적 및 지역적 차원에서의 국제문서들에 의하여 승인되었음에도 불구하고, 개인의 권리에 대한 완전한 존중을 바탕으로 발전, 자결 및 부와 천연자원의 자유로운 처분에 대한 인민의 권리는 물론 민주적 대의제도 형태의 정부가 미주에서 공고화 되기 위해서는 이러한 권리의 재확인, 발전, 완성 및 보호가 필수적이라는 점을 다짐하고,

여타의 권리와 자유를 자신의 보호제도 내로 점차 편입시키려는 목적에서 미주인권협약은 협약의 추가의정서 초안이 미주기구 총회에 참석한 당사국의 검토를 위하여 제출되도록 하였음을 고려하여,

다음의 미주인권협약 추가의정서 "산살바도르 의정서"에 합의하였다.

제1조 조치의 채택의무

미주인권협약 추가의정서의 당사국은 이 의정서에 규정된 권리의 완전한 준수를 국내법에 따라

점진적으로 달성할 수 있도록 가용자원이 허용하는 한도 내에서 각국의 발전정도를 고려하여 국내적으로 그리고 특히 경제적 및 기술적인 국제협력을 통하여 필요한 조치를 채택할 것을 약속한다.

제2조 국내법 제정의무

이 의정서에 규정된 권리의 이행이 입법 또는 기타의 규정에 의하여 아직 보장되지 않은 경우, 당사국은 자국의 헌법상 절차와 의정서상의 조항에 따라 이들 권리실현을 위하여 필요한 입법 또는 기타 조치를 채택할 것을 약속한다.

제3조 비차별 의무

이 의정서의 당사국은 인종, 피부색, 성, 언어, 종교, 정치적 또는 기타의 의견, 민족적 및 사회적 출신, 경제적 지위, 출생 및 기타의 사회적 조건 등에 의한 어떠한 종류의 차별도 없이 이에 규정된 권리의 행사를 보장할 것을 약속한다.

제4조 규제의 불허

국내입법이나 국제협정에 의하여 승인되었거나 시행되고 있는 권리는 이 의정서가 승인하지 않고 있다거나 협소하게 인정하고 있다는 구실로 규제되거나 축소되지 아니한다.

제5조 규제와 제한의 범위

당사국은 이에 규정된 권리의 향유와 행사에 대하여는 그 권리의 기반이 되는 목적 및 이유와 양립 가능한 범위 내에서 민주사회의 공공복지를 유지할 목적으로 공포된 법률에 의하여만 규제하고 제한할 수 있다.

제6조 노동의 권리

1. 모든 사람은 노동의 권리를 가지며, 이에는 자유롭게 선택하거나 수락한 합법적인 활동을 통하여 품위있는 일정 수준의 생계 수단을 확보할 기회를 포함한다.

2. 당사국은 노동권을 완전히 실현시킬 수 있는 조치를 취할 것을 약속하며, 특히 완전고용의 달성, 직업안내, 기술 및 직업훈련계획의 개발은 물론 장애인을 위한 조치를 취하여야 한다. 당사국은 여성들이 노동권을 행사할 실질적 기회를 향유할 수 있도록 적절한 가정 보호를 보장하는데 도움이 되는 정책을 시행하고 강화할 것을 약속한다.

제7조 정당하고, 공평하고, 만족스러운 작업조건

이 의정서의 당사국은 위 조항에서 지적된 노동권은 모든 사람이 정당하고, 공평하고, 만족스러운 조건하에서 이 권리를 향유하여야 함을 전제로 한다는 것을 인정한다. 당사국은 특히 다음에 관하여 이러한 조건을 국내법으로 보장할 것을 약속한다:

가. 모든 노동자와 그 가족들에게 최소한 품위있는 일정 수준의 생활조건을 보장하는 보수와 동등한 노동에 대하여 차별없이 공정하고 동등한 보수;

나. 모든 노동자가 그의 직업에 종사하며 자신의 기대를 가장 잘 만족시킬 수 있는 활동에 전념하고, 관련 국내규정에 따라 직업을 바꿀 수 있는 권리.

다. 모든 노동자의 직장내 승진이나 상승 이동의 권리, 이에는 그의 자질, 능력, 성실성 및 연공서열이 고려된다;

라. 각 산업과 직업의 성격 및 정당한 이탈의 사유를 전제로 하는 고용의 안정. 부당해고의 경우, 노동자는 배상이나 복직 또는 국내법에 따른 여타의 혜택을 받을 권리가 있다;

마. 직장에서의 안전과 위생;

바. 18세 미만자에 대한 야간작업, 건강을 해치거나 위험한 작업조건과 일반적으로 건강, 안전 및 도덕을 저해하는 모든 작업의 금지. 16세 미만의 연소자에 대하여는 의무교육에 관한 규정이 근무일보다 우선하며, 어떤 경우에도 일이 학교 출석의 장애가 되거나, 교육의 혜택에 대한 제한이 되어서는 아니된다;

사. 1일 및 주당 작업시간의 합리적 제한. 위험하거나 건강을 해하는 작업 또는 야간작업의 경우 근무일수가 축소되어야 한다;

아. 국경일에 대한 보수지급은 물론, 휴식, 여가 및 유급휴가.

제8조 노동조합권

1. 당사국은 다음의 권리를 보장한다:

가. 노동조합을 결성하고, 자신들의 이익을 보호하고, 증진시키기 위하여 스스로 선택한 노조에 가입할 노동자의 권리. 이 권리의 연장으로, 당사국은 노동조합이 전국적 연맹이나 연합체의 설립, 기존 조합과의 연대는 물론, 국제적 노동조합 기구를 구성하고 원하는 기구와 연대할 수 있도록 허용하여야 한다. 당사국은 또한 노동조합, 연맹 및 연합체들이 자유롭게 기능을 수행하도록 허용한다;

나. 파업권.

2. 위에 규정된 권리의 실행은 그러한 제한이 민주사회의 성격이며, 공공질서를 보존하고 공중보건이나 도덕 또는 타인의 권리와 자유를 보호하기 위하여 필요한 경우, 법률에 규정된 제한에만 복종한다. 군대와 경찰 및 기타 필수적 공공사업 담당자들은 법률에 의한 제한과 규제에 복종한다.

3. 어느 누구도 노동조합에의 가입을 강제당하지 아니한다.

제9조 사회보장에 대한 권리

1. 모든 사람은 신체적 또는 정신적으로 품위있는 일정 수준의 생계수단의 확보를 저해하는 노령 및 장애로부터의 자신을 보호할 사회보장에 대한 권리를 가진다. 수혜자의 사망시 사회보장의 혜택은 그의 피부양자에게 적용된다.

2. 피고용인의 경우 사회보장에 대한 권리는 최소한 산업재해나 직업병의 경우 의료진료와 봉급 또는 퇴직급여를 포함하여야 하며, 여성의 경우 분만 전후의 유급 출산휴가를 포함하여야 한다.

제10조 건강에 대한 권리

1. 모든 사람은 최고 수준의 신체적, 정신적 및 사회적 안녕의 향유를 의미하는 건강에 대한 권리를 가진다.

2. 건강권 행사를 보장하기 위하여 당사국은 건강을 공익으로 인정하며, 이를 보장하기 위하여 특히 다음과 같은 조치를 채택하는데 동의한다:

가. 기본적 보건진료, 즉 공동체의 모든 개인과 가족에게 제공되는 필수적 보건진료;

나. 국가 관할권 하의 모든 개인에 대한 보건 서비스 혜택의 확장;

다. 주요 전염병에 대한 전반적 면역조치;

라. 풍토병, 직업병 및 기타 질환에 대한 예방 및 치료;

마. 건강문제의 예방과 치료에 대한 일반인의 교육;

바. 위험성이 가장 높은 집단과 가난으로 인하여 극히 취약한 집단의 건강상 필요의 충족.

제11조 건강한 환경에 대한 권리

1. 모든 사람은 건강한 환경 속에서 살고, 기본적 공공서비스를 이용할 권리를 가진다.

2. 당사국은 환경의 보호, 보존 및 개선을 장려한다.

제12조 음식물에 대한 권리

1. 모든 사람은 최고 수준의 신체적, 정서적 및 지적 계발을 향유할 가능성을 보장하는 적절한 영양에 대한 권리를 가진다.

2. 이 권리의 행사를 촉진하고 영양실조를 근절하기 위하여 당사국은 음식물의 생산, 공급 및 분배방법의 개선을 약속하며, 이 목적을 위하여 관련 국내정책을 지원하는 대규모 국제협력을 증진시키는데 동의한다.

제13조 교육에 대한 권리

1. 모든 사람은 교육에 대한 권리를 가진다.

2. 이 의정서의 당사국은 교육이 인격과 인간의 존엄성의 완전한 계발을 목표로 하여야 하며, 아울러 인권, 이념적 다원성, 기본적 자유, 정의 및 평화에 대한 존중을 강화시켜야 한다는데 동의한다. 나아가 당사국은 교육이 모든 사람들로 하여금 민주적 다원사회에 효율적으로 참여하게 하고, 품위있는 생활을 달성할 수 있게 하며, 모든 국가와 인종적, 종족적 또는 종교적 집단간에 있어서 이해, 관용 및 친선을 증진시키고, 평화유지활동을 촉진하여야 한다는데 동의한다.

3. 이 의정서의 당사국은 교육에 대한 권리의 완전한 실현을 위하여 다음 사항을 인정한다:

가. 초등교육은 모든 사람에게 무상 의무교육으로 실시되어야 한다;

나. 기술 및 직업중등교육을 포함하여 다양한 형태의 중등교육은 적절한 모든 수단, 특히 무상교육의 점진적 도입을 통하여 모든 사람에게 일반적으로 제공되고 개방되어야 한다.

다. 고등교육은 적절한 모든 수단, 특히 무상교육의 점진적 도입을 통하여 개인의 능력을 바탕으로 모든 사람에게 동등하게 개방되어야 한다.

라. 기본교육은 초등교육을 받지 못하였거나, 이의 전과정을 이수하지 못한 자를 위하여 가능한한 장려되고 강화되어야 한다.

마. 신체적 장애나 정신적 결함을 가진 자에 대한 특별한 교육과 훈련을 제공하기 위하여 장애인을 위한 특수교육과정이 설립되어야 한다.

4. 위에 규정된 원칙들과 합치되는 범위 내에서 부모는 당사국의 국내법에 따라 자녀가 받을 교육의 유형을 선택할 권리를 가진다.

5. 이 의정서의 어떠한 내용도 당사국의 국내법에 따라 개인과 단체가 교육기관을 설립, 운영할 수 있는 자유를 제한하는 것으로 해석되지 아니한다.

제14조 문화적 혜택에 대한 권리

1. 이 의정서의 당사국은 모든 사람의 다음과 같은 권리를 인정한다:

가. 공동체의 문화 및 예술생활에 참여할 권리;

나. 과학과 기술의 발전의 혜택을 누릴 권리;

다. 자신이 창작한 모든 과학적, 문학적 또는 예술적 작품으로부터 생기는 정신적, 물질적 이익의 보호로부터 혜택을 받을 권리;

2. 이러한 권리의 완전한 행사를 보장하기 위하여 이 의정서의 당사국이 취할 조치에는 과학, 문화 및 예술의 보존, 발전 및 보급에 필요한 조치가 포함된다.

3. 이 의정서의 당사국은 과학적 연구와 창조적 활동에 필수불가결한 자유를 존중할 것을 약속한다.

4. 이 의정서의 당사국은 과학, 예술 및 문화 분야에서의 국제적 협력과 관계의 장려와 발전에서 연유하는 혜택을 인정하고, 따라서 이 분야에서의 국제적 협력을 더욱 조장하기로 합의한다.

제15조 가정의 구성과 보호에 대한 권리

1. 가정은 사회의 자연적이며 근본적인 구성요소로서 국가에 의하여 보호되어야 하며, 국가는 가정의 정신적 및 물질적 여건의 개선에 유의하여야 한다.

2. 모든 사람은 가정을 구성할 권리를 가지며, 이 권리는 관련 국내법 규정에 따라 행사되어야 한다.

3. 당사국은 각 가정에 대하여 적절한 보호를 베풀 것을 약속하며, 특히 다음 사항을 약속한다:

가. 분만 전후 적당한 기간동안 모성에 대한 특별한 보호와 지원을 제공한다;

나. 아동의 유아기와 재학기간중 적절한 영양을 보장한다;

다. 청소년의 신체적, 지적 및 도덕적 능력의 완전한 계발을 위하여 그들을 보호하기 위한 특별조치를 채택한다;

라. 아동이 이해, 단결, 존경 및 책임감의 의의를 수용하고 함양할 수 있는 안정되고 긍정적인 환경의 조성에 기여하기 위하여 특별 가족훈련계획을 실시한다.

제16조 아동의 권리

모든 아동은 출신에 관계없이 미성년자로서 그의 가정, 사회 및 국가의 보호를 요구할 권리가 있다. 모든 아동은 부모의 보호와 책임 하에서 성장할 권리를 가진다; 예외적으로 법적으로 인정된 상황을 제외하고는 어린 나이의 아동은 어머니로부터 분리되어서는 아니된다. 모든 아동은 적어도 초등교육 단계에서는 무상의 의무교육을 받으며, 상급교육과정에서 교육을 계속 받을 권리를 가진다.

제17조 노인의 보호

모든 사람은 노령이 되면 특별한 보호를 받을 권리를 가진다. 이를 위하여 당사국은 이 권리의 실현을 위하여 필요한 조치, 특히 다음 사항을 점진적으로 취할 것에 동의한다.

가. 식량 및 특화된 의료보호는 물론 적절한 시설을 갖추지 못함과 아울러 이를 스스로 마련할 능력도 없는 노인에 대하여는 이를 제공한다.

나. 노인들의 능력에 적합하고 그들의 직업과 희망에 부합하는 생산활동에 종사할 기회를 노인들에게 부여하기 위하여 특별히 고안된 취업계획을 실시한다.

다. 노인의 삶의 질을 향상시킬 것을 목적으로 하는 사회기관의 설립을 조장한다.

제18조 장애인의 보호

신체적 또는 정신적 능력의 감소로 영향받는 모든 사람들은 그가 자신의 인격을 가능한한 최대로 계발하는 것을 지원하기 위하여 마련된 특별한 배려를 받을 권리를 가진다. 당사국은 이러한 목적을 위하여 필요한 조치, 특히 다음의 조치를 채택하기로 동의한다:

가. 장애인에게 이러한 목표를 달성하기 위하여 필요한 자원과 환경을 제공함을 특별히 목적으로 하는 계획을 실시한다. 이에는 그들의 가능성에 부합되며, 그들 또는 그들의 법정대리인에 의하여 자유롭게 수락된 취업계획이 포함된다;

나. 장애인 가족들이 더불어 사는 문제를 해결하는데 도움을 주고, 그들이 장애인의 신체적, 정신적 및 감정적 계발에 있어 적극적 역할을 할 수 있도록 장애인 가족들에 대한 특별훈련을 마련한다;

다. 이들의 필요에 따른 특별한 요구사항의 해결책의 검토를 도시개발계획의 우선요소로 포함시킨다;

라. 장애인이 보다 풍족한 삶을 향유하도록 도움이 되는 사회단체의 결성을 장려한다.

제19조 보호의 수단

1. 본조의 조항과 미주기구 총회에서 이 목적으로 작성된 원칙에 따라, 이 의정서의 당사국은 의정서상 권리의 적절한 존중을 보장하기 위하여 채택한 점진적 조치에 관하여 정기보고서를 제출한다.

2. 모든 보고서는 미주기구 사무총장에게 제출되며, 그는 이를 미주 경제사회이사회와 미주 교육과학문화이사회로 송부하고, 이들은 본조의 규정에 따라 보고서를 심사한다. 사무총장은 위 보고서의 사본을 미주 인권위원회에 송부한다.

3. 보고서가 이 의정서의 당사국이 회원으로 있는 미주기구내 전문기구의 설립헌장에 따른 권한 범위 내의 문제와 관련되는 경우, 미주기구 사무총장은 제출된 보고서의 사본 또는 해당부분을 그 기구로 송부한다.

4. 미주기구내 전문기구는 그들의 활동범위 내에서 이 의정서 규정의 준수에 관련된 보고서를 미주 경제사회이사회와 미주 교육과학문화이사회에 제출할 수 있다.

5. 미주 경제사회이사회와 미주 교육과학문화이사회가 총회에 제출하는 연례 보고서는 이 의정서에서 인정된 권리의 존중을 보장하기 위하여 취한 점진적 조치와 관련하여 의정서 당사국과 전문기구로부터 접수한 정보의 요약과 적절하다고 판단되는 일반적 권고를 포함한다.

6. 이 의정서 당사국이 직접 책임져야 할 행동에 의하여 제8조 가호 및 제13조에 규정된 권리가 침해된 경우, 미주 인권위원회와 경우에 따라서는 미주인권재판소의 참여를 통하여 미주인권협약의 제44조 내지 제51조 및 제61조 내지 제69조에 따른 개인청원제도가 적용될 수 있다.

7. 위 항의 규정에는 영향을 주지 아니하며, 미주 인권위원회는 당사국 일부나 전체에서의 이 의

정서에 규정된 경제적, 사회적 및 문화적 권리의 지위에 관하여 적절하다고 생각되는 진술과 권고를 할 수 있으며, 이를 총회에 제출되는 연례 보고서 또는 특별 보고서중 보다 적절하다고 판단되는 보고서에 포함시킬 수 있다.

8. 미주 경제사회이사회와 교육과학문화이사회 및 미주 인권위원회는 본조에서 부여된 기능을 수행함에 있어서 이 의정서상의 보호대상인 권리의 준수의 점진적 성격을 고려한다.

제20조 유보

당사국은 승인, 서명, 비준 가입시 1개 이상의 조항에 대하여 유보를 할 수 있다. 단 유보는 의정서의 대상 및 목적과 양립 가능하여야 한다.

제21조 서명, 비준 또는 가입. 발효

1. 이 의정서는 미주인권협약의 당사국들에게 서명, 비준 및 가입을 위하여 개방된다.

2. 이 의정서의 비준 또는 가입은 미주기구 사무국에 비준서 또는 가입서를 기탁함으로써 발효한다.

3. 이 의정서는 11개 당사국이 비준서 또는 가입서를 기탁할 때 발효한다.

4. 사무총장은 미주기구의 모든 회원국에게 의정서의 발효를 통지하여야 한다.

제22조 다른 권리의 추가 및 기존 권리의 확장

1. 모든 당사국과 미주 인권위원회는 다른 권리나 자유를 포함시키거나 또는 이 의정서에서 승인된 권리나 자유를 확장 내지 확대시키는 개정안을 총회에 참석한 당사국들이 검토하도록 제출할 수 있다.

2. 그 개정안은 이 의정서 당사국 3분의 2에 해당하는 숫자의 비준서가 기탁된 날에 비준국에 대하여 발효한다. 다른 당사국들에 대하여는 각기 비준서를 기탁하는 날에 개정이 발효한다.

32-2. 사형 폐지를 위한 미주인권협약 추가의정서

1990.6.8 채택/ 1993.10.6 발효/ 당사국 수 9.

이 의정서의 당사국은,

미주인권협약 제4조가 생명권을 승인하고, 사형의 적용을 제한하고 있으며;

모든 사람은 자신의 생명 존중에 대한 양도할 수 없는 권리를 가지며, 그 권리는 어떠한 이유로도 정지될 수 없으며;

미주 국가들 사이에 사형폐지에 호의적인 경향이 존재하며;

사형의 적용은 회복할 수 없는 결과를 가져오며, 사법적 오류의 정정을 봉쇄시키며, 범죄인들을 변화시키거나 재활시킬 가능성을 배제시키며;

사형의 폐지는 생명권의 보다 효과적인 보호를 확보하는데 도움이 될 것이며;

미주인권협약의 점진적 발전을 가져올 국제협약이 채택되어야만 하며, 그리고

미주인권협약의 당사국들이 미주에서 사형을 적용하지 않는 관행을 공고히 하려는 목적의 국제협약을 채택하려는 의사를 표시하여 왔음을 고려하여,

다음의 사형 폐지를 위한 미주인권협약 의정서에 서명하기로 합의하였다.

제1조

이 의정서의 당사국은 그의 관할권에 속하는 어떠한 사람에 대하여도 자국 영역 내에서 사형을 적용하지 아니한다.

제2조

1. 이 의정서에 대하여는 어떠한 유보도 할 수 없다. 그러나 이 의정서의 당사국은 비준 또는 가입시에, 군사적 성격의 극도로 심각한 범죄에 대하여는 국제법에 따라 전시에 사형을 적용할 권리를 유보한다고 선언할 수 있다.

2. 이러한 유보를 하는 당사국은 비준 또는 가입시에 위 항에서 지적된 전시에 적용되는 관련 국내법 조항을 미주기구 사무총장에게 통보하여야 한다.

3. 전술한 국가는 자국 영역에서 적용되는 전쟁의 개시와 종료를 미주기구 사무총장에게 통지하여야 한다.

제3조

1. 이 의정서는 모든 미주인권협약 당사국의 서명, 비준 또는 가입을 위하여 개방된다.

2. 이 의정서의 비준이나 가입은 비준서 또는 가입서를 미주기구의 사무국에 기탁함으로써 이루어진다.

제4조

이 의정서는 각국이 비준서나 가입서를 미주기구 사무국에 기탁하면 이를 비준하거나 가입한 국가에 대하여 발효한다.

33. 인간과 인민의 권리에 관한 아프리카 헌장

1981. 6. 27 채택/ 1986. 10. 21 발효/ 당사국 수 53.

전 문

"인간과 인민의 권리에 관한 아프리카 헌장"으로 명명된 이 협약의 당사국인 아프리카단결기구의 아프리카 회원국들은,

"인간과 인민의 권리의 증진 및 보호를 위한 기구의 설립을 우선 규정하는 인간과 인민의 권리에 관한 아프리카 헌장 예비초안"의 준비와 관련하여 1979년 7월 17일부터 20일 사이 라이베리아의 먼로비아에서 개최된 제16차 정기회기에서 채택된 국가 및 정부 수반 총회의 결정 제115호(XVI)를 상기하며;

"자유, 평등, 정의와 존엄성은 아프리카 인민들의 정당한 열망을 달성하기 위한 본질적인 목표"임을 규정하고 있는 아프리카단결기구 헌장을 고려하며;

아프리카에서 모든 형태의 식민주의를 근절시키고, 아프리카 인민들의 보다 나은 삶을 달성하기 위한 협조와 노력을 조정 및 강화하고, 국제연합 헌장과 세계인권선언을 존중하는 가운데 국제협력을 증진시킨다는 아프리카단결기구 헌장 제2조의 엄숙한 서약을 재확인하며;

인간과 인민의 권리 개념에 대한 아프리카인들의 생각을 고취하고 성격지우는 이들의 역사적 전통상의 덕목과 아프리카 문명의 가치를 고려하며;

기본적 인권은 인권의 국내적 및 국제적 보호를 정당화시키는 인간의 특성에서 유래한다는 점과 아울러, 또한 인민의 권리의 현실과 존중이 필연적으로 인권을 보장하여야 함을 인정하고;

권리와 자유의 향유는 또한 모든 사람의 의무이행을 내포하고 있음을 고려하며,

앞으로는 개발에 대한 권리에 특별히 유의하는 것이 필수적이며, 시민적 및 정치적 권리는 개념상으로는 물론 보편성에 있어서도 경제적, 사회적 및 문화적 권리로부터 분리될 수 없으며, 경제적, 사회적 및 문화적 권리의 충족이 시민적 및 정치적 권리의 향유를 보장한다는 것을 확신하며;

아프리카 인민은 아직도 자신들의 존엄성과 진정한 독립을 위하여 투쟁하고 있으며, 식민주의, 신식민주의, 인종차별정책, 시온주의를 철폐시키고, 침략적인 외국 군사기지와 모든 형태의 차별, 특히 인종, 종족, 피부색, 성, 언어, 종교 또는 정치적 의견을 이유로 한 차별을 없애려고 노력하고 있는 아프리카의 완전한 해방을 달성할 의무를 인식하며;

아프리카단결기구, 비동맹운동 및 국제연합에서 채택된 선언, 협약 및 기타 문서들에 포함된 인간과 인민의 권리 및 자유의 원칙에 대한 지지를 재확인하며;

아프리카에서 인간과 인민의 권리와 자유에 대하여 전통적으로 부여되었던 중요성을 고려하면서, 이러한 권리와 자유를 증진하고 보호할 의무를 굳게 확신하며;

다음과 같이 합의하였다:

제1부 권리와 의무

제1장 인간과 인민의 권리

제1조

이 헌장의 당사국인 아프리카단결기구 회원국들은 본장에 규정된 권리, 의무, 자유를 승인하며, 이를 실행하기 위하여 입법 또는 기타의 조치를 취할 것을 약속한다.

제2조

모든 개인은 인종, 종족, 피부색, 성, 언어, 종교, 정치적 또는 기타의 의견, 민족적 및 사회적 출신, 재산, 출생, 또는 기타의 신분으로 인한 차별없이 이 헌장에서 인정되고 보장되는 권리와 자유를 향유할 권리를 가진다.

제3조

1. 모든 개인은 법 앞에 평등하다.
2. 모든 개인은 법의 평등한 보호를 받을 권리가 있다.

제4조

인간은 불가침이다. 모든 인간은 자신의 생명과 신체의 완전성을 존중받을 권리를 가진다. 어느 누구도 이 권리를 자의적으로 박탈당하지 아니한다.

제5조

모든 개인은 인간으로서의 고유한 존엄성을 존중받으며, 자신의 법적 지위를 인정받을 권리를 가진다. 인간에 대한 모든 형태의 착취와 모욕, 특히 노예제도, 노예무역, 고문, 잔혹하거나 비인도적이거나 또는 굴욕적인 처벌과 대우는 금지된다.

제6조

모든 개인은 신체의 자유와 안전에 대한 권리를 가진다. 어느 누구도 사전에 법률로 규정된 이유와 조건에 해당하지 않는다면 자신의 자유를 박탈당하지 아니한다. 특히 어느 누구도 자의적으로 체포되거나 구금당하지 아니한다.

제7조

1. 모든 개인은 자신의 주장을 심리받을 권리를 가진다. 이는 다음 사항을 포함한다:
가. 현행의 조약, 법률, 규정 및 관습에 의하여 인정되고 보장되는 자신의 기본적 권리를 침해한 행위에 대하여 권한있는 국가기관에 호소할 권리;
나. 권한있는 법원이나 법정에 의하여 유죄로 입증될 때까지 무죄로 추정받을 권리;
다. 자신이 선임한 변호인에 의하여 변호받을 권리를 포함하는 방어의 권리;
라. 공정한 법원이나 법정에 의하여 합리적인 기간 내에 재판을 받을 권리.
2. 어느 누구도 행위시에 법적으로 처벌가능한 범죄를 구성하지 않는 작위 또는 부작위로 인하여 유죄로 되지 아니한다. 행위시에 규정이 없던 범죄에 대하여는 어떠한 형벌도 가해질 수 없다. 형벌은 개인적인 것이며, 오직 범죄인에 대하여서만 부과될 수 있다.

제8조

양심의 자유와 종교를 표명하고 자유로이 실행할 자유가 보장된다. 법과 질서를 따르면 어느 누구도 이러한 자유의 행사를 제한하는 조치에 구속되지 아니한다.

제9조

1. 모든 개인은 정보를 받을 권리를 가진다.
2. 모든 개인은 법률의 범위 내에서 자신의 견해를 표명하고, 전파할 권리를 가진다.

제10조

1. 모든 개인은 법률을 준수하는 한 자유로운 결사의 권리를 가진다.
2. 제29조에 규정된 연대의 의무를 전제로 하여 어느 누구도 특정결사에 가입할 것을 강요받지 아니한다.

제11조

모든 개인은 다른 사람들과 자유롭게 집회할 권리를 가진다. 이 권리의 행사는 법률에 규정된 필요한 제한, 특히 국가안보, 안전, 보건, 윤리 및 타인의 권리와 자유를 위하여 규정된 제한에만 구속된다.

제12조

1. 모든 개인은 법률을 준수하는 한 국가의 영역 내에서 이전과 거주의 자유에 대한 권리를 가진다.
2. 모든 개인은 자국을 포함한 어떠한 나라로부터도 출국하고, 자국으로 돌아올 권리를 가진다. 이 권리는 국가안보, 법과 질서, 공중보건 또는 도덕의 보호를 위하여 법률에 규정된 제한에만 구속된다.
3. 모든 개인은 박해를 받는 경우 타국의 법률과 국제협약에 따라 그 국가에서 비호를 요청하고 획득할 권리를 가진다.
4. 이 헌장의 당사국 영역에 합법적으로 입국한 외국인은 법률에 따라 취하여진 결정에 의하여만 추방될 수 있다.
5. 외국인의 대량추방은 금지된다. 대량추방이란 민족적, 인종적, 종족적 또는 종교적 집단을 대상으로 하는 경우이다.

제13조

1. 모든 시민은 직접 또는 법률의 규정에 따라 자유롭게 선출된 대표자를 통하여 자국의 통치에 자유롭게 참여할 권리를 가진다.
2. 모든 시민은 평등하게 자국의 공무에 취임할 권리를 가진다.
3. 법 앞에 엄격히 평등하게 모든 개인은 공공재산과 역무를 이용할 권리를 가진다.

제14조

재산권은 보장된다. 이 권리는 공공의 필요성이나 공동체의 일반적 이익을 위하여 적절한 법률의 규정에 따라서만 제한될 수 있다.

제15조

모든 개인은 공평하고 만족스러운 조건에서 일할 권리를 가지며, 동일한 노동에 대하여는 동일한 보수를 받는다.

제16조

1. 모든 개인은 신체적 및 정신적으로 최상의 건강상태를 누릴 권리를 가진다.

2. 이 헌장의 당사국들은 국민의 건강을 보호하고, 질병에 걸리면 진료받을 것을 보장하는데 필요한 조치를 취하여야 한다.

제17조

1. 모든 개인은 교육을 받을 권리를 가진다.

2. 모든 개인은 공동체의 문화생활에 자유롭게 참여할 수 있다.

3. 공동체에 의하여 인정된 도덕과 전통적 가치를 고양시키고 보호하는 것은 국가의 의무이다.

제18조

1. 가정은 사회의 자연적 단위이며 기초이다. 가정은 이의 신체적 건강과 도덕을 돌보야야 하는 국가에 의하여 보호받는다.

2. 국가는 공동체에 의하여 인정된 도덕과 전통적 가치의 수호자인 가정을 지원할 의무가 있다.

3. 국가는 여성에 대한 모든 차별의 철폐를 보장하고, 국제적 선언과 협약에 규정된 바와 같이 여성과 아동의 권리보호를 보장한다.

4. 노인과 장애인은 그들의 신체적 또는 정신적 필요에 부합하는 특별한 보호조치를 받을 권리를 가진다.

제19조

모든 인민은 평등하다; 이들은 동등한 존중을 받으며, 동등한 권리를 가진다. 어떠한 경우에도 사람에 대한 다른 사람의 지배는 정당화될 수 없다.

제20조

1. 모든 인민은 생존의 권리를 가진다. 그들은 의심할 수 없는 불가양의 자결권을 가진다. 그들은 자유롭게 자신의 정치적 지위를 결정하고, 그들이 자유롭게 선택한 정책에 따라 경제적 및 사회적 발전을 추구한다.

2. 식민상태에 있거나 억압받고 있는 인민은 국제사회에 의하여 인정되는 어떠한 수단에 호소하여서라도 지배의 속박으로부터 스스로를 해방시킬 권리를 가진다.

3. 모든 인민은 외국의 지배, 그것이 정치적이든 경제적이든 또는 문화적인 지배이든 이에 대항하는 해방투쟁에 있어서 이 헌장 당사국들의 지원을 받을 권리를 가진다.

제21조

1. 모든 인민은 자신들의 부와 천연자원을 자유로이 처분할 수 있다. 이 권리는 인민의 이익을 위하여만 행사되어야 한다. 어떠한 경우에도 인민은 이 권리를 박탈당하지 아니한다.

2. 약탈을 당한 경우 빼앗긴 자는 자신의 재산을 합법적으로 회복하고, 적절한 보상을 받을 권리

를 가진다.

3. 부와 천연자원의 자유로운 처분은 상호존중, 공평한 교환 및 국제법 원칙에 근거하여 국제적 경제협력을 증진시킬 의무를 침해함이 없이 실시되어야 한다.

4. 이 헌장의 당사국은 아프리카의 단결과 연대를 강화하기 위한 목적에서 자신들의 부와 천연자원의 자유로운 처분권을 개별적으로 그리고 집단적으로 행사하여야 한다.

5. 이 헌장의 당사국은 자국민이 자신들의 천연자원으로부터 나오는 이익의 완전한 혜택을 받을 수 있도록, 특히 국제적 독점에 의하여 실시되는 모든 형태의 외세의 경제적 착취를 제거시킬 것을 약속한다.

제22조

1. 모든 인민은 자신들의 자유와 정체성을 존중하고, 인류 공동의 유산을 동등하게 향유하면서, 자신의 경제적, 사회적 및 문화적 발전에 대한 권리를 가진다.

2. 국가는 발전에 대한 권리의 행사를 개별적으로나 집단적으로 보장할 의무가 있다.

제23조

1. 모든 인민은 국내적 및 국제적 평화와 안전에 대한 권리를 가진다. 국제연합 헌장에 의하여 묵시적으로 확인되고 아프리카단결기구 헌장에 의하여 재확인된 연대와 우호관계의 원칙이 국가 간의 관계를 규율한다.

2. 평화, 연대 및 우호관계를 강화하기 위하여 이 헌장의 당사국은 다음 사항을 보장한다:

가. 이 헌장 제12조에 의하여 비호권을 향유하고 있는 개인은 출신국이나 헌장의 다른 당사국에 대한 파괴활동에 관여하지 아니한다;

나. 자국의 영토가 이 헌장의 다른 당사국의 인민들에 대한 파괴나 테러활동의 기지로 사용되어서는 아니된다.

제24조

모든 인민은 자신들의 발전에 유리한 일반적으로 만족스러운 환경에 대한 권리를 가진다.

제25조

이 헌장의 당사국들은 교수, 교육 및 출판을 통하여 헌장에 포함된 권리와 자유에 대한 존중을 증진시키고 보장하여야 하며, 이러한 자유와 권리와 아울러 그에 따른 책임과 의무도 이해시키도록 유의할 의무가 있다.

제26조

이 헌장의 당사국들은 법원의 독립성을 보장할 의무가 있으며, 헌장에서 보장된 권리와 자유를 증진하고 보호할 임무를 담당하는 적절한 국내기구를 설립하고 개선시켜야 한다.

제2장 의무

제27조

1. 모든 개인은 자신의 가족, 사회, 국가 및 기타 법적으로 인정된 공동체와 국제사회에 대하여

의무를 진다.

2. 각 개인의 권리와 자유는 타인의 권리, 집단의 안전, 도덕과 공통의 이익을 존중하면서 행사되어야 한다.

제28조

모든 개인은 동료를 차별없이 존중하고 유의할 의무가 있으며, 상호존중과 관용을 촉진하고 보호하며 강화하기 위한 관계를 유지할 의무가 있다.

제29조

모든 개인은 또한 다음과 같은 의무를 부담한다:

1. 가정의 조화로운 발전을 보호하고 가정의 융화와 존중을 위하여 노력한다; 항상 자신의 부모를 공경하고, 필요한 경우 그들을 부양한다;

2. 자신의 신체적 및 정신적 능력의 제공을 통하여 국가사회에 봉사한다;

3. 국적국 또는 거주국의 안보를 위태롭게 하지 아니한다;

4. 사회적 및 국가적 연대, 특히 국가적 연대가 위협을 받는 경우 이를 보호하고 강화시킨다.

5. 자국의 독립과 영토보전을 보호하고 강화시키며, 법률에 따라 이를 방위하는데 기여한다;

6. 자신의 능력과 권한을 최대한 발휘하여 일하고, 사회의 이익을 위하여 법률에 따라 부과된 세금을 납부한다;

7. 관용과 대화와 협의의 정신으로 사회의 다른 구성원과의 관계에서 아프리카의 긍정적인 문화적 가치를 보호하고 강화시키며, 일반적으로 사회의 도덕적 건전성을 증진시키는데 기여한다;

8. 언제 어느 단계에서나 자신의 능력을 최대한 발휘하여 아프리카의 단결을 고취시키고 달성하는데 기여한다.

제2부 보장조치

제1장 인간과 인민의 권리에 관한 아프리카 위원회의 설립과 조직

제30조

아프리카에서 인간과 인민의 권리를 증진시키고 이의 보호를 보장하기 위하여 아프리카단결기구 내에 인간과 인민의 권리에 관한 아프리카 위원회(이하 위원회라 한다)를 설립한다.

제31조

1. 위원회는 인간과 인민의 권리문제에 있어서 높은 도덕성, 고결성, 공정성 그리고 능력을 갖춘 가장 명망있는 아프리카인 중에서 선출된 11명의 위원으로 구성된다. 법률적 경험을 가진 자를 특히 고려한다.

2. 위원회의 위원은 개인자격으로 근무한다.

제32조

위원회는 같은 국가 출신은 1명만 포함할 수 있다.

제33조

위원회의 위원은 이 헌장 당사국들이 추천한 명단으로부터 국가 및 정부 수반 총회의 비밀투표로 선출된다.

제34조

이 헌장의 각 당사국은 2인까지의 후보를 추천할 수 있다. 후보는 헌장 당사국의 국민이어야 한다. 한 국가가 2인의 후보를 추천하는 경우, 그 중 1인은 자국민이 아니어야 한다.

제35조

1. 아프리카단결기구 사무총장은 이 헌장의 당사국들에게 최소한 선거 4개월 전에 후보를 추천하도록 요청한다.

2. 아프리카단결기구 사무총장은 추천받은 사람들의 명단을 알파벳 순으로 작성하고, 이를 최소한 선거 1개월 전에 국가 및 정부 수반들에게 통보한다.

제36조

위원회의 위원은 6년 임기로 선출되며, 재선될 수 있다. 그러나 첫 번째 선거에서 선출된 위원중 4인의 임기는 2년으로 종료되며, 다른 3인의 임기는 4년으로 종료된다.

제37조

첫 번째 선거 직후 아프리카단결기구 국가 및 정부 수반 총회의 의장은 제36조에 지적된 위원들을 결정하기 위한 추첨을 한다.

제38조

위원회의 위원들은 선거후 공정하고 성실하게 그들의 임무를 수행할 것을 엄숙히 선언한다.

제39조

1. 위원회의 위원이 사망하거나 사임한 경우 위원회 위원장은 즉시 아프리카단결기구 사무총장에게 통지하고, 사무총장은 사망일 또는 사임이 효력을 발한 날로부터 그 자리가 공석임을 선언한다.

2. 위원회의 한 위원이 일시적 부재가 아닌 사유로 그의 임무수행을 중단하였다는 것이 나머지 위원들의 일치된 견해인 경우, 위원회 위원장은 아프리카단결기구 사무총장에게 통지하고, 사무총장은 그 자리가 공석임을 선언한다.

3. 위에서 예정된 각각의 경우 국가 및 정부 수반 총회는 잔여임기가 6개월 미만이 아닌 경우에만 공석이 된 위원을 교체한다.

제40조

위원회의 모든 위원은 후임자가 취임할 때까지 재직한다.

제41조

아프리카단결기구의 사무총장은 위원회의 서기를 임명한다. 그는 또한 위원회가 임무를 효율적으로 수행하는데 필요한 직원과 역무를 제공한다. 아프리카단결기구는 직원과 역무의 경비를 부담한다.

제42조

1. 위원회는 2년 임기의 위원장과 부위원장을 선출한다. 이들은 재선될 수 있다.
2. 위원회는 자체의 절차규칙을 제정한다.
3. 위원회의 의사정족수는 7인이다.
4. 가부동수인 경우 위원장이 결정투표권을 가진다.
5. 사무총장은 위원회 회의에 참석할 수 있다. 그는 심리에 참여할 수 없으며, 표결권도 없다. 그러나 위원회 위원장은 사무총장에게 발언을 요청할 수 있다.

제43조

위원회의 위원들은 임무수행시 아프리카단결기구의 특권과 면제에 관한 일반협정에 규정된 외교상의 특권 및 면제를 향유한다.

제44조

아프리카단결기구의 정규예산에 위원회 위원들의 보수와 수당에 관한 규정을 둔다.

제2장 위원회의 임무

제45조

위원회의 기능은 다음과 같다.

1. 인간과 인민의 권리를 증진시키고, 특히:
가. 인간과 인민의 권리 분야에서의 아프리카 문제에 관한 자료를 수집하고, 연구와 조사를 수행하며, 세미나나 토론회 및 회의를 조직하고, 정보를 보급하며, 인간과 인민의 권리와 관련된 국가 및 지방기구들을 장려하고, 필요한 경우 정부에 대하여 의견을 제시하거나 권고를 한다;
나. 아프리카국 정부들이 국내입법의 기반으로 하는 인간과 인민의 권리 및 기본적 자유와 관련된 법률적 문제의 해결을 위한 원칙과 규칙들을 강구하고 작성한다;
다. 인간과 인민의 권리를 증진시키고 보호하는데 관련된 다른 아프리카 기구 및 국제기구와 협력한다.
2. 이 헌장에 규정된 조건에 따라 인간과 인민의 권리의 보호를 보장한다.
3. 당사국, 아프리카단결기구의 기관 또는 아프리카단결기구의 승인을 받은 다른 아프리카 기구의 요청시 이 헌장의 모든 조항을 해석한다.
4. 국가 및 정부 수반 총회가 부여하는 기타 임무를 수행한다.

제3장 위원회의 절차

제46조

위원회는 모든 적절한 조사방법을 이용할 수 있다; 위원회는 아프리카단결기구 사무총장 또는 도움을 줄 수 있는 어느 사람으로부터도 의견을 들을 수 있다.

국가로부터의 통보

제47조

이 헌장의 당사국은 다른 당사국이 헌장 규정을 위반했다고 믿을만한 상당한 이유가 있는 경우, 서면통보로써 그 문제에 대한 해당국의 주의를 환기시킬 수 있다. 이 통보는 아프리카단결기구 사무총장과 위원회 위원장에게도 전달된다. 통보를 받은 날로부터 3개월 이내에 피통보국은 사건을 해명하는 서면 설명서 또는 진술서를 통보국에게 보내야 한다. 이 서면은 적용되었거나 적용될 수 있는 법률 및 절차규칙과 이미 실시된 구제 또는 이용가능한 구제방법에 관한 관련정보를 가능한한 많이 포함하여야 한다.

제48조

피통보국이 최초의 통보를 받은 날로부터 3개월 이내에 사건이 양자협상이나 다른 평화적 절차를 통하여 양 해당국간에 만족스럽게 해결되지 않는 경우, 양국중 일방은 이 사건을 위원장을 통하여 위원회에 제기할 권리가 있으며, 다른 해당국에게도 통지하여야 한다.

제49조

제47조의 규정에도 불구하고, 이 헌장의 당사국은 다른 당사국이 헌장 규정을 위반하였다고 생각하는 경우, 위원장, 아프리카단결기구 사무총장 및 해당국에 통보함으로써 사건을 위원회에 직접 제기할 수 있다.

제50조

국내적 구제절차가 존재하는 경우 구제의 이행절차가 부당하게 지연되고 있다는 점이 위원회에 명백하지 않는한, 위원회는 모든 국내적 구제가 완료되었다는 것을 명확히 한 이후에만 회부받은 사건을 처리할 수 있다.

제51조

1. 위원회는 해당국들에게 모든 관련 정보를 제출하도록 요청할 수 있다.

2. 위원회가 사건을 심의하는 경우, 해당국들은 위원회에 출두하여 서면 또는 구두진술을 제출할 수 있다.

제52조

해당국들과 다른 출처로부터 필요한 모든 정보를 획득한 후, 그리고 인간과 인민의 권리에 대한 존중을 기초로 한 우호적 해결을 달성할 수 있는 모든 적절한 수단을 시도한 이후, 위원회는 제48조에 규정된 통지를 받은 날로부터 합리적인 기간 내에 사실관계와 그의 조사결과를 설명하는 보고서를 준비하여야 한다. 이 보고서는 해당국들에게 송부되고, 국가 및 정부 수반 총회에도 통보된다.

제53조

보고서를 송부할 때 위원회는 국가 및 정부 수반 총회에 유용하리라고 판단되는 권고를 할 수 있다.

제54조

위원회는 자신의 활동에 관한 보고서를 국가 및 정부 수반 총회의 각 정규회기에 제출한다.

기타 통보

제55조

1. 위원회의 서기는 각 회기 전에 헌장 당사국들의 통보 이외의 통보목록을 작성하여 이를 위원회의 위원들에게 송부하며, 그들은 어느 통보가 위원회에 의하여 심의되어야 할지를 표명한다.

2. 위원들이 단순 다수결로 결정하면, 통보는 위원회에 의하여 심의된다.

제56조

위원회에 접수된 제55조에 규정된 인간과 인민의 권리에 관한 통보는 다음을 모두 만족시키는 경우 심의된다. 즉 통보가:

1. 작성자는 익명을 요구하더라도, 작성자를 밝히고 있어야 한다;

2. 아프리카단결기구 헌장 또는 이 헌장과 양립될 수 있어야 한다;

3. 해당국가, 그의 기관 또는 아프리카단결기구에 대하여 비하적이거나 모욕적인 표현으로 작성되지 않아야 한다;

4. 대중매체를 통하여 알려진 정보에만 근거하지는 않아야 한다;

5. 국내적 구제절차가 부당하게 지연된다는 것이 명백하지 않은 한, 국내적 구제를 완료한 후에 제기되어야 한다;

6. 국내적 구제가 완료된 시점 또는 위원회가 그 문제를 인지한 날로부터 합리적 기간 내에 제출되어야 한다; 그리고

7. 국제연합 헌장이나 아프리카단결기구 헌장상의 원칙 또는 이 헌장의 규정에 따라 해당국들에 의하여 이미 해결된 사건을 취급하는 것이 아니어야 한다.

제57조

실질적인 심의에 들어가기 전에 위원회 위원장은 모든 통보를 해당국들에게 알려야 한다.

제58조

1. 위원회의 심리 결과 하나 또는 그 이상의 통보가 일련의 심각하거나 대규모적인 인간과 인민의 권리침해를 보여주는 특정사건들과 명백히 관련된다고 여겨지는 경우, 위원회는 그러한 특정사건들에 관하여 국가 및 정부 수반 총회의 주의를 환기시켜야 한다.

2. 이 경우 국가 및 정부 수반 총회는 위원회에 대하여 사건들을 상세히 조사하고, 그 조사결과와 권고를 담은 사실보고서를 작성하도록 요청할 수 있다.

3. 위원회가 적정하게 인지한 긴급사건은 위원회에 의하여 국가 및 정부 수반 총회 의장에게 제출되며, 그는 상세한 조사를 요청할 수 있다.

제59조

1. 이 헌장 규정의 범위 내에서 취하여진 모든 조치는 국가 및 정부 수반 총회가 달리 결정하기

전까지는 공개되지 아니한다.

2. 그러나 국가 및 정부 수반 총회의 결정이 있으면 보고서는 위원회 위원장에 의하여 출간된다.

3. 위원회의 활동에 관한 보고서는 국가 및 정부 수반 총회에서 검토된 이후 위원장에 의하여 출간된다.

제4장 적용가능한 원칙

제60조

위원회는 인간과 인민의 권리에 관한 국제법, 특히 인간과 인민의 권리에 관한 다양한 아프리카 문서의 규정, 국제연합 헌장, 아프리카단결기구 헌장, 세계인권선언, 인간과 인민의 권리분야에서 국제연합과 아프리카 국가들이 채택한 기타 문서는 물론, 이 헌장의 당사국이 회원국인 국제연합 전문기구에서 채택된 다양한 문서들의 규정으로부터 착안을 얻는다.

제61조

위원회는 아프리카단결기구 회원국들이 명시적으로 승인한 규칙을 규정하고 있는 여타의 일반 또는 특별 국제협약, 인간과 인민의 권리에 관한 국제규범에 부합되는 아프리카의 관행, 법으로 일반적으로 수락된 관습, 아프리카 국가들에 의하여 인정된 법의 일반원칙은 물론, 법적 선례와 주장 등을 법원칙의 결정을 위한 보조수단으로 또한 고려한다.

제62조

각 당사국은 헌장에서 승인되고 보장되는 권리와 자유를 이행하기 위하여 취하여진 입법 또는 기타 조치에 관한 보고서를 이 헌장 발효일로부터 매 2년마다 제출할 것을 약속한다.

제63조

1. 이 헌장은 아프리카단결기구 회원국의 서명, 비준 또는 가입을 위하여 개방된다.

2. 이 헌장의 비준서 또는 가입서는 아프리카단결기구 사무총장에게 기탁된다.

3. 이 헌장은 아프리카단결기구 회원국의 과반수가 비준서 또는 가입서를 사무총장에게 기탁한 날로부터 3개월 후에 발효한다.

제3부 일반규정

제64조

1. 위원회의 위원들은 이 헌장의 발효 후 헌장의 관련조문에 따라 선출된다.

2. 아프리카단결기구 사무총장은 위원회의 구성 3개월 이내에 아프리카단결기구 본부에서 위원회 제1차 회의를 소집한다. 이후 위원회는 필요할 때마다 위원장이 소집하되, 1년에 최소한 1회는 소집되어야 한다.

제65조

이 헌장의 발효 후에 비준하거나 가입하는 국가에 대하여 헌장은 그 국가가 비준서나 가입서를 기탁한 날로부터 3개월 후에 발효한다.

제66조

필요한 경우 특별 의정서나 협정이 이 헌장 규정을 보완할 수 있다.

제67조

아프리카단결기구 사무총장은 기구의 회원국들에게 각 비준서나 가입서의 기탁을 통지한다.

제68조

당사국이 아프리카단결기구 사무총장에게 서면으로 개정을 요청하면 이 헌장은 개정될 수 있다. 개정안이 모든 당사국들에게 적정하게 통지되고, 발의국의 요청에 따라 위원회가 그에 대한 의견을 개진한 이후에만 국가 및 정부 수반 총회는 이를 심의할 수 있다. 개정은 당사국들의 단순다수결에 의하여 승인된다. 개정은 자국의 헌법절차에 따라서 이를 수락한 국가에 대하여 사무총장이 수락통지를 받은 날로부터 3개월 후에 발효한다.

33-1. 인간과 인민의 권리에 관한 아프리카 재판소의 설립에 관한 인간과 인민의 권리에 관한 아프리카 헌장 추가의정서

1998.6.9 채택/ 2004.1.25 발효/ 당사국 수 24.

인간과 인민의 권리에 관한 아프리카 헌장의 당사국인 아프리카단결기구(이하 OAU라 한다)의 회원국들은,

자유, 평등, 정의와 존엄성은 아프리카 인민들의 정당한 열망을 달성하기 위한 본질적인 목표임을 승인하고 있는 아프리카단결기구 헌장을 고려하고;

인간과 인민의 권리에 관한 아프리카 헌장이 아프리카단결기구와 기타 국제기구에서 채택된 선언, 협약 및 여타 문서들에 포함된 인간과 인민의 권리, 자유 및 의무의 원칙에 대한 지지를 재확인하고 있음을 주목하고;

인간과 인민의 권리에 관한 아프리카 헌장의 두 가지 목적은 인간과 인민의 권리, 자유 및 의무를 한편으로는 고취시키고, 다른 한편으로는 보호하는 것임을 인정하고;

또한 인간과 인민의 권리의 고취와 보호에 있어서 1987년 설립 이래 인간과 인민의 권리에 관한 아프리카 위원회의 노력을 인정하고;

사무총장에게 아프리카 위원회와 함께 아프리카 위원회의 효율성을 제고하기 위한 수단을 숙고하고, 특히 인간과 인민의 권리에 관한 아프리카 재판소의 설립을 검토하기 위한 정부 전문가 회의의 소집을 요청한 1994년 6월 튀니지아의 튀니스에서 국가 및 정부 수반 총회가 채택한 결의 제230호(XXX)를 상기하고;

제1차 및 제2차 정부 법률전문가 회의는 남아프리카의 케이프타운(1995년 9월)과 모리타니아의 누아크쵸트(1997년 4월)에서 각각 개최되었으며, 제3차 정부 법률전문가 회의는 외교관을 포함하는 것으로 확대되어 에티오피아의 아디스아바바(1997년 12월)에서 개최되었음을 주목하고;

인간과 인민의 권리에 관한 아프리카 헌장의 목적을 달성하려면 인간과 인민의 권리에 관한 아프리카 위원회의 기능을 보충, 강화하기 위하여 인간과 인민의 권리에 관한 아프리카 재판소의 설립이 요구된다는 것을 굳게 확신하며;

다음과 같이 합의하였다:

제1조 재판소의 설립

인간과 인민의 권리에 관한 아프리카 재판소(이하 재판소라 한다)는 아프리카 단결기구 산하에

설치되며, 이의 조직, 관할, 기능은 이 의정서에 의하여 규율된다.

제2조 재판소와 위원회와의 관계

재판소는 이 의정서의 규정을 전제로 하여 인간과 인민의 권리에 관한 아프리카 헌장(이하 헌장이라 한다)에 의하여 인간과 인민의 권리에 관한 아프리카 위원회(이하 위원회라 한다)에 부여된 보호임무를 보완한다.

제3조 관할권

1. 재판소의 관할권은 헌장, 이 의정서, 기타 당사국에 의하여 비준된 다른 관련 인권문서의 해석 및 적용과 관련하여 재판소에 제출된 모든 사건과 분쟁에 미친다.
2. 재판소의 관할권 여부에 관한 분쟁의 경우 재판소가 이를 결정한다.

제4조 권고적 의견

1. OAU 회원국, OAU, 모든 OAU 기관 또는 OAU에 의하여 승인된 다른 아프리카 기구의 요청에 따라 재판소는 헌장 또는 다른 관련 인권문서에 관한 어떠한 법률 문제에 대하여도 의견을 제시할 수 있다. 다만 대상주제가 위원회에 의하여 검토되고 있는 사항과 관련되지 않아야 한다.
2. 재판소는 권고적 의견에 관한 이유를 제시하여야 하며, 모든 판사는 개별의견 또는 반대의견을 발표할 수 있다.

제5조 재판소에 대한 접근권

1. 재판소에 사건을 제출할 수 있는 자는 다음과 같다.
가. 위원회;
나. 위원회에 진정을 제기한 당사국;
다. 위원회에 진정을 제기당한 당사국;
라. 자국민이 인권침해의 희생자인 당사국;
마. 아프리카의 정부간 국제기구.
2. 개별 당사국이 사건과 이해관계가 있는 경우, 이는 재판소에 참가허용 요청을 제출할 수 있다.
3. 재판소는 관련 비정부간 기구에게 위원회에서의 옵저버 자격을 부여할 수 있으며, 이 의정서 제34조 제6항에 따라 개인이 사건을 직접 자신에게 제소하도록 허용할 수 있다.

제6조 사건의 심리적격

1. 재판소는 이 의정서 제5조 제3항에 따라 제출된 사건의 심리적격을 판단할 때 위원회에 의견을 요청할 수 있으며, 위원회는 가능한 한 신속하게 의견을 제시하여야 한다.
2. 재판소는 헌장 제56조의 규정을 고려하며 사건의 심리적격을 결정한다.
3. 재판소는 사건을 심리하거나 또는 위원회로 이송할 수 있다.

제7조 법원

재판소는 헌장과 당사국에 의하여 비준된 다른 관련 인권문서의 규정을 적용한다.

제8조 사건의 심리

위원회와 재판소간의 상호보충성에 유의하면서 재판소의 절차규칙은 재판소에 제출된 사건을 심리할 상세한 조건을 규정한다.

제9조 우호적 해결

재판소는 헌장의 규정에 따라 계류 중인 사건의 우호적 해결을 시도할 수 있다.

제10조 청문과 대리

1. 재판소의 절차는 일반에게 공개된다. 그러나 절차규칙에 규정된 경우에는 비공개로 진행할 수 있다.

2. 사건의 당사자는 자신이 선택한 법정대리인에 의하여 대리될 수 있다. 사법상의 이익을 위하여 필요한 경우 법정대리인은 무료로 제공될 수 있다.

3. 증인이든 당사자의 대리인이든 재판소에 출정하는 모든 사람은 재판소와의 관계에서 그들의 기능, 임무 및 의무를 수행하는데 필요한 보호와 모든 편의를 국제법에 따라 향유한다.

제11조 구성

1. 재판소는 OAU 회원국의 국민으로 높은 도덕성과 인간과 인민의 권리 분야에서 실무적, 사법적 그리고 학문적으로 인정된 능력과 경험을 갖춘 법조인 중에서 개인적 역량을 바탕으로 선출된 11명의 판사로 구성된다.

2. 동일한 국가 출신은 1명까지만 포함될 수 있다.

제12조 추천

1. 의정서 당사국은 각각 3명까지의 후보자를 추천할 수 있으나, 적어도 그중 2명은 자국민이어야 한다.

2. 추천과정에서는 적절한 성비에 대한 고려가 이루어져야 한다.

제13조 후보자 명단

1. 이 의정서가 발효하면 OAU 사무총장은 의정서의 각 당사국들에게 요청일로부터 90일 이내에 재판소의 판사후보를 제출하도록 요청한다.

2. OAU 사무총장은 추천받은 후보자 명단을 알파벳 순으로 준비하여, 이를 OAU 국가 및 정부수반 총회(이하 총회라고 한다) 차기 회의보다 늦어도 30일 이전에 OAU 회원국에게 통보한다.

제14조 선거

1. 재판소의 판사들은 이 의정서 제13조 제2항에 규정된 명단으로부터 총회에서 비밀투표로 선출된다.

2. 총회는 재판소 전체적으로 아프리카의 주요 지역과 그들의 법적 전통이 대표될 수 있도록 보장한다.

3. 판사의 선거에 있어서 총회는 적절한 성비가 확보되도록 한다.

제15조 임기

1. 재판소의 판사는 6년 임기로 선출되며, 1회에 한하여 재선될 수 있다. 최초의 선거에서 선출된 4명의 판사의 임기는 2년으로 종료되며, 다른 4명의 판사의 임기는 4년으로 종료된다.

2. 임기가 처음 2년 및 4년으로 종료될 판사는 최초의 선거 직후 OAU 사무총장의 추첨으로 선정

한다.

3. 임기가 만료되지 않은 판사를 대체하도록 선출된 판사는 전임자의 잔여임기동안 재직한다.

4. 재판소장을 제외한 모든 판사들은 비상근으로 임무를 수행한다. 그러나 총회가 필요하다고 판단하면 이 구성을 변경할 수 있다.

제16조 취임선서

재판소의 판사들은 선거 후 공정하고 성실하게 그들의 임무를 수행할 것을 엄숙히 선언한다.

제17조 독립성

1. 판사의 독립성은 국제법에 따라 충분히 보장되어야 한다.

2. 동일한 판사가 과거에 일방 당사자를 위한 대리인, 법률고문, 변호인으로 관여하였거나, 국내재판소 또는 국제재판소나 심사위원회의 구성원, 기타 다른 어떠한 자격으로 관여하였던 사건에는 판사로 참여할 수 없다. 이 문제에 관하여 의문이 있으면 재판소의 결정으로 해결한다.

3. 재판소의 판사는 선출시부터 임기동안 국제법에 따라 외교사절에게 부여되는 면제를 향유한다.

4. 재판소의 판사는 직무수행중에 행한 일체의 결정이나 의견에 대하여 어느 시점에서도 책임을 지지 아니한다.

제18조 양립 불가능성

재판소의 판사의 지위는 판사의 독립성과 공정성 또는 재판소의 절차규칙이 정한 직무상의 요구를 해할 수 있는 어떤 활동과도 양립할 수 없다.

제19조 임기의 중단

1. 판사는 재판소의 판사로서의 필수요건을 더 이상 충족시키지 못하는 것으로 판명되었다고 재판소의 다른 판사들이 만장일치로 결정하지 않는 한, 직무를 정지당하거나 해임당하지 아니한다.

2. 재판소의 그러한 결정은 총회가 다음 회기에서 무효화시키지 않는 한 최종적이다.

제20조 공석

1. 재판소 판사가 사망 또는 사임하면 재판소장은 아프리카단결기구 사무총장에게 지체없이 통고하고, 사무총장은 사망일 또는 사임의 효력 발생일로부터 그 자리가 공석임을 선포한다.

2. 총회는 잔여임기가 180일 미만이 아닌 경우에만 공석이 된 판사를 교체한다.

3. 제12조, 제13조, 제14조에 규정된 것과 동일한 절차와 고려가 공석을 채우는 경우에도 적용된다.

제21조 재판소장

1. 재판소는 2년의 임기로 재판소장과 부소장을 선출한다. 그들은 1회에 한하여 재선될 수 있다.

2. 재판소장은 상근제로 사법적 임무를 수행하며, 재판소의 소재지에 거주한다.

3. 재판소장과 부소장의 직무는 재판소의 절차규칙에 규정된다.

제22조 제척

판사가 재판소에 제출된 사건의 당사국 국민이라면, 그 판사는 당해사건에 관여하지 못한다.

제23조 정족수

재판소는 적어도 7명의 판사정족수를 만족하였을 때, 회부된 사안을 심리한다.

제24조 등록

1. 재판소는 절차규칙에 따라 OAU 회원국의 국민 중에서 서기와 서기국 다른 직원을 임명한다.
2. 서기의 사무소와 거주지는 재판소의 소재지로 한다.

제25조 재판소의 소재지

1. 재판소는 이 의정서의 당사국 중에서 총회에서 결정된 장소에 소재한다. 그러나 재판소의 다수가 바람직하다고 생각하는 경우 해당국의 사전동의 하에 OAU 회원국 영역에서 개최될 수도 있다.
2. 재판소의 소재지는 재판소와의 적절한 협의 후에 총회에 의하여 변경될 수 있다.

제26조 증거

1. 재판소는 모든 당사자로부터의 진술을 청취하며, 필요하다고 판단되는 경우 조사도 행한다. 해당 국가는 사건의 효율적인 처리를 위하여 관련 편의를 제공하여야 한다.
2. 재판소는 전문가 증언을 포함하여 서면 또는 구두의 증거를 접수하며, 이러한 증거에 기반하여 결정을 내린다.

제27조 조사결과

1. 재판소가 인간과 인민의 권리에 대한 침해가 있었음을 발견한 경우, 재판소는 공정한 보상 또는 배상의 지불을 포함하여 침해를 구제하기 위한 적절한 조치를 강구한다.
2. 극도로 중대하고 긴급한 경우로서 사람에 대한 회복할 수 없는 위해를 피할 필요가 있을 때에는, 재판소가 필요하다고 판단되는 잠정조치를 취한다.

제28조 판결

1. 재판소는 심리를 마친 후 90일 이내에 판결을 내린다.
2. 다수결로 결정된 재판소의 판결은 최종적이며, 상소할 수 없다.
3. 제2항의 적용에 영향을 주지 아니하면서, 재판소는 절차규칙에 규정된 조건에 따라 새로운 증거를 통하여 자신의 결정을 재심의할 수 있다.
4. 재판소는 자신의 결정을 해석할 수 있다.
5. 재판소의 판결은 당사자에게 적절하게 통지된 후 공개된 법정에서 낭독된다.
6. 재판소의 판결에는 이유가 제시되어야 한다.
7. 재판소 판결의 전부 또는 일부가 판사 전원일치의 결정을 의미하지 않는 경우, 어떠한 판사도 개별 또는 반대의견을 제시할 권리를 가진다.

제29조 판결의 통보

1. 사건의 당사자들은 재판소의 판결을 통보 받으며, 판결은 OAU 회원국과 위원회에 송부된다.
2. 각료위원회는 역시 판결을 통보받으며, 총회를 대신하여 이의 이행을 감시한다.

제30조 판결의 이행

이 의정서의 당사국은 재판소에 의하여 지정된 기일 안에 자신이 당사국인 모든 사건의 판결에 복종하고, 이의 이행을 보장할 것을 약속한다.

제31조 보고서

재판소는 전년도 활동보고서를 총회 매 정규회기에 제출한다. 보고서는 특히 당사국이 재판소의 판결에 복종하지 않는 사건을 적시한다.

제32조 예산

재판소의 경비, 판사의 보수와 수당, 서기국 예산은 재판소와의 협의를 거쳐 OAU가 정한 기준에 따라 OAU가 결정하여 부담한다.

제33조 절차 규칙

재판소는 규칙을 제정하고, 자체 절차를 결정한다. 재판소는 필요한 경우 위원회와 협의하여야 한다.

제34조 비준

1. 이 의정서는 헌장 당사국의 서명, 비준 또는 가입을 위하여 개방된다.

2. 이 의정서에 대한 비준서 또는 가입서는 OAU의 사무총장에게 기탁된다.

3. 의정서는 15개의 비준서 또는 가입서의 기탁일로부터 30일 이후에 발효된다.

4. 이후에 비준 또는 가입하는 당사국에 대하여 이 의정서는 비준서 또는 가입서의 기탁일로부터 발효한다.

5. OAU 사무총장은 이 의정서의 발효를 모든 회원국에 대하여 통보한다.

6. 이 의정서의 비준시 또는 이후 언제라도 당사국은 이 의정서 제5조 제3항에 따라 사건을 접수할 재판소의 권한을 수락하는 선언을 할 수 있다. 재판소는 그러한 선언을 하지 않은 당사국에 관하여 제5조 제3항에 따른 어떠한 청원도 수리하지 않는다.

7. 위 제6항에 따른 선언은 사무총장에게 기탁되며, 그는 이의 사본을 당사국에게 송부한다.

제35조 개정

1. 이 의정서는 당사국들이 OAU 사무총장에게 서면으로 개정을 요청하면 개정될 수 있다. 개정안이 의정서의 모든 당사국들에게 적정하게 통보되고 재판소가 개정에 대한 의견을 제출한 이후, 총회는 단순과반수 표결로 개정안을 채택할 수 있다.

2. 재판소도 필요하다고 판단하는 의정서 개정안을 OAU 사무총장을 통하여 제출할 수 있다.

3. 개정은 OAU 사무총장이 수락 통보를 받은 날로부터 30일 후에 이를 수락한 국가에 대하여 발효한다.

33-2. 아프리카 여성의 권리에 관한 인간과 인민의 권리에 대한 아프리카 헌장 추가의정서

2003.7.11 채택/ 2005.11.25 발효/ 당사국 수 24.

이 의정서의 당사국들은,

인간과 인민의 권리에 관한 아프리카 헌장 제66조가 필요한 경우 아프리카 헌장 규정을 보완하기 위한 특별 의정서나 협정을 마련하도록 규정하고 있고, 1995년 6월에 에티오피아의 아디스아바바에서 개최된 아프리카단결기구의 국가 및 정부 수반 총회 제31차 정기회의가 결의 제240호(XXXI)를 통하여 아프리카 여성의 권리에 관한 추가의정서를 제정하라는 인간과 인민의 권리에 관한 아프리카 위원회의 건의를 지지하였음을 고려하고;

인간과 인민의 권리에 관한 아프리카 헌장 제2조가 인종, 종족, 피부색, 성, 언어, 종교, 정치적 또는 기타의 의견, 민족적 및 사회적 출신, 재산, 출생 또는 기타의 신분에 따른 비차별 원칙을 담고 있음을 고려하고;

인간과 인민의 권리에 관한 아프리카 헌장 제18조가 모든 국가에게 여성에 대한 어떠한 차별의 철폐도 보장하고, 국제선언과 협약에 규정된 바와 같이 여성의 권리보호를 보장하라고 요구하고 있음을 또한 고려하고;

인간과 인민의 권리에 관한 아프리카 헌장 제60조와 제61조가 지역적 및 국제적 인권문서와 인간과 인민의 권리에 관한 국제규범에 부합하는 아프리카의 관행을 아프리카 헌장의 적용과 해석에 관한 중요한 참고사항으로 인정하고 있음을 유의하고;

여성의 권리가 모든 국제적 인권문서, 특히 세계인권선언, 시민적 및 정치적 권리에 관한 국제규약, 경제적·사회적 및 문화적 권리에 관한 국제규약, 여성에 대한 모든 형태의 차별철폐에 관한 협약과 그 선택의정서, 아동의 권리 및 복지에 관한 아프리카 헌장, 기타 여성의 권리에 관한 모든 국제적 및 지역적 협약과 규약에서 불가양적이고, 상호의존적이고, 분리될 수 없는 인권으로서 승인되고 보장되어 있음을 상기하고;

발전에 있어서의 여성의 권리와 여성의 필수적인 역할이 1992년 환경과 개발에 관한 유엔 행동계획, 1993년 인권에 관한 유엔 행동계획, 1994년의 인구와 개발에 관한 유엔 행동계획, 1995년 사회발전에 관한 유엔 행동계획에서 거듭 확인되었음에 유의하고;

평화와 안전을 촉진함에 있어 여성의 역할에 관한 유엔 안전보장이사회 결의 제1325호(2000)를 또한 상기하며;

아프리카 연맹 헌장은 물론 아프리카 발전을 위한 신 동반자 선언, 아프리카 발전에 있어 대등한 동반자로서 아프리카 여성의 완전한 참여를 아프리카 국가들이 보장하라는 약속을 강조하는 기타 관련 선언, 결의, 결정 등에 담겨진 바와 같은 양성평등의 촉진 원칙을 재확인하고;

아프리카 행동강령, 1994년 다카르 선언, 1995년 북경 행동강령 등이 이의 이행을 엄숙히 공약한 모든 국제연합 회원국들에게 여성에 대한 모든 형태의 차별과 성을 기반으로 한 여성에 대한 폭력을 근절하기 위하여 여성 인권에 보다 주목하기 위한 구체적 조치를 취할 것을 요구하고 있음을 또한 유의하고;

평등, 평화, 자유, 존엄, 정의, 연대 및 민주주의의 원칙에 기반한 아프리카적 가치의 보존에 있어서 여성의 중대한 역할을 인정하고;

남녀간의 모든 형태의 차별을 철폐하고 평등을 촉진함을 목적으로 하는 관련 결의, 선언, 권고, 결정, 협약, 기타 지역적 및 소지역적 문서를 염두에 두고;

인간과 인민의 권리에 관한 아프리카 헌장 및 여타의 국제인권문서를 다수의 당사국이 비준하였고, 이들 국가는 여성에 대한 모든 형태의 차별과 해로운 관행의 철폐를 엄숙히 약속하였음에도 불구하고, 아프리카 여성들은 여전히 차별과 해로운 관행의 희생자가 되고 있음을 유념하고;

여성과 소녀의 정상적인 성장을 방해하거나 위협하고, 육체적 및 심리적 발달에 영향을 주는 어떠한 관행도 비난받아야 하고 철폐되어야 함을 굳게 확신하면서;

여성들이 자신들의 모든 인권을 완전히 향유할 수 있게 하도록 여성의 권리가 증진되고, 실현되고, 보호되도록 보장할 것을 결심하여;

다음과 같이 합의하였다.

제1조 정의

이 의정서의 목적상:

가. "아프리카 헌장"은 인간과 인민의 권리에 관한 아프리카 헌장을 의미한다;

나. "아프리카 위원회"는 인간과 인민의 권리에 관한 아프리카 위원회를 의미한다;

다. "총회"는 아프리카 연맹의 국가 및 정부 수반 총회를 의미한다;

라. "AU"는 아프리카 연맹을 의미한다;

마. "헌장"은 아프리카 연맹의 헌장을 의미한다;

바. "여성에 대한 차별"이란 성에 근거한 모든 구별, 배제 또는 제한이나 모든 다른 대우로서 그 목적이나 효과가 혼인 여부와 관계없이 생활의 모든 영역에서 여성의 인권과 기본적 자유의 승인, 향유, 행사를 억제하거나 파괴하려는 것을 의미한다;

사. "해로운 관행"이란 생명권, 건강, 존엄, 교육 및 신체적 완전성과 같은 여성과 소녀의 기본적인 권리에 부정적 영향을 미치는 모든 행태, 태도, 관행을 의미한다;

아. "NEPAD"는 총회에 의해 수립된 아프리카 발전에 대한 새로운 파트너쉽을 의미한다;*

자. "당사국"은 이 의정서의 당사국을 의미한다;

차. "여성에 대한 폭력"이란 여성에게 신체적, 성적, 심리적 및 경제적 위해를 야기하거나 야기시

---

* NEPAD: New Partnership for Africa's Development - 편역자주.

킬 수 있는 여성에게 저질러지는 모든 행동을 의미하며, 이에는 그러한 행동을 하려는 위협을 포함한다; 또는 평화시와 무력분쟁이나 전쟁 상황중 사적 또는 공적 생활에서 기본적 자유에 자의적인 제한을 가하거나 이를 박탈하는 것을 의미한다;

카. "여성"은 소녀를 포함하여 여자의 성별을 가진 자를 의미한다.

제2조 여성에 대한 차별의 철폐

1. 당사국은 적절한 입법적, 제도적, 기타의 조치를 통하여 여성에 대한 모든 형태의 차별에 투쟁한다. 이와 관련하여 당사국은 다음을 시행한다:

가. 만약 아직 미비하다면 남녀평등의 원칙을 자국 헌법과 다른 입법 문서에 포함시키고, 이의 실효적인 적용을 보장한다;

나. 모든 형태의 차별, 특히 여성의 건강과 일반적 행복을 위협하는 해로운 관행을 금지하고 억제시키는 조치를 포함하여 적절한 입법적 또는 규제적 조치를 수립하고 이를 효과적으로 이행한다;

다. 성인지적 관점을 정책결정, 입법, 발전의 계획, 강령과 활동 및 다른 모든 생활영역 속에 통합시킨다;

라. 법률이나 현실 속에서 여성에 대한 차별이 지속되는 분야에서 교정적이고 건설적인 조치를 취한다;

마. 여성에 대한 모든 형태의 차별을 근절하려는 목적의 지방적, 국가적, 지역적 그리고 범대륙적 시도를 지원한다.

2. 해로운 문화적, 전통적 관행과 특정 성의 열등의식이나 우월의식 또는 남녀의 고정적인 역할에 바탕을 둔 여타의 모든 관행의 철폐를 달성하도록 당사국은 대중 교육, 정보제공, 교육, 소통전략을 통하여 남성과 여성의 사회적 및 문화적 행동양식을 수정하도록 진력한다.

제3조 존엄권

1. 모든 여성은 인간에게 고유한 존엄권을 가지며, 자신의 인권 및 법적 권리를 인정받고 보호받을 권리를 갖는다.

2. 모든 여성은 인간으로서 존중받을 권리를 가지며, 자신의 인격을 자유롭게 발전시킬 권리를 갖는다.

3. 당사국은 여성에 대한 어떠한 착취나 비하도 금지시키기 위하여 적절한 조치를 채택하여 실행한다.

4. 당사국은 자신의 존엄성을 존중받을 모든 여성의 권리의 보호를 보장하고 또한 모든 형태의 폭력, 특히 성적 언어적 폭력으로부터 여성의 보호를 보장하기 위하여 적절한 조치를 채택하여 실행한다.

제4조 생명과 신체의 완전성 및 안전에 대한 권리

1. 모든 여성은 자신의 생명과 신체의 완전성 및 안전을 존중받을 권리가 있다. 모든 형태의 착취와 잔혹하거나, 비인도적이거나 굴욕적인 처벌과 대우는 금지된다.

2. 모든 당사국은 다음 사항을 위하여 적절하고 효과적인 조치를 취한다;

가. 사적인 폭력이건 공개적인 폭력이건 원하지 않거나 강요된 성행위를 포함하여 여성에 대한 모든 형태의 폭력을 금지하는 법률을 제정하여 시행한다;

나. 여성에 대한 모든 형태의 폭력의 방지, 처벌 그리고 근절을 보장하는데 필요한 여타의 입법적, 행정적, 사회적 및 경제적 조치들을 채택한다;

다. 여성에 대한 폭력의 원인과 결과를 규명하고, 그러한 폭력을 방지하고 제거하기 위한 적절한 조치를 취한다;

라. 여성에 대한 폭력의 지속과 관용을 정당화시키고 악화시키는 전통적이고 문화적인 신념, 관행 및 고정관념 속의 요소들을 없애기 위하여 교육과정과 사회적 의사소통을 통한 평화교육을 적극적으로 촉진한다;

마. 여성에 대한 폭력 행위자를 처벌하고, 여성 희생자의 재활계획을 시행한다;

바. 폭력 피해 여성을 위한 효과적인 정보제공, 재활, 보상을 위한 제도와 이용가능한 편의를 수립한다;

사. 여성의 인신매매를 방지하고 비난하고, 인신매매 행위자를 소추하며, 급박한 위험에 처한 여성들을 보호한다;

아. 내용을 알려 동의를 얻지 못하면 여성에 대한 모든 의학적 또는 과학적 실험을 금지한다;

자. 여성에 대한 폭력을 방지하고 근절하기 위한 목적의 조치들을 시행하고 점검하기 위한 적절한 예산과 기타의 지원을 제공한다;

차. 아직 사형제도가 존재하는 국가에서는 임신 또는 수유중인 여성에 대한 사형판결을 집행하지 않도록 보장한다.

카. 난민지위의 결정절차에 대한 접근에 있어서 여성과 남성이 동등한 권리를 향유하고, 여성 난민이 자신의 정체성과 다른 문서들을 포함하여 국제난민법 하에 보장되는 완전한 보호와 혜택을 부여받도록 보장한다.

제5조 해로운 관행의 제거

당사국은 여성의 인권에 부정적으로 영향을 끼치고, 승인된 국제기준에 반하는 모든 형태의 해로운 관행을 금지하고 비난하여야 한다. 당사국은 그러한 관행을 없애기 위하여 다음 사항을 포함하여 필요한 모든 입법적 및 기타의 조치를 취한다;

가. 정보제공, 공식적 및 비공식적 교육과 수요자 방문 계획을 통하여 해로운 관행에 관한 사회의 모든 분야에서의 일반적 인식의 형성;

나. 제재에 의하여 뒷받침되는 입법조치를 통하여 모든 형태의 여성할례, 희생, 병원과 유사 의료진의 여성할례시술, 그리고 이를 제거시키려는 모든 다른 관행들의 금지;

다. 의료 지원, 법률적 및 사법적 지원, 정서적 및 심리적 상담과 아울러 여성의 자립을 위한 직업훈련 등과 같은 기본적 지원을 통하여 해로운 관행의 희생자에 대한 필요한 지원책의 제공;

라. 해로운 관행 또는 모든 다른 형태의 폭력, 학대 및 불관용에 처할 위험에 있는 여성의 보호.

제6조 혼인

당사국은 여성과 남성이 혼인에 있어서 동등한 권리를 향유하며 대등한 동반자로 간주되도록 보

장한다. 당사국은 다음의 사항이 보장되도록 적절한 국가적 입법조치들을 취한다:

가. 양 당사자의 자유롭고 완전한 동의 없이 혼인이 이루어져서는 아니된다;

나. 여성의 혼인 최저연령은 18세로 한다;

다. 일부 일처제가 바람직한 혼인형태로 권장되며, 일부다처의 혼인관계를 포함하여 혼인과 가족 내에서 여성의 권리가 증진되고 보호된다;

라. 모든 혼인은 법적으로 인정되기 위하여 국가의 법률에 따라 문서로 기록되고 등록된다;

마. 남편과 아내는 상호 합의를 통하여 그들의 결혼체제와 거주 장소를 선택한다;

바. 기혼 여성은 그녀가 원한다면 남편의 성과 함께 또는 별도로 그녀의 혼전 이름을 유지하고 사용할 권리를 가진다;

사. 여성은 그녀의 국적을 유지하거나 남편의 국적을 취득할 권리를 가진다;

아. 여성과 남성은 자녀의 국적에 관하여 동등한 권리를 가진다. 다만 국가의 법률규정에 반하거나 국가의 안보이익에 반하는 경우 예외로 한다;

자. 여성과 남성은 가족의 이익을 보장하고, 그들의 자녀를 보호하고 양육하는데 공동으로 기여하여야 한다.

차. 혼인 기간중 여성은 자신의 재산을 획득하고 이를 자유롭게 관리 운영할 권리를 가진다.

제7조 별거, 이혼 및 혼인의 무효

당사국은 별거, 이혼 또는 혼인의 무효의 경우 여성과 남성이 동등한 권리를 향유할 것을 보장하는 적절한 입법을 제정한다. 이와 관련하여 당사국은 다음 사항을 보장한다:

가. 별거, 이혼 또는 혼인의 무효는 사법적 명령에 의하여 효력을 발생한다;

나. 여성과 남성은 별거, 이혼 또는 혼인의 무효를 추구하는데 있어서 동등한 권리를 가진다;

다. 별거, 이혼 또는 혼인의 무효의 경우 여성과 남성은 그들의 자녀에 대하여 상호주의적 권리와 책임을 가진다. 어떤 경우에도 자녀들의 이익이 최우선되어야 한다;

라. 별거, 이혼 또는 혼인의 무효의 경우 여성과 남성은 혼인중 형성된 공동재산을 형평하게 분배 받을 권리를 가진다.

제8조 사법절차에의 접근 및 법 앞의 평등한 보호

여성과 남성은 법 앞에 평등하며, 법의 동등한 보호와 혜택을 받을 권리를 가진다. 당사국은 다음 사항을 보장하기 위한 모든 적절한 조치들을 취한다:

가. 법률 구조를 포함하여 사법 및 법률 서비스에 대한 여성들의 효과적인 접근;

나. 여성에게 법률 구조를 포함하여 법률 서비스에 대한 접근을 제공하기 위한 지방적, 전국적, 지역적, 범대륙적 시도의 지원;

다. 여성에게 특별한 관심을 갖고 충분한 교육제도와 기타 적절한 제도를 수립하고, 모든 사람들이 여성의 권리에 감수성을 갖게 함;

라. 모든 단계의 법집행 기관이 성 평등권을 효과적으로 이해하고 집행하도록 준비시킴;

마. 여성이 사법기관 및 법집행기관에서 평등하게 진출함;

바. 여성의 권리를 증진하고 보호하기 위하여 기존의 차별적인 법률과 관행의 개혁.

제9조 정치 및 의사결정과정에 대한 참여권

1. 당사국은 적극적 우대조치를 통하여 자국의 정치생활에 있어서 참여형 지배구조와 여성의 평등한 참여를 촉진시키기 위한 구체적인 조치를 취하고, 국가의 입법 및 기타 조치를 통하여 다음 사항을 보장한다:

가. 여성은 모든 선거에서 어떠한 차별도 없이 참여한다;

나. 여성은 모든 선거과정에서 남성과 모든 단계에서 동등하게 대표된다;

다. 여성은 국가정책과 발전계획의 개발과 이행의 모든 단계에서 남성의 동등한 동반자이다.

2. 당사국은 모든 의사결정 단계에서 여성의 대표와 참여가 증대되고 실효적이 되도록 보장한다.

제10조 평화에 대한 권리

1. 여성은 평화적으로 존속할 권리를 가지며, 평화의 촉진과 유지에 참여할 권리를 가진다.

2. 당사국은 다음과 같은 분야에서 여성 참여의 증대를 보장하기 위하여 적절한 모든 조치를 취한다:

가. 평화교육과 평화문화에 대한 프로그램;

나. 지방적, 전국적, 지역적, 범대륙적 및 국제적 수준에서의 갈등의 방지, 관리 및 해결을 위한 체제와 과정;

다. 망명자, 난민, 귀환자 및 유랑민, 그중 특히 여성에 대한 신체적, 심리적, 사회적 그리고 법적 보호를 보장하기 위한 지방적, 전국적, 지역적, 범대륙적 그리고 국제적 의사결정구조;

라. 망명자, 난민, 귀환자 및 유랑민, 그중 특히 여성을 위한 수용소와 정착촌의 관리를 위하여 마련된 모든 수준의 체제;

마. 분쟁 이후의 재건과 복귀를 위한 계획, 조직 그리고 실행의 모든 측면.

3. 당사국은 일반적으로는 사회발전, 특히 여성의 진흥에 관한 지출을 확대시키기 위하여 군비지출을 획기적으로 감축시키는데 필요한 조치를 취한다.

제11조 무력분쟁에서의 여성의 보호

1. 당사국은 주민, 특히 여성에 영향을 끼치는 무력분쟁상황에서 적용되는 국제인도법 규칙을 존중할 것을 약속하며, 또한 이에 대한 존중을 보장한다.

2. 당사국은 무력분쟁시 국제인도법상의 의무에 따라 여성을 포함한 민간인을 그들이 어디에 소속되는지에 상관없이 보호한다.

3. 당사국은 모든 형태의 폭력, 강간, 기타 형태의 성적 착취로부터 망명여성, 난민, 귀환자 및 국내 유랑민들을 보호하며, 그 같은 행동이 전쟁범죄, 제노사이드, 인도에 반한 죄 등으로 간주되도록 하고, 범행자는 적정한 형사관할 하의 재판에 회부되도록 보장할 것을 약속한다.

4. 당사국은 아동, 특히 18세 미만의 소녀가 적대행위에 직접적으로 참여하지 않으며, 아동이 군인으로 징집되지 않도록 보장하기 위하여 필요한 모든 조치를 취한다.

제12조 교육 및 훈련에 대한 권리

1. 당사국은 다음 사항을 위하여 적절한 모든 조치를 취한다:

가. 교육과 훈련부문에서 여성에 대한 모든 형태의 차별을 철폐하고, 동등한 기회와 접근을 보장

한다;

나. 교과서, 강의요목 및 언론매체에서 차별을 영속화시키는 모든 고정관념을 제거한다;

다. 학교 및 다른 교육제도 속에서 성적 괴롭힘을 포함한 모든 형태의 학대로부터 여성, 특히 여자 아동을 보호하고, 그러한 행동을 취하는 자에 대한 제재를 마련한다;

라. 학대와 성적 괴롭힘을 겪은 여성에 대한 상담과 재활 서비스를 제공한다;

마. 교사훈련을 포함한 모든 단계의 교육과정에 성 감수성와 인권교육을 포함시킨다.

2. 당사국은 다음 사항을 위하여 구체적인 조치를 취한다:

가. 여성의 문자 해독률을 증대시킨다;

나. 모든 단계와 모든 분야, 특히 과학기술 분야에서 여성에 대한 교육과 훈련을 증대시킨다;

다. 학교와 기타 훈련기관, 그리고 학교의 조기 탈락 여성을 위한 프로그램의 실시기관에서 여자 아동의 등록과 재적을 증대시킨다.

제13조 경제적 및 사회적 복지권

당사국은 취업과 경력발전, 다른 경제적 기회에 있어서 여성에게 동등한 기회를 보장하기 위한 입법 및 기타 조치를 채택하여 시행한다. 이런 점에서 당사국은 다음과 같은 조치를 취한다:

가. 고용에 대한 평등한 접근을 고취시킨다;

나. 여성과 남성에게 동일 가치의 작업에 대한 동등한 보수를 받을 권리를 증진시킨다;

다. 여성의 채용, 승진, 해고에 있어서 투명성을 보장하고, 직장에서의 성적 괴롭힘을 분쇄하고 처벌한다;

라. 여성의 직업 선택의 자유를 보장하고, 시행중인 협약, 법률, 규정들에 의해 인정되고 보장되는 여성의 기본적 권리를 침해하고 착취하는 고용주의 착취로부터 여성을 보호한다;

마. 특히 비공식적 분야에서의 여성의 직업과 경제 활동을 촉진시키고 지원하기 위한 여건을 조성한다;

바. 비공식적 분야에서 일하는 여성을 위한 보호제도와 사회보험을 설치하고, 이에 대한 여성의 가입을 촉진시킨다;

사. 최저 노동연령제를 도입하고, 그 연령 이하 아동의 고용을 금지하고, 아동, 특히 여자 아동에 대한 모든 형태의 착취를 금지, 분쇄, 처벌한다;

아. 여성의 가사노동의 경제적 가치를 인정하기 위하여 필요조치를 취한다;

자. 공사 모든 분야에서 출산 전후의 적절한 유급휴가를 보장한다;

차. 여성과 남성에 대하여 세법의 평등한 적용을 보장한다;

카. 배우자와 자녀들을 위하여 남성 봉급자에게 부여되는 것과 동일한 수당과 명목에 대한 여성 봉급자의 권리를 인정하고 시행한다;

타. 양 부모가 자녀의 양육과 발달에 대한 1차적 책임을 지며, 국가와 사적 부문은 이러한 사회적 기능에 대한 2차적인 책임을 진다는 사실을 인정한다;

하. 광고와 외설물에 있어서의 여성에 대한 착취와 학대를 방지하기 위하여 실효적인 입법적, 행정적 조치를 취한다.

제14조 건강 및 재생산권

1. 당사국은 성적 건강성과 재생산적 건강성을 포함한 여성의 건강에 대한 권리가 존중되고 증진되도록 보장한다. 이는 다음 사항을 포함한다:

가. 자신의 생식력을 통제할 권리;

나. 자녀를 가질지 여부, 자녀의 수 및 자녀의 터울을 결정할 권리;

다. 피임방법을 선택할 권리;

라. 후천성 면역 결핍증을 포함한 성적 감염질병으로부터 자신을 보호하고, 보호받을 권리;

마. 자기의 건강상태 및 배우자의 건강상태를 고지받을 권리, 특히 후천성 면역 결핍증을 포함한 성적 감염질병에 전염되었다면 이를 국제적으로 승인된 기준과 최선의 실행에 따라 고지받을 권리;

바. 가족계획의 교육을 받을 권리.

2. 당사국은 다음의 모든 적절한 조치들을 취하여야 한다:

가. 여성, 특히 시골 지역의 여성들에게 정보 제공, 교육 및 의사소통 프로그램을 포함하는 적절하고, 부담가능하고, 접근가능한 보건 서비스를 제공한다;

나. 임신 및 수유 기간동안 여성에 대한 기존의 출산전, 출산시 그리고 출산후의 보건과 영양공급 서비스를 수립하고 강화한다;

다. 성적 폭행, 강간, 근친상간의 경우와 연속적인 임신이 산모의 정신적, 신체적 건강이나 산모 또는 태아의 생명을 위태롭게 하는 경우, 의학적 낙태를 허용함으로써 여성의 재생산권을 보호한다.

제15조 식품의 안전에 대한 권리

당사국은 여성에게 영양가 있고, 충분한 음식에 대한 권리를 보장한다. 이와 관련하여 당사국은 다음과 같은 적절한 조치를 취한다:

가. 여성에게 깨끗한 음용수, 가정의 연료원, 토지 그리고 영양가 있는 식품의 생산수단에 접근할 수 있도록 한다;

나. 식품의 안전을 보장하기 위한 적절한 공급과 저장체제를 수립한다.

제16조 적절한 주거에 대한 권리

여성은 주거에 대한 동등한 접근권과 건강한 환경 속에서의 만족스러운 생활조건에 대한 권리를 갖는다. 이 권리를 보장하기 위하여 당사국은 혼인 여부와 상관없이 여성에게 적절한 주거에 대한 접근을 부여한다.

제17조 적극적인 문화적 환경에 대한 권리

1. 여성은 적극적인 문화적 환경 속에서 생활하며, 문화정책의 결정의 모든 단계에 참여할 권리를 가진다.

2. 당사국은 모든 단계에서의 문화정책의 형성에 여성의 참여를 증대시키기 위하여 적절한 모든 조치를 취한다.

제18조 건강하고 지속가능한 환경에 대한 권리

1. 여성은 건강하고 지속가능한 환경에서 살 권리를 가진다.

2. 당사국은 다음 사항을 위하여 적절한 모든 조치를 취한다:

가. 모든 단계에서의 환경에 관한 계획, 관리 및 보존과 천연자원의 지속가능한 사용에 있어서 여성의 참여 확대를 보장한다;

나. 새로운 또는 재생가능한 에너지원과 정보기술을 포함한 적정한 과학기술에 대한 연구와 투자를 촉진하고, 이에 대한 통제에 여성의 참여를 활성화시킨다;

다. 여성 특유의 지식체제의 발전을 보호하고 실현시킨다.

라. 가정 폐기물의 관리, 처리, 저장 및 폐기를 규율한다;

마. 유독성 폐기물의 저장, 수송 및 폐기에 있어서 적정한 기준이 준수될 것을 보장한다.

제19조 지속가능한 발전에 대한 권리

여성은 지속가능한 발전에 대한 권리를 충분히 향유할 권리를 가진다. 이와 관련하여 당사국은 다음과 같은 모든 적절한 조치를 취한다:

가. 국가발전계획 수립과정에 성인지적 관점을 도입한다;

나. 발전정책과 계획의 개념화, 의사결정, 실행 및 평가의 모든 단계에서 여성의 참여를 보장한다;

다. 토지와 같은 생산자원에 대한 여성의 접근과 통제를 고양시키고, 여성의 재산권을 보장한다;

라. 여성의 삶의 질을 향상시키고 여성 빈곤층을 감소시키기 위하여 시골과 도시에서 융자, 훈련, 기술개발 및 원격 서비스에 대한 여성의 접근을 증진시킨다;

마. 발전정책과 계획의 구체화 과정에서 특히 여성과 관련된 인간계발의 지표를 고려한다; 그리고

바. 세계화의 부정적 영향과 무역 및 경제정책과 계획의 수행의 악영향이 여성에 대해서는 최소한으로 축소되도록 보장한다.

제20조 미망인의 권리

당사국은 다음 조항들의 실행을 통하여 미망인이 모든 인권을 향유하도록 보장하기 위하여 적절한 법적 조치를 취한다:

가. 미망인은 비인도적인, 모욕적인 또는 굴욕적인 대우를 받지 아니한다;

나. 자녀의 이익과 복지에 배치되지 않는 한, 미망인은 남편의 사후 자동적으로 자녀의 보호자와 후견인이 된다;

다. 미망인은 재혼할 권리를 가지며, 그러한 경우 자신이 선택한 사람과 혼인할 권리를 가진다.

제21조 상속권

1. 미망인은 남편의 유산의 공평한 몫을 분배받을 권리를 가진다. 미망인은 혼인중의 주택에서 계속 거주할 권리를 갖는다. 재혼의 경우 주택이 그녀의 소유이거나 그녀가 상속받았다면 그러한 권리를 유지한다.

2. 여성과 남성은 부모의 재산을 공평하게 상속받을 권리를 갖는다.

제22조 고령여성의 특별 보호

당사국은 다음의 조치를 취한다:

가. 고령여성을 보호하여야 하며, 그들의 신체적, 경제적 및 사회적 필요와 고용과 직업훈련에 대한 그들의 접근에 합당한 구체적 조치를 취한다.

나. 고령여성이 성적 학대를 포함한 폭력이나 연령차별로부터 자유로울 권리와 존엄성 있게 처우받을 권리를 보장한다.

제23조 장애여성에 대한 특별보호

당사국은 다음과 같은 조치를 취할 것을 약속한다:

가. 장애여성에 대한 보호를 보장하며, 고용, 전문훈련, 직업훈련과 아울러 의사결정에 대한 참여를 활성화시키기 위하여 그들의 신체적, 경제적 및 사회적 필요에 합당한 구체적 조치를 취한다.

나. 장애여성이 성적 학대를 포함한 폭력이나 장애차별로부터 자유로울 권리와 존엄성 있게 처우받을 권리를 보장한다.

제24조 곤경에 처한 여성의 특별보호

당사국은 다음과 같은 조치를 취할 것을 약속한다:

가. 한계집단의 여성을 포함한 빈곤여성과 여성가장에 대한 보호를 보장하며, 그들의 형편과 특유의 신체적, 경제적 및 사회적 필요에 합당한 환경을 제공한다;

나. 임신 또는 수유중의 여성과 구금당한 여성에게 형편에 맞는 환경을 제공함으로써 그들의 권리를 보장하고, 또한 존엄성 있게 처우받을 권리를 보장한다.

제25조 구제

당사국은 다음과 같은 조치를 취할 것을 약속한다:

가. 이 의정서에서 인정된 권리 또는 자유를 침해받은 여성에게 적절한 구제를 제공한다;

나. 그러한 구제가 권한있는 사법, 행정 또는 입법 당국에 의해 결정되거나, 법에 의해 규정된 다른 권한있는 당국에 의하여 결정되도록 보장한다.

제26조 이행 및 점검

1. 당사국은 국가적 수준에서 이 의정서의 이행을 보장하여야 하며, 아프리카 헌장의 제62조에 따라 제출되는 정기보고서에는 이 의정서에서 규정된 권리의 완전한 실현을 위하여 취하여진 입법 및 기타 조치를 표기한다.

2. 당사국은 이 의정서에서 규정된 권리의 완전하고 효과적인 이행을 위하여 필요한 모든 조치를 취할 것을 약속하며, 특히 재정 및 기타 자원을 제공한다.

제27조 해석

인간과 인민의 권리에 관한 아프리카 재판소는 이 의정서의 적용 또는 시행상 발생하는 해석문제를 담당한다.

제28조 서명, 비준 및 가입

1. 이 의정서는 각 당사국의 헌법절차에 따른 서명, 비준 및 가입에 개방된다.

2. 비준서 또는 가입서는 AU의 위원회 위원장에게 기탁된다.

제29조 발효

1. 이 의정서는 15번째 비준서의 기탁 30일 이후 발효한다.

2. 발효 후 이 의정서에 가입하는 당사국에 대해서는 가입서의 기탁일로부터 의정서가 발효한다.

3. AU 위원회 위원장은 이 의정서의 발효사실을 모든 회원국들에게 통지한다.

제30조 개정 및 수정

1. 모든 당사국은 이 의정서의 개정 또는 수정에 관한 제안을 제출할 수 있다.

2. 개정 또는 수정에 관한 제안은 AU 위원회 위원장에게 문서로 제출되어야 하며, 그는 접수 30일 이내에 이를 당사국에게 송부한다.

3. 총회는 아프리카 위원회의 자문을 받아 본조 제2항에 따른 당사국에 대한 통고 이후 1년 이내에 이 제안을 검토한다.

4. 개정 또는 수정은 총회에서 단순 과반수로 채택한다.

5. AU 위원회 위원장이 수락통지를 받은 다음 30일 이후 개정은 이를 수락한 각 당사국에 대하여 발효한다.

제31조 현 의정서의 지위

이 의정서의 어떠한 조항도 당사국의 법률이나 기타 당사국에 적용되는 지역적, 범대륙적, 국제적 협약, 조약 또는 협정에 포함된 여성의 권리실현에 관한 보다 호의적인 조항에 영향을 주지 아니한다.

제32조 경과조항

인간과 인민의 권리에 관한 아프리카 재판소가 설립되기 전에는 인간과 인민의 권리에 관한 아프리카 위원회가 이 의정서의 적용과 시행상 발생하는 해석문제를 담당한다.

2003년 7월 11일 마푸토에서의 연맹 총회 제2차 정기회의에서 채택되다.

제8부
기타 주요 선언 및 원칙

34. 식민지와 그 인민에 대한 독립부여 선언

국제연합 총회 결의 제1514호(XV)(1960.12.14)

국제연합 총회는,

기본적 인권, 인간의 존엄성과 가치, 남녀 및 대소 각국의 평등한 권리에 대한 신념을 재확인하고, 그리고 보다 큰 자유 속에서 사회발전과 더 높은 생활수준을 촉진시키기 위하여 세계의 인민들에 의하여 국제연합 헌장에서 천명된 결의에 유의하고,

모든 인민들의 평등권과 자결의 원칙에 대한 존중에 입각하여 안정과 복지 및 평화롭고 우호적인 관계를 위한 여건과 그리고 인종, 성, 언어 또는 종교에 따른 차별없이 모든 사람의 인권 및 기본적 자유에 대한 보편적 존중과 준수를 위한 여건을 조성할 필요성을 인식하고,

모든 피지배 인민들의 자유에 대한 열정적인 갈망과 그들의 독립을 획득함에 있어서 그들 인민의 결정적 역할을 인정하고,

이들 인민의 자유의 길을 부정하거나 방해하는데 따른 분쟁이 증가하고 있고, 이것이 세계평화에 대한 심각한 위협을 조성함을 인식하고,

신탁통치 및 비자치 지역의 독립운동을 지원하는데 있어서 국제연합의 중대한 역할을 고려하고, 세계의 인민들이 모든 형태의 식민주의의 종식을 열렬히 갈망하고 있음을 인정하고,

식민주의의 지속은 국제적 경제협력의 발전을 방해하고, 피지배 민족의 사회적 · 문화적 · 경제적 발전을 저해하며, 세계평화라는 국제연합의 이상에 역행함을 확신하고,

인민들은 호혜의 원칙에 입각한 국제적 경제협력과 국제법으로부터 비롯되는 어떠한 의무도 침해하지 아니하면서 자신의 천연적 부와 자원을 그들 스스로의 목적을 위하여 자유로이 처분할 수 있음을 확인하고,

해방의 과정은 저지할 수도 돌이킬 수도 없으며, 심각한 위기를 피하기 위하여는 식민주의 및 이와 연관된 모든 분리와 차별의 관행이 종식되어야 함을 확신하고,

최근 다수의 피지배 지역이 자유와 독립으로 부상함을 환영하며, 아직 독립을 획득하지 못한 지역에서도 자유에 대한 강력한 지향이 증대함을 인정하고,

모든 인민은 완전한 자유와 주권의 행사, 그리고 자국 영토의 일체성에 대한 불가양의 권리를 가지고 있음을 확신하고,

모든 형식과 모습의 식민주의를 조속히 무조건적으로 종식시킬 필요성을 엄숙히 선언하며;

이를 위하여 다음 사항을 선언한다:

1. 외세의 정복, 지배 및 착취에 인민을 종속시키는 것은 기본적 인권의 부정에 해당하며, 국제연합 헌장에 위배되며, 세계평화와 협력의 증진에 방해가 된다.

2. 모든 인민은 자결권을 갖는다. 이 권리에 의하여 그들은 자신의 정치적 지위를 자유롭게 결정

하며, 자신의 경제적, 사회적 및 문화적 발전을 자유롭게 추구한다.

3. 정치적, 경제적, 사회적 및 교육적 준비의 부족은 독립을 지연시키는 구실이 결코 될 수 없다.

4. 피지배 인민들이 완전한 독립에 대한 권리를 평화롭고 자유로이 행사할 수 있게 하도록 그들에게 가하여지는 모든 종류의 무력행사나 강압적 조치는 중단되어야 하며, 그들 국가의 영토의 일체성은 존중되어야 한다.

5. 신탁통치 및 비자치 지역 또는 아직 독립을 획득하지 못한 다른 모든 지역에서 그 지역의 인민들로 하여금 완전한 독립과 자유를 누리게 하기 위하여, 인종, 주의, 피부색에 따른 어떠한 차별도 없이 자유롭게 표시된 그들의 의지와 열망에 따라 어떠한 조건이나 유보도 없이 모든 권력을 그 지역 인민에게 이양시키는 즉각적인 조치가 취하여져야 한다.

6. 한 국가의 민족적 단일성과 영토적 일체성의 부분적 또는 전체적 파괴를 목적으로 하는 어떠한 기도도 국제연합 헌장의 목적과 원칙에 부합되지 아니한다.

7. 모든 국가는 평등, 모든 국가의 국내문제에 대한 불간섭 그리고 모든 인민의 주권과 그들의 영토적 일체성에 대한 존중을 바탕으로 국제연합 헌장, 세계인권선언 및 본 선언의 규정들을 성실하고 엄격히 준수하여야 한다.

35. 천연자원에 관한 영구주권 선언

국제연합 총회 결의 제1803호(XVII)(1962.12.14)

총회는,

1952년 1월 12일자 결의 제523(VI)호와 1952년 12월 21일자 결의 제626(VII)호를 상기하고,

천연자원에 대한 영구주권위원회를 설치하고, 자결권의 기본요소로서의 천연자원과 부에 대한 영구주권의 지위에 대하여 필요한 경우 이를 강화하라는 권고와 함께 상세한 조사를 실시할 것을 지시하고, 더 나아가 천연자원과 부에 대한 인민과 민족의 영구주권의 지위에 대한 상세한 조사를 시행함에 있어서 국제법상의 국가의 권리와 의무 및 개발도상국의 경제개발에 있어서 국제적 협력을 촉진할 중요성에 대하여 적절한 주의가 기울여져야 한다고 결정한 1958년 12월 12일자 결의 제1314(XIII)호에 유념하고,

천연자원과 부를 처분할 수 있는 각국의 주권적 권리가 존중되어야 한다고 권고한 1960년 12월 15일자 결의 제1515(XV)호에 유념하고,

이에 대한 어떠한 조치도 국익에 따라 천연자원과 부를 자유롭게 처분할 수 있는 모든 국가의 불가양의 권리를 인정하며, 국가의 경제적 독립을 존중하는데 바탕을 두어야 한다는 점을 고려하고,

아래 제4항의 어떠한 내용도 과거 식민 지배를 받던 국가가 완전한 주권을 획득하기 전에 취득한 재산에 대한 승계국가와 정부의 권리와 의무 문제에 있어서는 회원국의 지위를 조금도 손상시키지 않는다는 것을 고려하고,

국가와 정부의 승계문제가 국제법위원회에서 우선적인 문제로 검토되고 있다는 사실에 주목하고,

개발도상국의 경제발전을 위한 국제적 협력을 증진하는 것이 바람직하며 선진국과 개발도상국 간의 경제적 및 재정적 합의는 평등의 원칙과 인민과 민족의 자결권에 기초하여야 한다는 점을 고려하고,

경제적 및 기술적 지원, 차관 및 증대된 외국투자의 제공은 수용국의 이익과 충돌하는 조건을 따르게 하여서는 아니됨을 고려하고,

그러한 자원과 부의 개발과 이용을 촉진시킬 기술 및 과학적 정보의 교환으로부터 창출되는 이익과 국제연합과 다른 국제기구가 그러한 관계에서 담당하도록 요청되고 있는 중요한 역할을 고려하고,

개발도상국의 경제발전을 증진시키며 그들의 경제적 독립을 확보하는 문제에 특별한 중요성을 부여하고,

천연자원과 부에 대한 국가의 불가양의 주권을 창출하고 강화하는 것이 그들의 경제적 독립을 강화한다는 것에 주목하면서,

특히 개발도상국의 경제발전의 분야에서 국제적 협력의 정신에 따라 천연자원에 대한 영구주권이

라는 주제가 국제연합에 의하여 더욱 숙고되어야 함을 희망하면서,

　다음을 선언한다:

1. 천연자원과 부에 대한 인민과 민족의 영구주권은 국가발전과 해당국 국민의 복지를 위하여 행사되어야 한다.

2. 그러한 자원의 탐사, 개발, 처분은 물론 이러한 목적을 위하여 필요한 외국 자본의 도입은 인민과 민족이 그 같은 활동의 허가, 제한, 또는 금지에 관하여 필요하거나 바람직하다고 자유롭게 판단한 규칙 및 조건과 합치되어야 한다.

3. 허가가 부여된 경우, 도입된 자본과 그 자본에 의한 수익은 그에 관련된 조건과 시행 중인 국내법 및 국제법의 적용을 받는다. 발생된 이익은 천연자원과 부에 대한 해당국의 영구주권을 어떠한 이유에서도 침해하지 않을 것이 보장되도록 적절한 주의가 기울여지면서 각 사례 별로 투자자와 수용국 간에 자유롭게 합의된 비율로 배분되어야 한다.

4. 국유화, 수용 또는 징발은 국내외의 순전히 개인적이거나 사적인 이익에 우선한다고 인정되는 공공의 필요, 안보 또는 국익에 근거하여야 한다. 그러한 경우 소유주는 주권의 행사로서 그 같은 조치를 취한 국가에서 발효 중인 규칙과 국제법에 따라 적절한 보상을 지급받는다. 보상문제로 분쟁이 야기되는 경우, 그 같은 조치를 취한 국가의 국내관할상의 구제를 완료하여야 한다. 그러나 주권국가와 관련 타방 당사자가 합의하면 분쟁의 해결은 중재 또는 국제재판을 통해서 이루어진다.

5. 인민과 민족의 천연자원에 대한 주권의 자유롭고 수혜적인 행사가 주권평등에 기초한 국가의 상호 존중에 의하여 촉진되어야 한다.

6. 개발도상국의 경제발전을 위한 국제적 협력은 그것이 공적 또는 사적 자본의 투자, 물자와 용역의 교환, 기술적 지원, 과학적 정보의 교환 등의 어떠한 형태로든 간에 그들의 독립적인 국가발전을 촉진시켜야 하며, 천연자원과 부에 대한 그들의 주권에 대한 존중에 기초하여야 한다.

7. 천연자원과 부에 대한 인민과 민족의 주권의 침해는 국제연합 헌장의 정신과 원칙에 위배되며, 국제협력의 발전과 평화유지를 저해한다.

8. 주권국가에 의하여 또는 그들 사이에 자유롭게 체결된 외국투자협정은 신의성실하게 준수되어야 한다; 국가와 국제기구는 헌장과 본 결의에 담긴 원칙에 따라 천연자원과 부에 대한 인민과 민족의 주권을 엄격하고 성실하게 존중하여야 한다.

36. 종교 또는 신념에 근거한 모든 형태의 불관용 및 차별의 철폐에 관한 선언

국제연합 총회 결의 제36/55호(1981.11.25)

　총회는,

모든 인간 고유의 존엄과 평등의 원칙이 국제연합 헌장의 기본 원칙 중 하나이며, 모든 당사국이 인종, 성, 언어 또는 종교에 따른 차별 없이 모든 사람의 인권 및 기본적 자유의 보편적 존중과 준수를 촉진하고 장려하기 위하여 기구와 협력하여 공동의 조치 및 개별적 조치를 취하기로 약속하였음을 고려하고,

세계인권선언과 국제인권규약이 비차별 및 법 앞의 평등의 원칙과 사상, 양심, 종교, 신념의 자유에 대한 권리를 공포하고 있음을 고려하고,

인권 및 기본적인 자유, 특히 사상, 양심, 종교 및 여하한 신념의 자유에 대한 권리를 무시하고 침해하는 것은 직접적 또는 간접적으로 인류에게 전쟁과 커다란 고통을 야기하였고, 특히 타국의 국내 문제에 대한 외세의 개입 수단으로 이용되고, 인민과 민족 간의 증오를 선동하게 된다는 점을 고려하고,

종교 또는 신념은 이를 표명하는 사람에게는 자신의 삶의 개념에서 가장 근본적인 요소이며, 종교 또는 신념의 자유는 충분하게 존중되고 보장되어야 한다는 점을 고려하고,

종교와 신념의 자유에 관한 문제에 있어서는 이해와 관용 그리고 존중을 증진시키는 것과 종교와 신념을 국제연합 헌장과 국제연합의 기타 관련 문서 및 본 선언상의 목적과 원칙에 부합되지 않는 목표를 위하여 이용하는 것이 허용되지 않도록 보장하는 것이 필수적이라는 점을 고려하고,

종교와 신념의 자유가 또한 세계평화와 사회정의 그리고 인류의 우정이라는 목적의 달성과 식민주의와 인종차별의 관념 및 관행의 근절에 공헌하여야 한다고 확신하고,

다양한 형태의 차별 철폐를 위하여 국제연합과 전문기구의 후원 아래 여러 협약이 채택되고 발효되었음을 만족스럽게 유의하면서,

종교 또는 신념의 문제에 있어서 세계 일부 지역에 여전히 존재하는 불관용의 발현과 차별의 존재에 우려하면서,

모든 형태와 발현으로 나타나는 그러한 불관용을 신속하게 철폐하기 위하여 필요한 모든 조치를 채택하고, 종교 또는 신념에 근거한 차별을 방지하고 투쟁하기로 결의하면서,

　종교 또는 신념에 근거한 모든 형태의 불관용 및 차별 철폐에 관한 이 선언을 공포한다:

제1조

1. 모든 사람은 사상, 양심 및 종교의 자유에 대한 권리를 가진다. 이러한 권리는 스스로 선택하는 종교나 여하한 신념을 가질 자유와 단독으로 또는 다른 사람과 공동으로, 공적으로 또는 사적으로 예배, 의식, 행사 및 선교에서 자신의 종교 또는 신념을 표명하는 자유를 포함한다.

2. 어느 누구도 스스로 선택하는 종교 또는 신념을 가질 자유를 침해하게 될 강제를 받지 아니한다.

3. 자신의 종교 또는 신념을 표명하는 자유는 법률에 규정되고 공공의 안전, 질서, 보건 또는 도덕, 타인의 기본적 권리 및 자유를 보호하기 위하여 필요한 경우에만 제한받을 수 있다.

제2조

1. 어느 누구도 종교 또는 기타 신념으로 인하여 어떠한 국가, 단체, 집단 또는 개인에 의하여도 차별받지 아니한다.

2. 이 선언의 목적을 위하여 "종교 또는 신념에 근거한 불관용 및 차별"이란 표현은 종교 또는 신념에 근거를 둔 모든 구별, 배제, 제한 또는 특혜, 그리고 평등한 기초 위에 인권 및 기본적 자유를 인정받거나 향유 또는 행사하는 것을 무효화시키거나 침해하는 것을 목적으로 하거나 그 효과로 갖는 것을 의미한다.

제3조

종교 또는 신념에 근거한 인간 사이의 차별은 인간의 존엄에 대한 모욕이고 국제연합 헌장의 원칙에 대한 부정으로, 세계인권선언에서 공포되고 국제인권규약에 구체적으로 선언된 인권 및 기본적 자유의 위반이며, 국가 간 우호적이고 평화적인 관계에 대한 방해물로서 비난받아야 한다.

제4조

1. 모든 국가는 시민적, 경제적, 정치적, 사회적 및 문화적 삶의 모든 분야에서 인권 및 기본적 자유를 인정, 행사 또는 향유함에 있어서 종교 또는 신념에 근거한 차별을 방지하고 근절할 실효적인 조치를 취하여야 한다.

2. 모든 국가는 그 같은 차별을 금지하기 위하여 필요한 경우 법률을 제정하거나 폐지하고, 이 문제에 있어서 종교 또는 기타 신념에 근거한 불관용과 투쟁하기 위한 모든 적절한 조치를 취하기 위하여 모든 노력을 기울인다.

제5조

1. 아동의 부모나 경우에 따라서 후견인은 그들의 종교 또는 신념에 따라 가족 내에서의 생활을 구성하고, 아동이 그에 따라 양육되어야 한다고 믿는 윤리교육에 유념할 권리를 가진다.

2. 아동의 최선의 이익을 지도원칙으로 하여 모든 아동은 부모나 경우에 따라서 후견인의 희망에 따라 종교 또는 신념에 관한 교육에 접근할 권리를 향유하고, 부모나 후견인의 희망에 반하는 종교 또는 신념에 관한 가르침을 받도록 강제되지 아니한다.

3. 아동은 종교 또는 신념에 근거한 어떠한 형태의 차별로부터도 보호받는다. 그는 이해, 관용, 인류의 우정, 평화와 보편적 우애, 타인의 종교 또는 신념의 자유에 대한 존중의 정신 속에서 양육

되어야 하며, 또한 그의 힘과 재능이 자신의 동료를 위하여 헌신되어야 한다는 것을 충분히 인식하며 양육되어야 한다.

4. 부모 또는 후견인의 보호 아래 있지 않은 아동의 경우, 아동의 최선의 이익을 지도원칙으로 하여 종교 또는 신념 문제에 있어서는 그들의 명시적인 희망이나 그들의 희망에 대한 다른 증거가 적절히 고려되어야 한다.

5. 아동이 양육되고 있는 종교 또는 신념의 행사는 이 선언 제1조 제3항을 고려하며, 그의 신체적 또는 정신적 건강이나 그의 온전한 발달에 해를 끼치지 않아야 한다.

제6조

이 선언 제1조에 따라서 그리고 제1조 제3항을 적용한다는 전제하에, 사상, 양심, 종교 또는 신념의 자유에 대한 권리는 특히 다음의 자유를 포함한다:

가. 종교 또는 신념과 관련하여 예배 또는 집회할 자유와 이러한 목적을 위하여 장소를 설립하고 유지할 자유;

나. 적절한 자선 또는 인도적 단체를 설립하고 유지할 자유;

다. 종교 또는 신념의 의식이나 관습과 관련하여 적정한 한도 내에서 필요한 물건이나 재료를 만들고, 획득하고, 사용할 자유;

라. 이들 분야의 관련 출판물을 집필하고, 발행하며, 배포할 자유;

마. 이러한 목적을 위하여 적절한 장소에서 종교 또는 신념을 가르칠 자유;

바. 개인이나 기관으로부터의 자발적인 재정적 또는 기타의 기부를 권유하고 수령할 자유;

사. 종교 또는 신념의 조건과 기준에 의하여 요구되는 적절한 지도자를 훈련하고, 임명하고, 선출하고, 승계를 통하여 임명할 자유;

아. 개인의 종교 또는 신념의 가르침에 따라 휴일을 준수하고 축일과 예식을 축하할 자유;

차. 국내 및 국제적 차원에서 종교와 신념의 문제에 대해 개인 및 공동체와의 연락을 수립하고 유지할 자유.

제7조

이 선언에 규정된 권리와 자유는 모든 사람이 실제로 그러한 권리와 자유를 누릴 수 있는 방식으로 국내 입법에서 일치를 이루어야 한다.

제8조

이 선언의 어떠한 내용도 세계인권선언과 국제인권규약에 규정된 권리를 제한하거나 손상시키는 것으로 해석되지 아니한다.

37. 평화에 대한 권리 선언

국제연합 총회 결의 제39/11호(1984.11.12)

총회는,

국제연합의 주요 목적이 국제 평화와 안전의 유지임을 재확인하고,

국제연합 헌장에 규정된 국제법의 기본 원칙에 유념하고,

인간의 삶으로부터 전쟁을 근절시키고 그리고 무엇보다도 범세계적인 핵 파멸을 피하려는 모든 인류의 의지와 열망을 표현하면서,

전쟁 없는 삶이야말로 각국의 물질적 복지, 발전 및 진보와 그리고 국제연합이 선언한 권리와 기본적인 인간의 자유의 완전한 실현을 위한 제1의 국제적 필수조건임을 확신하고,

핵무기 시대에 있어서 지구상에 지속적인 평화를 수립하는 것은 인류 문명의 보존과 인류의 생존을 위한 제1차적 조건을 표시한다는 것을 인식하고,

인류의 평화적 삶의 유지가 각국의 신성한 의무임을 인정하며,

1. 우리 지구상의 인류는 평화에 대한 신성한 권리를 가짐을 엄숙히 선언한다.

2. 인류의 평화에 대한 권리를 보존하고 그 이행을 증진하는 것은 각국의 기본적 의무임을 엄숙히 선언한다.

3. 인류의 평화에 대한 권리의 행사를 보장하기 위해서는 각국의 정책이 전쟁, 특히 핵전쟁의 위협의 제거, 국제관계에서의 무력사용의 포기, 그리고 국제연합 헌장에 기초한 평화적 수단에 의한 국제분쟁의 해결을 지향하여야 함을 강조한다.

4. 모든 국가와 국제기구는 국내적 및 국제적 수준에서 모두 적절한 조치를 채택함으로써 인류의 평화에 대한 권리의 이행을 지원하는데 최선을 다할 것을 촉구한다.

38. 외국인의 인권에 관한 선언*

국제연합 총회 결의 제40/144호(1985.12.13)

국제연합 총회는,

국제연합 헌장이 인종, 성, 언어 또는 종교에 따른 차별 없이 모든 사람의 인권 및 기본적 자유에 대한 보편적 존중과 준수를 장려하고 있음을 고려하고,

세계인권선언이 모든 사람은 태어날 때부터 자유롭고 존엄성과 권리에 있어서 평등하며, 모든 사람은 인종, 피부색, 성, 언어, 종교, 정치적 또는 그 밖의 견해, 민족적 또는 사회적 출신, 재산, 출생, 기타의 지위 등과 같은 어떠한 종류의 차별도 없이 선언에 규정된 모든 권리와 자유를 향유할 수 있다고 선포하고 있음을 고려하고,

세계인권선언이 더 나아가 모든 사람은 어디서나 법 앞에 인간으로 인정을 받을 권리를 가지며, 모든 사람은 법 앞에 평등하며, 아무런 차별없이 법률의 평등한 보호를 받을 권리를 가지며, 모든 사람은 선언에 위배되는 차별과 이러한 차별에 대한 선동으로부터 평등한 보호를 받을 권리를 가진다고 선포하고 있음을 고려하고,

국제인권규약 당사국들은 인종, 피부색, 성, 언어, 종교, 정치적 또는 기타의 의견, 민족적 또는 사회적 출신, 재산, 출생 또는 기타의 신분 등에 따른 어떠한 종류의 차별도 없이 규약에서 선언된 권리들이 실현되도록 보장하기로 약속하였음을 인식하고,

통신수단의 향상과 국가간의 평화롭고 우호적인 관계의 발전으로 개인이 본국이 아닌 국가에서 거주하는 것이 증가함을 유의하고,

국제연합 헌장의 목적과 원칙들을 재확인하고,

국제문서에 규정된 인권과 기본적 자유의 보호가 거주하는 국가의 국민이 아닌 개인에게도 보장되어야 함을 인정하며,

이 선언을 공표한다.

제1조

이 선언의 목적상 "외국인"이란 아래 조항에 규정된 조건들을 적절히 감안하면서 자신이 체류하는 국가의 국민이 아닌 개인을 가리킨다.

제2조

1. 이 선언의 어떠한 내용도 외국인의 불법 입국이나 체류를 합법화하는 것으로 해석되지 아니하

---

* 본 선언의 번역상 "체류"라고 함은 기간의 장단과 관계없이 그 나라에 소재하는 것을 가리키며, "거주"라고 함은 일정 기간 이상동안 체류하는 것을 의미한다. - 편역자

며, 어떠한 조항도 외국인의 입국과 체류의 기한 및 조건에 관한 법령을 공포하고, 자국민과 외국인 간의 구별을 설정하는 국가의 권리를 제한하는 것으로 해석되지 아니한다. 다만 그 같은 법령은 인권분야를 포함한 해당국의 국제적 법적 의무와 양립할 수 없는 것이어서는 아니된다.

2. 이 선언이 일정한 권리를 인정하지 않고 있다거나 낮은 수준으로만 인정하고 있을지라도, 이 선언은 국내법에 의하여 부여된 권리와 국제법상 국가가 외국인에게 부여할 의무를 지는 권리의 향유를 방해하지 아니한다.

제3조

모든 국가는 외국인에게 영향을 미치는 국내 법령을 공표하여야 한다.

제4조

외국인들은 현재 거주하거나 체류하는 국가의 법률을 준수하여야 하며, 그 국가의 국민들의 관습과 전통을 존중하여야 한다.

제5조

1. 외국인은 자신의 체류하는 국가의 국내법과 관련 국제적 의무에 따라 특히 다음과 같은 권리를 향유한다:

가. 생명 및 신체의 안전에 대한 권리; 어떠한 외국인도 자의적 체포나 구금을 당하지 아니한다; 어떠한 외국인도 법률에 규정된 근거와 절차에 의하지 아니하고 자유를 박탈당하지 아니한다;

나. 자의적이고 불법적인 간섭으로부터 사생활, 가족, 가정 또는 통신을 보호받을 권리;

다. 재판소, 법정, 사법권을 행사하는 기타의 모든 기구와 당국 앞에서 평등할 권리, 필요한 경우 형사절차상 무료 통역의 지원을 받을 권리와 법률에 규정된 경우 다른 절차에서도 이러한 지원을 받을 권리;

라. 배우자를 선택하고, 혼인하고, 가정을 구성할 권리;

마. 사상, 의견, 양심, 종교의 자유에 대한 권리; 종교와 신념을 공표할 권리. 이는 법률에 규정되고 공공의 안전, 질서, 보건 또는 도덕이나 타인의 기본적 권리 및 자유를 보호하기 위하여 필요한 경우에만 제한받을 수 있다;

바. 자신의 언어, 문화, 전통을 유지할 권리;

사. 국내의 통화규정에 따라 소득, 저축 또는 기타 개인적 금융자산을 해외로 송금할 수 있는 권리.

2. 법률에 규정되고, 민주사회에서 국가안보, 공공의 안전, 공공질서, 공중보건 또는 도덕이나 타인의 기본적 권리와 자유를 보호하기 위하여 필요하며, 또한 관련 국제문서에서 인정되고 이 선언에도 규정된 다른 권리와 양립가능한 제한을 따르는 조건 하에 외국인은 다음과 같은 권리를 향유한다:

가. 출국의 권리;

나. 표현의 자유에 대한 권리;

다. 평화적 집회의 권리;

라. 국내법에 따라 단독으로 또는 타인과 함께 재산을 소유할 권리.

3. 제2항에 규정된 조항이 적용되는 전제 하에 국가의 영역 내에 합법적으로 체류하는 외국인은

이전의 자유와 그 국가의 국경 내에서 자신의 주거를 선택할 자유에 대한 권리를 향유한다:

4. 국가의 법률과 적절한 허가가 적용되는 전제 하에 그 국가의 영역에 합법적으로 거주하는 외국인의 배우자, 미성년자 및 피부양 아동은 그 외국인과 동반, 합류 또는 체재하기 위하여 입국이 허용된다.

제6조

어떠한 외국인도 고문 또는 잔혹하거나, 비인도적이거나, 굴욕적인 대우나 처벌을 받지 아니하며, 특히 외국인은 본인의 자유로운 동의없이 의학적 또는 과학적 실험의 대상이 되지 아니한다.

제7조

한 국가의 영역에 합법적으로 체류하고 있는 외국인은 법률에 따라 내려진 결정에 의하여만 그로부터 추방될 수 있으며, 또한 국가안보상의 긴요한 이유가 있는 경우가 아니라면 자신이 추방되지 말아야 하는 이유를 제시하고, 관할기관이나 관할기관이 특별히 지명한 자에 의하여 자신의 사건을 재검토 받고, 또한 이를 위하여 출두하는 것이 허용된다. 인종, 피부색, 종교, 문화, 혈통이나 국가적 또는 인종적 출신에 근거한 외국인의 개인적 또는 집단적 추방은 금지된다.

제8조

1. 합법적으로 거주하는 외국인은 제4조상의 의무가 적용되는 전제 하에 국내법에 따라 다음과 같은 권리를 향유한다:

가. 안전하고 건강한 노동조건, 공정한 임금과 여하한 종류의 차별도 없이 동일 가치의 노동에 대한 동등한 보수의 권리, 특히 여성은 동일 노동에 대한 동일 임금과 함께 남성에 의하여 향유되는 노동조건보다 열악하지 않은 노동조건을 보장받는다;

나. 자신이 선택한 노동조합과 다른 조직 또는 단체에 가입하고, 그 활동에 참여할 권리. 이 권리의 행사에 대하여는 법률에 의하여 규정되고, 민주사회에서 국가안보나 공공질서 또는 타인의 권리와 자유를 보호하기 위하여 필요한 것 이외의 어떠한 제한도 부과되지 아니한다;

다. 외국인이 참여를 위한 관련 규정 상의 요건들을 충족하고, 또한 그 국가의 재원에 지나친 부담을 주지 않는다면, 건강보호, 의료보호, 사회보장, 공공 서비스, 교육, 휴식 및 여가에 대한 권리.

2. 체류하고 있는 국가에서 합법적으로 보수를 받는 활동을 하는 외국인의 권리를 보호하기 위하여, 그 같은 권리는 관계 정부에 의하여 다자 또는 양자 협정으로 구체화될 수 있다.

제9조

어떠한 외국인도 합법적으로 취득한 재산을 자의적으로 박탈당하지 아니한다.

제10조

모든 외국인은 자국의 영사 또는 외교사절과 언제든지 자유롭게 연락할 수 있어야 하며, 만일 그들이 없을 경우에는 그가 거주하는 국가에서 이익의 보호를 위탁받은 다른 국가의 영사 또는 외교사절과 연락할 수 있어야 한다.

39. 발전의 권리에 관한 선언

국제연합 총회 결의 41/128호(1986.12.4)

총회는,

경제적, 사회적, 문화적 또는 인도적 성격의 국제문제를 해결하고, 또한 인종, 성, 언어 또는 종교에 따른 차별 없이 모든 사람의 인권 및 기본적 자유에 대한 존중을 촉진하고 장려함에 있어서의 국제적 협력의 달성에 관한 국제연합 헌장의 목적과 원칙을 유의하고,

발전이란 포괄적인 경제적, 사회적, 문화적 및 정치적 과정으로, 이는 발전과 그로부터의 혜택을 공정하게 분배함에 있어서 전체 주민과 모든 개인들의 적극적이고, 자유롭고, 의미 있는 참여를 기반으로 그들의 복지의 부단한 향상을 목표로 하고 있음을 인정하고,

세계인권선언의 규정에 따라 모든 사람은 그 선언에 규정된 권리와 자유가 완전히 실현될 수 있는 사회적, 국제적 질서를 누릴 자격이 있음을 고려하면서,

경제적, 사회적 및 문화적 권리에 관한 국제규약과 시민적 및 정치적 권리에 관한 국제규약의 규정들을 상기하고,

헌장에 발 맞추어 탈식민화, 차별 금지, 인권과 기본적 자유의 존중과 준수, 세계평화와 안전의 유지 및 국가간 우호 관계와 협력의 더욱 증진에 관한 문서들을 포함하여, 인간의 완전한 발전과 모든 인민들의 경제적, 사회적 진보와 발전에 관한 국제연합과 전문기구들의 관련 협정, 협약, 결의, 권고 그리고 기타 문서들을 또한 상기하고,

인민의 자결권, 즉 이를 바탕으로 그들이 자유롭게 자신의 정치적 지위를 결정하고, 경제적, 사회적, 문화적 발전을 추구할 권리를 갖게 됨을 상기하고,

양 국제인권규약의 해당 규정을 전제로 하는 가운데 자신들의 천연적 부와 자원에 대하여 충분하고도 완전한 주권을 행사할 수 있는 인민들의 권리를 또한 상기하고,

인종, 피부색, 성, 언어, 종교, 정치적 또는 기타의 견해, 민족적 또는 사회적 출신, 재산, 출생 또는 기타의 신분에 의한 어떠한 종류의 차별도 없이 모든 사람의 위하여 인권과 기본적 자유의 보편적 존중과 준수를 촉진시킬 헌장상의 국가의 의무를 유념하고,

식민주의, 신식민주의, 아파타이드, 모든 형태의 인종주의와 인종 차별, 외세의 지배와 점령, 국가주권, 국가적 통합 및 영토적 일체성에 대한 침략과 위협 그리고 전쟁의 위협에서 유래하는 상황에 의하여 영향을 받는 인민들과 개인들의 인권에 대한 대규모적이고 극악한 침해의 근절이 인류 대다수의 발전에 우호적인 환경을 조성하는 데에 기여한다고 생각하고,

특히 시민적, 정치적, 경제적, 사회적, 문화적 권리의 부인으로 인하여 인간과 인민의 발전은 물론 완전한 성취에 대한 심각한 장애가 존재함을 우려하며, 모든 인권과 기본적 자유는 불가분적이고 상호의존적이며, 그러므로 발전을 고취하기 위해서는 시민적, 정치적, 경제적, 사회적 및 문화적 권리의 실행과 증진과 보호에 동등한 관심과 긴급한 배려가 주어져야 하며, 따라서 특정한 인권과

기본적 자유의 증진, 존중 또는 향유가 다른 인권과 기본적 자유에 대한 부인을 정당화할 수 없다고 생각하고,

세계 평화와 안전은 발전의 권리의 실현을 위한 필수적 요소임을 고려하고,

군비축소와 발전은 밀접한 관계가 있으며, 군축 분야에서의 진전은 발전 분야에서의 진전을 상당히 증진시킬 것이며, 군축 조치를 통하여 방출되는 자원들은 모든 인민들, 특히 개발도상국의 인민들의 경제적, 사회적 발전과 복지에 바쳐져야 한다는 점을 재확인하고,

인간은 발전과정의 중심적 주체이며, 따라서 발전 정책은 인류를 발전의 주요 참여자요 수혜자로 삼아야 함을 인정하고,

인민과 개인의 발전에 우호적인 여건을 창출하는 것은 그들 국가의 일차적 책임임을 인정하고,

인권을 증진하고 보호하기 위한 국제적 수준의 노력은 신 국제경제질서를 수립하려는 노력과 병행되어야 함을 인식하고,

발전의 권리는 양도할 수 없는 인권이며, 발전을 위한 기회의 균등은 민족과 민족을 구성하는 개인들 모두의 특권임을 확인하며,

다음의 발전의 권리에 관한 선언을 공표한다:

제1조

1. 발전의 권리는 양도할 수 없는 인권으로, 이를 통하여 모든 인간과 모든 인민은 경제적, 사회적, 문화적 및 정치적 발전에 참여하고, 기여하고, 향유할 수 있으며, 그 속에서 모든 인권과 기본적 자유가 완전히 실현될 수 있다.

2. 발전에 대한 인권은 또한 인민의 자결권의 완전한 실현을 의미하며, 이는 양 국제인권규약의 해당 규정을 전제로 하는 가운데 모든 천연적 부와 자원에 관한 완전한 주권에 대한 그들의 불가양의 권리 행사를 포함한다.

제2조

1. 인간은 발전의 중심적 주체이며, 발전의 권리의 적극적인 참여자요 수혜자가 되어야 한다.

2. 모든 인간은 인권과 기본적 자유는 물론 공동체에 대한 자신들의 의무를 충분히 존중할 필요성을 고려하면서 개인적으로나 집단적으로 발전을 위한 책임을 부담하며, 그것만이 인류의 자유롭고 완전한 성취를 가능하게 해 주며, 따라서 우리는 발전을 위한 적절한 정치적, 사회적, 경제적 질서를 증진시키고 보호하여야 한다.

3. 국가는 전체 주민과 모든 개인들이 발전과 그로부터의 혜택의 공정한 배분에 대하여 적극적이고, 자유롭고, 의미있게 참여하는 기반 위에서 그들의 복지의 부단한 향상을 목표로 하는 적절한 국가발전정책을 수립할 권리와 의무가 있다.

제3조

1. 국가는 발전의 권리의 실현에 우호적인 국내적 및 국제적 여건을 조성할 1차적 책임을 진다.

2. 발전의 권리의 실현은 국제연합 헌장에 따른 국가간 우호 관계와 협력에 관한 국제법의 원칙에

대한 충분한 존중을 필요로 한다.

3. 국가는 발전을 보장하고, 발전에 대한 장애물을 제거하는 데 상호 협력할 의무가 있다. 국가는 모든 국가간의 주권 평등, 상호 의존성, 호혜, 협력에 근거한 신경제질서를 증진시키는 것은 물론 인권의 준수와 실현을 고취하는 방식으로 그들의 권리를 실현시키고 의무를 이행하여야 한다.

제4조

1. 국가는 발전의 권리의 완전한 실현을 조장하기 위하여 국제적 발전 정책을 개별적 및 집단적으로 수립하는 조치를 취할 의무가 있다.

2. 개발도상국들의 보다 신속한 발전을 촉진하기 위한 지속적인 행동이 요구된다. 개발도상국들의 노력에 대한 보완책으로서 이들에게 포괄적인 발전을 촉진시킬 적절한 수단과 편의를 제공하는 데에 있어서는 효과적인 국제협력이 필수적이다.

제5조

국가는 아파타이드, 모든 형태의 인종주의와 인종 차별, 식민주의, 외세의 지배와 점령, 침략, 국가 주권, 국가적 통합 및 영토적 일체성에 대한 외세의 간섭과 위협, 전쟁의 위협, 민족자결의 근본적 권리의 인정 거부로부터 유래하는 상황에 의하여 영향을 받는 인민과 인간들의 인권에 대한 대규모적이고 극악한 침해를 근절시키는 단호한 조치를 취하여야 한다.

제6조

1. 모든 국가는 인종, 성, 언어 또는 종교에 따른 어떠한 차별도 없이 모든 인권과 기본적 자유에 대한 보편적 존중과 준수를 촉진하고, 장려하고, 강화하기 위하여 협력하여야 한다.

2. 모든 인권과 기본적 자유는 불가분적이고, 상호의존적이다; 시민적, 정치적, 경제적, 사회적 및 문화적 권리의 실행과 촉진과 보호에 동등한 관심과 긴급한 배려가 주어져야 한다.

3. 국가는 시민적 및 정치적 권리는 물론 경제적, 사회적 및 문화적 권리를 준수하는데 실패함에 따른 발전의 장애물을 근절시킬 조치를 취하여야 한다.

제7조

모든 국가는 세계 평화와 안전의 수립, 유지, 강화를 촉진하여야 하며, 이를 위하여 효과적인 국제적 통제 하에 전반적이고 완전한 군비축소를 달성하는 것은 물론 실효적인 군비축소 조치를 통하여 방출되는 자원들이 포괄적인 발전, 특히 개발도상국의 발전을 위하여 사용될 것을 보장하는데 최선을 다하여야 한다.

제8조

1. 국가는 발전의 권리의 실현을 위하여 국내적 차원에서의 모든 필요한 조치를 취하여야만 하며, 기본적 자원, 교육, 의료 지원, 식량, 주거, 고용 및 소득의 공정한 분배에 대한 접근에 있어서 모든 사람들에게 특히 기회의 균등을 보장한다. 발전의 과정에서는 여성들이 적극적인 역할을 하도록 보장하는 실효적인 조치가 취하여져야 한다. 모든 사회적 부정의를 근절시키기 위하여 적절한 경제 사회적 개혁이 이루어져야 한다.

2. 국가는 발전과 모든 인권의 완전한 실현에 있어서의 중요한 요소로서 모든 영역에서의 대중적

참여를 장려한다.

제9조

1. 이 선언에 규정된 발전의 권리의 모든 측면들은 불가분적이고 상호의존적이며, 그 각각은 전체적인 맥락 속에서 고려되어야 한다.

2. 이 선언의 어떠한 내용도 국제연합의 목표와 원칙에 반하거나 또는 어떠한 국가나 집단이나 개인이 세계인권선언과 국제인권규약에 규정된 권리를 침해할 목적으로 하는 활동에 관여하거나 그러한 행동을 할 권리를 가진 것으로 의미하도록 해석되지 아니한다.

제10조

국내적 및 국제적 차원에서의 정책, 입법 및 기타 조치를 수립, 채택, 수행함을 포함하여 발전의 권리의 완전한 실행과 점진적인 향상을 보장하는 조치가 취하여져야 한다.

40. 국민적 또는 민족적·종교적 및 언어적 소수자의 권리에 관한 선언

국제연합 총회 결의 제47/135호(1992.12.18)

총회는,

국제연합의 기본적인 목적 중에 하나는 국제연합 헌장에서 선언되어 있는 것처럼 인종, 성, 언어 또는 종교에 따른 차별 없이 모든 사람의 인권 및 기본적 자유에 대한 존중을 증진하고 촉진하는 것임을 재확인하고,

기본적 인권, 인간의 존엄성과 가치, 남녀 및 대소 각국의 평등한 권리에 대한 신념을 재확인하고,

국제연합 헌장, 세계인권선언, 집단살해범죄의 방지 및 처벌에 관한 협약, 모든 형태의 인종차별의 철폐에 관한 국제협약, 시민적 및 정치적 권리에 관한 국제규약, 경제적·사회적 및 문화적 권리에 관한 국제규약, 종교 또는 신념에 근거한 모든 형태의 불관용 및 차별의 철폐에 관한 선언, 아동의 권리에 관한 협약은 물론 보편적 또는 지역적 차원에서 채택된 다른 관련 국제문서와 국제연합 회원국간에 체결된 문서들에 포함된 원칙의 실현을 촉진시키기 희망하고,

민족적·종교적 또는 언어적 소수자의 권리에 관한 시민적 및 정치적 권리에 관한 국제규약 제27조의 규정에 의하여 고무되고,

국민적 또는 민족적·종교적 및 언어적 소수자의 권리의 증진과 보호는 그들이 살고 있는 국가의 정치적 및 사회적 안정에 기여한다고 생각하고,

국민적 또는 민족적·종교적 및 언어적 소수자의 권리의 지속적인 증진과 실현은 사회 전반의 발전과 법치주의에 근거한 민주체제 내에서의 필수적 부분으로 인민과 국가 간의 우호와 협력을 강화하는데 기여할 것임을 강조하고,

국제연합은 소수자의 보호에 관하여 중요한 역할을 함을 고려하고,

국민적 또는 민족적·종교적 및 언어적 소수자의 권리를 증진시키고 보호함에 있어서 특히 인권위원회, 차별방지 소수자 보호 소위원회, 그리고 국제인권규약과 국민적 또는 민족적·종교적 및 언어적 소수자의 권리를 증진하고 보호하기 위한 다른 관련 국제인권문서에 의하여 설립된 기구들이 국제연합 체제 내에서 이제까지 행한 활동에 유념하고,

소수자의 보호와 국민적 또는 민족적·종교적 및 언어적 소수자의 권리를 증진하고 보호하는데 있어서 정부간 기구와 비정부간 기구에 의하여 행하여진 중요한 업적을 고려하고,

국민적 또는 민족적·종교적 및 언어적 소수자의 권리에 관한 국제인권문서의 보다 효과적인 이행을 보장할 필요성을 인식하여,

국민적 또는 민족적·종교적 및 언어적 소수자의 권리에 관한 선언을 선포한다:

제1조

1. 국가는 자국 영역 내에서 소수자의 존재와 그들의 국민적 또는 민족적 · 문화적 · 종교적 및 언어적 정체성을 보호하고, 또한 그들의 정체성을 고취시키기 위한 여건을 조장한다.

2. 국가는 이러한 목적을 이루기 위한 적절한 입법 및 기타 조치를 채택한다.

제2조

1. 국민적 또는 민족적 · 종교적 및 언어적 소수자(이하 소수자라 한다)는 사적으로나 공적으로나 자유롭게 간섭이나 어떠한 형태의 차별도 없이 자신의 문화를 향유하고, 자신의 종교를 표명하고 실천하며, 자신의 언어를 사용할 권리를 가진다.

2. 소수자는 문화적 · 종교적 · 사회적 · 경제적 및 공적 생활에 실효적으로 참여할 권리를 가진다.

3. 소수자는 자신들이 속하는 소수사 집단이나 자신들이 살고 있는 지역에 관한 국가적 차원 또는 해당되는 경우 지역적 차원에서의 결정에 국내법과 충돌되지 않는 방법으로 실효적으로 참여할 권리를 가진다.

4. 소수자는 자신들의 단체를 설립하고 유지할 권리를 가진다.

5. 소수자는 어떠한 차별도 없이 그들 집단의 다른 구성원 및 다른 소수자에 속하는 자와 자유롭고 평화로운 접촉은 물론, 그들과 국민적 또는 민족적 · 종교적 및 언어적 유대로 연결되는 타국의 시민들과의 국경을 넘는 접촉을 수립하고 유지할 권리를 가진다.

제3조

1. 소수자는 어떠한 차별도 없이 개인적으로는 물론 그들 집단의 다른 구성원들과 공동으로 이 선언에 규정된 권리를 포함한 자신의 권리를 행사할 수 있다.

2. 이 선언에 규정된 권리를 행사하거나 또는 행사하지 않음으로 인하여 소수자에게 어떠한 불이익도 주어지지 아니한다.

제4조

1. 국가는 소수자가 어떠한 차별도 없이 법 앞에 완전히 평등하게 모든 인권과 기본적 자유를 충분하고 실효적으로 행사할 수 있도록 보장하는데 필요한 조치를 취한다.

2. 특정한 관행이 국내법에 위반되고 국제적 기준에 반하는 경우를 제외하고, 국가는 소수자가 자신들의 특색을 표현하고, 자신의 문화, 언어, 종교, 전통 및 관습을 발전시키는데 유리한 여건을 조성하는 조치를 취한다.

3. 국가는 가능하다면 소수자가 자신의 모국어를 배울 수 있거나 모국어로 교육을 받을 수 있는 충분한 기회를 가질 수 있도록 적절한 조치를 취한다.

4. 국가는 적절한 경우 교육분야에서 자국 영역 내에 있는 소수자의 역사, 전통, 언어 및 문화에 관한 지식을 증진시키기 위한 조치를 취한다. 소수자는 사회 전반에 관한 지식을 얻기 위하여 충분한 기회를 가져야 한다.

5. 국가는 소수자가 자국에서의 경제적 향상과 발전에 충분히 참여할 수 있도록 적절한 조치를 고려한다.

제5조

1. 국가적 정책과 계획은 소수자의 합법적인 이익을 적절히 고려하면서 입안되고, 시행되어야 한다.

2. 국가간의 협력과 지원 계획은 소수자의 합법적 이해관계를 적절히 고려하면서 입안되고, 시행되어야 한다.

제6조

국가는 상호 이해와 신뢰를 증진시키기 위하여 소수자와 관련된 문제, 특히 정보와 경험의 교환에 관하여 협력한다.

제7조

국가는 이 선언에서 규정된 권리에 대한 존중을 증진시키기 위하여 협력한다.

제8조

1. 이 선언에 어떠한 내용도 소수자와의 관계에서 국가의 국제적 의무의 이행을 방해하지 아니한다. 특히 국가는 자신이 당사국인 국제조약과 협정에 따라 약속한 의무와 공약을 성실하게 이행한다.

2. 이 선언에 규정된 권리의 행사가 모든 사람들의 보편적으로 인정된 인권과 기본적 자유의 향유를 침해하여서는 아니된다.

3. 이 선언에 규정된 권리의 실효적 향유를 보장하기 위하여 국가가 취한 조치는 일응 세계인권선언에 포함된 평등원칙에 반하는 것으로 간주되지 아니한다.

4. 이 선언의 어떠한 내용도 국가의 주권 평등, 영토적 일체성 및 정치적 독립을 포함하여 국제연합의 목적과 원칙에 반하는 활동을 허용하는 것으로 해석되지 아니한다.

제9조

국제연합 체제 내의 전문기구 및 기타 기관은 각자의 권한 범위 내에서 이 선언에 규정된 권리와 원칙의 완전한 실현에 기여하여야 한다.

41. 국가인권기구의 지위에 관한 원칙(파리원칙)

국제연합 총회 결의 제48/134호(1993.12.20)

권한과 책임

1. 국가인권기구는 인권을 증진하고 보호할 권한을 부여받는다.

2. 국가인권기구는 그 구성과 권한의 범위를 구체화시키는 헌법 또는 법률에 명확히 규정된 가능한 한 폭 넓은 임무를 부여받는다.

3 . 국가인권기구는 특히 다음과 같은 책임을 부담한다.

가. 정부, 국회, 그 밖의 담당기관에 대하여 해당기관의 요청에 기하거나 또는 직권의 행사로서 인권의 증진과 보호에 관한 모든 문제에 관하여 의견, 권고, 제안 및 보고서를 자문의 역할로서 제출한다; 국가인권기구는 이를 공개하기로 결정할 수 있다; 이러한 의견, 권고, 제안, 보고서와 아울러 국가인권기구의 특권은 다음의 분야에 관련된다:

(1) 인권의 보호를 유지하고 확대하려는 모든 법률 및 행정법규와 아울러 사법기관에 관련된 조항; 이와 관련하여 국가인권기구는 현행 법률 및 행정법규는 물론 입법안과 제안을 검토하고, 이들 조항이 인권의 기본 원칙에 부합되도록 보장하기 위하여 적절하다고 판단되는 권고를 행한다; 필요한 경우 국가인권기구는 새로운 입법, 현행 법률의 개정, 행정적 조치의 채택이나 시정을 권고한다;

(2) 국가인권기구가 다루기로 결정한 모든 인권침해상황;

(3) 자국의 전반적인 인권상황과 좀더 구체적인 인권문제에 관한 보고서의 준비;

(4) 국내의 어떤 지역에서든 인권이 침해되는 상황에 대한 정부의 관심을 촉구하고, 그러한 상황을 종료시키데 필요한 조치를 권고하고, 필요한 경우 정부의 입장과 반응에 대한 의견의 표명;

나. 국내의 입법, 규정, 관행을 그 국가가 당사국이 된 국제인권문서와 조화시키고, 이의 효과적인 이행을 촉진하고 보장한다;

다. 위에 지적된 문서의 비준이나 가입을 촉구하고, 이의 이행을 보장한다;

라. 조약상의 의무에 따라 국제연합의 기구와 위원회 그리고 지역인권기구에 국가가 제출하여야 할 보고서의 준비를 지원하고, 필요할 경우 이들의 독자성을 존중하는 가운데 관련 주제에 관하여 의견을 표명한다;

마. 국제연합과 인권의 보호 및 증진에 관한 분야에서 권한을 가진 국제연합내 다른 기구, 지역기구 그리고 타국의 국가인권기구와 협력한다;

바. 인권의 교육 및 연구를 위한 계획 수립을 지원하고, 각급 학교와 대학 및 전문영역에서 이의 이행에 참여한다;

사. 특히 정보제공과 교육, 그리고 모든 언론기관을 활용하여 대중의 인식을 증진시킴으로써 인권과 모든 형태의 차별, 특히 인종차별에 반대하는 노력들을 널리 알린다.

구성과 독립성 및 다원성의 보장

1. 국가인권기구의 구성과 그 위원의 임명은 선거에 의하든 또는 다른 방법에 의하든 인권의 보호와 증진에 관련된 (시민사회의) 사회세력의 다양한 대표성을 확보하는데 필요한 모든 보장책이 마련된 절차에 따라 이루어져야 하며, 특히 다음과 같은 대표자들과의 효율적인 협력이나 참여를 가능하게 하는 권한이 부여되어야 한다.

가. 인권향상과 인종차별 반대의 노력을 할 책임이 있는 비정부기구, 노동조합, 기타 변호사, 의사, 언론인 및 저명 과학자들의 단체와 같은 관련 사회단체 및 전문가단체;

나. 철학적 및 종교적 사상의 경향들;

다. 대학교 및 자격있는 전문가들;

라. 국회;

마. 정부 부처(이들이 포함되는 경우에는 자문자격으로만 심의에 참여하여야 한다).

2. 국가인권기구는 원활한 활동 수행에 적합한 하부구조, 특히 적절한 재정을 확보하여야 한다. 이러한 재정확보의 목적은 정부로부터 독립하고, 이의 독립성에 영향을 줄 수 있는 재정적 통제를 받지 않기 위하여 자체의 직원과 시설을 확보할 수 있게 하기 위함이다.

3. 국가인권기구의 진정한 독립성 확보에 필수적인 위원들의 안정적인 임무를 보장하기 위하여 위원의 임명은 구체적인 임기를 부여하는 공적 행위에 의하여 이루어져야 한다. 기구 위원들의 다양성이 보장된다면 이 임기는 갱신될 수 있다.

활동방식

국가인권기구는 그 운영 체제 속에서 다음과 같은 임무를 담당한다:

가. 정부에 의해 제출되었거나 또는 그 위원이나 진정인의 제안에 따라 직권으로 채택되었는가를 불문하고 자신의 권한에 속하는 모든 사안을 자유롭게 검토한다;

나. 자신의 권한에 속하는 상황을 평가하는데 필요한 모든 사람의 진술을 청취하고, 어떠한 정보나 문서도 확보한다;

다. 특히 자신의 의견과 권고를 널리 알리기 위하여 직접 또는 언론매체를 통하여 여론에 호소한다;

라. 정기적으로 그리고 필요할 때마다 적절한 통보 이후 모든 위원이 참석하는 회의를 개최한다;

마. 필요하면 위원들로 실무위원회를 구성하고, 임무 수행을 지원하는 지역 및 지방조직을 설치한다;

바. 사법기관이든 아니든 인권의 보호 및 증진에 책임있는 다른 기관들(특히 옴브즈만과 중재인 및 유사기관)과의 협의를 지속한다;

사. 국가인권기구의 역할의 확대에 있어서의 비정부기구의 본질적인 역할에 비추어 인권의 보호와 증진, 경제적·사회적 발전, 인종주의에 대한 투쟁, 특히 취약집단의 보호 (특히 아동, 이주노동자, 난민, 신체적 및 정신적 장애자) 또는 특정 지역을 위하여 헌신하는 비정부기구와의 관계를 발전시킨다.

준사법적 권한을 갖는 위원회의 지위에 관한 추가적 원칙

국가인권기구는 개인적 사정에 관한 고발과 진정을 청취하고 검토할 수 있는 권한을 가질 수 있다. 사건은 개인, 그의 대리인, 제3자, 비정부기구, 노동조합단체 또는 그 밖의 대표성 있는 단체들이 제기할 수 있다. 그 같은 경우는 위원회의 다른 권한에 관하여 앞서 지적된 원칙을 해하지 아니하면서, 위원회에 부여된 기능은 다음의 원칙들에 기반하여야 한다.

가. 조정 또는 법률이 규정한 범위 안에서의 구속력 있는 결정을 통해서, 그리고 필요한 경우에는 비공개적으로 우호적 해결을 모색한다;

나. 자신의 권리에 관하여 진정을 제기한 당사자에게 특히 이용가능한 구제수단을 알려주고, 이에 대한 이용을 고취한다;

다. 법률이 규정한 범위 안에서 모든 고발과 진정을 조사하거나 다른 담당기관에 이송한다;

라. 특히 법률, 규정, 행정관행이 자신의 권리를 주장하기 위하여 진정을 제기한 자가 당면한 어려움을 야기하고 있다면, 이의 개정 또는 개혁을 제안하는 권고를 담당기관에게 제시한다.

정 인 섭

서울대학교 법과대학 및 동 대학원 졸업(법학박사)
현 서울대학교 법과대학 교수
국가인권위원회 위원(2004~2007)

■ **주요 저서**

재일교포의 법적지위(서울대학교 출판부, 1996) ; 국제법의 이해(홍문사, 1996) ; 국제인권규약과 개인통보제도(사람생각, 2000) ; 해외법률문헌 조사방법(서울대학교 출판부, 2000 및 2005 개정) ; 국가인권위원회법 해설집(국가인권위원회, 2005) ; 국제법판례 100선(박영사, 2008) ; Korean Questions in the United Nations(Seoul National University Press, 2002).

■ **편역서**

한국판례국제법(홍문사, 1998 및 2005 개정) ; 국제인권조약집(사람생각, 2000) ; 재외동포법(사람생각, 2002) ; 고교평준화(사람생각, 2002) ; 집회와 시위의 자유(사람생각, 2003) ; 이중국적(사람생각, 2004) ; 사회적 차별과 법의 지배(박영사, 2004) ; 작은 거인에 대한 추억 - 재일변호사 김경득 추모집(경인문화사, 2007) ; 이승만의 전시중립론 - 미국의 영향을 받은 중립(이승만 저, 나남, 2000).

증보 국제인권조약집

인 쇄	2008년 11월 5일
발 행	2008년 11월 13일

편역자	정인섭
펴낸이	한정희
펴낸곳	경인문화사
주 소	서울특별시 마포구 마포동 324-3
전 화	718-4831~2
팩 스	703-9711
이메일	kyunginp@chol.com
홈페이지	한국학서적.kr / www.kyunginp.co.kr
등록번호	제10-18호(1973.11.8)

값 38,000원
ISBN 978-89-499-0600-3 94360